Morgen Augsburg

Wolfgang Kunz

MORGEN
AUGSBURG

Literarisches
Portrait
einer Stadt

Ehrenwirth

Die Deutsche Bibliothek – CIP-Einheitsaufnahme

Kunz, Wolfgang:
Morgen Augsburg : literarisches Portrait einer Stadt / Wolfgang
Kunz. – München : Ehrenwirth, 1993
ISBN 3-431-03326-1

ISBN 3-431-03326-1
© 1993 by Ehrenwirth Verlag GmbH
Schwanthalerstraße 91, 80336 München
Illustrationen und Umschlag: Pit Kinzer, Altenmünster
Layout: Helga Schörnig, München
Satz: ew print & medien service g.m.b.h., Würzburg
Druck: Schoder Druck, Gersthofen
Printed in Germany 1993

Dieses Buch gehört Barbara,
ohne die es nie entstanden wäre

Wenn Ihnen, Väter der Stadt, Ihnen, treuen, braven Bürgern, an unserer Achtung etwas gelegen ist, so nehmen Sie die vollkommenste Verehrung von uns an, womit wir bis ins Grab bleiben

die Verfasser.

Inhaltsverzeichnis

Der Augsburger Kreidekreis

Mein Herr Marchese!
Empfindsame Reise in eine galante Zeit

Vorwort

»In der hochbelobten und uralten, des heiligen römischen Reiches freien Stadt Augsburg liegt noch heute am Weinmarkt und dicht neben dem Wohnhaus der weltberühmten Fugger ein Gasthof, der seit undenklichen Zeiten die beste Herberge geboten hat für alle Wegfahrer zwischen Alpen und Main- oder Rheinland . . .«
So beginnen Märchen und eines der schönsten obendrein. Es war Levin Schückings phantastische Geschichte von den »Drei Freiern«, die mich vor Jahren auf die Spur gebrachte hatte. Auf die Spur einer Stadt, die mich bislang eher kalt gelassen hatte. Es geht einem ja mit Städten wie mit Menschen. Man findet sie sympathisch oder langweilig, interessant oder nichtssagend. Mich hatte es beruflich hierher verschlagen, ich hatte mit dieser Stadt zu leben, mehr nicht. Ein von den Städtischen Bühnen Augsburg geplanter und von mir konzipierter Balladenabend brachte dann die Begegnung mit Levin Schückings unheimlichen »Freiern«, mit Anastasius Grüns Romanzenkranz um Kaiser Max und Kerners schauerlich-schönen Augsburg-Balladen. Der Bann war gebrochen: Die Stadt begann zu erzählen . . .

Ein Sonntagnachmittag im Spätsommer 1989. Schauplatz: Ein Biergarten irgendwo in den »Stauden«. Ich bin mit Freunden nach einer Wanderung hier eingekehrt. Unter schon herbstlich verfärbten Kastanienbäumen kreist das Gespräch um die nahe Stadt, ihre Geschichte, ihre Geschichten. Warum die einmal aufgenommene Spur nicht weiterverfolgen? Ich ahne nicht, auf was ich mich da einlassen werde . . .

Mehr als ein Jahr lang werde ich Universität, Stadtarchiv, Augsburgs Staats- und Stadtbibliothek, die Stadtbücherei heimsuchen, recherchieren, exzerpieren, kopieren, sammeln, sichten, bibliographieren, und mit Bedacht die Spreu vom Weizen sondern.
Ich werde hilfsbereite, zuarbeitende, aber auch ruppige, kleinliche und sture Bibliothekare kennenlernen, ich werde mich an keine Ausleihzeiten halten und gebührend dafür bezahlen. Meiner Beharrlichkeit werde ich manchen »Fund« verdanken, meiner Nachlässigkeit nichts durchgehen lassen, meine Sammelwut zügeln müssen. Ich werde schweren Herzens nicht wenige Texte im

nachhinein wieder und wieder kürzen müssen – meinem stets wohlmeinenden Verleger zuliebe . . .

»Ich habe nie viel Geschichte gelernt, sondern mein Wissen alles aus den Dichtern bezogen, und so wie ich über die Geheimnisse Blaubeurens durch Mörike besser unterrichtet war als selbst die dortigen Professoren, so war ich auf Augsburg durch die Erinnerung an Arnims Kronenwächter, auf Nürnberg durch Wackenroder und E. T. A. Hoffmann aufs beste vorbereitet . . .«
(Hermann Hesse, Nürnberger Reise)

Eine Stadt kommt zu Wort in ihrer Geschichte, sie gibt sich preis in ihren Dichtern. Mag im Fall der mehr als 2000jährigen Augusta der Historiker mit gutem Grund die Stadtgründung in das Jahr 15 v. Chr. datieren, für den Dichter gilt als ausgemacht, daß die Amazonenfürstin Marthesia in grauer Vorzeit, lange vor den Römern, die Stadt gegründet hat. So will es die Sage. Noch bis in unsere Tage hält sich die Erinnerung an die legendäre heidnische Göttin Cisa, deren Tempel anstelle des Perlach-Turmes gestanden haben soll. Als vergoldetes Wetterzeichen über der Turmhaube des Perlach zeigt sie immer noch an, woher der Wind weht. Nach dem Inferno der Bombennacht vom 25./26. Februar 1944 fand sich die Wetterfahne im Schutt der ausgebrannten Turmlaterne – trauriges Relikt des einst so stolzen himmelragenden »Campanile«. Man wußte den Fund recht zu deuten und setzte nach dem Wiederaufbau das Abbild der Göttin, mag sie nun Ceres, Isis, Cybele oder Cisa geheißen haben, in respektvoller Anhänglichkeit und wohl eingedenk des großen Stadtbaumeisters Elias Holl, der den Turm einst mit dem »sitzend Bild« krönte, wieder an ihren angestammten Platz hoch über den Dächern der Altstadt – allen kommenden (auch politischen) Wettern zum Trotz. Mag der Fama angehören, daß die anrückenden Hunnen unter Attila von einer häßlichen alten Hexe auf einem dürren Klepper in heillose Flucht geschlagen wurden, die Sage führt uns in Gestalt jener apokalyptischen Reiterin die damalige lebensbedrohliche Situation jedenfalls plastischer vor Augen als jede noch so authentische Quelle. Berührt vom Zauberstab der Poesie erwacht Geschichte zu neuem Leben, rücken uns noch so ferne historische Figuren brüderlich nahe, beginnen Mauern und Steine zu erzählen, schlägt ein Gedicht im Motiv des reifenden Holderstrauchs in einem Buckower

Garten den Bogen zu den Lechauen- und Plärrereskapaden einer Jugend in Augsburg. Die dichterische Wahrheit ist eine legitime Schwester der historischen Wahrheit. Sie nimmt ihr nichts, gibt ihr vielmehr Wärme und Leben. Phantasie ist nur eine andere Form der Wirklichkeit. Ins Wort gebannt, vermag sie aus Steinen Funken zu schlagen.

Dichter sehen eine Stadt – von den sagenhaften Anfängen bis in die unmittelbare Gegenwart. Der Zeugnisse gibt es genug: Reiseberichte, Tagebuchnotizen, Essays, Romane, Erzählungen, Balladen, Dramen, Gedichte, Briefe, Biographisches . . . Ihre Verfasser, unterschiedlich in ihren Nationalitäten, Sprachen, Richtungen, Formen, Intentionen und Lebensläufen verbindet eines: ihr Thema – Augsburg, die Stadt.

Die Stadt als Staffage, als Schauplatz geschichtlicher Ereignisse, als lyrische Impression, als Orplid in den Wolken, als Objekt kultur- oder kunsthistorischer Betrachtung, als Lang-lang-ist's-her-Stadt, als Vaterstadt, als die geliebte, die verteufelte Stadt . . .

Diese Anthologie ist unvollständig wie alle Anthologien. Bei der Fülle literarisch wertvoller Texte hatte ich es nicht nötig, partout jeden mit Augsburg in Zusammenhang stehenden Text aufzunehmen. Allein die Literatur über Agnes Bernauer füllt bekanntlich Bände. Allerdings scheint mir mancher ihrer Apologeten nicht zu Unrecht vergessen. Daß Ludwig Giesekes Burleske relativ viel Platz beansprucht, hat seinen Grund. Der Augsburger Gieseke, ein Zeitgenosse Mozarts und als Mitglied des Schikanederschen k. k. priv. Wiednertheaters möglicherweise der Librettist der »Zauberflöte«, scheint mir allemal der Entdeckung wert. Im Gegensatz etwa zu Ernst von Wildenbruch, dessen beide Dramen mit Augsburg-Bezug »Die Rabensteinerin« und »Die Tochter des Erasmus« getrost der Nachwelt vorenthalten bleiben können. Das gilt auch für Oscar von Redwitz' »Philippine Welser«-Stück, auf das sich Ludwig Ganghofer in seiner Augsburg-Huldigung wohl bezieht. Die Meßlatte war von Anfang an sehr hoch angesetzt. Das schloß nicht aus, Auszüge auch aus dem Bereich der Trivial-Literatur aufzunehmen, soweit sie – als Ausdruck ihres Zeitgeistes – von atmosphärischem Wert waren (Felix Nabor oder Max Fuchs).

Ebenso schien mir wichtig, bestimmte Epochen in einen kulturhistorischen Zusammenhang zu bringen. Als ein besonderer Glücksfall erwies sich hier Wilhelm Heinrich Riehl, der das Interesse des Volkskundlers mit dem des Dichters verbindet (vgl. dazu auch die Beiträge Heinrich Zschokkes oder Friedrich Nicolais). Bedauerlicherweise mußte ich auf eine wichtige Autorin verzichten, die ganz gewiß in diese Anthologie gehört. Ich meine Sophie Laroche, deren »Erinnerungen aus meinem Leben« (1807 erschienen) leider in keiner der großen Bibliotheken zu finden waren. Die Anthologie folgt einer »inneren Chronologie«. Sie wird eröffnet mit dem »Augspurgischen Jahr« und gliedert sich – den Monaten entsprechend – in zwölf Kapitel. So schließt sich zyklisch der Kreis zum Portrait einer zwei Jahrtausende alten Stadt.

Bleibt mir zu danken: dem Kulturreferenten der Stadt, Herrn Bürgermeister Dr. Ludwig Kotter, für sein von Anfang an bekundetes Interesse an dem Buch, Herrn Verwaltungsdirektor a.D. Walter Büchler, Herrn Georg Braune (Stadtbücherei), Herrn Dr. Wolfram Baer (Stadtarchiv) und Herrn Dr. Helmut Gier (Staats- und Stadtbibliothek).

Danken möchte ich vor allem meinem Verleger, Herrn Martin Ehrenwirth, Herrn Jörn-Uwe Woeste (Antiquariat »Die Eule«), Herrn Martin Langanke für die Durchsicht des Manuskripts und manche Anregung, und ganz besonders meiner Mitarbeiterin, Frau Barbara Woeste M.A. für ihre ideelle und fachliche Unterstützung.

Dieses Buch ist die späte Liebeserklärung eines Allgäuers an die Stadt Augsburg und ihre Bürgerinnen und Bürger. Sie können mit Recht stolz auf *ihre* Stadt sein. Möge die herausragende Stellung Augsburgs in der Literatur nicht nur zur staunenden Kenntnis genommen, sondern auch als Verpflichtung verstanden werden. Der Verpflichtung nämlich, jenes kulturelle »Klima« zu erhalten und zu pflegen, das die Stadt groß gemacht und die hier versammelten Autoren zu ihren Beiträgen inspiriert hat.

Augsburg, im August 1993   *Wolfgang Kunz*

1.
Das Augspurgische Jahr

Das
Augspurgische
Jahr einmahl,
Oder
Kurtze Beschreibung
Alles dessen
Was durch das gantze Jahr einmahl
in Augspurg zu sehen oder zu
begehen
Mit poetischer Feder
entworffen
Von
Einem Liebhaber der Teutschen
Poesie

VORRED

Über das Augspurgische Jahr einmahl.

Hier folget nach der Monath-Zahl,
  Was man zu Augspurgs Jahr einmahl
  Zu sehen oder zu begehen,
  Einmahl kan ja nicht offt geschehen,
So schein es zwar, jedoch wann wird
Zusammen all diß Zeug summirt,
  So wird nicht von dem besten Leben
  Bey manchem es ein Facit geben,
Aus vielen Mährlein kommt einmahl
Davon es endlich lautet kahl.

JANUARIUS.

So meld ich dann vor allen Dingen:
Das Neu-Jahr fangt man an mit Singen
  Und Johlen alle Gassen voll,
  Daß man darob möcht werden doll,
Da dann das Pfeiffen, Geigen, Paucken
Zu stiller Ruh kan trefflich taugen.
  Um diese Zeit ist der Gebrauch,
  daß man besuch die Kripplein auch,
Da kan man Wiegen-Liedlein hören,
Geschichts Jahr einmahl, wer wollt es wehren.
  Gibt es ein Bahn zur Schlitten-Fahrt
  So findt man sich gar bald gepaart,

Ums Städelein und die Röhr-Kästen
Geht allezeit der Zug am besten.
  Der Jäger macht wohl selbst die Bahn,
  Daß durch die Au man fahren kan,
Und in der Stadt macht man ein Rädli
Und thut im Wirths-Hauß dann ein Thätli.
  Ist dann der Frost so starck und scharf,
  Daß man dem Graben trauen darf,
So thut man auch die Müh nicht spahren
Und sehen auf den Schlittschuh fahren.

FEBRUARIUS.

Im Hornung gibt es diese Freud,
Daß sich annaht die Faßnachts-Zeit,
    Da wird sich vor der Thür und Schwellen
    Der Holla-Mütterly einstellen,
Und laden zu dem schönen Fest,
Worzu es da und dort gibt Gäst.
    Auf die Reduten wird mit Hauffen,
    Die ledig Bursch zu der Zeit lauffen,
Auch, daß man meynt was schöns zu sehn.
In die Faßnachts-Comidi gehn.
    Gleich fällt mir noch ein Stücklein ein,
    Man hört in Reimen hübsch und fein
Den Sommer und den Winter streiten,
Welch'r besser sey zu diesen Zeiten,
    Auch nimmt jetzt mancher für den G'schlier
    Ein Fasten-Pretzen zu dem Bier.

MARTIUS.

Sticht nun das Graß ein wenig vor,
So sehnt man sich gleich vor das Thor,
    Macht keinen Mertzen-Staub die Sonnen,
    So geht man wenigst in G'sund-Bronnen,
Es ist ein leichts das Kinder freut,
Und denen Alten kürtzt die Zeit.
    Will man noch mehr Ergötzung haben,
    So geht man an den Hirschen-Graben,
Und zeigt den Kindern diese Thier,
Lockt sie dann mit dem Brod herfür,
    Geht wohl der Aehni samt der Ahnen,
    Und zeigt den Enckeln selbst die Schwanen.
Noch ist zu dieser Zeit bewust
Dem Frauenzimmer eine Lust.
    Daß man geht in das Feyelen-Zopffen,
    Da gibt es manchen armen Tropffen,
Der da gezopfft wird mit dem Maul
So bey dem Weibs-Volck selten faul.

APRILIS.

Wenn Ostern bald heran will kommen,
Wird der Gebrauch in acht genommen,
    Daß unter die Kirrweyh man geh,
    Und ja den Palmen-Esel seh,
Die Kinder auch darauf läßt reiten,
G'schichts Jahr einmahl, was solls bedeuten?
    Bald folget die Proceßion,
    Man blieb nicht um viel Geld davon,
Daß man das Geißlen nicht sollt sehen,
Deßgleichen zu den Gräbern gehen.
    Kommt Ostern, so legt Eyr der Haas,
    So wohl in Häusern als im Gras.
Um Oster-Dienstag darf man glauben,
Ist eine Freud ums Eyer-Klauben,
    Früh nach Hausstädten geht die Reiß,
    Gleich nach der Predigt, wie man weiß.
Ist Ostern kaum acht Tag vorbey,
So ist die erste Kirreweyh,
    Doch ists Geld-Lösen nicht gar viel,
    Georgi-Tag verderbt das Spiel.
Was man bey kurtzen Winter-Tagen
Von Leinwand hat zusammen tragen,
    Das bringt man jetzo auf die Bleich,
    Und geht spatzieren so zugleich.
Man findt die Kinder mit den Eltern
Sowohl in Garten als in Feldern.
    Wann der Frühling anmuthig reich,
    Jetzt gibt es auch die Nasen-Leich.

MAJUS.

So bald als nur ankommt der Mayen,
Sich Zimmerleuth und Maurer freuen,
    Und stecken vors Bau-Herren Hauß
    Ein Tannen-Baum der drüber naus,
Weit gehet, doch wie ich jetzt meld',
Daß sie bekomm'n ein gut Trinck-Geld.
    Auch sind sehr viele welche passen,

Wenn es jetzt sey gut Aderlassen,
Sowohl dem Beutel als dem Leib
Da ich die G'späß dann nicht beschreib,
So diß und jene sich erwählen,
Weil es an Zeit und Platz wurd fehlen.
Kurz, da besucht so Herr als Frau,
Den Bach, Schieß-Graben, Rosenau,
Daß das Blut werd im Grünen frisch,
Die sieben Bronnen, sieben Tisch,
Den hübschen Ablaß auch nicht minder,
Da schleppt man mit so Magd als Kinder,
Doch bleibt dem Jäger-Häußlens Prä.
Man fahre, reite oder geh,
So ist der Weeg mit Lust geziert,
Und droben man accomodirt;
Ob gleich der Wirth dort ziemlich schneidt,
Die theure Zech doch niemand reut,
Bey solchem Fall läßt sich nicht spahren,
Man muß auf Wurst und Kutschen fahren,
Und sich ergötzen auf dem Land
Mit Pomerantzen in der Hand.
Deßwegen stehn ja Thore offen.
Vor diesem giengs starck nach Gersthofen,
Weil alles trefflich eingericht,
Und um sein Geld ein Lieb eim g'schicht,
Trutz einem Orth. Ein Zeit her aber
Geht starck die Wallfahrt nach Kriegshaber,
Nach Teffertingen, Geilenbach,
Der Steppner Wirth gibt auch nichts nach,
Und nach Haußstädten gehts auch wacker,
Hingegen trücknet ein Banacker.
Doch was darff ich die Ort beschreiben,
Da man sich thut die Zeit vertreiben?
Die Leuth sind ja gescheid genug
Und auf das delicatste klug.
Den eilften May kan man auch sehen
Mit vielen Creutz und Fahnen gehen,
Bey heilig Creutz, wie schon bekandt,
So all herkommen über Land,
Und in Proceßion hergehn,

Das wunderbarlich Gut zu sehn.
Jetzt thut man auch von Andex kommen,
Da wird der Bach in acht genommen,
   Daß man nach Tisch geht auf den Bach
   Zum braunen Bier. Es ist kein Sach,
Daß man sich thut heraus bemühen,
Sieht die Proceßion einziehen,
   So thun sich jetzt die Kinder sehnen,
   Daß sie bald die Schul-Herren krönen.

JUNIUS.

Von Junio ist vorzubringen,
Daß man darinn hört Pfingsten singen,
   So g'wiß was wilds in einer Stadt,
   So sonst den Ruhm vor andern hat,
Doch einmahl muß mans übersehen,
Daß solche kahle Schwänck vorgehen.
   Der Aberglaube ist so starck,
   Daß man nach Friedberg auf den Marckt,
An dem Pfingst-Dienstag müsse lauffen
Geschirr uud Pretzen einzukauffen,
   Dabey weit mehrers wird verzehrt
   Als all die rahre Waar ist werth.
Rechen und Gablen dieser Zeit
Kauft man jetzt auch ein unterm Veit.
   Ist der Fronleichnams-Tag erschienen,
   Wer wollt zum feyren hier nicht dienen?
Dem Glauben ist man bald geneigt,
Der viel roth im Calender zeigt.
   Man geht wallfahrten auf den Kobel,
   Wo der Prospect ist gar zu nobel,
Da man bekommt ein gut Glas Wein,
Das mag wohl recht ergötzlich seyn.
   Daß geht kein guter Brauch verlohr'n,
   Spazieret man auch in das Korn,
Und sucht den längsten Halmen aus,
Den trägt zum Wunder man nach Hauß,
   Diß ist ein Freud die kan paßiren,
   Weil sie nicht macht viel Geld verlieren.

JULIUS.

Kommt dann der Julius herbey,
So ist auch Ulrichs-Kirreweyh,
  Da wird das Weibs-Volck hefftig lauffen
  Strümpf, Zeug und Spitzen einzukauffen,
Da kan auch mancher Mann nicht wissen,
Wie er von seinem Weib wird besch . . .
  Die Freud nimmt man auch billich mit,
  Daß man geht oder fährt in Schnitt,
Und siehet an den schönen Seegen.
Kehrt aber auch ein unter Weegen,
  Und löscht den Durst durch frischen Trunck,
  Der in der Hitz schmeckt süß wie Hunck,
Das Recht zu thun in allen Sachen,
Läßt man sich Erndte-Küchlen bachen,
  Und daß kein Brauch dahinten bleib,
  Kehrt man auch ein beym Milli-Weib.
In Pfersen, Bergen, und Inningen,
Lechhausen, Haußstädten, Göggingen.
  Es geht, wers nicht weit wagen will
  In Bachen-Anger in der Still
Und sonsten nur zu Fuß muß wandern,
Geht halt von einem Thor zum andern,
  Dann etwann auf den Lug ins Land
  So dieser Zeit sehr wohl bekandt,
Wo unvergleichlich das Aussehen,
Und nur was harts das weit Heimgehen.
  Die Rieden seynd um diese Zeit
  So wohl der Jung'n als Alten Freud
Da läßt man sich ein Lieb geschehen,
Und manchen Batzen drüber gehen,
  Damit ja werd was rechts verthan,
  Hängt Freund und Nachbarschaft sich an,
Ja was man hat mit Müh errungen
Wird hier auf einen Sitz verschlungen.
  Eh Julius geht gar vorbey
  Ist auch Jacobi-Kirreweyh,
Da kaufft man in der Vorstadt ein
Obst, Endten, Hüner insgemein,

Und wer mit Geld versehen nit,
Nimmt wenigst doch Lavendel mit.

AUGUSTUS.

Erscheint der liebliche August,
Da zeigt sich manche Burger-Lust
    An dem Wahl-Tag und läßt sich hören
    Feyrt man der Obrigkeit zu Ehren.
Da siehet man in vollem Staat
Den kleinen wie den grossen Rath,
    Es wird der Tag durch alle Ständ
    Zu der Ergötzung angewendt,
Daß wegen guter Tränck und Speisen
Der Wahl-Tag mög ein Wohl-Tag heissen.
    Da sieht man auch des Jahrs einmahl
    Das Rath-Haus und den Guldnen Saal,
Nicht weniger die finstre Eisen,
Und was darinnen ist zu weisen,
    Den Perlach-Thurn, der gar sehr hoch,
    Besteigt in grosser Zahl man doch.
Der Schwöhr-Tag wird von Jung und Alten
Mit Feyren gewiß recht hoch gehalten,
    Da kan man, wie bekannt, auch sehen
    D'Stadt-Quardi in Paradi stehen,
Im Pfründ-Hof ist auch wohl zu hören,
Wie Bürger ihren Obern schwöhren,
    So thun die Bürger auf den Eyd,
    Im braunen Bier einander b'scheid,
Die Rosenau erfährts am besten
Wann sie erfüllt mit vielen Gästen,
    Die lieber als ein Malvasier
    Sich letzen in dem braunen Bier.
Der Glücks-Hafen kommt auch darzu,
Da lauffen viele Leuthe zu;
    Die wollen ihr Glück selbst probiren,
    Und meynen viel zu profitiren.
Das Frieden-Fest wär nicht begangen
Wann nicht ein Hünlein nach Verlangen,
    An diesem Tage wurd verzehrt,

Wie die öd Red offt wird gehört.
Auch pflegt man jetzt mit den Schmaltz-Bretzen
Des Jahrs einmahl sich zu ergötzen;
    Zumahl am Kinder-Frieden-Fest
    Da sucht man aus das allerbest,
Daß man den Kindern macht ein Freud.
So ist auch jetzt um diese Zeit
    Sanct Lorentz-Tage zu begehen
    Daran ein schöner Umgang z'sehen.
Und gleich darauf hat viel Besuch,
Weil man geht nach dem Würstlen-G'ruch,
    Die Rosenau und der Schieß-Graben,
    Darinn sich manche täglich laben.

SEPTEMBER.

Fangt sich dann der September an,
Deß Jahrs einmahl man sehen kan,
    Die Jahrs-Comödi dieser Zeit,
    Die ist auch der Studenten Freud.
Auch thut man, wie ich hör und seh,
Des Jahrs einmahl dem Geld recht weh,
    Da viel Handwercker kostbar Dänzlen,
    Und ob die Jungfern ihre Kränzlen,
Allzeit heimbringen unverletzt,
Bleibt hie die Antwort ausgesetzt.
    Des Jahrs wird, wie ich jetzund klage,
    Bey mancher Gesellschafft wohl 8. Tage,
Die Föry heissens einig Leuth
Und andre nur schlechtweg die Freud.
    Die man zum Feyren nicht darff zerren,
    Die sehen auch den Lech naus sperren.
Geh'n auf den Ablaß mit Manier
Und trincken da Wein oder Bier.
    Nach Friedberg muß man wieder wallen
    Am Matthes-Tag dem Meeth zu g'fallen,
Auf daß Mutschellen man einkauff.
Und was sonst ist des Jahres-Lauff.
    Es ahnt auch viele unbefohlen
    Die Aderläß zu wiederhohlen,

Da man den Sommer zum Beschluß
Sich auf dem Land ergötzen muß.
   G'wiß muß man auf den Perlach gehen
   Den Thurn-Micheli da zu sehen;
So wird auch jetzt Jahr-Marckt gehalten,
Der wird besucht von Jung und Alten,
   Auch zeigt sich jetzt nebst andrer Burst
   Gemeiniglichs Waldmanns Hanß-Wurst.

OCTOBER.

Nun geht es wieder an ein Schmausen,
Wo Leuthe nur ein wenig hausen,
   Da muß man ein recht Licht-Gans-Mahl
   Anstellen nur nach Wunsch und Zahl,
Daß die Gesellen seynd zufrieden,
So muß man backen, braten, sieden.
   Was man verspahrt ein halbes Jahr,
   Das geht offt drauf bey einem Haar.
Der G'spaß ist auch nicht zu verschmähen,
Daß man jetzt kan ins Lerchen gehen,
   Mithin bey der Gelegenheit
   Den Einlaß sehen unbeschreyt.
Weil auch der Zeit die Schnepffen fliegen
Muß mancher sich derselben biegen,
   In ein Pasteten eingewürtzt
   Und also wird die Zeit verkürtzt,
Bey einem solchen Schnepffen-Mahl
Mit guter Freunde werther Zahl.
   Jetzt wird man auch einkauffen starck,
   So auf dem Kraut- als Rüben-Marckt.
Nun b'sinn ich mich was es geb ferner,
So fällt mir ein der roth Figerner,
   Den man jetzt trinckt vor G'schlier und Durst,
   Dazu gut schmeckt ein tügne Wurst,
Damit man gute Freund tractirt,
Und lange Abend kurtz paßirt.

NOVEMBER.

Der Winter-Monat hat das Recht,
Daß man viel Seelen-Bretzen bächt,
    Und damit als mit rahren Sachen
    Pflegt andern ein Präseńt zu machen.
Rückt dann Martini-Tag herbey
So höret man ein Gans-Geschrey,
    Weil auf diß Fest es eingeführt,
    Daß man die Martins-Gäns tractirt,
So allzeit mästen nur recht fett,
Die Jud- und Christen in die Wett.
    Es gibt auch Leuthe die wie Zeggen
    Sich jetzt einessen in den Schnecken,
Besonders wann der Schul-Wirth sie
Hat zubereit mit Fleiß und Müh,
    Und weil man nicht vors Thor kan kommen,
    Wird der Gebrauch in acht genommen,
Daß man bey Thätlin in der Stadt
Sich auch trinck oder esse satt.

DEZEMBER.

Zur Winters-Zeit soll man schier meynen,
Könnt nichts Ergötzliches erscheinen.
    Allein da ist schon ausgedacht
    Der schöne Brauch der Knöpfflens-Nacht,
Da man an dreyen Donnerstägen
(Ich weiß nicht welcher Ursach wegen)
    Einander b'sucht, und setzet dar
    Obst, Krapffen und noch mehr Nasch-Waar.
Jetzt kommen erst die rechte Possen,
Das erste ist, daß untern Cloßen,
    Man gehen muß, da man bey Licht
    Die Waaren feyl hat, warum nicht
Bey Tag? Es ist leicht zu errathen
Weil man jetzt gerne geht Gaßaten,
    Bestellt einander also fort
    Zur Compagnie ans dritte Orth.
So ist es auch ein schändlich Spotten,

Daß des Christ-Kindleins zwey Vorbotten
Die Bercht und Ruprecht müssen seyn
Die sich der Zeit auch stellen ein,
Doch aber auch gar grosse Schrecken
Bey denen Kindern offt erwecken.
Darauf kommt in gemeßner Reyh
Auch des Christ-Kindleins Kirreweyh,
Da hat man auch bey Lichtern feyl,
Da geht man vor die lange Weil,
Zu sehen und sich seh'n zu lassen
So kalt es ist auf freyer Gassen.
Es kehren gleichfalls insgemein
Die Feyrtag durch die Dotlein ein,
Zu sehen ob von den Christ-Gaben
Sie sich nichts zu erfreuen haben?
Und an dem lieben Kindleins-Tag
Geht hefftig an der Jungfern Plag,
Dann um Lebzelten sie zu hauen
Viel junge Pursch sich lassen schauen.
Und die Comödi macht den B'schluß,
Darein das G'sind man lassen muß.
Jetzt werden sich auch hören lassen
Comödianten auf der Gassen,
Adam, Eva und Teuffel frey,
Die da verführen ein wild G'schrey.
Wann diese noch kaum ausgesungen
Und denen Gassen-Knecht entsprungen,
So stellen sich mit hellem Schein
Auch gleichfalls die drey König ein,
Und lassen sich mit ihrem Stern
Auch in dem alten Jahr noch hörn.
So schaffet auch der kalte Frost
Des Jahrs einmahl recht gute Kost,
Daß man mit Austern oder Brüggen
Sich wisse in die Zeit zu schicken.
Daß Salvo Calculo die Zahl
Von dem Augspurg'schen Jahr einmahl,
So nach den Monath einzuschräncken
Jetzt wäre noch viel zu gedencken;
Wie manchesmahl sich noch befind,

Dazu besondere Pflicht verbind,
    Als die Geburts und Nahmens-Täge,
    Die Hochzeit-Fest und andre Weege,
Daran man sich verbunden acht
Daß sie wohl werden zugebracht.
    Hieher könnt man mit Fug wohl ziehen
    Die Jungfern Höf und Compagnien,
Die man sonst lange Täg genennt,
Und eine Lust, die wohl vergönnt.
    Wann man jetzt über das wollt klagen,
    Und von dem Jahr einmahl viel sagen:
So konnt man werden abgeführt
Mit Gegen-Fragen nach der Zierd.
    Ob man nicht bald an allen Orthen
    Des Jahrs einmahl verkehret worden?
Ein Tag einmahl, wie es steht da,
Wann man Toback-Collegia,
    All täglichs Tag gantz richtig halte,
    Und wann man kaum vom Bett erkalte,
Schon kostbar das Caffee und Thée
All Morgen in Bereitschafft steh,
    Die Chocolade auch nicht minder
    Beliebet jedem, werd als g'sünder.
Ja, daß es in das Geld recht lauff,
So bringt man gantze Kräntzlein auf,
    Und da weiß man schon nach der Reih,
    Wo alle Tag der Einkehr sey.
Diß sey ja übers Jahr einmahl
Ich schweig darauf wie Stein und Stahl,
    Und werde keinen Streit anheben,
    Die Antwort kan ein andrer geben.
Indeß mag aus dem Jahr einmahl
Ein jeder ziehen sein Moral.

2.

Die sagenhafte Stadt

Joseph Fischer vom Peterhof
Marthesia

Gleich den alten Chronisten können wir (...) kaum beginnen, ohne die sagenhafte Amazonenkönigin *Marthesia* zu erwähnen. Ums Jahr 2400 v. Chr. soll sie mit ihrem Frauengefolge nach Eroberung eines großen Teiles von Europa auch an das Ufer des Lechflusses gekommen sein, die dort liegende Stadt erobert, zerstört und wieder aufgebaut haben. Zum Zeichen des Sieges habe sie aber bei ihrer Weiterreise einige besonders tüchtige Amazonen als Besatzung am Orte zurückgelassen.

Wohl wissen wir aus der alten griechischen Mythologie, daß die streitbaren Amazonen auf schnellen Rossen weite Kriegszüge in fremde Lande unternahmen, Städte verwüsteten und andere wieder gründeten. Wenn der Sage nach auch Augsburg der Heroin Marthesia seinen ersten Wiederaufbau verdankt, dann ist es nur zu bedauern, daß die Augsburger dieser tatkräftigen und weitblickenden Frau nicht längst ein Denkmal setzten. Jedenfalls sollten sie ihr in den Herzen eine Gedenktafel errichten und ihr ewigen Dank für die Neugründung der Stadt auf dem erhabenen Landrücken zwischen Zusammenfluß von Lech und Wertach sagen.

Die zurückgebliebenen Amazonen sollen aber im weiteren Verlauf der geschichtlichen Ereignisse ihren einseitigen Frauenbund aufgegeben und sich mit alteingesessenen, kräftigen Männern zu jener glücklichen Vermählung herbeigelassen haben, die fernerhin für Augsburgs Entwicklung so überaus fruchtbringend sein konnte.

Joseph Fischer vom Peterhof
Cisa

Als eine der Stadt Augsburg treu gebliebene Göttin kann *Cisa* bezeichnet werden.

Ihr Heiligtum soll an der Stelle des später dort aufgebauten Stadtturmes, des Perlach, seinen Platz gehabt haben. Sie wurde hier lange vor der christlichen Zeitwende von dem keltisch-vindelikischen Volke als Förderin des Kornbaues und Pflanzens und als Göttin der Fruchtbarkeit hoch verehrt.

Die große Invasion der Römer im nördlichen Alpenvorland während der Regierung des Kaisers Augustus unter dessen Stiefsöhnen Drusus und Tiberius brachte aber den Vindelikern blutige Kämpfe, denen sie zuletzt im Jahre 15 v. Chr. bei der Verteidigung des Cisatempels erlegen sein sollen.

Die Göttin Cisa fand im Verlauf der Geschichte manche Deutung. Einige Chronisten hielten sie für Isis, andere für Ceres oder Cybele. Nach ihr soll die Stadt einst sogar den Namen Cisara getragen haben. Jedenfalls ist Cisa allezeit von den Augsburgern sehr geachtet worden.

Hoch über dem Perlachturm dreht sie sich heute noch als golden leuchtendes Wetterzeichen im Winde. Fünf Fuß hoch ist die sitzende Gestalt, ihr Haupt schmückt die Mauerkrone, mit einer Hand hält sie sich an der Stange der Turmspitze, in der Hand des ausgestreckten anderen Armes trägt sie den Pinienzapfen des Stadtwappens. Als der Stadtbaumeister Elias Holl den Umbau des Perlachturmes vollendet hatte, steckte er am 20. August 1615 »das sitzend Bild« auch hinauf. Ob es schon vordem als bekrönendes Turm- und Stadtzeichen verwendet worden war, kann nur angenommen werden.

In der blutroten Schicksalsnacht des 25. Februar 1944 ist auch der Perlach ausgebrannt und die achteckige »Turmlaterne« zusammengestürzt. Mit ihr fiel auch Cisa hernieder, blieb aber zum Glück an dem steinernen Geländer des Turmkranzes hängen und konnte dadurch der Vernichtung entgehen.

Inzwischen ist der Perlachturm wieder aufgebaut worden. Wie ehedem thront Cisa hoch oben und hält die Zirbel schützend über die Stadt. Die Augsburger blicken zufrieden zu ihr empor. Die Mädchen aber wissen, daß sie grollt, wenn sie sich lose und böse benehmen.

90 n. Chr.
Cornelius Tacitus
Die glänzendste Kolonie der Provinz Rätien

41. (1) Et haec quidem pars Sueborum in secretiora Germaniae porrigitur: propior, ut, quo modo paulo ante Rhenum, sic nunc Danuvium sequar, Hermundurorum civitas, fida Romanis; eoque solis Germanorum non in ripa commercium, sed penitus atque in splendidissima Raetiae provinciae colonia (. . . .)

Der eben erwähnte Teil der Sueben erstreckt sich in die entlegeneren Gebiete Germaniens. Näher – um wie früher dem Rhein, so jetzt der Donau zu folgen – wohnen die Hermunduren, den Römern treu ergeben und darum das einzige Volk der Germanen, das nicht nur am Ufer, sondern auch im Innern, ja sogar in der glänzendsten Kolonie der Provinz Rätien Handelsverkehr treibt (. . . .)

Anm.:
Unter der Kolonie Rätiens ist Augusta Vindelicorum verstanden, das heutige Augsburg, das als Gründung des Augustus von Tacitus Kolonie genannt wird, obwohl es die Rechte einer römischen Kolonie nicht hatte.
(Karl Blümel)

Joseph Fischer vom Peterhof
Afra

Nachdem die Römer das Alpenvorland bis zur Donau unterworfen hatten, begannen sie bald, ihre neue Provinz Raetien mit Straßen und festen Lagern auszubauen. Kurz vor Einmündung der Wertach (vinda) in den Lech (lacus) errichteten sie westlich derselben ein Zweilegionenlager.

Auf der Anhöhe zwischen den beiden Flüssen, doch nicht in räumlichem Zusammenhang mit dem Lager, erbauten sie später – wie ehedem Marthesia und die Vindeliker – ihre Stadt, die nach dem Kaiser Augustus den Namen Augusta Vindelicorum erhielt. Augusta wurde bald der Verwaltungsmittelpunkt der Provinz Raetien und entwickelte sich durch die aus allen Richtungen zusammenlaufenden, kunstvollen Straßen zu einem wichtigen Waffen- und Handelsplatz. Auch als kulturelles Zentrum hat sich die Stadt stark hervorgetan. Ihren Göttern erbauten die Römer Tempel und Altäre, in denen sie besonders Juno, Minerva, Proserpina, Victoria und Venus verehrten. Schon Tacitus konnte Augusta die »überaus glanzvolle Haupstadt Raetiens« nennen.

Über die dort beginnende Christianisierung können wir aus der Geschichte der *hl. Afra* Aufschluß erhalten. Als 302 n. Chr. in Rom unter Diokletian die Christenverfolgung einsetzte, kam der spanische Bischof Narzissus aus Gerona mit seinem Diakon Felix auf der Flucht vor den Grausamkeiten in die Augusta Vindelicorum. Dort fand er Bleibe in der Herberge der ledigen Frauensperson Afra, deren Eltern aus Cypern stammten und die ihre Tochter entsprechend den religiösen Sitten ihrer Heimat zum Dienste der Göttin Venus gegeben hatten. Die Unterkunft lag vor der Stadt, nahe der von Süden kommenden, verkehrsreichen Via Claudia. Die beiden fremden Einkehrer erweckten bald durch eifriges Gebet und sittenreines Benehmen die Aufmerksamkeit Afras. Sie bat um Unterweisung im christlichen Glauben, bereute ihren bisher lasterhaften Lebenswandel und ließ sich taufen. Auch ihre Mutter Hilaria, ihre Verwandten Afer und Dyonisos, außerdem ihre Mägde Digna, Eunomia und Eutropia wurden von Afra bewogen, den Christenglauben anzunehmen. Narzissus soll die Herberge als Sammelpunkt der ersten Christen der Stadt zur Kirche geweiht haben. Nach fast neun Monaten Aufenthalt reiste er wieder nach

Gerona ab, wo er aber nach weiteren drei Jahren den Martyrertod starb.

Dem über die Provinz Raetien herrschenden Landpfleger Gajus war es nicht verborgen geblieben, daß Afra den christlichen Glauben angenommen hatte. Er ließ sie vorführen und verlangte die Rückkehr zu den alten Göttern und als Beweis hierfür das Opfer im Capitol. Da Afra dem christlichen Glauben nicht abschwörte, wurde sie auf einer Lechinsel an einen Pfahl gebunden und bei lebendigem Leibe verbrannt (303 n. Chr.). Ihr Körper blieb aber wunderbarerweise unversehrt. Mutter Hilaria und ihre Verwandten bargen die sterblichen Überreste der Martyrin und bestatteten sie in einer Gruft eines Friedhofes zwei Meilen vor der Stadt.

Auch dieser Vorfall wurde sogleich dem Landpfleger hinterbracht. Er schickte seine Knechte an die Grabstätte der Afra und ließ von den dort weilenden Personen fordern, den Göttern zu opfern. Da sie aber dem christlichen Glauben treu blieben, wurden sie sofort in Afras Gruft geworfen und dort durch Rauch erstickt. Außer Hilaria, Afer, Dyonisos und den drei Mägden starben zu jener Zeit auch fünfundzwanzig andere Christen den Martertod. (...)

Das Grab der reumütigen Sünderin und standhaften Martyrin Afra wurde bald zum Sammelpunkt und Wallfahrtsort heilsuchender, christlicher Pilger, die dort eine Kirche errichteten. Heute ruhen die Gebeine Afras in einem Reliquienschrein der Basilika zu St. Ulrich und Afra, der dort alljährlich an ihrem Namenstag am 7. August gezeigt wird.

Venantius Fortunatus
Gelangst du nach Augsburg....

Si tibi barbaricos conceditur ire per amnes,
ut placide Rhenum transcendere possis et Histrum,
pergis ad Augustam, qua Virdo et Licca fluentant.
Illic ossa sacrae venerabere martyris Afrae.
Si vacat ire viam neque te Baiovarius obstat,
qua vicina sedent Breonum loca, perge per Alpem,
ingrediens rapido qua gurgite vovitur Aenus.

Wenn Dir erlaubt ist, die barbarischen Flüsse zu queren,
so daß Du friedlich den Rhein und die Donau
                                        überschreiten kannst,
gelangst Du nach Augsburg, wo Wertach und Lech
                                        zusammenfließen.
Dort wirst Du die Gebeine der heiligen Märtyrerin Afra verehren.
Wenn der Weg frei ist und der Bajuware Dich nicht hindert,
weil er ja den Brenner besetzt hält, dringe durch die Alpen,
wo sich der Inn in reißendem Strudel dahinwälzt.

3.

Attila
vor Augsburg

»Augsburg, du hasts wohl erfahren,
Was der schädlich Krieg vermag:
Indem du vor vielen Jahren
Offt geführet dise Klag:
Ach, daß doch auf dieser Erde
Einmal wieder Friede werde.
Alles, was lebt und Athem hat,
Lobe den Herren früh und spat.«

(2. Strophe des Liedes Nr. 559 aus dem
protestantischen Gesangbuch 1748)

Ludwig Bechstein
Attila vor Augsburg

Es zieht eine schwarze Wolke
Gen Augsburg gewitterschwer,
Es zieht mit seinem Volke
Der Hunnenkönig her.

Die Brüder weinen und bluten
Und sind von Angst bewegt,
Weil sie mit Flammenruthen
Die Geißel Gottes schlägt.

Viel Städte sind gefallen,
Gesunken in Schutt und Graus;
Zerstörung drohet allen
Der Donnerwolke Gebraus.

Wie hat Aemona gestanden,
Der Städte blühende Zier!
Und kaum ist noch vorhanden
Des Namens Schall von ihr.

Gen Augsburg zieht der Scherge
Des göttlichen Zorns so wild,
Her braust er über die Berge,
Dumpf zittert das Gefild.

Es rauscht vieltausendtönig
Der Krieger Schlachtruf auf,
Da hemmt den Hunnenkönig
Der Lech im Siegeslauf.

Er will den Strom durchschreiten,
Der rasch vorüber schoß,
Da nahet sich von Weitem
Ein Weib auf dunklem Roß.

Und hinein in des Stromes Toben
Der König sie reiten sah,
Und warnend die Hände erhoben
Ruft sie: »Retro Attila!«

So dreimal das Gleiche tönend,
Die düstre Warnerin ruft,
Dann, wie den König verhöhnend,
Zerfließt ihr Bild wie Duft.

Und sinnend lenkte der Starke
Sein zitterndes Roß hinweg,
Erschüttert im tiefsten Marke,
Und ritt nicht über den Lech.

Sage
Der heilige Ulrich mit dem Fisch

Einmal saß der heilige Ulrich in stiller Zelle des St. Afrastiftes zu
Augsburg, vertieft in dem Lesen der heiligen Schriften. Da läutet es
an der Pforte des Hauses, und Konrad, des Bischofs lieber Bruder
von Konstanz, ward angemeldet. Freudigen Herzens umarmte
ihn der Bischof, weil er ihn lange nicht gesehen, und unterhielt
sich mit ihm in vertraulichen Gesprächen. Auch wurde ein mäßi-
ges Mahl bereitet, den willkommenen Gast zu erfrischen. Während sie noch bei Tische saßen, kam ein Bote des Herzogs von
Bayern, welcher ein Schreiben seines Herrn überbrachte. Der Bischof befahl, den Boten auf's beste zu bewirthen und ließ ihm, im
Augenblicke nicht bedenkend, daß Fasttag war, gebratenes
Fleisch vorsetzen. Der Bote ließ sich das schmecken, und nahm
auch soviel davon mit auf die Reise, als er konnte. Unterwegs aber
bedachte er, wie er den frommen Bischof von Augsburg in der guten Meinung und Achtung seines Herzogs herabsetzen sollte. Also
begab er sich mit dem noch übrigen Stück von Braten an den Hof
und zeigte es seinem gnädigen Herrn mit den Worten: »Sehet
doch her, das sind die Fastenspeisen des frommen Ulrich zu Augsburg!« In dem Augenblick aber, da ihm das Wort entfahren, hielt er
keinen Braten, sondern einen gebratenen Fisch in Händen, also
daß er selbst vor Bestürzung kaum seinen Augen traute. Der Her-

zog aber erkannte wohl das Gottesgericht, wodurch die Ehre des frommen Bischofs gerettet, die Schande des Verläumders aber aufgedeckt worden. Der Diener bereute es jedoch von Herzen, einen Heiligen Gottes gelästert zu haben, und bat den Herzog kniefällig um Verzeihung.

Zum Angedenken an diese Begebenheit wurde der heilige Ulrich allezeit auf Bildwerken mit einem Fischlein in der Hand vorgestellt.

Aus der »Vita Udalrici«
Augsburgs Verteidigung durch Bischof Ulrich

Im Jahre 955 seit der Menschwerdung Unseres Herrn Jesus Christus brachen die Ungarn in solchen Massen los, wie keiner der Lebenden sie jemals erblickt hatte. Sie durchzogen und verwüsteten das Land der Noriker von der Donau bis zum Schwarzwald ... Sie belagerten auch Augsburg, das mit seinen niederen Mauern und ohne Festungstürme wenig geschützt war. Doch hatte der heilige Bischof Ulrich viele treffliche Ritter in der Stadt zusammengezogen, und deren Wachsamkeit und Kühnheit bildeten mit Gottes Beistand eine gute Wehr.

Als diese Ritter die Ungarn die Stadt umzingeln sahen, wollten sie ihnen entgegenziehen. Damit war jedoch der Bischof nicht einverstanden, sondern ließ das am meisten gefährdete Tor stark verrammeln. Vor dem Osttor, das zum Wasser führt, standen die Ungarn in solch dichten Scharen, daß sie meinten, sie könnten den Durchbruch auf der Stelle erzwingen. Aber die Ritter des Bischofs leisteten vor dem Tore tapferen Widerstand, bis einer der Vorkämpfer der Ungarn, zu dessen Führung die Feinde besonderes Vertrauen hatten, fiel. Als sie diesen tot niederstürzen sahen, ergriff sie entsetzliche Furcht, sie hoben unter Wehklagen seine Leiche auf und zogen sich in ihr Lager zurück. Der Bischof saß während des Kampfes, mit der Stola bekleidet, ohne Schild, Helm und Brünne hoch zu Pferde; keiner der zahllosen Pfeile und Steine traf ihn.

Nach dem Kampfe kehrte der Bischof zurück, ritt rings um die Stadt und ließ überall an geeigneten Stellen Wighäuser errichten, an denen die ganze Nacht gearbeitet wurde, und soweit es in der kurzen Zeit möglich war, die Schanzpfähle erneuern. Er selbst betete die ganze Nacht und hieß den einen Teil der Nonnen zu Augsburg mit Kreuzen in der Stadt Bittprozessionen abhalten, den anderen sich demütig zu Boden werfen und die Gottesmutter Maria um Schutz für das Volk und um Befreiung der Stadt anflehen. Erst kurz vor Tagesanbruch gönnte Ulrich seinem Körper etwas Schlaf, doch brachte er schon nach Beendigung des Chorgebetes bei dem ersten Morgenstrahle das heilige Meßopfer dar. Nach diesem reichte er allen die heilige Wegzehrung und ermahnte sie demütig, im rechten Glauben zu verharren, alle Hoffnung auf Gott zu setzen, und verhieß ihnen mit den Worten des Psalmensängers David: »Und ob ich schon wanderte in dem finsteren Tale, fürchte ich kein Unglück, denn du bist bei mir«, feierlich Rettung. Kaum hatte der Bischof seine heilsame Ermahnung beendet und der erste Morgenstrahl die weite Erde erhellt, da schloß das Ungarnheer in unglaublicher Menge die Stadt von allen Seiten ein und schleppte mancherlei Sturmgerät herbei. Als alle Vorbereitungen zum Kampfe getroffen und alle Schutzwehren der Stadt mit Verteidigern besetzt waren, trieben einige Ungarn die Massen ihrer Krieger mit Geißeln zum Sturm vor. Wie aber diese die Menge der deutschen Kämpfer in den Schanzen sahen, wagten sie, von Gott erschreckt, nicht näher an die Mauern heranzukommen.

So war man in und außerhalb der Stadt zum Kampfe bereit. Da erschien plötzlich Berthold, der Sohn Arnulfs, und meldete dem Ungarnkönig den Anzug des ruhmreichen Herrschers Otto. Der Ungarnkönig ließ nun sofort ein Trompetensignal geben, das das ganze Heer vom Sturme abrief, und alle Ungarn sammelten sich an einer Stelle zur Beratung. Nach dieser hob der Ungarnfürst nach Gottes Fügung die Belagerung von Augsburg auf und (wurde dann von Otto völlig besiegt).

Richard Billinger
Das Augsburger Jahrtausendspiel

Augsburg, 8. August 955. Angst und Schrecken herrschen in der vom Feinde bedrohten Stadt. Die Bevölkerung reagiert verstört bis zur Hysterie. Das Schreckgespenst von der meuchelnden ungarischen Soldateska macht die Runde. Außerdem sieht man sich allein gelassen. Der zu Hilfe eilende König und seine Truppen sind noch

weit, der Feind aber bereits vor den Toren der Stadt. Als am Nach-
mittag des 8. August vor den Ungarn Flüchtende um Einlaß und
Obdach bitten, erreicht die aufgeheizte Stimmung der Augsburger
ihren Siedepunkt . . . (W. K.)

Vor dem Stadttor. Nachmittag des 8. August 955. Signale von allen
Türmen. Es klingt in ihnen die Warnung vor dem androhenden
Kriegsunwetter. Dem Tor der Stadt Augsburg streben Flüchtende
zu, schleppen ihre Habe auf Karren und Tieren, die Angst jagt sie,
die Furcht zeichnet ihre Gesichter.

Flüchtende:	Da schaut's hi,
	's Tor der Stadt Augsburg!
	Jetzt ham mas überstanden.
	Nehmt's uns auf, laßt's uns ein!
	d'Hunnen jagen uns!
Augsburger Bürger:	Immer mehr wern's die flüchtenden Leut?
(untereinander)	Sin ma selber gnug Leut zum essen.
	Kann mer ihne a Zuflucht net wehre.
	Wo solln's denn hi?
	Wo kommt ihr denn her?
Flüchtende:	Mir kämma vom Boarischen umma;
(untereinander)	mir simma im Allgai dahoim, bis vom Salz-
	burgischen samma doher gflücht.
	Aber jetzt geht's schier nimma,
	sin uns eh die alten Leut'ln
	am Weg zammbrochen.
	Wer net gstorben is,
	dem hat der Ungar den Garaus gmacht.
	Wünsch' ma neamd a solches Gschick.
	Übers ganze Bayernland sans hergfalln.
	Überall hat ma ghört,
	a einzige Stadt tut noch aushaltn,
	Augsburg.
	Alles setzt die ganze Hoffnung
	auf eure Stadt und euren Bischof Ulrich.
Felix:	Des ham mer davon.
Flüchtende:	A Marterweg war's bis daher, immer die
	Ungarn hinter uns drein.
	Immer wieder ham ma uns aufgrafft,
	mit der letzten Kraft hergschleppt.

Augsburger Bürger:	Hätt mer's net aufhalte könna?
Flüchtende:	Was willst denn gegen *die* ausrichten?
	Die komma daher,
	so was habts euer Lebtag no net gsehen.
	Wie der Sturmwind sind ihre Rösser schnell,
	nix kann dene widerstehen,
	all's überrennen's.
	Kei Kirch und kei Kloster is dene heilig.
Augsburger Bürger:	Da wird's Zeit, daß der
	König z'Hilf kommt!
	Allei schaff mer des net!
	Und die vielen Leut!
	Wohin damit?
Flüchtende:	Gebt's uns Obdach!
	Helft's uns!
Pankraz:	Severin, mußt die alle reinlassen?
Severin:	So hat's der Bischof angschafft.
Der Fremde:	Und recht hat er.
(auftretend)	Ist Christenpflicht,
	dem Nächsten beizustehen.
	Nur herein in die Stadt!
	Platz ist für alle da.
	Nur herein!
	Immer mehr!
Pankraz:	Wer bist denn?
Fremder:	Auch einer, der fliehen mußte.
Flüchtende:	Dürft's uns glauben,
	wir san net zum neidn.
Augsburger Bürger:	Habt's alls hintlassen müsse?
Flüchtende:	Alls ham ma verlorn.
	Kei Mensch kann sich des vorstellen.
	Wie's höllisch' Ungwitter
	brechen's rein,
	derschlagen zerst alle Manner,
	fallen über d' Weibsbilder her,
	schinden die alten Leut,
	bis mit'm Geld rausrucken,
	treiben's Vieh davon und
	z'guter Letzt zünden's alles an.

Augsburger Bürger:	Geht scho jahrweis so
	mit de Hunnen.
	Wär scho zum wünschen,
	daß der König Otto
	a End macht mit dene.
Der Fremde:	Von dem ist weit und breit
	nichts zu sehen!
Volk:	Was! Is der *no* net bald da!
	Der laßt si Zeit!
Der Fremde:	Es wird allerhöchste Zeit!
	Blitzgeschwinde ist der Ungar!
Flüchtende:	Die sin zum fürchten.
	Bis di umschaust,
	san's da mit ihre kleine Pferd
	und scho wieder fort.
Felix:	Da sin die Unsern alls
	z'langsam.
	Mit der Reiterei sin mer hint dran.
Flüchtende:	Nehmt's uns auf!
	Laßt's uns ein!
Monika:	Die sin wirklich zum
	d'rbarmn. Kommt's rei zu uns!
Flüchtende:	Endlich ham ma's überstanden, find ma a
	Zuflucht!
Stadthauptmann:	Scho wieder kommen's,
	werden immer mehr!
	Alle mitsamt gehn wir so zugrunde!
Severin:	Glaubs selber scho bald.
Der Fremde:	So redet ein Stadthauptmann!
Stadthauptmann:	Was steht der da immer herum;
	führt das abträglich Wort!

(Der Fremde tritt etwas zurück.)

Felix:	Mit'm Schwert und der Lanze
	kommst *dem* Feind net an.
Der Fremde:	Wie die Regentropfen im Gewitter
	fliegen dem seine Pfeil,
	nicht zu zählen so viele,
	als tät das Krähenvolk auf

	einmal alle seine schwarzen
	Federn verlieren.
Stadthauptmann:	Sperr's Tor zu, Severin!
	Sonst fressen uns die
	flüchtigen Leut auf.
Severin:	Und was sagt der Bischof!?
Flüchtende:	Was, wir fressen deim Bauch d'Sach weg!
	's Tor will der zusperren!
	Hast kei Herz mehr für uns gschlagne Leut?
	Wir halten's Tor offen, der Letzte
	von uns muß rein!
Stadthauptmann:	's geht nimmer anders.
	Ich bleib dabei:
	Der Bischof wird oft von
	seinem zu milden Herzen betört.
Flüchtende:	Der Bischof der is scho der Rechte.
Felix:	Geht uns allen an den Kragen!
	Wegen dem Bischof kommen's da her zu uns,
	die Flüchtigen und die Ungarn!
	Ham mer's ja ghört vom Ungarfürst.
Matthä:	Wo mag der jetzt sei?
Pankraz:	Der hätt uns net auskommen dürfen!
	Des wern mer noch büßen müssen.
Der Fremde:	Hättet ihr besser
	auf ihn Acht gehabt!
	Mit ihm ist viel verloren.
Stadthauptmann:	Ach, wegen so einem Ungar da!
	Da wird's schon was sein!
Felix:	Der Fremde is net der Dümmste,
	Herr Stadthauptmann.
	Der weiß mehr als wir!
Stadthauptmann:	Was weiß er denn?

(Der Fremde zuckt höhnisch die Achseln.)

Felix:	Mir hat er's heimlich gsagt:
	Der König laßt uns im Stich!
Umstehende:	Was, der laßt uns im Stich!
	Der König!
	Dann sin mer verlorn.

50

Stadthauptmann:	Jetzt hab ich's satt,
	des Gered da.
	Packt's *den* da!
	In den Turm mit ihm!

(Der Fremde entschwindet im Volk.)

Einige:	Den kannst net fassen.
(nach dem Fremden	Wie a Fisch schlupft er dir durch d' Hand!
haschend)	Wo is er hi?
Andere:	Fort is er wie der Wind!
	Dort über den Dächern,
	läßt er sich von den Raben davontragen.
Volk:	Wo? Wo?
Severin:	Dort! Dort!
Stadthauptmann:	Hat uns wieder der Höllische genarrt?
Volk:	Ja, der is wieder!
Stadthauptmann:	Laßt euch nicht an der Nas herumführen!
	In der Notzeit blüht dem Teufel sein Weizen.

(Zu Severin.)

	Mach's Tor zu!
Neue Flüchtende:	Laßt's es Tor auf!
	Net zumachen!
	Ganz nah sin's scho da, die Ungarn,
	ihr wild's Gschrei ham ma noch in di Ohren!
	Schnell laßt's uns nei, schnell, bevor's z'spät
	is!
	Auf die Knie bitt ma euch, laßt's Tor auf,
	d' Angst bringt uns um!
	Helft's uns, helft's!
Stadthauptmann:	Die ganze Stadt is übervoll.
	Es geht nimmer!
	Severin, 's Tor machst auf der Stell zu!
	Ich schaff's an!

*(Severin macht mit einigen das Tor zu,
die Flüchtenden stemmen sich dagegen.)*

Eine Bäuerin:	Mei Ma is no net herinna, mei Ma, mei Ma!
Flüchtende:	*(von draußen)* Auf! Macht's auf!
	Laßt's uns nei!
	Ihr wollts Christenmenschen sein?
Augsburger Bürger:	Wege euch Landleut müß mer uns zamm-
	drucke!
Felix:	Wie d' Fledermäus unterm Kirchadach häng
	mer bald beianand.
Flüchtende:	Da sieht ma's, in der Not wann d'bist,
	na bist hergschenkt.
Augsburger Bürger:	Wir Stadtleut ham ja selber nix.
	Wie solln mer denn euch alle füttern?
Matthä:	So kriegn mer alle bald die billig Ewigkeit.
Bäuerin:	Mei Ma is no draußen, mei Ma!
Flüchtende:	*(von außen)* Machts auf!
	Laßt uns endli nei!
(schlagen	Könnt's uns doch net umkomma lassen, da
an das Tor)	herausd!
Bäuerin:	Mein Ma muß i habn!
Flüchtende: (von	's Tor auf!
innen und außen)	's Tor auf!
Augsburger Bürger:	's Tor bleibt zu!

(Es entsteht ein wildes Handgemenge.)

Der Blinde:	Der Bischof is da!
	Der Bischof!
	Hörts auf!
Stadthauptmann:	Haltet's ein!
	Augenblicklich!
	Der Herr Bischof kommt!

(Alles hält inne.)

Severin:	Jetzt geht's mir schlecht.
	Da hast mir was eibrockt, Stadthauptmann!
Stadthauptmann:	Den Kopf kost's net.
	Sei still!
Severin:	I muß alls ausfresse, hab'm Bischof sein
	Befehl net g'acht.

Der Blinde:	Er kommt;
	von ihm geht der Friede aus, er hat die starke Hand,
	er zeigt uns überall den rechten Weg.
	Der Bischof ist da!
Bischof Ulrich:	*(zum Stadthauptmann)* Was ist geschehen, Stadthauptmann?
Bäuerin:	*(drängt sich zum Bischof)* Mei Ma is no draußn!
	's Tor ham's wieder zugmacht.
	Mei Ma, mei Ma!
Flüchtende:	*(von außen)* Laßt's uns nei!
Stadthauptmann:	Mit Verlaub, hochwürdigster Herr Bischof, Augsburg allein kann net's ganze Land aufnehmen.
	Wir ham's Tor zugemacht.
Bischof Ulrich:	Das Tor auf!
	Ich hab's gesagt, und ihr werdet's tun!
Stadthauptmann:	*(gekränkt)* Mach's Tor auf, Severin!
Severin:	Glei mach i's auf.
	I hab's so net zutun wollen.
Flüchtende:	Gott sei Dank!
(einziehend)	Jetzt sin ma aus der Not!
Bischof Ulrich:	Kommt alle herein!
	Ist für jeden Platz da!
	Soll jeder eine Ruhstatt finden,
	jeder zu essen haben.
	Allen, denen die Furcht ihr schwarzes Antlitz zeigt, wollen wir das Licht der Stadt Augsburg schenken.
Flüchtende:	Dem Bischof unsern Dank!
	Bischof Ulrich, der is unser großer Helfer!
Stadthauptmann:	Wir werden's noch bereuen müssen, Bischöfliche Gnaden!
	Trägt keine Bruckn, kein Steg mehr, als er zu tragen vermag.
Bischof Ulrich:	So werden die Engel
	die Bruckn und den Steg tragen helfen, Stadthauptmann.

Theodor Heuss
Von der Lechfeldschlacht zum Dieselmotor

Als ich mir überlegte, warum Euer Bürgermeister von der Kriegs-
geschichte des Lechfelds mich freundlich entbunden hatte, geriet
ich in leichte Verwirrung. Wohin legst du denn die Akzente, wenn
du auf Augsburgs Aufstieg und seine deutsche Sonderleistung
blickst, auf Wirtschaft, Kunst, Politik, Religion? Der gewerbliche
Fleiß, das handwerkliche Geschick ist gewiß das Primäre gewesen, das das Gewicht der Reichsstadt gewordenen Augusta voran-
trug, so daß die Leinenweberei als Grundelement einer Wohl-
standsentwicklung, der Fernwirkung in einer wahrlich verwandelten Welt heute noch in Augsburg spürbar ist. Die Gold- und Sil-
berschmiedekunst, die den wachsenden Reichtum der Heimat als
Basis wußte, dann von der heimischen Grundlage sich lösend,
teilweise lösend, die wagende Unternehmung in die Ferne durch
den Handel, durch das Handelshaus hinaustrug, die Periode, die
man dann später Frühkapitalismus genannt hat. Der Name Fugger
tritt auf mit dem wundersamen Akzent einer frühen sozialpoliti-
schen Arbeit in der Fuggerei, die ich, ich weiß nicht wie oft in meinem Leben, besucht habe. Aber dann das Ausgleichende in Tirol,
in Kärnten, auf dem Balkan, in Spanien – Kupfer, Kupfer – und für
dieses Metall schafft das Haus Fugger ein europäisches Monopol.
Und daneben die Familie Welser, die mit den Ehingers aus Ulm zusammen von einem Privatheer Venezuela für sich erobern läßt. Es
bleibt bei einem Geschichtsrückblick immer die erstaunlichste
Anekdote, daß von dieser Binnenstadt Augsburg aus, nicht von
den an den Meeren gelegenen Hansestädten, der Zug in die Welt
ging, und Augsburg wurde eine Weltstadt, oder doch zu einem
Hebel der Weltgeschichte. Sein Reichtum finanziert, so darf man
annehmen, um in zivilen Ausdrücken zu bleiben, die Wahl des
Spaniers Karl, Kaiser Maximilians Enkel, zum deutschen König.
Der andere Anwärter war Frankreichs König Franz I. Um dieses
Jahr 1519 herum macht, indem Karl gewählt wurde, Augsburg
Weltgeschichte. Es wäre müßiger Zeitverbrauch, der verwegenen
Möglichkeit der anderen Entscheidung nachzudenken, daß der
französische König deutscher König und Kaiser geworden.
Karl V., der Augsburg seinen Aufstieg verdankt, hat den Herr-
schaftsauftrag groß gesehen. Er ist einer der stärksten und merk-
würdigsten Erscheinungen der deutschen Geschichte geworden.

Er mußte zuerst dem französischen Rivalen die politische Nieder-
lage militärisch bestätigen, aber während er nun den Cortez drüben sah, der Mexiko für ihn eroberte und neues Spanien schuf,
mußte er erfahren, daß in diesem Reich der Deutschen, das er
geerbt, zwei Jahre zuvor im nördlichen Bezirk ein Theologiepro-
fessor, der ein geringer Mönch gewesen war, die äußere Ordnung
und die inneren Glaubenszüge der christlichen Kirche in Frage
stellte – Martin Luther. Nach den Präludien der Auseinandersetzungen, die hier Luther im Gespräch mit Kajetan sahen, nach den
Auseinandersetzungen in Worms und Speyer wurde Augsburg als
Stätte von Religionsgesprächen, mehr aber von entscheidungs-
starken Reichstagen wieder Mitte innerer deutscher Geschichte:
1530 die Confessio Augustana, 1555 der Augsburger Religionsfrieden. Diese Rückschau kann nicht die religiösen, die dogmati-
schen, die kirchenorganisatorischen, die politischen Positionen
würdigen wollen. Sie durchdringen sich gegenseitig. Das Territo-
rialfürstentum in seinem Anspruch ist nicht durch die Reformation gestärkt worden, es war vorher schon vorhanden, in den
lahmen Jahrzehnten des Friedrich III. erstarkt, so daß die 1495 be-
gonnenen Versuche, eine Reichsreform der Vereinheitlichung
herbeizuführen, im letzten Papier blieben. Die Stände, gegenüber
der kaiserlichen Reichsidee mißtrauisch, der Kaiser selber bei aller
strengen katholischen Frömmigkeit mißtrauisch gegenüber
Rom, auf seine eigene Vollmacht in diesem Bereich bedacht. Ich
werde mich sehr hüten, in dem Augsburger Religionsfrieden, wie
es jetzt gelegentlich geschehen ist, einen Vorfeldsieg der sogenannten Toleranz-Idee zu sehen, die erst nach bald zweihundert
Jahren langsam Macht im öffentlichen Bewußtsein errang. Der Religionsfrieden ist ein Kind des sorgenden Erschöpfungsgedan-
kens. Karl selber überließ ja die Führung und Entscheidung seinem Bruder und Nachfolger Ferdinand, und wir wissen, daß fünfzig Jahre später die konfessionell betonten, doch auch zum Teil
machtpolitisch bestimmten Spannungen wieder da waren. Und
dann dreißig Jahre Krieg.

Nun genug davon. Das Denken über Augsburgs sachliche und
symbolische Bedeutung für das deutsche Schicksal verführt, vom
Allgemeinen zu sprechen. Und dabei hat doch auch das ganz Spe-
zielle seine so herrliche Leuchtkraft: Burgkmair, die Holbeins,
und im Jahre 1956, da wird Augsburg wieder jubilieren. Es wird
sich in der Welt herumsprechen, daß Wolfgang Amadeus Mozart

eigentlich etwas wie ein Augsburger ist, zum mindesten, wenn auch in Salzburg geboren, ein halber Augsburger. Und in Salzburg scheinen s' so nett zu sein, den halben wenigstens zu erlauben. Und das ist in dem überstaatlich gesehenen schwäbischen Raum eine tröstliche Sache. Denn so überaus Starkes dieser schwäbische Gesamtraum im Dichten und Denken, in den Provinzen der bildenden Kunst, des technischen Erfindens geleistet hat, Leistungen von Weltgeltung, der große Musiker fehlt in dieser Statistik. Aber das war vielleicht ein gefährliches Wort: »Schwäbischer Gesamtraum«, denn Augsburg ist seit 150 Jahren eine bayerische Stadt. Ich kann nun unter Eid versichern, vielleicht ist es gar nicht jedem recht, daß ich mich niemals an dem romantischen Rationalismus beteiligt habe (so was gibt es ja auch), die alten Stammesherzogtümer oder späteren Reichskreise wiederherzustellen. Ja, mir schien es und scheint es, bei allem Sinn für das spezifisch Heimatliche, ein Gewinn für das moderne Staats-, für das Reichs-, für das Bundesgefüge, welches geschichtlich ergab, daß Stammesarten ineinander verklammert sind. Und hier erhält aber nun die alte Reichsstadt, bayerisch geworden, gleich wieder ihren sonderlichen deutschen Akzent. Der große Verleger vor anderthalb Jahrhunderten, Cotta, hatte im Jahre 1798 in Tübingen begonnen, 1803 in Ulm die Sache fortgesetzt und ging 1810 mit seiner »Allgemeinen Zeitung« nach Augsburg. Er hatte ein Gefühl dafür, daß der König Max wohl liberaler sei als sein Friedrich. Augsburg wurde für Jahrzehnte die Mitte der deutschen Publizistik. Und hierher, an das Randschwaben, kam 1840, da ihm das Kernschwaben die rechte Heimat weigerte, nach der Tragik seines Wanderlebens, Friedrich List. Auch das scheint mir fast symbolisch. Sein großes Werk, das »Nationale System der politischen Ökonomie«, ist hier vollendet worden. Der Ruf nach der gewerblichen Verselbständigung der Heimat, es war ein Ruf in die Weite, er wurde in der Nähe gehört.

Und das, was für die Frühzeit der alten Reichsstadt einmal so wichtig gewesen ist und so lockend bei der Betrachtung, tritt nun wieder ins Bewußtsein. Das neue Heraufwachsen der wirtschaftstechnischen, der wirtschaftspolitischen Energien: Spinnerei, Weberei, Maschinen. Es war ein Neubeginn. Und dazwischen, vor dem Neubeginn, ein Ende. Ich will ihm kein sonderliches Gewicht geben. Als 1866 wieder einmal der Kampf um die Gestalt des deutschen Schicksals geführt wurde, bestätigte sich hier in den »Drei

Mohren« der Deutsche Bund, von Frankfurt hierher flüchtend, sein Ende. Es war eine kärgliche Sache. Aber die Geschichte der Stadt mochte ihr doch den Rahmen ihrer Würde leihen. Und dann das Revolutionäre: Ein in Paris geborener Mann, dessen Vater aus Memmingen stammte, Rudolf Diesel, findet hier den Partner Buz. Was den Welsern nicht gelang, gelingt ihm. Er erobert eine Welt.

Sie müssen mit mir nachsichtig sein. Ich war gebeten worden, zur Schlacht vom Lechfeld meine Jubiläumsmeinung zu sagen, und ich versuchte, es in meiner Art zu tun. Und jetzt rede ich vom Dieselmotor. Das ist wahrscheinlich nicht die richtige Art. Aber es lockt mich, deutsche Geschichte in der Spiegelung der Geschichte dieser Stadt mir selber und auch Ihnen zu vergegenwärtigen. Nehmen Sie es als eine sonderliche Art von Liebeserklärung und als Dank für die Fülle der Gaben, die mit Augsburgs Namen und Leistung verbunden sind und verbunden bleiben werden!

Oswald von Wolkenstein
Gen Augspurg zu den freulin zart

Wol auf, gesellen, an die vart
gen Augspurg zu den freulin zart,
und wer da hat ain langen part,
der mag gewinnen preise.
Auch wer desselben nit enhat,
der pleib da haim, das ist mein rat,
oder er mocht werden mat
und darzu kurzlich greise.
Sein freud möcht im wol werden ganz,
ob er möcht komen an den tanz
all zu den freulin glanz,
die duncken sich so weiss.
Des hab ich wol genommen war.
do kom ich auf das tanzhawss dar,
ich trug ain part gar wolgevar,
der geviel in schon mit fleiss.

57

Zwar aine sprach, si het den sit
vormals mer gesechen nit
wann von der gaiss. hielt ich es mit,
es deuchte mich geswacht,
Das si mich zu der gaisse schaczt;
mich dawcht, si wer auch vor gehaczt
und het sich mit den füxsen kraczt,
also hab ichs petracht.
Do wir nach der snür hin sprungen,
an dem tanz all umbhin drungen,
mich daucht, mir wer vil pass gelungen,
het ich des barts nit bracht.
den solt ich haben abgeschaben,
do ich reiten wolt gen Swaben
zu den fraun und zu den knaben,
het ich es recht pedacht.

Die sprach, ich wer ungeschaffen,
und gleicht mich zu ainem affen.
also kan si die gastlin sträffen
fur all, die da sind
oder die noch künftig werden.
daz kan si auch wol umbhin kern
in den sprung hoch von der erden:
nun huzsch, mein liebes kind!
wie wol si kan, die liebe dock!
wenn si hat an den weissen rock,
so fert si umbhin recht als ain bock.
si geswier oder ich wer plind,
darumb das ich nit wol gesich
zur grechten seitten ungelich,
da von so reib sich nit an mich,
ain narren si an mir findt.

Sage
Der Witwenräuber von Ustersbach

Else von Egen oder Argon, des Rehlingers Wittwe, ward um ihrer Schönheit willen von manchem Freier bedrängt. Endlich bot sie dem Ritter Marquard von Schellenberg ihre Hand. Als nun der Brautzug nach Seifriedsberg, dem Schlosse Marquards, daherzog, lauerte Kunz von Villenbach, ein verschmähter Liebhaber, mit zweihundert Reisigen im Walde bei Ustersbach, des Willens, dem Schellenberger die Braut mit Gewalt zu rauben. Der Brautzug mit vielen Wägen, nur von etlichen vierzig Reitern geleitet, hatte sich zu Gessertshausen, wo gerastet und in der Kirche gebetet wurde, verspätet, und war bei anbrechender Nacht weiter aufgebrochen. Das Brautpaar befand sich von Fackeln umgeben in der Mitte des Zuges. So gelangten sie in den Wald von Ustersbach, an die Stelle, wo der Villenbacher im Hinterhalt lauerte. Da fliegt ein Pfeil aus dem Dickicht und in demselben Augenblicke sinkt der Schellenberger neben der Braut todt vom Pferde. Darauf stürzte der Villenbacher hervor, bemächtigte sich der schönen Wittwe, und brachte sie gebunden nach seiner Burg.

Diesen Mord und Straßenraub rächte Elsens Bruder, Peter von Argon, welcher damals Bürgermeister in Augsburg war. Er vermochte den Rath zu dem Beschlusse, die Burg, von welcher so viel Unheil ausging, zu brechen. Die Reichsstadt bot demnach ihre Söldlinge zum Zuge und zur Belagerung von Villenbach auf; an ihre Spitze trat ein von Else gleichfalls Verschmähter, Hans von Königseck, der sich indeß großmüthig auf seine Burg zurückgezogen hatte. Dieser lagerte sich vor Villenbach und forderte den Kunz auf, die Geraubte herauszugeben und wegen des Todtschlags und Straßenraubs Schadenersatz zu leisten. Der Antrag wurde zurückgewiesen, darauf die Burg bestürmt. Kunz wehrte sich tapfer, erst beim dritten Sturme gelang es den Belagerern, die Burg zu erobern.

Während der Belagerung war Else, da sie Kunzens Anträge standhaft zurückwies, in ein Burgverließ gebracht worden; man hatte ihr noch acht Tage Bedenkzeit gestattet. In dem Augenblicke der Erstürmung schleppte sie Kunz sammt seinen Schätzen durch einen geheimen Gang aus der Burg und führte sie geknebelt von dannen.

Als Hans von Königseck die Burg leer fand, vertheilte er seine Reisige in Rotten zu zehn Pferden und ließ den Flüchtling nach jeder Richtung verfolgen. Es währte aber nicht lange, da erreichte Hans selbst in dem Walde gen Boxberg die Fährte des Flüchtigen und stieß ihn in dem Augenblicke nieder, als dieser zum Morde der schönen Else sein Schwert gezogen hatte.

Darnach wurde die Burg Villenbach in Brand gesteckt und zerstört, Else aber zu ihren Verwandten und ihrem Kinde aus erster Ehe nach Augsburg gebracht. Dort reichte sie ihrem Befreier die Hand.

Noch erhält sich die Volkssage von der Belagerung und Zerstörung der Burg Villenbach in der Umgegend und noch sind die Leute nach Schätzen lüstern, welche Kunz bei seiner schnellen Flucht nicht mit fortschaffen konnte.

Paul von Stetten d. Jüngere
Selinde, eine Ritter-Geschichte

Elisabetha R*** von Augspurg, welche hier Selinde heisset, eine gebohrne Egen, und Schwester des unter dem Namen Peter von Argon berühmten Burgermeisters, wurde Wittwe. Da sie reich, jung und schön war, suchte sie ein mächtiger Ritter aus der Nachbarschaft Marquart von Sch*** der hier Huldreich heißet, zur Ehe und verlobte sich mit ihr.

Da wo wir jetzt des Friedens Glück genießen,
Wo Lech und Wertach sich gedrängt zusammen gießen,
Wo Augsburgs Pracht auf breiten Hüglen glänzt,
Ganz Deutschland ziert und Schwabenland begränzt,

Da war vordem ein Schauplatz kleiner Kriege,
Und muthiger mit Ruhm erfochtner Siege
Oft kämpfete zu Gunst der Frauen hier
Ein Ritters-Sohn im fröhlichen Turnier,
Noch mehr im Feld mit wohl geübten Wehren
Der, die sich ihn erwählt, zu Ehren.
Es war die Stadt geprießner Schönen Sitz,
Die waren es durch Reitze wie durch Witz.

Selinde war daselbst seit zweyen Jahren
Dem würdigsten, dem besten Mann vertraut,
Von welchem sie nur Zärtlichkeit erfahren,
Auf welchen sie ihr Wohl und Glück gebaut, (. . .)

(. . .)
Zu dieser Zeit, |: o mehr als goldne Zeiten!
Die wir noch jetzt beklagen und beneiden :|
War auch ein Fürst, ein Kayser nicht zu groß,
An solcher Lust und Freude Theil zu nehmen.
Sie pflogen sich derselben nicht zu schämen,
Und machten sich dabey der schwersten Sorgen loß (. . .)

(. . .)
Der Burger Liebe folgt dem Herrn bey jedem Schritt,
Und er war hier als Freund, und tanzte mit,
Und achtete nicht Rang, noch Stand und Würde,
Und war nicht stolz auf seiner Krone Zierde;
Nahm er ein Kind gewahr das seinem Aug gefiel',
So zog er es vertraut zu Tanz und Spiel.
Da scherzte er mit manchem Burgerskinde,
Und da gefiel ihm auch die Braut Selinde,
Dann ihr Verstand war groß für ihre Zeit,
Sie wußte Scherz mit Scherze zu vergelten,
Und scherzte klug, mit Unterthänigkeit,
Und niemand konnt' an ihr verwegne Freyheit schelten.

Der Kayser war bey dieser Lust vergnügt,
Ja gar zuletzt durch Müdigkeit besiegt.
Das heißt getanzt, sprach er matt zu Selinden,
Doch nun sollt ihr auch unsre Huld empfinden.
Stellt euch umher ihr Frauen dieser Stadt
Mit welchen unser Fuß sich nun ermüdet hat.
Und ihr hieher, ihr Mädgen, die vor allen,
Bey dieser Lust uns haben wohlgefallen.
Damit ihr uns zu keiner Zeit vergeßt,
So wollen wir an diesem Freudenfest,
Zu einem steten Angedenken,
Mit goldnen Ringen euch beschenken.

Auf dieses Wort entstund sogleich ein Creyß,
Und jede folgte dem, was er befahl, mit Fleiß.
Sie ließen sich nicht lange dazu bitten,
Und schloßen bald den Kayser in die Mitten.
Da zog er Ringe vor die jede kostbar fand,
Und steckte jeder Frau sie selber an die Hand.
Und dann verließ' der Kayser Lust und Freuden,
Und treue Wünsche sinds die diese Huld begleiten.

Selindens Bruder war beglückt
In seinem Hauß den Kayser zu bedienen,
Den Kayser, der auf ihn mit steter Huld geblickt,
Vor dem er nie umsonst mit einer Bitt erschienen.
Damit auch dich, sprach er, als er bey später Nacht
Zurücke kam, die Gnade fröhlich macht,
Von der gewiß die Burger lange sagen;
So wollen wir dich – dich mein lieber Mann,
Der immer uns so gut bewirthen kan,
So bald es tagt zum Ritter schlagen.
Selinden auch des werthen Huldreichs Braut,
Der wollen wir den neuen Stand versüssen,
Es soll der Mann, dem sie sich anvertraut,
Stets unsrer Huld und Gunst geniessen.

Er hielt sein Wort getreu und kayserlich,
Und zog dadurch der Burger Herz an sich.

Doch nun erschien Selindens harte Stunde,
Die schwere Zeit zu scheiden kam herbey,
Zwar war sie werth und kam aus theurem Grunde,
Doch wurden auch die Thränen wider neu.
Der Ritter mußte nun den schweren Vorsatz fassen,
Obwohl auf kurze Zeit, Selinden zu verlassen.
Mit nassem Aug entließ' sie ihn von sich
Auf seine Burg und weinte kümmerlich,
Obwohl er zog auf ihre Lust zu wachen,
Und zu dem Hochzeitfest die Anstalt selbst zu machen.
Wie herb ist nicht der letzte Abschiedskuß?
Wie schwer ists, daß sie ihn von sich entlassen muß?
Er flieht davon, er läßt sie traurig stehen
Und ruft: Lebt wohl auf frohes Wiedersehen (. . .)

Als er (Huldreich – Anm. des Herausgebers) *seine Braut an St. Elisabethen Tage mit einem Zug von 70. Pferden abholen wollte, wurde er von seinen Feinden besonders Cunzen von Villenbach bey dem Dorf Usterpach angegriffen und erschlagen. Nach einiger Zeit hat dieses Frauenzimmer einen andern mächtigen Ritter, Hans von R*** der hier Göz gennet wird, geheurathet. Dieses wenige ist wahr, alles übrige ist erdichtet. Siehe Burckart Zenks Augspurgische Chronick zum Jahr 1416. in Mspto u.a.*

in Mspto: in Manuscripto – in der Handschrift.

4.
Moritat von der schönen stolzen Maid
oder
Der Engel von Augsburg

HEBBEL ORFF EICH

GILSEKE
BILLINGER
LUDWIG
NABUR
u.a.

Agnes Miegel
Agnes Bernauerin

Sie sangen am Herd als die Flamme schied:
»Es ist ein' Ros entsprungen.«
Sie sprachen zu ihr als verklungen das Lied:
»Was hast du nicht mitgesungen?

Was bist du so blaß, Agnes Bernauerin,
Was starrst du so vor dich nieder?«
Sie sprach wie schlafend vor sich hin
Und schloß ihre schweren Lider:

»Mir träumte in der Andreasnacht,
Ich sei an die Donau gegangen.
Der Himmel glomm in blutiger Pracht
Und die roten Wellen sangen.

Sie trugen mir zu in schaukelndem Tanz
Eine Krone, sternbeschienen, –
Und wie ich sie hob war's ein Sterbekranz
Von welkenden Rosmarinen.«

Felix Nabor
Der Engel von Augsburg

1.

Die alte, stolze, türmereiche Reichsstadt Augsburg hatte kaum jemals einen schöneren Frühlingstag gesehen als den 1. Mai des Jahres 1432. Die Sonne stand hoch am blauen Himmel und schüttete
all ihr Gold über die Stadt aus. Die Mauern glühten in purpurnem
Feuer, über die roten Dächer rieselte es wie ein goldener Regen
nieder, die Türme trugen funkelnde Kronen und über die Straßen
und Gassen war ein blitzender Teppich gespreitet. Die alten, lie-

ben Häuser mit den hohen, spitzen Giebeln und den zierlichen Erkern schienen aus langem Winterschlafe erwacht zu sein und blickten nun mit den blanken Augen ihrer Fenster fröhlich in die Welt hinaus. Auch dem schmalen, erkergezierten Hause des Baders Bernauer, das nahe dem »Weberhaus« lag, schien die Sonne ins alte Faltengesicht und verklärte es (...)

(...) Droben in der Erkerstube saß Schön-Agnes und ließ die Spindel schnurren. Die Sonne lachte durchs Fenster, und ihre zitternden Strahlen umleuchteten das Haupt der Jungfrau mit einem Glorienschein. Das blonde Haar ringelte sich in goldenen Locken um ihre weiße Stirn und fiel in zwei schweren Zöpfen über den Rükken. Man konnte sich kaum ein anmutigeres und schöneres Bild denken als dieses liebliche Mädchengesicht mit den sanften blauen Augen unter den seidenweichen Wimpern und dem roten, süßen Mund. Die Hände waren klein und zierlich, die Haut weiß wie Schnee und zart wie Seide; an der Kehle war sie so glänzend und schimmernd, daß die Leute sagten: wenn Agnes Bernauer roten Wein trinke, sehe man ihn durch die Kehle rinnen wie ein purpurnes Brünnlein.

Agnes war bekannt als die schönste Jungfrau in Augsburgs Mauern; noch mehr ausgezeichnet war sie aber durch ihren edlen Anstand, ihre reinen Sitten, durch Tugend und Frömmigkeit. Während nun die Spindel surrte, sang sie ein altes Volkslied:

> *»Zu Augsburg steht ein gülden Haus,*
> *Schauen drei Jungfrauen 'raus.*
> *Die erste, die spinnt Seiden,*
> *Die zweite windet Weiden;*
> *Die dritte webt einen roten Rock*
> *Für den lieben Herrgott...«*

Die Spindel ruhte, die blauen Augen blickten sinnend ins Weite. »Das dumme Lied!« flüsterte sie dann ... Oder sollte es doch einen tieferen Sinn haben? ... Aus Seide ist das Hochzeitskleid; den Weidenstrick bekommt die Kindesmörderin um den Hals – und die ins Kloster gehen, spinnen des lieben Herrgotts Rock. Schau, schau – so ließe sich das Liedlein deuten und wär dann gar nicht einmal so dumm. Welches wird wohl *mein* Los sein? ... Keins von den dreien! ... Aber wozu sich unnötige Sorgen machen? ... Auf Gott vertrauen, das ist das Beste! ... Und nun will ich zur Kirche gehen, heute ist Maientag, da werde ich die Madonna bitten, mir eine gütige Mutter zu sein, dieweil meine leibliche Mutter längst im Grabe ruht.«

Sie trat in die anstoßende Kammer, um sich nach Mädchenart zu schmücken. Ein lichtblaues Gewand mit weißen Puffen umschloß jetzt die schlanke Gestalt, ein Häubchen, von Spitzen umsäumt, saß auf ihrem güldenen Haar, ein feines Kettlein mit goldenem Kreuz legte sie um ihren Hals und ihre Hände hielten Gebetbuch und Spitzentüchlein. Rasch ließ sie noch ein paar Dutzend Heller in die Gürteltasche gleiten, trug der Magd auf, wohl achtzuhaben auf alles im Hause und stieg die steile Treppe hinab, um drunten in der Baderstube anzuklopfen.

Als ihr Vater in den Hausflur trat, sagte sie: »Ich will nun zur Messe gehen —«

»Ist gut, Kind«, sprach Bernauer, »bet' auch für mich ein Paternoster. Und hier hast du Geld für deine Armen. Das Geschäft läuft gut ab, da sollen auch die Dürftigen an unserem Überfluß teilhaben.«
Er ließ das Geld in ihre Tasche gleiten und kehrte wieder zu seiner Arbeit zurück.

Agnes verließ das Haus und schlug den Weg zum Dome ein. Wo ein Bettler am Wege seine Hand ausstreckte, da gab sie und die Armen auf den Domstufen flüsterten bei ihrem Anblick: »Seht, da kommt der Engel von Augsburg.«

Agnes lächelte und teilte auch hier ihre Gaben aus.

Dann klangen die Glocken. Die Orgel erbrauste, feierlicher Gesang ertönte und der Priester trat zum Altare. Das Hochamt hatte begonnen. Erschauernd vor Freude betrat Agnes den Dom, neigte sich und kniete nieder. Noch nie hatte sie so inbrünstig gebetet wie heute, nie so heiß die Himmelsmutter um ihren Schutz angefleht. Innerlich erhoben, gestärkt und wunderbar erquickt verließ sie den Dom und beschenkte die Armen, bis kein Heller mehr in ihrer Tasche war; dann trat sie den Heimweg an.

Auf dem Rathausplatz kam ihr der Stadtschreiber entgegen, grüßte respektvoll und rief: »Welche Freude, Euch zu treffen, Jungfer Bernauerin! Gewiß habt Ihr im Dom für mich gebetet, hahaha!«
Der leichtfertige Spott auf das Heilige, der aus seinen Worten klang, verletzte ihr zartes Gefühl. Stolz und kühl blickten plötzlich ihre Augen und in deutlicher Abwehr erwiderte sie kurz und fast heftig: »Mitnichten, Herr Stadtschreiber! . . . Betet nur für Euch selbst, alt genug seid Ihr ja dazu. Im übrigen bitte ich Euch, laßt

mich meines Weges gehen – ich habe kein Verlangen nach Eurer Begleitung. Eure grauen Haare passen nicht zu den meinen, gehabt Euch wohl!«

Mit einem stolzen Neigen des Hauptes ging sie. Kernstock schaute ihr verblüfft nach. »Stolz, wie eine Prinzessin«, dachte er und lächelte. »Aber gerade deswegen soll sie mein Weib werden und ihr Vater muß mit seinen Dukaten herausrücken. Dann hebt für Matthias Kernstock die goldene Zeit an.«

2.

Ein schöner sonniger Maientag! Der weiße Sand, mit dem der weite Turnierplatz bedeckt war, glitzerte wie Silber im Sonnenschein, auf hohen Masten flatterten bunte Wimpel und Fahnen, und die Standarten aller Ritter, die am Turniere teilnahmen, waren bei der Tribüne der Preisrichter aufgestellt.

Der große freie Platz zeigte ein buntes, farbenprächtiges Bild. In kostbaren Gewändern aus Samt und Seide, im reichen Schmuck von Goldketten und Edelsteinen saßen die Adeligen und die Edelfrauen, die Patrizier und Ratsherren, die vornehmen Bürgersfrauen und die Töchter der Stadt auf ihren mit Blumen, Girlanden, Teppichen und Fahnen geschmückten Tribünen.

Den weiten Platz umgaben starke Holzschranken, hinter denen sich unabsehbar die Scharen der Schaulustigen drängten, die von nah und fern herbeigeströmt waren (. . .)

(. . .) Agnes hatte nur Augen für das Kampfspiel. Die Ritter waren bewundernswert in ihrem Mut und in ihrer Tapferkeit. Die reichgeschmückten Rosse, die glänzenden Rüstungen der Ritter, die wehenden Helmbüsche, das kriegerische Leben – all das fesselte sie. Aber es lag auch viel Rohes in diesem Spiel. Mancher Ritter flog klirrend aus dem Sattel, daß er weggetragen werden mußte, Blut floß, und die Pferde wurden fürchterlich gequält; unter dem scharfen Eisenstachel spritzte das Blut auf und rann in roten Bächen über die zitternden Flanken der schnaubenden Tiere.

Unter den Kämpfern übertraf der Bayernherzog alle anderen an stolzer Kraft, kühnem Mute, feurigem Ungestüm und Gewandtheit im Gebrauch der Lanze. Einen um den andern seiner Gegner hob er aus dem Sattel und streckte ihn in den Sand; dann ließen jedesmal die acht Fanfarenbläser ihr Siegesgeschmetter ertönen und aus der Menge erschallte brausender Beifallsjubel.

Agnes war bezaubert von dieser edlen Ritterlichkeit. Wie schön und vornehm der Herzog war, wie sicher und stolz er zu Pferde saß! Seine hohe, schlanke Gestalt erschien in der blanken Rüstung, die wie Silber gleißte, noch stattlicher, und wie stolz glänzte der Helmbusch in der Sonne! . . .

So hoch und hehr und adelig erschien er ihr wie St. Georg, der den Drachen bezwang. Der Herzog stand in der Reife und Vollkraft seines Lebens, und nie hatte sie einen schöneren Mann gesehen; wenn er sein Visier öffnete, erschien sein männliches Gesicht wie in einem Silberrahmen, und wenn er lächelte, flogen ihm die Herzen zu (. . .)

(. . .) Jetzt war der Herzog ganz nahe und bemerkte Agnes. Geblendet von ihrer Schönheit und ihrer Anmut blickte er ihr ins Gesicht, das plötzlich von heißer Glut überflammt war, und lächelte ihr zu. Ein Schenkeldruck und ein Ruck des Zügels brachten sein Roß dicht an die Barriere. Rasch beugte er sich zu ihr nieder. »Jungfrau«, fragte er, »seid Ihr ein Engel? – So schön sah ich noch kein Weib auf Erden.«

Ein heftiger Donnerschlag unterbrach diese Worte. Alles blickte, erschrocken zum Himmel (. . .)

(. . .) Des Herzogs und der Jungfrau Augen aber hingen so fest aneinander, als ob sie sich nicht mehr lassen könnten, als ob heilige Flammen sich in ihre Herzen gesenkt hätten.

Der Herzog schien aus einem kurzen seligen Traume zu erwachen; noch einen Blick warf er auf die schöne Jungfrau, dann ließ er seinem Roß die Zügel schießen und ritt weiter (. . .)

Richard Billinger
Moritat von der schönen, stolzen Maid, die sich einem Herzog tat vermählen

Ein Drehorgelmann (singt):
Laßts euch die Geschicht' erzählen,
von der schönen, stolzen Maid,
die sich einem Herzog tat vermählen
vor gar langer, langer Zeit!

Herzog Albrecht war sein Name,
eines stolzen Vaters Sohn.
Agnes Bernauerin, seiner Gattin,
gab der Henker jäh den Lohn,

weil sie sehr den Herzog liebte
und auf ihre Eh' bestand
wurd sie von der Bruck geworfen
und ertränkt am Donaustrand.

Mit den Augen, himmelblauen,
mit dem ganzen holden Leib
war gar schön sie anzuschauen,
als sie war des Herzogs Weib.

War ja eines Baders Tochter
und aus gar so niederm Stand,
hatt' die Tugend sie bewahret
bis die heilige Eh' sie band.

Hat der Herzog sie entführet
aus der Stadt, auf's Schloß gebracht
und dortselbst, wie sich's gebühret
bald die Hochzeit auch gemacht!

Lebten froh sie wie zwei Tauben,
Herzog Albrecht und sein Weib,
konnt ihr Glück kein Teufel rauben
hatten Scherz und Zeitvertreib!

Hat das Jahr gar viele Tage
so viel Wonne zählt das Herz,
ihre Liebe fand kein Ende,
denn sie tauschten Freud und Schmerz!

Bis der Neid ist groß gewachsen,
von den Menschen überall –:
Hat den Herzog schnell verwundet,
bracht das Glück zu jähem Fall!

Haben ihn mit Schand verletzet,
seine Ehe, die geheim,
mußt er jetzo frei verkünden
ging Verrätern auf den Leim.

Denn zu Straubing auf dem Schlosse,
herrschte er und sein Gemahl,
gab der Agnes alle Ehren
und Gewänder ohne Zahl –

mußte jeder sie jetzt nennen:
Herzogin und hohe Frau.
Er tat nichts als Lieb' nur kennen,
trank der Wonnen Rosentau!

Hat ihn da ein Brief verlocket,
wegzureiten mit dem Roß,
hat man schnell sein Weib gefangen,
es verurteilt in dem Schloß!

Lusets jetzt, wie es geschehn,
wie sie haben mit Verrat,
Agnes in dem Schloß gefangen,
sie beschuldigt böser Tat.

Wurd sogleich das Urteil g'sprochen
von dem Richter ohne Gnad –.
Wurd der Stab der Frau gebrochen
die so sehr geliebt nur hat!

Jetzt ist die Geschicht zu Ende
von dem Herzog und seinem Weib! –
Nehm' uns Gott in seine Hände,
daß das Übel von uns bleib'!

Alle, die der Liebe dienen,
laßt euch dies gesaget sein:
wachet, daß der Feind nicht öffnet
euren goldnen Herzensschrein!

Hütet euch vor bösen Zungen,
vor der Mißgunst und dem Neid,
ist einmal das Glück zersprungen
schickt die Liebe bald das Leid!

Denn der Satan ständig wachet,
ist ihm keine Tür zu klein –:
ist die Liebe ohne Maßen,
wachset bald die Not und Pein!

Karl Ludwig Gieseke
Agnes Bernauerin

Eine Burleske mit Gesang in drey Akten, travestirt in deutsche Knittelverse für das k.k.priv. Wiednertheater.

Die Travestie war besonders im Wien Nestroys und seiner Vorgänger sehr beliebt. (Man denke etwa an Nestroys Wagner-Travestien). Gieseke, als Mitglied des Wiedener Theaters (einer in der Tradition des Wiener Singspiels stehenden Bühne) benutzt die tradierte Form der Travestie für seine »Bernauer«-Deutung. Der Stoff war ihm – dem gebürtigen Augsburger – von Kindheit an durchaus vertraut. Dadurch, daß er »seine« Agnes aus dem Tragödien-Olymp in die – auch sprachlichen – Niederungen seiner (ihrer) Herkunft zurückholt, macht er aus ihr eine liebenswert menschliche, schwäbelnd räsonierende Protagonistin. Daß unter seiner Feder selbst das verbürgt tragisches Ende der Agnes Bernauer in Frage gestellt wird, versteht sich von selbst. (W.K.)

Fünfter Auftritt.

Agnes wird von Waffenknechten hereingeführt,
und unten an neben einen Stuhl gestellt, Knechte
ab. Alle schweigen und betrachten sie, ein
Schreiber schreibt beym Verhör, welches langsam
gehalten wird.

Vizedom: Agnes Bernauerinn, warum stehst du vor Gericht?

Agnes: *(setzt sich)* Ich sitze schon, und stehe nicht.

Vizedom: Nun sprich, was machst du vor Gericht?

Agnes: Ich weiß es nicht, du schlechtes Gesicht.

Vizedom: Sey nicht so brutal, sonst kriegst du 'n Schilling,
Du stehst vor des Vizedoms Gericht in Straubing.

Agnes: Meine Richter waren vor Zeiten meine Landsleut,
Und jetzt ists der Herzog – ich g'hör unter d'
Standsleut.

Vizedom: Du kannst durch die Flausen uns nimmer beschuppen,
Hier rede; – du kommst uns nicht mehr aus der
Kluppen.

Agnes: Ihr könnt mich nicht richten, da poch ich schon
drauf,
Sag was du willst Vizedom, da los ich nit auf. –
Doch, ich will antworten, so hab ich dann Ruh,
Jetzt grimmiger Vizdom, jetzt frag nur brav zu!

Vizedom: Wie kams denn, daß Albrecht dich lieb gewann?

Agnes: Eine dumme Frag für 'en gscheiden Mann.
So etwas kann man nicht expliziren,
Da muß man verliebt seyn, und selber probiren.
Wir haben einander halt oft angesehn,
Und wie es dann pfleget weiter zu gehn.

Vizedom: Erzähl mir das deutlich; wie giengs weiter?

Agnes: Das fragt so ein alter Steckenreiter!
Er liebte ganz närrisch mich, nit so per Spas,
Und führte nach Vohburg mich, dorten geschahs.
Dort hat er mich g'heurath vor Ritter und Zeugen,
Das übrige wißt ihr, drum will ichs verschweigen.

Vizedom: Sag, was nun dein Anspruch auf Albrechten sey?

Agnes:	Was Weible halt fodern, sein Herzle, sein Treu!
Vizedom:	Das schreib dir in Rauchfang, da wird nichts mehr g'reicht.
Agnes:	Du meinst g'wiß, daß die Agnes die Segel schon streicht?
Vizedom:	Wenn Albrecht ein anders Weiberl wird nehmen, Wirst du dich willig zum Abmarsch bequemen?
Agnes:	Das laßt er wohl bleiben, er laßt nie von mir, Das ist so ein Pfifle, du Hiesel, von dir!
Vizedom:	Was hast du von unsrer Pardon jetzt zu hoffen? Ist dir noch kein' Maus übers Leberl geloffen? Was hoffst du von des alten Herrns Gnaden? Traust du auf den Albrecht, der wird dir was braten.
Agnes:	Ich trau auf mein Albrecht, und weiß, was ich weiß, Ihr könnt mir was plauschen, das macht mir nit heiß.
Vizedom:	Ich sag dirs, red gescheidter, sonst kommst du nicht aus, Denn hier in der Stube bin ich Herr im Haus.
Agnes:	Red was du willst Alter, der Prinz ist mein Mann; Ich hab ihn halt gern, das geht dich nix an.
Vizedom:	Ha! dies Geständniß bricht dir den Kragen! Sonst hast du mir weiter nichts mehr zu sagen?
Agnes:	Daß ihr mich morden könnt, ihr Lümmel. *(weinerlich)* Doch rächt meine Unschuld gewißlich der Himmel. Wenn ihr mir die Lieb wollt so garstig versalzen, So wird euch der Teufel die Suppe schon schmalzen.
Vizedom:	Willst du deine Aussagen noch einmal hören?
Agnes:	Sie stehn mir im Herzen, ich laß mich nicht scheeren.
Vizedom:	Ich sag dirs derweil, mit dir gehts Bergunter. Merk dirs, wer nicht schwimmen kann, geht unter.
Agnes:	Wenn ihr mich brauchet, so dürft ihr nur schicken, ich muß für mein Albrechtle Strümpfe noch stricken.

Arie.
(sehr geschäftig)

Ein Weible hat immer zu mache,
Wenn sie auf die Wirthschaft will schaun,
Sie sorget fürs Koche und Bache
Sonst wird ihr das Brätle zu braun.
Die Fleckle, und Knöpfle und Nudle
Sind besser, wenns Weible sie macht;
Die Tatschi, die Zelte, die Strudle
Nimmt niemand wie's Weible in Acht.

Ein Weible muß spinne und stricke
Ein Weible muß sticke und nähn,
Ein Weible muß wasche und flicke
Ein Weible muß hasple und drehn.
Und wenn wir denn Kinderle kriege
So kommt erst die Arbeit ins Haus.
Dann denkt man ans fatsche und wiege
Und putzet die Wuckerle raus.

Sechster Auftritt.

Vizedom, Oberrichter, Rathsherren.

Vizedom: Habt ihr sie gehört, die freche Dirn?
Ihr Herren habt ihr kein Stroh im Hirn,
So giebts da nicht viel zu überlegen;
Wir lassen sie sterben, und das von Rechtswegen.
Eine Welt muß zwischen die 2 gestellt werden,
Das heißt: Eins stirbt, das andre bleibt auf Erden.
Oberrichter: Es muß an ihr ein Exempel geschehen,
Wir haben schon lang nichts Köpfen gesehen.
Rathsherrn: Weit lustiger wärs auf dem Scheiterhaufen!
Vizedom: Nein, nein!
Sie muß in der Donau ersaufen.
Oberrichter: Ja, ja! in der Donau, das ist recht schön,
Da können wirs doch ein Weil zappeln sehn,
Das haben wir alle noch nicht gesehen.

Vizedom:	Ihr Verbrechen ist Verführung, Empörung, Verrath,
	Drum stirbt sie in der Donau ohne Gnad.
	Und wenn noch einer dawider brummt,
	So kriegt er eins, – daß ihm der Schedel summt;
	Wer also nicht ist ein tückischer Schelm,
	Werf eine schwarze Kugel in den Helm.
	Das Weibsbild muß aus der Sterblichen Land,
	Sonst bringt sie uns alle in Spott und Schand.
	(Der Helm geht herum, die Rathsherrn werfen die Kugeln hinein, der Vizedom zählt die Kugeln, und schlägt die Hände zusammen.)
	Drey Kugeln nur? Hat denn der Helm ein Loch?
	(Visitiert den Helm, und zählt die Rathsherrn)
	Da fehlen ja, 1. 2. 3. 4. 5. noch?
Oberrichter:	Fünf Herren sind beym Verhör eingeschlafen.
Vizedom:	So weckt sie, den Leichtsinn muß man bestrafen.
Oberrichter:	Das Leben ist ihr ja schon abgesprochen.
Vizedom:	Das thut nix: der Stab ist noch nicht gebrochen.
	Rührts euch ihr Herrn, und schlaft nicht ein;
	Ihr Viere werft schwarze Kugeln hinein,
	Die andre vier können schon weiße seyn.
	(Der Helm geht abermals herum, sie werfen Kugeln hinein)
	Jetzt Oberrichter nimm die Kugeln und zähl!
Oberrichter:	Vier schwarze, vier weiße, nach eurem Befehl!
Vizedom:	Vier schwarze? also ist es an mir?
	So sterbe sie! Adieu mon plaisir!
	Nun macht die Anstalten vorsichtig und schnell;
	Bringt's Weibsbild zur Donau mit – Wach – auf der Stell,
	Bindet sie auf 'n dicken Laden dort an,
	Und hängt ein paar tüchtige Mühlstein dran;
	Sonst schwimmt sie wie ein Pantoffelholz,
	Dann ist gekühlt mein beleidigter Stolz. –
	Beschleunigt das Urtheil, sonst verdreht sie's;
	Wir haben 's Jus Glaudius, vitus & necis.
	Werft sie sogleich über die Brücke hinunter;
	Dann heißts: Wer nicht schwimmen kann, geht unter.

Oberrichter:	Ich fürchte nur, daß sie uns im Wasser erfriert,
	Bedenkt nur, daß es immer kälter wird.
	(mit den Rathsherrn ab)
Vizedom:	Die Herrn sind ganz nach mein Idee,
	Wenn ein andrer stirbt, thut es ihnen nicht weh.
	(. . .)

Achter Auftritt.

Der Schauplatz verwandelt sich in eine freye Gegend mit der Brücke über die Donau, welche praktikabel ist. Preisinger, Vizedom, dann Agnes im Exekutionszuge von den Henkern geführt, viele Knechte, Volk, Oberrichter. Marsch des Zugs.

Agnes:	Wohin? Wohin führt ihr mich gute Bayern?
	Wenn Albrecht kommt, wird er recht drein feuern.
	Ich weiß, mein Männle ist exakt,
	Er kommt gewiß noch im letzten Akt.
Volk:	Was habt ihr dann vor mit der armen Fex?
Vizedom:	Man sollte sie verbrennen, sie ist eine Hex.
Agnes:	Ich möcht vor Angst bis in Himmel hupfen.
(zum Vizedom)	Wart nur, mein Albrecht wird dich schon rupfen.
Vizedom:	Ihr Schlingels, bindet das Maul ihr zu!
	Bald hat ihre arme Seel eine Ruh!
	(Unter dieser Zeit wird Agnes auf die Brücke gebracht, der Vizedom folgt nach, sie wird auf das Brett gebunden, und in die Donau gesenket.)
Vizedom:	Nun, macht, daß es weiter geht, laundelt nicht lange
	Stoßt sie hinab mit der Geländerstange! –
	Nun heißts: Wer nicht schwimmen kann, geht unter! –
	Was ist denn das? Sie sinkt nicht hinunter?
Oberrichter:	Gleich möcht ich jetzt selber mich schlagen in die Fressen,
	Wir haben die Mühlstein am Laden vergessen.
Vizedom:	So gehts halt, ist man nicht immer bey euch,
	So macht ihr nix als Eselsstreich!
	Spring einer ihr nach, und tauch sie hinunter.

Oberrichter:	Spring du! Wer nicht schwimmen kann, geht unter (...)

Zehnter Auftritt.

Albrecht, Zenger, Waffenknechte, Vorige.

Albrecht:	Ach Agnes! Weh mir, daß ich so von dir lief!
	(will sich hinabstürzen)
Zenger:	Laßts bleiben Herr Albrecht, das Wasser ist tief.
	(hält Albrechten, der über die Brücke springen will)
Ernst:	*(der die Hände gegen ihn ausstreckt)*
	Mein Sohn, mein Albrecht! So sey doch kein Strumpf.
Albrecht:	O laßt mich, ich muß hin, mein Gefühl ist dumpf.
	Ihr Henker! Ich kam zu spät, durch eure Beschores
	Ist die arme Agnes worden Kapores.
	(will in die Donau)
Zenger:	*(hält ihn zurück, und fällt dadurch auf den Boden)*
	Ihr dürft nicht hinein, da wird nix draus!
	Wir tragen euch lieber das Weiberl heraus.
Albrecht:	*(erblickt den Vizedom, der sich hinter Ernst versteckt hat, und führt ihn bey den Ohren hervor.)*
	Ha! hab ich dich, Erzkapitalschelm, beyn Ohren?
	Du Vizedom Appord, such, Agnes verlohren.
	(führt den Vizedom ans Wasser, der hineinsteigt)
Agnes:	*(wird auf den Laden gebunden herausgebracht)*
Ernst:	Ich thats nicht, – man hat hinters Licht mich geführt!
Albrecht:	So? wer hat mein Schatzel denn maßakrirt?
Ernst:	Der Vizedom hat sie so sauber bedient!
Albrecht:	Ha, Tod sey dem Mörder, er hat ihn verdient!
	(sinkt auf den Leichnam der Agnes)
	O Agnes! Agnes! mein armes Weiberl,
	So haben die Geyer heimgeschickt mein Täuberl. –
	Jetzt will ich mit deinen Feinden all raufen,

	In euerm Schurkenblute sollt ihr mir ersaufen.
	(packt den Vizedom und Gundelfinger an der Brust)
Gundelfinger:	Ihr zerreißt mir mit Ehren
	zu melden die Krause;
	Bleibt mit eurem groben Spaß zu Hause.
	Doch dürft ihr so viel ihr wollt fluchen
	und schelten;
	Ich bleib doch ein Ritter mit Ehren zu melden.
	Biethet ihr uns bey kühlerm Blute noch Trotz,
	So haben wir auch unsern Daßdipotz.
	(schlägt aufs Schwerd)
Ernst:	Sey gut mein Albrecht, mit unsern Thränen
	Wollen wir das arme Hascherl versöhnen.
	Wir wollen ihr ein saubers Grabmal bauen,
	Da sollen Männer singen, und Frauen,
	Wobey der Vizdom gestriegelt wird,
	Der sie so schelmisch hat expedirt!
Albrecht:	Begraben könnt ihr sie! Begraben. –
Agnes:	*(lacht)*
	Ha, da werd ich was drein zu reden haben.
	(steht vom Brette auf)
Albrecht:	*(umarmt sie)* Welch Wunder muß dich gerettet haben?
Agnes:	Sie haben mich auf den Laden gebunden,
	Und haben geglaubt, ich bin schon drunten;
	Doch haben die Herren, die alles fressen,
	Die zwey Mühlstein auf den Laden vergessen.
Albrecht:	Weil du nur noch am Leben bist,
	So verzeih ich, was zu vergessen ist!
	Der einzige Vizdom muß hier sterben,
	Sein Wappen zerschlag ich in tausend Scherben.
Ernst:	Vergebung mein Albrecht, was nützt dich sein Blut?
	Du hast deine Agnes, drum sey wieder gut!
Albrecht:	Nun, weil mein Herr Papa es so meynt,
	So bin ich dem Vizdom auch nimmer Feind.
	Ihr Herren seyd bey meinem Hochzeitfeste
	Heut sammt und sonders meine Gäste!

Schlußchor.

Heut geht es schon drüber und drunter,
Wie's halt bey den Hochzeiten geht,
Wer' Schwimmen nicht kann, der geht unter,
Doch hilft ihm zuweilen ein Brett!
Nach glücklich bestandenen Sorgen
Schenkt Amor den Becher uns ein,
Drum laßt uns von Heute bis Morgen
Ihm opfern bey Liebe und Wein.

*Alle gruppiren sich zum Tanzen, und der Vorhang
fällt.*

Ende.

Friedrich Hebbel
Agnes Bernauer

*Schon in Rom, zu Beginn des Jahres 1845, hatte Hebbel die »Idee zu
einer Tragödie. Ein wunderschönes Mädchen, noch unbekannt mit
der Gewalt ihrer Reize, tritt ins Leben ein aus klösterlicher Abge-
schiedenheit. Alles schart sich um sie zusammen, Brüder entzweien
sich auf Tod und Leben, Freundschaftsbande zerreißen, ihre eigenen Freundinnen, neidisch oder durch Untreue ihrer Anbeter ver-
letzt, verlassen sie. Sie liebt einen, dessen Bruder seinem Leben
nachzustellen anfängt, da schaudert sie vor sich selbst und tritt ins
Kloster zurück.« (Tgb. 3286). Diese »Idee«, »auch die Schönheit einmal von der tragischen, den Untergang durch sich selbst bedingen-
den Seite darzustellen«, bot sich der Agnes-Bernauer-Stoff »wie gefunden« (Tgb. 4941, 30.9.1851) an.*
*Ein anderer Gedankenkreis, der die Problematik des Königtums
umgriff, seine Versuchung zur Untat (Tgb. 3499), die bedrückende
Abhängigkeit des Staatswesens und seiner Menschen vom jeweiligen Herrscher (Tgb. 3904), hatte Hebbel, der mit der konstitutionellen Monarchie sympathisierte, wiederholt beschäftigt. Zu einem
Liebes- und Staatsdrama schlossen sich die divergierenden Motive
von Frauenschönheit und Staatsräson zusammen;*

»Es ist darin ganz einfach das Verhältnis des Individuums zur Gesellschaft dargestellt und demgemäß an zwei Charakteren, von denen der eine aus der höchsten Region hervorging, der andere aus der niedrigsten, anschaulich gemacht, daß das Individuum, wie herrlich und groß, wie edel und schön es immer sei, sich der Gesellschaft unter allen Umständen beugen muß, weil in dieser und ihrem notwendigen formalen Ausdruck, dem Staat, die ganze Menschheit lebt, in jenem aber nur eine Seite derselben zur Entfaltung gelangt. Das ist eine ernste, bittere Lehre . . .« (an K. Werner, 16.2.1852)

Die legitime Gattin des Herzogs Albrecht – die »Antigone der modernen Zeit« (an F. Dingelstedt, 26.1.1852), da sie höher erhoben wurde, »als die Ordnung der Welt es verträgt« – galt Hebbel als Geopferte, nicht aber als Gemordete: Er stand entschieden auf der Seite Herzog Ernsts und glaubte, »daß es Momente gibt, wo das positive Recht zurücktreten muß, weil das Fundament erschüttert ist, auf dem es selbst beruht« (an F. Uechtitz, 14.12.1854).

Aber diese Momente dürfen nur für eine »ganz ungeheure Situation in Betracht« kommen und müssen mit der Selbstaufgabe der Macht bezahlt werden.

Die Uraufführung fand am 25.3.1852 im Hoftheater in München unter Dingelstedts Regie statt.

Gerhard Fricke (Hrsg.): Friedrich Hebbel. Werke. – München 1963 [Hanser]. – Bd. 1, S. 807 f.

Großer Saal im Tanzhause der Stadt
Siebzehnte Szene

Trompeten.

Bürgermeister:	Seine Gnaden der Herzog!
	Eilt zum Eingang und begrüßt den eintretenden Herzog Albrecht.
Albrecht	*tritt zu Frauenhoven, Törring und Nothhafft von Wernberg heran.* Da seid ihr!
Frauenhoven:	Wir haben den ganzen Nachmittag gesucht –
Albrecht:	Und gefunden –

Nothhafft von Wernberg:	Eben jetzt!
Albrecht:	Mich, meinst du! O, köstlicher Fund! Ich bedanke mich!
Frauenhoven:	Ich strich allein und
Albrecht:	Es ging dir besser, wie mir? Du entdecktest ihre Spur!
Frauenhoven:	Ja!
Albrecht:	Warum treff ich dich erst jetzt!
Frauenhoven:	Dies Mädchen – – O! Wohl hattet Ihr recht, uns zu fragen, ob wir Augen hätten!
Albrecht:	Du liebst sie auch?
Frauenhoven:	Könnt ich anders?
Albrecht:	Frauenhoven, das ist ein großes Unglück! Ich glaubs dir, daß du nicht anders kannst, es wäre Wahnsinn von mir, wenn ich verlangte, daß du entsagen solltest, hier hört die Lehnspflicht auf. Aber wahrlich, auch die Freundschaft, hier beginnt der Kampf um Leben und Tod, hier fragt sichs, in wessen Adern ein Tropfen Bluts übrig bleiben soll! Du lächelst? Lächle nicht! Wenn du das nicht fühlst, wie ich, so bist du nicht wert, sie anzusehen!
Frauenhoven:	Diese pechschwarzen Augen – und wie sie den Hals trägt, recht, um sich daran aufzuhängen – und vor allem diese kastanienbraunen Haare –
Albrecht:	Faselst du? Goldne Locken sinds, die sich um ihre Stirn ringeln – demütiger ward nie ein Nacken gesenkt, und ihre Augen können nicht schwarz sein! Nein, nein, wie Meeresleuchten traf mich ihr Strahl, wie Meeresleuchten, das plötzlich fremd und wunderbar aus dem sanften blauen Element aufzuckt und ebenso plötzlich wieder erlischt!
Frauenhoven:	Gnädiger Herr, ich weiß nichts von ihr, es war ein Scherz, den Ihr dem lustigen Ort, wo wir uns befinden, verzeihen mögt!
Albrecht:	So flieh! Flieht alle, daß nicht Ernst daraus wird, fürchterlicher Ernst, denn ich sage Euch, die sieht keiner, ohne die höchste Gefahr!

Achtzehnte Szene

Agnes erscheint, von Caspar Bernauer und Knippeldollinger begleitet.

Albrecht   *ausbrechend.* Da ist sie!

Nothhafft von Wernberg und Frauenhoven zugleich.

              Wunderschön, das ist wahr!

Törring: Und der Engel von Augsburg, das ist auch wahr!
              Dort steht ja der Vater!

Albrecht: Kennst du sie?

Törring: Man nennt sie hier allgemein den Engel von
              Augsburg. Sie ist die Tochter eines Baders, gnädiger Herr! Wir ließen uns vorhin die Bärte bei ihm
              stutzen. *Er zeigt auf seinen Bart.* Seht Ihr? Der
              Mann ist geschickt, nicht wahr? Es könnte dem
              Eurigen auch nicht schaden! *Er tritt auf die Gruppe zu.* Guten Abend, Meister, da sehen wir uns
              schon wieder!

Caspar Bernauer: Viel Ehre für mich!

Albrecht   *folgt, zu Agnes:* Jungfrau, warum erteilt Ihr auf
              den Turnieren nicht den Dank? Was durch Eure
              Hände geht, ist edler, als Gold, und köstlicher, als
              Edelstein, wärs auch nur ein grüner Zweig, vom
              nächsten Busch gebrochen!

Caspar   Meine Tochter ist an solche Reden nicht ge-
Bernauer: wöhnt, gnädiger Herr; fragt sie aus den sieben
              Hauptstücken unseres allerheiligsten Glaubens,
              und sie wird nicht verstummen!

Agnes: Nicht doch, Vater, der Herzog von Baiern will seine Braut so anreden und macht bei der Bürger-
              tochter von Augsburg nur die Probe!

Caspar   Wohl gesprochen, Agnes, aber zum Antworten
Bernauer: hast du keine Vollmacht, darum danke Seiner
              Fürstlichen Gnaden für die Herablassung und
              komm!

Albrecht: Warum, störriger Alter? Noch habe ich ja kaum
              den Ton ihrer Stimme gehört, noch kamen die
              vierundzwanzig Buchstaben nicht alle über ihre
              Lippen! *Abgewandt.* Ha, ich könnt sie bitten:
              sprich dies Wort aus, oder das, oder jenes, nicht

des Sinns wegen, nur damit ich erfahre, mit wie viel Musik dein Mund es beschenkt!
Zu Caspar Bernauer.
Ihr geht doch? So müßt Ihr mir gestatten, Euch zu begleiten! Euer Schatten weicht eher von Euren Schritten, als ich!

Caspar Bernauer: Euresgleichen würde neidisch werden!

Törring   *faßt Caspar Bernauer unter dem Arm.* Baierns Herzog hat hier seinesgleichen nicht!
Er führt ihn ab, Nothhafft von Wernberg gesellt sich zu Knippeldollinger und folgt.

Albrecht   *zu Agnes, die ebenfalls folgt und sich ihrem Vater zu nähern sucht.* Mädchen, ich täuschte mich nicht, du hast heut morgen nach mir gesehen. Galt der Blick mir oder meinem venezianischen Helmbusch?

Agnes: Ich zitterte für Euch, gnädiger Herr, Ihr schautet zu mir herüber und rittet gegen den Feind, ich dachte, Ihr müßtet Schaden nehmen!

Albrecht: Und das war dir nicht gleichgültig? *Sie verlieren sich, nebst den andern, im Gewimmel.*

Barbara   *mit Martha und andern Mädchen hervortretend.* Ha, ha, ha! Sagt ichs euch nicht, daß es besser sei, zu Hause zu bleiben? Nun freut euch, wenn ihr könnt!

Martha: Ei, dies ist ja gut! Wenn der Herzog sie mitnimmt, steht sie uns ebensowenig mehr im Wege, als wenn sie gen Himmel fährt!

Barbara: Mitnimmt! Wo denkt ihr hin! Er wird sie schon hier lassen! Aber sie wird noch im Wert steigen, nun auch er genickt hat! Seht euch nur um, wie alles guckt und flüstert! *Gehen vorüber.*
Nothhafft von Wernberg kommt mit Knippeldollinger, ihm tritt entgegen:

Bürgermeister Nördlinger mit einem Fräulein.
    Herr Ritter – meine Base, Juliana Peutinger – sie hat des Kaisers Majestät schon als vierjähriges Jungfräulein im Namen des Rats mit einer kleinen lateinischen Rede begrüßt! Ich mögte sie Seiner Gnaden gern aufführen!

Nothhafft von Wernberg mit ihm weiter gehend.

Nachher, Herr Bürgermeister, nachher! *Leise.* Der Herzog ist von den Bürgern so warm empfangen worden, sie haben sich die Kehle fast abgeschrien, Ihr seht, er bezeugt sich dankbar! *Gehen vorüber.*

Albrecht   *kommt mit Agnes.* Nun sprich auch du! Was sagst du dazu?

Agnes: Mir ist, als hört ich eine Geige mehr, süß klingts, auch träumt sichs schön dabei.

Albrecht: Ich frage dich, ob du mich lieben kannst!

Agnes: Das fragt eine Fürstentochter, doch nicht mich!

Albrecht: O sprich!

Agnes: Schont mich, oder fragt mich, wie man ein armes Menschenkind fragt, von dem man glaubt, daß ein ungeheures Unglück es treffen könne!

Albrecht: Dies Wort –

Agnes: Legts nicht aus, ich bitt Euch, zieht niemanden die Hand weg, wenn er sie über die Brust hält.
Caspar Bernauer der mit Törring gefolgt ist und sich Agnes zu nähern sucht.
Morgen, Herr Graf, morgen!

Knippeldollinger der mit Nothhafft von Wernberg neben den beiden geht, zu Törring.
Einen, der das Blut besprach,
habe ich selbst gekannt.

Albrecht: Agnes, du verkennst mich! Ich liebe dich!

Caspar Bernauer tritt zwischen beide.
Komm, mein Kind! Auch du hast Ehre zu verlieren! *Er will sie abführen.*

Albrecht vertritt ihm den Weg.
Ich liebe sie, aber ich würds ihr nimmer gesagt haben, wenn ich nicht hinzufügen wollte: ich werb um sie!

Nothhafft von Wernberg: Gnädiger Herr!

Frauenhoven: Albrecht! Kennst du deinen Vater?

Törring: Denkt an Kaiser und Reich! Ihr seid ein Wittelsbach! Es ist nur zur Erinnerung.

Albrecht: Nun, Alter, fürchtest du noch für ihre Ehre?

Caspar Bernauer: Nein, gnädiger Herr, aber – Vor fünfzig Jahren

	hätte sie bei einem Turnier nicht einmal erscheinen dürfen, ohne gestäupt zu werden, denn damals wurde die Tochter des Mannes, der dem Ritter die Knochen wieder einrenkt und die Wunden heilt, noch zu den Unehrlichen gezählt. Es ist nur zur Erinnerung!
Albrecht:	Und nach funfzig Jahren soll jeder Engel, der ihr gleicht, auf Erden einen Thron finden, und hätte ihn einer ins Leben gerufen, der dir noch die Hand küssen muß. Dafür soll mein Beispiel sorgen!
Frauenhoven:	Er ist verrückt! *Zu Albrecht.* Nur hier nicht weiter, nur heute nicht! Alles wird aufmerksam und auf jeden Fall muß die Sache geheim bleiben!
Albrecht	*zu Caspar Bernauer:* Darf ich morgen kommen?
Caspar Bernauer:	Wenn ich auch nein sagte, was hülfe es mir?
Albrecht:	Agnes?
Agnes:	Wer rief mir doch heute morgen zu: geh ins Kloster! Mir deucht, ich sehe jetzt einen Finger, der mich hinein weist!
Albrecht:	Dir schwindelt! Halt dich an mich! Und ob die Welt sich dreht, du wirst fest stehen!
Caspar Bernauer:	Gnädiger Herr, wir beurlauben uns! Die fällt mir sonst um! *Ab mit Agnes und Knippeldollinger.*
Albrecht:	Ich muß – *Will folgen.*
Frauenhoven:	Keinen Schritt! Ihretwegen, wenn nicht deinetwegen.
Albrecht:	Du kannst recht haben!
Frauenhoven:	Sprich jetzt auch mit anderen! Sprich mit allen! Und lange, ich bitte dich, lange!
Albrecht:	Ich hätte so gerne noch meinen Namen von ihren Lippen gehört! Doch – wer will denn auch Weihnacht, Ostern und Pfingsten auf einmal feiern! – *Er mischt sich unter die übrigen Gäste. Ihm tritt Bürgermeister Nördlinger mit dem Fräulein entgegen.*

Carl Orff
Die Bernauerin. Ein bairisches Stück

Dritte Szene

Die Hauptbühne wird langsam erhellt.
Schenke in München
Bürger beim Abendtrunk. Sie sitzen schweigsam und unbeweglich
an langen Tischen.

Die Bürger:
(Eine Gruppe)

1.	's Amixl hat gsunga . . .
2.	Der Amslvogl,
	so früh scho im Jahr?
1.	's Amixl hat gsunga . . .
2.	Zeiti, zeiti,
	allends zeiti!
1.	's hat gsunga
	grad wiar i raustretn tua
	aus'm Haus,
	aus 'm Fletz,
	bin im Türstock no gstandn,
	da siehg i's aa scho,
	hoch drobn auf der Hausrin
	ihr'm schelkatn Giebl
	is 's Amixl gsessn,
	hat gsunga, grad gsunga.
	. . .
	Hint, drent in der Gassn,
	is scho die blass Scheibn
	vom Mond
	ganz schmach und schmachting daghengt.
	Und 's Amixl hat gsunga
	und pfiffn, was 's Zeug halt,
	als wann sonst nix wichti waar
	auf der Welt
	und in der Minkerna Stadt.
	. . .

Die Bürger:
(Eine andere
Gruppe)

1.   Aa anderster wo,
in anderner Stadt,
net z' Minka alloan
hat ma 'n Vogl vernommen.

2.   Und gar net weng weit
hat ma 's ghört.

3.   Draußt hinter Friedberg,
drent hinterm Lech,
in selliga Stadt,
hat a Amixl gesunga.

2.   Net schlecht hat 's pfiffn,
ham d' Augsburger gschaugt.

1.   Und Albrecht, moan i,
Albrecht schreibt si der Vogl.

           . . .

           . . .

Die Bürger:
(Wieder eine
andere Gruppe)

1.   *leise*
Wo san na die zwoa?
Wo lebt er mit ihr?

2.   Auf Voheburg san s',
auf Vohburg, dem Gschloß,
was ihm d' Mutter vererbt hat,
d' Herzogin selig.

1.   Na hat er s' mitgnomma?

2.   Mitgnomma und gar net lang gfragt.

3.   *leise*
Mit wem lebt er da?
Wem hat er mitgnomma?

2.   An Badern sei Tochter!

3.   An Badern sei Tochter??

2.   Dem Bernauer Kaspar die sein,
Dem Bader von Augsburg.

1.   An Badern sei Tochter??

2.	D' Bernauerin!!
	Hast na von der no net ghört?
Ein anderer:	D' Bernauerin is's,
	von der ihrer Schönen
	ma mehra verzählt,
	als d' Wahrheit vertragn ka.
Wieder ein anderer:	Riberin is s'
	und Zwagerin aa
	in selliger Badstubn,
Ein dritter:	Verschrien und verrufn is s' aa
	so viel als s' verrühmt werd,
	weil s' d' Manner drent
	allesamt,
	alle verruckt macht.
Einer:	*schreit*
	Hat z' Minka ka Muetta
	ka schöns Kind net mehr?
	Muaß 's a Badhur aus Augsburg sein?
Ein alter:	Muaß gar ka Hur net sei!
Der Eine:	Wanns a Riberin is,
	wanns a Zwagerin is?
	Da hocken s' fudnackert beinander im Bad,
	san dader grad für de Manner ihrn Gspaß,
	und dös sollt ka Hur net sei!?
Der Alte:	*ruhig*
	Tuat alls koan guat!
	. . .
	. . .

Die Bürger:
(Eine andere
Gruppe)

1.	Was sagt na der Alte?
2.	's is no nix verlautbart.
3.	Koan Sterbnswort net.
1.	Hat ma no nix läutn hörn?
2.	s' Schlagn werd kemma.

Die Bürger:
3.
    Der Alt'
    der macht dös Gspiel
    gar nit mit!
    . . .

    . . .

Die Bürger:
(Eine Gruppe)
1.
    Gaach,
    gaach ist der Albrecht,
    dös hat er vom Altn,
    – zum Erbteil –
    und mit seiner Gaachheit
    verdirbt er si viel.
2.
    Dem Altn möcht i
    entgegn nit tretn
    wann den grad da Zornteifl reit'.
3.
    Von dem woaß ma gnua
    in der Minkerna Stadt,
2.
    ham's gnua no am eignen
    Leib verspürt.
    . . .
3.
    Der Albrecht is z'hitzig,
    viel z'hitzig,
    glei immer aufs Ganze.
    Agrad so wia z'Alling,
    da hätt er si schier bald derrennt
    vor lauter »Drauflos«.
    Da kennt er garnix,
    der Erst muaß a sein,
    und der Banner muaß her,
    grad mittn raus,
    aus'm Haufn.
    Da is er schwaar drin ghengt,
    da hätt ihn der Bartge bald gfangt,
    wann der Alt ihn net außerghaut hätt.
    Agrad a so werd ers
    itzt aa wieder machn:

93

2.

da muaß na die Riberin her,
da gibt a koa Ruah –
glei mitnehma muaß ers
und schert si an Dreck
ums Gschrei von de Leit.

1.

Und do,
i kann's schier net anders nit sagn,
dös gfallt mar an ihm,
weil er nia net koa halbeter is.
Der Albrecht is richti!!
. . .

. . .

*Der erste der
ersten Gruppe:*

No kloan bin i gwen,
do steht der sell' Tag
mei Lebtag lebendi vor mir.
A Zeit grad wia itza,
ganz früah no im Jahr,
ham d'Amixln gsunga,
und draußten am Isarfluß
– in die Auen –
ham d'Boschen und Busch
Palmkatzerl aufgsteckt.
. . .

Da ham sie s' von Welschland eingholt,
dem Ernst sei Hochzeitrin,
D' Herzogin selig,
von Mailand is s' komma,
weit um übers tyrolisch Gebirg.
. . .
zum Thalbrucker Tor san s' na einzogn.
. . .

. . .

Ein anderer:

Ja, d'Herzogin selig,
des war a guate Fraun,
von der hat er viel.

Ein anderer:	Inwendi, . . .
	so ganz inwendi is s' gwen,
	und wunderli sinnli!
	Aa 's Lautnschlagn hat er von ihra derlernt,
	da drin is er kunstreich.

Ein dritter:	Der Alt hat daderfür net vui Sinn.
Ein vierter:	Weil er's net versteht.
Ein fünfter:	Weil's aa net sei Sach is.
Der Erste:	*leise, aber überzeugt*
	Der Albrecht is richti!!

Ein Eiferer:	*giftig*
	's is guat, daß sie's nimma dalebt hat,
	die Selig,
	wia da oanzige Bua
	si a Badhur hat gnomma.

| *Einer:* | *abtuend* |
| | Dadervon is scho gredt wordn! |

Der Erste:	I denk mar und sag:
	Wann ein'n mal a Liab
	ganz hitzi großmaachti derpackt,
	dös is no des schlechter lang net.
	Soll er no sei Freud ham,
	solang er no jung is,
	wer woaß, wem der Alt'
	ihm zur Hochzeitrin bstimmt.
	. . .
	. . .
	Da werd net lang gfragt
	nach der Liab und was drum is,
	ob s' schiach is, ob s' krumm is,
	da werd bloß verzählt:
	Sell waar die Schönste,
	und sell waar die Beste,
	und damit is basta,

Der Erste:	weil's guat is fürs Land, fürs Geld und für d' Erbverträg, Streit und Unfriedn und ewinge Zwister verleimt. Und do is dös oanzig, dös wo a Mensch hat, ob er a Roßknecht is und im Stall rumhockt, ob er in Herzog sein Mantl neingwickelt is, ob er'n Bischof sein gwaltingen Stab tragt, daß oaner oamal d e n Menschen ham kann, den Menschen, den oanzign ders is, wo der Blitz in sei Herz neighaut hat und glei zündt, und blendt auf'm allerstrign Blick!!
Der Eiferer:	*schreit* Siech di vor, daß dei Red net ins falscherne Ohrloch kimmt! Buaßerst s' sonst schwaar, dein unchristliche Red! . . . . . .
Einer:	*ruhig* Gegn d'Liab is kei Kraut net gwachsn im Gartn!
Der Eiferer:	*heftig* Gegn an Tod aa net!! . . . . . .
Ein Anderer:	*sachlich* Wo d'Liab amal hinfallt, bleibt s' flackn, und wanns aa a Misthaufn waar. . . .

Ein ganz Alter: *aus dem Hintergrund, mit heller, zittriger*
                           Stimme
                           Amal,
                           da ham in der Christnacht
                           d' Äpfelbaam blüaht!
                           . . .
                           . . .

Langsam Dunkel.

Günter Eich
Augsburg

Das träge Licht.

Ich badete gern mit Agnes Bernauer
aber sie ließ sich
in Straubing in einen Sack nähen.

Das Licht soll schnell sein,
aber es erreicht mich nicht

So fand sie eine Möglichkeit
mir zu entfliehen,
träge wie Licht
schnell wie Licht.

5.

Ritter, Tod
und Teufel

›Nihil unquam vidi candidius atque amabilius Augusta.‹

»Nichts Glänzenderes und Lieblicheres
habe ich je gesehen als Augsburg.«
Urbanus Rhegius.

Aus einem Brief an Wolfgang Rychard,
Tettnang, 11.1.1522

Enea Silvio de Piccolomini
Nichts, das Augsburg übertrifft

›Transimus Campidonam et Memmingam, illustria oppida, Augustam Vindelicam, S. Udalricus huic possidet, qui Papa arguit de concubinis, ad Licum fluvium iacentem. Haud facile invenies, quae civitas altera superet, sive nitorem urbis sive populi et cleri divitias et reipublica formam contempleris.‹

»Über die berühmten Städte Kempten und Memmingen reisen wir nach Augsburg, der Vindelicierstadt, am Lech gelegen. St. Ulrich residierte hier, der den Papst des Konkubinats bezichtigt. Du wirst nicht leicht ein anderes Gemeinwesen finden, das sie übertrifft, Du magst den Glanz der Stadt, den Reichtum des Volkes und des Klerus oder die Form des Staatswesens betrachten.

Clara Hätzlerin
Augspurg hatt ain weisen ratt

Augspurg hatt ain weisen ratt,
Das brüft man an ir kecken tatt
Mit singen, tichten vnd claffen.
Sy hand gemacht ain singschul,
Und setzen oben vff den stul,
Wer übel redt vonn pfaffen.

Augsburg hat einen weisen Rat,
das sieht man an ihrer kecken Tat
mit Singen, Dichten und Klaffen.
Sie haben gemacht ein Singschul
und setzen oben auf den Stuhl,
wer übel redt von Pfaffen.

Schwank
Von einem Edelmann und einem Maler
in Augsburg.

(Nachtbüchlein 1559.)

Vor etlichen Jahren kam ein reicher Herr oder Edelmann gen Augsburg zu einem Maler und brachte ihm ein hölzernes Täfelchen, das er sich bei einem Schreiner hatte machen lassen, und sprach: »Mein lieber Meister, ich wollte, daß Ihr mir hierauf ein schönes Bettstättlein malet.« Der Maler sprach: »Ja, Herr.« Als es gemacht war, kam der Herr am andern Tage wieder und sahe das Bettstättlein; das gefiel ihm wohl und er sprach: »Meister, jetzt malet mir ein schönes Bett darein und darauf ein schönes Fräulein.« Der Maler malte es auch. Als der Herr des andern Tages wieder kam und fand Alles, wie er es bestellt hatte, da gefiel es ihm von Herzen wohl und er sprach: »Nun malet mir unten auf das Bettstättlein ein feines zinnernes Nachtgeschirr.« Der Maler malte auch das, und als es am fünften Tage trocken und fertig war, da kam der gute Herr wieder und fand Alles wie er es begehret: das Bettstättlein mit schönen seidenen Betten und darauf ein über die Maßen schönes nacktes Fräulein und unten ein feines zinnernes Nachttöpflein. Als er das Alles hatte mit Fleiß besehen, fragte der Maler: »Herr, gefällt es Euch?« »Ja«, sprach der Herr, »aber jetzt thut noch ein Ding und malet mir ganz darüber einen seidenen Vorhang.« »Ei potz Marter«, sprach der Maler, »das wird sich nicht schicken, kauft ein seidenes Tüchlein und hängt dasselbe darüber, dann könnt Ihr es wegnehmen, wenn Ihr wollt.« Der Herr antwortete: »Machet so, wie ich es Euch geheißen habe, ich will es gut bezahlen; wenn ich nur weiß, was dahinter ist, ein Anderer braucht es nicht zu wissen.« So mußte ihm denn der Maler, während er dabei stand, den Vorhang malen, dachte aber, wie man pfleget zu sagen, wenn mir Einer Geld gäbe, so wollte ich ihm Steine in den Arsch werfen, und wenn er mir wieder Geld giebt, so wollte ich sie ihm auch wieder heraus klauben, denn Geld macht allen Kauf schlecht, und wird das Sprichwort auch hier erfüllet: einem jeden Narren gefällt sein Kolben wohl.

Eine visierliche Schnake von einer Dirne, welche bei einem Bierbrauer diente, zu Augsburg in der Reichsstadt.

Es diente zu Augsburg bei einem reichen Bierbrauer eine schöne holdselige Dirne, von Leib und Seele, auch Gebärden sehr lieblich und freundlich, der niemand feind sein konnte. Die gewann desselbigen Bierbrauers Sohn lieb, und er buhlte stark nach seines Vaters Tod und Abgang um sie und verhieß ihr hundert Gulden, wenn sie ihm einen Hofdienst täte und seines Willens lebte. Die Magd verstand sich auf die Kreide und schlug es ihm ab und sagte, daß ihre Ehre mit keinem Geld könnte bezahlt werden, wie es denn wahr war, und schaffte den guten Schnudelbutz ab. Hernach aber in kurzen Tagen verließ die Magd ihren Dienst und kam zu einem Bäcker, der auch einen säuberlichen Buben hatte, dem die jungen Mägdlein nicht feind noch gram waren; demselbigen gefiel die Dirne, und der Dirne wiederum er, nach dem Sprichwort: Eins ums andre, keins umsonst; hast du mich lieb, so bin ich dir nicht feind. Nun aber, wie die Bäcker bei Nacht pflegen aufzustehen und ihre Arbeit mit Backen zu verrichten, kamen die zwei in dem Backhaus zusammen, schmuckten und druckten einander; endlich wirbt der Bäcker um dies Küchenloch; das schlug ihm die Dirne ernstlicher Meinung ab. Der Junge aber sprach: »Ei, meine Gret, versage mir das nicht! Sieh hin, ich will dir eine warme Semmel geben.« Die Dirne, die sonst nicht böse Lust dazu hatte, hob an und sprach: »Ich hab mein Lebtag gehört, man soll das liebe gebenedeiete Brot nicht verachten«, nahm den Jungen in Arm und sprach: »Was ich tu, mein lieber Hansel, das tu ich des lieben Brotes halber, sonst wollt ich es wohl lassen.« Ließ sich also die Ader schlagen.

Volkslied
Ulrich Schwarz, Bürgermeister von Augsburg

Augsburg ist ain werde Statt
in ainem Jar geschehen,
daß Vier Burgermaister guott
sein khomen umb Ihr Leben,
Die Vittel theten die Wahrheit, darumb
Man diesen zweyen Ihr haubt abgeschlagen,
Dem Kurzen an sein Leben gieng,
Schwarz und Taglang an den Galgen hieng.

Der Schwarz Namb sich an des handels zuvil,
da er an der Steur Saß Im Sausße,
Eß war Im gar ain ebens spill,
Da er daß gelt bei den huetten ausmasße,
Mangmaister wolt khain thaill darvon han,
er hub sich auf und schlich darvon,
man schickhet Ims nach gar tratte.

Mangmaister Legts hinter ain Rhat,
Der Schwartz gen seinen Herren sprach,
Ja sprach, Mangmaister will unß verrathen,
der ist Judas, der gott verriett,
Der Mangmaister sprach,
Du leugst wie ain Dieb,
Du sagst nit war,
Sie füellen ainander in daß Haar.

Die Schwartzin zu Irem herren sprach,
Ir sollenn Morgen daheim bleiben,
mir hat getraumbt ein schwerer traumb,
man werd euch morgen fachen.
So schweig. So schweig, mein Frauellein,
Bist du Kaiserin, so will ich Kaiser sein,
sie dörffen mir nichts than,
den Gewalt will ich Iber sie han.

Des Morgens wie er in den Rhat gieng,
man thet ain nach den andern sachen,
man warff den Schwartzen in die Eysßen ein,
Er het geschenckht Most für Wein,
er het gestollen also Vill
mit seinen guotten gesellen,
Die Im handt helffen stellen.

Der Schwartz gen seinen herren sprach
Mangmeister will unß Rechen,
bringt mir Mangmeister umb sein leben,
Vier hundert Gulden will ich euch geben,
doch solt Ir nit ablohn,
und In erstochen han.

Otto Flake
Es ist eine Lust zu leben

Huttens Dichterkrönung in Augsburg

(. . .) Jura hatte er (Hutten. – Anm. d. Hrsg.) gehört, aber ein Abschluß durch den *Doctor juris* war nicht zustande gekommen, auch nicht geplant gewesen. Er folgte seinem Kopf, der zu den eigensinnigen gehörte. Ein Gesetz seines Lebens schien zu wollen, daß immer irgendein Streit ihn zu einem plötzlichen Aufbruch trieb, so in Leipzig, in Greifswald, in Wien, in Pavia, in Rom und nun in Bologna.

Sei es. Der Entschluß, auf seine Weise den eigenen Weg zu gehn, ist immer mit Trotz verbunden. Die Haltung dem Leben gegenüber kommt nicht aus den Überzeugungen – die Überzeugungen müssen nachträglich die Haltung rechtfertigen: so bei ihm, wenn er der Titelsucht die Idee des freien Mannes entgegenstellte. Wie er es Crotus auseinandergesetzt hatte, die Titeljäger, die Examinierten, die Beamteten rissen die Führung an sich, Juristen und Theologen teilten sich in die Macht. Im Grunde nahm er es ihnen nicht übel; denn auch er wollte Macht. Aber nicht durch ein Amt, eine Gunst, sondern durch sich selbst. Wenn er nach Mainz ging, hielten sie ihm eine Stelle offen. Aber er war gar nicht so sicher, daß er dorthin zurückkehren wollte. In zwei Jahren Abwesenheit war

Mainz von so vielem überdeckt worden. Auch im Fränkischen gab es Möglichkeiten. In Würzburg hatte Ludwig großen Einfluß; in Bamberg zählte Georg III., ein Schenk von Limburg, zu den nicht alltäglichen Kirchenfürsten, und der Hofmeister Johann von Schwarzenberg wurde unter denen genannt, die eine Reform der Kirche verlangten.

Hieß es nicht, Schwarzenberg übersetze den Cicero ins Deutsche? Merkwürdiger Gedanke, aber vielleicht nicht so uneben. Man hörte jetzt öfter, die große Idee der Reform, des Widerstandes gegen Rom, der nationalen Selbständigkeit könne erst durchdringen, wenn sie sich nicht auf die lateinschreibenden Kreise beschränke. Bedachte man es recht, so gehörten Nation und Sprache zusammen. Aber wie ungelenk war das Deutsche, wenn man Abstraktionen entwickeln wollte.

Von Bamberg schweiften seine Gedanken nach Nürnberg hinüber. Zwar liebte er die Städte wenig, darin war er ein Ritter. Aber er hatte die wunderbare Schilderung des Celtis auf Nürnberg gelesen, und kein Name war in Deutschland berühmter als der Nürnbergs, das eine Augsburg ausgenommen. Er würde sie beide sehn. In Augsburg war gerade der Kaiser, auch ein Mann, der ewig reiste; er würde ihn endlich erblicken. Wer weiß, wenn Peutinger, bei dem er absteigen sollte, die Sache in die Hand nahm, wurde er zum Poeten gekrönt – eine Belohnung, auf die er, bei Gott, größeren Anspruch hatte als ein Dutzend andere, denen sie nicht versagt worden war. Zwar auch ein Titel, aber einer außer der verdächtigen Reihe.

Und einer, der mit einem Schlag alle Rechte verlieh, die den Graduierten zustanden. An allen Universitäten konnte man lesen, zum Neid und Zorn der Regelmäßigen. Der Gedanke kitzelte ihn. Neider haben, hieß noch ein paar Feinde dazubekommen, und Feinde waren die Würze des Lebens. Wenn nur all die italienischen, dem Kaiser huldigenden Schriften schon erschienen wären. Er beschloß, in Augsburg zu tun, was er konnte, um sie zum Druck zu fördern.

Das waren ungefähr die Gedanken, mit denen er über den Brenner ritt. Der Gedanke an Bamberg mag auch erst in Augsburg aufgetaucht sein. Gegen den fünfzehnten Juli war er in Augsburg, bei Konrad Peutinger. Nach der Handelsstadt Venedig die des Großkapitals. Abgesehen von dem zeitgenössischen Argument, wie bedauerlich die unaufhörliche Ausfuhr deutschen Geldes nach

Rom sei, und dem anderen unter Humanisten ebenso herkömmlichen, daß »Luxus« Geldverschwendung bedeute, also nur einen negativen Wert besitze, begegnen wir bei Hutten nirgends den nationalökonomischen Interessen, die doch schon Celtis gehabt hatte, und dürfen auch hier wieder von der charakteristischen Enge der Basis sprechen – der seine einfachen, wirksamen Ideen des Nationalismus und der persönlichen Freiheit entsprangen.

Man könnte ihn einen Binnenländer mit durchaus kontinentalem Gesichtskreis nennen. Die Romantik der neuentdeckten Länder verlockte ihn nicht, wie jenen Hutten, von dem wir gleich reden wollen. Auch als Vagant ist er Humanist, der Universitäten und Gelehrte aufsucht. Seine Phantasie war realistisch, auf das Vertraute gerichtet. Sie ergänzte sich durch den Glauben an das Utopische, an das, was fern an den Grenzen des Bekannten liegt und nicht zu nahe kommt. Als er im nächsten Jahr zu Augsburg von einem Ritter, der in Moskau gewesen war, erfuhr, daß es keine hyperboräischen Berge gab, erstaunte er aufs tiefste; so viele treffliche Männer hatten davon als einer Tatsache gesprochen.

Für die großartige Gestalt des alten Jakob Fugger wird er kein Verständnis gehabt haben. Dieser Senior des Hauses disponierte nach dem Tod der Brüder mit Hilfe seiner Schnellpost, die doch die Undurchdringlichkeit der Dinge nicht besiegen konnte – es gab noch keine Budgets und Bilanzen –, über die Länder hinweg mit sicherem Instinkt.

Er beschäftigte sich mit dem Kleinsten, dem Hausiererhandel in Barchent, und mit dem Größten, der Finanzierung der Kaiserwahl, nahte doch der Augenblick, wo er Karl durch seinen Kredit zur Krone verhalf: er bewilligte ihm ein Darlehen von 543 000 Gulden. Jeden Abend tat er mit dem Hemd die Sorgen ab, ein Mann ohne Nerven. Obwohl Pfalzgraf des Papstes, kaiserlicher Rat und demnächst Graf, Erbauer von Schlössern und Besitzer des ersten Stadthauses im Renaissancestil, auch Gründer der Fuggerei, der Arbeitercity in Augsburg, gab er wenig auf den Schein. Die halbe Welt folgte einem Wink seiner Hand, aber daheim galt er noch nicht als Patrizier; erst 1538 durften die Fugger auf der Geschlechterbank sitzen.

Bei demselben Schub kamen die Re(h)m ins Patriziat, nachdem sie die Aufnahme sechzig Jahre vorher ausgeschlagen hatten. Der Rem, der mit Hutten in Pavia studierte, gehörte einem humanistischen Zweig dieser Familie an; der Hauptstamm trieb Handel. Lucas Rem zum Beispiel, 1481 geboren, war Lehrling zu Venedig und in der Welserschen Faktorei zu Lyon gewesen, dann als Visitator dieser Faktoreien viel herumgekommen, unter anderem bis Madeira, wo das Augsburger Haus Plantagen besaß. In Lissabon hatte er die erste Ausfahrt deutscher Handelsschiffe nach »Indien« organisiert. Er war nur ein mittlerer Kaufmann, der seine Einlage von 9000 Gulden innerhalb zweiundzwanzig Jahren auf 57000 brachte, während bei den Hochstetter 900 Gulden in sechs Jahren zu 30000 wurden.

Die Welser nun, eine altpatrizische Familie, besaßen Faktoreien von London bis Rom und zu den Kanarischen Inseln. Ihr Hauptgeschäft war zunächst der Levantehandel; sie gingen aber früh in das indische Geschäft. Sie firmierten Handelskompagnie Anton Welser und Konrad Vöhlin. Eine Schwester Antons heiratete den Lucas Rem, eine Tochter Konrad Peutinger.

Anton ist der Großvater der Philippine Welser, die mit dem Erzherzog Ferdinand die Liebesheirat schloß, und des Bartholomäus Welser, der mit Philipp von Hutten, Großneffe Ludwigs, kaiserlichem Oberst und Rat, in Venezuela 1546 unterging. Dieser Hutten war Anno 1517 sechs Jahre alt, er wurde als Edelknabe am Hof Karls V. erzogen.

1526 erwarben die Welser von der spanischen Krone das Patent zur Ausbeutung »Venesolas« und errichteten ein Handelsmonopol. Philipp von Hutten zog zweimal von der Hauptstadt Coro zum Äquator, um das »reich Land« zu suchen. Beim zweiten Zug wurden er und Welser von einem Spanier ermordet. So scheiterte die erste deutsche Kolonisation, an der ein Hutten beteiligt war.

Peutinger, der Schwiegersohn des Anton Rem, war zu Huttens Zeit zweiundfünfzig Jahre alt. 1482 hörte er jenen Jason de Mayno in Padua, sah in Florenz Pico delle Mirandola und in Rom Pomponius Lactus, der so lakonische Briefe schreiben konnte. Seit 1490 stand er im Dienst seiner Vaterstadt, als Stadtschreiber, als Gesandter, so beim Schwäbischen Bund, vor allem aber beim Kaiser, den er auf vielen Reisen begleitete und mit dem ihn das Interesse für historische und antiquarische Forschungen verband.

Maximilian schickte ihm Münzen und Handschriften; er gab eine Sammlung altrömisch-Augsburger Inschriften heraus; in einem Hofe seines Hauses sah Hutten die Originale. Er entdeckte Chroniken, wie Celtis die nach ihm genannte *Tabula Peutingeriana* (eine Nachbildung aus dem zwölften Jahrhundert einer Straßenkarte des Römischen Reiches aus dem dritten), edierte und regte Edierungen an. Er war Humanist und Jurist.

Bei aller Vernünftigkeit brachte er es doch fertig, ein dreijähriges Mädchen lebendig begraben und einen zwölfjährigen Knaben enthaupten zu lassen, weil eines Mordes schuldig – jeder zollte seiner Zeit den Tribut. Er stand auf seiten Reuchlins; im lutherischen Streit nahm er eine vermittelnde Haltung ein und lehnte den Bruch mit Rom ab, wie alle älteren und besonnenen Männer aus dieser Generation.

Noch der reife Mann lernte Griechisch; mit seiner Frau aber konnte Hutten Lateinisch sprechen. Sie hatte es gelernt, um an den Studien ihres Mannes teilzuhaben; sie veröffentlichte sogar eine lateinische Schrift. Ihre Tochter, die einst als vierjähriges Kind den Kaiser mit einer lateinischen Ansprache begrüßt hatte, war gestorben. Aber der Backfisch Konstanze flocht jetzt den Lorbeerkranz, der Hutten am 12. Juli vom Kaiser unter großem Prunk – auch Fanfarenblasen – aufgesetzt wurde. Ein Gemälde darüber aus dem gottverlassenen neunzehnten Jahrhundert hängt zu Köln.

Peutinger hatte das Seine getan, auch den nationalen Vorfall in Viterbo nicht vergessen. Der Sekretär des Kaisers, Spiegel aus Schlettstadt, ein Neffe Wimphelings, damals noch Anhänger der Kirchenreform, war seiner Meinung gewesen. Den Hofmathematikus Stab nennt Hutten ebenfalls unter den Befürwortern. Man sprach dem Kaiser auch von den venezianischen und italienischen Schriften Huttens, die nun in einem Band zusammengefaßt werden sollten: in der sogenannten Augsburger Sammlung.

1341 hatte Petrarca erstmalig auf dem Kapitol den Lorbeerkranz empfangen. Die erste Krönung in Deutschland vollzog der Kaiser 1442 zu Frankfurt an A[e]neas Piccolomini. Die Deutschen mußten noch bis 1487 warten: damals wurde Celtis *Poeta laureatus* in Nürnberg. Seitdem hatte der Titel den Seltenheitswert verloren. In der Ära Spiegel fanden neun Krönungen statt. Aber die Magie der Titel ist ein besonderes Kapitel, und die Mitmenschen sind für sie besonders empfänglich (. . .)

Sage
Zum »Dahinab« in Augsburg

Mündlich

Als Luther bei seinem Aufenthalt in Augsburg 1518 für seine persönliche Sicherheit fürchtete, beschloß er auf den Rat seiner Freunde – vorab Langenmantels –, Augsburg in aller Eile und Stille zu verlassen; er brach also vor Tagesanbruch auf und gelangte bis zum St.-Gallus-Gäßchen, wo er, des Weges unkundig, den Ausgang suchte. Da soll ihm der Böse in Langenmantels Gestalt mit dem Wink: »Da hinab«, nach dem Einlaß- oder Stephingertörlein, das bereits geöffnet war, bedeutet haben. Dort soll auch ein Esel nebst einem Boten zur Flucht bereitgestanden sein.

Anastasius Grün
Der letzte Ritter
Romanzenkranz

MAX IN AUGSBURG.
(1517.1518)

1. Einzug.

»Es hat das Herz des Menschen ganz eigne Länderkarten!
Die Stelle, wo ihm Liebes begegnet auf seinen Fahrten,
Bezeichnet ihm schon ferne ein heitrer heller Stern,
Wie ihn gesehn die Weisen einst ob der Krippe des Herrn.

Wie bist du, Stern, so funkelnd ob Augsburg mir zu schaun,
Wie Treu' im Blick der Männer, wie Huld im Aug' der Frau'n,
Wehmütig Leuchten sendend den Tagen, die verglommen,
Ein süß Verheißen streuend auf Tage, die noch kommen!«

Max sprach's zum Kreis der Treuen, die mit ihm fröhlich ritten,
Das Lechfeld lag vor ihnen, die liebe Stadt inmitten. –
»Was blinkt dort durchs Gehölze, als ob's ein Lager wäre?
Wohl gar der Ägypterherzog mit seinem Zigeunerheere?«

Herr Kunze darauf erwidert: »Wenn recht mein Auge sah,
Wohl lagert Herzog Amors Zigeunervölklein da;
Doch scheint's nicht fest im Wandern, die Füßchen sind schon
wund,
Was Wunder? Fahrende Fräulein ja lagern dort im Grund!

O seht das seltne Lager! Die Lanzen sind Nadelspitzen,
Als Schilder, gehängt an Bäume, rings Spiegel und Spiegelchen
blitzen,
Viel Pfeile in braunen, blauen und schwarzen Köchern der Augen,
Als grob und leicht Geschütze die Zungen und Züngelchen
taugen!

Und hat das Herz des Menschen ganz eigne Länderkarten,
Mußt' ihnen zum Kometen dein heller Stern entarten,
Wohl als Profossenrute im Zorn ob Augsburg lohend,
Unsüßen Abschieds mahnend und böse Rückkehr drohend!«

Da faßt der Fräulein eines des Kaisers Zügel leise:
»Gestatt' in deinem Schutze, Herr, uns die Heimatreise,
Heimführe die Töchter wieder dem weisen Magistrat,
Die Schwestern seinen Söhnen, die Kinder der Vaterstadt!«

Da klammerten sich die Mägdlein an Bügel ihm und Zaum,
An Mähn' und Schweif des Rosses und an des Mantels Saum.
Der Kaiser läßt's geschehen, er denkt nur still bei sich:
Euch wird mein Purpur schützen, mein graues Haar schützt mich!

So ritt der Zug von dannen. Herr Kunz ritt hinterdrein
Und trieb ein buntes Denken, zu laut fast mocht' es sein:
»O Max, du seltner Jäger! Sieh, was sich für Vöglein fingen,
Dir lustig zappelnd und flatternd in Garn und Roßhaarschlingen!

O Max, du seltner Gärtner! Schmückst du zum Rosenturnei
Des Zelters Schweif und Mähnen mit Blumen bunterlei?
O Max, du seltner Kaiser! Welch Prachtgewand ist dein!
Das wird ein Balgen der Pagen nur um die Schleppe sein!«

Am Tor stehn Volk und Ratsherrn. Seltsam Gefühl beflog
Sie all, nun mit den Mägdlein einher der Kaiser zog:
Es wallt um sie, wie schirmend, sein Mantel faltig weit,
Wie all uns hält umschlungen, die Allbarmherzigkeit.

2. Ulrich von Hutten.

Damast umschmückt die Wände, dran stolze Banner schwanken,
Fast sprengt des Volkes Andrang die sammetbehangnen
                                        Schranken,
Im Kreis der Würdenträger steht Augsburgs hoher Rat,
Der Kaiser sitzt zu Throne im fürstlichen Ornat.

Er übt der Ämter schönstes: daß er Verdienst belohne,
Aus Kaiserhand empfange ein Dichter die Lorbeerkrone;
Dort steht der edle Sänger, o seltne Augenweide:
Ein Schlachtschwert an den Hüften, den Leib im Ritterkleide!

Fürwahr, ein seltner Schreiber, der mit der Klinge schrieb!
Fürwahr, ein seltner Ritter, der mit dem Kiele hieb!
Der auf dem Eisenschilde skandiert den Silbenfall,
Dem unterm stählenen Panzer schlägt Latiums Nachtigall;

Ein Jüngling, den das Wandern zum Greis Ulyß gereift,
Des Wort wie Lava lodert und süß wie Honig träuft,
Der Maxen selbst, als müde sein Schwert schon sank, befeuert,
Daß er die alten Kämpfe gen welschen Trotz erneuert.

Horazens Muse hat ihm im Licht ausonischer Fluren
Ein Bündel Ruten geschnitten zum Kampf mit den Obskuren,
Drum stäubt's wie Geißelhiebe von allen üppigen Kutten,
Wenn ihr nur nennt den Namen des Ulerich von Hutten. –

Der Kaiser winkt, da schweigen des Chores Festgesänge,
Und feierlich hinschreitet sein Kanzler durch die Menge
Zum blanken Marmortische, darauf zwei Bücher lagen,
Das eine festverschlossen, das andre aufgeschlagen.

Er spricht: »Lies hier im offnen der Vorzeit weise Kunde,
Dann ins verschloßne schreibe die eignen Wissensfunde!«
Dann faßt er einen Goldring, drin glänzt ein Jaspisstein:
»Sei fest gleich diesem Steine, gleich diesem Golde rein!«

Und auf des Dichters Wange drückt er den Friedenskuß,
Entrollt ein Pergament dann aus silbernem Verschluß:
»Ein Schwert und eine Feder, bisher war's all dein Habe,
Sieh Gnaden hier und Ehren verbrieft als Kaisergabe!«

Jetzt tritt zum Throne schüchtern Peutingers Kind Konstanze,
Sie trägt das samtne Kissen mit frischem Lorbeerkranze,
Die Holde flocht ihn selber im Garten unter Rosen,
Dabei oft seufzend: o bringe doch Friede dem Friedelosen!

Als Hutten jetzt der Jungfrau ins treue Auge sah,
Wie selig da, wie friedlich dem Friedelosen geschah!
Er sieht sein künftig Dasein in rosigem Glanz verklärt,
Ein Bild des Glücks, wie's Fürsten- und Frauenhuld gewährt.

Er sieht sein heimelnd Wohnhaus, am Dach ein Taubenpaar,
Die froh geschäft'ge Hausfrau, die muntre Dienerschar,
Sich selber dann inmitten pausbäckiger Engelein,
Und ferne Glocken läuten ihr friedlich Ave drein. − −

Doch jetzt legt ihm der Kaiser aufs Haupt die grünen Sprossen,
Da ist das süße Traumbild versunken und zerflossen!
Denn in des Lorbeers Schatten nicht siedeln darf das Glück,
Nicht bannen die heil'gen Zweige den Wetterstrahl zurück.

Er fühlt's: vom Kranze fließen ums Haupt ihm feurige Funken,
Es glänzt wie Wetterleuchten, schon künft'ger Taten trunken,
Sturmglocken läßt er donnern, wo Romas Zwingburg ragt,
Die Würfel sind gefallen zum Ruf: Ich hab's gewagt!

Er neigt die trotz'ge Stirne zum Volk dort an den Schranken:
»Mein deutsches Volk, dir will ich einst meine Kränze danken,
Dem Geiste muß ich folgen, einsam, auf eignen Pfaden.«
Und seine Hand ließ fallen das Pergament der Gnaden.

Dir, Max, ward dieser Lorbeer zum Kranz der eignen Ehren,
Du wolltest Mannesgröße aus eignen Hulden mehren,
doch der, den heut du kröntest, – von Gnaden zehrt nicht jeder, –
Ließ, als er starb, als Habe – ein Schwert und eine Feder.

3. Max und Dürer.

Fürst, Troßbub, Ritter, Gauner, durchwimmelnd Augsburgs
                                                    Gassen,
Im Saal die Ratsherrn zankend, und zankend Volk auf den
                                                    Straßen,
Hier doppelt volle Schenken, doch Armut rings im Land!
Wie mögt ihr solches heißen? – Reichstag war's deutsch genannt.

Max sah vom Fenster düster aufs tolle Gewühl im Frei'n,
Da trat in schlichtem Wamse ein Mann gar schüchtern ein;
»Gott grüß' dich, Meister Dürer!« rief Max so freudig schnell,
»Wie kommt die Kunst zum Reichstag? nach Babel mein Apell?«

»Nur eine Gnade wollt' ich, o Herr, von Euch erflehn«,
Erwidert drauf der Meister, »laßt freundlich es geschehn!
Ach, gerne malt' ich einmal noch Euer Konterfei;
Hell strahlend wie sein Urbild, doch auch so wahr und treu.«

Der Kaiser faßt wehmütig des Künstlers Hand und spricht:
»Bei mir will's Abend werden; drum, eh' die Nacht anbricht,
Willst du die Landschaft zeichnen, vom Spätlicht karg verklärt!
Gelt, Freund, so magst du meinen? wohlan, gern sei's gewährt!«

Der Maler nimmt den Pinsel, Leinwand und Farbenschrein:
»Noch bitt' ich eins, mein Kaiser, seht nicht so finster drein!«
Starr auf die graue Leinwand ist Maxens Blick gebannt:
»Ich denk' an Staub und Asche, auch grau wie diese Wand.«

Der Maler zeichnet weiter, Mund, Wange, Nas' und Blick,
Der Kaiser sinkt vor Lachen jetzt in den Stuhl zurück:
»Ho, ho, da droht sie wieder, als ob sie der Spiegel wies',
Die ungeheure Nase, die sich so oft schon stieß!« –

Und Farb' auf Farb' entlodert, wie Frühlingsblütenglanz,
Und Leben, Frühlingsleben durchschwillt den Farbenkranz,
Aufblüht die Farb', umkosend als Lächeln hier den Mund,
Als Ernst gar finster thronend dort auf dem Stirnenrund.

– »Seht da den ganzen Menschen, dies alte treue Haus,
Schmerz sieht zum einen Fenster wehmüt'gen Blicks heraus,
Die Freude steht am andern und nickt und lächelt mild,
Nur hängt an diesem Hause die Kron' als Aushängschild!

Leb' wohl nun, Bruder Albrecht! Ja, Bruder nenn' ich dich,
Ein König heiß' ich, König bist du so gut als ich;
Ein Stückchen Gold mein Zepter, mein Reich ein Stück grün Land,
Dein Zepter Stift und Kohle, dein Reich die Leinewand.

Die Heere bunter Farben sind Untertanen dir,
Wohl treuer dir ergeben, traun, als die meinen mir!
Und Leben ist das Endziel, dem unsre Kraft geweiht,
Und beider Müh' und Arbeit gilt der Unsterblichkeit.

Und doch, ist's einst gelungen und glauben wir's vollbracht,
Wonach wir treu gerungen tagsüber und bei Nacht,
Kommt, unser Werk besehend, manch nüchterner Gesell
Und meint: das Bild sei leidlich, der Thron steh' schief zur Stell'.

Behüt' dich Gott, mein Albrecht! Kehrst du nach Nürnberg heim,
So grüß' mir den Hans Sachse, den Mann mit Pfriem und Reim;
Macht er ein Liedlein wieder, so sei's ein Leichenlied,
Bald hört ihr, daß ein König, der lieb euch war, verschied.«

So sprach der Fürst. Ins Auge schaut er dem schlichten Mann
Und sieht ihn milden Blickes wohl lang und schweigend an,
Blickt dann aufs eigne Bildnis, geschmückt mit Kron' und Gold,
Und lächelt still, wie einer, der lieber weinen wollt'.

4. Abschied.

Max wollt' aus Augsburg reiten. Doch ist's bestellt nicht gut,
Wenn auf die Fahrt dem Reiter Spornstiefel fehlt und Hut!
Die stahlen ihm Augsburgs Frauen, daß er noch bleiben sollt';
Er löst' mit einem Tänzlein sie aus dem Gefängnis hold.

Max ritt aus Augsburgs Toren. Doch ist's bestellt unlieb,
Wenn aus der Stadt du rittest, dein Herz doch drinnen blieb!
So zog er traurig die Straße durchs weite Lechfeld fort
Bis zu der grauen Säule, Rennsäule heißt sie dort.

Da hielt er an die Zügel und wandte rasch sein Pferd,
Zur Stadt noch einmal blickend, die ihm vor allen wert:
»Mein treues, schönes Augsburg, da liegst du im Morgenlicht!
Die Trauer meiner Seele ahnst du, die Heitre, nicht.

Du ahnst nicht, daß ich segnend zu dir noch niederblicke,
Und kannst ihn nicht erwidern, den Gruß, den ich dir schicke;
Gleichwie das Kind im Schlummer wohl nimmermehr es ahnt,
Daß erst an seinem Bette der Vater segnend stand.«

Und feierlich dann schlug er dreimal das Kreuz vor sich:
»Leb' wohl und Gottes Segen, mein Augsburg, über dich!
Er lohne deine Liebe und deinen treuen Sinn!
Er schütze deine Mauern und all die Frommen drin!

Wir sehn uns nimmer wieder, so leb' denn ewig wohl!
Viel Treue harren meiner im schönen Land Tirol;
Drum traure nicht, mein Auge, erhell' dich, Angesicht:
Von Freunden gehn zu Freunden ist, traun, so übel nicht!

So möcht' ich einst auch wandeln ins stille Geisterreich
Und heitren Mutes scheidend, ihr Vielgeliebten, von euch,
Zum Kreis der Lieben wallen, der dort mein harrend spricht:
Von Freunden gehn zu Freunden ist ja so übel nicht!«

Sr. Excellenz des Herrn Geheimerath von Göthe.

Zueignung

Auf dem Reichstage zu Augsburg geschah ein guter Schwank von Grünenwald, Singer an des Herzogs Wilhelmen von München Hof. Er war ein guter Musikus und Zechbruder, nahm nicht für gut was ihm an seines gnädigen Fürsten und Herren Tisch aufgetragen ward, sunder sucht sich anderswo gute Gesellschaft, so seines Gefallens und Kopfs wäre, mit ihm tapfer dämpften und zechten, kam so weit hinein, daß alle Geschenke in der Schenken für nasse Waar und gute Bislein dahin gingen; nach mußt die Maus bas getauft werden, er macht dem Wirth bey acht Gulden an die Wand. Als der Wirth erfuhr, daß der Herzog von München sammt andern Fürsten-Herren aufbrechen wollte, so kam er zu dem guten Grünenwald, fodret seine angeschriebene Schuld. Lieber Wirth, sagt Grünenwald, ich bitt euch von wegen guter und freundlicher Gesellschaft, so wir nun lang zusammen gehabt, lassen die Sach also auf diesmal beruhen, bis ich gen München komm, denn ich bin jetzt zumal nicht gefaßt, wir haben doch nicht so gar weit zusammen, ich kanns euch alle Tage schicken, denn ich hab noch Kleinod und Geld zu München, das mir die Schuld für bezahlen möcht. Das gunn dir Gott, sagt der Wirth, mir ist aber damit nicht geholfen, so woelln sich meine Gläubiger nicht bezahlen lassen mit Worten, nemlich die, von denen ich Brod, Wein, Fleisch, Salz, Schmalz, und andere Speisen kaufe; komm ich auf den Fischmarkt, sehen die Fischer bald, ob ich um baar Geld oder auf Borg kaufen wöll; nimm ichs auf Borg, muß ichs doppelt bezahlen. Ihr Gesellen aber setzt euch zum Tisch, der Wirth kann euch nicht genug auftragen, wenn ihr gleichwohl nicht ein Pfennig in der Taschen habt. Drum merk mich eben, was ich auf diesmal gesinnet bin. Willt du mich zahlen mit Heil, wo nicht, will ich mich dem nächsten zu meins gnädigen Fürsten und Herrn von München Secretarien verfügen, derselbig wird mir wohl Weg und Steg anzeigen, damit ich zahlt werd.

Dem guten Grünenwald war der Spieß an Bauch gesetzt, wußt nicht wo aus oder wo an, dann der Wirth so auch mit dem Teufel zur Schulen gegangen, war ihm zu scharf. Er fieng an die allersüßesten und glattesten Wort zu geben, so er sein Tag je studieren und erdenken mocht, aber alles umsonst war. Der Wirth wollt aber keineswegs schweigen, und sagt: ich mach nicht viel Umständ, glattgeschliffen ist bald gewetzt, du hast Tag und Nacht wollen voll sein, den besten Wein, so ich in meinem Keller gehabt, hab ich dir müssen auftragen, drum such nur nicht viel Mäus, hast du nicht Geld, so gib mir deinen Mantel, dann so will ich dir wohl eine Zeitlang borgen. Wo du aber in bestimmter Zeit nicht kommst, werd ich deinen Mantel auf der Gant verkaufen lassen, dieß ist der Bescheid mit einander. Wohlan sagte Grünenwald, ich will der Sache bald Rath finden. Er saß nieder, nahm sein Schreibzeug, Feder und Dinten, und dichtet nachfolgends Liedlein:

Ich stund auf an eim Morgen,
Und wollt gen München gehn,
Und war in großen Sorgen,
Ach Gott wär ich davon,
Mein Wirth, dem war ich schuldig viel,
Ich wollt ihn gern bezahlen,
Doch auf ein ander Ziel.

Herr Gast ich hab vernommen,
Du wöllest von hinnen schier,
Ich laß dich nicht weg kommen,
Die Zehrung zahl vor mir,
Oder setz mir den Mantel ein,
Demnach will ich gern warten,
Auf die Bezahlung dein.

Die Red ging mir zu Herzen,
Betrübt ward mir mein Muth,
Ich dacht, da hilft kein Scherzen,
Sollt ich mein Mantel gut
Zu Augsburg lassen auf der Gant
Und blos von hinnen ziehen,
Ist allen Singern eine Schand.

Ach Wirth nun hab Gedulte
Mit mir ein kleine Zeit,
Es ist nicht groß die Schulde,
Vielleicht sich bald begeit,
Daß ich dich zahl mit baarem Geld,

Drum lasse mich von hinnen,
Ich zieh nicht aus der Welt.

O Gast! das geschieht mit nichten,
Daß ich dir borg dießmal,
Dich hilft kein Ausred-Dichten,
Tag Nacht wollst du seyn voll,
Ich trug dir auf den besten Wein,
Drum mach dich nur nicht müßig,
Ich will bezahlet seyn.

Der Wirth, der sah ganz krumme,
Was ich sang oder sagt,
So gab er nichts darumme,
Erst macht er mich verzagt,
Kein Geld wußt ich in solcher Noth,
Wo nicht der fromm Herr Fuker
Mir hilft mit seinem Rath.

Herr Fuker laßt Euch erbarmen
Mein Klag und große Pein
Und kommt zu Hülf mir Armen,
Es will bezahlet seyn
Mein Wirth von mir auf diesen Tag
Mein Mantel thut ihm gefallen,
Mich hilft kein Bitt noch Klag.

Den Wirth thät bald bezahlen
Der edel Fuker gut,
Mein Schuld ganz über alle,
Das macht mir leichten Muth,
Ich schwang mich zu dem Thor hinaus,
Adie du kreidiger Wirthe,
Ich komm dir nimmer ins Haus.

Dies Liedlein faßt Grünenwald bald in seinen Kopf, ging an des Fukers Hof, ließ sich dem Herrn ansagen; als er nun für ihn kam, thät er seine gebührliche Reverenz, demnach sagt er: Gnädiger Herr, ich hab vernommen, daß mein gnädiger Fürst und Herr allhie aufbrechend auf München zu ziehen will. Nun hab ich je nicht von hinnen können scheiden, ich hab mich dann mit Euer Gnaden abgeletzt. Habe Deren zu lieb ein neues Liedlein gedicht, so Euer Gnad das begehrt zu hören, wollt ichs Deren zu letze singen. Der gute Herr, so dann von Art ein demüthiger Herr war, sagt: Mein Grünenwald, ich wills gern hören, wo sind deine Mitsinger, so dir behülflich sein werden, laß sie kommen. Mein Gnädiger Herr, sagt er, ich muß allein singen, dann mir kann hierin weder Baß noch Diskant helfen. So sing her, sagt der Fuker. Der gute Grünenwald hub an und sang sein Lied mit ganz fröhlicher Stimm heraus. Der gut Herr verstund sein Krankheit bald, meinet aber nit, daß der Sach so gar wär, wie er in seinem Singen zu verstehn geben hat, darum schickt er eilend nach dem Wirth; als er nun die Wahrheit erfuhr, bezahlt er dem Wirth die Schuld, errettet dem Grünenwald seinen Mantel, und schenkt ihm eine gute Zehrung dazu. Die nahm er mit Dank an, zoge demnach seine Straße, da erhob sich ein Wind, der selbigen Mantel recht luftig vor dem Hause des armseligen Wirthes aufblies, war aber dem Wirthe entgegen, warf ihm auch die Fenster zusammen: darum Kunst nimmer zu verachten ist.

(Aus dem Rollwagenbüchlein)

Wir sprechen aus der Seele des armen Grünenwald, das öffentliche Urtheil ist wohl ein kümmerlicher Wirth, dem unsre Namen als Mantel dieser übel angeschriebenen Lieder die Schuld nicht decken möchten. Das Glück des armen Singers, der Wille des reichen Fuker geben uns Hoffnung, in Eurer Exzellenz Beifall ausgelöst zu werden.

L.A. von Arnim. C. Brentano.

Dieter Forte
Martin Luther & Thomas Münzer oder
Die Einführung der Buchhaltung

In diesem Stück geht es nicht um Theologie. Der theologische Aspekt der Reformation ist 400 Jahre lang in unzähligen Büchern immer wieder untersucht worden. Die gesellschaftlichen Auswirkungen dieser Ereignisse hat man kaum beachtet. Aber wir spüren sie heute noch.

In diesem Stück geht es auch nicht um ideologische Belege. Mit fertigen Antworten und vorgegebenen Meinungen schreibt man kein Stück.

Es geht um vier junge Leute. Einer davon heißt Luther, einer Münzer, die beiden anderen Karlstadt und Melanchthon. Es geht um die Einführung der Buchhaltung. Es geht um die erste große deutsche Revolution. Daß beides zusammenfällt, ist vielleicht kein Zufall.

Es ging also darum, eine Situation konkret zu erforschen. Das Stück spielt von 1514 bis 1525. Daß die Bezüge auf unsere Zeit so klar und unübersehbar sind, hat mich selbst überrascht. Es bedurfte keiner Aktualisierung, keiner für das Theater zurechtgebogenen Konfrontation. Es gibt anscheinend Konstellationen, die sich modellhaft wiederholen.

Das Stück ist nicht zuletzt deshalb so lang, weil die Originaltexte übernommen wurden und weil sie im Zusammenhang stehen. Die Reden sind nicht irgendwie zusammengestellt, sondern den Schriften entnommen, die sich mit diesem Thema befassen. Außerdem ist die zeitliche Ordnung eingehalten worden. Wenn Luther zu einem Thema Stellung nimmt, dann sind das keine zusammengesuchten Sätze, sondern es sind seine Briefe und Schriften aus diesem Zeitraum zu diesen Ereignissen.

Im übrigen ging es nicht darum, Helden zu stürzen oder zu kreieren. Dieses Stück hat keinen Helden. Es zeigt einen Vorgang. Man kann wählen. Vieles, was so schockierend scheint, steht in jedem besseren Geschichtswerk und ist der Wissenschaft längst bekannt. Daß wir trotzdem nur das wissen, was in ein bestimmtes Raster paßt, daß dieses Stück, das sich an Tatsachen hält, unser Gesellschaftsbild so auf den Kopf stellt, sollte uns mißtrauisch machen. Was ist uns da bisher erzählt worden?

Dieter Forte

Podest rechts
Fugger kniet in einem Betstuhl, einen Rosenkranz in den gefalteten
Händen. Schwarz an einem Stehpult, darauf ein umfangreiches
Buch. Die Buchhaltung der Fugger.

Fugger:	Der Anfang.
Schwarz:	Gesamtkapital der Firma Jakob Fugger 19679100.
Fugger	*(bekreuzigt sich):* Gelobt sei Jesus Christus,
Schwarz:	in Ewigkeit. Amen – Wenn ich mir als Ihr Buchhalter die Bemerkung erlauben darf, Sie sind der reichste Mann Europas.
Fugger:	Die Geschäfte.
Schwarz:	Albrecht von Brandenburg.
	(Albrecht kommt auf das Podest und wartet)
Fugger:	*(im Gebet versunken)* Warum Mainz?
Albrecht:	Ich möchts halt haben, und es ist grad frei.
Fugger:	Das größte und reichste Bistum Deutschlands.
Albrecht:	Das würd ich in Kauf nehmen.
Fugger:	Die Kirche verbietet Ämterhäufung.
Albrecht:	Die Kirche verbietet viel.
Fugger:	Sie sind zu jung für das Amt eines Bischofs.
Albrecht:	Ich bin Erzbischof von Magdeburg und Administrator von Halberstadt.
Fugger:	Und dazu noch Erzbischof von Mainz?
Albrecht:	Ich denke, es ist eine Geldfrage.
Fugger:	Haben Sie Geld?
Albrecht:	Wär ich sonst hier?
Fugger:	Schwarz.
Schwarz:	Das Erzbistum Mainz kostet an regulären Gebühren 1400000. Hinzu kommt ein Bestechungsgeld für den Heiligen Vater.
Albrecht:	Bestechungsgeld? Ich bitte Sie.
Fugger:	*(zu Schwarz):* Eine Handsalbe.
Schwarz:	Der Heilige Vater denkt an eine Handsalbe von 1200000.
Albrecht:	Das ist keine Nächstenliebe.
Schwarz:	Der Heilige Vater dachte dabei an die zwölf Apostel. Pro Kopf 100000.

Albrecht:	Waren das wirklich zwölf? Irrt sich der Papst da nicht?
Fugger:	In Geldangelegenheiten ist der Papst unfehlbar.
Albrecht:	Sagen wir 700 000, nach den sieben Todsünden.
Fugger:	Sagen wir eine Million, nach den zehn Geboten, und Sie sind kulant bedient.
Albrecht:	Das wären 2 400 000.
Fugger:	3 Millionen.
Albrecht:	Zehn und vierzehn sind vierundzwanzig.
Fugger:	Kaiser Maximilian will auch etwas haben. Das ist so üblich. Und das Haus Fugger kann leider nicht umsonst arbeiten.
Albrecht:	3 Millionen?
Fugger:	Sachsen ist auch sehr interessiert.
Albrecht:	Achtundzwanzig.
Fugger:	Neunundzwanzig.
Albrecht:	In Gottes Namen.
Fugger:	Wie wollen Sie zurückzahlen? *(Albrecht zuckt die Schultern)*
Schwarz:	Mainz ist eine reiche Stadt.
Albrecht:	Der nacheinander drei Erzbischöfe verstorben sind.
Fugger:	Also verarmt.
Schwarz:	Der Herr Erzbischof übernimmt in Mainz ein wohleingerichtetes Bordell.
Albrecht:	Ich bitte Sie, wer geht noch in den Puff, wo man es überall umsonst haben kann. Das Geschäft verfällt rapide.
Fugger:	Da der Heilige Vater in seiner Weisheit das vorausgesehen hat, erlaubt er in seiner übergroßen Güte, daß wir eine neue Anleihe auflegen, den Petersdomablaß, und Sie als Ablaßkommissar einsetzen.
Albrecht:	Sag ich doch, eine Geldfrage.
Fugger:	Schwarz.
Schwarz:	Laufzeit acht Jahre. 50% der Einnahmen an den Heiligen Vater, 50% für den Ablaßkommissar.

Albrecht:	Das läßt sich hören.
Fugger:	Allerdings werden die 50% für den Heiligen Vater nicht mit den Mainzer Gebühren verrechnet.
Albrecht:	Nicht?
Fugger:	Und die andere Hälfte erlaube ich mir einzuziehen, bis Ihre Schuld bei mir getilgt ist. Zu diesem Zweck werden meine Leute Ihre Vertreter begleiten. Sie werden einen Schlüssel zu jeder Geldkiste haben und das eingelegte Geld kassieren.
Albrecht:	Und was hab ich?
Fugger:	Sie haben Mainz. *(Er erhebt sich aus dem Betstuhl)* Wenn ich Ihnen raten darf, nehmen Sie den Tetzel. Ein erstklassiger Mann. Sehr viel Erfahrung. Und noch eins. Die Marktlage ist momentan schlecht. Preisverfall. Machen Sie die Sache also attraktiv. Sie müssen dynamisch anbieten. Mit dem üblichen Seelenheil ist nichts mehr zu verdienen. Verkaufen Sie den Ablaß auch für Tote.
Albrecht:	Geht das?
Fugger:	Das geht nicht, aber man kanns machen. Und verkaufen Sie auch an die, die nicht bereuen.
Albrecht:	Kann man das?
Fugger:	Man kanns nicht, aber es geht. Vor allem bringt es Umsatz.
Albrecht:	Ich versteh von theologischen Dingen nichts.
Fugger:	Eine gute Bankverbindung genügt.
Schwarz:	Wir verfügen über eine große Wertpapierabteilung, die jede Bewegung auf dem Ablaßmarkt genau verfolgt und unsere Kunden vorrangig unterrichtet.
Albrecht:	Wo darf ich verkaufen?
Fugger:	Nicht in Sachsen.
Albrecht:	Ohne Sachsen lohnt es nicht.
Fugger:	Nicht in Sachsen. Friedrich hat seine eigenen Ablässe, und diese Mainzer Geschichte paßt ihm sowieso nicht.

Albrecht:	Bergwerke müßte man haben.
Fugger:	Sie sammeln ja Bistümer.
	(Alle drei verlassen das Podest)
	(...)

Podest rechts

Fugger und Schwarz an einem Stehpult über der Buchhaltung. Maximilian kommt auf das Podest.

Maximilian:	Grüß Euch, grüß Euch, hast a neuen Mann?
Fugger:	Mein Hauptbuchhalter.
Maximilian:	Ah, Bibliothekar. Grüß dich, Burschi. Was hast fürn dickes Buch?
Schwarz:	Die doppelte Buchführung, Majestät.
Maximilian:	Will i auch habn, sind da Bilder drin?
Schwarz:	Zahlen, Majestät.
Maximilian:	Ah, Zahlen. Das ist doch langweilig.
Schwarz:	Es ist eine Kunst.
Maximilian:	Seit wann sind Zahlen a Kunst.
Fugger:	Seit neuestem, Majestät.
Maximilian:	Was sind denn das für kunstvolle Zahlen?
Fugger:	Meine Geschäfte.
Maximilian:	Na, aufgeschrieben hat mans immer.
Fugger:	Jetzt wird nur noch Geld notiert. Nicht mehr Wagenladungen oder Schiffsladungen. Kanonen, Tuche, Mehl, Wolle, Kupfer. Nur noch Geld. Waren, Tiere, Menschen, alles wird zu Kapital, das sich vermehren muß.
Schwarz:	Und die Buchhaltung ist die Seele des Kapitals.
Maximilian:	Aber geh. A Schmarrn.
Fugger:	Die größte Erfindung der Menschheit. Man wird nicht mehr von Kleinigkeiten abgelenkt. Sentimentalitäten, Rücksichten auf irgendwelche Dinge und Personen. Man sieht nur noch Geld. Und Geld muß sich vermehren.
Maximilian:	Göld muß man ausgeben.
Fugger:	Majestät irren, es muß sich vermehren.
Schwarz:	Mit Zins und Zinseszins.

Maximilian:	Was, zweimal Zins auf ein Geld? Na servus, ihr seids mir Gauner. Wo die Kirche überhaupt keinen Zins erlaubt.
Fugger:	Majestät irren erneut. Zinsen auf Zinsen. Wenn ich Ihnen –
Maximilian:	Hörts auf, i versteh eh nix davon. Da führ i schon lieber a Krieg.
Fugger:	Ob Majestät Krieg führen können, entscheidet dieses Buch.
Maximilian:	Steh ich da etwa auch drin?
Schwarz:	Majestät füllen etliche Seiten.
Maximilian:	Teufelszeug.
Schwarz:	Durchaus christlich. Von einem Franziskaner erfunden.
Maximilian:	Trau einer den Mönchen. Du Fugger, ich brauch a Göld.
Fugger:	Schwarz.
Schwarz:	Majestät haben 23 585 400 im Debet.
Maximilian:	Im was?
Fugger:	Majestät schulden uns diesen Betrag.
Maximilian:	Erzähl mir nix von alten Schulden. Das ist gegessenes Brot.
Fugger:	Majestät haben Ihr Konto weit überzogen, und in Anbetracht Ihres Alters –
Maximilian:	Was heißt denn das?
Fugger:	Das heißt, daß Sie ohnehin bald sterben werden.
Maximilian:	Na, ist das vielleicht a Art, mit einem Menschen zu reden? Gehört das auch zu eurer Buchführung?
Fugger:	Es ergibt sich daraus.
Maximilian:	Aber du hast doch Millionen an mir verdient.
Fugger:	Das ist ein anderes Konto.
Maximilian:	Schreibs rüber.
Fugger:	Geht nicht.
Maximilian:	Du hast doch das Geld.
Fugger:	Wie gesagt, ein anderes Konto.
Maximilian:	Gibs mir so.
Fugger:	Es geht nur über das Buch, und das Buch verlangt Sicherheiten.

Maximilian:	Ja, Herrgottsakra, was soll ich dir denn noch geben. Dir gehört doch schon das ganze Land. Bergwerke, Hüttenwerke, die ganze Industrie. Alles.
	Du bezahlst ja schon meine Beamten und meine Minister. I muß ja grad froh sein, wenn die Leut nicht über mich lachen.
	(Fugger zuckt die Schultern)
Maximilian:	*(brüllt)* Villinger, Villinger.
	(Er läuft die Treppe hinunter)
Fugger:	Haben wir noch die Innsbrucker Sachen?
Schwarz:	Aus dem Bankrott? Die liegen noch herum. Nimmt ja keiner.
	(Maximilian kommt wieder auf das Podest. Er zieht Villinger mit)
Maximilian:	Kommens, kommens. *(zu Fugger)* Mein Schatzkanzler wird dir bürgen.
Fugger:	Das geht leider nicht. Er hat bereits gebürgt.
Maximilian:	Stimmt das?
Villinger:	Ja.
Maximilian:	Na, das is gscheit. Jetzt sitz ich hier auf meinem Reichstag –
Fugger:	Auf *Ihrem* Reichstag? Majestät vergessen, daß *ich* diesen Reichstag bezahle.
Maximilian:	*(hilflos)* Villinger.
Villinger:	Können Sie Majestät nicht wenigstens ein Taschengeld geben?
Maximilian:	I muß doch die blöden Affen da unten einladen, und i hab keinen Vierer mehr.
Fugger:	100 000.
Maximilian:	Was soll ich mit 100 000. Die saufen wie die Löcher.
Fugger:	300 000.
Maximilian:	Na, wußt i doch, du bist a Mensch. Aber ohne die zweimal Zinsen, was ihr da macht.
Fugger:	Ohne Zinsen.
Maximilian:	Fantastisch. I sag ja, er is a Mensch. Man kann mit ihm reden.
Villinger:	Die Bedingungen?

Fugger:	Verrechnung erfolgt mit Erzlieferungen. Außerdem kaufen Sie für 100000 einen Posten Erz, allerfeinste Ware aus meinem Innsbrucker Lager.
Villinger:	Ihr Innsbrucker Erz haben unsere Sachverständigen untersucht. Es ist völlig unbrauchbar. Abfall.
Fugger:	Dazu für 80000 einen Posten wertvoller Tuche, ebenfalls aus Innsbruck.
Villinger:	Danke. Auch die kennen wir. Das sind keine Tuche. Das sind Lumpen. Wollen Sie dem Kaiser Lumpen und Schrott andrehen?
Fugger:	Seine Majestät können wählen.
Maximilian:	Wo muß i unterschreibn?
	(Schwarz legt ihm eine Quittung vor. Maximilian will unterschreiben.)
Villinger:	Darf ich?
	(Er nimmt die Quittung)
	Majestät quittieren hier 350000. Das sind 50000 mehr, als Sie bekommen. Dazu 180000 für unverkäufliche Waren. Majestät zahlen also 530000, um 300000 zu bekommen, die außerdem noch mit Erzlieferungen verrechnet werden.
Maximilian:	Na sehen Sie, und i hab gedacht, dös wär a Gschäft.
	(Villinger legt die Quittung hin und geht ab)
Maximilian	*(unterschreibt):* I glaub, es is wirklich scho besser, wenn i bald sterb.

Podest links

Cajetan in einem Sessel. Luther, Feilitzsch und mehrere Räte betreten das Podest.

Cajetan:	Wer ist der Luther?
Luther:	Hochwürdigster Vater.
Cajetan:	Und die anderen Herren?
Luther:	Meine Räte.

Cajetan:	Wenn die Herren Räte sich einstweilen in den Saal begeben wollen. *(Die Räte zögern)* Ich bin kein Kannibale.
	(Feilitzsch flüstert Luther etwas ins Ohr. Luther nickt. Feilitzsch und die Räte verlassen das Podest. Luther wirft sich auf den Boden.)
Cajetan:	Steh auf, mein Sohn, steh auf.
	(Luther richtet sich auf, er kniet)
	Aber mein Sohn, was soll diese Veranstaltung, steh bitte auf.
Luther:	Entschuldigt, hochwürdigster Vater. Man hat es mir so aufgetragen.
Cajetan:	Du hättest lieber pünktlich sein sollen.
Luther:	Entschuldigt, hochwürdigster Vater, ich mußte mich nach den Befehlen der kurfürstlichen Räte richten. Sie wollten kaiserliches Geleit. Ich durfte nicht mal auf die Straße.
Cajetan:	Das ist mit deinem Kurfürsten geregelt. Bist du nicht informiert?
Luther:	Ich bin informiert, hochwürdigster Vater, muß mich aber trotzdem streng nach den Befehlen der –
Cajetan:	– kurfürstlichen Räte richten. Ja. Dein Kurfürst ist sehr besorgt um dich.
Luther:	Ich verstehe nicht, hochwürdigster Vater.
Cajetan:	Also nun hör mal zu, mein Sohn. Wir sind beide in keiner angenehmen Lage, und ehe wir uns offiziell unterhalten, können wir uns vielleicht vernünftig unterhalten. Du hast einige Unregelmäßigkeiten im Ablaßgeschäft entdeckt –
Luther:	Entschuldigt, hochwürdigster Vater, wenn ich Euch unterbreche. Das stimmt nicht.
Cajetan:	Wie?
Luther:	Bekannte kamen zu mir und empörten sich über die Art, wie der Ablaß verkauft wurde. Ich versuchte auszuweichen, aber es kam zu Aussprachen, bei denen sogar das Ansehen des Papstes in Gefahr war.
Cajetan:	Wie schrecklich.

Luther:	Was sollte ich machen. Ich wollte durchaus nicht den Ablaßhändlern entgegentreten. Ja, ich wünschte von Herzen, daß ihre Predigten jedermann die lautere Wahrheit schien. Es waren andere, die Gründe gegen den Ablaß hatten, sie redeten so beharrlich auf mich ein, daß sie mich schließlich festlegten.
Cajetan:	Aber du hast es geschrieben?
Luther:	Das schon, aber ich wollte nur eine Diskussion. Ich hielt das für den besten Ausweg, denn ich wollte keinem zustimmen und keinem widersprechen. Es lag mir fern, dem Papst irgendwelchen Ärger zu bereiten.
Cajetan:	Dir vielleicht.
Luther:	Ich versteh nicht, hochwürdigster Vater.
Cajetan:	Das scheint hier so üblich zu sein.
Luther:	Das verstehe ich auch nicht, hochwürdigster Vater.
Cajetan:	Nun hör mal zu, mein Sohn. Du nimmst das alles viel zu wichtig. Gut, es ist falsch gepredigt worden, manches war nicht richtig, aber was heißt das. Wichtig ist doch nur, daß Geld in die Kasse kommt.
Luther:	Und die Seelen der Gläubigen?
Cajetan:	Der Ablaß ist eine Steuer, eine Abgabe, weiter nichts. Die Kirche lebt davon, die Fürsten, wir alle und auch du wirst davon bezahlt, und irgendwo muß es ja herkommen.
Luther:	Aber die Seelen der Gläubigen.
Cajetan:	Jetzt reden wir vom Geld. Selbst dein christlicher Kurfürst hat seinerzeit den Ablaß für den Türkenkrieg einfach einbehalten und deine Universität damit gebaut.
Luther:	Weil Ihr keinen Krieg gegen die Türken führt.
Cajetan:	Wollt Ihr dem Papst vorwerfen, daß er nicht Krieg führt?
Luther:	Was würde der Papst sagen, wenn der Sultan in Rom einzieht?
Cajetan:	Der Heilige Vater ist ein höflicher Mann, er wird ihm guten Tag sagen.

Luther:	Ihr verspottet mich.
Cajetan:	Mein lieber Sohn, du nimmst auch das schon wieder zu ernst. Ihr Deutschen seid schrecklich. Schau, die Türken sind sehr nette Leute. Der Sultan ist ein honoriger Mann. Wir verstehen uns sehr gut. Man treibt Handel, verdient Geld. Jeder lebt.
Luther:	Der Sultan will Europa erobern.
Cajetan:	Ach was, das ist alles geregelt. Es gibt Absprachen.
Luther:	Und wenn der Sultan sie nicht respektiert?
Cajetan:	Dann werden wir eben Mohammedaner. Ganz interessante Religion.
Luther:	Warum sammelt der Papst dann Geld?
Cajetan:	Die Künstler. Du kennst das nicht. Ewig nur Vorschüsse.
Luther:	Warum aber dann für den Türkenkrieg?
Cajetan:	Meinst du, die Leute geben Geld, wenn der Papst sagt, ich muß meine Künstler bezahlen? Die geben doch nur, wenn man ihnen einen Todfeind hinbaut. Die müssen Angst haben vor denen da drüben, Angst, daß die herüberkommen und daß es ihnen dann schlechter geht. Sonst zahlt keiner. Wenn der Papst mal ehrlich ist und sagt, ich will die Peterskirche aufbauen, kommt garantiert einer wie du und reißt sein Maul auf: was heißt hier Peterskirche. *(Pause)* Dabei wird das eine ganz tolle Sache. Er soll Michelangelo die –
Luther:	Wer ist Michelangelo?
Cajetan:	Äh ja. Also jedenfalls hat jetzt Raffael die Bauleitung –
Luther:	Wer ist Raffael?
Cajetan:	*(setzt sich)* Mir ist nicht gut. Ich glaube das Klima.
Luther:	Es ist etwas rauh.
Cajetan:	Ja. Also nochmal von vorne. Wie ich eingangs sagte, wollte ich vernünftig mit dir reden.
Luther:	Hochwürdigster Vater, ich halte nicht viel von Vernunft.

Cajetan:	Wovon denn?
Luther:	Von der Wahrheit und vom Glauben.
Cajetan:	Welche Wahrheit, welcher Glauben?
Luther:	Den Glauben und die ewige Wahrheit, die uns Gottes Wort in dieser Schrift gibt. *(Er hat eine Bibel in der Hand)*
Cajetan:	Die Bibel?
Luther:	Die Heilige Schrift.
Cajetan:	Jaja, ein hübsches Buch, zugegeben, besonders wenn man nicht schlafen kann. Deswegen liegt es wohl auch immer in den Gasthäusern herum.
Luther:	Das ist Gottes Wort.
Cajetan:	Schon möglich, aber ein bißchen alt, findest du nicht? Vielleicht sollte man endlich neue Bücher schreiben.
Luther:	Gottes Wort veraltet nicht. Es ist ewig und gibt uns ewige Gewißheit.
Cajetan:	Da hat jetzt ein Kopernikus etwas veröffentlicht. Hochinteressant. Die Erde dreht sich um die Sonne und um sich selbst. Das ist alles viel komplizierter als wir bisher dachten.
Luther:	Auf solche Märchenbücher können wir getrost verzichten. Hier steht, was wir über die Erde wissen müssen.
Cajetan:	*(setzt sich deprimiert)* Das Klima. Es muß am Klima liegen. Also wie ist es, wenn wir da gleich verhandeln, widerrufst du?
Luther:	Widerrufen kann ich leider nicht.
Cajetan:	Du hast strenge Anweisung?
Luther:	Ja.
Cajetan:	Von Gott oder vom Kurfürsten?
Luther:	Vielleicht hat sich mir Gott durch den Kurfürsten offenbart.
Cajetan:	Ah ja. *(Er gibt Luther einen Wink. Luther geht vom Podest herab. Ein Priester kommt auf das Podest.)*
Priester:	Nun?
Cajetan:	Das kann was werden. Der glaubt noch an Gott.

| Priester: | (bekreuzigt sich erschrocken) Herrjesus. |
| | (Alle ab. Ende des Reichstages.) |

Podest rechts

*Vor dem Podest stehen Friedrich, Albrecht und fünf andere Kur-
füsten. Fugger und Schwarz auf dem Podest.*

Schwarz *(zieht Bilanz):*	Der teuerste Kaiser, den wir je hatten.
Fugger:	Wieviel?
Schwarz:	85191800. Nur das, was durch die Bücher läuft.
Fugger:	Dann habe ich unsere Herren richtig einge-schätzt.
Schwarz:	Eine Großinvestition.
Fugger:	Erinnern Sie mich, daß ich eine Kapelle stifte. An großen Geschäften soll man Gott betei-ligen. Sicherheitshalber.
Schwarz:	Wo soll ich es eintragen? Unter Hypotheken oder Beteiligungen?
Fugger:	Aufsichtsrat.
Schwarz:	Auszahlen? *(Fugger nickt. Schwarz ruft)* Die Bestechungsgelder. *(Kein Fürst rührt sich)*
Fugger:	Handsalben.
Schwarz:	Das lern ich nie. *(Er ruft)* Die Handsalben. *(Die Fürsten begeben sich eilig auf das Podest. Schwarz hinter seiner Buchhaltung. Sie stellen sich vor ihm auf. Albrecht als erster.)*
Schwarz:	*(gibt ihm einen Scheck)* Ihr Scheck.
Albrecht:	Und ein viertes Bistum. *(Fugger nickt)* Und Kardinal-Legat. *(Fugger nickt. Albrecht gibt Schwarz seinen Wahlschein)* Für Karl.
1. Kurfürst	*(Schwarz gibt ihm den Scheck:)* Moment. *(Er kontrolliert den Scheck)* Stimmt. *(Er gibt seinen Wahlschein ab)* Karl.
2. Kurfürst:	Noch zwei Millionen.
Fugger:	Nein.
2. Kurfürst:	Dann wird es zu einer Gewissensfrage.

Fugger:	Wir haben den Sickingen gekauft. Er liegt vor der Stadt. Er hat eine schlagkräftige Truppe.
2. Kurfürst:	Truppen hab ich auch. *(Er tritt aus der Reihe)*
3. Kurfürst:	*(Schwarz gibt ihm seinen Scheck, er gibt Schwarz den Wahlschein)* Für Karl.
4. Kurfürst (der gleiche Vorgang): Für Karl.	
5. Kurfürst (der gleiche Vorgang): Für Karl.	
2. Kurfürst (tritt wieder vor): Ich hab mein Gewissen befragt. 1 Million.	
Fugger (zeigt auf die Wahlscheine): Das ist schon die Mehrheit. Ich könnte Ihnen etwas abziehen.	
2. Kurfürst (nimmt den Scheck und wirft den Wahlschein hin): Für Karl.	
Schwarz:	Ihr Scheck.
	(Friedrich tritt vor)
Friedrich:	*(nimmt den Scheck)* Das ist natürlich nur die Rückzahlung einer alten Schuld.
Fugger:	Welche Schuld?
Friedrich:	Eine alte Schuld. Man kann es besser verbuchen.
Fugger:	Aber selbstverständlich. Das ist Kundendienst.
Friedrich:	Und fällt unter das Bankgeheimnis.
Fugger:	Wie immer. *(Friedrich will ab)* Fürst. Ihr Wahlschein.
Friedrich:	Pardon. *(Er gibt Schwarz den Wahlschein)* Für Karl. Aus Überzeugung.
Fugger:	Die Herren können sich dann in die Wahlkapelle begeben. (. . .)

Podest rechts

Schwarz über der Buchhaltung. Drei Herren sitzen um einen Globus. Fugger betritt das Podest.

Schwarz:	Außerordentliche Gesellschafterversammlung der Firma Jakob Fugger.
Fugger:	Gelobt sei Jesus Christus.
Alle:	In Ewigkeit. Amen.

135

Fugger:	Das ist ein Globus, meine Herren. Von unserem guten Behaim. Gott erschuf die Welt und gab ihr in seiner übergroßen Güte die Form einer Kugel. *(Er streichelt den Globus)* Rund und handlich. Damit man sie umschiffen kann und Handel treiben kann. Neue Länder, neue Geschäfte. Italien, das ganze Mittelmeer wird uninteressant. Die großen Geschäfte kommen über die großen Ozeane.
Schwarz:	Punkt 1: Indien.
Fugger:	Meine Herren, Europa braucht Gewürze. Gewürze holt man in Indien. Über den Landweg. Aber das ist uninteressant, seitdem ein Herr Vasco da Gama für Portugal einen direkten Weg nach Indien entdeckt hat. Über See. Sie erinnern sich sicher an den großen Börsenkrach. Lissabon lieferte plötzlich für den halben Preis, und die Portugiesen haben seitdem das Gewürzmonopol.
2. Gesellschafter:	Aber wir sind doch beteiligt.
Fugger:	Ich will keine Beteiligung. Ich will das Monopol. Dazu brauche ich einen eigenen Weg nach Indien. Und da die Erde, wie unsere Wissenschaftler behaupten, rund ist, müßte man also nicht nur von dieser Seite, sondern auch von der anderen Seite nach Indien kommen. Unser guter Kunde Karl, unter anderem Herrscher über Spanien, hatte daraufhin ein Einsehen und schickte einen gewissen Magalhaes auf die Reise. Meine Herren, was soll ich Ihnen sagen. Die Erde ist rund.
2. Gesellschafter:	Ist die Flotte zurück?
Fugger:	Seit zwei Wochen. Die Wissenschaftler haben recht, und wir haben unseren Privatweg nach Indien. Man muß nur schnell genug die Hand darauf legen.
3. Gesellschafter:	Aber lieber Herr Fugger, welches Risiko. Was kann da alles passieren. Fremde Länder, fremde Meere, die Schiffe können absaufen. Das ist doch eine Riesenspekulation.

Fugger:	Die Portugiesen arbeiten mit Profiten bis zu tausend Prozent. Da dürfen schon mal ein paar Schiffe ausbleiben.
2. Gesellschafter:	Was sagt denn dieser Magalhaes?
Fugger:	Der sagt leider nichts mehr. Er blieb da, wo der Pfeffer wächst.
2. Gesellschafter:	Fahnenflucht?
Fugger:	Der Pfeil eines Eingeborenen.
2. Gesellschafter:	Barbaren.
3. Gesellschafter:	Wie groß war die Flotte?
Fugger:	5 Schiffe und 280 Mann.
3. Gesellschafter:	Und was kam zurück?
Fugger:	1 Schiff und 18 Mann.
3. Gesellschafter:	Na bitte.
Fugger:	Ich gebe zu, es ist schade um die Schiffe, aber die Ladung dieses einen Schiffes genügte, um das ganze Unternehmen zu einem Gewinn zu machen. Bedenken Sie bitte auch, daß wir in Indien, wie überhaupt im ganzen. Orient, einen Riesenmarkt für unser Kupfer haben. Einen Markt, den wir jetzt direkt beliefern können. Wir verdienen also zwei-mal.
Schwarz:	Punkt 2: Amerika. *(Er gibt Fugger ein Blatt Papier)*
Fugger:	Die Statistik der Gold- und Silberzufuhr aus Amerika. Sie steigt ständig. Das könnte auf die Dauer unseren europäischen Markt gefähr-den. Deshalb müssen wir uns da einschalten. Wir brauchen in Amerika eigene Bergwerke, am besten gleich eigene Kolonien. Wir haben sowieso die besten Ingenieure und Fach-arbeiter. Man ist also auf uns angewiesen. Leider halten die Indios unsere fortschritt-lichen Produktionsmethoden nicht lange aus. Trotz Einführung einer Mittagspause sterben sie wie die Fliegen. Die wenigen, die es noch gibt, will das Völkerkundemuseum haben. Gott sei Dank haben sich die Neger als halt-barer erwiesen, und Neger werden bekannt-

lich frei Küste in Afrika geliefert. Da trifft es sich nun, daß unsere Messingartikel in Afrika einen guten Markt haben und überaus beliebt sind. So werden wir also unsere Messingwaren in Afrika verkaufen, die Neger werden wir in Amerika verkaufen, das amerikanische Gold und Silber werden wir nach Europa holen, dafür werden wir unser Kupfer in Indien verkaufen, und die indischen Gewürze werden wir in Europa verkaufen. Meine Herren, dieser Globus ist kostbar. Der wird uns nicht davonkommen. Wir werden kaufen und verkaufen und ihn damit in Bewegung halten.

1. Gesellschafter: Ein Millionengeschäft.

Fugger: Ein Milliardengeschäft. Karl ist inzwischen bei uns sehr stark verschuldet. Wir werden ihm die Rechnung präsentieren.

1. Gesellschafter: Und China?

Fugger: Am Chinahandel sind wir beteiligt. Ich halte mich aber etwas zurück. Das Land macht mir Sorgen.

2. Gesellschafter: Mir macht die Gewürzqualität Sorgen.

Fugger: Schwarz.

Schwarz: Gewürze lagert man grundsätzlich in feuchten Kellern, daß sie schwerer werden. Ingwer wird mit Ziegelmehl verlängert. Pfeffer mit Kot, am besten Mäusekot, falls man hat. Safran –

2. Gesellschafter: Um Gottes willen. Ist das nicht gefährlich?

Fugger: Wir können noch ein Ave Maria hineinmischen.

2. Gesellschafter: Und wenn jemand daran stirbt?

Fugger: Sterben muß jeder, und mit dem Gewinn sind Sie doch zufrieden?

2. Gesellschafter: Durchaus.

Fugger: Noch etwas?

1. Gesellschafter: Was liefern wir den Negern nach Afrika?

Fugger: Schwarz.

Schwarz: Der letzte Auftrag lief über 24 000 Nachttöpfe.

Fugger:	Meine Herren, Sie sehen, die europäische Zivilisation setzt sich unaufhaltsam durch. Gelobt sei Jesus Christus.
Alle:	In Ewigkeit. Amen. *(Schwarz klappt die Buchhaltung zu. Alle ab.)*
	(...)

Podest rechts

Auf dem Podest Fugger und Schwarz, der mit der Post beschäftigt ist. Vor dem Podest drängen sich die Fürsten, außer Friedrich und Albrecht.

Schwarz:	Die Welser haben an den Graf von Mansfeld geschrieben, die Aufständischen sollen doch bitte auch unser Hüttenwerk in Thüringen zerstören.
Fugger:	Haben sie es zerstört?
Schwarz:	Nein.
Fugger:	Na sehen Sie, das schaffen die gar nicht alles. Was die alles zerstören sollen. Die brauchen ja zwei Jahre, bis alle Aufträge erledigt sind.
Schwarz:	Unser Geschäftsführer hat sie vorsichtshalber bestochen.
Fugger:	Rausgeschmissenes Geld. Die zerstören doch nicht ihre Arbeitsplätze.
Schwarz:	Sie haben jetzt ein Parlament einberufen.
Fugger:	Parlament? Hat das was mit Buchführung zu tun?
Schwarz:	Nein.
Fugger:	Wozu braucht man es dann?
Schwarz:	*(zeigt auf die Fürsten)* Soll ich sie hereinlassen? Es wird Zeit, wenn wir zuschlagen wollen.
Fugger:	Man muß die Kurse auf dem Tiefstpunkt erwischen, dann kann man verdienen.
Schwarz:	Oder alles verlieren. Die Arbeiter fordern Enteignung und Verstaatlichung der Bergwerke.
Fugger:	Ein erstaunlicher Gedanke. Wie man über-

	haupt auf so eine Idee kommen kann. Unge-
	heuerlich. Geradezu unmenschlich. Wieviel
	bringen die deutschen Bergwerke?
Schwarz:	250 Millionen jährlich.
Fugger:	Das spricht gegen die Revolution. Lassen Sie
	die Herren herein.
	(Schwarz winkt. Die Fürsten stürzen auf das
	Podest.)
1. Fürst:	Liebster Fugger –
Fugger:	Bekreuzigen Sie sich erst mal. Das ist ein
	christliches Haus.
	(Die Fürsten bekreuzigen sich)
1. Fürst:	Liebster Fugger. Die Bauern. Ganz Deutsch-
	land ist verloren.
Fugger:	Ganz Deutschland? Sie sind verloren.
2. Fürst:	Wir sitzen in einem Boot. Wenn Sie nicht
	zahlen, ist es aus.
Fugger:	Anscheinend nicht. Denn Sie sind Herrscher
	ohne Untertanen, während ich immer noch
	ein königlicher Kaufmann mit Geld bin. Oder
	sehe ich das falsch?
3. Fürst:	Bester Fugger. Wir halten die Bauern jetzt
	schon seit Monaten mit Verhandlungen hin.
	Wir wissen schon gar nicht mehr, was wir
	noch zugestehen sollen. Die werden doch
	mißtrauisch.
4. Fürst:	Die riechen den Braten. Sie müssen jetzt
	zahlen.
Fugger:	Ich muß gar nichts.
3. Fürst:	Es ist doch jetzt nicht der Zeitpunkt –
Fugger:	Doch. Gerade jetzt. Nicht wahr, Schwarz?
Schwarz:	Einige der Herren haben in letzter Zeit eine
	große Lippe gegen die Monopole riskiert.
Fürsten:	Irrtümer. Entstellungen, Verdrehungen. Bös-
	willige Verleumdungen.
Fugger:	Das sind ketzerische Ansichten, meine Her-
	ren. Nicht wahr, Schwarz?
Schwarz (stellt sich vor die Fürsten):	Der gütige Fugger ist unser
	Schutz und Schirm, und ohne ihn sind wir gar
	nichts. – Na, wirds bald.

Fürsten (im Chor):	Der gütige Fugger ist unser Schutz und Schirm, und ohne ihn sind wir gar nichts.
Schwarz:	Noch mal.
Fürsten:	Der gütige Fugger ist unser Schutz und Schirm, und ohne ihn sind wir gar nichts.
Schwarz:	Schon besser. Aber nicht laut genug.
Fürsten (schreien):	Der gütige Fugger ist unser Schutz und Schirm, und ohne ihn sind wir gar nichts.
Fugger:	So ist es recht. Die Leute müssen das ja auch hören. Damit sie es endlich einmal merken. Rührt euch.
1. Fürst:	Geld?
Fugger:	Sicherheiten. Aber kommen Sie mir nicht mit Ihren Ländern.
2. Fürst:	Ja, was sonst?
3. Fürst:	Wir haben ja nichts mehr.
Fugger:	Ich nehme nur Gold und Silber, zu günstigen Preisen natürlich.
4. Fürst:	Woher?
Fugger:	Nehmen Sie die Kelche und Kruzifixe der Kirche, schmelzen Sie sie ein, und behaupten Sie nachher, die Bauern hätten es getan, dann können Sie von ihnen sogar noch Entschädigung verlangen. *(Jubel bei den Fürsten)*
Schwarz:	Vortreten. *(Alle Fürsten stürzen vor)* Einzeln! Ihr Gauner. Land?
1. Fürst:	Österreich, Tirol.
Fugger:	10 Millionen.
1. Fürst:	Und Kanonen.
Fugger:	Gut. *(Schwarz stellt den Scheck aus)*
2. Fürst:	Württemberg, Schwaben, Franken, Schwarzwald, Allgäu, Bodensee –
Fugger:	Ganz Süddeutschland.
2. Fürst:	Ja.
Fugger:	10 Millionen.
2. Fürst:	Das ist knapp.
Fugger:	Lassen Sie plündern.
3. Fürst:	Thüringen und Sachsen, der Münzer.
Fugger:	Münzer 1 1/2 Millionen. *(Zu den anderen Fürsten)*

	Die anderen Herrschaften erledigt mein Buchhalter. *(Zu allen Fürsten)* Aber saubere Arbeit, meine Herren.
1. *Fürst:*	Wir werden sie ohne Erbarmen erstechen und erwürgen, ihre Häuser verbrennen und Weiber und Kinder verjagen. Besser ein verdorbenes Land als ein verlorenes Land.
2. *Fürst:*	Und den Gefangenen werden wir auf die entzückendste und manierlichste Art die Rübe abhacken. Vorher noch ein bißchen die große und die kleine Tortur, daß sie etwas davon haben.
3. *Fürst:*	Unsere Väter haben auf sie ein schweres Joch geladen, wir aber wollen es noch schwerer machen. Unsere Väter haben sie mit Peitschen geschlagen, wir wollen sie mit Skorpionen züchtigen.
Fugger:	Gutes Regierungsprogramm. Eine echte Alternative. Klar, entschieden, nüchtern, realistisch. Wieviel werden dran glauben müssen?
3. *Fürst:*	Hunderttausend. Wenn schon, denn schon.
Fugger:	Schlagen Sie nicht zuviele tot, sonst müssen Sie am Ende ihre Äcker noch selbst pflügen. *(Gelächter)* Und merken Sie sich für alle Zeit, daß *Ihr* Deutschland durch mein Geld erhalten wurde und nicht durch den Willen des Volkes. *Ab.*
	(Alle Fürsten ab)
Schwarz:	Ich hab hier im Überschlag 25 Millionen.
Fugger:	Auf hunderttausend tote Bauern. Das macht 250 pro Bauer. Das kommt billig. Ein gutes Geschäft.
Schwarz:	Wie immer.
Fugger:	Ich will verdienen, so lang ich kann. Ich habe viele Feinde, die sagen, ich sei reich. Ich bin reich von Gottes Gnaden. Jedermann ohne Schaden.
	(Beide ab)

Rampe Mitte

*Fugger kniet in seinem Betstuhl. Schwarz legt die Buchhaltung
geöffnet auf den Betstuhl und zündet zwei Kerzen an, die rechts und
links neben der Buchhaltung stehen.*

Fugger	*(faltet die Hände):* Das Ende.
Schwarz:	Bilanz der Firma Jakob Fugger. Summa: 203 265 200. Das ist ein Gewinn von über 1 000 %.
Fugger:	Es waren gute Jahre. Gelobt sei das Kapital.
Schwarz:	In Ewigkeit. Amen.
Fugger:	O Kapital.
Schwarz:	Erbarme dich unser.
Fugger:	Du Anfang und Ende aller Dinge.
	Das du warst und bist und sein wirst.
	Aus dem, durch das und in dem alles ist.
	In dem wir leben, uns bewegen und sind.
	Das alle Gewalt hat im Himmel und auf Erden.
	Das die Schlüssel des Todes und der Hölle trägt.
	Das alles nach Maß, Zahl und Gewicht geordnet hat.
	Du König der Könige und Herr der Herrscher.
	Dessen Majestät die Erde erfüllt.
	Dessen Weisheit mächtig waltet und alles lieblich ordnet.
Schwarz:	Erbarme dich unser.
Fugger:	O Kapital.
Schwarz:	Erlöse uns.
Fugger:	Von deinem Zorne.
	Von Unglauben und Aberglauben.
	Von Kleinmut und Vermessenheit gegen dich.
	Vom Mißtrauen gegen deine liebevolle Vorsehung.
	Von Klagen gegen deine weisen Ratschlüsse.
	Von aller Verunehrung deiner höchsten Majestät.
	Durch deine unendliche Macht und Weisheit.

143

	Durch deinen Reichtum.
Schwarz:	Erlöse uns.
Fugger:	O Kapital.
Schwarz:	Wir bitten dich.
Fugger:	Daß alle Menschen an dich glauben.

Daß alle dich als ihren Schöpfer erkennen und anbeten.

Daß alle deinen heiligen Namen loben und preisen.

Daß alle deinen heiligen Willen treu erfüllen.

Daß alle dich als ihr höchstes Gut von Herzen lieben.

Daß du uns einführest in dein Reich, welches du den Deinigen bereitet hast.

Daß wir allen deinen Fügungen uns kindlich unterwerfen.

Daß du unsere Arbeiten und Geschäfte segnen wollest.

Daß du uns in deinem heiligen Dienste stärken und erhalten wollest.

Daß du uns zu Miterben deines ewigen Reiches aufnehmen wollest.

Schwarz:	Wir bitten dich, erhöre uns.
Fugger:	O Kapital.
Schwarz:	Erbarme dich unser.
Fugger:	Du Ziel und Ende aller Wesen.

Du Schrecken der Armen.

Du Freude der Reichen.

Du Ursache unserer Fröhlichkeit.

Du Zuflucht der Sünder,

Du Nahrung der Auserwählten.

Du Quelle aller Gnaden.

Mit dem göttlichen Worte wesentlich vereint.

Du Tabernakel des Allerhöchsten.

Du Abgrund aller Tugenden.

Du Mittelpunkt aller Herzen.

Du Heil derer, die auf dich hoffen.

Du Hoffnung derer, die in dir sterben.

Schwarz:	Erbarme dich unser.
Fugger:	O Kapital.

Schwarz:	Wir bitten dich, erhöre uns.
Fugger:	Durch deinen Sieg über alle deine Feinde.
	Durch deine ewige Macht und Herrlichkeit.
	Daß du uns in deiner Gnade erhalten wollest.
	Daß du die Irrgläubigen zur Erkenntnis der Wahrheit führen wollest.
	Daß du unter allen Völkern der Erde deine Werke vollenden wollest.
	Daß du alle unsere Gedanken, Worte und Werke nach deinem Wohlgefallen leiten wollest.
	Daß du uns in die Zahl der Auserwählten aufnehmen wollest.
	Daß du in uns den Glauben und die Ehrfurcht gegen dich erhalten und vermehren wollest.
	Daß du in uns eine inbrünstige Liebe zu dir entzünden wollest.
	Daß du in uns das Verlangen nach öfterem Genusse erwecken wollest.
Schwarz:	Wir bitten dich, erhöre uns.
Fugger:	Alle Heiligen.
Schwarz:	Bittet für uns.
Fugger:	Aktiva und Passiva.
	Zinsen und Dividenden.
	Wechsel und Scheck.
	Diskont und Dow Jones.
	Obligationen und Aktien.
	Hypotheken und Abschreibungen.
	GmbH und AG.
	Steuer und Rendite.
	Investment und Immobilien.
	Devisen und Börsen.
	Hausse und Baisse.
	Gold und Diamanten.
	Inflation und Deflation.
	Kredit und Spekulation.
	Konjunktur und Bilanz.
Schwarz:	Bittet für uns.
Fugger:	Die ihr es in Ehrfurcht anbetet und ohne Ende: Heilig, heilig, heilig singt.

Die ihr auf seine Stimme hört und mit Freuden seinen Willen vollbringt.

Die ihr seine Ratschlüsse den Menschen verkündigt.

Die ihr zu seinem Dienst ausgesandt seid.

Die ihr uns auf allen unseren Wegen begleitet und beschützt.

Daß wir euren Einflüsterungen folgen und euren Willen allezeit treu erfüllen.

Daß wir euch mit unserem Herrn, dem Kapital, verehren.

Daß wir mit euch das Kapital ewig loben.

Schwarz: Bittet für uns.

Fugger: Du Tröster der Reichen.

Du Licht der Millionäre.

Du Feuer der Armen.

Du Freude der Aktionäre.

Du Erleuchter der Regierungen.

Du Einsprecher der Propheten.

Du Stärke der Manager.

Du Reinheit der Huren.

Du Wonne der Erben.

O du mit Schmach gesättigt.

Schwarz: Erlöse uns.

Fugger: Von den qualvollen Vorwürfen des Gewissens.

Von der großen Betrübnis.

Von der entsetzlichen Finsternis.

Von dem schrecklichen Jammern und Wehklagen.

Von der traurigen Verlassenheit.

O Kapital, welches du hinwegnimmst die Sünden der Welt.

Gib uns ewige Ruhe.

(Zum Ende der Fuggerlitanei erheben sich Luther, Frau Luther, die Fürsten und singen:)

Ein feste Burg ist unser Gott,
Ein gute Wehr und Waffen.
Er hilft uns frei aus aller Not,
Die uns jetzt hat betroffen.
Der alt böse Feind
Mit Ernst ers jetzt meint,
Groß Macht und viel List
Sein grausam Rüstung ist.
Auf Erd ist nicht seinsgleichen.

Das Wort sie sollen lassen stahn
Und kein Dank dazu haben,
Er ist bei uns wohl auf dem Plan
Mit seinem Geist und Gaben.
Nehmen sie den Leib,
Gut, Ehr, Kind und Weib,
Laß fahren dahin,
Sie habens kein Gewinn,
Das Reich muß uns doch bleiben.

(Während des Gesanges gehen sie von den Podesten herunter und stellen sich in einer Reihe in der Mitte der Bühne auf. Mit ihren Gewändern, die sie in die Breite ziehen, verdecken sie die Hinrichtung Münzers. Hinter ihren Rücken ertönen Schmerzensschreie. Sie singen lauter. Eine Axt schlägt auf einen Block. Sie singen noch lauter. Der Kopf Münzers, aufgespießt auf einer langen Stange, taucht hinter ihrem Rücken auf und schaut über sie ins Publikum. Sie singen noch lauter. Fugger betet. Vorhang.)

Eduard Duller
Des Fuggers Feuerwerk

Im Zwielicht war's, am Feuer saß
Der Kaiser, hub ein Venedigerglas
Voll Heiltranks an die Lippen;
Von Drangsal ist das Herz ihm schwer,
Das Fieber schüttelt ihn gar sehr. –
Vergeußt den Trank beim Nippen.

Das kostbar Feuer von Würz und Zimmt
Ist ausgebrannt, die Kohle verglimmt,
Der Kaiser vergaß zu schüren.
Vor ihm der Weber aus Augsburg stand,
Den dauert's, als die Glut verbrannt,
Daß es den Kaier sollt' frieren.

Und aus dem Röcklein schlicht und schlecht
Zieht er 'nen Bündel Briefe ächt,
Und legt sie auf die Kohlen.
Das lockt die fast erstorbene Glut,
Sie knistert, sucht sich Lebensmuth
Auf's Neue draus zu holen.

Die Schuldbrief' brennen lichterloh,
Der Weber lächelt klug und froh,
Als trüg' er tausend Kronen;
Er spricht: »O kaiserlich Majestät!
Mich freut es, wenn's Euch wärmen thät,
Da brennen zwei Millionen!

»Mit Eurer Gunst unterstand ich's mich,
Eure Schuldbrief brennen lustiglich,
Sie geben hellen Schimmer.«
Der Kaiser baß gewärmt, versetzt:
»Kein schöner Feuer sah ich bis jetzt;
Mich dünkt, mich friert's gar nimmer.«

Heinrich Zschokke
Das nachreformatorische Augsburg

Augsburg hatte den Wendepunkt seines Glanzes erstiegen; Nürnberg rang wetteifernd nach. Selbst der Hansa Handel war gering neben dem der oberdeutschen Städte geworden. Im engen Umfange von neun tausend Schritten wohnten zu Augsburg[140] die reichsten Kaufleute Deutschlands beisammen, welche mit Nürnbergern, Florentinern und Genuesen verbunden, auf eignen Schiffen den ostindischen Handel, neben den Portugiesen, trieben[141]. Die Flotten der goldnen Fugger zogen über alle Meere[142]. Sie hatten zu Antwerpen ihre Niederlagen und Häuser. Auch konnte nur ein Fugger einst, Kaiser Karl V. bewirthend, die Flamme des Kamins ihm mit duftendem Zimmetholz und Schuldverschreibungen von Geldern, zur Unternehmung gegen Afrika vorgeschossen, nähren; ein Fugger nur in seiner Vaterstadt den Armen hundert und sechs Versorgungshäuser bauen. Den reichen Welsern gehörte unterpfändlich Stadt und Gebiet von Venezuela in Amerika[143], und eine ihrer Töchter, die schöne und tugendhafte Philippine, ward Erzherzog Ferdinands, des römischen Königsohns Gemalin[144].

Die meisten im Rath und in der Bürgerschaft von Augsburg waren lutherisch gesinnt. Die Kirchen, welche nicht unmittelbar unter dem Bischof standen, wurden dem katholischen Gebrauch ent-

---

140) So groß wird in damaligen Zeitbüchern der Stadtmauern Umfang angegeben.
141) Im J. 1509 kamen drei Schiffe, deren Ausrüstung 66,000 hungar. Gulden gekostet hatte, aus Ostindien zurück. Der Gewinn betrug 175 vom Hundert. Stetten Gesch. von Augsb. S. 260.
142) Die Hansa ließ ihnen einst 20 mit Kupfer befrachtete Schiffe im baltischen Meer wegfangen. Fischer Handelsgesch. 2, 648.
143) Im J. 1528 schickten sie aus Spanien eine Flotte dahin, verwüsteten das ihnen von den Eingebornen bestrittne Land, und nachdem sie 400 Meilen zur Einöde gemacht hatten, mußten sie den Besitz wieder aufgeben.
144) Sie war Franz Welsers Tochter. Die Vermählung geschah zwar heimlich im J. 1550, ward aber 1558 auch vom Kaiser gültig erkannt. Die Söhne aus dieser Ehe hießen Markgrafen von Burgau. Selten ist ein Grabmahl seiner selbst willen so sehenswerth, als das der schönen Philippine zu Innsbruck.

zogen[176]. Es wanderten die Brüder von Karmel bei St. Annen aus, wo sie seit zwei hundert und dreizehn Jahren gewohnt hatten, und ihr Haus ward zur Schule neuen Bekenntnisses, welche von da an bis heut ruhmvoll blühend, dem gemeinen Wesen der Stadt viel würdige Männer gezogen hat[177]. Bald folgten den Karmelbrüdern die Jünger Dominiks, bald gesammte Geistlichkeit des alten Glaubens aus Furcht vor dem wilden Eifer des Volks[178]. Den Katholischen ward verboten, fremder Orten Messe zu hören. Die Heiligenbilder wurden ausgethan, und von der Faust der rohen Menge manch kostbares Bild oder Denkmal des Alterthums zerstört. Die Reichsstadt scheute es sogar nicht, dem schmalkaldischen Bunde öffentlich beizutreten[179].

Karl Gutzkow
Im Bann der Hölle

(. . .) Die Weisung, mit welcher sich abends (leider war die Witterung stürmisch, rauh und nicht im mindesten venezianisch geworden) am Gögginger Tor und rechts an der Zugbrücke daselbst die zwei in festliche Gewande gekleideten Fremdlinge einfinden sollten, ging darauf hinaus, daß entweder Herr Zymmeran in eigener Person oder ein von ihm entsendeter Bote sie abholen, in den Fuggerschen Garten, das Wunder der Welt, geleiten und ihnen alldort Gelegenheit geben würde, von den Zuschauertribünen herab oder aus einem sonstigen anständigen Hinterhalte zunächst das Leben und glückliche Schwelgen der hohen gekrönten weltlichen oder infulierten geistlichen Häupter zu beobachten. Dann aber, darauf ging die trostreiche Versicherung des nun bereits in die hauptsächlichsten Details der Leiden des Vaters einer liebesiechen Tochter eingeweihten Freundes, sollte eine Annäherung versucht werden an den Hauptmann der Hartschiere, den Herrn von Sonnenberg, oder an etwa wachhabende Kameraden des als für einen Eidam oder gar einen künftigen Angestellten des Staates

176) Laut Rathbeschluß im J. 1534. Gasser.
177) Crophii Erzählung von den Schicksalen des Gymnasii zu St. Anna.
178) Im J. 1537. Die Benedictiner zogen von St. Ulrich nach Wittelsbach, die Chorherrn bei St. Moritz nach Landsberg. Gasser.
179) Die Aufnahm-Urkunde soll vom 30. Herbstm. 1536 sein. Stetten Gesch. von Augsb. 340.

verloren geschilderten Trunkenbolds, Händelsuchers, Schuldenmachers, ja halb und halb dem in der Nähe des Kaisers umgehenden Teufel Verkauften. Daß sich dann Placida von einem ebenfalls nicht unmöglichen wirklichen Anblick des einst Geliebten nicht etwa hinreißen ließ und dem Vater eine Szene machte, hatte sie zuvor geloben müssen. Vor dem Erkanntwerden schützte sie ihrerseits die Larve, die bis zu einer gewissen Stunde von allen Teilnehmern des Festes, nur nicht vom Kaiser, getragen werden mußte.

Herr Zymmeran war selbst gekommen, um seine Freunde abzuholen. Die Begierde, die schöne Tochter seines neu gewonnenen Freundes kennen zu lernen, hatte ihn der rauhen Witterung nicht achten lassen. Diese letztere hatte ihn bestimmt, sein, wie zu erwarten war, buntscheckiges Kostüm unter einem Mantel verborgen zu halten (. . .) Der Sturm aus Nordwest, der drohende Regen, die nur von Fackeln und Traglampen erhellte Finsternis hinderte nicht das Zuströmen müßiger Zuschauer, die zuweilen beinahe zertreten wurden von den Aufzügen der hohen Herren, die nicht etwa in einer einfache Kutsche anfuhren, sondern gleich mit Dutzenden von Vor- und Nachreitern, Läufern und Edelknaben zur Rechten und zur Linken. Diesen gaben dann wieder die Trabanten des Kaisers, die Reisige der Fürsten, die Söldner der Stadt das Geleite, öffneten den freien Weg und machten Spalier.

Das Neueste, das noch Herr Zymmeran über die Hartschiere in Erfahrung gebracht hatte, war ein strenger Parolebefehl des Herrn Hauptmanns von Sonnenberg, veranlaßt durch eine Art Meuterei wegen ausgebliebener wärmerer Bekleidung und desfallsige Beschränkung der heute zum Fuggergarten abkommandierten Wache auf nur zwölf Mann. Der Kaiser wollte kommen, aber wahrscheinlich nur einen Rundgang machen durch die herrlichen, in Ball-, Eß- und Trinksäle verwandelten Gewächshäuser. Ob der Kaiser zum großen Bankett bleiben würde, stand noch nicht fest. »Wenn heute da oben am Himmel Mars oder Saturn regieren«, sagte Herr Zymmeran, geschützt vom Dunkel der Nacht vor den Folgen seines gewagten Freimuts, »oder ein ander Sternbild in einer seltenen Juxta- oder Kontraposition steht, so läßt unser kaiserlicher Herr das Heilige Römische Reich im Stich, wie vielmehr einen Schmaus, und wenn ihn auch der Kurfürst von Sachsen anrichtet –!« Die mitgebrachten achtundsechzig »Kuchelpersonen« aus Dresden sollten ihre Kunst zeigen. Gegen etwaige verdorbene

Mägen befand sich auch im sächsischen Gefolge ein Leibmedikus, und niemand anders war dies als Doktor Paulus Luther – Luthers Sohn – der Sohn des hier vor Jahren einst vor einem andern Reichstag gestandenen Martin! Ein wunderlicher, trübsinniger, sehr reizbarer Herr, dieser Paulus Luther! Sein ärztliches System war das des Paracelsus, diese revolutionäre, neue chemische Schule damals, die den menschlichen Organismus für einen kunstvoll zusammengesetzten Destillierkolben hielt und alle Krankheiten mit Salz, Schwefel oder Quecksilber angriff.

Tief betrübt durch die Meldung von einer nur zu erwartenden Anwesenheit von zwölf Hartschieren, zagen Schrittes, gehemmt durch die jetzt vorgebundene Larve, folgte Placida den beiden, ihrerseits selbst auf so unsichern Füßen stehenden Führern, die ihr rechts und links den Arm gegeben hatten und mit ihren Larven und wunderlichen Geckentrachten ebenfalls wie zwei höllische Dämonen in Menschengestalt aussahen. Überhaupt bedurfte Placida recht der Erinnerung an ihre fromme Heimat, um alles das, was sie jetzt, eingelassen in den Fuggerschen Wundergarten, erblickte, nicht für die Annäherung an die leibhaftige Hölle zu halten. Denn an ihre Heimat durfte sie insofern mit einiger Beruhigung denken, als sie wahrlich vor allem, was aus dem felsenüberdachten Schlosse Hohenems kam, den größten Respekt hatte, und gerade der Herr Kardinal Max Sittich von Hohenems hatte aus Rom solche köstliche Statuen und Silber geschickt, die männiglich im Rheintal bewundern durfte, und hatte Wagen und Schlitten im Winter, die so oft an Schwarzachhalden vorbeisausten mit Schellengeklingel und Peitschengeknall, Wagen und Schlitten, die alle gerade ebensolche Drachen und Seejungfern, in grellen Farben gemalt, am Vorder- und Hinterteil zeigten, wie hier Placida jetzt ringsum teils abgebildet dergleichen mythologische Ungeheuerlichkeiten, Männer mit Bocksfüßen oder mit Pferdeleibern, Frauen mit Löwentatzen oder Fischflossen am Leibe, teils possenhaft in Wirklichkeit von lebenden Herren und Frauen nachgeahmt sehen konnte.

Auch im Garten zogen die kaiserlichen Trabanten Spalier. Von den Hartschieren sah man nur wenige. Zu sehen – das war überhaupt schwierig, nicht der Dunkelheit wegen – denn im Gegenteil, von Pechfackeln und riesigen Fässern, die – inwendig mit Teer angefüllt – an Stellen, wo damit kein Schaden verursacht wurde, ausgebrannt zu werden bestimmt waren, verbreitete sich ein Licht wie an einem dämmerigen Abend oder Morgen – aber der Sturm raste zu mächtig und trieb die Funken umher, und vorzugsweise waren die Springbrunnen störend, die wie Raketen so gerade aufschießen wollten und dann vom Winde gefaßt wurden. Dann schlugen den Leuten die Tropfen ins Gesicht, und nicht alle lachten darüber so wohlgemut, wie einige Fürsten und Herren, die vielleicht dem Kurfürsten das Gelingen seines Festes nicht gönnten.

Der Kurfürst selbst, eine große, ungeschlachte, dicke Gestalt, schien in der Tat auf den Sturm und Regen, auf die Dunkelheit der Sterne nicht wenig ungehalten zu sein. Seine Mienen wollten lächeln und nach rechts und links hin grüßen, aber seine Augen gingen wie feurige Räder um. Vielleicht mochten ihn beim Blasen und Heulen des Sturmes die Geister der vor fünfzehn Jahren so grausam von ihm Hingerichteten umschweben, jene »Ächter«, denen er das Herz aus dem Leibe hatte reißen lassen, und die gerade hier auf Augsburger Reichstagen so oft den Kaiser und die Fürsten um Gerechtigkeit angefleht hatten. Dieser weintrunkene, üppige, hochfahrende Fürst, der die den Ernestinern geraubte Kurwürde nicht anders festhalten zu können glaubte, als durch servile Unterwerfung unter den Kaiser und die schmähliche Preisgebung der evangelischen Sache (die Trennung der letzteren in Luther- und Kalvinertum gab ihm dafür die äußere Beschönigung), hatte seine rechte Hand damals bei der Gothaer Metzelei, den Grafen von Barby, auch heute um sich als obersten Hofmarschall. Des Kurfürsten hohes Gemahl saß neben ihm im Wagen. Viel Edelfrauen und Edelfräulein kamen in Sänften. Sie waren heute sicher, von den Brillanten der Patrizierfrauen Augsburgs nicht ausgestochen zu werden. Diese letzteren fehlten bis auf die gegrafften Fugger.

Im großen Bankettsaale, auf einer ringsumlaufenden Galerie, freilich auch dicht neben den ohrzerreißenden Klängen der Trummeter, deren der Kurfürst allein zehn mitgebracht hatte – noch waren sie verstärkt durch die Augsburger Stadtpfeifer –, hatte Herr Zymmeran für seine Schutzbefohlenen ein Plätzchen erobert, wo sie den Begebenheiten, dem Rundgange der Großen und zuletzt des Kaisers selbst, auch dem Schmausen und Bankettieren derselben bequem zusehen konnten. Eine förmliche Marketenderei war im Garten angelegt, um die Speisen zuzurichten. Von den in der Eile aufgebauten Küchen verbreitete sich ein köstlicher Duft bis in die Marmorsäle des großen Gewächshauses. Alles das wurde heute von dem Gelde bestritten, das die sächsischen Landstände daheim bewilligen mußten und ganz gern bewilligten in Hoffnung auf die Förderung und Befreiung der in allen Landen vom »Zurückreformieren« bedrohten evangelischen Sache. Da wandelte er ja hin in seinem Ornat, der stolze Priester von Würzburg, Julius von Mespelbrunn, der den schrecklichen Satz: »Die Religion des Fürsten muß die seiner Untertanen sein!« mit unerbittlicher Strenge durchführte und die Leute, die nicht zur Messe gehen wollten, von Haus und Hof jagte –! Wie schüttelte er die Hand des Wirtes, des Kurfürsten, der ihm und seinem Vorgänger durch jenen gevierteilten Ritter Grumbach den Krummstab gerettet hatte –!

Das Schmettern der Trummeten hätte die Mauern Jerichos einreißen können, als der Kaiser kam. Aber auch ohnedem würde Placida unter ihrer Maske und ohnehin bei dem Dunst der Lichter und Lampen und der Hitze im Saale, die von unten nach oben stieg, ohnmächtig geworden sein. Das übrige tat die bange herzklopfende Erwartung. Und in der Tat verfärbte sich das liebesieche Kind zum Sterben und sank in die Arme des Herr Zymmeran, als dem Eintritt des Kaisers das Vorausschreiten von zwölf Hartschieren vorherging und – o Wunder –! einer derselben niemand anders war, als der in Tränen und Jammer noch jetzt Geliebte, der dem Teufel und dessen Werken verkaufte Sigmund von Landeck (...)

Alfred Neumann
Narrenspiegel

Der liebe Gott meinte es gut mit Augsburg. Herr Heinrich, der für die Annehmlichkeiten des Lebens empfänglich war und sogar unterscheiden konnte, ob das schöne Leben eigens für den Fürstenmenschen zugerichtet wurde – oft gar mit dem knapp verdeckten Hintergrund des Elends – oder ob es sich wie blauer Himmel über die ganze Stadt ausspannte und aus den Menschen widerschien, merkte schon am ersten Abend in der vornehmen Herberge des Jorge Lindenauer am Weinmarkt, daß es sich in Augsburg wohlsein ließ. Eingedenk der fragwürdigen oder sogar erniedrigenden Augenblicke vor dem zugesperrten Ansbacher Stadttor, war er mit großem Anspruch aufgetreten, mit würdiger Anmeldung durch den Marschall, der wiederum von dem schönen und prächtig gekleideten Junker Silvano als Herold begleitet und in seinem noblen Aufzug unterstrichen wurde, und mit feierlichem Empfang durch den Stadtrat. In der gehobenen und schon etwas satten Bürgerlichkeit der reichen Stadt hatte des Herzogs handfeste Repräsentation einen unerwarteten Erfolg. Man freute sich über seine fürstliche Breite und zeigte ihm, zugleich stolz und geschmeichelt, daß es in der Reichsstadt keine Schmalhänse gab. Der mächtige Tisch im Lindenauerschen Eßsaal war unerschöpflich voll von guten Speisen und gutem Wein, der Rat und die Patrizier schickten Ehrengaben von Geflügel, Forellen und Lachsen, Muskateller, Rheinwein und Rabioler: und Herr Heinrich aß und trank und spielte mit den Geschlechtern, die glücklich waren, an den Liegnitzer Herzog ihr Geld zu verlieren; denn Herr Heinrich gewann fast immer. Und was er gewann, warf er hinaus, zuweilen aus dem Fenster, daß sich das Volk balge, meistens unter die Musiker, die er gegen Morgen mit Talerstücken zu bombardieren pflegte, einmal auch in die Hurengasse, wo Silvano blaß und gequält und unter einem Schauer zotiger Kosenamen die Geldstücke in die Busenausschnitte der Mädchen stecken mußte wie in Automaten. (...)

Der reiche Mann

Der reiche Mann war Herr Marx Fugger zu Augsburg. Er war so reich, daß ihn schon Sagen umschlichen. Er war das europäische Gleichnis für Reichtum. Ihn meinte Herzog Heinrich, als er neulich zwischen Ansbach und Augsburg von dem sehr reichen Manne sprach. An ihn dachte er während der drei Wochen immerzu. Über ihn hörte er sehr viel und nicht genug. Wenn er nicht betrunken war oder nicht spielte, ließ er sich von seinen neuen Augsburger Freunden über Marx Fugger berichten. Heinrich war bekanntlich ein hoffärtiger Mann, und die Kaufleute nannte er Pfeffersäcke, wie es sich für einen rechten Fürsten gehörte. Aber für diesen größten aller Pfeffersäcke, der nun wahrhaftig den gesamten europäischen Pfefferimport kontrollierte – o welch ein winziger Teil seiner Geschäfte! –, für diesen Kapitalisten ungeheuren Ausmaßes und unheimlicher Wirkung bekundete der Herzog ein immer heftigeres Interesse, ob durch das Rauschgift der großen Zahlen, für ihn eine unbekannte Sensation, oder in einer ganz persönlichen Absicht, heimlichem Zweck des Augsburger Aufenthaltes: das wurde nicht offenbar. Wie sehr oft in Dingen, die ihm wichtig erschienen, besprach er sich mit seinem Freund Schweinichen am wenigsten und erst als letztem. (Schweinichen dachte oft: Ich bekomme von ihm entweder Fanfaronaden oder fertige Entschlüsse zu hören, am seltensten eine vernünftige Frage um Rat. Was bin ich eigentlich für ein Liegnitzer Rat?) Und daß der Marschall durch seine Liebe am Nachdenken, Mahnen und Drängen verhindert wurde, war dem Herzog nur recht.

Was bedeutete dieser Marx Fugger mit der ererbten Kraft des großen Namens und des vielen Geldes? Heinrich wußte es jetzt einigermaßen. Daß Herr Fugger der Bankier oder besser gesagt: der Hauptgläubiger des Römischen Kaisers, des spanischen Königs und des Papstes war, wußte man in Europa. Aber Heinrich erfuhr jetzt mehr von der genialen Konstruktion dieser Finanzmacht. Fugger beherrschte nicht nur den europäischen Edelmetallmarkt, er besaß ihn. Er hatte Silber-, Kupfer- und Bleigruben in Schwaz und Gossensaß, im Pflerschtal, im Ridnauntal bei Sterzing, am Grassteinberg bei Franzensfeste, bei Klausen und Terlan, Kitzbühel und Elmau, im Kärntner Lavanttal und in Bleiberg bei Villach, die großen ungarischen Gold-, Silber- und Kupferadern von Kremnitz, Neusohl und Schemnitz, die Erze von Teschen, Liptau und vom Thüringer St. Georgental, die spanischen Quecksilberbergwerke von Almaden und die Silberminen von Guadalcanal; die Fuggersche Faktorei in Lissabon beherrschte den portugiesisch-ostindischen Handel und den Import von Pfeffer und Edelsteinen; dazu kam der gewaltige Export der Fuggerschen Urfabrikation von Barchent und Leinwand (wahrhaftig, sie waren ursprünglich Weber!), der Import von feinen Tuchen, Seide, Glas- und Schmucksachen, der Bodenerzeugnisse des Ostens und Südens und schließlich die Riesenerträge des internationalen Geld- und Wechselgeschäftes. Siebzehn Faktoreien in den wichtigsten europäischen Geschäftszentren unterstanden der Augsburger Zentrale, das Geschäftskapital betrug sechs Millionen Goldgulden und war fünfmal so groß wie das der Florentiner Medici, und das Privatvermögen, das Herr Marx und seine Geschwister vom Vater Anton Fugger geerbt hatten, betrug ebenfalls sechs Millionen in Gold, und darin waren weder die Werte an Juwelen und Sammlungen noch der mächtige Grundbesitz enthalten. – Großer Gott, einer dieser Fuggerschen Dukaten war gut seine zehn schlesischen Taler wert: Herr Heinrich ertrank in Zahlen. (...)

Hans von Schweinichen
Die Tage in Augsburg

Einer der Protagonisten in Alfred Neumanns »Narrenspiegel« und seine wohl wichtigste Quelle ist der Liegnitzer Rat Hans von Schweinichen, der seinen ewig in Geldnot befindlichen Herzog auf dessen Reisen begleitete und darüber Buch führte. Er berichtet über die Ereignisse in Augsburg folgendes:

Bankett im Fuggerhaus zu Augsburg. Herr Max Fugger lud den Herrn einst zu Gaste, nebst einem Herrn von Schönberg. Ein solches Bankett ist mir kaum vorgekommen, selbst der römische Kaiser kann nicht besser bewirten, so überschwenglich war die Pracht. Das Mahl war in einem Saale zugerichtet, in dem man mehr Gold als Farbe sah. Der Boden war von Marmelstein und so glatt wie Eis. Ein Kreuztisch war durch den ganzen Saal aufgeschlagen, mit schönen venetischen Gläsern besetzt, was alles über eine Tonne Goldes wert sein sollte. Der Herr Fugger gab ihm einen Willkommen, ein Schiff von dem schönsten venetischen Glas. Als ich dies vom Schanktisch nahm und über den Saal ging, glitt ich aus, fiel mitten im Saal auf den Rücken und goß mir den Wein auf den Hals. Da ich nun ein neues rotdamasten Kleid anhatte, ward es mir zuschanden. Das schöne Schiff ging aber auch in viele Stücke.

Der Herr Fugger führte meinen Herrn im Hause herum. Es ist ein so gewaltig großes Haus, daß der römische Kaiser auf dem Reichstage mit dem ganzen Hofe darin Raum hätte. Auch hat der Herr Fugger den Herzog in ein Türmlein geführt und ihm da von Ketten, Kleinodien und Edelgesteinen, auch von seltsamen Münzen und Stücken Goldes einen Schatz gezeigt, von dem er selbst gesagt, er wäre über eine Million Goldes wert. Hernach schloß er einen Kasten auf, der lag bis oben voll von Dukaten und Kronen, wohl an 200000 Gulden, welche er dem Könige in Spanien durch Wechsel übermachte. Damit bewies er meinem Herrn große Ehre, dabei aber auch seine eigene Macht und sein Vermögen. Man sagt, der Herr Fugger habe so viel, daß er ein Kaisertum bezahlen könnte. Mein Herr hoffte auch auf ein stattliches Geschenk, aber damals bekam er weiter nichts als einen guten Rausch. Um dieselbe Zeit sagte Herr Fugger einem Grafen seine Tochter zu und versprach, ihr neben dem Schmuck 200000 Reichstaler in Jahr und Tag zu geben. Das war ein Brautschatz!

Herzog Heinrich in Geldnot. In der Herberge wurde täglich viel verzehrt, so daß der Herzog dem Wirt gegen 1300 Reichstaler schuldig war; der wollte nun endlich Geld haben. Der Herr schickte mich zu Herrn Fugger und ließ um 4000 Reichstaler bitten. Er schlug es aber ab, weil er dem Könige von Spanien eine große Summe leihen müsse, und entschuldigte sich höflich.

Da nun der Anschlag bei Fugger mit den 4000 Talern nicht gelang, schickte der Herzog mich zu den Herren vom Rat zu Augsburg und ließ um ein Darlehen von 4000 Reichstalern anhalten. Im Rat fand ich 12 alte tapfere Männer, darunter 2 Grafen und 3 Freiherren. Ich war zwar jung und blöde, nahm mir aber ein Herz, brachte mein Gewerbe aufs beste vor und bat um 4000 Taler. Darauf ließen sie mich abtreten und schickten hernach 4 Ratsherren zu mir. Sie wollten 1000 Goldtaler auf Revers auszahlen lassen und auf ein Jahr ohne Zinsen leihen. Ich sollte sie im Rentamt abfordern lassen; auch wollten sie dem Herzog einen Gaul verehren. Ich bedankte mich und brachte dem Herrn die gute Zeitung.

Als dies alles noch nicht reichen wollte, der Herr aber silbernes Tischgerät besaß, welches er zu Nürnberg und Augsburg hatte machen lassen, befahl er mir, dies zu versetzen. Ich erhielt bei einem Kaufmann 800 Reichstaler, obgleich es über 1200 Reichstaler wert war.

Nachdem nun der Herr Geld besaß, befahl er mir, mit dem Wirt abzurechnen. Die Rechnung ergab, daß 1470 Reichstaler verzehrt worden waren. Darauf wurden dem Wirt die 1000 Gulden vom Rate gegeben, das andere borgte er 2 Monate lang auf Revers. Als der Herzog spürte, daß der Wirt mit Borgen so gutwillig war, beschloß er, noch ein Bankett zu geben. Er befahl mir, dasselbe auf das stattlichste herzurichten. Er lud 6 Ratsherren, darunter einen Grafen und einen Freiherren und zwei Fugger ein.

Abschied von Augsburg. Nach dem Bankett brach der Herr von Augsburg auf, und die Herren ließen ihm mit 60 Rossen auf 2 Meilen das Geleit geben. Wir zogen nach Kaisersheim ins Kloster, blieben da 3 Tage und wurden vom Abt wohl gehalten. Auch ihn mußte ich um Geld ansprechen, es war aber bei ihm nichts zu erhalten. Zuletzt brachte ich es so weit, daß er dem Herzog 50 Kronen verehrte, womit dieser auch zufrieden war.

Wir kehrten nun oftmals in Klöstern ein, und ich mußte überall den Abt um Geld ansprechen, alle aber entschuldigten sich. In einem Kloster, in dem wir eben lagen, erschien Zacharias Koller, ein landsknechtischer Hauptmann, von Heidelberg und brachte Schreiben, in denen der Kurfürst begehrte, der Herzog solle zu ihm kommen. Da dieser kein Geld hatte, sprach er den Abt um 200 Kronen an, es waren aber von ihm nicht mehr als 50 Taler zu erhalten, welche der Herr nahm und nach Heidelberg reiste. Mich mit dem Gesinde ließ er im Kloster.

Felix Salten
Ritter, Tod und Teufel

Dieses sind die Begebenheiten, die ich jetzt erzählen will. Denn ich habe heute vernommen, wie des Kaisers Leben sich gewendet hat. Und ist von dieser Kunde ein heller Abglanz in mein Gemüt gefallen, also daß alle meine Erinnerungen aufleuchten, wie die Fenster eines Hauses in der abendlichen Sonne.

Ich war fünfundzwanzig Jahre alt und saß allein auf meinem festen Schlosse Rehberg, das in Böhmen liegt. Da kam Botschaft von meinem neuen Anverwandten Nikolaus Perrenot, dem Handwerkssohn, der sich jetzt Herr von Granvella nannte und beim Kaiser Karl V. hochbegnadet war. Er habe gehört, schrieb mein Anverwandter, daß ich in den Wissenschaften erfahren, wie auch in der Kriegskunst wohlunterwiesen sei. Deswegen lade er mich ein, in des Kaisers Dienst zu treten, und wolle sich gerne unterfangen, mir zu meinem Glück zu verhelfen. Es stünde anjetzt bei mir, den Rang und die Güter meines Geschlechts zu mehren; am Ende gar noch das Goldene Vlies zu gewinnen.

Leicht wäre es möglich, daß meine Sippe mir dereinst noch gram wird, weil ich hernach an jener Pforte, durch welche man zu hohen Würden, zu Reichtum und Kriegsglorie eingeht, infolge einer seltsamen Regung des Gemütes meine Schritte verhielt. Hat mich doch Herr Albrecht, der Markgraf von Kulmbach, einen Schelm geheißen, als ich des Kaisers Armada vor der Affäre von Geldern verließ, um für immer heimzukehren. Ich weiß es aber besser, daß ich kein Schelm bin, indem ich nicht anders handeln konnte und alles nur Gottes Wille gewesen ist, der mein Herz erschüttert und meinen Sinn gelenkt hat.

Den Zins, den meine beiden Meier mir noch schuldeten, trieb ich damals ein und ritt, von einem Waffenknecht geleitet, gen Augsburg. Es war ein wettergrauer Morgen, als ich eben auf den großen Platz vor des Kaisers Herberge kam. Da rührte sich nun ein erstaunliches Getümmel von Kriegsvolk, Wagen und Pferden, von Edelleuten, Schalksnarren und Schreibern, dergleichen ich noch nie vorher gesehen hatte. Auch der spanischen Kleidung ward ich allhier zum erstenmal gewahr.

Indem ich also langsam durch das Jahrmarktsgedränge ritt, in dem Getöse schreiender, singender und rufender Stimmen, davon der Widerhall sich an den reichen Häusern ringsumher brach, mitten in dem tapferen Schmettern der Trompeten und den Wirbelschlägen der Becken die stattlichen Pferde mir besah, die stolzen spanischen Herren musterte, die vielen kaiserlichen und reichsfürstlichen Fahnen betrachtete, war mir, als solle mein Leben jetzt wie ein rechtes Fest anheben und von Stund ab glanzvoll vor sich gehen. Ich atmete tief, um das Lachen der Freude, das mir vom Herzen her aufstieg, nicht laut herausschallen zu lassen. Es würgte mich ein wenig am Halse, tat aber nicht weh und blieb innen. In dem wunderbaren Tumult, der mich umgab, spürte ich die Nähe der gewaltigen Majestät des Kaisers, war frohen Mutes ihm zu dienen und bis an den Rand meines Wesens geschwellt von Ehrfurcht und Zuversicht. (. . .)

(. . .) Herrn Nikolaus Perrenot traf ich in einem Prunkgemach, wo kostbare, gewebte Bilder aus Flandern von den Wänden niederhingen. Es war ein stolzer Mann mit einem blassen, klugen Antlitz, hatte einen langen, weißen Bart, durch den ich die verkniffenen Lippen sah. Ich war ihm nie vorher begegnet, und es bestand keine Gemeinschaft zwischen mir und ihm, ob er gleich mein Anverwandter hieß. Sein Vater war nämlich in Burgund nur ein niedriger Schlosser gewesen, und ich meinte nicht anders, als daß er mich mit einer geziemenden Devotion empfangen werde, weil ich ja doch aus edlem Blute stammte. Aber der Sohn des Schlossers war jetzt der Erzkanzler von Kaiser Karl; er führte den Namen Granvella nach einem Dominium in Burgund, das ihm sein Herr geschenkt, und er schien es für nichts zu achten, daß meine Base, eine Rehberg von der Czenstochauer Linie, seinen Sohn geheiratet hatte. Sein Wesen war, ungeachtet seiner geringen Herkunft, so gebieterisch, daß ich, ohne es zu wollen, vor ihm ganz schüchtern dastand, indessen er in seinem Armstuhl sitzenblieb. Er meinte, ich solle erst Soldat werden, um zu vielem Gelde zu gelangen, dann werde er mir eine Gesandtschaft anvertrauen, damit ich an einem fremden Hofe meinen Reichtum mehren könne. Ich wußte nichts als Ja zu sagen und mit dem Kopf zu nicken, und es tat mir nicht wohl, wie er mich musterte und mit seinen eiskalten Augen durchsuchte.

Währenddessen wir redeten, trat ein junger Priester in den Saal, den ich sogleich als den Sohn des Granvella erkannte. Er hatte dieselben harten, verschlossenen Mienen und diesen kühlen, herrischen Gleichmut, der ihm stolz aus den dunklen Augen sah. Indem er hörte, daß wir Vettern seien, neigte er nur leicht das Haupt gegen mich, der ich mich von seinem Anstand wie von seinem geistlichen Gewande bezwungen fand, und – ob ich gleich bei mir dachte, es müsse eigentlich umgekehrt sein – bückte ich mich tief vor ihm zu Boden.

Er war damalen Zweiundzwanzig, also drei Jahre jünger als ich, und war Bischof von Arras. Heute ist er Kardinal und Erzbischof von Mecheln, derweilen ich geblieben bin, was ich in jenem Augsburger Zimmer gewesen: ein armer unbegnadeter Edelmann.

Es kamen, indem ich darinnen blieb, nacheinander viele Menschen in das Gemach, vornehme und fürstliche Personen, wie ich gut merkte, und waren auch etliche Vliesritter mit dabei. Betrugen sich aber alle mit vieler Unterwürfigkeit gegen den Sohn des Schlossers und nahten ihm mit Schmeichelworten. Konnten jedoch über die Schranken, die er mit seinen kalten Manieren rings um sich aufgerichtet hatte, nicht hinweg in seine Vertraulichkeit gelangen.

Während die Türen gingen, vernahm ich aus der Tiefe des Hauses ein wütendes Hundegebell. Mir aber schien es nicht wie das Bellen richtiger Hunde, vielmehr als ob Possenreißer es wollten nachahmen und des Spaßes wegen vortäuschten. Eben hatten sie ein ganz erschreckliches Heulen angehoben, als ein paar von des Kaisers Sekretären heftig eintraten, unter ihnen Herr Johann Obernburger, für die Reichssachen angestellt, stattlich anzusehen und fett vom Leibe, daß er schnaufen mußte. Es war der einzige, den ich von früher her kannte.

Dieser kehrte sich zu dem Großkanzler und fing mit Getöse seine Beschwerde an. Es sei wohl gerecht, wenn der Kaiser die Verleumder strafe, indem er sie auf allen vieren laufen und gleich dem Hundegezücht bellen lasse. Man könne aber vor solchem Satanslärm nicht arbeiten, werde empfindlich gestört und glaube zuletzt, es gäbe nichts als lauter Verleumder auf der Welt.

Der Schimmer eines Lächelns flog an dem starren Antlitz des Nikolaus Perrenot vorbei, indem er sprach, die Verleumder wüßten eben auf jede Weise die Arbeit der Rechtschaffenen zu kreuzen, und man könne ihnen nirgends beikommen.

Der Bischof von Arras befahl: »Laßt sie solange schweigen.«

Ich vernahm dergleichen Dinge mit Staunen, und es war mir nicht anders, als sei ich hier im Vorsaal der göttlichen Gerechtigkeit.

Noch eine Weile ließ sich das Bellen vernehmen, dann ward es plötzlich still. Ich aber fühlte anjetzt zum zweiten Male und noch weit heftiger als auf dem Markte draußen die Nähe der kaiserlichen Person und erkannte wohl, daß er von Gott gesetzt sei, schon auf Erden hier Seligkeit und Verdammnis auszuteilen. Denn er strafte, wie man in der Hölle straft, und ließ die Gerechten, ob sie auch von einem Schlosser stammen mochten, im Rate an seiner Seite sitzen. Darob kam eine große Andacht in mein Herz, daß ich die Mauern des Hauses, darin ich war, mit meinen Blicken durchdringen wollte, um der Herrlichkeit Seiner Majestät ansichtig zu werden, gleichwie inbrünstige Beter durch das Gewölbe der Kirche hindurch schauen möchten, den Glanz des Höchsten einmal mit Augen zu erspähen.

Ich stand in großer Bewegung da, indessen die anderen untereinander sich besprachen, als mit einem Male alle Türen geöffnet wurden.

Von weitem kamen jetzt Fanfarenklänge herein, ein hastiges Gedränge entstand, und sagten etliche, so in meiner Nähe waren, daß der Kaiser eben aus der Messe komme und zur Tafel gehe.

Trat auch der Bischof von Arras her zu mir und meinte in seinem kalten hochmütigen Tone:

»Kommt mit, Herr Junker, den Kaiser beim Mahle zu betrachten. So könnt Ihr ihn wenigstens aus der Nähe sehen, bis ein schicklicher Anlaß sich findet, Euch zu präsentieren und Seiner Gnaden zu empfehlen.«

(. . .)

(. . .) Ich hatte in diesen wenigen Stunden meines Hierseins viel Macht der Erde geschaut und Größe der Welt. Jetzt in diesem Saale waren sie ja alle beisammen, die mir bisher begegnet, und ihrer noch viel mehr. Aber wo war jetzt im Angesicht des Kaisers ihr Hochmut geblieben? Bei etlichen hatte er sich aufgelöst wie neuer Schnee in der Morgensonne, und sie standen kahl in ihrer Demut mit Befangenheit in den Augen. Etliche freilich hatten sich noch höher aufgerichtet, aber es war nicht ihr eigener Stolz. Sie trugen ihn nur wie des Königs Livree; er glänzte an ihnen nur als der Widerschein des Lichtes, das ihnen hier aufgegangen war.

Da merkte ich, daß nur er allein von allen die Hoheit besaß, daß nur in seinem Wesen die Freiheit wohne, ihrer selbst nicht bewußt. Und jetzt erst fing ich an, mit der rechten Andacht seine Gegenwart zu verehren (. . .)

(. . .) Zum erstenmal in meinem Leben saß ich nun in so erhabener Versammlung, speiste mit großen Herren und hatte eine Weile nichts zu tun, als darauf zu achten, wie sie sich auf spanisch, lateinisch, deutsch und französisch unterhielten.

»Ihr seid wohl eben erst nach Augsburg gekommen«, sprach mich mein Nachbar zur Linken an. »Ich sah Euch heute zum erstenmal, als der Kaiser tafelte.«

Das war ein blutjunger Mensch; kaum Zwanzig, hatte ein fröhliches, vom Wetter ganz verbranntes Gesicht und lachte, wenn er redete, mit den braunen Augen.

»Wißt Ihr schon Euer Regiment?«

Und als ich bekannte, daß ich noch gar nichts wisse, riet er mir: »Macht, daß Ihr zu den Schwadronen des Markgrafen von Kulmbach kommt. Es ist eine Truppe, die der Kaiser liebt.«

»Steht Ihr bei dem Markgrafen?« fragte ich ihn.

Er lachte mit den Augen:

»Ich bin ja sein Leutnant. Johann Schnabel von Schönstein, dem Herrn Junker aufzuwarten.«

Ich hielt mich an den Schnabel, weil er hier doch der einzige war, der mir Rede stand. Und er berichtete mir, daß er zwölf schöne Beutepferde besitze, Juwelen und Dukaten genug, daß der Markgraf von Kulmbach ein wilder, rauflustiger Herr sei, unter dessen Fahnen ein tapferer Offizier leichter als irgendwo zu Kriegsruhm und Gold gelangen könne.

Mir flößte der Schnabel immer mehr Respekt ein, weil er, so viel jünger als ich, schon Leutnant und im Kriege gewesen war. Am meisten aber, weil er so dreist und mit so lachenden Augen von all den erlauchten Herren, die hier umhersaßen, zu reden wußte. (. . .)

(. . .) In der anderen Ecke des Saales hoben jetzt die Musikanten ihr Spiel an, und es stimmten auch von den deutschen Offizieren etliche mit Gesang ein.

Die große Tür ward geöffnet und kamen etwa zwanzig junge Mädchen in den Saal. In lang herabschleifende, bunte Tücher gehüllt, schritten sie paarweise bis in die Mitte der leeren Runde. Sogleich entstand ein Gelächter, ein Zujauchzen, Schreien und Getöse an den Wänden ringsum.

Die Hübschlerinnen grüßten lächelnd nach allen Seiten.

Die Musik schwieg still. Da warfen sie sämtlich zugleich die Arme in die Höhe, daß die Tücher von ihnen abglitten, und nun standen sie nackend, so wie Gott sie geschaffen, vor der aufbrüllenden Versammlung.

In mir dröhnten noch all die neuen Worte, die düsteren Geschichten und dreisten Reden, die ich eben vernommen hatte. Jetzt blendete der jähe Anblick all der nackenden Mädchen meine Augen, und das Blut fing mir an in den Schläfen zu pochen. Es war nicht anders, als ob ein schwerer Nebel vor mir herabsinke, aber ich sah durch die Verschleierung meiner Sinne hindurch die weißen Leiber glänzen, die runden Hüften, die vollen Brüste mit den roten Beeren darauf, ich sah das Lächeln dieser Dirnen, ihre heißen Augen, und noch viel mehr, und ich begann mit den anderen zu lärmen, als nun die Mädchen beim Schall der Pauken und beim Tönen der Zimbeln ihren Tanz aufführten.

»Merkt auf, jetzt nehmen die spanischen Pfaffen Reißaus!« hörte ich den Schnabel flüstern.

Mitten durch den Reigen der entblößten Mädchen schritten die beiden hochgewachsenen, blassen Mönche, und das leuchtende Fleisch der Dirnen blinkte hell gegen die schwarze Seide der priesterlichen Gewänder. Sie gingen mit gesenktem Haupte, wie um nichts zu sehen, und die Tanzenden wichen vor ihnen zu beiden Seiten. Nur ein ganz junges Ding, dem die blonden Haare wie ein goldener Mantel den schmalen Rücken bedeckten, sprang aus der Reihe. Andacht und Schuldbewußtsein in ihrem Kindergesicht, lief sie den beiden Spaniern nach, bückte sich, als sie den einen erreichte, haschte nach seiner Hand und küßte sie schnell. Der Priester schien es nicht zu merken. Das Mädchen aber stand noch eine

Weile wie entrückt. Dann riß sie sich zusammen und tanzte mit den übrigen im Kreise.

Die Musik wurde lauter, das Getöse und Jubilieren stieg, und ich trank von dem Weine, der immerzu dargereicht wurde, denn meine Kehle war beständig trocken (...)

(...) Da sprang ein schlankes Weib an mir vorbei, drehte sich wie toll und warf die Arme, indessen ihr von den Brüsten und vom Nacken hellroter Wein in breiten Bächen herbstürzte.

Ich tat einen Schritt vor und sah den Bischof von Arras unfern von mir in seinem Lehnstuhl sitzen, wie er in hocherhobener Hand ein Kelchglas schwang und wie gerade ein anderes Mädchen an seinem Sitze vorübertanzte.

In diesem Augenblicke schleuderte der Bischof ihr den roten Wein mitten ins Gesicht. Ich betrachtete meinen Vetter, den Bischof. Er war viel bleicher noch als sonst, hielt die schmalen Lippen hart zusammengepreßt und starrte mit brennenden Augen auf die blinkenden Frauenleiber, die sich vor ihm drehten. Sein Knabe füllte ihm aus einer hohen Kanne beständig frischen Wein in den Pokal, und im Bogen schleuderte der Bischof dann die berauschende Flut auf jede Dirne, die tanzend in seine Nähe kam. Alle, die im Kreise umherstanden, stießen jenes schreiende Lachen aus, so oft der Wein dunkel an Schultern, Armen, Stirn oder Nacken der Mädchen klatschend aufspritzte. Der Wein funkelte in roten, dampfenden Lachen auf dem Eßtrich, benetzte die nackten Füße der Tanzenden, daß es aussah, als ob sie im Blute wateten, er rann von weißglänzenden Rücken, floß ihnen die blinkenden Hüften herab, alle Mädchen waren davon mit unzähligen funkelnden Perlen besprengt. Der Wein rann ihnen über die Augen, zog schimmernde Streifen über ihre Wangen, lief ihnen über den Hals und betäubte sie mit seinem schweren Duft.

Ein starkes Weib mit zornigen Augen trat vor den Bischof. Er schwang den Arm, und der Burgunder traf sie dicht unter der Kehle. Sie hob mit beiden Händen ihre vollen Brüste, neigte den Kopf und schlürfte mit den Lippen den süßen Trank, der ihre Haut benetzte, indessen alle ihr zuriefen und lachten. Dreimal schleuderte der Bischof die Fülle des Pokals gegen sie. Dann aber fing sie an sich feierlich zu drehen, und die von ihr absprühenden Tropfen bespritzten die anderen Mädchen wie ein feiner Regen.

Es kam auch das blonde, junge Ding, das dem kaiserlichen Beichtvater so inbrünstig die Hand geküßt hatte. Wie ein Kind war sie noch, mager an allen Gliedern. Als des Bischofs Wein sie traf, fuhr sie schaudernd zusammen, und ich merkte, da ich ihr mit den Augen folgte, wie es sie oft noch überlief.

»Gefällt Euch die Kleine dort?« stieß mich der Schnabel an, »ich schick' sie in Euere Stuben, wenn Ihr sie haben wollt . . .«

»Ja, sie gefällt mir . . .«, sagte ich (. . .)

(. . .) Aus der schallenden Musik hervor, über die Musik hinweg, kam eine heftige Stimme:

»Ist der Herr Wenzel auf Rehberg im Saale . . .?«

Und noch einmal, den Lärm der Instrumente niederpressend:

»Ist der Herr Wenzel auf Rehberg da? In des Kaisers Namen!« . . .

Der Schnabel stieß mich in die Seite: »Ihr seid ja doch der Rehberg . . .

Da sah ich nun ein, daß ich mich nirgends mehr verbergen könne, sprang mit einem langen Schritt vor, stand beschämt und niedergeschlagenen Blickes da, und es drehte sich alles um mich herum.

»Seid Ihr der Herr Wenzel auf Rehberg . . .?« rief die heftige Stimme wieder.

Ich nickte nur und schwieg.

»Dann folgt mir auf der Stelle. Denn der Kaiser begehrt euch zu sehen.« (. . .)

(. . .) In des Kaisers Herberge ward ich über halbdunkle Treppen, durch dämmernde Galerien, an den schweigsam hinwandelnden Garden vorbei in dasselbe Zimmer geführt, das ich heute morgen betreten hatte.

Der Herr von Granvella war da und besprach sich leise mit einem der kaiserlichen Leibärzte. Als er mich gewahrte, sagte er: »Wartet.«

Ich stand im Zwielichte des weiten Raumes, hörte nur das Flüstern der beiden und die tiefe Stille des kaiserlichen Hauses, in der alle Verwirrung des Weines und der Weiber von mir abglitt.

Indessen huschte der Arzt aus dem Zimmer, und Granvella redete mich an: »Der Kaiser findet keinen Schlaf . . . es ist Gelegenheit, Euch vorzustellen . . . habt Ihr Euch eine besondere Truppe gewählt, dann sagt es mir jetzt . . .«

Ich überwand die Scheu, die mich bei seiner kalten Stimme befiel, und brachte unter Räuspern und Schlucken heraus:

»Wenn ich beim Regiment des Markgrafen Kulmbach eintreten könnte . . .«

Granvella stand ohne zu antworten auf, schritt zu einer niederen, verborgenen Türe und winkte mir. Während wir durch ein paar hohe, spärlich erhellte Gemächer gingen, redeten wir keiner ein Wort. Vor einer hohen Pforte blieb er stehen und sprach mich kurz an:

»Beugt ein Knie vor dem Kaiser und tretet nicht allzu nah an ihn heran. Redet nicht, es sei denn, er fragt Euch. Und vor allem, schaut ihm nicht zu dreist in das Antlitz.«

Da ging eben die Türe sachte auf, der andere Leibarzt kam heraus und ließ uns den Weg frei (. . .)

(. . .) Der Kaiser sah mich an, mit einer unermeßlichen Gleichgültigkeit und wie aus der Ferne. Dann glitten wieder seine Blicke über mich hinweg ins Leere. Granvella redete weiter: »Geruhen Eure Majestät Erlaubnis zu geben, daß der Junker bei dem Markgrafen von Kulmbach sich melde . . .«

Weil keine Antwort kam, blickte ich wieder auf und merkte, daß der Kaiser zitterte. Ein Beben ging durch seinen schmalen Leib. Er riß die Hände vom Tisch und starrte mit Entsetzen darauf nieder, als drohe ihm von daher eine Gefahr. Ich sprang schnell auf, da verfärbte sich der Kaiser noch mehr und war wie von einem kalten Grausen an allen Gliedern geschüttelt. Ich spähte rasch, was seine Augen gebannt halte, und gewahrte eine kleine graue Spinne, die, vom Scheine des Lichtes angelockt, mit hochgehobenen Beinen langsam ihren Weg über den Marmor nahm.

Herzuspringend, schlug ich das Tier mit der flachen Hand und wischte es hinweg.

»So«, entfuhr es mir leise und ich lächelte dem Kaiser zu.

Seine Brust keuchte, und er sah mich verstört an. Gleich darauf winkte er heftig mit der Hand gegen mich, drohend, seine Mienen krochen zusammen, wurden spitz und böse, und Granvella herrschte mir zu: »Entfernt Euch, Junker! Entfernt Euch!«

Gescheucht verließ ich das Gemach, ereilte die Treppe und wollte heim, als mich der Kämmerling anrief und mir von Granvella meldete, es sei alles in Richtigkeit, ich solle mich morgen früh nur zum Markgrafen begeben.

Wie ich aus dem Palaste trat, stand der Vollmond am Himmel und beschien den weiten Platz mit den schlafenden Häusern. Nur wenige Schritte hatte ich getan, da flog das eiserne Klirren rasenden Hufschlags durch die Stille. In dem tiefen Schatten einer engen Gasse kam es heran. Ich sah nichts als die Funken aus den Steinen spritzen, näher und näher, als liefe das Pferd dort auf einer schmalen Feuerspur durch die Finsternis. Und ehe ich mich noch besinnen konnte, brach es auch schon aus der Dunkelheit der Seitengasse in das freie Mondlicht: ein Rappe, vom Dampf seines Schweißes wie von einem Geisternebel umwallt, ein schwarzgepanzerter Mann darauf, dem der schwarze Mantel um die Schultern flatterte, und nur die goldene Mantelspange blitzte hell, als trage er seine glühend gewordene Seele mitten auf der Brust. Den Platz querüber sauste er dahin, und es war, da er vor dem Haus des Kaisers anhielt, nur ein einziger Augenblick: das letzte Aufsprühen der Funken unter dem dröhnenden Eisen, das Niederschmettern des Pferdes, das wie von einem Streich gefällt hinschlug, als wollte es die Flammen, die seine Hufe aus dem Boden gestampft hatten, mit dem eigenen Leib ersticken, und der jähe Sprung des Reiters auf die oberste Stufe des Tores. Aufgerichtet stand er als ein dünner schwarzer Streif vor der weißbeschienen Mauer, dann glitt er wie ein Schatten in den Flur. Mir zuckte es, wie ich so völlig erstarrt dastand, durch die Glieder: Da ist der Satan um Mitternacht zu dem Kaiser gekommen ... Dann zwang es mich gleich zu dem gestürzten Tier, aber wie ich mich darüber beugte, war es in Blut und Schaum verendet, und von dem Mondlicht, das in seinen gebrochenen Augen schimmerte, kam ein solches Grauen in mein Gemüt, daß ich erschreckt entfloh. Auf dem raschen Weg zur Herberge ward ich gepeinigt von einem Elend, das ich nicht kannte, dessen Nähe aber ich beklommen fühlte, und ein Ahnen öffnete sich in mir wie eine frische Wunde, die schmerzhaft ist und blutet.

In meiner Stube aber war das kleine blonde Mädchen, das der Schnabel mir gesendet hatte. Die sparte mir das Alleinsein. Ich schloß sie erlöst in meine Arme, wie sie, als ich kam, nackend im Bette sich aufrichtete. Und ich ergötzte mich an ihr bis zum Morgen (...)

Justinus Kerner
Die traurige Hochzeit

Zu Augsburg in dem hohen Saal
Herr Fugger hielt sein Hochzeitsmahl.

Kunigunde hieß die junge Braut,
Saß krank und bleich, gab keinen Laut.

Zwölf goldne Becher gingen herum,
Nichts trank Herr Fugger, so bleich und stumm.

Zwölf Blumenkörbe bot man umher,
Die Braut verlangte kein Blümlein mehr.

Zwölf Harfner lockten zum Fackeltanz,
Die Fackeln gaben so matten Glanz.

Die Gäste tanzten in langen Reih'n,
Zwo weiße Gestalten hinterdrein.

Die Gäste tanzten zum Saal hinaus,
Sie tanzten und tanzten wohl aus dem Haus.

Die Saiten der Harfen sprangen zumal,
Stumm schlichen die Harfner sich aus dem Saal.

Im Saale vernahm man keinen Laut,
Tot saßen im Dunkel Bräut'gam und Braut.

Johann Gabriel Seidl
Philippine Welser

Zu Augsburg hat ein Bürger
Ein Töchterlein gar hold;
Hat himmelblaue Aeuglein
Und Locken hell, wie Gold.
Die schöne Philippine ward
Das Töchterlein geheißen,
So wunderbarer Art.

Es war von guten Sitten
Und fromm und klug dabei;
Man hätte drauf geschworen,
Daß es von Ahnen sei;
Hatt' einen Hals, wie Schnee so rein,
Man sah's, wenn durch die Adern
Ihm floß der rothe Wein.

Ein Herzog kam gezogen
Zum Reichstag in das Land;
Dem Dirnlein ward gewogen
Der Herzog Ferdinand;
Er war erst neunzehn Sommer alt;
Da wuchs in seinem Herzen
Die Liebe mit Gewalt.

»Bist du mein liebes Mägdlein?« –
Das Mägdlein sprach: »Bin dein!«
Da segnet bald ein Priester
Den Bund im Stillen ein.
Des Herzogs Vater zürnt wohl sehr;
Sechs Jahre ließ er sich bitten,
Dann zürnt er nimmermehr.

Dann haus't auf seinem Schlößlein
Zu Ambras in Tirol
Mit seiner Philippine
Der Herzog recht und wohl;
Da gab es Lieb und Lust im Haus,
Die heitern Minnesänger
Die zogen ein und aus.

Da ward gar viel turnieret,
Der Kunst gar treu gepflegt,
Gar manche That vollführet,
Gar mancher Keim gehegt;
So ging es dreißig Jahr und eins,
Da fand der Tod ein Ende
Des treuen Herzverein's.

Das Glück der Philippine
Hat manchen Fant gekränkt,
Drum heißt es, daß im Bade
Die Neider sie ertränkt;
Ich mein', da sorgt der Himmel für,
Daß nicht so schlimm verderbe
Der Schönheit edle Zier.

Heinrich Zschokke
Alter Kalender und neuer Glaube

Herzog Wilhelm war unter den Ständen des deutschen Reichs der frühesten einer, die neue Zeitberechnung und Jahrordnung einzuführen[360], welche der römische Sternkundige Aloisio Lilio entworfen und Papst Gregor XIII. den christlichen Ländern anempfohlen hatte. Denn seitdem einst, vor mehr denn anderthalb tausend Jahren, Julius Cäsar mit Hülfe des Alexandriers Sostgenes die Länge des Jahrs beinah um einer Stunde Fünftheil zu groß gesetzt hatte[361], war im Lauf der Zeiten solcher Uebelstand erwachsen, daß die Ostern nicht mehr in der Zeit zu feiern waren, welche vor zwölf hundert Jahren durch die nicäische Kirchenversammlung angewiesen worden.

Augsburgs Abnahme.

Die glaubenstreuen Baiern nahmen Gregors verbesserte Zeitordnung ohne Sträuben an. Desto heftiger lärmte in andern Ländern das Vorurtheil der argwöhnischen Gegenbekenner. Sie scheuten Roms Gaben; wollten nicht Fest- und Feiertage ihrer Kirche verrücken; hiessen des Kaisers Anmuthung offnen Bruch des Kirchenfriedens, und erkannten in des Papstes Werk ein Malzeichen des Widerchristes, von welchem die Weissagung spricht: »Er wird sich unterstehen Zeit und Gesetz zu ändern.«[362].
Zu Augsburg tobte gewaltig in Schrift und Predigt der Pfarrer zu St. Annen, Georg Müller. Er war ein rüstiger Streiter seiner Zeit für den Buchstab Martin Luthers; und wieß des Teufels Fallstrick im päpstischen Kalender sonnenklar. Darüber kam der Rath mit der Gemeinde in Zerwürfniß und unter sich selbst. Denn die Mehrheit des Rathes war des alten, die Mehrheit der Gemeinde des neuen Glaubens. Der Streit brachte große Erbitterung. Vier Rathsglieder wurden zuletzt gewaltthätig ausgestoßen; und Georg Müller vom Gebiet der Stadt verwiesen. Als er in der Kutsche fortge-

---

360) Der Befehl dazu erging unterm 28. Christm. 1582.
361) Eigentlich um 11 Minuten 15 Sekunden.
362) Daniel 7, 25.

führt ward zum Gögginger Thor, jammerte sein hochschwangeres Weib mit lauter Stimme am Fenster und starb vom ersten Schrecken. Das Volk rannte aufgebracht zusammen. Handwerksbursche hielten den Wagen an; zerschnitten die Stränge und befreiten den Gefangnen. Georgs von Stetten Wittwe ließ ihn verkleidet auf Bocksberg, ihres Sohnes Schloß, führen. So entkam er heimlich den Feinden. Der Rath versammelte sich. Die Bürger liefen ins Gewehr. Stadtvogt Augustin Weiß mit der Schaarwacht kam ins Gedränge. Er ließ auf die Haufen feuern; und ward von den Gegnern selber durch den Arm geschossen[363]. Es drohte dem gemeinen Wesen neue Zerstöhrung. Nur durch fromme Ermahnung und Zuspruch ihrer herbeigerufenen Prediger wurde der Grimm der Bürger gestillt. Aber noch acht Jahre lang, seit diesem Tage, währte in der Stadt der Streit um Gregors Kalender fort[364].

Die Augsburger waren noch jederzeit die trotzigen, kecken Alten, nun für Glaubensfreiheit wie einst für bürgerliches Recht. Aber die Gewerbsamkeit voriger Zeiten kehrte nicht wieder. Neue Wunden schlugen dem Handel die niederländischen Unruhen[365]; die kirchlichen Bürgerkriege in Frankreich, Deutschland und England. Viele der ersten Kaufleute, deren Gelder in der Fremde ausstanden, gingen zu Grunde[366]. Doch hinderte dies nicht an Fortsetzung gewohnter Ueppigkeit und Ueberpracht. Die Söhne prasseten noch von den Erndten aus der goldenen Zeit ihrer Väter; und beschleunigten mit leichtsinnigem Hochmuth den Verfall ihrer Häuser, welchen sie fremden Augen verheimlichen wollten[367].

363) Der Auflauf geschah d. 4. Brachm. 1584. Müller beschrieb sein Schicksal (in seiner Schrift »Augsburgische Händel«) ausführlich und leidenschaftlich. Den augsb. Stadtpfleger Rhelinger weihte er darin der Rache Gottes, wegen des unschuldigen Blutes seines Weibes und Kindes.
364) Er ward endlich zwischen Rath und Bürgerschaft durch Vergleich beigelegt. P. v. Stetten Gesch. v. Augsb. 666 ff.
365) Einem einzigen Kaufmann gingen allein über 50 000 fl. Werth an Pfefferladungen und spanischen und portugiesischen Schiffen durch die Niederländer zu Grunde. Gasser J. 1572.
366) Im J. 1572 ward Georg Neumair mit 200 000 fl. und 1574 das Haus Manlich mit 700 000 unzahlhaftig.
367) »Die Kaufleute fingen an guldene Ketten zu tragen, wider altes Herkommen, dawider sich die Geschlechter beschwerten (1572), als sei solches ein nur ihnen zukommendes Recht.« P. v. Stetten.

6.

Der Augsburger Kreidekreis

Michel de Montaigne
Die Stadt liegt am Lechfluß, Lycus

Wir reisten nach Tisch weiter und kamen durch eine weite Ebene mit ganz einheitlicher Vegetation, ähnlich der Ebene von Beausse, nach Augsburg, vier Meilen davon, das als die schönste Stadt Deutschlands gilt, wie Straßburg als die stärkste. Die erste seltsame Zurüstung, die wir bei unserer Ankunft sahen, die aber die Reinlichkeit dieser Stadt beweist, war, daß die Stufen der Wendeltreppe unsres Gasthauses ganz mit Leinenzeug belegt waren, über das wir schreiten mußten, um die eben, wie jeden Samstag, gewaschene und geputzte Treppe nicht schmutzig zu machen. Wir bemerkten niemals Spinngewebe noch Schmutzspuren in all diesen Gasthäusern; in einigen gibt es Vorhänge, die man nach Gefallen vor die Scheiben ziehen kann. Tische finden sich nicht in den Zimmern, ausgenommen die an dem Fuß jedes Bettes angebrachten, die sich in Scharnieren bewegen und nach Belieben auf- und zugeklappt werden können.

Die Bettfüße ragen zwei bis drei Fuß über die Bettstellen hinaus, oft so hoch wie das Kopfkissen; das Holz, das dabei verwendet wird, ist gut und zeigt schöne Arbeit, jedoch übertrifft unser Nußholz weit ihr Tannenholz. Auch hier wurden in die blinkenden Zinnteller zur Schonung hölzerne gesetzt; an den Betten sind vor die Wand oft Tücher und Vorhänge gezogen, damit man die Wand nicht anspuckt und verunreinigt. Die Deutschen sind Liebhaber von Wappen: denn in allen Gasthäusern findet man sie von den durchziehenden Edelleuten schockweise an den Wänden zurückgelassen, auch alle Scheiben sind damit versehen. Die Speisenfolge ist im Land sehr verschieden; hier wurden zuerst Krebse aufgetragen, die überall sonst gegen Ende kommen, sie waren von einer außerordentlichen Größe. In verschiedenen Gasthäusern, wenigstens den großen, wird alles zugedeckt aufgetragen. Was die Glasscheiben so leuchtend macht, ist das Fehlen unserer festen Fenster; vielmehr sind hier die Rahmen beweglich und die Scheiben werden oft geputzt.

Der Herr von Montaigne besah sich am nächsten Morgen, einem Sonntag, mehrere Kirchen, und fand in den sehr zahlreichen katholischen überall den Gottesdienst sehr gut eingerichtet. Sechs Kirchen mit sechzehn Geistlichen gehören den Protestanten, zwei davon sind den Katholiken weggenommen; die vier übrigen für sie erbaut. Am gleichen Morgen besuchte er eine davon, die einem großen Kollegsaal glich, und weder Bilder, noch Orgeln, noch Kreuze hatte. An den Wänden ziehen sich viele Inschriften in deutscher Sprache hin: es sind Bibelstellen; ferner sind zwei Kanzeln da, die eine für den Geistlichen bei der Predigt, die andere, die etwas tiefer liegt, für den, der den zu singenden Psalm anstimmt: nach jeder Strophe wartet die Gemeinde, bis dieser die nächste beginnt; es wird durcheinander gesungen, wer gerade will, und auch mit bedecktem Haupt, wer will. Darauf schritt ein Prediger, der in der Menge stand, zum Altar, las ein langes Gebet aus einem Buch und die Gemeinde erhob sich, faltete die Hände und erwies dem Namen Jesu Christi ihre große Ehrfurcht. Nachdem der Prediger, der unbedeckt geblieben war, mit dem Vorlesen aufgehört hatte, kamen auf den Altar ein weißes Tuch, eine Kanne und ein Napf mit Wasser; eine Frau reichte ihm, in Gesellschaft von zehn bis zwölf anderen Frauen, ein Wickelkind mit unbedecktem Gesicht. Der Prediger tauchte dreimal alle Finger in den Napf, berührte das Gesicht des Kindes und sprach bestimmte Worte. Darauf traten zwei Männer heran und legten jeder zwei Finger der rechten Hand auf dies Kind: der Prediger sprach zu ihnen und die Handlung war zu Ende. Beim Hinausgehen unterhielt sich der Herr von Montaigne mit dem Prediger. Sie rühren an keine Einkünfte der Kirche, sondern werden öffentlich vom Staat besoldet. In dieser Kirche allein war eine größere Gemeinde und mehr Arbeit als in zwei oder drei katholischen zusammengenommen.

Wir sahen kein einziges schönes Frauenzimmer. Deren Kleidung ist sehr verschieden; bei den Männern dagegen ist es schwer, die Adeligen zu erkennen, um so mehr, als jedermann seine verbrämte Mütze und einen Degen an der Seite trägt.

Das Gasthaus, in dem wir wohnten, hatte auf dem Wirtsschild einen Baum, der dort zu Land »Linde« heißt; es war neben dem Palast der Fugger. Einer aus dieser Familie war vor ein paar Jahren gestorben und hatte seinen Erben zwei Millionen guter französischer Taler hinterlassen, und jene gaben, um für seine Seele bitten zu lassen, den dort ansässigen Jesuiten bare dreißigtausend Gulden, womit die Väter sich eine hübsche Niederlassung bauten. Das Fuggerhaus ist mit Kupfer gedeckt. Im allgemeinen sind hier die Häuser schöner, größer und höher als in irgendeiner französischen Stadt, die Straßen breiter. Der Herr von Montaigne schätzt, daß Augsburg die Größe von Orleans besitzt.

Nach Tisch besuchten wir ein Schaufechten in einem öffentlichen Saal. Es wohnte eine große Menge bei; man bezahlt den Eintritt wie bei Taschenspielern und außerdem den Platz auf der Bank. Es wurde mit dem Dolch, dem Zweihänder, einem an beiden Enden mit Eisen beschlagenen Stab und dem kurzen Breitschwert gefochten; hernach wohnten wir einem Preisschießen mit Armbrust und Bogen bei, an einer noch prächtigeren Örtlichkeit als in Schaffhausen.

An dem Stadttor, durch das wir eingezogen waren, bemerkten wir unter der Brücke eine große Wasserleitung, die von außen kommt, und auf eine hölzerne Brücke unter der Verkehrsbrücke und über den Fluß, der durch den Stadtgraben zieht, hinweggeleitet ist. Diese Leitung dient dazu, eine bestimmte Anzahl Räder zu treiben, die mehrere Pumpen in Bewegung setzen und durch zwei Bleiröhren das Wasser eines Brunnens, der dort sehr tief liegt, auf die Höhe eines mindestens fünfzig Fuß hohen Turmes heben. Hier ergießt sich das Wasser in einen großen steinernen Behälter, sinkt in verschiedenen Röhren wieder hinunter und verteilt sich von da in die Stadt, die durch dieses eine Kunstmittel mit Brunnen reich versehen ist. Die Eigentümer, die eine Abzweigung davon für eigenen Gebrauch wollen, haben der Stadt bloß zehn Gulden Rente oder zweihundert Gulden einmalig zu zahlen. Es sind vierzig Jahre her, seit die Stadt mit diesem ansehnlichen Werk verschönert worden ist.

Heiraten zwischen Katholiken und Protestanten finden täglich statt und der Teil, der am meisten Verlangen hat, nimmt den Glauben des anderen an; solche Ehen bestehen zu Tausenden; unser Wirt z.B. war Katholik, seine Frau Protestantin.

Die Gläser werden hier mit einer am Ende eines Griffs befestigten Haarbürste gereinigt. Nach der Aussage der Einheimischen gibt es sehr schöne Pferde im Preis von vierzig bis fünfzig Talern.

Die Stadt ließ den Herrn von Estissac und Montaigne, um sie zu ehren, für ihr Souper vierzehn große Krüge mit einheimischem Wein von sieben livrierten Stadtsoldaten und einem ehrenwerten Offizier überbringen. Den Offizier luden wir zum Souper ein, denn so ist es Sitte, ebenso wie wir den Trägern etwas schenkten; wir gaben ihnen einen Taler. Der Offizier, der so mit uns speiste, sagte dem Herrn von Montaigne, sie wären zu dritt in der Stadt mit dem Amt betraut, den Fremden von Qualität dergestalt aufzuwarten, und sie wären deshalb besorgt, unseren Stand kennenzulernen, um danach die gebührenden Zeremonien einzuhalten: es bekommt nicht einer gleich viel Wein wie der andere. Bei einem Herzog kommt einer der Bürgermeister, um ihn zu überreichen; wir wurden für Barone und Ritter angesehen. Aus bestimmten Gründen hatte der Herr von Montaigne gewollt, man solle dieser Annahme entgegentreten und unseren Stand nicht verraten, auch ging er den ganzen Tag ohne Begleitung durch die Stadt, glaubte aber, daß gerade das dazu diente, uns noch angesehener zu machen. Die erwähnte Ehrung wurde uns in allen deutschen Städten zuteil.

Als er durch die Kirche Unserer Lieben Frau ging, hielt er, ohne daran zu denken, der Kälte wegen – die Kälte begann nämlich seit Kempten fühlbar zu werden, während wir bis dahin das denkbar glücklichste Wetter gehabt hatten – das Taschentuch an die Nase; auch war er der Meinung, er würde so allein und sehr schlecht angezogen niemandes Aufmerksamkeit erregen: als die Leute später vertrauter mit ihm standen, sagten sie ihm, die Besucher der Kirche hätten dies Benehmen seltsam gefunden. So entging er doch nicht dem, was er am meisten haßte, durch irgendein von der ortsüblichen Art abweichendes Auftreten auffällig zu werden; denn soweit es an ihm liegt, paßt er sich den Sitten der Stadt an, in der er sich aufhält, und in Augsburg z.B. trug er eine verbrämte Mütze.

Wie die Augsburger erzählen, haben sie zwar Mäuse, dagegen keine der großen Ratten, von denen das übrige Deutschland heimgesucht wird; sie erzählen darüber eine Menge Wundergeschichten und schreiben ihre Bevorzugung einem ihrer dort begrabenen Bischöfe zu; von diesem Grab wird Erde in kleinen nußgroßen Stückchen verkauft und sie soll das Gezücht überall verjagen.

Am Montag wohnten wir in der Kirche Unserer Lieben Frau der pomphaften Hochzeit eines reichen und häßlichen Bürgermädchens mit einem Geschäftsführer der Fugger, einem Venezianer, bei: wir sahen dabei kein einziges hübsches Frauenzimmer.

Die verschiedenen Fugger, die alle sehr reich sind, nehmen die erste Stelle in der Stadt ein. Wir sahen auch zwei Säle in ihrem Haus; der eine war groß, hoch und mit Marmor ausgelegt; der andere ist niedrig, reich an alten und modernen Medaillons und besitzt am Ende ein kleines Zimmer. Es sind die reichsten Zimmer, die ich je gesehen habe.

Wir sahen uns auch den Tanz der Hochzeitsgesellschaft an: man tanzte bloß Allemanden, die jeden Augenblick abgebrochen wurden, worauf die Herren die Damen zu ihren Plätzen zurückführten: es waren zwei Reihen mit rotem Tuch ausgeschlagener Bänke an den Seiten des Saales. Nach einer kleinen Erholungspause holten sie sie wieder ab, dabei küssen die Herren ihre eigene Hand, während die Damen dies nicht tun, dann legen sie ihre Hand unter die Achsel der Damen, pressen sie an sich und die seitwärts gewendeten Gesichter nähern sich einander, wobei die rechte Hand der Dame auf der Schulter des Tänzers ruht. So tanzen sie und unterhalten sich, ganz ohne Kopfbedeckung und nicht besonders reich gekleidet.

Wir sahen noch andere Häuser der Fugger in anderen Gegenden der Stadt, die ihnen durch so viel Aufwendungen zur Verschönerung verbunden ist: es sind Lusthäuser für den Sommer. In einem sahen wir eine Uhr, die durch die Bewegung von Wasser, das als Uhrgewicht dient, in Gang gehalten wird, ferner zwei große gedeckte Fischbehälter, zwanzig Schritt im Geviert und voll von Fischen. An den vier Ecken jedes Behälters waren verschiedene kleine Röhren angebracht, die einen gerade, die anderen nach oben gerichtet; daraus läuft das Wasser sehr gefällig in die Behälter, teils in geradem Strahl, teils bis zur Höhe einer Lanze emporspringend. Zwischen den beiden Behältern liegt ein zehn Schritt breiter mit Dielen belegter Raum, und durch die Dielen dringen zahlreiche kleine unsichtbare Bronzespitzen: wenn die Damen sich damit ergötzen, dem Haschen der Fische zuzusehen, wird irgendeine Hemmung frei und all die Spitzen sprudeln dünne, flinke Strahlen bis zur Manneshöhe und netzen die Unterröcke und Schenkel der Damen. Anderswo wieder kann es beim Betrachten eines hübschen Springbrunnens passieren, daß man vor unsichtbare Röhrchen tritt, die einem das Wasser huntertfach in feinsten Strahlen ins Gesicht spritzen; dabei steht die lateinische Inschrift: *Quaesisti nugas, nugis, gaudeto repertis.*[*]

Auch ein Vogelhaus ist da, zwanzig Schritt im Geviert, zwölf bis fünfzehn Fuß hoch, überall mit gut geknüpftem und verflochtenem Eisendraht geschlossen; innen sieht man zehn bis zwölf Tan-

---

[*])Du suchtest nach einer Spielerei: wo du sie gefunden hast, freue dich an ihr

nen und einen Springbrunnen: das alles ist voll von Vögeln. Wir fanden da polnische Tauben, die bei ihnen indische heißen und die ich schon kannte: sie sind fett und haben einen Schnabel wie ein Rebhuhn. Wir sahen auch den Betrieb eines Gärtners, der in Voraussicht der schädlichen Fröste in eine kleine gedeckte Hütte eine Menge Artischocken, Kraut, Lattich, Spinat, Zichorie und andere Pflanzen zusammengebracht hatte; sie waren alle gepflückt, als sollten sie auf der Stelle gebraucht werden, aber indem er sie in einen besonderen Boden brachte, hoffte er sie zwei bis drei Monate gut und frisch zu erhalten; und in der Tat hatte er damals hundert gar nicht welke Artischocken, die doch schon vor mehr als sechs Wochen ausgenommen worden waren.

Weiter sahen wir eine Vorrichtung, die aus einer gekrümmten, oben und unten offenen und hohlen Bleiröhre besteht. Zuerst wird sie derart mit Wasser gefüllt, daß die beiden Öffnungen nach oben kommen, dann stürzt man sie ganz schnell und geschickt um, und nun tropft das Wasser an dem einen Ende nach außen, während das andere in einem gefüllten Gefäß steht; um die Leere zu vermeiden, wird das Wasser nun fortwährend die Röhre füllen und ablaufen.

Das Wappen der Fugger zeigt auf einem halbgeteilten Schild links eine blaue Lilie auf goldenem Feld; rechts eine goldene Lilie auf blauem Feld; sie erhielten es bei der Erhebung in den Adel von Karl V.

Wir verfehlten auch nicht, Männer aufzusuchen, die von Venedig dem Herzog von Sachsen zwei Strauße brachten; das Männchen ist schwärzer und hat einen roten Hals, das Weibchen mehr grau; dieses legte viel Eier. Die Überbringer führten sie zu Fuß und sagten, die Tiere würden weniger müde als sie und drohten ihnen jeden Augenblick zu entweichen; daher wurden sie durch Gurte gefesselt, von denen der eine das Kreuz umschnürte und über die Schenkel lief, der andere über die Schulterblätter; durch lange Leinen wurden sie zum Halten veranlaßt und nach Belieben der Führer hin und her gewendet.

Am Dienstag konnten wir durch eine ganz besondere Gefälligkeit der Herren vom Stadtrat eine Schlupfpforte in der Stadtmauer besichtigen, durch die zu allen Stunden der Nacht jedermann eingelassen wird, sei er zu Fuß, sei er zu Pferd, vorausgesetzt, daß er seinen Namen nennt und zu wem er in der Stadt will, oder den Namen des Gasthauses, das er sucht. Zwei zuverlässige Leute wachen im Sold der Stadt an diesem Tor. Berittene zahlen zwei Batzen Einlaßgeld, Fußgänger einen. Außen ist die Türe mit Eisen beschlagen: seitwärts hängt an einer Kette ein Stück Eisen, an dem man zieht; die Kette führt auf weitem Umweg und in vielen Windungen in das sehr hoch gelegene Gelaß des einen jener Türwächter und setzt hier ein Glöckchen in Bewegung. Der Pförtner, der nur sein Hemd anhat und im Bett liegt, öffnet dadurch, daß er eine Winde zurückzieht und wieder vorschnellen läßt, auf eine Entfernung von mehr als gut hundert Schritt die erste Pforte. Der Ankömmling tritt ein und befindet sich auf einer Brücke, die eine Länge von ungefähr vierzig Schritt hat, ganz gedeckt ist und über den Stadtgraben führt; längs der Brücke ist in einem hölzernen Rohre die Winde gelegt, mit der die Außenpforte geöffnet wird, welch letztere sich übrigens unmittelbar hinter den Eingetretenen schließt.

Hat man die Brücke überschritten, so kommt man auf einen kleinen, freien Raum und sagt dem ersten Pförtner seinen Namen und die erwähnte Adresse. Danach benachrichtigt dieser durch eine Klingel seinen Kameraden, der ein Stockwerk unter diesem Portal wohnt (wo viele Wohnräume sind); vermittels einer Spirale öffnet dieser zweite Pförtner von einer Galerie neben seinem Zimmer aus zunächst eine kleine eiserne Schranke und windet darauf mit Hilfe eines großen Rades die Zugbrücke auf, ohne daß man von allen diesen Bewegungen etwas merkte, da sie innerhalb der dicken Mauern und des Tores vor sich gehen, und mit einem Male schnellt das alles mit großem Getöse in seine Lage zurück. Nach der Brücke öffnet sich eine große, dicke Holztür, die durch mehrere Eisenplatten verstärkt ist. Der Fremde findet sich in einem Saal und sieht auf dem ganzen Weg niemand, mit dem er sprechen könnte. Wenn hier das Tor hinter ihm zugefallen ist, öffnet ihm jemand eine zweite ähnliche Tür: er tritt in einen neuen Saal, und dieser ist beleuchtet. Von der Decke hängt an einer Kette ein ehernes Becken, in das er das Einlaßgeld werfen muß. Der Pförtner windet die Schale herauf und wenn er nicht zufrieden ist, läßt er den Fremden bis zum nächsten Morgen warten; entspricht das Geld dem herkömmlichen Betrag, so öffnet er ihm auf die frühere Weise ein großes, den anderen ähnliches Tor, das sich sofort hinter dem Ankömmling schließt und nun ist er in der Stadt. Das ist eine der kunstreichsten Einrichtungen, die man sehen kann; die Königin von England hat einen besonderen Gesandten geschickt, um den Rat um Erklärung der Maschinerie zu bitten: wie sie erzählen, wurde ihr Ansuchen abgeschlagen. Unter diesem Portal ist ein großer Keller, in dem fünfhundert Pferde unbemerkt Platz finden, um eine Verstärkung erhalten oder ohne Wissen der gewöhnlichen Bürger im Kriegsfall senden zu können.

Von da gingen wir nach der sehr schönen Heiligkreuzkirche. Hier spielt ein Wunder, das vor nahe hundert Jahren sich zutrug, eine große Rolle: eine Frau wollte den Leib des Herrn nicht schlucken, zog ihn aus dem Munde und legte ihn, in Wachs eingehüllt, in eine Schachtel; als sie dann beichtete, fand man ihn in Fleisch verwandelt. Diesem Zeichen wird großer Wert beigelegt und an mehreren Orten ist auf lateinisch und deutsch auf das Wunder verwiesen. Unter Kristall zeigt man das Wachs und dazu ein kleines fleischfarbenes Stückchen. Die Kirche ist wie das Fuggerhaus mit Kupfer belegt, was überhaupt dort nicht selten vorkommt. Dicht daneben steht eine lutherische Kirche: auch hier wieder haben sie sich gleichsam in den Kreuzgängen der katholischen Kirchen einlogiert und angebaut. An dem Portal dieser Kirche ist das Bild unserer Lieben Frau mit dem Jesuskind und anderen Heiligen und Kindern angebracht, dabei der Spruch »*Sinite parvulos venire ad me*«** usw.

In unserem Gasthaus sahen wir eine aus Eisenstücken zusammengesetzte Winde, die bis auf den Boden eines tiefen Brunnens reichte; wenn dann oben ein Bursche eine gewisse Vorrichtung in Bewegung setzte und die Eisenteile zwei bis drei Fuß hob und senkte, so verdrängten sie nacheinander das auf dem Boden stehende Wasser, trieben es aus den Pumpen und zwangen es dergestalt, sich in einer Bleiröhre zu stauen, aus der es dann in die Küchen und jeden anderen Ort nach Bedarf abgeleitet werden konnte. Ein Weißer ist dazu angestellt, sofort schmutzig gewordene Stellen an den Wänden auszubessern.

Es wurden uns Pasteten, große und kleine, in irdenen Gefäßen von der Farbe und genau der Form der Pastete selbst, serviert. Es vergehen wenig Mahlzeiten, ohne daß einem nicht Zuckerwerk und Büchsen mit Eingemachtem angeboten würden. Das Brot ist das denkbar ausgezeichnetste, die Weine sind gut und wie überhaupt in Deutschland meist weiß; um Augsburg wächst keiner und er kommt fünf bis sechs Tage weit her. Auf hundert Gulden,

---

** (Lasset die Kindlein zu mir kommen)

welche die Wirte für Wein bezahlen, verlangt die Stadt sechzig, die Hälfte weniger von einem Privatmann, der bloß für seinen eigenen Bedarf kauft. An verschiedenen Orten besteht schließlich die Sitte, in den Zimmern und auf den Öfen Räucherwerk zu verbrennen.

Die Stadt war zuerst ganz Zwingli ergeben; als später die Katholiken zurückgerufen wurden, nahmen die Lutheraner die zweite Stelle ein; bis zur Stunde spielen noch die Katholiken die erste Rolle, trotzdem sie weit in der Minderzahl sind. Der Herr von Montaigne machte auch den Jesuiten einen Besuch und fand bei ihnen einige recht gelehrte Leute.

Mittwoch, den 19. Oktober, nahmen wir zum letztenmal dort unser Frühstück ein. Der Herr von Montaigne beklagte sehr, daß er abreisen mußte, ohne die Donau zu sehen, die nicht mehr als eine Tagereise entfernt war, noch Ulm, das an ihrem Ufer liegt, noch ein nur einen halben Tag von da entferntes Bad namens Sauerbrunnen. Es liegt auf dem platten Land und sein Wasser ist so kalt, daß es zum Trinken oder Baden gewärmt wird; es besitzt einen gewissen Zusatz, der es angenehm trinken läßt und besonders bei Kopf- und Magenleiden zuträglich macht. Das Bad ist berühmt und man ist dort glänzend in sehr bequemen Wohnungen aufgehoben, wie man uns sagt, gleichwie in Baden.

Der Winter rückte jedoch zu nahe heran und außerdem hätte uns die Reise dorthin in eine unserem Ziel ganz entgegengesetzte Richtung geführt, auch hätten wir auf dem Rückweg wieder durch Augsburg kommen müssen: und der Herr von Montaigne vermied es so viel wie möglich, denselben Weg zweimal zu machen. Ich hinterließ ein Schild mit dem Wappen des Herrn von Montaigne, das vorn auf der Tür unseres Zimmers angebracht wurde; es war sehr gut gemalt und kostete mich zwei Taler an den Maler und zwanzig Sous an den Schreiner.

Die Stadt liegt am Lechfluß, *Lycus.*

Lobspruch und
Kurtze poetische Beschreibung der
weitberhümbten Keyserlichen freyen Reichß-
Statt Augspurg in Schwaben

Durch
Salomonem Franzelium von Breßlaw / Key-
serlichen gecrönten Poeten / in einem la-
teinischen Carmine beschrieben / vnd in
grosser Anzahl stattlicher Geschlechter /
vnd viel ansehenlicher gelehrter Leuth zu
Augspurg / im Hewmonat deß 1585. Jhars /
öffentlichen declamieret.
Jetzo in liebliche teutsche Reimen ge-
bracht / Durch Teuc. Annaeum Priuatum C.
Poeseos Studiosum, Anno 1595.

(. . .) So jrgend wo ist eine Statt /
Der Gott verliehen hat Genad /
So jrgend wo ein Regiment /
Besteht auff gutem Fundament /
So eine Statt in guter Rhu /
An Wolfahrt nimpt noch täglich zu.
Auch so auff einem guten Grundt /
Jemals ein Statt arbawet stund /
Ja so ein Statt ohn arge list /
Zu rhümen vnd zuloben ist.

Fürwar ist Augspurg eben die /
Der lob soll währen je vnd je.
Ihr werthen Burger wolgeacht /
Wer hat so selig euch gemacht?
Daß euch so grosses Glück vnd Heyl /
Bescheret ist auff allen theil.
Wenn jhr nur ewren eigen Standt
Erkennet / wie er sey gewandt.
O Augspurg selig manichfalt /
Dein eigen lob in Ehren halt.
Bedenk dich wol / vnd schaff dir Rhu /
Kein Vnglück füg dir selbsten zu.

187

Daß es nicht vber dich geh auf /
Geratest so in manchen Strauß.
Vergesse nicht wie Gott der HERR /
Dir alles Glück vnd Heyl bescher.
Ja wie er dich zu jeder Zeit /
Vor Vnfall/Noth vnd Hertzeleyd /
So väterlich beschirmet hat /
Durch seine Güt vnd trewen Rath (. . .)
(. . .) Vest haltet bey einander Trew /
Zusammen trettet ohne schew.
Was einer nimpt in seinen Muth /
Das halt der ander auch für gut.
Dann wo zu dienet Reichthumb sunst /
Viel Silber / Golt / vnd grosse Kunst /
Gestalt so schön / Gericht vnd Recht.
Ein herrlich altes gut Geschlecht.
Wo nicht ist Fried vnd Einigkeit /
Da sich vermehret Haß vnd Neidt.
Darumb der Frieden jeder Zeit /
Bewahre dich für allem Leydt /
Vnd mach dich selig immerfort /
Hie zeitlich vnd dann ewig dort.
Diß wündsch ich dir gantz offenbar /
Augspurg du schöne Statt fürwar.
Der ich dein Herrligkeit befandt /
Vnd spüre selbst dein trewe Handt.
Nach dem ich prüfet alles das /
Vnd mir ein grosses Wunder was.

Dein Lob wirdt bleiben jmmerdar /
Vnd ob zu handen käm Gefahr.
Geb Gott die Ehr / das ist die Summ /
So geht dirs wol gantz vmb vnd vmb.
Dein Trew vnd Glauben halt in Ehren /
So wirdt der Frieden dich ernehren.
Viel gute Lehr / manch edle Kunst /
Sich vben wirdt durch deine Gunst.
Dein Schulen werden nemmen zu /
Die Kirchen stehn in guter Rhu.

Fahr jmmerfort du werthe Statt /
In deinen Händeln früe vnd spaat.
Auffrichtig / redlich vnd darbey /
Fürsichtig vnd voll Tugend sey.
Dem Frommen vnd Gottsförchtigen /
Dem Armen vnd dem Dürfftigen.
Biet deine Handt / halt jhn bey Ehren /
Vnd steh jhm bey / wirdt ers begeren.
Dir ist ein Rhumb darvon bereyt /
Bist herrlich vberall beschreit.
Ja dein in aller Ewigkeit /
Gedenckt man löblich weit vnd breit.

All Lob vnd Ehr soll dein allein /
O Jesu lieber HERRE seyn.

Max Fuchs
Der Baumeister von Augsburg

An einem Freitage des Monats November 1614 herrschte wie gewöhnlich auf dem Markte vor dem Rathhause der alten Reichsstadt Augsburg ein reges Leben. Von Nah und Fern hatten die Be-
wohner des Landes die Erzeugnisse des Feldes, der Gärten, der
Viehzucht in die Stadt gebracht und die Städter handelten und
feilschten um die Waaren der Landleute, da ihnen der Preis jedenfalls zu hoch erschien, zuletzt aber immer zu einem befriedigen-
den Resultate führte, denn lange vor Mittagszeit leerte sich der
Platz und die leeren Körbe der Verkäufer bewiesen, daß sie ihre
Waaren in Eier und Schmalz, in Gänsen und Hühnern, in Butter
und allerlei nothwendigen Bedürfnissen doch an den Mann oder
besser gesagt, an die Frauen angebracht hatten, da diese sich nicht
nehmen ließen, die Einkäufe für den Haushalt selber zu besorgen
und die Männer dazumal ihren Geschäften nachgingen und nicht
wie alte Weiber auf dem Markt herumstanden. Doch Alle, welche
auf dem Markte zu kaufen oder sonst etwas zu thun hatten oder
welche gerade Geschäfte halber über den Platz gehen mußten, es
mochten Männer oder Frauen, Knaben oder Mädchen sein,
wandten ihre Blicke zu dem alten Perlachthurme hinauf, sie
mochten nun den hohen Weg durch die Weißmalergasse entlang

oder den Perlachberg herauf, vom Heumarkte oder die Weinstrasse herabkommen, die große Neugierde war der Thurm und mancher alter behäbige Bürger schüttelte mißbilligend den Kopf oder eine korpulente Bürgersfrau brummte ein Paar Worte für sich hin, welche darauf hinausgingen, daß der Rath wieder einmal zu viel Geld habe und nicht wisse, was er damit anfangen solle.

Der Grund dieser Neugierde aber war folgender:

Auf dem schon ziemlich hohen Thurme gerade da, wo sich die Glocken befanden, war einige Tage zuvor ein Gerüst aufgeschlagen worden, zu welchem die nöthigen Balken und Bretter 4–600 Schuh an langen Seilen hinaufgezogen worden waren. Emsig arbeiteten Zimmerleute und Maurer und in der kurzen Zeit von ein paar Tagen stand das Gerüst fix und fertig da.

Der weise Rath der Reichsstadt hatte nämlich beschlossen, den Perlachthurm um etliche 20 Schuh erhöhen zu lassen, einestheils um einen Überblick über die ganze Stadt bei einer ausbrechenden Feuersgefahr zu haben, anderntheils aber um in den unruhigen Zeiten und bei der drohenden Kriegsgefahr große Rundschau über die umliegende Gegend zu haben und somit einen unvermutheten Überfall der Feinde frühzeitig genug zu gewahren und ihm entgegentreten zu können.

An diesem Freitage nun war Alles so weit vollendet, daß mit dem Abbruche der Thurmspitze begonnen werden konnte, die Hauptaufmerksamkeit der Augsburger war aber auf den Knopf mit der Wetterfahne gerichtet, denn vielerlei wurde davon erzählt. Es stellte die Fahne das sitzende Bild einer Frauensperson vor und die Meinungen waren darüber sehr getheilt, wer und was sie eigentlich sei. Die Gelehrten behaupten, es sei das Bild der heidnischen Göttin Cisa, welche in den urältesten Zeiten von den alten Vindeliziern in einem heiligen Haine an der Stelle des Thurmes verehrt wurde. Die andern Minderwissenden, wozu der größte Theil des Volkes gehörte, war der festen Überzeugung, es sei das Bild der Hexe, welche den Hunnenführer Attila durch ihr Erscheinen von den Ufern des Lech's vertrieb und so die Stadt vor der Zerstörung rettete. Die Neugierde war daher groß, den Gegenstand des Streites nun einmal genau in der Nähe besehen zu können, denn der Knopf mit der Fahne mußte vom Thurme heruntergelassen werden, um frisch vergoldet und hergerichtet nach Beendigung des Baues wieder seine alte Stelle, nur etwas höher, einzunehmen (...)

(. . .) Doch noch ein zweites hartes Stück Arbeit stand bevor. Die große Glocke des alten Rathhauses mußte, wohl 45 Zentner schwer, hinaufgeschafft werden. So hatte der Rath es dem Baumeister befohlen. Holl erschrak nicht vor der schweren Aufgabe, er hatte einen sinnreichen Zug hiezu erfunden und als Alles fertig war, lud er die beiden Stadtpfleger Jakob Rembold und Hieronymus Imhoff, sowie den ganzen Rath der Stadt ein, dem seltenen Schauspiele beizuwohnen. Von der Bürgerstube aus betrachteten die weisen Herren die mühevolle Arbeit. Bartholomäus Welser war selbst auf den Thurm gestiegen, um in der Nähe bei seinem Freunde zu sein. Der Platz unten war wieder dicht gedrängt mit Zuschauern. Da gab Holl das Zeichen und höher und höher schwebte die Glocke und als sie unter dem Beifallsrufen des Volkes ihr hohes Ziel erreichte und Holl sie mit der Windenstange an ihren Platz brachte, ertönte ihm lautes Bravo von der Bürgerstube entgegen.

Als Alles fertig war, sprach Welser zu Holl: »Nun laßt die Arbeit ruhen, Holl, und geht mit mir auf die Bürgerstube, so hat mir der Stadtpfleger Rembold befohlen, Ihr sollt Eure Anerkennung und Euren Dank persönlich vom Rathe entgegennehmen.«

Holl ordnete noch Einiges und stieg mit Welser den Thurm herab. Als die Beiden in der Bürgerstube anlangten, trat der Stadtpfleger Jakob Rembold auf Holl zu und reichte ihm den kunstreich gearbeiteten Pokal mit edlem Weine gefüllt. »Dem Verdienste seinen Lohn«, sprach er zu Holl. »Ihr habt heute Euch wirklich als den sinnigen Meister bewährt, dem wir zu großem Danke verpflichtet sind, darum nehmt diesen Ehrentrunk, den ich Euch im Namen des Rathes hiemit biete und seid versichert, Meister Holl, daß der Rath nach Vollendung des Baues sich Euch noch in anderer Weise dankbar zeigen wird.«

Holl war von dieser freundlichen Anrede tief ergriffen. Er nahm den Pokal, dankte mit wenigen, aber herzlichen Worten und trank auf das Wohl der Rathsherren, dem Gedeihen Augsburgs und der glücklichen Vollendung des Baues. Lange unterhielten sich die Rathsherren mit dem Baumeister, sie erkundigten sich genau nach Allem, was den schwierigen Bau anbetraf und besonders war es der Rathsherr Johann Fugger, der das größte Interesse an den Tag legte und Holl versprach, als er ihm seinen Lieblingsplan, den Rathhausbau auseinandersetzte, nach allen seinen Kräften mitzuwirken, daß seine Wünsche in Erfüllung gehen sollten.

Vergnügt und freudig eilte Holl nach Hause und erzählte seinem Weib und seinen Kindern die große Ehre, die ihm heute zu Theil wurde.

Nach einigen Wochen angestrengten Fleißes konnte Holl dem Rathe die frohe Kunde bringen, daß der Thurm vollendet und er bereit sei, die letzte Hand an das Werk, die Aufsetzung des Thurmknopfes mit dem Bilde der Göttin Cisa zu legen. Der Stadtpfleger Rembold, dem er diese Mittheilung machte, beschloß, mit dem ganzen Rathe diesem merkwürdigen Ereignisse beizuwohnen und zwar auf der Höhe des Thurmes selbst. Und der Tag kam. Holl, festlich gekleidet, schritt an der Seite seines Weibes und seines kleinen vierjährigen Sohnes Elias die Treppen des Thurmes hinan.

»Du wirst doch nicht auf Deinem Vorsatze beharren,« sprach ängstlich sein Weib Margarethe, »und den kleinen Elias bis zum Knopfe mitnehmen, ich bitte Dich, Vater, schon der Gedanke daran macht mich zittern, wie leicht könnte dem Kinde ein Unglück begegnen.«

»Es steht unter meinem Schutz, Weib«, sprach Holl, »oder glaubst Du, ich liebe ihn weniger als Du und werde nicht mit Vatersorge über ihn wachen? Sei nicht kleinmüthig und zaghaft, der Knabe soll sich schon früh an den Anblick der Gefahr gewöhnen, soll er einst ein rechter Mann werden.«

»Aber Vater«, erwiderte die besorgte Mutter, »er ist doch noch zu klein, und was willst Du denn eigentlich mit ihm da oben?«

»Das wirst Du später erfahren«, lautete die bestimmte Antwort Holl's. »Doch hier sind wir in der Glockenstube, Du wirst nicht höher hinauf wollen, darum bleibe hier, bis das Werk vollbracht ist.«

Elias bei der Hand nehmend, stieg er mit demselben vollends hinauf, von seinen Gesellen mit freudigem Gruße empfangen. Nicht lange darauf erschienen die Rathsherren in vollem Rathskleide, Jakob Rembold an der Spitze, begleitet von den drei Bauherren des Rathes: Bartholomäus Welser, Constantinus Imhoff und Wolfgang Paller. Als sie erschienen waren, wurden sie mit einem stürmischen Hoch empfangen, in das das dicht gedrängte Volk auf dem Marktplatze jubelnd einstimmte.

Der kleine Elias schmiegte sich an Welser an. »Da oben sieht man weit,« meinte er, »da möchte ich immer bleiben, wenn der Vater auch oben bleibt.«

»Fürchtetst Du Dich denn nicht, Elias?« fragte Welser den Knaben. »Ach, warum nicht gar«, war des Knaben Antwort, »wer wird sich denn fürchten, der Vater fürchtet sich ja auch nicht. Die Mutter meinte wohl, ich sei zu klein da hinauf und weinte, allein ich wäre doch nicht bei ihr geblieben, wenn es auch der Vater gewollt hätte.«

Holl hatte inzwischen den reich vergoldeten Knopf an seine Stelle gesetzt und rief den Knaben zu sich. Elias eilte zu seinem Vater, der ihn in die Höhe hob und zu den Rathsherren sprach: »Erlaubt mir, edle und wohlweise Herren, Euch ein Schauspiel zu zeigen, das wohl so schnell Keiner mehr mir nachthun wird. Meinen Sohn Elias setze ich in diesen Knopf und decke ihn zu und ihr werdet sehen, daß mein Bube ohne Furcht darin aushalten wird, bis ich ihn wieder herausnehme.«

»Aber Holl, was wollt Ihr thun«, riefen erschrocken der Stadtpfleger Rembold und Welser fast zu gleicher Zeit. »Wenn der Knabe Schaden nehmen würde, wir könnten das, so es unter unsern Augen geschieht, nicht zugeben.«

»Fürchtet nichts, edle Herren«, beschwichtigte Holl, »es wird ihm kein Haar gekrümmt. Nicht wahr, Elias, Du bleibst ruhig in dem Knopfe sitzen und fürchtest Dich nicht?«

»Ach, warum nicht gar, Vater, fürchten?« antwortete keck der Knabe. »Setz' mich nur hinein, da bin ich höher, wie Ihr alle.«

Holl hob den Knaben in die Höhe und setzte ihn in den Knopf und deckte ihn zu. Das Volk brach in ein lautes Beifallsgeschrei aus, das auf der Höhe des Thurmes wie das ferne Brausen des Windes erklang. Eine Viertelstunde mußte der Knabe aushalten, dann hob ihn Holl heraus und als der kleine Elias gerade auf den Marktplatz hinabsah und die Menge der Zuschauer erblickte, sprach er: »Siehe Vater, wie viele Buben sind da drunten auf der Straße.« Alle Anwesenden lachten über die naive Rede des Knaben.

Holl vollendete nun den Bau, indem er gleich darauf die Fahne auf den Knopf setzte und als sie sich wieder lustig im Winde drehte, erscholl von den Arbeitern weithintönender Jubel, der den Schluß des ohne alle Unfall glücklich vollendeten Baues verkündete. Holl aber schwang sich an der Fahnenstange empor, ließ sich ein Gläschen mit Wein reichen und leerte es auf das Wohl der anwesenden Rathsherren, welche staunend zu dem kühnen Meister emporblickten.

»Wahrlich«, meinte Welser zu Rembold, »das ist wohl der höchste

Trunk, den Holl jemals gethan und auch thun wird.«

Die Rathsherren verließen nun den Perlachthurm, auch der kleine Elias mit seiner Mutter eilte lustig die schmalen Treppen herab und als er auf der Straße stand und zu der schwindelnden Höhe emporblickte, sprach er zu seiner Mutter: »Da droben ist es doch viel schöner, wie da unten.«

Am Abende wurde Holl vor den versammelten Rath beschieden. Der Stadtpfleger Rembold übergab ihm als Belohnung einen silbernen Becher mit 100 neugemünzten Goldgulden gefüllt, als den Dank des Rathes und der Stadt für den gelungenen Bau und versprach dem erfreuten Holl, ihn jederzeit als den tüchtigsten Baumeister der Stadt zu ehren und zu schätzen.

Bertolt Brecht
Der Augsburger Kreidekreis

Zu der Zeit des Dreißigjährigen Krieges besaß ein Schweizer Protestant namens Zingli eine große Gerberei mit einer Lederhandlung in der freien Reichsstadt Augsburg am Lech. Er war mit einer Augsburgerin verheiratet und hatte ein Kind mit ihr. Als die Katholischen auf die Stadt zumarschierten, rieten ihm seine Freunde dringend zur Flucht, aber, sei es, daß die kleine Familie ihn hielt, sei es, daß er seine Gerberei nicht im Stich lassen wollte, er konnte sich jedenfalls nicht entschließen, beizeiten wegzureisen.

So war er noch in der Stadt, als die kaiserlichen Truppen sie stürmten, und als am Abend geplündert wurde, versteckte er sich in einer Grube im Hof, wo die Farben aufbewahrt wurden. Seine Frau sollte mit dem Kind zu ihren Verwandten in die Vorstadt ziehen, aber sie hielt sich zu lange damit auf, ihre Sachen, Kleider, Schmuck und Betten zu packen, und so sah sie plötzlich, von einem Fenster des ersten Stockes aus, eine Rotte kaiserlicher Soldaten in den Hof dringen. Außer sich vor Schrecken ließ sie alles stehen und liegen und rannte durch eine Hintertür aus dem Anwesen.

So blieb das Kind im Hause zurück. Es lag in der großen Diele in seiner Wiege und spielte mit einem Holzball, der an einer Schnur von der Decke hing.

Nur eine junge Magd war noch im Hause. Sie hantierte in der Küche mit dem Kupferzeug, als sie Lärm von der Gasse her hörte.

Ans Fenster stürzend, sah sie, wie aus dem ersten Stock des Hauses gegenüber von Soldaten allerhand Beutestücke auf die Gasse geworfen wurden. Sie lief in die Diele und wollte eben das Kind aus der Wiege nehmen, als sie das Geräusch schwerer Schläge gegen die eichene Haustür hörte. Sie wurde von Panik ergriffen und rannte die Treppe hinauf.

Die Diele füllte sich mit betrunkenen Soldaten, die alles kurz und klein schlugen. Sie wußten, daß sie sich im Haus eines Protestanten befanden. Wie durch ein Wunder blieb bei der Durchsuchung und Plünderung Anna, die Magd, unentdeckt. Die Rotte verzog sich, und aus dem Schrank herauskletternd, in dem sie gestanden war, fand Anna auch das Kind in der Diele unversehrt. Sie nahm es hastig an sich und schlich mit ihm auf den Hof hinaus. Es war inzwischen Nacht geworden, aber der rote Schein eines in der Nähe brennenden Hauses erhellte den Hof, und entsetzt erblickte sie die übel zugerichtete Leiche des Hausherrn. Die Soldaten hatten ihn aus seiner Grube gezogen und erschlagen.

Erst jetzt wurde der Magd klar, welche Gefahr sie lief, wenn sie mit dem Kind des Protestanten auf der Straße aufgegriffen wurde. Sie legte es schweren Herzens in die Wiege zurück, gab ihm etwas Milch zu trinken, wiegte es in den Schlaf und machte sich auf den Weg in den Stadtteil, wo ihre verheiratete Schwester wohnte.

Gegen zehn Uhr nachts drängte sie sich, begleitet vom Mann ihrer Schwester, durch das Getümmel der ihren Sieg feiernden Soldaten, um in der Vorstadt Frau Zingli, die Mutter des Kindes, aufzusuchen. Sie klopften an die Tür eines mächtigen Hauses, die sich nach geraumer Zeit auch ein wenig öffnete. Ein kleiner alter Mann, Frau Zinglis Onkel, steckte den Kopf heraus. Anna berichtete atemlos, daß Herr Zingli tot, das Kind aber unversehrt im Haus sei. Der Alte sah sie kalt aus fischigen Augen an und sagte, seine Nichte sei nicht mehr da, und er selber habe mit dem Protestantenbankert nichts zu schaffen. Damit machte er die Tür wieder zu. Im Weggehen sah Annas Schwager, wie sich ein Vorhang in einem der Fenster bewegte, und er gewann die Überzeugung, daß Frau Zingli da war. Sie schämte sich anscheinend nicht, ihr Kind zu verleugnen.

Eine Zeitlang gingen Anna und ihr Schwager schweigend nebeneinander her. Dann erklärte sie ihm, daß sie in die Gerberei zurück und das Kind holen wolle. Der Schwager, ein ruhiger, ordentlicher Mann, hörte sie erschrocken an und suchte ihr die gefährliche Idee auszureden. Was hatte sie mit diesen Leuten zu tun? Sie war nicht einmal anständig behandelt worden.

Anna hörte ihm still zu und versprach ihm, nichts Unvernünftiges zu tun. Jedoch wollte sie unbedingt noch schnell in die Gerberei schauen, ob dem Kind nichts fehle. Und sie wollte allein gehen. Sie setzte ihren Willen durch. Mitten in der zerstörten Halle lag das Kind ruhig in seiner Wiege und schlief. Anna setzt sich müde zu ihm und betrachtete es. Sie hatte nicht gewagt, ein Licht anzuzünden, aber das Haus in der Nähe brannte immer noch, und bei diesem Licht konnte sie das Kind ganz gut sehen. Es hatte einen winzigen Leberfleck am Hälschen.

Als die Magd einige Zeit, vielleicht eine Stunde, zugesehen hatte, wie das Kind atmete und an seiner kleinen Faust saugte, erkannte sie, daß sie zu lange gesessen und zu viel gesehen hatte, um noch ohne das Kind weggehen zu können. Sie stand schwerfällig auf, und mit langsamen Bewegungen hüllte sie es in die Leinendecke, hob es auf den Arm und verließ mit ihm den Hof, sich scheu umschauend, wie eine Person mit schlechtem Gewissen, eine Diebin.

Sie brachte das Kind, nach langen Beratungen mit Schwester und Schwager, zwei Wochen darauf aufs Land in das Dorf Großaitingen, wo ihr älterer Bruder Bauer war. Der Bauernhof gehörte der Frau, er hatte nur eingeheiratet. Es war ausgemacht worden, daß sie es vielleicht nur dem Bruder sagen sollte, wer das Kind war, denn sie hatten die junge Bäuerin nie zu Gesicht bekommen und wußten nicht, wie sie einen so gefährlichen kleinen Gast aufnehmen würde.

Anna kam gegen Mittag im Dorf an. Ihr Bruder, seine Frau und das Gesinde saßen beim Mittagessen. Sie wurde nicht schlecht empfangen, aber ein Blick auf ihre neue Schwägerin veranlaßte sie, das Kind sogleich als ihr eigenes vorzustellen. Erst nachdem sie erzählt hatte, daß ihr Mann in einem entfernten Dorf eine Stellung in einer Mühle habe und sie dort mit dem Kind in ein paar Wochen erwarte, taute die Bäuerin auf, und das Kind wurde gebührend bewundert.

Nachmittags begleitete sie ihren Bruder ins Gehölz, Holz sammeln. Sie setzten sich auf Baumstümpfe, und Anna schenkte ihm reinen Wein ein. Sie konnte sehen, daß ihm nicht wohl in seiner Haut war. Seine Stellung auf dem Hof war noch nicht gefestigt, und er lobte Anna sehr, daß sie seiner Frau gegenüber den Mund gehalten hatte. Es war klar, daß er seiner jungen Frau keine besonders großzügige Haltung gegenüber dem Protestantenkind zutraute. Er wollte, daß die Täuschung aufrechterhalten wurde. Das war nun auf die Länge nicht leicht.

Anna arbeitete bei der Ernte mit und pflegte »ihr« Kind zwischendurch, immer wieder vom Feld nach Hause laufend, wenn die andern ausruhten. Der Kleine gedieh und wurde sogar dick, lachte, so oft er Anna sah, und suchte kräftig den Kopf zu heben. Aber dann kam der Winter, und die Schwägerin begann sich nach Annas Mann zu erkundigen.

Es sprach nichts dagegen, daß Anna auf dem Hof blieb, sie konnte sich immer nützlich machen. Das schlimme war, daß die Nachbarn sich über den Vater von Annas Jungen wunderten, weil der nie kam, nach ihm zu sehen. Wenn sie keinen Vater für ihr Kind zeigen konnte, mußte der Hof bald ins Gerede kommen.

An einem Sonntagmorgen spannte der Bauer an und hieß Anna laut mitkommen, ein Kalb in einem Nachbardorf abzuholen. Auf dem ratternden Fahrzeug teilte er ihr mit, daß er für sie einen Mann gesucht und gefunden hätte. Es war ein todkranker Häusler, der kaum den ausgemergelten Kopf vom schmierigen Laken heben konnte, als die beiden in seiner niedrigen Hütte standen.

Er war willig, Anna zu ehelichen. Am Kopfende des Lagers stand eine gelbhäutige Alte, seine Mutter. Sie sollte ein Entgelt für den Dienst, der Anna erwiesen wurde, bekommen.

Das Geschäft war in zehn Minuten ausgehandelt, und Anna und ihr Bruder konnten weiterfahren und ihr Kalb erstehen. Die Verehelichung fand Ende derselben Woche statt. Während der Pfarrer die Trauungsformel murmelte, wandte der Kranke nicht ein einziges Mal den glasigen Blick auf Anna. Ihr Bruder zweifelte nicht, daß sie den Totenschein in wenigen Tagen haben würden. Dann war Annas Mann und Kindsvater auf dem Weg zu ihr in einem Dorf bei Augsburg irgendwie gestorben, und niemand würde sich wundern, wenn die Witwe im Haus ihres Bruder bleiben würde.

Anna kam froh von ihrer seltsamen Hochzeit zurück, auf der es weder Kirchenglocken noch Blechmusik, weder Jungfern noch Gäste gegeben hatte. Sie verzehrte als Hochzeitsschmaus ein Stück Brot mit einer Scheibe Speck in der Speisekammer und trat mit ihrem Bruder dann vor die Kiste, in der das Kind lag, das jetzt einen Namen hatte. Sie stopfte das Laken fester und lachte ihren

Bruder an. Der Totenschein ließ allerdings auf sich warten.

Es kam weder die nächste noch die übernächste Woche Bescheid von der Alten. Anna hatte auf dem Hof erzählt, daß ihr Mann jetzt auf dem Weg zu ihr sei. Sie sagte nunmehr, wenn man sie fragte, wo er bliebe, der tiefe Schnee mache wohl die Reise beschwerlich. Aber nachdem weitere drei Wochen vergangen waren, fuhr ihr Bruder doch, ernstlich beunruhigt, in das Dorf bei Augsburg. Er kam spät in der Nacht zurück. Anna war noch auf und lief zur Tür, als sie das Fuhrwerk auf den Hof knarren hörte. Sie sah, wie langsam der Bauer ausspannte, und ihr Herz krampfte sich zusammen.

Er brachte üble Nachricht. In die Hütte tretend, hatte er den Todgeweihten beim Abendessen am Tisch sitzend vorgefunden, in Hemdsärmeln, mit beiden Backen kauend. Er war wieder völlig gesundet.

Der Bruder sah Anna nicht ins Gesicht, als er weiter berichtete. Der Häusler, er hieß übrigens Otterer, und seine Mutter schienen über die Wendung ebenfalls überrascht und waren wohl noch zu keinem Entschluß gekommen, was zu geschehen hätte. Otterer habe keinen unangenehmen Eindruck gemacht. Er hatte wenig gesprochen, jedoch einmal seine Mutter, als sie darüber jammern wollte, daß er nun ein ungewünschtes Weib und ein fremdes Kind auf dem Hals habe, zum Schweigen verwiesen. Er aß bedächtig seine Käsespeise weiter während der Unterhaltung und aß noch, als der Bauer wegging.

Die nächsten Tage war Anna natürlich sehr bekümmert. Zwischen ihrer Hausarbeit lehrte sie den Jungen gehen. Wenn er den Spinnrocken losließ und mit ausgestreckten Ärmchen auf sie zugewackelt kam, unterdrückte sie ein trockenes Schluchzen und umklammerte ihn fest, wenn sie ihn auffing.

Einmal fragte sie ihren Bruder: Was ist er für einer? Sie hatte ihn nur auf dem Sterbebett gesehen und nur abends, beim Schein einer schwachen Kerze. Jetzt erfuhr sie, daß ihr Mann ein abgearbeiteter Fünfziger sei, »halt so, wie ein Häusler ist«. Bald darauf sah sie ihn. Ein Hausierer hatte ihr mit einem großen Aufwand an Heimlichkeit ausgerichtet, daß »ein gewisser Bekannter« sie an dem und dem Tag zu der und der Stunde bei dem und dem Dorf, da wo der Fußweg nach Landsberg abgeht, treffen wolle. So begegneten die Verehelichten sich zwischen ihren Dörfern wie die antiken Feldherren zwischen ihren Schlachtreihen, im offenen Gelände, das vom Schnee bedeckt war.

Der Mann gefiel Anna nicht.

Er hatte kleine graue Zähne, sah sie von oben bis unten an, obwohl sie in einem dicken Schafspelz steckte und nicht viel zu sehen war, und gebrauchte dann die Wörter »Sakrament der Ehe«. Sie sagte ihm kurz, sie müsse sich alles noch überlegen, bat ihn aber, er möchte ihr durch irgendeinen Händler oder Schlächter, der durch Großaitingen kam, vor ihrer Schwägerin ausrichten lassen, er werde jetzt bald kommen und sei nur auf dem Weg erkrankt.

Otterer nickte in seiner bedächtigen Weise. Er war über einen Kopf größer als sie und blickte immer auf ihre linke Halsseite beim Reden, was sie aufbrachte.

Die Botschaft kam aber nicht, und Anna ging mit dem Gedanken um, mit dem Kind einfach vom Hof zu gehen und weiter südwärts, etwa in Kempten oder Sonthofen, eine Stellung zu suchen. Nur die Unsicherheit der Landstraßen, über die viel geredet wurde, und daß es mitten im Winter war, hielt sie zurück.

Der Aufenthalt auf dem Hof wurde nachgerade schwierig. Die Schwägerin stellte am Mittagstisch vor allem Gesinde mißtrauische Fragen nach ihrem Mann. Als sie einmal sogar, mit falschem Mitleid auf das Kind sehend, laut »armes Wurm« sagte, beschloß Anna, doch zu gehen, aber da wurde das Kind krank.

Es lag unruhig mit hochrotem Kopf und trüben Augen in seiner Kiste, und Anna wachte ganze Nächte über ihm in Angst und Hoffnung. Als es sich wieder auf dem Wege zur Besserung befand und sein Lächeln zurückgefunden hatte, wurde eines Vormittags an die Tür geklopft, und herein trat Otterer.

Es war niemand außer Anna und dem Kind in der Stube, so daß sie sich nicht verstellen mußte, was ihr bei ihrem Schrecken auch wohl unmöglich gewesen wäre. Sie standen eine gute Weile wortlos, dann äußerte Otterer, er habe die Sache seinerseits überlegt und sei gekommen, sie zu holen. Er erwähnte wieder das Sakrament der Ehe.

Anna wurde böse. Mit fester, wenn auch unterdrückter Stimme sagte sie dem Mann, sie denke nicht daran, mit ihm zu leben, sie sei die Ehe nur eingegangen ihres Kindes wegen und wolle von ihm nichts, als daß er ihr und dem Kind seinen Namen gebe.

Otterer blickte, als sie von dem Kind sprach, flüchtig nach der Richtung der Kiste, in der es lag und brabbelte, trat aber nicht hinzu. Das nahm Anna noch mehr gegen ihn ein.

Er ließ ein paar Redensarten fallen: sie solle sich alles noch einmal überlegen, bei ihm sei Schmalhans Küchenmeister, und seine Mutter könne in der Küche schlafen. Dann kam die Bäuerin herein, begrüßte ihn neugierig und lud ihn zum Mittagessen. Den Bauern begrüßte er, schon am Teller sitzend, mit einem nachlässigen Kopfnicken, weder vortäuschend, er kenne ihn nicht, noch verratend, daß er ihn kannte. Auf die Fragen der Bäuerin antwortete er einsilbig und seine Blicke nicht vom Teller erhebend, er habe in Mering eine Stelle gefunden, und Anna könne zu im ziehen. Jedoch sagte er nichts mehr davon, daß dies gleich sein müsse.

Am Nachmittag vermied er die Gesellschaft des Bauern und hackte hinter dem Haus Holz, wozu ihn niemand aufgefordert hatte. Nach dem Abendessen, an dem er wieder schweigend teilnahm, trug die Bäuerin selber ein Deckbett in Annas Kammer, damit er dort übernachten konnte, aber da stand er merkwürdigerweise schwerfällig auf und murmelte, daß er noch am selben Abend zurück müsse. Bevor er ging, starrte er mit abwesendem Blick in die Kiste mit dem Kind, sagte aber nichts und rührte es nicht an.

In der Nacht wurde Anna krank und verfiel in ein Fieber, das wochenlang dauerte. Die meiste Zeit lag sie teilnahmslos, nur ein paarmal gegen Morgen, wenn das Fieber etwas nachließ, kroch sie zu der Kiste mit dem Kind und stopfte die Decke zurecht.

In der vierten Woche ihrer Krankheit fuhr Otterer mit einem Leiterwagen auf dem Hof vor und holte sie und das Kind ab. Sie ließ es wortlos geschehen.

Nur sehr langsam kam sie wieder zu Kräften, kein Wunder bei den dünnen Suppen in der Häuslerhütte. Aber eines Morgens sah sie, wie schmutzig das Kind gehalten war, und stand entschlossen auf. Der Kleine empfing sie mit einem freundlichen Lächeln, von dem ihr Bruder immer behauptet hatte, er habe es von ihr. Er war gewachsen und kroch mit unglaublicher Geschwindigkeit in der Kammer herum, mit den Händen aufpatschend und kleine Schreie ausstoßend, wenn er auf das Gesicht niederfiel. Sie wusch ihn in einem Holzzuber und gewann ihre Zuversicht zurück.

Schon nach wenigen Tagen freilich konnte sie das Leben mit Otterer nicht mehr aushalten. Sie wickelte den Kleinen in ein paar Decken, steckte ein Brot und etwas Käse ein und lief weg.

Sie hatte vor, nach Sonthofen zu kommen, kam aber nicht weit.

Sie war noch recht schwach auf den Beinen, die Landstraße lag unter der Schneeschmelze, und die Leute in den Dörfern waren durch den Krieg sehr mißtrauisch und geizig geworden. Am dritten Tag ihrer Wanderung verstauchte sie sich den Fuß in einem Straßengraben und wurde nach vielen Stunden, in denen sie um das Kind bangte, auf einen Hof gebracht, wo sie im Stall liegen mußte. Der Kleine kroch zwischen den Beinen der Kühe herum und lachte nur, wenn sie ängstlich aufschrie. Am Ende mußte sie den Leuten des Hofs den Namen ihres Mannes sagen, und er holte sie wieder nach Mering.

Von nun an machte sie keinen Fluchtversuch mehr und nahm ihr Los hin. Sie arbeitete hart. Es war schwer, aus dem kleinen Acker etwas herauszuholen und die winzige Wirtschaft in Gang zu halten. Jedoch war der Mann nicht unfreundlich zu ihr, und der Kleine wurde satt. Auch kam ihr Bruder mitunter herüber und brachte dies und jenes als Präsent, und einmal konnte sie dem Kleinen sogar ein Röcklein rot einfärben lassen. Das, dachte sie, mußte dem Kind eines Färbers gut stehen.

Mit der Zeit wurde sie ganz zufrieden gestimmt und erlebte viele Freude bei der Erziehung des Kleinen. So verging das Jahr.

Aber eines Tages ging sie ins Dorf Sirup holen, und als sie zurückkehrte, war das Kind nicht in der Hütte, und ihr Mann berichtete ihr, daß eine feingekleidete Frau in einer Kutsche vorgefahren sei und das Kind geholt habe. Sie taumelte an die Wand vor Entsetzen, und am selben Abend noch machte sie sich, nur ein Bündel mit Eßbarem tragend, auf den Weg nach Augsburg.

Ihr erster Gang in der Reichsstadt war zur Gerberei. Sie wurde nicht vorgelassen und bekam das Kind nicht zu sehen.

Schwester und Schwager versuchten vergebens, ihr Trost zuzureden. Sie lief zu den Behörden und schrie außer sich, man habe ihr Kind gestohlen. Sie ging so weit, anzudeuten, daß Protestanten ihr Kind gestohlen hätten. Sie erfuhr daraufhin, daß jetzt andere Zeiten herrschten und zwischen Katholiken und Protestanten Friede geschlossen worden sei.

Sie hätte kaum etwas ausgerichtet, wenn ihr nicht ein besonderer Glücksumstand zu Hilfe gekommen wäre. Ihre Rechtssache wurde an einen Richter verwiesen, der ein ganz besonderer Mann war.

Es war das der Richter Ignaz Dollinger, in ganz Schwaben berühmt wegen seiner Grobheit und Gelehrsamkeit, vom Kurfürsten von Bayern, mit dem er einen Rechtsstreit der freien Reichsstadt ausgetragen hatte, »dieser lateinische Mistbauer« getauft, vom niedrigen Volk aber in einer langen Moritat löblich besungen.

Von Schwester und Schwager begleitet kam Anna vor ihn. Der kurze, aber ungemein fleischige alte Mann saß in einer winzigen kahlen Stube zwischen Stößen von Pergamenten und hörte sie nur ganz kurz an. Dann schrieb er etwas auf ein Blatt, brummte: »Tritt dorthin, aber mach schnell!« und dirigierte sie mit seiner kleinen plumpen Hand an eine Stelle des Raums, auf die durch das schmale Fenster das Licht fiel. Für einige Minuten sah er genau ihr Gesicht an, dann winkte er sie mit einem Stoßseufzer weg.

Am nächsten Tag ließ er sie durch einen Gerichtsdiener holen und schrie sie, als sie noch auf der Schwelle stand, an: »Warum hast du keinen Ton davon gesagt, daß es um eine Gerberei mit einem pfundigen Anwesen geht?«

Anna sagte verstockt, daß es ihr um das Kind gehe.

»Bild dir nicht ein, daß du die Gerberei schnappen kannst«, schrie der Richter. »Wenn der Bankert wirklich deiner ist, fällt das Anwesen an die Verwandten von dem Zingli.«

Anna nickte, ohne ihn anzuschauen. Dann sagte sie: »Er braucht die Gerberei nicht.«

»Ist er deiner?« bellte der Richter.

»Ja«, sagte sie leise. »Wenn ich ihn nur so lange behalten dürfte, bis er alle Wörter kann. Er weiß erst sieben.«

Der Richter hustete und ordnete die Pergamente auf seinem Tisch. Dann sagte er ruhiger, aber immer noch in ärgerlichem Ton: »Du willst den Knirps, und die Ziege da mit ihren fünf Seidenröcken will ihn. Aber er braucht die rechte Mutter.«

»Ja«, sagte Anna und sah den Richter an.

»Verschwind«, brummte er. »Am Samstag halt ich Gericht.«

An diesem Samstag war die Hauptstadt und der Platz vor dem Rathaus am Perlachturm schwarz von Menschen, die dem Prozeß um das »Protestantenkind« beiwohnen wollten. Der sonderbare Fall hatte von Anfang an viel Aufsehen erregt, und in Wohnungen und Wirtshäusern wurde darüber gestritten, wer die echte und wer die falsche Mutter war. Auch war der alte Dollinger weit und breit berühmt wegen seiner volkstümlichen Prozesse mit ihren bissigen Redensarten und Weisheitssprüchen. Seine Verhandlungen waren beliebter als Plärrer und Kirchweih.

So stauten sich vor dem Rathaus nicht nur viele Augsburger; auch nicht wenige Bauersleute der Umgegend waren da. Freitag war Markttag, und sie hatten in Erwartung des Prozesses in der Stadt übernachtet.

Der Saal, in dem der Richter Dollinger verhandelte, war der sogenannte Goldene Saal. Er war berühmt als einziger Saal von dieser Größe in Deutschland, der keine Säulen hatte; die Decke war an Ketten im Dachfirst aufgehängt.

Der Richter Dollinger saß, ein kleiner runder Fleischberg, vor dem geschlossenen Erztor der einen Längswand. Ein gewöhnliches Seil trennte die Zuhörer ab. Aber der Richter saß auf ebenem Boden und hatte keinen Tisch vor sich. Er hatte selber vor Jahren diese Anordnung getroffen; er hielt viel von Aufmachung.

Anwesend innerhalb des abgeseilten Raums waren Frau Zingli mit ihrem Onkel, die zugereisten Schweizer Verwandten des verstorbenen Herrn Zingli, zwei gutgekleidete würdige Männer, aussehend wie wohlbestallte Kaufleute, und Anna Otterer mit ihrer Schwester. Neben Frau Zingli sah man eine Amme mit dem Kind. Alle, Parteien und Zeugen, standen. Der Richter Dollinger pflegte zu sagen, daß die Verhandlungen kürzer ausfielen, wenn die Beteiligten stehen müßten. Aber vielleicht ließ er sie auch nur stehen, damit sie ihn vor dem Publikum verdeckten, so daß man den Richter höchstens sah, wenn man sich auf die Fußzehen stellte und den Hals ausrenkte.

Zu Beginn der Verhandlung kam es zu einem Zwischenfall. Als Anna das Kind erblickte, stieß sie einen Schrei aus und trat vor, und das Kind wollte zu ihr, strampelte heftig in den Armen der Amme und fing an zu brüllen. Der Richter ließ es aus dem Saal bringen.

Dann rief er Frau Zingli auf.

Sie kam vorgerauscht und schilderte, ab und zu ein Sacktüchlein an die Augen lüftend, wie bei der Plünderung die kaiserlichen Soldaten ihr das Kind entrissen hätten. Noch in derselben Nacht war die Magd in das Haus ihres Onkels gekommen und hatte berichtet, das Kind sei noch im Haus, wahrscheinlich in Erwartung eines Trinkgelds. Eine Köchin ihres Onkels habe jedoch, in die Gerberei geschickt, das Kind nicht vorgefunden, und sie nehme an, die Person (sie deutete auf Anna) habe sich seiner bemächtigt, um irgendwie Geld erpressen zu können. Sie wäre wohl auch über kurz oder lang mit solchen Forderungen hervorgekommen, wenn man ihr nicht zuvor das Kind abgenommen hätte.

Der Richter Dollinger rief die beiden Verwandten des Herrn Zingli auf und fragte sie, ob sie sich damals nach Herrn Zingli erkundigt hätten und was ihnen von Frau Zingli erzählt worden sei.

Sie sagten aus, Frau Zingli habe sie wissen lassen, ihr Mann sei erschlagen worden, und das Kind habe sie einer Magd anvertraut, bei der es in guter Hut sei. Sie sprachen sehr unfreundlich von ihr, was allerdings kein Wunder war, denn das Anwesen fiel an sie, wenn der Prozeß für Frau Zingli verlorenging.

Nach ihrer Aussage wandte sich der Richter wieder an Frau Zingli und wollte von ihr wissen, ob sie nicht einfach bei dem Überfall damals den Kopf verloren und das Kind im Stich gelassen habe. Frau Zingli sah ihn mit ihren blassen blauen Augen wie verwundert an und sagte gekränkt, sie habe ihr Kind nicht im Stich gelassen.

Der Richter Dollinger räusperte sich und fragte sie interessiert, ob sie glaube, daß keine Mutter ihr Kind im Stich lassen könnte.

Ja, das glaube sie, sagte sie fest.

Ob sie denn glaube, fragte der Richter weiter, daß einer Mutter, die es doch tue, der Hintern verhauen werden müßte, gleichgültig, wie viele Röcke sie darüber trage?

Frau Zingli gab keine Antwort, und der Richter rief die frühere Magd Anna auf. Sie trat schnell vor und wiederholte mit leiser Stimme, was sie schon bei der Voruntersuchung gesagt hatte. Sie redete aber, als ob sie zugleich horchte, und ab und zu blickte sie nach der großen Tür, hinter die man das Kind gebracht hatte, als fürchtete sie, daß es immer noch schreie.

Sie sagte aus, sie sei zwar in jener Nacht zum Haus von Frau Zinglis Onkel gegangen, dann aber nicht in die Gerberei zurückgekehrt, aus Furcht vor den Kaiserlichen und weil sie Sorgen um ihr eigenes, lediges Kind gehabt habe, das bei guten Leuten im Nachbarort Lechhausen untergebracht gewesen sei.

Der alte Dollinger unterbrach sie grob und schnappte, es habe also zumindest eine Person in der Stadt gegeben, die so etwas wie Furcht verspürt habe. Er freue sich, das feststellen zu können, denn es beweise, daß eben zumindest eine Person damals einige Vernunft besessen habe. Schön sei es allerdings von der Zeugin nicht gewesen, daß sie sich nur um ihr eigenes Kind gekümmert habe, andererseits aber heiße es ja im Volksmund, Blut sei dicker

204

als Wasser, und was eine rechte Mutter sei, die gehe auch stehlen für ihr Kind, das sei aber vom Gesetz streng verboten, denn Eigentum sei Eigentum, und wer stehle, der lüge auch, und lügen sei ebenfalls vom Gesetz verboten. Und dann hielt er eine seiner weisen und derben Lektionen über die Abgefeimtheit der Menschen, die das Gericht anschwindelten, bis sie blau im Gesicht seien, und nach einem kleinen Abstecher über die Bauern, die die Milch unschuldiger Kühe mit Wasser verpanschten, und den Magistrat der Stadt, der zu hohe Marktsteuern von den Bauern nehme, der überhaupt nichts mit dem Prozeß zu tun hatte, verkündigte er, daß die Zeugenaussage geschlossen sei und nichts ergeben habe.

Dann machte er eine lange Pause und zeigte alle Anzeichen der Ratlosigkeit, sich umblickend, als erwarte er von irgendeiner Seite her einen Vorschlag, wie man zu einem Schluß kommen könnte. Die Leute sahen sich verblüfft an, und einige reckten die Hälse, um einen Blick auf den hilflosen Richter zu erwischen. Es blieb aber sehr still im Saal, nur von der Straße herauf konnte man die Menge hören.

Dann ergriff der Richter wieder seufzend das Wort.

»Es ist nicht festgestellt worden, wer die rechte Mutter ist«, sagte er. »Das Kind ist zu bedauern. Man hat schon gehört, daß die Väter sich oft drücken und nicht die Väter sein wollen, die Schufte, aber hier melden sich gleich zwei Mütter. Der Gerichtshof hat ihnen so lange zugehört, wie sie es verdienen, nämlich einer jeden geschlagene fünf Minuten, und der Gerichtshof ist zu der Überzeugung gelangt, daß beide wie gedruckt lügen. Nun ist aber, wie gesagt, auch noch das Kind zu bedenken, das eine Mutter haben muß. Man muß also, ohne auf bloßes Geschwätz einzugehen, feststellen, wer die rechte Mutter des Kindes ist.«

Und mit ärgerlicher Stimme rief er den Gerichtsdiener und befahl ihm, eine Kreide zu holen.

Der Gerichtsdiener ging und brachte ein Stück Kreide.

»Zieh mit der Kreide da auf dem Fußboden einen Kreis, in dem drei Personen stehen können«, wies ihn der Richter an.

Der Gerichtsdiener kniete nieder und zog mit der Kreide den gewünschten Kreis.

»Jetzt bring das Kind«, befahl der Richter.

Das Kind wurde hereingebracht. Es fing wieder an zu heulen und wollte zu Anna. Der alte Dollinger kümmerte sich nicht um das Geplärr und hielt seine Ansprache nur in etwas lauterem Ton.

»Diese Probe, die jetzt vorgenommen werden wird«, verkündete er, »habe ich in einem alten Buch gefunden, und sie gilt als recht gut. Der einfache Grundgedanke der Probe mit dem Kreidekreis ist, daß die rechte Mutter an ihrer Liebe zum Kind erkannt wird. Also muß die Stärke dieser Liebe zum Kind erprobt werden. Gerichtsdiener, stell das Kind in diesen Kreidekreis!«

Der Gerichtsdiener nahm das plärrende Kind von der Hand der Amme und führte es in den Kreis. Der Richter fuhr fort, sich an Frau Zingli und Anna wendend:

»Stellt auch ihr euch in den Kreidekreis, faßt jede eine Hand des Kindes, und wenn ich ›los‹ sage, dann bemüht euch, das Kind aus dem Kreis zu ziehen. Die von euch die stärkere Liebe hat, wird auch mit der größeren Kraft ziehen und so das Kind auf ihre Seite bringen.«

Im Saal war es unruhig geworden. Die Zuschauer stellten sich auf die Fußspitzen und stritten sich mit den vor ihnen Stehenden.

Es wurde aber wieder totenstill, als die beiden Frauen in den Kreis traten und jede eine Hand des Kindes faßte. Auch das Kind war verstummt, als ahnte es, um was es ging. Es hielt sein tränenüberströmtes Gesichtchen zu Anna emporgewendet. Dann kommandierte der Richter »los«.

Und mit einem einzigen heftigen Ruck riß Frau Zingli das Kind aus dem Kreidekreis. Verstört und ungläubig sah Anna ihm nach. Aus Furcht, es könne Schaden erleiden, wenn es an beiden Ärmchen zugleich in zwei Richtungen gezogen würde, hatte sie es sogleich losgelassen.

Der alte Dollinger stand auf.

»Und somit wissen wir«, sagte er laut, »wer die rechte Mutter ist. Nehmt der Schlampe das Kind weg. Sie würde es kalten Herzens in Stücke reißen.« Und er nickte Anna zu und ging schnell aus dem Saal, zu seinem Frühstück.

Und in den nächsten Wochen erzählten sich die Bauern der Umgebung, die nicht auf den Kopf gefallen waren, daß der Richter, als er der Frau aus Mering das Kind zusprach, mit den Augen gezwinkert habe.

Alexander von Gleichen-Russwurm
Gustav Adolf auf dem Ball

Mehr ängstlich, denn erfreut war die Stimmung in der goldenen Stadt Augsburg, als König Gustav Adolf von Schweden triumphierenden Einzug hielt. Stand auch ein großer Teil der Einwohner auf protestantischer Seite, und fürchteten sie Tillys Reichstruppen sowie die Gewaltherrschaft des bayerischen Kurfürsten mehr wie den Schweden, es waren immerhin fremde Soldaten, die sich in Häusern breitmachten, und denen ein übler Ruf vorausging. Nürnbergs Schicksal, dessen Rat dem schwedischen Sieger trotz aller geheuchelten Liebe ein tüchtiges Stück Geld in die gierig ausgestreckte Siegerfaust drücken mußte, lastete auf den Gemütern, und es wollte keine rechte Stimmung aufkommen, als die Ratsherren des abends im Stadthaus mit dem Gaste beim Becher saßen, und die Humpen weidlich geschwungen wurden.
Der König war ein schöner, stolzer Mann. Er war 38 Jahre alt und gewillt, das Leben in vollen Zügen auszukosten. »Man soll keine Gottesgabe verschmähen!« rief er aus und trank. Dann setzte er den Becher hin und sah in die Runde. »Mich deucht, der Saal wäre lustiger, wenn die Weiber kämen, wo sind Eure Damen, Ihr Herren?«
Es kam Bewegung in die verängstigten Gesichter. Festgepränge verlangte der König, das konnte man leisten. So schlug der Bürgermeister der freien Stadt für den folgenden Abend einen »Geschlechtertanz« vor und fand begeisterte Zustimmung bei den Schweden. Sie wollten tanzen nach den Entbehrungen des Feldzugs und selbst beurteilen, ob die Augsburger Frauen wirklich so schön seien, wie das Gerücht von ihnen behauptete.
Am andern Morgen gingen die Ratsboten von Patrizierhaus zu Patrizierhaus, den Tanz anzusagen. In den Gemächern der Frauen löste die Kunde Freude und Geschäftigkeit aus, die Jungherren fürchteten aber, die Schweden möchten ihnen die Herzen der Schönen abspenstig machen, und besonders Junker Jobst, der die liebliche Jakobäa Lauberin hofierte, hätte am liebsten gesehen, wenn sich die Jungfer das Vergnügen versagen würde. Doch sie lachte ihn aus und meinte schnippisch, sie sei Manns genug, sich ihrer Unschuld zu wehren.
So kam der Nachmittag des Fests, der große Saal füllte sich, auf der Treppe standen die Fanfarenbläser, den König zu empfangen,

und im Saal warteten die Frauen und Jungfrauen, nach der neuen Venezianer Mode gar prächtig gekleidet, dem König bei seinem Eintritt die große »Reverence« zu machen, wie sie ihnen der italienische Tanzmeister beigebracht.

Junker Jobst sah mit eifersüchtigen Augen nach der schönen Jakobäe, die sich ein wenig vordrängte und gar lieblich anzusehen war in rosig schillerndem Brokat mit eingewirkten, silbernen Blumen. Er merkte mit Schrecken, daß Gustav Adolf die Lauberin wohlgefällig betrachtete und lächelnd einige Worte seinem Nachbarn zuflüsterte, als er an ihr vorüberging.

Nach kurzer Begrüßung beginnt der Tanz. Pflichtgemäß führt der König die stattliche Frau Bürgermeisterin zum ersten Reigen, dann aber befiehlt er die Jungfer Lauberin zur freien Runde. Es war ein schönes Paar, der hochgewachsene Schwede mit der breiten Brust, über die ein prächtiger Brabanter Spitzenkragen fiel und das schlanke, liebliche, anmutige Mädchen, dessen knospenhafte Schönheit sich vertrauensvoll in die Arme des vielbewunderten Siegers lehnte. Alles staunte das Paar an, doch bald wirbelte um die Beiden, was jung und lebendig den Tanz begehrte, und im Gedränge bemerkte niemand, daß Gustav Adolf die Lauberin in einen stillen Erker entführte, wo er versuchte, sie mit heftiger Zärtlichkeit an sich zu pressen.

Doch kräftig stemmt sich die Jungfer wider sein Koller, und ihre Finger fahren in den schönen Brabanter Spitzenkragen, daß ein breiter Riß sich klaffend darin zeigt. Der König weicht zurück, Junker Jobst erscheint am Erker, und mit großer Geistesgegenwart sagt die Jungfer: »Holt mir Nadel und Faden, Junker. Seiner Majestät Kragen ist hängen geblieben und zerrissen.«

Galant reicht Gustav Adolf der Jungfer die Fingerspitzen und führt sie in den Saal zurück.

Als sich am andern Morgen nach unruhigem Schlaf die Lauberin erhob, brachte ihr die Kammerfrau ein Kästchen, das ein schwedischer Kurier im Auftrag des Königs für sie abgegeben. Ängstlich löst sie die Schnüre. Gustav Adolfs Profil in Wachs geformt, ein Schmuckstück in (. . .) dem zerrissenen Spitzenkragen mit einem Zettel, worauf steht: »Zu dauerndem Gedenken.«

Ein Jahr später war der König bei Lützen gefallen, und die Lauberin mit Junker Jobst vermählt. Der Spitzenkragen hing unter Glas und Rahmen an der Wand: Durch Generationen ein Symbol treuer Liebe.

Alexander Schöppner
Jakobine Lauber

Wie flammt der Kerzen goldner Strahl
Zu Augsburg in dem hohen Saal!
Herr Gustav Adolf lud zum Tanz
Der edlen Frauen schönen Kranz.

Und alles harrt, und alles spannt,
Wen heut erkürt des Königs Hand;
Wer wird die Hochbeglückte sein,
Die sich des Ruhmes soll erfreun?

Sieh dort im Erker zart und fein
Ein allerliebstes Jungfräulein;
Wie strahlt ihr Auge sonnenklar,
Wie wallt ihr goldnes Lockenhaar!

Des Königs Blick erspähet bald
Der schönen Jungfrau Wohlgestalt;
Er grüßet sie gar lieb und fein
Und lädt zum Tanze gnädig ein.

Und wonnetrunken schwebt' er hin
Mit seiner holden Tänzerin.
Wie schlug sein Herz so liebewarm,
Da er sie hielt in seinem Arm.

Gar süßer Worte fand er viel
Verlockend zu der Minne Spiel,
Denn immer höher stieg die Glut,
Und immer heißer ward sein Blut.

Gemach, Herr König – nicht so leicht
Wird Eurer Wünsche Ziel erreicht;
Noch blüht in Augsburg wundersam
Das seltne Blümlein: Deutsche Scham.

Herr Gustav glüht von heißer Lust,
Zu drücken sie an seine Brust;
Doch heldenmütig wehret sein,
Das tugendsame Mägdelein.

Und wie der König sie bedrängt,
Der Jungfrau zarter Finger fängt
In Gustavs Spitzenkragen sich,
Der so zerriß gar jämmerlich.

Darob erstaunt der König sehr
Und heget fürder kein Begehr,
Zu kühlen seiner Minne Glut
An solcher Tugend Heldenmut.

Des Tags darauf ward übersandt
Der Kragen von des Königs Hand,
Dazu gar kostbares Gestein,
Der keuschen Sitte Lohn zu sein.

Und fragt ihr nach der Schönen Nam',
Die also keusch und tugendsam:
Hieß Jakobine Lauberin,
Des Schwedenkönigs Siegerin.

Wieviel der Spitzenkrägelein
Von unsern heut'gen Jungfräulein
Zerrissen werden grausamlich? –
Die Antwort find't von selber sich.

Sage
Der steinerne Mann zu Augsburg

Es war um die Zeit von November Anno 1634 bis März des Jahres 1635, als der bayrische Generalfeldmarschall von Wahl die Stadt Augsburg, welche von den Schweden unter Johann Georg aus dem Winkel besetzt war, belagerte. Von Tag zu Tage stieg die Noth in der bedrängten Stadt. Der kleine Vorrath von Lebensmitteln war in Kurzem aufgezehrt, so daß bereits viele Menschen dem sichern Hungertode entgegensahen. Das konnte natürlich den Belagerern nicht unbekannt bleiben, und in der That baute der feindliche General darauf seine Hoffnung baldiger Übergabe. In solcher Bedrängniß kam ein braver Bäckermeister Namens *Konrad Hackher* auf folgenden Einfall. Er nahm einen stattlichen Laib Brod, ging auf der Stadtmauer spazieren und zeigte ihn lustig und singend den vor den Wällen gelagerten Feinden. Darob geriethen die Soldaten, so sich dessen gar nicht versehen hatten, in Wuth und richteten alsobald eine Feldschlange nach dem Verwegenen. Leider traf die Kugel und riß dem Braven den Arm mit dem Brodlaibe weg, so daß er wenige Tage darnach verschied. Seine Mitbürger aber ließen zum Andenken einen steinernen Mann mit einem Laib Brode aufstellen, wie solcher noch heutiges Tags am untern Graben in Augsburg zu sehen ist.

Heinrich Zschokke
Hungersnoth, Seuchen, Kugel und Schwerd

Der Tag bei Nördlingen rettete Baiern und das gesammte deutsche Hochland, von der Gewalt des unmenschlichen Feindes, welcher, an die pommerischen Küsten zurückgetrieben, selbst von den Sachsen verlassen ward, die lang und treu an seiner Seite gefochten hatten.
Nur in Augsburg hielt sich der schwedische Befehlshaber Hans Georg aus dem Winkel mit schauderhafter Standhaftigkeit. Der Kurfürst ließ die Stadt von seinem Oberst Wahl umzingeln und sperrte sieben Monden lang, bis Hungersnoth und Seuchen entsetzlicher, als Kugel und Schwerd mordeten. Man schoß den Vogel aus der Luft, welcher zur Stadt flog, Bauern, welche heimlich Lebensmittel einbringen wollten, wurden an den nächsten Baum

gehenkt: Kindern Nase und Ohren abgeschnitten. Als drinnen alle gewöhnliche Nahrung verzehrt war, verkaufte man auf öffentlichen Fleischbänken von Pferden, Hunden, Katzen. Den Armen wurde auch dies zu köstlich[247]; sie kochten Leder; speiseten Ratzen und Mäuse. Der wütende Reiz des Hungers vertilgte zuletzt den Schauer vor faulendem Aas, und die Gier verschmähte das Fleisch menschlicher Leichname nicht. Es wandelten lebendige Gerippe in verblichener Menschengestalt auf den Gassen und priesen das Glück der Todten. Manchen Tag starben hundert und mehr jedes Alters. Die unbegrabenen Leichen in Häusern und Straßen verpesteten die Luft. Unbeklagt starb der Vater unter verschmachteten Kindern; und die Mutter legte ohne Thräne den verhungerten Säugling von der Brust in die Erde. Als bei sechszigtausend Menschen umgekommen[248], und die Soldaten zu matt waren, auf den Wällen zu kämpfen, übergab der Schwede die Stadt[249].

Die Thore wurden geöffnet. Baiern und Kaiserliche zogen ein; mit ihnen neues Unglück der Gemeinde durch Entfesselung des Glaubenshasses, welchen selbst die Größe des allgemeinen Leidens nicht versöhnt hatte. Die Lutherischen wurden nun wieder aus Rath und Ämtern verstoßen; aller Kirchen beraubt; entwaffnet. Millionen hatte der Aufenthalt der Schweden gekostet. Achtzigtausend Gulden begehrte nun Kurfürst Maximilian für den Aufwand der Belagerung; hunderttausend als Strafe von der Stadt; zweimal hunderttausend der Kaiser. Viele Tonnen Goldes erforderte die Einlagerung und Pflege der baierischen und kaiserlichen Völker[250]. Alle diese Zahlungen, Plagen und Kosten wurden den Häusern lutherischer Bürger zugewendet. Die getreuen Freunde des Papstthums feierten in ihrer Stadt den Sieg desselben mit glaubenstückischer Sättigung ihres Eigennutzes.

---

247) Ein halbes Nösel Pferdeblut kostete 10 Kreuzer.
248) »Da der Zeit, als der König in Schweden sich der Stadt bemächtigt, gegen 80 000 Menschen zu Augsburg gewesen, nunmehro kaum 18 000 übrig geblieben.« Stetten Gesch. v. Augsb. 2, 369. Die Augsburgischen Jahrbücher stimmen in der Schilderung des Elends zusammen, und melden, daß man auch Eltern gefunden, die ihre gestorbenen Kinder verzehrten.
249) Den 18. März 1635.
250) Nur vom 28. März bis 23. May 1634 kostete die Verpflegung nur der Soldaten 85 144 fl. 14 kr. P. v. Stetten.

Es vergingen die reichen Handlungen. Die Gewerbe starben ab. Prachtvolle Palläste wurden Wohnsitze des Kummers; kostbare Kunstsammlungen für Geld und Brod verschleudert. Weiland habliche Haushaltungen bettelten, oder zogen weinend aus den Thoren der Vaterstadt hinweg. Das Elend war groß; des Elendes Gipfel aber der Menschen Ruchlosigkeit. Zwischen verlassenen oder zertrümmerten Häusern erscholl das freche Jauchzen der obsiegenden Parthei; das Geräusch schwelgerischer Zechgelage über den Gräbern der Tausende. Hartherzige Ueppigkeit erneute die wilden Gastmale einer glücklichern Zeit; und zu hunderten aß man wieder an Hochzeittischen[251]. Gefühllos spottend sahen die Christen römischer Kirche vierzehn Jahre lang ihre lutherischen Mitbürger auf den Gassen Gottesdienst halten, und den Pfarrer aus dem Fenster eines Hauses predigen, weil sie keinen eigenen Tempel besaßen, noch Vermögen genug, solchen zu bauen.

In denselben Tagen war ganz Baiern, wenn auch vom Feinde geräumt, die Bühne unerhörten Jammers. Das Schwerd würgte nicht mehr; nun aber die pestilenzische Seuche, das Kind der Kriegesschrecken. Ein frostiges Schütteln bei innerer Fieberglut mit Kopfweh ergriff und ermattete, neben verschiedenen Blutergießungen, die Menschen. Dann traten, als Vorboten des Todes, Pestflecken und Beulen an den Leibern hervor. Das Uebel war schnell und heftig; kein Mittel rettete; alle Vorsicht schirmte nicht gegen Ansteckung[252].

251) An einem Tage fand man 350 Augsburger zechend auf dem sogenannten baierischen Jägerhäuslein beisammen. P. v. Stetten. Der Rath erließ mehrere Verbote des wüsten Treibens. Er bewirkte damit nichts denn erzwungenen Schein der Ehrbarkeit ohne ehrbaren Sinn.
252) Diese Krankheit äußerte ihre Verheerung schon im J. 1632, am gewaltigsten in den J. 1634 und 1635. Im Spätjahr war die Seuche immer am gemeinsten; im Frühling und Sommer starb fast niemand daran. Sutner S. 43.

Matthäus Merian – Martin Zeiller
Es ligt diese Statt auff einem lustigen Bühel

Es ligt diese Statt auff einem lustigen Bühel, hat gegen Orient über den Lech das Bayrische Stättlein Friedberg, gegen Mittag die Algäuische Alpen und das Stättlein Landsperg, gegen Mitternacht die Thonau und gegen der Sonnen Nidergang stößt sie an die Marggraffschaft Burgau, und endet sich zu Augspurg das Schwabenland, darinn sie noch ligen thut. Hat eine freye heilsame Lufft und ist der Boden herumb gar eben und fruchtbar an allerhand Früchten, jedoch ohne Weinwachs. Hat umb und umb eine weitschweifige Weyd, ein feyst lettict Erdreich, lustige Felder, zum Gevögel und anderem Wildpret bequem, mit den schönesten Försten umbgeben. Es wird diese Gegend ringsumb mit lustigen fliessenden Bächen von lauteren und klaren Brunnenwassern begossen, mit den schönesten Gärten und Lußthäusern darinnen gezieret.

Diese der Licatier Vindelicier Haupt-Statt, so Licatiorum Damasia vor Zeiten geheissen, haben die Römer eyngenommen und hieher ein Coloniam (oder Römisch erbauende Menge) 12 Jahr, zween Monate und siebenundzwantzig Tag vor Christi Geburt geführt. Und bekame sie vom Kayser Augusto den Namen Augustae.

Was den Teutschen Nahmen anbetrifft, so ist auß dem Augusta und Burg mit der Zeit Augspurg worden, so soviel als Augusti Statt heisset. Und ist denckwürdig, daß auß unzählbaren Stätten, welche deß Kaysers Augusti Nahmen hin und wieder in der Welt bekommen und für andern berühmbt gewesen, fast allein diese einige Statt noch übrig ist, so ihren Namen in so viel hundert Jahren nicht verändert hat.

Es führet die Statt zum Wappen eine Pine, Trauben oder Apfel, und ist zu vermuthen, weiln diese Landsart spitzige Nußbäume als Dannen, Fiechten, Fohren und Lerchenbäum hat, dessen zu gedencken eine dergleichen Frucht in das Statt-Wapen kommen seye.

Sie ist, von der oben gemelten Colonia an zu rechnen, ungefehr fünffhundert und fünffzig Jahr in der Römer und Gothen Gewalt gewesen, von denen sie unter der Francken Beherrschung kommen, biß daß das Römische Reich auff die Teutschen Kayser gelangen, unter denen folgends diese Statt unter denen von ihnen gesetzten und belehneten Hertzogen in Schwaben gewesen ist, biß sie sich von dem letzten Conradino mit vilem Gelt frey gemacht und von den Kaysern hernach herrliche Privilegien erlanget hat. Von weltlichen Gebäuen ist sonderlich das gewaltige Rathhauß zu besichtigen, so man Anno 1616 zu bauen angefangen, dessen Säl und Zimmer auffs Stattlichst und über die massen zier- und köstlich erbauet und zugerichtet seyn. Und stehet bey diesem Rathhauß der künstliche Perlachthurn, so sonderliche Anzeig gewisser Jahreszeiten gibt, bey dreihundert Staffeln hoch ist, und man die Statt davon wol besichtigen kann. Und von diesem Thurn wird der Platz, darauff das Rathhauß stehet, der Perlach und insgemein Perle genant, von dessen Worts Ursprung theils meynen, er werde darumb der Berlach genant, die weiln vorzeiten Bären allda auffzogen worden, wie noch etliche alte Gemälde außweisen.

7.
Mein Herr Marchese! Empfindsame Reise in eine galante Zeit

Paul von Stetten d. Jüngere
Abschieds-Rede des Zirbel-Baumes zu Hammel im Monat October 1761 am Tage seiner Umhauung

Erhabne Väter! unsrer Stadt,
Hochedler und Hochweiser Rath!
Gott kröne Euer Regimente
Mit neuem Segens Heil, Er wende
Euch aller Bürger Herzen zu!
Daß Wohl und Eintracht, Fried und Ruh,
Gehorsam, Liebe, Pflicht und Treue,
Bey allen täglich sich erneue,
O! möchte diese Wonne-Lust
Recht bald in Eurer edlen Brust,
Erlebten Frevels Angedenken
Tief in Vergessenheit versencken.
Vergeßt, vergebet, und verzeiht,
Voll Großmuth, Huld und Gütigkeit,
Der schwachen irrendes Vergehen
Nur Bösewichtern mag geschehen
Daß sie verdiente Strafe lohnt,
Wo man voll Mitleid, Schwache schont.
Gott laß Euch lang beglückt regieren,
Des Staates-Ruder weislich führen,
Bey allen Stürmen dieser Zeit,
Wo manche Widerwärtigkeit
Erschwert die Regiments-Geschäfte.
Er schenck Euch Geist und Leibes Kräfte,
Und schütze Euch durch Seine Macht,
Da Ihr für Augsburgs Wohlfahrt wacht,
Vor jedem widrigen Geschicke
Es schwinge sich in Ruh und Glücke
Mit Dero edlen Häuser Flor
Das allgemeine Wohl empor.

Und hier an meines Wunsches Ende
Erlaubt, daß ich an euch mich wende,
Ihr Bürger Augsburgs! Möchtet ihr
Euch immerhin vereint mit mir
Mit unabläßigem Bestreben
Dem Staat zu nützen Mühe geben,
Daß Ihr die Herzen dahin lenkt,
Daß jeder gut und billig denckt,
Nicht dem, der Wort und Sinn verdrehet,
Und tadelt, was er nicht verstehet;
Verführeren sein Ohr nie leiht
Die Haß und Zwietracht, Zank und Streit,
Und Unzufriedenheit verbreiten,
Indem sie alles mißzudeuten
Und zu verfälschen sich bemühn,
Nur Gift aus allen Blumen ziehn,
Um Herzen damit anzustecken,
Verdacht und Mißtraun zu erwecken,
Bey Obrigkeit und Bürgerschaft.
Auf! laßt uns mit vereinter Kraft
Der Bosheit Trug und List zernichten,
Dieß fordern treuer Bürger Pflichten,
Nehmt Ordnung und Gesetz in Schutz,
Und biethet jedem Frevel Trutz,
Wann wir gemeine Sache machen,
Für Ruh und Sicherheit zu wachen.

Ihr, die ihr euch noch Theils bethört,
Theils boshaft, wo ihr könnt, empört,
Laßt euch durch Bitten und Ermahnen
Den Weg zur Rückkehr warnend bahnen,
Eh euch die Strafe übereilt
Und den verdienten Lohn ertheilt,
Den euer eigenes Gewissen
Euch selbst wird anzukünden wissen.
Bebt ihr nicht vor euch selbst zurück,
Wann ihr mit einem einz'gen Blick

Auf die verheertn Länder sehet,
Worin des Aufruhrs Fahne wehet?
Wo Mord und Raubsucht, Blut und Tod,
Verwüstung, Mangel, Hungersnoth,
Fast stündlich weiter um sich greifen,
Verzweiflung, Noth und Elend häufen.
Seht die unseelgen Folgen an,
Die zügelloser Freyheits Wahn
Vermag so schrecklich anzurichten,
Und kehrt demnach zu euren Pflichten
Gebessert, reuevoll zurück!
Dieß ist der Weg zu eurem Glück,
Auf solchem machet ihr behende
Dem Unfug ein erwünschtes Ende.

Giacomo Casanova/Chevalier de Seingalt
Das Spiel von Liebe und Zufall

*Casanova hält sich insgesamt dreimal in Augsburg auf. 1761 besucht er Neapel, Rom, Florenz, Modena und Parma. Von Mitte März bis Mitte Mai bleibt er in Turin. Von dort reist er in diplomatischer Mission über Chambéry, Lyon, Paris, Châlons, Strasbourg und München nach Augsburg, wo er von Ende August bis Mitte Dezember bleibt. Über Konstanz und Basel kehrt er nach Paris zurück ...
Ende Januar 1767 wird Casanova aus Wien verwiesen. Er reist nach Augsburg, Schwetzingen, Mannheim, Mainz, Köln nach Spa, wo er sich vom 1. August bis Ende September aufhält. Er kehrt Anfang Oktober nach Paris zurück. Ein lettre de cachet Ludwigs XV. zwingt ihn, am 19. November nach Spanien abzureisen ...
1783 hält sich Casanova ein drittes Mal in Augsburg auf.*

Die hier geschilderten Ereignisse beziehen sich auf das Jahr 1761

(. . .) In Augsburg angekommen, kehrten wir im Gasthof »Zu den Drei Mohren« ein. Der Wirt versprach uns zwar ein gutes Mittagessen, kündigte uns jedoch an, daß er uns nicht unterbringen könne, weil der französische Gesandte bereits das ganze Haus belegt habe. Ich bat ihn, mir den Bankier Carli zu holen, für den ich einen Kreditbrief von Zappata in Turin hatte; dieser verschaffte mir sogleich ein hübsches möbliertes Haus mit einem Garten, das ich für sechs Monate mietete, und das ganz nach dem Geschmack der Renaud war (...)

(...) In meinem hübschen Haus in Augsburg legte ich mich gleich zu Bett und beschloß, es erst dann zu verlassen, wenn ich gestorben oder aber von dem mich quälenden Gift befreit war. Mein Bankier Carli, den ich um einen Besuch gebeten hatte, empfahl mir einen gewissen Kephalides, einen Schüler des berühmten Faget, der mich mehrere Jahre zuvor in Paris von einem ähnlichen Leiden befreit hatte. Dieser Kephalides galt als der beste Arzt von Augsburg. Nachdem er meinen Zustand untersucht hatte, versicherte er mir, er werde mich durch schweißtreibende Mittel heilen, ohne zu dem leidigen chirurgischen Messer zu greifen. Er setzte mich zunächst auf allerstrengste Diät, verordnete mir Bäder und machte mir Quecksilbereinreibungen. Ich unterzog mich dieser Behandlung sechs Wochen lang; doch statt geheilt zu sein, fühlte ich mich bedeutend schlechter als zuvor. Ich war erschreckend mager geworden und hatte zwei Leistengeschwüre von ungeheurer Größe. Ich mußte mich entschließen, sie öffnen zu lassen; aber diese schmerzhafte und außerdem lebensgefährliche Operation brachte keine Linderung. In seinem Ungeschick verletzte er eine Arterie; das führte zu einer Blutung, die er nur mit vieler Mühe stillte, und die mir ohne das Einschreiten des Bologneser Arztes Algardi, der im Dienst des Fürstbischofs von Augsburg stand, den Tod gebracht hätte.

Da ich von Kephalides nichts mehr hören wollte, bereitete der Doktor Algardi in meiner Gegenwart neunzig Pillen aus achtzehn Mannakörnern. Ich nahm eine dieser Pillen am Morgen, trank nachher ein großes Glas abgerahmte Milch, eine zweite am Abend, und aß dann eine Gerstensuppe; das war meine ganze Nahrung. Diese heroische Kur gab mir in zweieinhalb Monaten, die ich unter großen Schmerzen verbrachte, meine Gesundheit wieder. Aber meine frühere Gestalt und Kraft gewann ich erst gegen Ende des Jahres zurück (...)

(...) Kaum war meine Gesundheit wieder hergestellt, vergaß ich mein ganzes vergangenes Unglück und gewann wieder Freude am Leben. Meine ausgezeichnete Köchin Annemirl, die so lange untätig gewesen war, mußte es sich zur Aufgabe machen, meinen unersättlichen Appetit zu stillen; denn drei Wochen lang wurde ich von einem gewaltigen Hunger geplagt, den ich jedoch bei meinem Temperament nötig hatte, um mein Ich in seine frühere Verfassung zu bringen. Mein Wirt, ein Kupferstecher, und seine hübsche Tochter Gertrud, die ich mit mir essen ließ, sahen mir wie erstarrt zu und befürchteten verderbliche Folgen meiner Unmäßigkeit. Der gute Doktor Algardi, der mir das Leben gerettet hatte, sagte mir eine Verdauungsstörung voraus, die mich ins Grab bringen würde; aber das Bedürfnis zu essen war stärker als seine Ermahnungen. Ich hörte nicht auf ihn und tat gut daran; denn durch das reichliche Essen gewann ich meine frühere Gesundheit zurück und fühlte mich bald imstande, dem Gott, für den ich so viel erduldet hatte, neue Opfergaben zu bringen.

Meine Köchin und Gertrud, alle beide jung und hübsch, machten mich verliebt, und da auch Dankbarkeit mit im Spiel war, gestand ich ihnen beiden zugleich meine Liebe; denn ich hatte vorausgesehen, daß ich bei einem Angriff auf jede einzelne nie zum Siege kommen würde (...)

(...) Gertrud und Annemirl sorgten für angenehme Zerstreuung während meines restlichen Aufenthaltes in Augsburg, aber sie beschäftigten mich nicht so sehr, daß ich darüber die gute Gesellschaft vernachlässigt hätte. Ich verbrachte meine Abende auf sehr anregende Weise bei dem Grafen Max von Lamberg, der als Großmarschall am Hof des Fürstbischofs weilte. Seine Gattin, eine reizende Frau, besaß alles, was eine gute und zahlreiche Gesellschaft anlocken konnte. Bei dem Grafen machte ich auch die Bekanntschaft des Baron von Sellentin, eines Rittmeisters in preußischen Diensten, der in Augsburg für seinen Herrn Rekruten anwarb. Nach dreißig Jahren sah ich ihn auf einem Landgut in der Nähe der böhmischen Grenze wieder. Was mich besonders mit dem Grafen Lamberg verband, war seine literarische Begabung. Als hervorragender und hochgebildeter Gelehrter hatte er mehrere, stark beachtete Werke veröffentlicht. Ich unterhielt mit ihm einen Briefwechsel, dem erst sein selbstverschuldeter Tod vor vier Jahren, 1792, ein Ende setzte. Ich sagte selbstverschuldet, aber ich hätte besser gesagt, durch die Schuld seiner Ärzte; denn sie behandelten eine Krankheit mit Quecksilber, an der Venus keinen Anteil hatte, und die ihm noch nach seinem Tod nur Verleumdungen eintrug.

Seine Witwe lebt noch in Bayern, geliebt von ihren Freunden und ihren Töchtern, die sie sehr gut verheiratet hat (...)

(...) Ich war gerade aufgestanden, als ich eine Vorladung erhielt, vor dem amtierenden Bürgermeister*) im Rathaus zu erscheinen. Voll Neugier, was man von mir wollte, beeilte ich mich mit dem Anziehen. Ich wußte, daß ich nichts zu fürchten hatte. Als ich mich einfand, sprach mich der Beamte auf Deutsch an; aber ich stellte mich mit Recht taub, denn ich kannte kaum genügend Worte, um die nötigsten Dinge zu verlangen. Als er meine Unkenntnis feststellte, bediente er sich des Lateins, aber nicht des ciceronianischen, sondern eines schwerfälligen, wie man es allgemein auf den deutschen Universitäten hört.

»Warum führen Sie einen falschen Namen?« fragte er.

»Mein Name ist nicht falsch. Erkundigen Sie sich darüber beim Bankier Carli, der mir fünfzigtausend Gulden ausgezahlt hat.«

»Das weiß ich, aber Sie heißen doch Casanova und nicht Seingalt; was soll dieser zweite Name?«

»Ich führe diesen Namen, oder besser gesagt, ich habe ihn angenommen, weil er der meine ist. Er gehört mir mit so vollem Recht, daß ich ihn jedem, der ihn zu tragen wagte, alle Zeit und auf jede Weise streitig machen würde.«

»Und wieso gehört Ihnen dieser Name?«

»Weil ich sein Schöpfer bin; doch das hindert nicht, daß ich auch Casanova bin.«

»Entweder der eine oder der andere; Sie können nicht zwei Namen zugleich haben.«

»Die Spanier und die Portugiesen haben oft ein halbes Dutzend.«

»Aber Sie sind weder Portugiese noch Spanier; Sie sind Italiener. Außerdem, wie kann man der Schöpfer eines Namens sein?«

»Das ist die einfachste und leichteste Sache von der Welt.«

»Erklären Sie mir das.«

»Das Alphabet ist jedermanns Eigentum; das ist unbestreitbar. Ich habe acht Buchstaben genommen und sie so zusammengestellt, daß sie das Wort Seingalt ergeben haben. Dieses neu gebildete Wort hat mir gefallen, und ich habe es zu meinem offiziellen Na-

---

*) Es dürfte sich um Franz Joseph Ignaz Rembold handeln (Bürgermeister 1761–1774)

men erwählt, in der festen Überzeugung, daß niemand es vor mir geführt hat und daher auch niemand das Recht hat, es mir streitig zu machen, geschweige denn, es ohne meine Zustimmung zu führen.«

»Das ist eine recht ausgefallene Idee, und Ihre Beweisführung ist eher trügerisch als begründet; Sie können doch nur den Namen Ihres Vaters tragen.«

»Da sind Sie, wie ich meine, im Irrtum, denn auch den Namen, den Sie selbst als Erbteil führen, hat es nicht von aller Ewigkeit her gegeben. Einer Ihrer Vorfahren mußte ihn sich ausdenken, ohne ihn von seinem Vater übernommen zu haben, außer Sie würden sich Adam nennen. Das geben Sie doch zu, Herr Bürgermeister?«

»Ich muß wohl, aber das ist mir neu.«

»Sie irren sich. Das ist keineswegs neu, sondern eine sehr alte Sache, und ich mache mich anheischig, Ihnen morgen eine Unmenge von Namen zu nennen, die sich sehr ehrenwerte und noch lebende Leute ausgedacht haben und ungestört tragen, ohne daß es jemandem einfällt, sie deshalb ins Rathaus vorzuladen und zur Rechenschaft zu ziehen, außer sie verleugnen ihn zum eigenen Nutzen und zum Schaden der Gesellschaft.«

»Aber Sie wissen doch selbst, daß es ein Gesetz gegen falsche Namen gibt?«

»Ja, gegen falsche Namen; aber ich wiederhole Ihnen, daß nichts richtiger ist als mein Name. Der Ihre, den ich achte, ohne ihn zu kennen, kann nicht richtiger sein als der meine; denn es ist möglich, daß Sie gar nicht der Sohn dessen sind, den Sie für Ihren Vater halten.«

Er lächelte, erhob sich, geleitete mich zur Tür und sagte, er werde sich über mich bei Herrn Carli erkundigen.

Ich mußte ohnedies gerade zu ihm gehen und tat es anschließend. Die Geschichte erheiterte ihn. Er sagte mir, der Bürgermeister sei Katholik, ein Ehrenmann, reich und ein wenig beschränkt, aber im ganzen eine Seele von einem Menschen, dem man alles einreden könne.

Am nächsten Morgen kam Herr Carli zum Frühstück zu mir und lud mich zum Bürgermeister ein.

»Ich habe ihn gestern besucht«, sagte er, »und eine lange Aussprache mit ihm gehabt; ich habe seine Einwände hinsichtlich Ihres Namens so erfolgreich bekämpft, daß er nun völlig Ihrer Ansicht ist.«

Ich nahm die Einladung mit Freuden an, denn ich erwartete, dort eine gute Gesellschaft vorzufinden. Ich täuschte mich nicht; ich traf dort reizende Frauen und mehrere liebenswürdige Männer. Unter ihnen entdeckte ich auch die verkleidete Dame, die ich im Theater gesehen hatte. Ich beobachtete sie während des Essens genau und überzeugte mich bald, daß ich richtig geurteilt hatte. Doch sprachen alle mit ihr, als sei sie ein Mann, und sie fiel nicht ein einziges Mal aus ihrer Rolle. Da ich mich vergnügen und nicht als Tölpel gelten wollte, setzte ich ihr höflich in scherzhaftem Ton zu, sagte ihr jedoch nur galante Dinge, wie man sie einer Frau sagt; in meinen Anspielungen und Zweideutigkeiten drückte ich, wenn schon nicht die Gewißheit, so doch mehr als meinen Zweifel über ihr Geschlecht aus. Sie tat, als merke sie nichts, und die Gesellschaft lachte zum Teil über meinen vermeintlichen Irrtum.

Nach dem Essen, beim Kaffee, zeigte der angebliche Herr einem Domherrn ein Porträt, das er als Ring gefaßt am Finger trug. Das Porträt stellte ein anwesendes Fräulein dar und war gut getroffen, eine leichte Sache bei der Häßlichkeit des Originals. Das erschütterte meine Überzeugung nicht; aber ich begann nachdenklich zu werden, als er oder sie ihr mit einer Mischung von Zärtlichkeit und Achtung die Hand küßte, und ich hörte mit meinen Scherzen auf. Herr Carli nutzte einen Augenblick, um mir zu sagen, daß dieser Herr trotz seines weiblichen Aussehens ein Mann und sogar im Begriff sei, das Fräulein zu heiraten, dem er gerade die Hand geküßt habe.

»Das mag sein«, erwiderte ich, »aber ich habe Mühe, es zu glauben.« Tatsächlich heiratete er sie während des Karnevals und erhielt eine glänzende Mitgift; aber nach kaum einem Jahr starb das genasführte Fräulein an Kummer, und erst auf dem Totenbett verriet die Arme den Grund. Ihre dummen Eltern hatten sich geschämt, so plump hereingelegt worden zu sein, hatten nichts zu sagen gewagt und die weibliche Betrügerin verschwinden lassen, die wohlweislich vorher die Mitgift in Sicherheit gebracht hatte. Die Geschichte wurde sehr bald bekannt, und noch heute lacht die gute Stadt Augsburg darüber. So kam ich dort, wenn auch ein wenig spät, in den Ruf großen Scharfsinns. (...)

(...) Ich verließ Augsburg gegen Mitte Dezember (...)

Johann Ludwig Bianconi
Mein Herr Marchese!

Mein Herr Marchese!

Wenn Sie wieder von Muenchen nach Italien gehen werden: so
bitte ich Sie, so viel als moeglich, lieber die Straße ueber Augspurg
als sonst irgendwo eine kuerzere zu nehmen, die Sie gerade nach
Tyrol fuehret. Alles wohl erwogen, bin ich gewiß, daß Sie mir fuer
diesen kleinen Umweg Dank wissen werden. Ein guter Weg, sagt
das Spruechwort, ist niemals lang. Hingegen werden Sie zur Vergeltung Augspurg, die Hauptstadt von Schwaben, eine vormalige
beruehmte Pflanzstadt Kaisers Augusts sehen; von dem sie den Namen bekommen hat, und itzo eine der schoensten Reichsstaedte
ist.

Vor Zeiten war Augspurg die vornehmste Handelsstadt von
Deutschland, ehe sich Holland noch des Handels bemaechtiget
hatte; und es hat vormals Buerger daselbst gegeben, deren Reichthuemer den Stand eines Privatmannes uebertroffen haben. Das
einzige Haus der Fugger, die nachmals Reichsgrafen geworden,
hat vielleicht mehr Reichthuemer besessen, als irgend ein ander
Privathaus in Europa. Sie werden hier viele Kirchen und Kloester
finden, die von selbigen gestiftet worden. In der Jakobsvorstadt ist
eine kleine abgesonderte Stadt, mit Mauren, Thoren, Kirche und
Markt, welche man die Fuggerey nennet; diese hat Fugger zum
Aufenthalte alter Diener und Freunde des Hauses erbauet, welche
noch heutiges Tages umsonst da wohnen. Ein so großer Gedanke
kann niemand in Sinn kommen, und von niemand ausgefuehret
werden, der nicht Schaetze im Ueberflusse hat (. . .)

(. . .) In einem Winkel des Marktes liegt ein großes Stueck alter
weißer Marmor, in Form eines Fichtenapfels, der vielleicht zum
Aufsatze irgend einer Graenzsaeule oder beruehmten Gebaeudes
gedienet: wie deren eine von verguldeten Erzte auf dem Hadriani-
schen Ehrenmaale gestanden, und den Sie itzo in dem Garten des
Vaticans gesehen haben. Von da her hat die Stadt Augspurg nachmals ihre Wappen genommen, wie Sie auf ihren Muenzen werden bemerket haben . . .

(. . .) Verschiedene Vorderwaende von Haeusern in Augspurg
sind von guten alten und neuen Meistern gemalet. Beobachten Sie
insonderheit die von Holzern, einen Maler, der vor 50 Jahren in
seiner Jugend gestorben ist, und der damals schon Wunder that.

Unter andern bemerken sie die Vorderseite des dem Kupferstecher Pfoeffel zustaendigen Hauses, wo die Fabel vom Castor und Pollux praechtig in frischem Gyps und in erhabenen Geschmacke gemalet ist. An einem andern Gasthause hat Holzer auch in frischen Kalk einen Bauerntanz in natuerlicher Groeße geschildert, welcher zeiget, wie sinnreich dieser Kuenstler in Erfindung gewesen, und was fuer ein Talent er besessen. Ich glaube nicht, daß die menschliche Einbildungskraft die schoene Natur getreulicher schildern koenne. Hier sind einige tanzende Baeurinnen schwaebisch gekleidet, und Sie sehen sie, mit den Fueßen in der Luft, deutsche Capriolen machen; so daß sie lebendig und von der Mauer abgesondert zu seyn scheinen. Es tanzen mit ihnen einige Juenglinge, die in ihren Gesichtern die Freude ihres Gemueths ueber ihr Wirthshaus, und die schoenen Gedanken unvergleichlich ausdruecken, welche an dergleichen Orten zu entstehen pflegen. Sie werden bemerket haben, daß der groeßte Theil der deutschen Baeurinnen die Roecke sehr kurz tragen, wie nach Euripids Vorgeben die spartanischen Maegdchen zu tragen pflegten: die deswegen von den Griechen die Schenkelzeigerinnen genennet wurden. Bilden Sie sich also ein, was fuer Lust und was fuer Stellungen in ihren Taenzen regieren, und das alles ist in Holzers Bilde sehr lebhaft vorgestellet.

In vorigen Zeiten ist diese Stadt das Vaterland gelehrter Leute gewesen. Conrad Peutinger, Adolph Occo, Wilhelm Xylander, Marcus Welser, Martius, Welsch, Hoeschel und so viele andre, deren Schriften Sie sonder Zweifel kennen, sind Augspurger gewesen. (. . .) Alles hat hier ein ernsthaftes Ansehen; alles schmeckt nach den alten Gewohnheiten deutscher Buerger. Man siehet hier keine Schauspiele, keine oeffentlichen Feyerlichkeiten, keine Spatziergaenge oder oeffentliche Tanzfeste. Die Schoenen, die gesehen seyn wollen, muessen in die Predigten gehen. Dem ohngeachtet, so bald Sie nicht mehr ein Fremder, und in guten Haeusern bekannt worden sind; so koennen Sie die angenehmsten Abende daselbst zubringen. Die Liebe, die, wie man sagt, sogar die Ketten der Sklaven in den Gaerten zu Tunis leicht machet, ist allezeit in allen Laendern ein kraeftiges Huelfsmittel gegen die lange Weile gewesen, wenn man noch jung ist. Destomehr muß auch dies in Augspurg statt haben, woselbst die schoensten Buergerinnen von Deutschland und in großer Menge sind. Nach dieser letzten Nachricht zweifle ich nicht mehr, daß Sie Verlangen tragen werden, die Pflanzstadt Augusts, das Vaterland der Fugger, die Mutter der Gelehrten und Holzers, zu sehen. Leben Sie wohl.

Wolfgang Amadeus Mozart
Brief an den Vater (1777)

Mon trés cher Pére.   *[Augsburg, den 16. Oktober 1777]*

Nun will ich meine angefangene Augspurger Histori, in möglicher kürze auserzehlen. H: von fingerle, den ich von Papa ein Compliment ausgerichtet habe, war auch beym H: Director graf. Die leüte waren alle sehr höflich, und besprachen sich immer wegen einer accademie. sie sagten auch alle, daß wird eine der brillantesten accademien werden, die wir in Augspurg gehabt haben. sie haben viell voraus, da sie die bekantschaft des H: stadtpfleger langenmantl haben; und dann der Namen Mozart macht hier sehr viell. wir giengen ganz vergnügt aus-einander. Nun muß der Papa wissen, daß der jung: H: v. langenmantl beym H. *stein* dort gesagt hat, er wolle sich impegnirn eine accademie auf der *stube*l: als etwas rares, daß mir Ehre macht :l ganz allein für die H: Patritii zu veranstalten. man kann nicht glauben, mit was für einem impegno er sprach, und sich anzunehmen versprach. wir redeten ab ich sollte morgen zu ihm kommen, und antwort haben. ich gieng hin das war der 13:^{te} er war sehr höflich, sagte aber er könnte mir noch nichts Positives sagen. ich spielte wieder so eine stunde. er lud mich auf morgen als den 14:^{ten} zum speisen ein. des vormittags schickte er her, ich möchte doch um 11 uhr kommen, und etwas mitnehmen, er hätte einige von der Musique bestellt, sie wollten etwas machen. ich schickte gleich etwas. kam um 11 uhr. da machte er mir eine menge schwänz. sagte ganz gleichgültig, hören sie, mit der accademie ists nichts. o, ich habe mich schon gezörnet gestern wegen ihnen. die H: Patritii sagten mir, ihr Caßa stehe sehr schlecht, und daß seye kein virtuos dem man einen souvrain d'or geben könnte. ich schmuzte, und sagte, ich glaube auch nicht. *NB: er ist auf der stube intendant von der Musique, und der alte ist stadtpfleger!* ich machte mir nicht viell daraus. wir giengen zum tisch. der alte speiste auch heroben; er war sehr höflich, sagte aber kein wort von der Accademie. nach dem speisen, spielle ich

2 Concert. etwas aus dem kopf. dann einen Trio vom Hafeneder auf der Violin. ich hätte gern mehr gegeigt, aber ich wurde so schlecht accompagnirt, daß ich die Colic bekamm. er sagte mir ganz freündlich, wir bleiben heüte beysammen, und fahren in die Comedie, und dann soupiren sie bey uns. wir waren sehr lustig. als wir von der Comoedie zurück kammen, spiellte ich wieder bis zum Essen. dann giengen wir zum soupée. er fragte mich schon vormittag wegen meinem kreüz. ich sagte ihm alles ganz klar, was und wie es seye. Er und sein schwager sagten so öfters wir wollen uns das kreuz kommen lassen, damit wir mit den H: Mozart incorporit sind. ich achtete aber nicht darauf. sie sagten auch so öfters. sie, Cavalier. H: sporn. ich sagte nichts. unterm soupée wurde es aber zu arg. was wird es etwa kosten. 3 Duccaten? – – muß man die erlaubniss haben es zu tragen? – – kostet diese erlaubniss auch etwas? wir wollen uns das kreüz doch kommen lassen; da war ein gewisser Officier noch da B: Bach, der sagte, ey pfuÿ, schämmen sie sich, was thäten sie mit dem kreüz? der junge Esel von kürzen-Mantl winckte ihm mit den augen. ich sah es. er merckte es. drauf war es ein wenig stille; dann gab er mir einen taback und sagte: da haben sie einen taback darauf. ich war stille. endlich fieng er wieder an ganz spöttisch: also morgen werde ich zu ihnen schicken, und da werden sie die güte haben und mir das kreüz nur einen augenblick zu leihen, ich werde es ihnen gleich wieder schicken; Nur damit ich mit dem goldschmied reden kann. ich bin versichert, das wenn ich ihn frage |: dann er ist gar ein Curioser Mann :| wie hoch es zu schäzen seÿ, so wird er mir sagen, etwa einen bayerischen thaler, es ist auch nicht mehr werth, dann es ist ja nicht vom gold, sondern vom kupfer, Hehe. ich sagte, gott behüte, es ist vom blech, Hehe. | mir war warm vor wuth und Zorn. aber sagen sie mir sagte er, ich kann ja allenfals den sporn weglassen? – – o ja, sagte ich; sie brauchen keinen, sie haben ihn schon im kopf. ich habe zwar auch einen in kopf; aber es ist halt ein unterschied. ich möchte mit den ihrigen wahrhaftig nicht tauschen. hier haben sie einen taback drauf. |: ich gab ihm taback :| er wurde ein wenig bleich. neülich fieng er wieder an, neülich stunde der orten recht gut, auf der reichen weste. ich sagte nichts. endlich rief er, hey, *zum Bedienten.* daß ihr auf die nächst mehr Respect für uns habet, wen wir zweÿ, mein schwager und ich, den H: Mozart sein kreüz tragen. hier haben sie einen taback darauf; daß ist doch curios fieng ich an, | als wenn ich nicht gehört hätte, was er gesagt hat :|

ich kann noch eher alle orden I die sie bekommen können I bekommen, als sie das werden, was ich bin; und wenn sie 2mahl sterben und wieder gebohren werden. hier haben sie einen taback darauf, und stunde auf. alles stund auch auf, und war in gröster verlegenheit. ich nahm hut und degen, und sagte ich werde schon morgen das vergnügen haben, sie zu sehen. ja, morgen bin ich nicht hier. so komme ich halt übermorgen, wenn ich ja noch hier bin. ach, sie werden ja doch – – ich werde nichts. hier ist es eine bettlerey. leben sie unterdessen wohl. *und weg.* den andern tag den 15: erzählte ich alles dem H: stein, H: *geniaux* und H: Director graf. nicht wegen dem kreüz; sondern daß ich im höchsten grad disgustirt seÿe, indeme man mir das maul machte wegen einem Concert und nun alles nichts seÿe. daß heist die leüte vorn Narren gehabt: die leüte angesezt. mich reüet es recht daß ich hieher gereiset bin. ich hätte mein lebtage nicht geglaubt, daß, da noch Augsburg die vatterstadt meines Papa ist, daß man hier seinen sohn so affrontiren würde. Der Papa kann sich nicht einbilden, wie die 3 leute lamentirten und sich erzörnten. ah sie müssen ein Concert hier geben. wir brauchen die Patritii nicht. ich blieb aber bey meiner Resolution; und sagte, ja, für meine wenige gute freünde da, welche kenner sind, will ich zum abschied bey H: *stein* eine kleine Accademie geben. Der Director war ganz betrübt. daß ist abscheülich rief er; das ist eine schande – – wer würde sich aber das vom langenmantl einbilden – – Pardieu, wenn er gewollt hätte, so hätte es gehen müssen. wir giengen auseinander. der H: Director gab mir in seinem schlafrock das geleit über die stiege und bis vor die hausthüre. H: *stein* und schenió I: der sich dem Papa empfehlet :I giengen mit mir nach haus. sie drungen in uns, wir sollten uns entschliessen noch hierzu bleiben; wir blieben aber fest. Nun muß der Papa wissen, das neulich der junge von langenmantl, als er mir die saubere Nachricht wegen dem Concert ganz indifferent herstammelte, mir sagte; die H: Patritii laden mich zu ihren Concert künftigen donnerstag ein. ich sagte ich werde kommen um zuzuhören. ah, sie werden uns ja das vergnügen machen und spielen? – – *nu, wer weis, warum nicht.* weil aber den abend hernach mir so viell affront geschah, so entschlosse ich mich, nicht mehr zu ihm zu gehen, und mich vom ganzen Patritiat im arsch lecken zu lassen, und weg zu reisen. den 16:^{ten} als donnerstag so unter dem Essen, rief man mich hinaus; da war ein Mädl vom langenmantl da, und er liesse sich erkundigen, ob ich gewis kommen würde mit ihm in die accademie zu gehen? – – und ich möchte doch gleich nach dem Essen zu ihm kommen. ich liesse mich gehorsammst empfehlen, und ich gehe nicht in die accademie, und zu ihm kann ich nicht kommen, weill ich schon angagirt bin, *wie es auch wahr war*. ich würde aber Morgen kommen um mich zu beurlauben, dann längstens sammstag werde ich abreisen. H: *stein* ist unterdessen zu die andern H: Patritii vom *) der Evangelischen seite gelaufen, und hat halt ganz erschröcklich perorirt, so daß den H: völlig angst wurde. was, sagten sie, einen Mann der uns so vielle Ehre macht sollen wir weglassen, ohne ihn zu hören. der H: v: langenmantl meint halt weil er ihn schon gehört hat so ists genug. Enfin es war halt so ein feuer, daß der gute junge H: v. kurzenMantl selbst den H: *stein* hat aufsuchen müssen, um ihn in Nammen aller zu ersuchen, er möchte sein möglichstes thun, um mich zu persuadiren daß ich in die Accademie gienge. auf etwas grosses durfte ich mich nicht gefast machen Et caetera: ich gieng also nach viellem weigern mit ihm hinauf. da waren die Ersten von die herrn ganz höfflich; besonders ein gewisser officier Baron Relling, er ist auch so ein Director oder so ein thier. der machte meine Musikalien selbsten auf. ich nahm auch eine Sinfonie mit. man machte sie, ich geigte mit. hier ist aber ein Orchestre zum frais kriegen. Der j: lecker vom langen Mantl war ganz höfflich. doch hat er noch immer sein spöttisches gesicht. er sagte zu mir. ich habe schon wircklich geglaubt, sie werden uns so entwischen. ich habe – – gar etwa geglaubt, sie möchten einen verdruß haben, wegen den Neülichen spaß. Ey beleibe sagte ich, sie sind halt noch jung. aber nehmen sie sich besser in obacht. ich bin nicht gewohnt auf solche spaß. und daß sujet über das sie raillirten machte ihnen gar keine Ehre; und war auch vom keinen Nuzen denn ich trage es doch. hätten sie lieber andern spaß gemacht. ich versichere ihnen sagt er, es war nur mein schwager der – – lassen wir es gut seyn, sagte ich. bald, sagte er, hätten wir das vergnügen nicht gehabt sie zu sehen. ja, wenn der H: *stein* nicht gewesen wäre, wäre ich gewis nicht gekommen; und ihnen die wahrheit zu gestehen, bin ich nur gekommen, dammit sie meine H: Augspurger nicht in anderen ländern ausgelacht werden, wenn ich sagte, daß ich in der stadt wo mein Vatter gebohren, 8 täge gewesen seye, ohne daß man sich bemühet hätte mich zu hören. ich spiellte ein Concert. alles war gut bis auf das accompagnement. auf die lezt spiellte ich noch eine Sonate. Dann bedanckte sich der H: Baron Reling im namen der ganzen gesellschaft auf das höflichste, und bat mich, ich möchte doch nur den willen betrachten, und gab mir 2 Ducaten. Mann läst mir noch keinen fried, ich sollte bis sonntag ein öffentliches Concert geben – – vielleicht – – ich bin aber schon so stuff, daß ich es nicht sagen kann. ich bin recht froh wenn ich wieder in ein ort komme wo ein Hof ist! das kann ich sagen, wenn nicht Ein so brafer H: Vetter und base, und so liebs bäsle da wäre, so reüete es mich so viell als ich haar im kopf habe, daß ich nach augsburg bin. Nun muß ich vom meinen lieben jungf: bäsle etwas schreiben. das sparr ich mir aber auf morgen, dann man muß ganz aufgeheitert seÿn, wenn man sie recht loben will, wie sie es verdienet. den 17:^{ten} in der frühe schreibe und betheüere ich daß unser bäsle, schön, vernünftig, lieb, geschickt und lustig ist; und daß macht weil sie braf unter die leüte gekommen ist. sie war auch einige Zeit zu München. daß ist wahr, wir zweÿ taugen recht zusammen; dann sie ist auch ein bischen schlimm. wir fopen die leüte mit einander, daß es lustig ist. Nun bitte ich die Adreße an bischof in Chiemsée nicht zu vergessen. den brief an Gaetano santoro werde ich glaublich heüt an Misliwecek schicken, wie wir es verabredet haben. er hat mir seine Adreße schon gegeben. Ich bitte den armen Misliwecek bald zu schreiben, weil ich weis daß es ihn gewis recht freüet. auf die nächst werde ich wegen den Piano forte, orgel vom stein, und hauptselich von der stuben Accademie discuriren. Es war eine menge Nobleße da, die Ducheße arschbömerl, die gräfin brunzgern, und dan die fürstin riechzumtreck, mit ihrn 2 töchter, die aber schon an die 2 Prinzen Mußbauch vom Sauschwanz verheyrathet sind. leben sie allerseits wohl. ich küsse den Papa 100 000 mahl die hände, und meine schwester die canaglie umarme ich mit einer bärischen Zärtlichkeit und bin

dero gehorsamster Sohn   Wolfgang Amadé Mozart

augsburg den 17 Oct: 1777.

*) recte: »von«

Wilhelm Heinse
Kein Landstrich für Virgil

Den 28 August. (1780)

Man hat in Deutschland eben so ungesunde Luft, wie in Welschland, nur gehn die Striche nicht so weit. Gleich nach Füeßen kömt ein sumpfig Land nach dem andern und auf die letzt ein See, wo ich die Luft so dick und ungesund befunden habe, schier wie bei Mantua. Schwaben fängt mit einer fruchtbaren Ebne an, von viel Kornfeldern und Waldungen, worin der Bischoff von Augsburg etliche Jagdschlößer hat. Es giebt hier nur Rothwildpret. Stetten ist die erste Station nach Füeßen, dahinter ist der See, wohinein kein Fluß läuft, und ein kleiner Bach heraus geht. Nach diesem kömt Kaufbeyern, ein Städtchen; darnach Tuchleb, wo ein ansehnlich Zuchthaus ist. Der ganze Weg ist mit Galgen gespickt, woran immer welche hängen; weil alles hier frey herumschwärmt. Sprache fatal; lau für lassen, hau für haben. Jäkel, wo gheschst hin? an Galgen. Wünsch Glück; wirsts wohl brauche. Das Land ist wohl bebaut; fast alle halbe Stunden liegt ein Dorf. Nachmittags um 5 Uhr in Augsburg.

Den 29 August. (1780)

Es ist wunderbar, wie die Menschen so verkehrt urtheilen können; da sagen die von Botzen und Lermos, aus den schönsten Tyroler Bergen: ach, wie das Augsburg schön liegt! und so ganz in der Ebne, gar keinen Berg außer in der Ferne eine Art Anhöhe! in Tyrol erdrücken sie einen fast; ich möchte, fährt der andre fort, in Augsburg lieber mit tausend Thalern leben, als in Botzen mit zehntausenden; Meine Freude ist spazieren gehen, und das Herz geht mir auf, wenn ich ein schönes Lusthäuschen sehe, an den Kanälen um die Stadt. Die Wahrheit ist, die Gegend um Augsburg hat gar keinen Geschmack, ist flach und ohne Gebürg, und hat nicht einmal dazu die schönen Wiesen und Bäume und Ströme der Lombardey, die freylich ganz etwas anders ist, und eher einen Virgil hervorbringen konnte. Der Lech ist ein wildes Wasser, das in der Ebne lauter häßliche, und keine einzige furchtbare und schreckliche Verwüstungen anrichtet.

Augsburg liegt innen auf einigen Hügeln; wie z.B. das Rathhaus und die S. Anna Kirche. Die Brunnen werden durch eine starke

Wasserleitung vermittelst zweyer Wasserthürme versehen, die der Lech durch Kanäle treibt. Die Stadt sieht sehr wohlhabend aus, die Häuser sind gut gebaut, nur meistens abscheulich verziert, kindisch ohne Zweck, und mit erbärmlichen Mahlereyen. Die Straßen sind breit und geräumig; besonders die Hauptstraße nach dem Rathhause, welche mit herrlichen kostbaren Brunnen versehen ist, worauf lauter Bildsäulen von Bronze sind, die freylich nun wieder gar nichts mit Brunnen gemein haben; als Augustus mit Seenymphen; Herkules mit der Hyder pp. Das Weinlager ist ein Gebäude in gutem Geschmack für Augsburg und so das Haus am Brunnen des Augustus.

Das Rathhaus ist ein prächtig Gebäude mit schönen Sälen von Pilastern unten, und die zwey obern mit Säulen von Marmor, jeder achten. Es stecken viele Fratzenmahlereyen drinnen; doch auch ein schön Stück von Lucas Cranach, Dalila, die dem Simson die Haare abschneidet. Es geschieht in einem schönen Blumengarten unter einem Apfelbaum im Grünen, und die Philister kommen durchs Gesträuche. Es ist etwas wildes von Phisiognomie da. Die Augsburger verwundern sich nur immer darüber, daß die Stücke so alt sind. Noch freuen sie sich über eine Arabeske, wo ein Faun ein Mädchen beschläft, unter einer Decke, und auf ein paar Thieren, die wie Hunde von hinten zusammen hangen, und oben darüber ist ein Körbchen, worin ein Priap mit ein paar Hoden, den eine Nymphe beym Kopfe sanft anfaßt, und die andre gegen über spielt mit einem Hahn. Wunderbar ists, daß die frommen Augsburger so etwas abscheuliches so lange haben stehen lassen.

Die Evangelische Kirche zum heiligen Kreuz hat eine ganz krumme Fassade von innen. Der Küster sagte, wie ich ihn nach den guten Predigern fragte: wir haben einen fürtreflichen, Teichmeyer, einen Steirer, und wie ich mehrere wissen wollte: in summa summarum, wir haben jetzt Gott Lob und Dank lauter gute Leute.

Ein Concert gehört, wo einige schöne Mädchen und Weiber waren, mit viel Geschmack gekleidet, und rund im Umgang. Früh schon ein hübsch Mädchen Wiebey kennen lernen, Tochter von einem der reichsten Banquier. Die Handlung hier besteht größtentheils in Leinwand nach Italien.

In dem Bauerntanz von Holzer steckt viel Natur und Mahlergenie; der die Sackpfeife bläßt, ist die beste Figur, fürtreflich gemahlt, besonders die Füße.

Die spitzen schrägen Dächer überall haben mich sehr erschreckt, als ob ich in Nova-Zembla angekommen wäre, wo der Schnee Klaftern hoch fallen müßte.

Den 30 August.

Das Wasser in Augsburg ist sehr schlecht und unrein; besonders greift es die Zähne an. Es giebt wenig Weiber ohne häßliche Zahnlücken; und wenigstens sehn sie immer gelb oder schwarz aus. Ueberhaupt ist der Ort wenig gesund.
Hier besteht der Discurs meist von meerschaumenen Tabacksköpfen, oder Krieg. Der Spaß der Postillons ist, daß sie über Pflöcke wegfahren wie Wetter, und hernach langsam.

Christian Friedrich Daniel Schubart
Urdeutsche Biederherzlichkeit

Endlich streckte sich das weite Lechfeld vor mir aus, und ich sah die Thürme Augusta's aus blauen Düften sich enthüllen und im Abendgolde schimmern. Ich kam nach Augsburg und trat bei einem Bierwirthe am Mühlenberglein ab, der ein weitläufiger Anverwandter von mir war. Ich schrieb sogleich an meine Gattin nach Geißlingen und that ihr meinen Entschluß kund – nach Stockholm zu gehen und dort unter Gustavs Scepter mein Leben hinzubringen.
Mein Wirthshaus war die Herberge der Weber, die seit Fugger's Zeiten in Augsburg die zahlreichsten und gewerbsamsten Handwerker sind. Dieß waren nun für's erste nebst andern Bürgern, die Abends zum Bier kamen, meine Gesellschafter. Ich theilte mich ihnen mit und machte bald großes Aufsehen unter ihnen. Wenn die Meisterschaft der Weber zusammen kam und mit feierlichem Ernste in großen schwarzen Röcken und langen weißen Krägen vor der Bundeslade saß, da luden sie mich zum traulichen Gastmahle und weideten sich an meinem Hellauf, wie ich mich an ihrer urdeutschen Biederherzlichkeit. Ich habe als Dichter unter den niedern Ständen weit mehr gelernt, als unter den höhern; denn jene stehen näher am Quell der Natur. Man könnte die schönste Idylle verhuntzen, wenn man einen schimmernden Modemann und ein flittergoldnes Modeweib drin aufführen wollte. Geßner

wäre in einer fürstlichen Residenz das nicht geworden, was er zu Zürich geworden ist.

Ich ging also gern mit gemeinen Leuten um, und thue es noch; eingedenk des großen Tages, wo der Richter nicht fragen wird: »warst du vornehm?« sondern: »warst du gut?«

Bald nach meiner Ankunft in Augsburg kam mir auch ein Mensch nach, den ich in München zu meiner Bedienung brauchte, ein Kerl, der vor Liederlichkeit hätte auseinander fallen sollen. Er war Schneider, Soldat, Laufer, falscher Spieler, Tagdieb, Schmarotzer und Windbeutel im höchsten Grade. Der zog mich zu München fast aus; nahm mir Stiefel, Wäsche und Alles vor den Augen weg. Solch ein Auswürfling bot mir wieder seine Dienste an, und ich hatte keine anzunehmen, war selbst bereit, für Dach und Lebensunterhalt zu dienen. Da schoß er weg von mir, wie ein Raubvogel. Und siehe da, der elende Kerl machte hernach im Spiel sein Glück, daß er Tausende erwarb, sich ein Gut kaufte und sich's nun vom Raube herrlich wohl seyn läßt. Vor solchen Karakteren hatte ich jederzeit den größten Abscheu.

In Augsburg gefiel es mir immer sehr wohl. Ein sehr gefälliger Freund, den ich noch von Geißlingen her kannte, suchte mich zu bereden, daselbst zu bleiben; aber ich hatte der schlechten Aussichten wegen wenig Lust dazu. Buchhändler Stage bat mich, ihm was Gangbares zu schreiben; aber ich schlug es ihm ab. Mein Weib schrieb mir und bat mich wehmüthig, sie nicht zu verlassen, nicht so in die Weite hinaus zu irren, sondern in der Nähe zu bleiben. Dieß wirkte mehr, als alle Beredtsamkeit meiner neuen Freunde; und ich entschloß mich zu bleiben und einen Roman zu schreiben, den ich schon lange, beinahe ganz ausgeboren, im Kopf herumtrug. Blitzschnell schrieb ich einige Bogen nieder, dachte aber gar bald, wie langweilig dieß Geschäft für mich und den Verleger werden müßte. Es war also nur wie eine Episode, daß ich ihm vorschlug, statt seines gescheiterten schwäbischen Journals, ihm eine *deutsche Chronik* zu schreiben, und den Zirkelbogen etwas weiter zu ziehen, als in gedachter Zeitschrift. Ich fing an, mit aller schuldigen Ehrfurcht vor dem Publikum – denn ich glaube nicht, daß jemals ein Schriftsteller ehrfurchtsvollere Begriffe von seinem Publikum gehabt hat, als ich von dem meinigen – die ersten Blätter zu schreiben. Meine Absicht war erst auf Augsburg und Baiern, dann auf alle die von mir bereis'ten Gegenden, und endlich auf ganz Deutschland gerichtet. Der Beifall war weit größer, als ich ihn unter den Umständen, in denen ich schrieb, erwarten konnte. Der Verlag stieg von Hundert zu Hunderten, ungeachtet ich selbst mit meiner Chronik am wenigsten zufrieden war. Ich schrieb sie – oder vielmehr diktierte sie im Wirthshause, beim Bierkrug und einer Pfeife Tabak, mit keinen Subsidien, als meiner Erfahrung und dem Bischen Witz versehen, womit mich Mutter Natur beschenkt hatte. Wenn ich mehr Muße gehabt hätte oder mich nicht so gerne in Zerstreuungen verloren hätte, so wäre ich traun! kein übler Zeitungsschreiber worden. Ich hatte Feuer, wußte wie die Menschen zu greifen waren, wußte meine Muttersprache zu schreiben, besser, als man es in dasigen Gegenden gewohnt war, und hatte nicht selten Anwandlungen von brittischer oder liskov'scher Laune. Aber der Mangel an Klugheit, der sich in meinem ganzen Leben, so wie in meinen Schriften äußerte, die ungewöhnliche Freiheit, die ich mir in einem Lande voll ängstlichen Zwangs anmaßen wollte, und die kühne, oft wilde Schreibart, konnten meiner Chronik keine lange Dauer versprechen. Auch brachte meine Situation und Herzensstellung so auffallende Ungleichheiten in dieß Blatt, daß die Ausländer glaubten, ich hätte zuweilen einen sehr dürftigen Handlanger. Heute schien mein Blatt ein Glutstrom, das nächstemal ein Schneehügel zu seyn. Aber ich selbst war so. Die Schrift ist des Autors Bild im Kleinen – sein treues Porträt im polirten Stahlknopfe. Wenn Ausschweifungen oder heimlicher Gram meine Nerven abgespannt, so sanken die Gedanken mattherzig und kraftlos, wie Pfeile vom ungespannten Bogen zu meinen Füßen nieder.

O wie wahr ist's, daß ein Schriftsteller ohne Tugend und Ordnung, wenn er auch die schönsten Anlagen hat, kaum etwas mehr gewinnen kann, als den erniedrigenden Seufzer des mitleidigen Publikums: »Schade für den Mann!« –

Kein Gewerb konnte für einen Menschen, wie ich war, zu einer Zeit, wo die Priester- und Fürstengewalt gegen jedes Freiheitsgefühl anbrauste, und in einer Stadt, die unter allen deutschen Städten einen so feurigen Kopf, wie der meinige war, am wenigsten dulden konnte, gefährlicher seyn, als das Gewerb eines Zeitungsschreibers. Vor Fürsten, auch wenn sie Bösewichter sind, den Fuchsschwanz streichen, kühle Galatäge, Jagden, Musterungen, jedes gnädige Kopfnicken und matte Zeichen des Menschengefühls mit einer Doppelzunge austrompeten, jedem Hofhunde einen Bückling machen, den Parteigeist desjenigen Orts, wo man schreibt, nie beleidigen, den Kaffeehäusern was zum lachen, und dem Pöbel was zu räsonniren geben; – auf der andern Seite die Partheien des Parnassus genau kennen, und da entweder im trägen Gleichgewicht bleiben oder muthig mitkämpfen: – das waren Gesetze, die für mich zu hoch und rund waren und für die ich weder Geduld noch Klugheit hatte. Ich stieß daher tausendmal gegen sie an. Daher hat auch die Chronik mir und dem Verleger unermeßbaren Verdruß und endlich mir selber das harte Gefängniß zugezogen, in dem ich so manches Jahr reiche Gelegenheit hatte, meine Thorheiten zu beweinen.

Die ersten Blätter wurden in Augsburg gedruckt; da ich aber am Schlusse meiner Anzeige sagte: »Und nun werfe ich mit jenem Deutschen, als er London verließ, meinen Hut in die Höhe und spreche: O England, von deiner Laune und Freiheit nur diesen Hut voll!« so stand der damalige, nun selige Bürgermeister von Kuhn im Senat auf und perorirte: »Es hat sich ein Vagabund hereingeschlichen, der begehrt für sein heilloses Blatt einen Hut voll Englischer Freiheit: – Nicht eine Nußschale voll soll er haben.« – Und hiemit wurde der Druck in Augsburg untersagt und das Blatt bei Wagner in Ulm gedruckt.

Inzwischen eröffnete mir meine Chronik den Eintritt allenthalben, und ich wurde bald so bekannt, daß Kinder auf der Straße mich zu nennen wußten. Aber eben diese weite Bekanntschaft war ein hundertaugiges Lauern auf alle meine Gänge, Tritte, Worte, Geberden, Werke. Und da ich sehr unvorsichtig war, so gab ich meinen Laurern unzählige Blößen, mich zu stoßen oder zu fangen.

Aber auch dieß kümmerte mich wenig. »Lebt, wie ihr wollt, laßt mich nur auch leben, wie ich will!« – So dachte ich, und so lebte ich auch. Diese schlüpfrige Lage abgerechnet, habe ich doch in Augsburg eins der schönsten Jahre meines Lebens verlebt. Obgleich die dasige Lebensart, dem, der in geräuschvollen Residenzen erzogen ist, abgeschmackt, kleinstädtisch und todt vorkommt, so war es doch schon reichsstädtische Luft, die mich anwehte, und die mir an Leib und Seele immer die zuträglichste schien. So weit der alte Karakter der geraden und freien Vindelizier versunken ist, so zeigt er doch noch einige unverwischte Züge in Augsburgs jetzigen Bewohnern, die alle Steifigkeit, Zähe des Witzes, Armuth des feinen Geschmacks, Unkenntniß der polirtern Sitte zu vergüten scheinen. Ein Augsburger, der mich in sei-

nen Schutz nimmt, hält sein Wort so gut, als ein Engländer oder Schweizer. Wenn ein Augsburger Mezger seine gewaltige Faust auf den Tisch schlägt, daß die Biergläser klirren, und sagt: »Den möcht ich sehen, der dich antastet!« – so bin ich mächtig beschützt. Gleicher Sinn, nur etwas gebändigter, herrscht auch in den höhern Ständen, sonderlich unter der biederherzigen Kaufmannschaft. Man muß aber diese braven Reichsstädter nicht nach den Zügen beurtheilen, die sie in öffentlichen Versammlungen zu verrathen scheinen; im Hauskleide die Männer, im Schlafrocke, im schmucklosen Gewand die Weiber, zwischen verschwiegenen Wänden muß man sie sehen, und ihr Vertrauen durch Kopf und Herzthaten zu gewinnen wissen; so wird man bald die herrlichsten deutschen Menschenmassen, biedermannische Patrizier, edelmüthige Kaufleute, forschende Weise, fühlende Künstler, brave Bürger, sittsame Mädchen und einfältige gute Hausmütter antreffen, die mehr werth sind, als die flittergoldnen Menschenbilder an so manchem Hofe, die nichts weiter thun, als rauschen und blenden. Die meisten heutigen Urtheile über die Reichsstädter kommen mir nicht gescheider vor, als des französischen Tanzmeisters Marcell Urtheil über den großen Lord Chatam: »Kann der Mann was taugen, der ein schlechtes Menuet tanzt?«
Alles Schiefe, Widerwärtige, Dumpfe, Steife und Unangenehme, was den Fremden beim ersten Anblick in Augsburg aneckelt, kommt von der Parität her, diesem zweiköpfigen Ungeheuer, das aus zwei Rachen bellt, aus zwei Schlünden giftiges Mißtrauen in die Gemüther haucht, und sie zur freien, offnen Freude gänzlich unfähig zu machen scheint. Es war mir anfangs ungewöhnlich fremd, wenn ich in Gesellschaften von beiden Religionsverwandten, wo ich nach meiner Gewohnheit in freie Urtheile über mancherlei vorkommende Gegenstände ausbrach, mehrmals von einem lutherischen Freunde auf die Zehen getreten wurde, der mir dadurch fühlbar zu erkennen geben wollte, daß Katholiken zugegen wären. Blick, Ton und Rede zeugt daher bei den Augsburgern von einer so ängstlichen, mißtrauischen und blöden Herzensstellung, daß michs wundert, wie ein freier Mann in Bier- und Weinhäusern in und außer der Stadt sich einem so quälenden Zwange blossstellen mag (...). Kunst, Geschicklichkeit, Gewerbsamkeit, Kunstfleiß, Aufklärung und Schönheit der Sitten zeichnet die Lutheraner in Augsburg so merklich vor ihren Mitbürgern, den Katholiken, aus, daß man nirgends mehr als hier die Wohlthat der

Reformation kennen lernt. Und doch behaupten die Katholiken einen so augenscheinlichen politischen Vorzug über die Lutheraner, daß man ohne ihre Unterstützung in Augsburg unmöglich fortkommen kann. Wenn es so fortgeht, so wird der päpstliche Hecht die lutherischen Grundeln bald verschlungen haben. »Im neunzehnten Jahrhundert ist vielleicht ganz Augsburg katholisch«; eine Weissagung, die man, ohne delphischen Dreifuß, von den vorliegenden Aspecten abziehen kann. Man schauert, wenn man am Palmtage eine sogenannte Kontrovers- oder Eselspredigt hört. Was der niedrigste Pöbel bei Saufgelagen ausschäumt, Possen, Zoten, Lästerungen, Provinzialunsinn, Bauern- oder vielmehr Hanswurstsprache hört man hier auf der Kanzel. So verschrieen diese Stadt ist wegen des merklichen Heruntersinkens von ihrem alten Glanze, sonderlich wegen der Abnahme des reinen Künstlergeschmacks, so sind doch noch einige ziemlich helle Spuren davon anzutreffen [1].

Der so große unternehmende Geist Schülen's, der tausend Hände in Arbeit setzt und durch geschmackvolle Pracht die vornehmsten Fremden zur Bewunderung reizt, die ansehnliche Kaufmannschaft, worunter noch Manche den Glanz des alten Reichthums ausstrahlen, so viele Juweliere, Silberarbeiter und Künstler von aller Art, die durch ihren kostbaren Vorrath, durch Erfindung und Geschmack laut genug zeugen, daß noch Spuren des alten Geistes in ihnen glänzen, geben dem denkenden Fremdling reichen Stoff zur Unterhaltung, und sonderlich zur patriotischen Anmerkung, was der Deutsche vermag, er werde unterstützt oder nicht, er sey frei oder ein Sclave.

Einer meiner wärmsten Freunde war Stein, dessen Orgeln, Flügel, Fortepiano's, Klaviere und sonderlich die große Erfindung der Melodika ihm längst einen angesehenen Rang unter den deutschen Erfindern und Verbesserern musikalischer Kunstwerke er-

---

1) Es stäuben da doch immer noch Funken von Kunstanlagen, und Augusta hat gewiß nicht den galligten Tadel im Schwäbischen Lexikon verdient. Ueberhaupt hat das Heruntersinken Augsburgs mit andern deutschen Reichsstädten einerlei Ursachen. Nicht allein Fehler in der Regierung, – Leviathan Aristokratismus, vor dem die kleinern Fische des Meeres zittern, – sondern auch Luxus und zum Theil Trägheit der Bürgerschaft, – meist aber die Nähe gewaltiger Fürsten, die so manche Reichsstädte mit den Fluthen ihrer Macht umbrausen, wie der Ozean die Inseln, – tragen bisher die Schuld der sichtbaren Abnahme so mancher Reichsstädte.

worben haben. Ich habe seine meisterhafte Orgel in der Barfüßer-Kirche mehrmalen mit Entzücken gespielt. Wie unnachahmlich rein gestimmt! Welche schlaue Verbergung der den Orgeln so natürlichen Gebrechen! Welche liebliche Register! Welch ein brausender, dicker, die zahlreichste Festgemeinde tragender, durchschneidender Baß! – Man kann nichts Hinreißenderes hören, als eine mit andern Instrumenten begleitete Orgelsonate, oder auch ein Konzert auf dieser Orgel vorgetragen. Auch hörte ich in dieser Kirche den schönsten, übereinstimmendsten Choralgesang, der so mächtig die ganze Seele faßt und sie an ihre Unsterblichkeit mahnt (. . .)

(. . .) Daß die Reichsstädte in allem so sichtbar herunter sinken, ist eine Folge der untergehenden Freiheit in Deutschland. Wien und Berlin, München und Mannheim, Dresden, Leipzig und wenig andre Fürstenstädte sind eben soviel Riesenarme, die die Reichthümer und Künste der Reichsstädte an sich reißen, um sie auf diese Art ohne Schwertschlag von sich abhängig zu machen. Die trefflichsten Köpfe sind Reichsstädter, aber so bald sie sich fühlen, so wandern sie in eine Fürstenstadt, um Brod und Ehre zu erwerben. Es kann kein Jahrhundert mehr anstehen, so müssen sich die Reichsstädte, um nicht ganz zu Grunde zu gehen, dem Kaiser, oder sonst einem mächtigen Fürsten von selbst unterwerfen.[2] Die elende ökonomische Verfassung, die eingerissenen schweren Mißbräuche, die schimpfliche Furcht vor angränzenden Fürsten, Bischöfen oder Königen, der immer tiefer herabsinkende Geist aller Republikaner, ihre eigene kleine Denkungsart von sich selbst, indem auch unter ihnen der ehrenvolle Name eines Reichsbürgers beinahe lächerlich geworden ist – und tausend Haupt- und Nebenursachen weissagen eine ganz nah bevorstehende Veränderung der Reichsstädte[3]. Die Bürger scheinen eine solche Katastrophe zu vermuthen, und leben meist wie Leute, die alles aufzehren, damit der Feind nichts mehr bei ihnen finde. Geh du, beobachtender Fremdling, an welchem Tage, zu welcher Stunde du willst, auf die Spazierplätze, in die Lust- und Wirthshäuser der Reichsstädter, du wirst sie von allen Arten Menschen angefüllt finden. Ich traf oft schon mit dem grauenden Tag Leute auf den sieben Tischen, einem ungemein reizenden Waldbusen bei Augsburg, oder auf dem Ablaß beim Kaffee, Wein oder Bier an, die in wahrer Herzenstraulichkeit alle zeitliche Sorgen zu vergessen und nur dem geräuschlosen Vergnügen zu leben schienen. Nirgends

werden die Sonn- und Feiertage, mit ihren angehängten blauen Montägen, die Geburts- und Namensfeste, Tauf-, Hochzeit- und Leichenschmäuse, die Aderläsen – und noch unzählig andere oft lächerliche Anlässe zum Faullenzen und Schwelgen, genauer beobachtet, benutzt, ergriffen, als hier und in mehreren andern Reichsstädten. Alles hat zwar die Miene des Wohlstandes und der äußerlichen Ehrbarkeit; man scheint sich verabredet zu haben, ja nicht eines plötzlichen und jähen Todes zu sterben, sondern langsam und bedächtlich mit Zählung jedes Pulsschlags in's Grab des Verderbens zu taumeln; – inzwischen ist es doch Schwelgerei, die der billigste Gesetzgeber für die unheilbarste Seuche des Staats hält. – Ich schweige, mit patriotischer Betrübniß meiner Seele, denn ich liebe die Reichsstädte, und darunter die hohe Augusta vorzüglich. – Wohl mir, daß ich es nicht erlebe, wenn ein künftiger deutscher Scipio auf den Trümmern der deutschen Republiken weint! – (. . .)
Wie überall, so fand ich auch hier die edelsten Seelen, oft mitten im Gedränge des abergläubischen Pompes. Eine der schönsten Stunden brachte ich bei den sogenannten englischen Nonnen zu, die hier sehr viel Freiheit haben. Die Aebtissin war damals eine deutsche Gräfin, mit Reizen geschmückt, die man sehr ungern unterm Schleier verblühen sah. Sie spielte das Klavier sehr artig, sang ungemein schön, meist deutsche Stücke; hatte deutsche, französische und englische Belesenheit, und sprach von allem, was sie wußte, mit so liebenswürdiger Naivetät, daß sie alle Herzen gewann. Sie erwies mir viel Ehre, und nie werde ich diese reizende und zugleich so liebreich sittsame Priorin vergessen können.

2) Könnte aber auch nach den Zeichen der jetzigen Zeit wohl ganz anders ausfallen; ja, Stollbergs Idee von allgemeiner Freiheit in Deutschland könnte früher realisirt werden, als im 20sten Jahrhundert.
3) Hamburg und Frankfurt halten sich doch immer hoch oben, weil da mehr Bürgergeist als Patrizierstolz herrscht.

Wilhelm Ludwig Wekhrlin
»Troja fuit! . . .«

»Troja fuit!« – – so seufzt man, wenn man sich zu Augsburg befindet. Diese Stadt, welche ehemals einen so schmeichelhaften Rang unter den europäischen Handlungsstädten hatte, ist sich nicht mehr ähnlich. Sie gleicht einem von der Abzehrung ergriffenen Körper, welcher mit sich selbst kämpft. Auswärts von einem mächtigen Nachbar, und innerlich vom Nahrungsmangel gedrängt, ist sie ihr eigener Raub. Die Häuser sind schön. Es sind welche darunter, welche sich in Rom und Genua auszeichnen würden. Aber sie sind öde und unbevölkert . . .«

Friedrich Nicolai
Zweyter Brief eines Reisenden aus Augsburg vom 17. Dec. 1785

Ich bin nun nach einer Abwesenheit von beynahe drey Jahren wieder seit zwey Monaten in meinem lieben Augsburg, wo ich mich auch noch ungefähr eben so lange aufzuhalten denke. Ich bin im Stande die Fragen, welche Sie mir nach Strasburg sendeten, fast viel richtiger zu beantworten, als ein Eingebohrner. Diese sprechen allenfalls wohl mit einem Fremden von dem was ihre Stadt betrift, aber, sie scheuen sich zu schreiben. Ich kenne überdem Augsburg, durch öftern Aufenthalt gut genug, um zu wissen wen ich fragen darf, und wer im Stande ist zu antworten. Weil so viele Fremden nicht im Stande sind zu fragen, so werden immer alte Thorheiten und Falschheiten aus Einer Erdbeschreibung und aus Einer Reisebeschreibung in die andere geschrieben; und weil sich Fremde oft an Leute addressiren, welche allzumißtrauisch sind, um antworten zu wollen, oder allzubeschränkt um antworten zu können, oder endlich allzusuperklug, um zu zweifeln, sie könnten antworten, da sie es doch nicht können; so werden noch so oft alte Irrthümer mit neuen vermehrt.

Doch zur Sache: Die Bürger und Beysitzer in Augsburg werden zu-

---

* »Troja fuit . . .!« Wekhrlin bezieht sich hier wohl auf Vergils »Aeneis«, Zweites Buch, Vers 325. Da heißt es: »Fuimus Troes . . .« (»Troer sind wir gewesen . . .«)

sammen auf 5500 Personen gerechnet. Beysitzer können kein liegendes Gut acquiriren, zu keiner Innung gelangen, und also keine Profession treiben, zahlen überhaupt etliche Gulden jährlich Schutzgeld, werden hauptsächlich als Tagewerker und in Fabriken gebraucht, müssen auch, wenn der Magistrat es wollte, die Stadt verlassen, welches aber niemals verlangt wird. Die genaue Anzahl der Menschen ist durch keine Zählung oder sonst eine Aufschreibung bekannt; indessen stimmen alle diejenige, welche ich darüber befragt habe, darinn überein, daß Ihr Anschlag auf 34 bis 35000 ziemlich nahe zutreffen möchte.

Für den Umkreis der Stadt nimmt man 9000 gemeine Schritte an, ohne daß man die gemeinen Schritte recht bestimmt, oder über diese Angabe irgend einen Grund angiebt. Wenigstens in neueren Zeiten ist keine accurate Ausmessung veranstaltet worden.

Die Stadt hat 2800 Häuser; die Eintheilung in 8 Achtel schreibt sich erst von einigen Jahren her. Mit jedem Achtel gehet eine neue Numerirung an, allein die Zahl der darunter begriffenen Häuser ist nicht gleich, sondern ein Achtel oder Buchstabe hat mehr, der andere weniger, so wie es die Anlage der Straßen zum Behuf der dabey zum Grunde gelegenen Absicht mit sich brachte. Sonst hat Augsburg

6 Evangelische Pfarrkirchen.

27 katholische Kirchen und Kapellen.

1 Kapuziner, 1 Franziskaner, 1 Dominikaner, 1 Augustiner, 1 Benediktiner } Mannsklöster

2 Collegiatstifter, St. Moritz und St. Peter.

3 Nonnenklöster.

1 Damenstift, und 1 Institut für die engländ. Fräulein.

1 Domkapitel.

1 Spital, paritätisch.

2 Waysenhäuser.

2 Armenhäuser.

1 Zucht- und Arbeitshaus, paritätisch.

1 Findelhaus, kathol. Religion.

1 Nothhaus, paritätisch, für fremde Unbekannte, so auf der Straße liegen.

1 Blatterhaus, für Leute, so an der Lue venerea, scabie ferina etc. leiden, paritätisch.

1 Incurabelhaus, für 12 incurable Weibspersonen, paritätisch.

1 Pilgerhaus für kranke gehalten, paritätisch.

1 Siechenhaus, für Leute an einer nicht mehr existirenden Krankheit, paritätisch.

1 Pfründe, für alte Personen, beiderley Geschlechts, parit.

1 Seelhaus, für 8 arme alte Weibspersonen, so Kranke warten sollen, paritätisch.

1 dergleichen, katholisch.

1 Pfründe, für 12 alte Männer, ebenfalls katholisch.

nebst noch verschiedenen andern einzelnen, theils paritätischen, theils für jeden Religionstheil besonders gewidmeten Stiftungen, worunter auch die Stipendien für Studierende Aug. Conf. gehören. Von der Errichtung einer allgemeinen Armenanstalt sind Sie bereits unterrichtet. Sie ist im Geiste Macpherlans und seines Uebersetzers, wo das Almosen wöchentlich quartierweis durch 8 Quartierkassire ausgetheilt, und von einzelnen Einsammlern, davon in jedem Quartier mehrere sind, eingesamlet wird. Diese noch bestehende Anstalt hat eigentlich die Numerirung der Häuser veranlaßt. Hingegen ist die projectirte Erleuchtung der Stadt noch nicht zu Stande gekommen, sondern ist bis auf bessere Zeiten verschoben worden. Die jährliche Getraidekonsumtion ist

An Waitzen und Korn	20000 Schaff.
An Rogken	10000 Schaff.
An Gerste	18000 Schaff.
An Haber	2000 Schaff.

Ein Schaff hält 10348 französische Kubikzoll, und wiegt an Kern 300, 315 bis 320 Pfund, nach Beschaffenheit des Rogken 305, 310–315 Pfund Getraides. Haber 170, 175–180 Pf. Pf. 104 Cöln. sind 100 A Pf. Ein Jauchert Acker zu 16000 □ Schuh in einem mittlern Jahr

Aussaat		Aernte
Rogken 4 Metzen, 2 Vierling		6 Schaff.
Gerste 3 Metzen, 2 Vierling		7 Schaff.
Haber 6 Metzen, 2 Vierling		5 Schaff.
Vesen, (oder Dinkel) der wenn er aus den Hülsen ist, Kern heißt, 1 Schaff 2 Metzen		10 Schaff

Eine Wiese von 40000 Quadratschuh, 3 mädig giebt 32 Centner Heu.

25 Centner Grummet.

Noch eine dergleichen Angabe kann ich Ihnen und zwar vom Biere geben: Es werden nehmlich von den hiesigen bürgerlichen Brauern (in Augsburg sagt man auf gut bairisch Bräuen), ein Jahr in das andere gerechnet, an weissem und braunen Biere wenigstens 134 700 Eimer à 72 Schenkmaas gesotten; und der jährliche Consum des Ungeldfreyen Biers für die katholische Geistlichkeit beträgt 23 900 Eimer. Ein viereckigt rechtwinkliches Gefäß, welches 1 Schuh 4 3/4 Zoll lang und breit, auch eben so tief, und also ein völliger Kubus ist, faßt einen Augsburger Eimer, oder 64 Visirmaas, welches 72 Scherkmaaß ausmachen. – Diese Angaben sind aus einer Quelle, für deren Zuverläßligkeit ich Ihnen stehen könnte. Ich wünschte, Ihnen einen eben so richtigen Fleisch-Konsumtions-Tarif mittheilen zu können, aber bis jetzt muß ich diesfalls eine Lücke laßen. –

Es ist richtig, daß die Franzosen im spanischen Successionskriege das augsburgische Zeughaus geleeret haben. Dies verstehet sich von allem brauchbaren Geschütze. Mit dem, was sie etwa haben stehen laßen, und seit der Zeit angeschaft worden ist, mögen noch etliche und 30 Stücke von verschiedenem Kaliber vorhanden seyn, die gerade zu dem Gebrauche, wozu die Reichsstädte einige Artillerie nöthig haben, nehmlich zu Salutirung der das erstemal hieher kommenden und das Incognito nicht beobachtenden höchsten und hohen Reichsfürsten, hinlänglich und tauglich ist. Seit erwähntem Kriege ist Augsburg von keinen feindlichen Völkern weiter besetzt worden.

Des Herrn J.H. von Schüle Zitzmanufaktur arbeitet noch fort, aber bey weitem nicht mehr so stark als ehedem, wo sie allein 30 bis 40 000 Stücke jährlich lieferte. Den Verkauf hatte sich v. Schüle durch Kontrakte mit einigen wenigen der vornehmsten Zitzhändler versichert, und vor etlichen Jahren nahm ihm in Kraft eines gleichen Verständnisses die hier etablirt gewesene Handlung Reinhold u. Compagnie alles ab, was er fabricirte, so lange bis Reinhold, der ein gebohrner Iserlohner war, und daselbst seine Mitinteressenten hatte, mit Tode abgieng, worauf v. Schüle sich wieder mit mehreren einließ.

Die erwähnte Verminderung der Betriebsamkeit dieser Manufaktur, welche das ausgezeichnete Genie und der rastlose Fleiß des Hrn. Hofr. v. Schüle mit Recht berühmt gemacht hat, hat ihren Grund keinesweges in dem Tode des bekannten Grafen v. Fries, wie einige meinen; es hat dieser schon lange vor seinem traurigen Ende keinen Antheil mehr daran gehabt, und sein Kapital nebst der Nutzung desselben baar zurück erhalten. Sondern verschiedene besondere Umstände, worüber sich ein ganzes Buch schreiben ließe, sind es hauptsächlich, so die Lebhaftigkeit dieser Manufaktur so weit unter den ehmaligen Grad herabgesetzt haben. Die hiesige Manufaktur hat im Ganzen genommen, gar nicht darunter gelitten, vielmehr war sie gerade im Jahre 1784, wo von Schüle am wenigsten arbeitete, in vorzüglichem Flor. Man giebt auf 100,000 Stück rohen Kattun verschiedener Gattung an, so im gedachten Jahre nur allein von der hiesigen Weberschaft verfertigt, hier weiß gebleicht und gedruckt worden sind, fremde Waare nicht mitgerechnet. Freilich sind nun auch andere Manufakturen dem Grade der Vollkommenheit näher gekommen, den die v. S. Manufaktur zuerst allein erreicht hatte, und haben weislich von der Epoche profitirt. Dies laufende Jahr mag, seiner physikalischen Beschaffenheit wegen, überhaupt weniger günstig gewesen seyn; im Durchschnitt von mehrern Jahren aber kann man immer 75,000 Stück rohe Kattune annehmen, so hier gewebt worden. Das Garn dazu wird in der Nachbarschaft auf dem Lande gesponnen.

Ich weis nicht, ob Sie die Goldpappiermanufaktur von Munk und Frühholz vorgemerkt haben; sie verdient es gleichwohl. Die hiesige Lodweberey und der Uhrenhandel haben ansehnlich zugenommen.

Herr Christoph von Zabuesnig hat eine Handlung in englischen und deutschen kurzen Waaren, oder Clinquaillerie, welche auf hiesigem Platz im besten Kredit stehet. Er ist ein Mann von guten kaufmännischen Einsichten; dieses und der Eifer, und die Uneigennützigkeit, mit der er sich bey öffentlichen Angelegenheiten dem allgemeinen Besten und der Beförderung der dahin abzwekkenden Anstalten widmet, machen ihn seinen Mitbürgern schätzbar. Nur hätte er zu seiner eignen Ehre, und zum Besten des gesunden Menschenverstandes nicht Autor und Uebersetzer werden sollen. Seine Autorschaft fieng sich, soviel mir bewußt ist, bey seinem Aufenthalte in Trieste an, wo er zum Zeitvertreibe übersetzte. Das hätte noch mögen hingehen. Aber nachher hat er sich ins philosophische und kritische Fach gewagt, und hat wahren Unsinn geliefert. Sie müssen wissen, daß er, so wie fast alle augsburger katholische Kaufleute, in der Schule der Jesuiten gewesen ist, und den Jesuiten äusserst anhängig ist. Dieser Umstand erklärt überhaupt viel in dem Betragen der katholischen Einwohner Augsburgs. Hr. v. Z. hat meist sehr bigotte ascetische Schriften übersetzt, aber er hat sich zum Unglück auch selbst ins kritische und philosophische Fach wagen wollen. In dem sogenannten philosophischen Lexikon nach dem Abbe Nonnotte, und in den historischen und kritischen Nachrichten von dem Leben und Schriften des Hrn. v. Voltaire,[1] ist ein solches Gewebe von kurzsichtiger und verdammender Bigotterie, daß man glauben möchte, diese Schriften wären aus dem vorigen Jahrhunderte von der Zeit, da die Jesuiten in Dillingen schrieben.

Weil A. Merz doch ein weltberühmter Mann ist, so bin ich Ihnen seinetwegen die Berichtigung schuldig, daß seine angebliche Blindheit nicht bloß ein Vorwand ist, sondern daß die Polemik in der That sein Gesicht so geschwächt hat, daß er die Kanzel nicht mehr betreten kann, worauf nun ein gewisser P. Zeiler erscheinet, der auch höchst bigott ist. Merz genießt indessen seine Besoldung fort, ist mithin nicht förmlich abgesetzt. Man kann ihn und seine Vor- und Nachfahren im genauen Verstande nicht Domprediger nennen, sondern sie sind nur als Adjutanten des jederweiligen Dompfarrers anzusehen, der ihnen dis Officium überläßt. Die Kontroverspredigten haben schon seit einiger Zeit ganz aufgehört. Es wurden ihrer vorhin jährlich, wenn ich mich recht erinnere, vier in jeder der Pfarrkirchen zu U. L. Frauen, bey St. Ulrich und bey St. Moritz gehalten. An Hilaria und am Palmsonntage waren die vorzüglichsten. Letztere ist die nehmliche, so unter dem Namen Eselspredigt bekannt ist. Je gewisser man von dem dazu bestellten Prediger erwarten konnte, daß er tüchtig auf Luthern und Kalvin etc. schimpfen würde, desto größer war der Zulauf und der Beyfall.

Des Kurfürsten von Trier K. H. haben als Bischoff von Augsburg diesem Unsinn mit dem Kontroverspredigen ein Ende gemacht, und selbst den ehrwürdigen grauen Palmesel am Palmsonntage, so wie die Kinderwiegen zu Weynachten, die Possen bey der Himmelfahrt u.a. zum großen Nachtheile der Küster abgeschaft. Im Dom ist nun auch die Andacht am Charfreytage, und was man bey uns das heil. Grab und die Auferstehung heißt, simplificiret; in den Klosterkirchen aber hat dieser ritus noch nicht weggebracht werden können, weil der Pöbel noch zu sehr an dem äußerlichen hängt, und der Bettelmönch davon lebt.

1) Dieses absurde Buch ward 1785, Professoren zu Ingolstadt, anstatt Bayle und R. Simon zu brauchen anbefohlen. S. Berl. Monatschr. 1785, Apr. S. 394.   N.

Bey den feyerlichen Prozessionen am Charfreytage und an St. Laurentii, als welche vom hiesigen Magistrat katholischer Religion abhängen, ist das Mitherumschleppen der Bilder, oder, wie wir sie nennen, Figuren, wirklich eingestellt, und die Juden und Kriegsknechte an einen unserer Bildhauer verkauft worden, welcher die sonderbarsten Physiognomien, z.B. den Longinus, (vermuthlich zum Andenken) aufbehalten hat. – Bey den Prozessionen werden jetzt nur noch die Altäre und die Bruderschaftstafeln, (Unsinns genug,) und die Zunftfahnen herumgetragen. Die Erziehung der katholischen Jugend, und die öffentlichen Schulen sind und bleiben in den Händen der Exjesuiten, und alles ist höchst elend. – Ich habe mich genau erkundigt, ob etwa bey der Schule zu St. Salvator etwas besonders zu merken sey; aber sehr gute Kenner versicherten mich des Gegentheils, und bestätigten das Urtheil, so in einer gewissen Brochure von dem elenden Zustande der damaligen Lehrer, und dem Zustande dieser Schule überhaupt, gefället worden ist. Die Jesuiten werden immer Finsterniß zu verbreiten suchen. Wenn sie sich auch das Ansehen geben, als wollten sie Licht verbreiten, so ist dieß doch nur eine Grimasse, um sich irgendwo Eingang zu verschaffen. Aber in Augsburg machen sie auch nicht einmahl die Grimasse. Lesen Sie nur: Etwas wider die Mode, Gedichte und Schauspiele ohne Caressen und Heirathen von P.F.X. Jann,[2] Lehrer bey St. Salvator. Das ist tolles Zeug!

Die hiesige Silberhandlung oder Silberarbeit gehet noch immer stark, wenn man ein Jahr in das andere rechnen will. Große Bestellungen wie z.B. die rußischen, beschäftigen unstreitig am meisten und am längsten; allein dergleichen kommen nicht alle Tage. Die vornehmste Silberhandlung ist die von Klauke und Benz; denn kommt Heinrich Remigius Gullmann, Joh. Georg von Rauner, Georg Jonas Meyer und einige Goldschmiede, so auf Verlag arbeiten, die aber doch nicht im Stande sind, in nicht gar langer Zeit ein komplettes Service auf 80, oder 100 Couverts in dem verlangten Geschmack zu liefern, wie Klauke thun kann: denn es erfordert diese Handlung gewaltig grosses Kapital. Was den Gang des hiesigen Wechsels anbetrift, so richtet er sich hauptsächlich nach dem Verhältnisse der Wechsel-Course auf den auswärtigen Pläzzen, mit welchen Augsburg in Verbindung stehet. Die hiesige Waaren-

2) Man sehe auch Allg. deutsche Bibl. LX. S. 548.   17.

handlung ist, weil wir außer der Zitzmanufaktur u. drgl. keine eigene Produkte haben, und diese meistens nur auf den Frankfurter und Leipziger Messen verschlissen werden, nur passiv, hat also auf den Wechsel keinen besondern Einfluß; hingegen ist dieser von Seiten der Leinwandhandlung in den benachbarten Reichsstädten und in der Schweiz von Seiten der schweizerischen Seidenfabriken, und Italiens selbst, so viel größer. Augsburg selbst muß zur Zeit allen Vorschuß des Leinwand- und Seideneinkaufes machen, es sey nun mit baarem Gelde (zu dessen sicherer und wohlfeiler Hin- und Hersendung mehrere Einrichtungen bestehen); oder die Schweitzer und Italiäner ziehen auf hier, und geben dafür die Bedeckung in Papier auf ausländische Plätze, wo sie ihre Manufakturen und Erzeugnisse hinsenden, oder wo sie weiter Kredit haben. Häuft sich nun das fremde Papier zu einer Zeit, wo man dessen wenig braucht, und wo es etwa auf den auswärtigen Plätzen auch keinen rechten Abzug findet, so müssen die hiesigen Wechsel natürlich fallen, so wie sie noch mehr fallen, wenn das baare Geld auf dem Platz zusammen geht, und wie oft geschiehet, eine Zeitlang der Zufluß davon gehemmet ist. Das Steigen der Wechselpreise liegt in den entgegengesetzten Ursachen, in dem lebhaften Gange des allgemeinen Commerz, in dem Ueberflusse an baarem Gelde, zuweilen wird es von außerordentlichen Revolutionen auf andere Plätze in der Waaren- oder Aktienhandlung oder durch große Uebermachungen befördert. Augsburg richtet sich immer nach den andern, und nach dem Verhältniß der sämtlichen auswärtigen Wechsel bestimmen sich posttäglich die hiesigen, ungeachtet sie ihren eigentlichen Grund in dem pari zwischen Gold und Silber haben. Die hiesigen Wechselgeschäfte mit Wien sind nichtsweniger als unbeträchtlich, und gereichen sehr zu Augsburgs Vortheile. Kupfer, Stahl, Eisen, Oel, Baumwolle, Leinwand, welche aus den österreichischen Staaten direkte oder indirekte gezogen werden; müßen alle mit Wiener Briefen bezahlt werden. Augsburg liegt Wien am nächsten, und wenn der Schlesier zur Zeit des Leinwandeinkaufs auf Wien zieht, und mit seinen Anweisungen nach Amsterdam, Hamburg oder London bedeckt, so fallen in Wien allezeit die Wechsel so, daß sie hieher taugen, und Augsburg sendet dafür den Wienern, Briefe auf ihrem Platz oder baares Silbergeld. Beym letztern ist sehr ofte Vortheil, wie derjenige, welcher vom Wechselhandel oder eigentlich vom Geldhandel richtige Begriffe hat, leicht einsehet wird. Ueberdies verursachen die kaiserlichen Besizzungen in der Lombardie auch vielen Verkehr in Wechseln zwischen Wien und Augsburg. – Wien verliert freylich ohngefähr 1 p. Cent mehr oder weniger dabey, gewinnt es aber auf der andern Seite wieder. Wenigstens glauben dies letztere die Leute in Wien, und Augsburg läßt sie gern bey diesem Glauben.

Johann Wolfgang von Goethe
Der Wohlgeruch der Freiheit.

Aus den Notizen zur Reise nach Italien 1790

Während des Aufenthalts in Augsburg
vom 16. bis 19. März 1790

Nürnberg hab ich diesmal infaustis omnibus gesehen, und der böse Eindruck hat mich weggejagt, darum [?] ich dich und dein Frl. Schwester muß um Verzeihung bitten. Schnee und Kälte, böse Wege pp., g[enug?], ich bin nicht über Ansbach, sondern gerade [?] hierher. Hier werd ich mich einige Tage aufhalten.

Man kann nicht zu früh, man kann nicht spät genug reisen, da mir [?] die Welt jetzt aufgeschlossen ist als meine flache Hand.

Medium tenuere beati.

Weil es auch würklich die Seligkeit ist.

Aber die Krone*), mit Flor behangen auf Samtkissen, die Wappen der Reiche und Provinzen auf Pappe gemalt, die vielen Lichter, Leuchter, Silber und Umstände [?] haben mir in *einem* Augenblick ein tieferes Gefühl gegeben seiner Würde, seines Standes, seines Schicksals, seiner unglücklichen Willkür und Mächtigkeit, als mir durch keine Worte hätte können eingeprägt [?] werden.

Überhaupt, ich fühle wieder hier, daß es kein besserer Zustand ist als ein Heide, der unter Katholiken wohnt.

Besonders, wenn ich eine Spur von Jesuiten habe, wird mir's gleich wohl. Nicht weil ich selbst die Menschen gern zum besten

---

*) Goethe nimmt im Dom teil an der Totenfeier für Joseph II.

habe, sondern weil ich das größte, auf Instinkt, Kenntnis, Bedürfnis, Leben, Lust, Behagen gegründete Talent erkenne, die Menschen zum besten zu haben. Was einer für eine Kunst treibt, ist mir gleich, nur muß er Meister sein; diese waren Meister, und wer nicht tut wie sie, wird nicht Meister sein.

Ich werde noch einige Tage in Augsburg bleiben, denn es kommt mir hier der Wohlgeruch der Freiheit, das heißt der größten konstitutionellen Eingeschränktheit, entgegen.

Nur eine Promenade durch ihre Fleischbänke!

Ich halte das für einen glücklichen Stand [?], wer Heilige [?] an den Außenwänden malen konnte und wollte. Sein verloschnes Bild ist auch mir lieber als Mensch als ein ganzes Lokal [?] mit konservierten Gemälden. Die Fröhlichkeit und Freiheit vergleicht sich mit nichts, und um ein *Haar,* so konnte ein reiner Geschmack dennoch [? dadurch?] befriedigt [?] sein. Der Teufel hole den Geschmack, der ernst und traurig ist.

Augsburg dagegen im Sonnenschein.

Warnung vor Schaden.
Ein Gespräch
auf
den Revolutions-Altar
Augsburgs
gelegt von einem Patrioten.

Herr! Verzeih ihnen, denn sie wissen nicht,
was sie thun! –

Democrat. Nicht wahr, lieber Nachbar! es ist doch gerade, als wenn es hätte so seyn wollen? – Revolution ist jetzt der große Ton zur Bürgerfreyheit, das lang gewünschte Signal zum Bürgerglück geworden? Seit 1548 – Ich habe auch in meiner Jugend die Chronik, und Regimentshistorie gelesen, und meine erwachsene Kinder haben mir's eine Zeit lang täglich bey dem Abendbrod vorlesen müssen – daß er es nur weist, lieber Nachbar, seit 1548 sag' ich, hat unsere gnädige Obrigkeit unser Denken, Handeln nach freyeren – gemeinnützlicheren Grundsätzen, kurz, unsere Erkenntniß-

kräften mit so abwechselnden Regierungsmaximen einge-
schlummert, daß wir die Folgen unserer Rechte, und Zuständig-
keiten: auch ein giltiges Wort sprechen zu därfen: beynahe hätten
vergessen sollen. – Aber, Gott sey gedankt! ein plötzlicher Schlag
mußte geschehen, der uns nun von diesem schädlichen Schlummer losmachet. – Wir können, und wir müssen uns in der Zeit
rühren, die wirklich die günstigste für uns ist, oder wir müßten
nur öffentlich zeigen, daß wir Herz und Kopf verlohren hätten;
nicht so, Herr Nachbar? –

Aristokrat. Er hat schon da und dort recht, guter Nachbar! aber er
weist wohl, es hat Alles sein Ziel, und sein Maas; ein gutes Wort –
ist das gemeine Sprichwort – findet ein gutes Ort – dieß will ich
ihm schon besser auslegen, weil ich noch nicht versteh –

D. Was ich ihm erzählen will, nicht wahr? – Man muß doch einmal die Wahrheit sagen, denn die gute Wort – wir haben ja Bey-
spiel – fruchten nicht, wie in Paris; hätten die Franzosen die Wahrheiten früher gesagt, so wäre Alles nicht so weit gekommen. –

A. Wie, er wird doch ein Königreich von einem so großen Umfange, von etlich zwanzig Millionen Menschen nicht mit einer Stadt –
Unterthanen nicht mit Bürgern – einen König, und das Parlament,
oder wie man das oberste Regiment heißt, nicht mit dem Magistrat vergleichen wollen? seye es aber auch, so weist er doch nicht,
ob diese Wahrheiten mit unseren Wahrheiten hier gleichen
Schritt halten; ob sie, das versteht sich – eben diese Wahrheiten
nach Verhältniß auch bey uns seyen? Und denn – lieber Nachbar!
muß man dieß mit Prügel, so zu sagen, verkünden? Muß man mit
Ausgelassenheit, und Grobheiten den getreuen Bürgersinn zeigen? – Nicht wahr, wir sind seit Jahren her der Herzensfreunde zusammen; haben einander unsere Fehler schon manchmal auf-
richtig gesagt: Wenn aber Einer von uns den Andern grob angefal-
len, mit Vorwürfen, mit Stolz, und Rechthabereysucht eine Handlung hätte besseren wollen; ich glaube, unsere Freundschaft wäre
zertrümmert worden, und die Vertraulichkeit hätte sich mit
einemmal zerschlagen; – wo wären da unsere Plane, die wir für
unsern Haußstand, für unsere Kinderzucht, vereiniget haben, mit
solchem gesegnetem Erfolge so weit gekommen? – Ueberall hätten wir verlohren: und doch muß uns die Obrigkeit ja mehrer, als
ein guter Freund seyn?

D. Ja, dieß wohl – und sein raisonniren thät mir auch gefallen;
aber es kömmt darauf an, wie es unsre Obrigkeit schon gezeigt

hat, welcher Freund, ich muß sagen, Vater sie zu uns seyn?

A. Welche Proben hat er dann schon von dem Gegentheil? und wie lang schreibt sich sein Einfall her? Nicht von ältern, nur von neuern Zeiten wollt' ich ihm Beyspiele von Männern, die an dem Ruder des Stadtregiments standen, und noch stehen, in das Gedächtniß zurückbringen, deren Namen noch mit Liebe und Ehrfurcht genannt werden müssen; und die würdig sind, in der Geschichte Augsburgs für die Nachkömmlinge bezeichnet zu werden. Sie waren, und sind es noch größtentheils selbst die Erfinder, selbst die Mitarbeiter an unseren Justiz- und Policeygesetzen – an Rathschlüssen, die zwar nicht gedruckt sind, aber, wie man mir in Geheim sagte, doch einen interessanten Einfluß in die Verwaltung haben. Die Errichtung einer Kunstacademie, die Führung öffentlicher Gebäuden, die Einrichtung einer Armenanstalt, die Verbesserungen mancher Handwerksordnungen, sind doch die eigenen Werke solcher Väter, mit denen sie für uns, und unserer Kinder Wohlergehen, und Bedürfniß uneigennützig sorgen – spricht er aber, mein Nachbar, von persönlichen Eigenschaften; so sind es doch Männer gewesen, und noch, die jeden von uns väterlich anhörten, jedem mit Rath, und auch That begegneten, mit Güte, Tugend, und Weisheit. –

D. Gut, gut, alter Camerad, er scheint mir jetzt bald wie ein Aristocrat auf der Rednerbühne zu declamiren; entweder versteht er nicht, wie ich's meyne, oder er will den Bogen zu hoch spannen: wann er ein bevollmächtigter Volksrepräsentant wäre, so könnt' ich ihm doch meine Stimme zu dieser Predigt nicht so ganz unbedingt geben – ich rede nicht von deme, was geschehen ist, sondern was die Herrn jetzt thun sollen – geschieht es nicht, so wird man sehen, daß es doch noch seyn muß. – Also lieber gleich das Licht angezündet, und wer sehen will, der sehe.– (. . .)

Bänkellied
(Anonym)

Der Weber-Aufstand
in Augspurg 1794.
beschrieben in einem Gedicht.
daselbst zu haben aufm Perleberg.

1. In Augspurg, der berühmten Stadt,
Die viele Leineweber hat,
Fand durch des Wuchers Druck und Zwang
Ein großer Theil den Untergang.
Sie klagten schon sehr viele Jahr,
Daß durch die Menge fremder Waar,
Die man hie täglich fabricirt,
Ihr Handwerk werde ruinirt.

2. Deßwegen fiel es ihnen ein,
Nicht länger mehr gefoppt zu seyn:
Sie confiscirten plötzlich all
Die fremden Waaren in der Hall;
Zusammen liefen jung und alt,
Und forderten nun mit Gewalt,
Was sie in Unterthänigkeit
Vergeblich suchten lange Zeit.

3. Ha! Sprach Herr Burgermeister Precht,
Gebt acht, ich weiß euch noch zurecht,
Ihr trozt? was bildet ihr euch ein?
Mit euch will ich bald fertig seyn.
Und gleichwohl zwang ihn kurz vorher
Der Schneiderpursche schwaches Heer,
Und trozte aus dem Arbeitshaus
Die Arrestanten ganz heraus.

4. Allein, wenn das Gedächtniß weicht,
Vergißt man solche Dinge leicht,
Und denkt, es macht durch sein Geschrey
Den Löwen selbst der Esel scheu.
Doch dießmal irrte er sich groß,
Denn jetzt war erst der Teufel los;
Es hörten kaum die Weber das,
So fuhr in sie der Satanas.

5. Erhitzt von Bier und Branntewein
Fiel manchem die Courage ein,
Die ihre Zunft, im Hunnenkrieg
Gezeigt bey dem erfochtnen Sieg.
Pumps liefen alle Spulen ab.
Es rief der Meister wie der Knapp
Beym Weberhaus Victoria!
Wir prügeln jeden Attila.

6. Wer wagt es noch und spricht uns Hohn?
Wir lehren ihn sogleich Räson
Und prägen ihm die Wahrheit ein:
Daß wir der Hunnen Sieger seyn.
Schnell theilten sie die Rollen aus:
Ein Theil in des Stadtpflegers Haus;
Ein Theil mit manchem bösen Weib
Geht Burgermeister Diez zu Leib.

7. Sie drangen ohne Aufenthalt
Zu dem Stadtpfleger mit Gewalt
Und forderten gleich wild und toll
Daß er den Rath verssammeln soll.
Theils streiften lärmend, wild und dumm
In allen Zimmern frech herum;
Theils zeigten an den Fenstern sich
Stolz, aufgeblasen, lächerlich.

8. Dabey behielt noch jeder Knopf
Den Huth beständig auf den Kopf.
Und bildete sich was drauf ein,
Recht ausgezeichnet grob zu seyn.
Der Herr Stadtpfleger zeigte sich
Voll Ernst und Güte väterlich,
Indem er ihnen Recht verhieß
Und liebreich sie zur Ruhe wieß.

9. Doch hier fand kein Versprechen statt.
Genug! wir sind des Wartens satt,
Rief jeder. Sagt ja oder nein:
Heut muß uns noch geholfen seyn.
Man sahe nichts als Wuth und Grimm,
Sie drohten selbst mit Ungestümm:
Wenn ihr uns heute widersteht,
So sollt ihr sehen, wie's euch geht!

10. Der Herr Stadtpfleger gab so fort
Jetzt ihnen, sämtlich auch sein Wort,
Daß sich noch diesen Abend spat
Versammlen sollte der Senat.
Er selbst, verfügte sich sogleich
Im Wagen hin. Vor Schrecken bleich
Schlich mancher Rathsherr kümmerlich
Bang durch der Weber Rotte sich.

11. Als auch voll Unruh des Gemüths
Jetzt der Herr Burgermeister Diez
Darüber sich bedenken wollt,
Ward er von Webern abgeholt.
Sie drangen stürmisch in sein Haus,
Wild zeichnete ein Weib sich aus,
Die hier ein Muster sehen lies
Von Fischerweibern in Paris.

12. Kurz, der Herr Burgermeister war
Bedroht von mancherley Gefahr;
Theils riefens: Bravo! mit Geschrey,
Theils klopftens in die Hand dabey.
Sie führten unter manchen Lumpf
Ihn auf das Rathhauß im Triumph,
Und riefen ihn mit Hohn und Schmach
Bald die, bald jene Namen nach.

13. Allein! verzeiht, hier brech ich ab.
Was sich noch sonst hiebey begab,
Erzähl' ich künftig herzlich gern,
Nur nichts für ungut, liebe Herrn.
Ich rede dann an seinen Ort
Mit allen annoch ein paar Wort
Von Obrigkeit und Bürgerpflicht.
Erwartet ein Pasquill hier nicht.

8.
Unterwegs zur blauen Blume. Das romantische Augsburg

Novalis
Unterwegs zur blauen Blume

(. . .) Heinrich war von Natur zum Dichter geboren. Mannigfaltige
Zufälle schienen sich zu seiner Bildung zu vereinigen, und noch
hatte nichts seine innere Regsamkeit gestört. Alles, was er sah und
hörte, schien nur neue Riegel in ihm wegzuschieben und neue
Fenster ihm zu öffnen. Er sah die Welt in ihren großen und abwechselnden Verhältnissen vor sich liegen. Noch war sie aber
stumm und ihre Seele, das Gespräch, noch nicht erwacht. Schon
nahte sich ein Dichter, ein liebliches Mädchen an der Hand, um
durch Laute der Muttersprache und durch Berührung eines süßen,
zärtlichen Mundes die blöden Lippen aufzuschließen und den
einfachen Akkord in unendliche Melodien zu entfalten.
Die Reise war nun geendigt. Es war gegen Abend, als unsere Reisenden wohlbehalten und fröhlich in der weltberühmten Stadt
Augsburg anlangten und voller Erwartung durch die hohen Gassen nach dem ansehnlichen Hause des alten Schwaning ritten.
Heinrichen war schon die Gegend sehr reizend vorgekommen.
Das lebhafte Getümmel der Stadt und die großen, steinernen Häuser befremdeten ihn angenehm. Er freute sich inniglich über seinen künftigen Aufenthalt. Seine Mutter war sehr vergnügt, nach
der langen, mühseligen Reise sich hier in ihrer geliebten Vaterstadt zu sehen, bald ihren Vater und ihre alten Bekannten wieder
zu umarmen, ihren Heinrich ihnen vorstellen und einmal alle Sorgen des Hauswesens bei den traulichen Erinnerungen ihrer Jugend ruhig vergessen zu können. Die Kaufleute hofften, sich bei
den dortigen Lustbarkeiten für die Unbequemlichkeiten des Weges zu entschädigen und einträgliche Geschäfte zu machen.
Das Haus des alten Schwaning fanden sie erleuchtet, und eine lustige Musik tönte ihnen entgegen. »Was gilt's«, sagten die Kaufleute, »Euer Großvater gibt ein fröhliches Fest. Wir kommen wie gerufen. Wie wird er über die ungeladenen Gäste erstaunen! Er läßt es
sich wohl nicht träumen, daß das wahre Fest nun erst angehen
wird.« Heinrich fühlte sich verlegen, und seine Mutter war nur wegen ihres Anzugs in Sorgen. Sie stiegen ab, die Kaufleute blieben
bei den Pferden, und Heinrich und seine Mutter traten in das
prächtige Haus. Unten war kein Hausgenosse zu sehen. Sie mußten die breite Wendeltreppe hinauf. Einige Diener liefen vorüber,
die sie baten, dem alten Schwaning die Ankunft einiger Fremden

anzusagen, die ihn zu sprechen wünschten. Die Diener machten anfangs einige Schwierigkeiten – die Reisenden sahen nicht zum Besten aus – doch meldeten sie es dem Herrn des Hauses. Der alte Schwaning kam heraus. Er kannte sie nicht gleich und fragte nach ihrem Namen und Anliegen. Heinrichs Mutter weinte und fiel ihm um den Hals. »Kennt Ihr Eure Tochter nicht mehr?« rief sie weinend. »Ich bringe Euch meinen Sohn.« Der alte Vater war äußerst gerührt. Er drückte sie lange an seine Brust; Heinrich sank auf ein Knie und küßte ihm zärtlich die Hand. Er hob ihn zu sich und hielt Mutter und Sohn umarmt. »Geschwind herein«, sagte Schwaning, »ich habe lauter Freunde und Bekannte bei mir, die sich herzlich mit mir freuen werden.« Heinrichs Mutter schien einige Zweifel zu haben. Sie hatte keine Zeit, sich zu besinnen. Der Vater führte beide in den hohen, erleuchteten Saal. »Da bringe ich meine Tochter und meinen Enkel aus Eisenach!« rief Schwaning in das frohe Getümmel glänzend gekleideter Menschen. Alle Augen kehrten sich nach der Thür; alles lief herzu, die Musik schwieg, und die beiden Reisenden standen verwirrt und geblendet in ihren staubigen Kleidern mitten in der bunten Schar. Tausend freudige Ausrufungen gingen von Mund zu Mund. Alte Bekannte drängten sich um die Mutter. Es gab unzählige Fragen. Jedes wollte zuerst gekannt und bewillkommet sein. Während der ältere Teil der Gesellschaft sich mit der Mutter beschäftigte, heftete sich die Aufmerksamkeit des jüngeren Teils auf den fremden Jüngling, der mit gesenktem Blick dastand und nicht das Herz hatte, die unbekannten Gesichter wieder zu betrachten. Sein Großvater machte ihn mit der Gesellschaft bekannt und erkundigte sich nach seinem Vater und den Vorfällen ihrer Reise.

Die Mutter gedachte der Kaufleute, die unten aus Gefälligkeit bei den Pferden geblieben waren. Sie sagte es ihrem Vater, welcher sogleich hinunter schickte und sie einladen ließ, heraufzukommen. Die Pferde wurden in die Ställe gebracht, und die Kaufleute erschienen.

Schwaning dankte ihnen herzlich für die freundschaftliche Geleitung seiner Tochter. Sie waren mit vielen Anwesenden bekannt und begrüßten sich freundlich mit ihnen. Die Mutter wünschte sich reinlich ankleiden zu dürfen. Schwaning nahm sie auf sein Zimmer, und Heinrich folgte ihnen in gleicher Absicht.

Unter der Gesellschaft war Heinrichen ein Mann aufgefallen, den er in jenem Buche oft an seiner Seite gesehn zu haben glaubte.

Sein edles Ansehn zeichnete ihn vor allen aus. Ein heitrer Ernst war der Geist seines Gesichts; eine offene, schön gewölbte Stirn, große, schwarze, durchdringende und feste Augen, ein schalkhafter Zug um den fröhlichen Mund und durchaus klare, männliche Verhältnisse machten es bedeutend und anziehend. Er war stark gebaut, seine Bewegungen waren ruhig und ausdrucksvoll, und wo er stand, schien er ewig stehen zu wollen. Heinrich fragte seinen Großvater nach ihm. »Es ist mir lieb«, sagte der Alte, »daß du ihn gleich bemerkt hast. Es ist mein trefflicher Freund, Klingsohr, der Dichter. Auf seine Bekanntschaft und Freundschaft kannst du stolzer sein als auf die des Kaisers. Aber wie steht's mit deinem Herzen? Er hat eine schöne Tochter; vielleicht daß sie den Vater bei dir aussticht. Es sollte mich wundern, wenn du sie nicht gesehn hättest.« Heinrich errötete. »Ich war zerstreut, lieber Großvater. Die Gesellschaft war zahlreich, und ich betrachtete nur Euren Freund.« – »Man merkt es, daß du aus Norden kömmst«, erwiderte Schwaning. »Wir wollen dich hier schon auftauen. Du sollst schon lernen nach hübschen Augen sehn.«

Sie waren nun fertig und begaben sich zurück in den Saal, wo indes die Zurüstungen zum Abendessen gemacht worden waren. Der alte Schwaning führte Heinrichen auf Klingsohr zu und erzählte ihm, daß Heinrich ihn gleich bemerkt und den lebhaftesten Wunsch habe, mit ihm bekannt zu sein.

Heinrich war beschämt. Klingsohr redete freundlich zu ihm von seinem Vaterlande und seiner Reise. Es lag so viel Zutrauliches in seiner Stimme, daß Heinrich bald ein Herz faßte und sich freimütig mit ihm unterhielt. Nach einiger Zeit kam Schwaning wieder zu ihnen und brachte die schöne Mathilde. »Nehmt Euch meines schüchternen Enkels freundlich an und verzeiht es ihm, daß er eher Euren Vater als Euch gesehn hat. Eure glänzenden Augen werden schon die schlummernde Jugend in ihm wecken. In seinem Vaterlande kommt der Frühling spät.«

Heinrich und Mathilde wurden rot. Sie sahen sich einander mit Verwunderung an. Sie fragte ihn mit kaum hörbaren, leisen Worten, ob er gern tanze. Eben als er die Frage bejahte, fing eine fröhliche Tanzmusik an. Er bot ihr schweigend seine Hand, sie gab ihm die ihrige, und sie mischten sich in die Reihe der walzenden Paare. Schwaning und Klingsohr sahen zu. Die Mutter und die Kaufleute freuten sich über Heinrichs Behendigkeit und seine liebliche Tänzerin. Die Mutter hatte genug mit ihren Jugendfreundinnen zu

sprechen, die ihr zu einem so wohlgebildeten und so hoffnungs-
vollen Sohn Glück wünschten. Klingsohr sagte zu Schwaning:
»Euer Enkel hat ein anziehendes Gesicht. Es zeigt ein klares und
umfassendes Gemüt, und seine Stimme kommt tief aus dem Herzen.« – »Ich hoffe«, erwiderte Schwaning, »daß er Euer gelehriger
Schüler sein wird. Mich deucht, er ist zum Dichter geboren. Euer
Geist komme über ihn. Er sieht seinem Vater ähnlich; nur scheint
er weniger heftig und eigensinnig. Jener war in seiner Jugend voll
glücklicher Anlagen. Eine gewisse Freisinnigkeit fehlte ihm. Es
hätte mehr aus ihm werden können, als ein fleißiger und fertiger
Künstler.« Heinrich wünschte den Tanz nie zu endigen. Mit inni-
gem Wohlgefallen ruhte sein Auge auf den Rosen seiner Tänzerin.
Ihr unschuldiges Auge vermied ihn nicht. Sie schien der Geist ihres Vaters in der lieblichsten Verkleidung. Aus ihren großen ruhigen Augen sprach ewige Jugend. Auf einem lichthimmelblauen
Grunde lag der milde Glanz der braunen Sterne. Stirn und Nase
senkten sich zierlich um sie her. Eine nach der aufgehenden Sonne geneigte Lilie war ihr Gesicht, und von dem schlanken, weißen Halse schlängelten sich blaue Adern in reizenden Windungen um die zarten Wangen. Ihre Stimme war wie ein fernes Echo,
und das braune, lockige Köpfchen schien über der leichten Gestalt nur zu schweben.
Die Schüsseln kamen herein, und der Tanz war aus. Die ältern Leute setzten sich auf die eine Seite, und die jüngern nahmen die andere ein.
Heinrich blieb bei Mathilden. Eine junge Verwandte setzte sich zu
seiner Linken, und Klingsohr saß ihm gerade gegenüber. So wenig Mathilde sprach, so gesprächig war Veronika, seine andere
Nachbarin. Sie that gleich mit ihm vertraut und machte ihn in kurzem mit allen Anwesenden bekannt. Heinrich verhörte manches.
Er war noch bei seiner Tänzerin und hätte sich gern öfters rechts
gewandt. Klingsohr machte ihrem Plaudern ein Ende. Er fragte
ihn nach dem Bande mit sonderbaren Figuren, was Heinrich an
seinem Leibrocke befestigt hatte. Heinrich erzählte von der Mor-
genländerin mit vieler Rührung. Mathilde weinte, und Heinrich
konnte nun seine Thränen kaum verbergen. Er geriet darüber mit
ihr ins Gespräch. Alle unterhielten sich; Veronika lachte und
scherzte mit ihren Bekannten. Mathilde erzählte ihm von Ungarn,
wo ihr Vater sich oft aufhielt, und von dem Leben in Augsburg.
Alle waren vergnügt. Die Musik verscheuchte die Zurückhaltung

und reizte alle Neigungen zu einem muntern Spiel. Blumenkörbe dufteten in voller Pracht auf dem Tische, und der Wein schlich zwischen den Schüsseln und Blumen umher, schüttelte seine goldnen Flügel und stellte bunte Tapeten zwischen die Welt und die Gäste. Heinrich begriff erst jetzt, was ein Fest sei. Tausend frohe Geister schienen ihm um den Tisch zu gaukeln und in stiller Sympathie mit den fröhlichen Menschen von ihren Freuden zu leben und mit ihren Genüssen sich zu berauschen. Der Lebensgenuß stand wie ein klingender Baum voll goldener Früchte vor ihm. Das Übel ließ sich nicht sehen, und es dünkte ihm unmöglich, daß je die menschliche Neigung von diesem Baume zu der gefährlichen Frucht des Erkenntnisses, zu dem Baume des Krieges sich gewendet haben sollte. Er verstand nun den Wein und die Speisen. Die schmeckten ihm überaus köstlich. Ein himmlisches Öl würzte sie ihm, und aus dem Becher funkelte die Herrlichkeit des irdischen Lebens. (...)

Achim von Arnim
»Augsburger Geld, das gilt in der Neuen Welt...«

(...) Berthold führte den Meister in die Laube vor der Haustüre, übersah so die Straße und sprach: »Es ist doch eine herrliche Sache um den Eifer fürs gemeine Wohl, der in Reichsbürgern liegt, auch in den Vergnügungen zeigt es sich, sie lieben das Öffentliche und Gemeinsame und setzen darin ihre Ehre, während die Bürger andrer Städte ihre Feste lieber im engen Hause unter wenigen Verwandten feiern und keinen Kreuzer für öffentliche Lustbarkeiten zusammensteuern mögen. Und wie sie zur Lust nicht gemeinsam gesellt sind, so trifft auch jedes Unglück den einzelnen vernichtend, denn jeder fängt mit seiner Dummheit zu leben an und muß auch damit auskommen. Ja ich sage Euch, bis in Kleinigkeiten macht sich eine freie Stadt kenntlich, schon in den herrlichen Glocken tönt's entgegen aus der Ferne, da darf keine gesprungene scharren, dann kommen viele zierliche Gärten und auch im ärmsten ist noch etwas für den Anblick getan, die Zäune verziert und angestrichen, die Stadtmauern und Tore sind aber vor allem gut erhalten und aus den reinlichen Häusern strecken sich überall die Gewerbszeichen, wie Siegesfahnen heraus und die Wirte stehen ruhig und fest in den Türen, sie wissen, daß sie mit zu regieren haben. Sehe ich nun die vielfachen Waren in den Läden, so erkennt sich gleich die allgemeine Verbindung unter den Städten, der keine Entfernung zu weit ist, das Nützliche und Künstliche gegen gemeine Landeserzeugnisse einzutauschen. Im Einheimischen ist alles kunstreicher, das Brot weißer, die Semmel in allerlei lockenden Gestalten, die Braten kunstreich in der Haut gekerbt, daß Hirsche und Hasen drüber zu laufen scheinen.« – »Es gibt nur ein Augsburg«, rief Kugler, »wir Augsburger haben den Schelm im Nacken, ich sage Euch, zwölftausend Ochsen schlachten wir jährlich und darunter sind rechte Kerls. Auf unserm Kornhause bewahren wir hundertundeinjährigen Roggen, habe selbst davon kürzlich ein Probebrot gegessen, es ist etwas schwärzer, aber sehr nahrhaft; wir haben einen Tanzsaal erbaut, da können dreihundert Paare schleifen, wir haben einen Knopf auf die Hauptkirche gesetzt, der wiegt 309 Pfund. Das Sprichwort sagt: ›Nürnberger Hand geht durch alle Land, aber nichts geht über Augsburger Geld, das gilt in der Neuen Welt.‹ – Übrigens wird es mit dem Gelde bald aus sein«, fuhr er bedenklich fort, »die reichen Geschlechter kaufen sich außerhalb Güter, wie kleine Königreiche, die Alten bleiben nun wohl unter uns, aber die Jungen sind schon mehr in Cadiz, Lissabon und Antwerpen, als bei uns zu Hause, und hätten unsre Zünfte nicht seit dem Aufruhr im Jahre 1368 die Hälfte der Ratsstellen zu besetzen, so würden wir vielleicht künftig von den Landgütern der reichen Geschlechter, wie Ihr von Stuttgart aus befehligt. Mit dem heimlichen Gerichte hätten sie uns gern untergezwungen, aber wir haben die heimlichen Boten mehrmals so wacker durchgebläut, daß sie nicht mehr wagen, sich unserm Weihbilde zu nahen. Hört, lieber Berthold, Ihr müßt Euer Wappen in mein Gesellenbuch malen, Ihr sprecht so vernünftig, daß ich Euch recht achte und ehre.« – »Recht gern«, antwortete Berthold, »aber ich habe kein Wort gesagt, nur wollte ich Euch bemerklich machen, daß die heimlichen Gerichte eine Freiheit und keine Last, Hohe und Niedre durch gleiches, unabwendbares Gesetz richten sollten. Dazu bedurfte es des Geheimnisses, damit sich keiner dem entziehen konnte, es wurde gefürchtet und hat doch nicht halb so viel Blut vergossen, als die Halsgerichte jeder Stadt und jedes Fürsten.« – »Ich kann es doch nicht leiden«, sagte Kugler, »was ich für ehrlich halten soll, das muß öffentlich getrieben werden, schon in den Zünften sind mir zu viele Geheimnisse, ich will alles klar und deutlich.« (...)

Jean Paul
Lenettes Brautfahrt
von Augsburg nach Kuhschnappel

Der Armenadvokat Siebenkäs im Reichsmarktflecken Kuh-
schnappel hatte den ganzen Montag im Dachfenster zugebracht
und sich nach seiner Braut umgesehen; sie sollte aus Augsburg
früh ein wenig vor der Wochenbetstunde ankommen, damit sie
etwas Warmes trinken und einmal eintunken könnte, ehe die Bet-
stunde und die Trauung angingen. Der Schulrat des Orts, der gerade von Augsburg zurückfuhr, hatte versprochen, die Verlobte als
Rückfracht mitzunehmen und ihren Kammerwagen oder Mahl-
schatz hinten auf seinen Koffer zu binden. Sie war eine geborne
Augsburgerin – des verstorbenen lutherischen Ratkopisten Egel-
kraut einzige Tochter –, wohnte in der Fuggerei in einem geräumigen Hause, das vielleicht größer war als mancher Salon, und war
überhaupt nicht unbemittelt, da sie nicht wie pensionierte Hof-
Soubretten von fremder Arbeit lebte, sondern von eigner; denn
sie hatte die neuesten Kopf-Trachten früher als die reichsten Fräulein in den Händen (wiewohl in einem Formate, daß keine Ente
den Putz aufsetzen konnte) und führte nach dem kleinen Baurisse
die schönsten Hauben im großen aus, wenn sie einige Tage vorher bestellt waren.

Alles, was Siebenkäs unter dem Warten tat, waren einige Eid-
schwüre, daß der Teufel das Suchen und seine Großmutter das
Warten ausgesonnen. Endlich erhielt er noch früh genug statt der
Braut einen Nachtboten mit einem Schreiben des Schulrats: »er
und die Verlobte könnten unmöglich vor Dienstags eintreffen, sie
arbeite noch an ihrem Brautkleide, und er noch in den Bibliotheken der Exjesuiten und des Geheimen Rat Zapf und der Gebrüder
Veith und an einigen Stadttoren.« Letzte bewahren bekanntlich
uns noch römische Altertümer. Indes Siebenkäsens Schmetter-
lingrüssel fand in jeder blauen Distelblüte des Schicksals offne Ho-
niggefäße genug; er konnte doch am leeren Montag die letzte
Arm-Feile und den Glättzahn an seine Stube legen, mit Schreibfe-
dern den Streusand und den Staubpuder vom Tische fegen, das
papierne Geniste hinter dem Spiegel ausreuten, das Dintenfaß
von Porzellan mit unsäglicher Mühe weißer wischen und die But-
terbüchse und die Kaffeetäßchen auf dem Throngerüste eines
Schrankes mehr weiter hervor in Reih und Glied stellen und die

Messingnägel am ledernen Großvaterstuhl blitzgelb scheuern. Er unternahm die neue Tempelreinigung seiner Stube nur aus Langweile; denn ein Gelehrter hält bloß Ordnung der Bücher und Papiere für eine: zweitens behauptete der Armenadvokat: »Ordnungliebe ist, geschickt erklärt, nichts als die schöne Fertigkeit des Menschen, ein Ding noch zwanzig Jahre lang immer an den alten Ort zu setzen, der Ort selber kann sitzen, wo er will.« – Er hatte nicht nur eine schöne Stube, sondern auch einen langen roten Eßtisch zur Miete, den er an einen niedrigen gestoßen, desgleichen hohe Kröpel-Stühle; auch die Mietherren der Möbeln und der Stube, die sämtlich in diesem Hause wohnten, hatt' er sich auf seinen blauen Montag geborgt gehabt; es wäre sonach herrlich an diesem abgelaufen, weil die meisten Hausleute Handwerker waren und also ihrer in seinen fiel; denn bloß der Mietherr war etwas Bessers, nämlich ein Perückenmacher.

Ich müßte mich schämen, einen Armenadvokaten, der selber einen bedürfte, mit meinen kostbaren historischen Farbestoffen abzufärben, wenn hier der Fall wirklich so wäre; aber ich habe die Vormundschaft-Rechnungen meines Helden unter den Händen gehabt, aus denen ich stündlich vor Gericht erweisen kann, daß er ein Mann von wenigstens zwölfhundert Gulden rhnl. war, ohne die Interessen. Nur hatt' er leider aus den Alten und aus seinem Humor eine unleugbare Verachtung gegen das Geld, dieses metallne Räderwerk des menschlichen Getriebes, dieses Zifferblattrad an unserm Werte, geschöpft, indes doch vernünftige Menschen, z.B. die Kaufleute, einen Mann ebenso hoch schätzen, der es einnimmt, als den, der es wegschenkt, wie ein Elektrisierter den leuchtenden Heiligenschein um den Kopf bekömmt, der Äther mag in ihn ein- oder aus ihm ausströmen. Ja Siebenkäs sagte sogar – vorher tat ers –, man müsse den Bettelsack zuweilen aus Spaß überhängen, um den Rücken für ernsthafte Zeiten daran zu gewöhnen; und er glaubte sich zu retten und zu loben, wenn er fortfuhr: es sei leichter, die Armut zu tragen wie Epiktet, als sie zu wählen wie Antonin, so wie es leichter sei, als Sklave das eigne Bein zum Zerschlagen hinzuhalten, als andern Sklaven ihres ganz zu lassen, wenn man einen ellenlangen Zepter führt. Daher behalf er sich zehn Jahre außer Landes und ein halbes im Reichsmarktflekken, ohne nur einen Kreuzer Zinsen seiner Erbschaftmasse seinem Vormund abzufordern. Da er nun seine eltern- und geldlose Braut auf einmal als Steigerin in ein ausgezimmertes Silberbergwerk fahren lassen wollte – dafür hielt er seine zwölfhundert Gulden mit rückständigen Zinsen –: so flößte er ihr gern im Vorbeigehen in Augsburg den Glauben ein, er habe bloß das liebe Brot, und das wenige, was er erschwitze, gehe von der Hand in den Mund und Magen, nur arbeit' er wie einer und frage wenig nach einem großen und kleinen Rate. »Ich will verdammt sein«, hatt' er längst gesagt: »wenn ich eine heirate, die weiß, was ich rentiere; die Weiber halten ohnehin einen Ehemann für den lebendigen Teufel, dem sie ihre Seele – oft ihr Kind – verschreiben, damit der Böse ihnen Hecktaler und Eßwaren zutrage.« –

Auf den längsten Sommer- und Montag folgte eine längste Winternacht, was bloß astronomisch unmöglich ist. Am frischen Morgen fuhr der Schulrat Stiefel vor und hob aus der Kutschenarche (feine Lebensart ziert einen gelehrten Mann doppelt) einen Haubenkopf statt der Braut aus dem Wagen und befahl, das übrige Eingebrachte derselben, das in einem weißverblechten Reisekasten bestand, abzuladen, indes er mit dem Kopfe unter dem Arme zum Advokaten hinauflief: »Ihre werte Verlobte«, sagt' er, »muß gleich nachkommen; sie putzt sich draußen im Vorwerk für das heilige Werk an und bat mich, vorauszufahren, damit Sie nicht ungeduldig würden. Eine wahre Frau nach Salomons Sinn, zu der ich höchlich gratuliere!«

– »Der Herr Advokat Siebenkäs, meine Schönste? – zu dem kann ich Sie führen, er sitzt bei mir selber, meine Beste, und ich werde Sie den Augenblick bedienen«, sagte der Perückenmacher unten an der Türe und wollte sie an der Hand hinaufgeleiten; aber da sie ihren zweiten Haubenkopf noch in der Kutsche sitzen sah, nahm sie ihn wie ein Kind auf den linken Arm (der Haarkräusler wollte den Kopf vergeblich tragen) und stieg ihm wankend in das Männerzimmer nach. Sie reichte mit einem tiefen Kniebeugen und leisen Grüßen dem Bräutigam bloß die rechte Hand hin, und auf dem vollen runden Gesichtchen – alles ründete sich daran, Stirn, Auge, Mund und Kinn – blühten die Rosen weit über die Lilien hinüber, waren aber desto lieblicher zu schauen unter dem großen schwarzen Seidenhute, und das schneefarbige Mousselinkleid mit einem vielfarbigen Sträuße welscher Blumen und mit den weißen Schuhspitzen gaben der schüchternen Gestalt Reize über Reize. Sie band sogleich – weil nicht mehr Zeit zum Kopulieren und Frisieren übrig war – ihren Hut los und legte das Myrtenkränzchen darunter, das sie im Vorwerke der Leute wegen versteckt, auf den Tisch, damit ihr Kopf gehörig wie der Kopf anderer Honoratioren für die Trauung zurechtgemacht und gepudert würde durch den schon passenden Mietherrn. (...)

August von Kotzebue
Alte Zöpfe statt heller Köpfe

Seit mehreren Jahren klagen die Perückenmacher, ihre Kunst werde nicht mehr nach Würden geehrt; man schneide ohne Umstände die Zöpfe ab, oder lasse höchstens ein Rattenschwänzchen hängen. Alles übrige müsse hinauf borsten, des erquickenden Puders entbehren, und statt dem schöpferischen Kamm, wie vormals, die lockichten Reize zu verdanken, fahre man nur, gleich Katzen, Eichhörnchen und Fliegen, mit beiden Pfötchen über den Gehirnkasten, so oft man befürchte, daß die Borsten nicht genug aufwärts streben möchten; an Perücken, an jene edle Kopfzierde unserer Väter, sei vollends gar nicht zu denken; Allongen-Perükken, das Höchste der Kunst, kenne man nur noch aus Gemälden, und mit Wehmuth müsse man sich der Zeiten erinnern, wo eine Allongen-Perücke dem Höfling, wie dem Richter Gravität und Würde lieh.

Diese Klagen einer ehrsamen Perückenmacherzunft sind freilich nicht ungerecht; wir machen es mit unsern *Haaren* wie mit unserer *Philosophie:* Anfangs in jenen viel Wulst, in dieser viel Schwulst; nach und nach haben wir Alles weggeschnitten, und nur auf dem Wirbel des Kopfes steht jetzt noch ein verworrenes Ding, das die Kunstverständigen eine *Dolle* nennen. Das Wort mag immerhin von der Philosophie wie von den Haaren gelten, denn unsere *Zungen*-Weisen (vormals benannte man sie nicht nach der Zunge, sondern nach der *Nase*) bürsten jene gerade so aufwärts wie diese. Die Perückenmacher müssen sich damit trösten, daß sie es in diesen bösen Zeiten weit besser haben als die Philosophen, denn den letztern wüßte ich keine Stadt anzudeuten, wo ihre Kunst sich echt erhalten hätte, wohl aber den erstern, nämlich *Augsburg.* Hieher flüchte jeder alte wackere Pudergott, dem das neue borstige Anwesen ein Gräuel ist; hier werden ihm die ausgestandenen Leiden überschwenglich vergolten; hier gibt es noch ehrwürdige, mit zehn tausend Löckchen prangende Allongen-Perücken, ja, was noch mehr ist, der wackere Haarkräusler, der in seiner Vaterstadt nur Sterbliche bediente, schwingt sich hier zum Gipfel seines Ruhms und frisirt blos *Götter!* Der ganze christliche Olymp nämlich, den heiligen Geist ausgenommen, trägt in Augsburg Allongen-Perücken. Es ist herzerfreuend, wenn man in einer Kirche tritt, gleichviel in welche, und die heilige Jungfrau in Brocat gekleidet, erblickt, von ihrem Haupte eine Allongen-Perüke herabwallend, in ihrem Armen das Jesuskindlein, abermals durch eine wohlgepuderte Allongen-Perücke verherrlicht. Ja auch Gott dem Vater selbst schwimmen die Locken vom Haupte auf die Weltkugel herab. Wahrlich, kein Perückenmacher wird die Augsburger Kirchen betreten, ohne Freudenthränen zu vergießen.

Freilich meinen verstockte Weltkinder, die herrliche *Wasserkunst,* durch welche so viele Häuser und Brunnen bequem und reichlich mit Wasser versorgt werden, bringe den Augsburgern mehr Ehre, als ihre frisirte Dreifaltigkeit. Beschreiben läßt eine solche Wasserkunst sich nicht. Schnell, wie nützliche Gedanken, durch Gott weiß wie viele feine Aederchen in das Gehirn hinauf gepumpt werden, und von da durch das Papier in die Welt strömen, eben so sammelt sich hier das Wasser vier Stockwerke hoch in großen Behältern, und fließt von da durch tausend Röhren in die Häuser der Bürger, denen es alsdann frei steht (gerade wie bei den *Gedanken*), zu ihrem Hausbedarf davon zu schöpfen, oder es ungenutzt vorüber fließen zu lassen. – Auf der Platteforme des Thurms genießt man eine herrliche Aussicht. Die Franzosen hatten hier einen Telegraph errichtet, den sie auch zurück gelassen, und der noch gezeigt wird, mit einer Miene, als zeige man Spuren des Blitzes, der ein Haus getroffen. – In den verschiedenen Stockwerken sind viele Modelle von Kirchen, Brücken, Salzwerken u. dgl. aufgestellt, die den Kunstverständigen ergetzen mögen. Irgendwo ist auch ein sehr schwerer Stein, mit einem daran befestigten Ringe zu schauen; wer Kraft genug besitzt, mit einem Finger ihn aufzuheben, der erhält, zum süßen Lohn, die Erlaubniß, seinen Namen an die Wand daneben zu schreiben. Ich dachte dabei an den Tausendkünstler, der, ich weiß nicht mehr welchen König, dadurch in Erstaunen zu setzen glaubte, daß er Erbsen sehr geschickt durch ein Nadelöhr warf, und zur Vergeltung, auf die er sich wacker spitzte, einen Scheffel Erbsen zum Geschenk erhielt. Unter den vielen Namen, mit welchen die Wand bekleckset worden, ist auch der Name einer *Jungfrau* zu lesen. Wer einst diese

Heldin heirathet, wird doch wohl mit einigem Zagen den Entschluß fassen, denn Gott hat ihr Kräfte verliehen, die Herrschaft zu behaupten.

Eine in Marmor gegrabene Inschrift, und die modernden Ueberreste eines Baldachins, verewigen hier das Andenken an die berüchtigte Reise Papst Pius des Sechsten; bei welcher Gelegenheit sogar der evangelische Rektor *Mertens* bekanntlich den heiligen Vater *vergötterte*, und dafür von hundert Federn gezüchtigt wurde. – Einen kleinen Ersatz für alle den Unsinn, den man in der Wohnung der heiligen Afra beschauen muß, gewährt ein Gemälde von Mettenleiter, die Auferstehung.

Mit großen Erwartungen betritt man das *Rathhaus,* weil von dem herrlichen *Saale* dieses Gebäudes Wunderdinge erzählt werden. *Groß* ist er, das muß man bekennen, aber auch *schön?* mit nichten! er ist bunt und vollgepfropft von tausenderlei Vergoldungen, Schnitzwerken, Malereien, Inschriften; Kaiser an den Wänden, Küchenmägde an der Decke; kurz, es sieht aus, als habe man eine große Sündflut befürchtet, und alle diese Gegenstände hier zusammen gewürfelt, um eine Arche damit zu befrachten. Sieht man vollends zum Fenster hinaus in den Hof hinab, so zieht sich das Herz noch enger zusammen, denn hier erblickt man *unterirdische,* mit *Blei* gedeckte Wohnungen, in welchen Gefangene schmachten. Großer Gott! haben denn die Reichsstädte allein das Recht, in einem Jahrhundert, in welchem Howard lebte – nicht Verbrechen zu bestrafen – sondern *Menschen zu martern?* – Möchten doch alle Quellen um Augsburg sich plötzlich verstopfen, die sinnreiche Wasserkunst keinen Tropfen Wasser mehr liefern, und alle Rathsherren den brennendsten Durst leiden, bis sie den Befehl ertheilten, diese schändlichen *Bleidächer,* die an die venetianische Inquisition erinnern, nieder zu reißen, und menschliche Schlachtopfer an das Tageslicht herauf zu führen, die, als Verbrecher, nur den Tod, aber nicht diese Qualen verdient haben können.

Fliehen wir von diesem Schauder erregenden Anblick zu einem schönen Gemälde des *Lucas Cranach,* Simson und Delila, das in einem unteren Zimmer hängt. Je länger man es betrachtet, je schwerer reißt man sich davon los. Simson schläft so tief, so sorglos, und in Delila ist, trotz ihrer Schönheit, auf den ersten Blick, die herzlose Buhlerin zu erkennen. – In einem andern Zimmer steht ein großes Bild, nicht als Kunstwerk, aber als treue Darstellung alter Kostüme merkwürdig, und in dieser Hinsicht empfehle ich es den Herausgebern der, jetzt heftweise erscheinenden, altdeutschen Trachten. Es stellt das Rathhaus und den Marktplatz vor, wie beides vor ein paar hundert Jahren im Winter aussah, mit großem Menschengewimmel am Markttage. Käufer und Verkäufer bewegen sich durcheinander, die Rathsherren ziehen in corpore von den Stufen des Rathhauses herab, der Polizeimeister reitet herum, auf Ordnung haltend; ein junger Elegant fährt eine Dame im Schlitten, er selbst steht hinten auf und die Dame sitzt ihm *gegenüber,* eine Sitte, die vielleicht nur deswegen abgekommen ist, weil der junge Herr mehr der Dame in's Gesicht als auf seinen Weg gesehen, und so daher öfter als heut zu Tage umgeworfen hat. Kurz, eine unendliche Menge von Figuren bewegen sich auf diesem Bilde, und das wohl ausgedrückte, sehr mannigfaltige Kostüm macht eine jede derselben interessant.

Endlich muß ich doch noch eines Dinges erwähnen, das dem Reisenden von seinem Führer mit großem Pomp angekündigt wird, viel Geld kostet, aber der Erwartung im Geringsten nicht entspricht: es ist der sogenannte *alte Einlaß.* Zu den Zeiten des Faustrechts nämlich wurden die Stadtthore *bei Nacht* unter keiner Bedingung geöffnet; man mochte draußen winseln oder sterben, kein augsburgischer Hahn krähte darnach. Vermuthlich war man durch Erfahrung gewitzigt worden, und ein Hochedler Rath mochte ganz recht daran thun. Nun begab es sich aber, daß Kaiser Maximilian eine Zeit lang in der Stadt herbergte, und wenn er etwa auf die Jagd oder spaziren geritten war, nicht immer Lust hatte, heim zu eilen, um, wie die Leipziger, der Thorsperre zuvor zu kommen. Dem vornehmen Gaste wollte man nicht Zwang auflegen, und doch auch von der alten Sitte nicht abweichen. Da gerieth man endlich auf den Einfall, einen Gang unter dem Walle zu wölben, durch mehrere schwere Pforten ihn zu verschließen und über dem Graben eine schmale Zugbrücke zu führen. Auf diesem Wege konnte nun mancher einzelne Reiter und Fußgänger in die Stadt gelassen werden, ohne die Sicherheit derselben in Gefahr zu setzen. Um aber auch diesen Gang möglichst vor Einbruch zu schützen, traf man, durch eine eben nicht künstliche Mechanik, die Einrichtung, daß die Riegel der Pforten nur von einem unsichtbaren, in der Höhe befindlichen Pförtner geöffnet und sogleich wieder verschlossen werden konnten; gerade wie man heut zu Tage manche Hausthüren im ersten Stockwerk entriegeln kann. Die Zugbrücke und das äußere Gitter gehorchten einem ähnlichen Mechanismus. Das ist nun die ganze Merkwürdigkeit. Weil die schweren Pforten sich auf- und zuthun, ohne daß man eine Menschenhand gewahr wird, die sie in Bewegung setzt, und weil man zugleich den kleinen Kunstgriff anwendet, immer die eine Pforte in dem Augenblick sich öffnen zu lassen, in dem die andere sich verschließt, so frappirt das in der ersten Sekunde, in der zweiten lacht man über sich selbst, daß man von der plumpen Täuschung sich überraschen ließ. Das einzige, wahrhaft Merkwürdige, was am Ende noch übrig bleibt, ist die Thorheit der Augsburger, die sich diese seltsame Einrichtung bis 1768, schreibe Eintausend siebenhundert acht und sechzig, gefallen ließen, da doch schon Kaiser Maximilian selbst das Faustrecht abschaffte. Bis zu dem erwähnten Zeitpunkte mußte jeder Reisende, der das Unglück hatte, nach dem Thorschluß vor Augsburg anzulangen, Wagen und Gepäck draußen stehen lassen, eine Wache dabei setzen, seine Nachtkleider unter den Arm nehmen, und durch die finstern Gewölbe, vom Gerassel der zuschlagenden schweren Pforten begleitet, wie in ein tiefes Gefängniß in die Stadt wandern. – Wahrlich, man hätte, statt den *Buchsbeutel* zu verewigen, jede alte unnütze Sitte den *Augsburger Einlaß* nennen sollen.

Ich vollende mein Miniaturgemälde von Augsburg, indem ich die moderne Bemerkung darunter setze, daß die Damen hier schlecht tanzen, und beim Tanz ihre Röcke gewaltig hoch aufschürzen. *Honny soit qui mal y pense.*

Hans Christian Andersen
Die Erfüllung eines Wunsches

Als Kind besaß ich einen kleinen Guckkasten, dessen Bilder alle aus einem alten Buch ausgeschnitten waren; jenes Bild zeigte ein gotisches Gebäude, ein Kloster oder eine Kirche, und davor standen kunstvoll gehauene Springbrunnen. Bei jedem aber las man darunter den Namen der Stadt, und er hieß bei ihnen allen: Augsburg. Wie oft habe ich diese Bilder betrachtet und bin in Gedanken in sie hineingeschlüpft, nie aber konnte ich doch recht erfahren, was wohl hinter der Straßenecke zu sehen war.

Und jetzt – jetzt stand ich ja mitten in der Wirklichkeit dieser Bilder – ich war in Augsburg! Je länger ich sie betrachtete, die alten Häuser mit den bunten Bildern an den Wänden, die gezackten Giebel, die alten Kirchen und die Bildsäulen der Springbrunnen, desto mehr erschien mir alles als eine einzige Zauberei. Nun war ich mitten in meinem Guckkasten, der Wunsch meiner Kindheit hatte sich erfüllt. Und wenn ich wollte, konnte ich jetzt nachschauen, was hinter der Straßenecke war.

Ich kannte diese Straßenecke wieder, ich ging um sie herum, ich fand – Bilder, und zwar solche, die ich als Kind nicht hätte ahnen können, ja, die zu jener Zeit die ganze Welt nicht, schon gar nicht Augsburg, hätte ahnen können. Hier hatte ein Maler, Isenring von St. Gallen, eine Ausstellung von Daguerreotypbildern eröffnet. Nur wenige Prospekte und architektonische Stücke gab es zu sehen, wohl aber eine Menge Porträts von verschiedener Größe, alle mit dem Daguerreotyp aufgenommen; sie waren ganz ausgezeichnet, und man konnte sehen, daß sie auch ähnlich sein mußten, es schien, als wären sie in eine stählerne Platte gestochen, und jeder Zug war ganz genau angedeutet, sogar das Auge hatte Klarheit und Ausdruck, am vorzüglichsten aber war die Seide der Kleider gegeben, man hörte sie förmlich knistern. Auch waren einige Porträts in Farbe versucht, sie sahen aber alle aus wie Gesichter in der Nähe eines starken Feuers, die Beleuchtung war allzu rötlich. Ein solches Porträt entsteht in fünf bis zehn Minuten.

Hatte ich mir das nicht als Kind gedacht – wenn ich nur um die Ecke käme, dann würde ich neue Bilder sehen, und ich sah neue Bilder, ja, die neuesten, die unsere Zeit uns brachte.

Als ich noch in den Guckkasten schaute, wie habe ich mir da gewünscht: »Ach, könnte ich doch die breite Treppe hinaufsteigen und durch die große, altmodische Tür eintreten!« Jetzt konnte ich es, und ich tat es und stand in der untersten Halle des prächtigen Rathauses. Bronzebüsten römischer Kaiser blickten starr auf den kolossalen Adler, der wie sie aus Bronze und doch beweglicher war. Napoleon gebot ihm einmal nach Paris zu fliegen, des Kaisers Vogel sollte ja in des Kaisers Hauptstadt sein. Und der Vogel flog davon, doch an der Grenze, wo als ein Eckstein der Turm von Straßburg steht, ruhte sich der Adler aus. Im Morgengrauen krähte der gallische Hahn, so wie jener andre Hahn, als Peter den Herrn verriet. Große Ereignisse wurden geboren – da kehrte der Adler ins alte Augsburg zurück, und da sitzt er noch heute und grübelt.

Siehst du, das hab ich gesehen, als ich die breite Treppe hinauf und durch die große, altmodische Tür ging.

Wenn ich doch nur in den Guckkasten könnte – wünschte ich mir als Kind, und ich kam hinein, auf die einzige vernünftige und wünschenswerte Weise, zwar hat es ein paar Jahre gedauert, ehe mein Wunsch in Erfüllung ging – aber erfüllt wurde er doch! – *Ich war in Augsburg.*

Schauderhafte und greuliche Moritat
(Anonym)

welche sich am 5. November 1835
zwischen Pfingsten und dem Klinkertore
zu Augsburg wirklich zugetragen hat

O kommt, ihr Leute, all herbei,
Vernehmt die Moritaterei,
Wie sich ein Mägdlein, gar scharmant,
Bedeckt mit Grausamkeit und Schand.
Nehm jeder ein Exemplum dran,
Studier es wohl und wend es an!

Es war einmal ein Schwalangscheer,
Der litt an Herzensweh gar sehr.
Ein Mägdlein liebte längst er schon,
Allein sie wußte nichts davon.
Der Schwalangscheer litt fürchterlich:
Das ist ne traurige Geschicht.

Doch einstens an dem Klinkertor,
Als sie ging aus der Stadt hervor,
Macht er vor ihr sein Positur
Und spricht: O Schönste der Natur;
Wirst du nicht bald heiraten mich,
Verschieß ich mich elendiglich.

Ei, schieße du nur immerzu,
Das ist mir ganz und gar parduh.
Ich lieb dich nicht, ich mag dich nicht,
Ich heirat nicht, bleib lediglicht;
Denn mich gelüstets gar nicht sehr,
Zu heißen Madam Schwalangscheer.

Und um die stille Mitternacht
Steht der Langscheer auf seiner Wacht.
Er ladet sechsfach sein Gewehr
Und setzt es auf die Brust daher.
Drauf drückt er los und schießt sich tot:
Der Mond scheint auf sein Blut so rot.

Am anderen Morgen fand man ihn,
Als seine Seel schon längst dahin.
Ein Brieflein hielt er in der Hand,
Worauf mit Blut geschrieben stand,
Daß jener Dirne Sprödigkeit
An seinem Tod die Schuldigkeit.

Zum Mägdlein zogs Gerichte hin
Und hebt sie auf als Mörderin.
Sie trug für ihre Sprödigkeit
Gar bald das schwarze Totenkleid.
Da weint und jammert sie gar sehr,
Daß sie getötet den Langscheer.

Merkt, Mägdelein, euch diese Lehr
Von einem toten Schwalangscheer.
Die Sprödigkeit ist niemals gut,
Wie die Moral beweisen tut.
Das ist das Ende der Geschicht –
Vergessen Sie das Trinkgeld nicht!

Lied der nach Griechenland ziehenden Bayern beim Ausmarsch aus Augsburg 1833

Jetzt müssen wir aus Augsburg 'naus, adieh!
Wir marschieren schon zum Tor hinaus. O weh! Adieh!

Schöns Mädigen reich mir deine Hand! Adieh!
Wir müssen fort ins Griechenland. O weh! Adieh!

Das Händlein recken fällt mir schwer, adieh!
Ich sehe dich ja nimmer mehr. O weh! Adieh!

Die Kerschlein blühen weiß und rot, adieh!
Das Griechenland ist unser Tod. O weh! Adieh!

Das Schifflein schwanket hin und her, adieh!
Wir müssen fort übers weite Meer. O weh! Adieh!

In Griechenland, da ist es heiß, adieh!
Da kriegt man nichts als Schaffleischspeis. O weh! Adieh!

In Griechenland, da ist so Not, adieh!
Da kriegt man nichts als Gerstenbrot. O weh! Adieh!

Was macht denn unser Königssohn? Adieh!
Er sitzt in Griechenland auf dem Thron. O weh! Adieh!

Nun b'hüte dich der liebe Gott, adieh!
Ich bleib dir treu bis in den Tod! O weh! Adieh!

(Nach der Melodie: Es reiten drei Reiter zum Tor hinaus – Aus Augsburg marschierten Chevaulegers ab, d.h. sie ritten hinaus, sind dann abgesessen und mußten zu Fuß nach Triest. Von dort wurden sie mit englischen Schiffen nach Griechenland gebracht, wo sie erst wieder – aus Sparsamkeitsgründen – die Pferde bekamen.)

Justinus Kerner
Stirb, Lieb' und Freud'!

Zu Augsburg steht ein hohes Haus
Nah bei dem alten Dom,
Da tritt an hellem Morgen aus
Ein Mägdelein gar fromm;
Gesang erschallt,
Zum Dome wallt
Die liebe Gestalt.

Dort vor Mariä heilig Bild
Sie betend niederkniet,
Der Himmel hat ihr Herz erfüllt,
Und alle Weltlust flieht:
»O Jungfrau rein!
Laß mich allein
Dein eigen sein!«

Alsbald der Glocke dumpfer Klang
Die Betenden erweckt.
Das Mägdlein wallt die Hall' entlang,
Es weiß nicht, was es trägt;
Auf dem Haupte, ganz
Von Himmelsglanz,
Einen Liljenkranz.

Mit Staunen sehen all die Leut'
Dies Kränzlein licht im Haar,
Das Mägdlein aber wallt nicht weit,
Tritt vor den Hochaltar:
»Zur Nonne weiht
Mich arme Maid!
Stirb, Lieb' und Freud'!«

Gott, gib, daß dieses Mägdelein
Ihr Kränzlein friedlich trag'!
Es ist die Allerliebste mein,
Bleibt's bis zum jüngsten Tag.
Sie weiß es nicht. –
Mein Herz zerbricht
Stirb, Lieb' und Licht!

Johann Gabriel Seidl
Die Spielkarten

Vom Dome zu Augsburg dröhnt so bang
Der Armensünderglocke Klang!
Zum Richtplatz wogt die Menge fort,
Schon wartet der rote Freimann dort.

Er wartet dort auf ein junges Blut,
Um das schier selber es leid ihm tut;
Ein junger Mörder fällt ihm anheim,
Der früh schon verkümmert des Lebens Keim.

Noch sitzt er im Turme, da klingt's hinein –
Er fühlt, nun muß es verblutet sein:
Das Herz zerbricht ihm, er bittet um Rast,
Sinnt, weint und betet und wird gefaßt.

Nur noch ein Spiel Karten verlangt er dann;
Sie geben's befremdet dem armen Mann.
Er aber entfaltet's vor ihnen still
Und spricht: »Ihr begreift wohl nicht, was ich will!

Seht – diese Blätter, wie ich sie hier
Gleich wie zum Scherz aufschlage vor mir,
So spiegeln sie treu mein Leben mir ab
Von meiner Wiege bis an mein Grab.

Hier Sieben! – Ich zählte sieben Jahr,
Als ich den Eltern schon bleichte das Haar;
Ich war ein wüster, trotziger Bub,
Der jedem gern eine Grube grub.

Hier Acht! – Acht Jahre zählte ich nur,
Da ward ich ertappt auf Diebesspur.
Hier Neun! – Neun Jahre zählte ich kaum,
Und nur mit Räubern raubt' ich im Traum.

Hier Zehn! – O zehntes Lebensjahr,
Du strahlst allein mir hell und klar
In meines Daseins Nacht hinein;
O könnt' ich im zehnten Jahre noch sein!

Da sprengte beflissener Lehrer Hand
Des kalten Busens eisiges Band,
Auf taute mein Herz, ich wuchs vom neu'n,
Ich lernte beten, ich lernte bereun!

Hier Bube! – Ja, ja, die Buben – nur sie –
Zerstörten mir wieder die Harmonie;
Die Buben, die Freunde sich fälschlich genannt,
Sie haben das Herz mir wieder gewandt.

Sie rissen zum Spiele mich täuschend hin,
In diesen Blättern verlor sich mein Sinn!
Da kamen die Damen – die Damen: seht,
Wie trefflich alles zusammengeht!

Die Damen mit ihrem Doppelgesicht,
Halb Höll', halb Himmel, ein Ganzes nur nicht;
Sie gruben künstlich vom Körper aus
Den Geist aus seinen Wurzeln heraus.

Die Eifersucht durchfuhr mir das Hirn,
So scharf wie mein Messer das Herz der Dirn,
Der Dame, die's wahrlich nicht verdient,
Daß nun mein Blut das ihrige sühnt!

Und nun – der König! Nun tret' ich bald
Vor ihn, den König, in seine Gewalt;
Den ewigen, schrecklichen König der Welt,
Der die Tropfen der Reue hat gezählt.

Seht ihr, das As – o lächelt nicht! –,
Es ist die Karte, die alle sticht:
Das As sei meiner Reue Bild,
Sie möge gelten, wenn nichts mehr gilt!

Nun werf' ich die Karten wieder zuhauf;
Nun, Schergen, brecht zum Richtplatz auf!
Ein Blatt gilt ewig, es ist die Reu'!
Auf, Schergen, auf! Gott steh' mir bei!«

9.
Die letzten Perlen einer gesunkenen Krone.
Vom Biedermeier zum Fin de siècle

91 1944 1886 1866 1805 1792 1722 1691 1530 1496

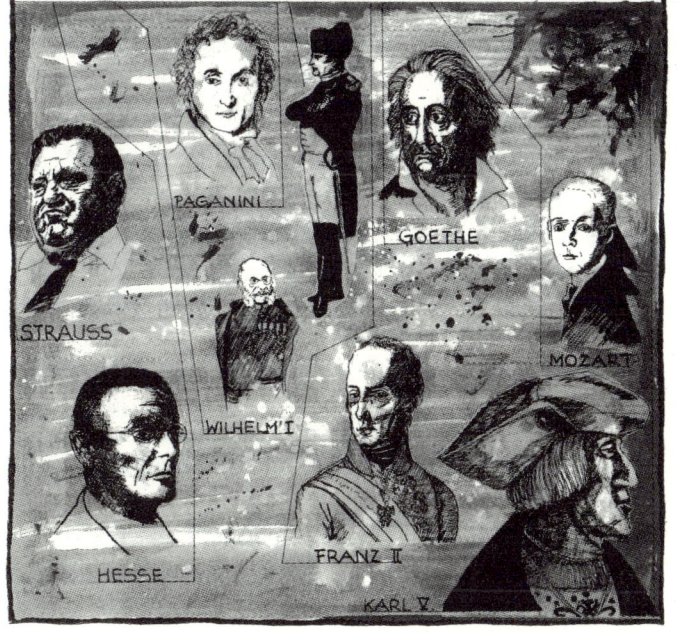

PAGANINI
GOETHE
STRAUSS
MOZART
WILHELM I
HESSE
FRANZ II
KARL V

Wilhelm Heinrich Riehl
Augsburg, biedermeierlich

I. An vier Flüssen

Augsburg ist eine Stadt, die von außen keine Ansicht bietet; man
kann sie nur von innen oder aus der Vogelperspektive landschaft-
lich fassen. Nicht von außen oder unten, sondern von oben herunter, vom Perlachthurm herab, so erzählen die Augsburger, hat
Robert Peel Augsburg für die schönste Stadt in Deutschland erklärt; aber so undankbar ihre Lage für den Maler ist, so vielverhei-
ßend für den Geographen. Mit einem Blick auf die Karte begreift
man viel mehr die örtliche Nothwendigkeit der weltberühmten
Stadt, als mit hundert Blicken auf die Landschaft. Dieser Zug der
versteckten Bedeutung, die mehr ist, als scheint, geht durch das
ganze Wesen Augsburgs.

Vier Flüsse lassen die alten Augsburger am Augustusbrunnen zu
den Füßen des Imperators lagern, der ihre Stadt gegründet. Wer
nicht ortskundig ist, der muß eine genaue Specialkarte zur Hand
nehmen, um diese *vier* Flüsse aufzufinden; er entdeckt dann als
dritten und vierten Fluß neben Lech und Wertach die Singold und
den Brunnenbach und lächelt darüber. Dieses Lächeln ist aber
voreilig. Denn die beiden Bäche repräsentiren nicht blos ihren eigenen Wasserfaden, sondern je einen ganzen Strang von kleinen
Parallelbächen, ein ganzes Netz von Quellen, wodurch die Lech-
und Wertachauen mit zahllosen nassen Gräben durchschnitten,
die Stadt Augsburg nach außen vertheidigt, nach innen mit dem
reichsten Schatze nutzbaren Wassers versehen wird (. . .)

(. . .) Im Mittelalter war Augsburg berühmt wegen seines Reichthums an Fischen, namentlich an Forellen dieser quellenklaren
Bäche. Bis 1643 bezogen viele städtische Beamte einen Theil ihres
Gehaltes in Forellen. Bei solcher Fülle frischer einheimischer Fische war man – nebenbei bemerkt – etwas mißtrauisch gegen die
Seefische. Allzu alte Häringe galten hier bis in's fünfzehnte Jahrhundert für pesterregend, und wo solche betroffen wurden, ließ
man sie durch Henkershand verbrennen.

Man kann sagen, auf der ganzen weiten Strecke von Landsberg bis
zur Mündung ist kein Punkt, wo der Lech dem Menschen freund-

lich gesinnt wäre, außer bei Augsburg. Dies ist wiederum ein natürliches Privilegium der natürlichen und gewordenen Stadt, werthvoller vielleicht als alle die vielen kaiserlichen Privilegien, womit sie in alten Tagen so reich begnadet wurde. Darum besaß der Lech für Augsburg niemals eine Handelsbedeutung, aber oft eine strategische und immer eine gewerbliche. Das turnierlustige Mittelalter hat zwar Schifferstechen auch auf diesem Flusse abgehalten, der niemals eine eigentliche Schifffahrt gehabt; heutzutage würde ein solcher Wettkampf bei niederem Wasser ein lächerliches, bei hohem ein gefährliches Spiel seyn. Wenn Kaiser Sigismund den Augsburgern das Privilegium der freien Lechschifffahrt verlieh, so klingt dies fast wie eine Satyre. Und da dieser Kaiser neben andern Gnaden der Stadt auch das Recht des Thorzolles verbriefte, so nimmt es sich fast wie ein guter Witz aus, daß die Augsburger sein Steinbild als des kaiserlichen Thorzöllners, unter der Thorhalle des Jakoberthurmes, also am Lechthor, eingemauert haben, wo es heute noch zu sehen ist. (...)
(...) In der geographischen Lage der Stadt ist ausgesprochen, daß Handelsmacht möglich war, Gewerbsblüthe aber nothwendig. (...)
(...) Die Vorgebirgslage zeichnet in den Grundplan Augsburgs die glückliche Doppelart einer Hoch- und Tiefstadt, einer patrizisch dominirenden Anapolis neben gewerbfleißigen, von Kanälen durchschnittenen Vorstädten, und wenn der augsburgische Patriot seine Phantasie ein wenig erwärmt, so kann er seine Vaterstadt auf sieben Hügeln über dem Gestade gegründet erkennen, wie Rom und Konstantinopel. Das Lechfeld gibt der Umgegend jenes Gepräge der Dürftigkeit und mäßigen Ackersegens, der fast wie eine Vorbedingung zum Aufkommen natürlicher Großstädte erscheint. (...)
(...) Auch hierin mag die Kolonialstadt des Augustus, *splendidissima Rhaetiae Colonia*, stolz sich trösten mit der Mutterstadt Rom: Rom hat seine Campagna und Augsburg hat sein Lechfeld.

II. Der Stadtplan als Grundriß der Gesellschaft.

(...) Zu dem reichen Straßenbilde Augsburgs gehört ein reicher Rahmen. Wie man ein trauliches Haus mit Hof und Garten schmuckvoll umkränzt, so hat der Augsburger auch die Gesammthäuslichkeit seiner Stadt mit Mauer, Wall und Graben umgeben, die allmählig zu einem Lustgarten der Romantik geworden sind, und statt martialisch zu schrecken, nur noch malerisch und historisch anziehen. Die Gegend weit und breit zeigt nirgends mehr eine schöne Burgruine, aber die halbverfallene Stadtmauer mit ihren reizenden burgartigen Prospekten am Luginsland und am alten Einlaß, mit ihrem Heer von großen und kleinen Thürmen aus allerlei Jahrhunderten, ihren mächtigen Steinbrücken und Wasserleitungen, mit der heimlichen, dunkelschattigen Schlucht des Stadtgrabens am Brünnlein des Kaisers Maximilian und den friedlich anmuthigen Wasserpartien am Jakober- und Oblatterthor, wiegt wohl ein Dutzend der schönsten Burgen auf. Es ist das keine neue, gemachte Romantik; sie ist alt und geworden und erzählt uns schon vor dem Thore von der Geschichte und dem Charakter der Stadt. Die hundertjährigen Linden- und Kastanienalleen am Walle zeigen uns, wie friedlich auch die alten Reichsstädter schon von ihren Festungswerken dachten. Schon seit dem sechzehnten Jahrhundert hegt man Hirsche und Rehe in den oberen Stadtgräben, städtische Schwäne schwimmen auf dem klaren Wasserspiegel unter den Mauern der Vorstadt, und unter dem Rasen der Wälle sucht und findet man köstliche Trüffeln. Vor keinem Thore fehlt ein großer alter Baum, zumeist eine mächtige Linde, mit einer Bank, darauf die Wachmannschaft seit vielen Menschenaltern im Schatten ruhen und ihr Bier in Beschaulichkeit trinken kann. Der Rasenhang der Wälle, namentlich beim Vogelthor, ist der Tummelplatz bunter Kinderschwärme. (...) Das Thor soll nicht blos vertheidigen, es soll auch repräsentiren; es soll dem Fremden schon von fernher verkünden, was hinter der Stadt steckt. Darum schmückten die Altvordern ihre Thore sinnvoll und symbolisch, und eine Stadt ohne Mauer und Thor war ihnen nicht blos ein Mann ohne Harnisch, sondern auch ein Mann ohne Rock. So prangt das Vogelthor mit schöner gothischer Steinmetzenarbeit, das Klinkerthor mit einem kräftigen Freskobild, am Jakoberthor ist das Kaiserbild, ein alter Stadtpyr und ein Römerstein zur Schau eingemauert, der zerstörte Festungsthurm auf dem Luginsland galt für einen der reichsten ghotischen Thürme der Stadt, und unter jedem Thorbogen sehen wir eine gemalte Tafel mit der Kreuztragung Christi aufgehangen: das macht sich alles würdevoll und reichsstädtisch. Die Neueren aber haben unter den Thorbogen Bretterverschläge etablirt mit der Aufschrift: »für Männer!« Das macht sich gar nicht würdevoll und reichsstädtisch, und die Alten würden die Begrüßung des Einziehenden durch eine solche Anstalt in der Thorhalle für den ärgsten Schimpf erachtet haben, den nur ein Feind der Würde der Stadt hätte anthun können. Nehmt Augsburg seine malerischen Thore und Mauern, und ihr habt den schönsten und eigenthümlichsten Zug ausgelöscht, der noch von der äußeren Physiognomie der ehrwürdigen Reichsstadt übrig geblieben ist.

III. Das Pompeji der Renaissance

(. . .) Indem wir uns die Stadt recht genau vor Augen rücken, schauen wir zugleich meilentief in die deutsche Culturgeschichte hinein. Und zwar ist es zunächst die Culturgeschichte der Renaissance, die vor uns im reichsten Bilde ausgebreitet liegt. Nicht blos architektonisch ist Augsburg das deutsche Pompeji der Renaissance. Der Schwerpunkt seiner ganzen Geschichte ruht in der Uebergangsperiode vom Mittelalter zur neueren Zeit. Die weltbewegenden Thatsachen, wie wir sie beim Jahre 1500 schon auf der Schulbank gelernt, schufen zugleich Augsburgs besondere Größe (. . .)

Jede Straße, jede Kirche verkündet's, daß nicht das Mittelalter, sondern der Bruch mit dem Mittelalter unserer Reichsstadt die tiefste Originalität gewann.

Weil Augsburg alle die bewegenden Ideen der Renaissance (. . .) wie in einem Brennpunkt sammelte, festhielt und im Kleinen charaktervoll verkörperte, erhielt es erst die Signatur einer eigenartigen, einer wirklich weltgeschichtlichen Stadt. Dies aber unterscheidet die natürlichen und gewordenen Städte von den gemachten, daß sie solch einen auszeichnenden Beruf irgend einmal erfaßt und mit der Einseitigkeit und Allseitigkeit eines Genies durchgeführt haben, und daß man sagen muß, in *einer* Epoche wenigstens ist die Stadt um einen Kopf größer gewesen, als alle ihre Schwestern: es unterscheidet sie der Adel eines historischen Namens.

Es gibt drei große Meister, die uns die ganze Macht, womit die Renaissance das höhere Geistesleben Augsburgs ergriff, in persönlicher Verkörperung darstellen: Konrad Peutinger der Gelehrte, Hans Holbein der Maler, Elias Holl der Baumeister.

Beginnen wir mit dem letzten, weil sein Wirken das augenfälligste und örtlich durchgreifendste gewesen ist.

Elias Holl brachte im Anfange des siebenzehnten Jahrhunderts die neue italienische Bauweise aus Venedig nach Augsburg, wo man allerdings schon längere Zeit eine minder entwickelte Renaissance gekannt hatte. Sein Vater hatte noch gothisch gebaut. Der Einfluß des zur neuen Lehre der Renaissance bekehrten Sohnes aber ist so schlaghaft und einzig, daß wir den Mann recht als den kühnsten Revolutionär unter den Architekten anstaunen müssen. Fast genau in denselben vier Jahren, da Holl das Augsburger Rathaus aufführte, hat Eucharius Holzschuher das neue Rathhaus zu Nürnberg errichtet, gleichfalls ein Renaissancewerk und an Kunstwerth dem ersteren wohl ebenbürtig. Aber Nürnberg blieb trotz dieses Rathhauses dieselbe mittelalterliche Stadt, die es gewesen; Holl dagegen baute mit seinem Rathhause zugleich ganz Augsburg um. Den gothischen Thürmen nahm er die spitzen Hüte ab und setzte ihnen runde wälsche Kappen auf, so daß in der ganzen Stadt auch nicht eine einzige gothische Thurmpyramide mehr übrig geblieben ist; Zunfthäuser und Kirchen, Paläste und Festungsthürme wurden binnen wenigen Jahrzehnten so massenhaft in den Renaissancestyl umgeschmolzen, daß die halbe Stadt wie uniformirt erscheint bis auf diesen Tag. Was Holl selber stehen ließ, das bewältigten rasch seine Nachfolger; denn in Revolutionszeiten des Geschmacks wie der Politik hat man keinen Pardon für geschichtliche Ueberlieferungen. Die Volksbauart in den einzelnen Quartieren, die vorgedachte gattungsmäßige mittelalterliche Anlage, mußte erstarren, seit ein solcher Gewaltsmeister wie Elias Holl die Architektonik nach akademischen Heften in die Hand nahm. (...)

Ich kenne keine zweite Stadt, wo dieser Umschwung gleich rasch und entschieden erfolgt wäre und so siegesgewaltig durchgefochten durch einen einzigen Mann. (...) Die malerische Physiognomie Augsburgs erstarrte in den Zügen, die Holl so keck umrissen, daß es heute noch dreinschaut wie aus dem Grabe des siebzehnten Jahrhunderts erstanden, das deutsche Pompeji der Renaissance.

Der Weg nach Italien war ja den Augsburgern so bequem und altgewohnt, daß sie den neuen wälschen Geschmack gar leicht herüberholen mochten. Schon im Mittelalter tranken sie besonders gerne *vinum latinum*, italienischen Wein, wie auch heute noch Augsburg berühmt ist durch das reichste Lager italienischer und griechischer Weine und ein in Verona gemästeter Truthahn der feinste Leckerbissen einer Augsburgischen Tafel, und Südfrüchte theilen sich mit Tyroler Trauben und Aepfeln in die Beherrschung des Obstmarktes, daß württembergisches und fränkisches Gewächs trotz der Eisenbahn noch immer nicht recht aufkommen kann, italienische Familiennamen kreuzen sich noch oft genug mit deutschen, und die Augsburgischen Orchestermusiker treiben noch immer ein nahrhaftes Handwerk neben ihrer freien Kunst, also daß etwa der erste Flötist ein Nudelfabrikant wäre und das zweite Horn ein Glasermeister und der Contrabaß ein Grobschmied, ganz wie in Florenz zu Benvenuto Cellini's Zeiten, wo die Rathspfeifer zugleich in Wolle und Seide arbeiteten. Warum sollten die Augsburger, deren Stadt seit alten Tagen die große deutsch-italienische Handelsstation gewesen, nicht gerne auch ihr künstlerisches und wissenschaftliches Leben an dem italienischen Licht der Renaissance neu entzündet haben?

Bekanntlich ist aber auch innerhalb der Renaissance die Baukunst nicht die schöpferische Kunst gewesen, sondern vielmehr die Malerei. Der größte Maler aber und zugleich der größte Künstler Augsburgs, Hans Holbein, ist es wiederum, der gleich seinem großen Geistesbruder Dürer die Schranken der mittelalterlichen Malerei zerbricht und ohne der vaterländischen Tradition untreu zu werden, eine neue Welt des Naturstudiums, der klassischen Formenanmuth und der freien modernen Gedankenfülle für seine Kunst erobert. Ist Holbeins äußeres Leben gleich nicht so eng an seine Vaterstadt Augsburg gefesselt, wie Dürers an Nürnberg, so war doch seine künstlerische Entfaltung eine ebenso charakteristisch altaugsburgische, als er zu den wahren Propheten der Renaissance im edelsten Sinne zählt.

Doch habe ich hier nicht die kunstgeschichtliche Bedeutung der Augsburgischen Malerschule zu verfolgen, sondern vielmehr den volksthümlichen Einfluß dieser Kunst, der in Augsburg höher entwickelt ward als irgendwo in Deutschland. Schon die Straßen der Stadt predigen diese Thatsache. Vor fünfzig Jahren noch sollen sie anzuschauen gewesen seyn wie ein großes Bilderbuch, dessen Blätter die mit Fresken bedeckten Häuserwände waren. Jetzt nimmt sich dieses Buch freilich fast aus wie eine Fibel, die unter die Hände allzu bildungsbegieriger Kinder gerathen ist; die eine Hälfte der Blätter ist herausgerissen, die andere zerfetzt.

Aber trotzdem kann man aus diesen zerstückten Blättern noch immer eine Bilderchronik des innern Volkslebens der alten Reichsstadt zusammensetzen, die klarer belehrt und anschaulicher als die meisten gedruckten Geschichtswerke. Ich selber habe jahrelang die vielen Straßengemälde betrachtet und wieder betrachtet und Augsburgische Geschichte daraus gelernt, bevor mir irgend eine andere Chronik der Stadt in die Hand gekommen war (. . .) (. . .) Die Augsburger Hausfresken bekunden zuvörderst eine merkwürdige kunstgeschichtliche Thatsache. Ausgezeichnete Meister versuchten sich ihn ihnen, vor Allen: Hans Burkmayer, Albrecht Altdorfer, Hans Rottenhammer, Matthäus Kager, Johann Holzer, Julius Licinius, genannt der jüngere Pordenone, Antonio Ponzano. Sie malten aber fast Alle diese Fresken mit weit mehr Genie und Tüchtigkeit als ihre übrigen Bilder, so daß man sagen kann, sie stellten ihre Meisterstücke auf die Gasse zum Schmucke schlichter Bürgerhäuser. Namentlich gilt dies von den fünf Letztgenannten. Die Staffeleibilder Rottenhammers in der Münchener Pinakothek sind kalt und manierirt, während seine Fresken in der Grottenau zu Augsburg gewiß zu dem Edelsten und Anmuthigsten gehören, was je im Geiste der venezianischen Schule von einem Deutschen gemalt worden ist. Zwar verläugnet er auch hier nicht seinen rothen, unwahren Fleischton; allein die Composition und Zeichnung der nackten Kindergruppen, in welchen er die vier Jahreszeiten darstellt, ist so rein, maßvoll und lieblich, daß sie uns in die schönste Zeit der italienischen Malerei des sechzehnten Jahrhunderts zurückversetzt. Und diese Perle der Augsburgischen Hausfresken befindet sich in einem engen, dunkeln Gäßchen, wo kein Mensch venezianische Schule an den rauchigen alten Häusern sucht, von welcher es auch einem Inwohner jenes Hauses nicht geträumt zu haben scheint, als er vor längerer Zeit einem der mit raphaelischer Grazie gezeichneten Genien Rottenhammers einen Haken durch den Leib schlagen ließ, um ein Aushängebild daran zu befestigen. – Der jüngere Licinius war ein arger Manierist und würde mit Recht ganz vergessen seyn, wenn er seine Augsburger Fresken nicht gemalt hätte, ein kolossales mythologisch-allegorisches Werk an einem Hause der Philipine-Welserstraße, ein Rococostück voll der abenteuerlichsten Phantasie, dessen Sinn und Verstand gewiß kein Sterblicher mehr enträthseln kann, aber bei aller barocken Manier so übermüthig keck und mit so flottem breitem Pinsel auf den Kalk geworfen, daß man vor Staunen über des Meisters Muth und Vermessenheit und über manchen wahrhaft pompösen Einzelzug erst nachträglich dazu kommt, sich über die Geschmacklosigkeit des Ganzen zu ärgern. Hätte er viele solcher Bilder gemalt, so würde er als der riesenhafteste Geschmacksverderber unsterblich geworden seyn. Aehnlich ergeht es mit Antonio Ponzano, einem sonst kaum genannten Meister. Seine Fresken in den Innenräumen der Fuggerhäuser galten lange für Werke Tizians. Erst in neuester Zeit hat man durch äußere Beweise dargethan, daß jene höchst geistvollen und lieblichen Compositionen, die gar mancher Kenner als Zeugnisse der Anwesenheit des großen Venezianers in Augsburg gläubig bewunderte, nur von dessen Schüler Ponzano herrühren. Matthias Kager hat, als ein ächter Bürgermeister der kunstreichen Reichsstadt, das Rathhaus, das Weberhaus, das Stadtgefängniß und zwei Stadtthürme mit seinen Fresken geschmückt. Bei ihm wie bei seinem Ruhmesgenossen Holzer staunen wir darüber, daß in der verderbten Zeit des siebzehnten und achtzehnten Jahrhunderts zwei deutsche Meister noch so tüchtig und in so würdevollem Style Fresko malen konnten. Wiederum sind Kager's Oelgemälde ohne allen Vergleich schwächer als seine Fresken, und unter diesen abermals die ausgeführteren und effektsüchtigeren im goldenen Saale des Rathhauses unerquicklicher, als die frisch, schlicht, unbefangen und in großen Zügen gemalten Bilder am Weberhause. So edel stylisirte historische Compositionen aus der jammervollen Periode des dreißigjährigen Krieges gibt es in Deutschland wahrlich nicht viele. Es ist dazu eine originelle Geschichte, daß der Bürgermeister von Augsburg an den Häuserwänden Fresko malte, während draußen schon der Donner des dreißigjährigen Krieges von ferne heranrollte.

Die alten Augsburger hielten ihre Hausfresken so hoch in Ehren, daß sie manche derselben in Kupfer stechen, von andern auch erklärende Beschreibungen drucken ließen. Erst als das reichsstädtische Bürgerthum zum tiefsten Fall gekommen, mißachtete man diese Zeugen vergangenen künstlerischen und politischen Glanzes und schlug viele der besten Bilder ohne Noth von den Wänden herunter. In unsern Tagen wird dann wieder geschützt und ausgebessert, was noch zu retten ist.

Mit Bewußtseyn wurden die neuen Ideen in dem durch Kaiser Maximilian damals so hoch gehobenen Augsburg ergriffen; sie finden ihren reichsten künstlerischen Ausdruck in der Malerei.

Konrad Peutinger, Augsburgs größter Staatsmann und Gelehrter, wirkt für die »neu römische Art« in der Kunst. Er gibt selber die Gegenstände an, welche am Rathhause und den Fuggerhäusern gemalt werden sollen: – es sind historische Scenen aus der Zeitgeschichte, zugleich zur Verherrlichung Kaiser Maximilians. Man hat diesen »letzten Ritter« unter den Kaisern scherzweise den Bürgermeister von Augsburg genannt; wer die Physiognomie Augsburgs zur Zeit der Renaissance zu erkennen weiß, für den beschließt dieses Scherzwort einen tiefen Sinn. Eine solche historische Malerei, wie sie Peutinger als eine Ehrentafel für Maximilian forderte, bezeichnete schon ganz die neuere Zeit.

So war Peutinger auch anderswo recht im modernen Sinn ein Mann des historischen Geistes. In Italien gebildet, verpflanzt er den italienischen Humanismus nach Augsburg. Er sammelt Bücher und Münzen, ein Ahnherr so vieler prunkliebender Sammler unter den spätern Patriciern Augsburgs; er erbittet sich seltene Handschriften als »Beutepfennige« aus Maximilians Kriegen; er edirt historische Quellenschriftsteller und rettet römische Denksteine; er macht sein Haus zu einem antiquarischen Museum und beginnt die Geschichtsquellen der Vaterstadt zu sammeln. Dieß sind lauter Züge, die uns bezeugen, daß die Sonne des Mittelalters im Niedergange steht. Die besten Bürger der Reichsstadt werden von ähnlicher Begeisterung für Kunst und Wissenschaft ergriffen, und die Stadt der Handelsleute rechnet es sich zum höchsten Ruhme, eine Kunststadt zu heißen. Als damals (1555) ein Fugger von dem Rathe begehrte, er möge ihm ein Haus im Sanct Annenhof zu einer Reitschule gewähren, entgegnete der Rath: es schicke sich nicht dort, als neben einer Schule der Wissenschaft, Pferde abzurichten, vielmehr sey der Rath gesonnen, eine Bibliothek in dieses Haus zu stellen. (. . .)

(. . .) Was man in Augsburg erlebte, das wollte man auch gemalt sehen. Die Tänze und Bankette der Geschlechter wurden für den Festsaal gemalt, und der »Bauerntanz« in einem köstlichen Freskostück für die Außenwand eines Wirthshauses. Hans Burkmaier stellte die Stände und Berufe, halb historisch, halb genrehaft stylisirt, in reichen Hausfresken dar; ein Anderer malte das Straßenleben der Augsburger in den vier Jahreszeiten für das Rathhaus auf vier große Tafeln mit genau porträtirter architektonischer Staffage, und so geht es weiter in das Reich der Allegorie und Mythologie, der biblischen Geschichte und der Legende. Aber mag Castor und Pollux über der Hausthüre stehen, oder die heiligen Dreikönige, immer sitzt zugleich ein Stück vom alten Augsburg in und neben ihnen. Zuletzt stand das ganze zum Selbstbewußtseyn gekommene Culturleben der Zeit und der Stadt in bunten Bildern auf den Häuserwänden.

Und nicht bloß die Paläste des Bürgerthums, auch das Häuslein kleiner Zünftler ward mit Fresken bedeckt, die manchmal mehr werth waren, als die winkelige Baracke selber. Schmucklos blieben nur die Außenwände der Kirchen, aber desto üppiger und unruhiger, oft maßlos buntfarbig, waltete der Freskopinsel im Innern. Hier allein fehlte die Harmonie; Kahlheit war außen und Ueberladung inwendig.

Josef Hofmiller
Das deutsche Wirtshaus

Es mag ums Jahr 90* herum gewesen sein, daß ich begann, einigermaßen sehenden Auges das schöne alte Augsburg für mich zu entdecken. Halbe Tage schlenderte ich durch die Gassen, müßig und doch nicht untätig; allmählich kam ich hinter den Reiz des absichtslosen langsamen Bummelns durch eine noch nicht vertraute Stadt, bei dem für ihre Kenntnis Ersprießlicheres herauskommt als beim noch so beflissenen Abgrasen ihrer Sehenswürdigkeiten. Bis heute habe ich kein ergiebigeres Verfahren herausgefunden, als immer wieder die Straßen abzugehen, zu verschiedenen Tageszeiten, in beiden Richtungen, bei verschiedenem Wetter, wechselnder Beleuchtung, vor allem auch bei Nacht, und die Augen aufzumachen: schauen, schauen, schauen. Damals schrieb ich mir Augsburger Wirtshausnamen auf, ich habe den Zettel heute noch: Schwedenlinde, Alter Einlaß, Prinz von Oranien, König von Flandern, Eisenhut, Goldener Greif, Äußerer Zoll, Bachnazi, Bauerntanz, Geisterhaus, Wilder Mann, Zum hohen Meer, Zum reichen Fischfang, Kätzle, Blaues Krügle, Finstere Stube, Schnekkenpost, Paritätswirt, Erheiterung, Einsamkeit, Elysium.

Aber vielleicht wäre ich von selber auf diese bunten Namen gar nicht aufmerksam geworden, hätt' ich nicht um die nämliche Zeit angefangen, Gottfried Keller zu lesen und die Stelle aus »Kleider

* 1890

machen Leute« irgendwie unbewußt mit mir herumgetragen: »Die Stadt bestand größtenteils aus schönen, festgebauten Häusern, welche alle mit steinernen oder gemalten Sinnbildern geziert und mit einem Namen versehen waren. In diesen Benennungen war die Sitte der Jahrhunderte deutlich zu erkennen. Das Mittelalter spiegelte sich ab in den ältesten Häusern oder in den Neubauten, welche an deren Stelle getreten, aber den alten Namen behalten aus der Zeit der kriegerischen Schultheiße und der Märchen. Da hieß es: zum Schwert, zum Eisenhut, zum Harnisch, zum blauen Schild, zum Schweizerdegen, zum Ritter, zum Büchsenstein, zum Türken, zum Meerwunder, zum goldenen Drachen, zur Linde, zum Pilgerstab, zur Wasserfrau, zum Paradiesvogel, zum Granatbaum, zum Kämbel, zum Einhorn und dergleichen. Die Zeit der Aufkärung und der Philanthropie war deutlich zu lesen in den moralischen Begriffen, welche in schönen Goldbuchstaben über den Haustüren erglänzten, wie: zur Eintracht, zur Redlichkeit, zur alten Unabhängigkeit, zur neuen Unabhängigkeit, zur Bürgertugend A, zur Bürgertugend B, zum Vertrauen, zur Liebe, zur Hoffnung, zum Wiedersehen 1 und 2, zum Frohsinn, zur inneren Rechtlichkeit, zur äußeren Rechtlichkeit, zum Landeswohl: ein reinliches Häuschen, in welchem hinter einem Kanarienkäficht, ganz mit Kresse behängt, eine freundliche alte Frau saß mit einer weißen Zipfelhaube und Garn haspelte« – ich muß innehalten, die Stelle ist zu lang und zu hübsch: jetzt, wo ich sie wieder lese, bin ich erst recht überzeugt, daß mir Gottfried Keller bezüglich der Reize der alten deutschen Stadt den Star gestochen hat.

Aber sei dem wie immer: aus den erdichteten Hausnamen seiner Erzählung und den wirklichen in Augsburg ergaben sich Zusammenhänge, zum ersten Male dämmerte mir der Gedanke auf, daß sich aus den bloßen Namen schon eine Geschichte des deutschen Wirtshauses müsse schreiben lassen. Denn gab es den Wilden Mann nicht den ganzen Rhein entlang bis ins Elsässische und Ober-Engadin, in Silvaplana? Konnte der Augsburger Parität gegenüber nicht Jenbach seine Toleranz aufweisen, sogar wie bei Keller in doppelter Ausfertigung, die alte und die neue? Stand nicht der »Ritter« in Heidelberg, der »Eisenhut« in Rothenburg, Bozen, Augsburg? Konnte sich nicht neben den Paradiesvogel und den Granatbaum das stolzeste aller Tiroler Gasthäuser stellen, der Elefant in Brixen?

Aber in Augsburg stand und steht heute noch die fürstlichste aller Fürsteneinkehren, der Gasthof zu den Drei Mohren. In wieviel deutschen Städten gibt es den Gasthof zu den Drei Königen, zum Mohrenschimmel, und wie oft haben wir später in den Tre Re beim Pantheon den goldgelben Frascati getrunken. War nicht das ganze Alte Testament in Wirtshausschildern verewigt? Wie oft hatte ich als Lateinschüler im »Paradiesgartl« Kastanien aufgeklaubt! Wie manchen Schoppen später in Tirol in einer »Arche Noah« gezecht, in einer »Löwengrube«, einer »Traube«, die keine gewöhnliche Traube war, sondern jene, die die beiden Kundschafter aus dem gelobten Lande an einem Pfahle schleppten, wie der Riese jener war, den David erschlug, oder der Riese Christophorus, der den Heiland trug, und der Walfisch der, welcher den Jonas ausspie, das Hohe Meer jenes, das sich vor den Kindern Israels teilte, der Reiche Fischfang der des Petrus, der Ochse der des Lukas, der Löwe des Markus, der Adler ursprünglich des Johannes, später erst der römischen Kaiser deutscher Nation, der Anker jener der christlichen Kirche, die Waage die des Erzengels Michael, der Drache der Geheimen Offenbarung, der Bär des Elisäus, Noahs Taube, der Hirsch, der im Psalme nach Wasser lechzt, der Stern der drei Weisen aus dem Morgenlande, das Lamm des Passahmahls, des Longinus Speer, Mariens Lilie, Petri Schlüssel, Pauli Schwert, der Rabe der heiligen Einsiedler in der Wüste Thebais, das Schiff des Heils, die goldene Rose der Liebe Mariens. Aus dem frühmittelalterlichen Physiologus stammen die uralten Schilder zum Einhorn, Wolf, Storch, Schwan, Falken, Greifen. Denn es besteht kein Zweifel, daß all diese Namen ursprünglich nicht aus der Beobachtung, nicht aus der Wirklichkeit stammen, sondern, soweit sie nicht schon griechisch oder römisch vorkommen, aus religiösen und magischen Vorstellungen: das Haus sollte durch sie beschützt, bewahrt, geheiligt sein. Demgemäß spielt auch die Heiligengeschichte herein. Der »Bär« in Rom, das Albergo dell' Orso, in dem Montaigne gewohnt hat, ist vermutlich der aus dem Antiken umgedeutete des heiligen Korbinian.
Eine neue Welt der Namen tut sich auf nicht etwa mit der Entdekkung der wirklichen neuen Welt – sie ist für die Namengebung unergiebig gewesen –, sondern mit derjenigen der regelmäßigen Pferdeposten, zuerst in Frankreich, bald auch in Deutschland: das Goldene Posthorn in Nürnberg wird schon 1485 erwähnt, und bald gibt es nicht nur keine Stadt, sondern sogar kein Dorf mehr,

das nicht seinen Gasthof zur Post hätte, meistens sogar deren zwei, die Alte und die Neue. Im übrigen hält sich das siebzehnte und achtzehnte Jahrhundert an die hergebrachten Namen, bis zur Zeit der Aufklärung, welche die menschenfreundlichen Abstrakta bringt. Was ihr folgt, ist das nüchterne neunzehnte Jahrhundert mit dem Rheinischen, Russischen, Englischen usw. »Hof« – das »Deutsche Haus« ist älter –, dem im zwanzigsten Jahrhundert die Carlton-, Palace-, Bristol-, Regina- Astoria- und ähnliche Hotels folgen.

Gottfried Keller
Der Schmied seines Glückes

John Kabys, ein artiger Mann von bald vierzig Jahren, führte den Spruch im Munde, daß jeder der Schmied seines eigenen Glückes sein müsse, solle und könne, und zwar ohne viel Gezappel und Geschrei.

Ruhig, mit nur wenigen Meisterschlägen schmiede der rechte Mann sein Glück! war seine öftere Rede, womit er nicht etwa die Erreichung bloß des Notwendigen, sondern überhaupt alles Wünschenswerten und Überflüssigen verstand.

So hatte er denn als zarter Jüngling schon den ersten seiner Meisterstreiche geführt und seinen Taufnamen Johannes in das englische John umgewandelt, um sich von vornherein für das Ungewöhnliche und Glückhafte zuzubereiten, da er dadurch von allen übrigen Hansen abstach und überdies einen angelsächsisch unternehmenden Nimbus erhielt.

Darauf verharrte er einige Jährchen ruhig, ohne viel zu lernen oder zu arbeiten, aber auch ohne über die Schnur zu hauen, sondern klug abwartend.

Als jedoch das Glück auf den ausgeworfenen Köder nicht anbeißen wollte, tat er den zweiten Meisterschlag und verwandelte das i in seinem Familiennamen Kabis in ein y. Dadurch erhielt dies Wort (anderwärts auch Kapes), welches Weißkohl bedeutet, einen edleren und fremdartigern Anhauch, und John Kabys erwartete nun mit mehr Berechtigung, wie er glaubte, das Glück.

Allein es vergingen abermals mehrere Jahre, ohne daß selbiges sich einstellen wollte, und schon näherte er sich dem einunddreißigsten, als er sein nicht bedeutendes Erbe mit aller Mäßigung und

Einteilung endlich doch aufgezehrt hatte. Jetzt begann er aber sich ernstlich zu regen und sann auf ein Unternehmen, das nicht für den Spaß sein sollte.

Da sprach eines Tages ein Bürger bei ihm ein, der soeben von langen Reisen zurückgekehrt war und jetzt nachlässig, indem er sich zum Einseifen setzte, hinwarf: »So gibt es, wie ich aus Ihrem Schilde ersehe, doch noch Kabisse in Seldwyla?« »Ich bin der Letzte meines Geschlechtes«, erwiderte der Barbier nicht ohne Würde, »doch warum frugen Sie das, wenn ich fragen darf?« Der Fremde schwieg jedoch, bis er barbiert und gesäubert, und erst als alles beendigt und der Ehrensold entrichtet war, fuhr er fort: »In Augsburg kannte ich einen alten reichen Kauz, welcher öfter versicherte, seine Großmutter sei eine geborene Kabis von Seldwyla in der Schweiz gewesen, und es nehme ihn höchlich wunder, ob da noch Leute dieses Geschlechtes lebten.«

Hierauf entfernte sich der Mann.

Hans Kohlköpfle dachte nach und dachte nach und kam in eine große Aufregung, als er sich endlich dunkel erinnerte, daß eine Vorfahrin von ihm sich wirklich vor langen Jahren nach Deutschland verheiratet haben sollte, die seither verschollen war. Ein rührendes Familiengefühl erwachte plötzlich in ihm, ein romantisches Interesse für Stammbäume, und es ward ihm bange, ob der Gereiste auch wiederkommen würde. Nach der Art seines Bartwuchses mußte er in zwei Tagen wieder erscheinen. In der Tat kam der Mann pünktlich um diese Zeit. John seifte ihn ein und schabte ihn beinahe zitternd vor Neugierde. Als er fertig war, platzte er heraus und erkundigte sich angelegentlich nach den näheren Umständen. Der Mann sagte: »Es ist einfach ein Herr Adam Litumlei, hat eine Frau, aber keine Kinder, und wohnt in der und der Straße zu Augsburg.«

John beschlief sich den Handel noch eine Nacht und faßte in derselben den Mut, doch noch tüchtig glücklich zu werden. Am nächsten Morgen schloß er seinen Ladenstreifen, packte seinen Sonntagsanzug in einen alten Tornister und alle seine wohlerhaltenen Wahrzeichen in ein besonderes Paketlein, und nachdem er sich mit hinlänglichen Ausweisschriften und pfarrbücherlichen Auszügen versehen, trat er unverweilt die Reise nach Augsburg an, still und unscheinbar, wie ein älterer Handwerksbursche.

Als er die Türme und die grünen Wälle der Stadt vor sich sah, überzählte er seine Barschaft und fand, daß er sich sehr knapp halten

müsse, wenn er im ungünstigen Falle den Rückweg wieder bestehen wolle. Darum kehrte er in der bescheidensten Herberge ein,
welche er nach einigem Suchen auffinden konnte; er trat in die
Gaststube und sah verschiedene Handwerkszeichen über den Tischen hangen, worunter auch dasjenige der Schmiede. Unter dieses setzte er sich als ein Schmied seines Glückes, der guten Vorbe-
deutungen wegen, und stärkte sein Leibliches durch ein Frühstück, da es noch zeitig am Tage. Dann ließ er sich ein eigenes
Kämmerchen geben, wo er sich umkleidete. Er stutzte sich auf jeg-
liche Weise auf und behing sich mit dem ganzen Zierat; auch
schraubte er das Perspektivfäßchen auf den Stock. So trat er aus
der Kammer hervor, daß die Wirtin erschrak ob all der Pracht.
Es dauerte ziemlich lang, eh er die Straße fand, nach der sein Herz
begehrte. Doch endlich sah er sich in einer weiten Gasse, worin
mächtige alte Häuser standen; aber kein lebendes Wesen war zu
erblicken. Endlich wollte doch ein Mägdlein mit einem blanken
schäumenden Kännchen Bier an ihm vorüberhuschen. Er hielt es
fest und fragte nach Herrn Adam Litumlei, und das Mädchen zeigte ihm das Haus, vor welchem er gerade stand.
Neugierig schaute er daran hinauf. Über einem ansehnlichen Portale türmten sich mehrere Stockwerke mit hohen Fenstern empor, deren starke Gesimse und Profile ein senkrechtes Meer von
kühnen Verkürzungen vor dem Auge des armen Glücksuchers
ausbreiteten, so daß es ihm fast bänglich wurde und er befürchtete, eine zu großartige Sache unternommen zu haben; denn er
stand vor einem förmlichen Palast. Dennoch drückte er sachte an
dem schweren Torflügel, schlüpfte hinein und befand sich in einem prächtigen Treppenhaus. Eine steinerne Doppeltreppe baute
sich mit breiten Absätzen in die Höhe, von einem reich geschmie-
deten Geländer eingefaßt. Unter der Treppe hindurch und durch
die hintere offene Haustüre sah man Sonnenschein und Blumen-
beete. John ging leise dahin, um vielleicht einen Dienstboten oder
einen Gärtner zu finden, sah aber nichts als einen großen altfrän-
kischen Garten, der voll der schönsten Blumen war, sowie einen
steinernen Brunnen mit vielen Figuren.
Alles war wie ausgestorben; er ging wieder zurück und begann,
die Treppe hinaufzusteigen. An den Wänden hingen große ver-
gilbte Landkarten, Pläne alter Reichsstädte mit ihren Festungswerken, mit stattlichen allegorischen Darstellungen in den Ecken. Eine eichene Türe unter mehreren war bloß angelehnt; der Ein-

dringling öffnete sie zur Hälfte und sah eine ziemlich hübsche Frau auf einem Ruhebette ausgestreckt, welcher das Strickzeug entfallen war und die ein geruhiges Schläfchen tat, obgleich es erst zehn Uhr vormittags war.

Mit klopfendem Herzen hielt John Kabys, da das Zimmer sehr tief war, seinen Stock ans Auge und betrachtete die Erscheinung durch das Perspektivchen von Perlmutter; das seidene Kleid, die rundlichen Formen der Schläferin ließen ihm das Haus immer mehr wie ein verzaubertes Schloß erscheinen, und höchst gespannt zog er sich zurück und stieg weiter hinauf, sachte und vorsichtig.

Zuoberst war das Treppenhaus eine ordentliche Rüstkammer, da es behangen war mit Rüstungen und Waffen aus allen Jahrhunderten; rostige Panzerhemden, Eisenhüte, Galakürasse aus der Zopfzeit, Schlachtschwerter, vergoldete Luntenstäbe, alles hing durcheinander, und in den Ecken standen ziervolle kleine Geschütze, grün vor Alter. Kurz, es war das Treppenhaus eines großen Patriziers und Herrn John wurde es feierlich zu Mute.

Da ließ sich plötzlich eine Art Geschrei vernehmen, ganz in der Nähe, wie von einem größeren Kinde, und als es nicht aufhörte, benutzte John den Anlaß, ihm nachzugehen und so zu Leuten zu kommen. Er öffnete die nächste Türe und sah einen weitläufigen Ahnensaal, von unten bis oben mit Bildnissen angefüllt. Der Boden bestand aus sechseckigen Fliesen verschiedener Farbe, die Decke aus Gipsstukkaturen mit lebensgroßen, fast frei schwebenden Menschen- und Tiergestalten, Fruchtkränzen und Wappen. Vor einem zehn Fuß hohen Kaminspiegel aber stand ein winziges eisgraues Greischen, nicht schwerer als ein Zicklein, in einem Schlafrock von scharlachrotem Sammet, mit eingeseiftem Gesicht. Das strampelte vor Ungeduld, schrie weinerlich und rief: »Ich kann mich nicht mehr rasieren! Ich kann mich nicht mehr rasieren! Mein Messer schneidet nicht! Niemand hilft mir, o je, o je!«

Als es im Spiegel den Fremden sah, schwieg es still, kehrte sich um und sah mit dem Messer in der Hand verblüfft und furchtsam auf Herrn John, welcher, den Hut in der Hand, mit vielen Bücklingen vordrang, den Hut abstellte, lächelnd dem Männchen das Messer aus der Hand nahm und dessen Schneide prüfte. Er zog sie einigemal auf seinem Stiefel, dann auf dem Handballen ab, prüfte hierauf die Seife und schlug einen dichtern Schaum, kurz er barbierte das Männchen in weniger als drei Minuten aufs herrlichste.

»Verzeihen Sie, hochgeehrter Herr!« sagte hierauf Kabys, »die Freiheit, die ich mir genommen habe! Allein da ich Sie in solcher Verlegenheit sah, glaubte ich mich dergestalt auf die natürlichste Weise bei Ihnen einzuführen, insofern ich etwa die Ehre habe, vor Herren Adam Litumlei zu stehen.«

Das Alterchen betrachtete noch immer erstaunt den Fremden; dann schaute es in den Spiegel und fand sich sauber rasiert, wie lange nicht mehr, worauf es, Wohlgefallen mit Mißtrauen vermischend, den Künstler abermals besah und mit Zufriedenheit wahrnahm, daß es ein anständiger Fremder sei. Doch fragte es mit immer noch unwirschem Stimmchen, wer er sei und was er wolle?

John räusperte sich und versetzte: er sei ein gewisser Kabys aus Seldwyla, und da er sich gerade auf Reisen befinde und hiesige Stadt passiere, so habe er nicht versäumen wollen, die Nachkommen einer Ahne seines Hauses aufzusuchen und zu begrüßen. Und er tat, als ob er von Kindheit auf nur von Herrn Litumlei sprechen gehört hätte. Dieser war auf einmal freudig überrascht und rief freundlich und wohlgemut:

»Ha! so blühet also das Geschlecht der Kabisse noch! Ist es zahlreich und angesehen?«

John hatte schon gleich einem Wandergesellen, der vor dem Torschreiber steht, seine Schriften ausgepackt und vorgelegt. Indem er auf sie wies, sprach er ernst: »Zahlreich ist es nicht mehr, denn ich bin der Letzte des Geschlechtes! Aber seine Ehre steht noch unbewegt!« Erstaunt und gerührt ob solchen Reden bot ihm der Alte die Hand und hieß ihn willkommen. Die beiden Herren verständigten sich schnell über den Grad ihrer Verwandtschaft; abermals rief Litumlei: »So nahe berühren sich unsere Lebenszweige! Kommen Sie, lieber Vetter, hier sehen Sie Ihre edle und treffliche Urgroßtante, meine leibliche Großmama!« Und er führte ihn im mächtigen Saale umher, bis sie vor einem schönen Frauenbilde standen in der Tracht des vorigen Jahrhunderts. In der Tat bezeichnete ein Papierkärtchen, welches in der Ecke des Rahmens befestigt war, die besagte Dame, so wie auch eine Anzahl der andern Bildnisse mit solchen Zetteln versehen war. Freilich zeigten die Gemälde selbst noch andere Inschriften in lateinischer Sprache, welche mit den angehefteten Papierchen nicht übereinstimmten. Aber John Kabys stand und stand und überlegte in seinem Innern: »So hast du denn doch gut geschmiedet! Denn hier blickt auf dich hernieder, hold und freundlich, die Ahnfrau deines Glückes im reichen Rittersaal!«

Melodisch zu dieser Selbstansprache klangen die Worte des Herrn Litumlei, welcher sagte, daß nun von einer Weiterreise keine Rede sein dürfe, sondern der werteste Vetter zur Begründung eines engeren Verhältnisses vorerst, solange als dessen Zeit es erlaube, sein Gast sein müsse. Denn das flunkernde Ziergeräte des Herrn Großneffen, welches ihm schon in die Augen gefallen, versah trefflich seinen Dienst und erfüllte ihn mit Vertrauen.

Darum zog er jetzt mit aller Macht an einer Glocke, worauf allmählich einige Dienstboten herbeischlurften, um nach ihrem kleinen Gebieter zu sehen, und endlich erschien auch die Dame, welche im ersten Stock geschlafen hatte, noch gerötet von ihrem Schläfchen und mit halb offenen Augen. Als ihr aber der angekommene Gast vorgestellt wurde, tat sie dieselben ganz auf, neugierig und vergnüglich, wie es schien, über die unerwartete Begebenheit.

John wurde nun in andere Räume geführt und mußte eine gehörige Erfrischung einnehmen, wobei ihm das Ehepaar so eifrig half wie Kinder, die zu jeder Stunde Eßlust haben. Dies gefiel dem Gast über die Maßen, da er sah, daß es Leute waren, die sich nichts abgehen ließen und welche noch Freude an den guten Dingen hätten. Seinerseits aber verfehlte er auch nicht, stündlich einen angenehmeren Eindruck zu machen, ja schon beim bald folgenden Mittagessen stellte sich derselbe entschieden fest, als jedes der beiden Leutchen seine eigenen Leibgerichte auftragen ließ und John Kabys von allem aß und alles trefflich fand und seine angewöhnte ruhige Würde seinem Urteil einen noch höheren Wert gab. Es wurde aufs rühmlichste gegessen und getrunken, und noch nie genossen drei wackere Leute zusammen ein reichlicheres und zugleich schuldloseres Dasein. Es war für John ein Paradies, in welchem kein Sündenfall möglich schien (...)

Karl Stieler
Zu den drei Mohren in Augsburg

Wer durch die lange leere Hauptstraße von Augsburg wandelt und am Herkulesbrunnen vorübergeht, der wird nicht weit davon ein mächtiges altes Haus entdecken, mit stolzer Fassade und eisernem Altan. Drei bis vier Kellner lehnen unter der Thüre, ein großer

Omnibus fährt rasselnd über den Hof, und ein Engländer mit seiner Lady steht ihm so bequem im Wege, als wollte er um jeden Preis überfahren werden.

Das ist das Hotel zu den drei Mohren; einer der historischsten Punkte in der geschichtereichen Stadt.

Das Gasthaus zu den drei Mohren bestand schon im Jahre 1344, doch besaß es damals nur die Räume des kleinen zur Rechten liegenden Hauses. Wenn der fahrende Ritter mit seinen Reisigen durchs Thor zog, dann band er hier den Falben an die Pforte und zechte, bis ihn die Fehde von dannen rief; und wenn der fahrende Schüler des Weges kam durch die alte Reichsstadt, dann ließ er sich hier den Becher füllen und lugte hinüber nach den blonden Fräuleins, die jenseits hinter dem Erker spannen. Das waren die ältesten Zeiten, das war das Debüt der »drei Mohren« in Augsburg. In den Jahren 1492–96 ward von dem reichen Antonius Fugger das jetzige große Haus erbaut. Es kamen die Zeiten Karls V. und die alte Römerstadt war eine Perle der deutschen Lande geworden. In ihren Mauern war der berühmte Reichstag von 1530 versammelt; tausende von Gästen kamen herangezogen, auf allen Straßen wogten bunte Gewänder und prächtige Gestalten. Ritter und Knechte lagen in den zahllosen hohen Häusern mit ihren schmalen Fenstern und ihren hohen Giebeln; der Kaiser selbst aber bewohnte jenes Gebäude, von dem wir erzählen. Er war der Gast der Familie Fugger und wohnte in jenem großen Saal, dessen getäfelte Decke noch heute Erstaunen weckt.

Auch diese Tage des Glanzes schwanden, und ernstere Zeiten begannen. Die ersten Stürme der Reformation, die Not des 30jährigen Kriegs zog an dem stolzen Hause vorüber, bis das achtzehnte Jahrhundert kam mit seinem überladenen Geschmack und seinen fessellosen Sitten. Ein Senator, Namens Andreas Wahl, erkaufte den Palast im Jahre 1722 und ließ die Fassade im Geschmacke seiner Zeit errichten; die gotischen Türme aber, die zu beiden Seiten standen, wurden abgetragen und das neuerworbene Haus mit dem älteren, vorerwähnten vereinigt. Erst im Jahre 1804 kam es an den Vater des jüngstverstorbenen Besitzers. Als die Stürme der Napoleonischen Zeit heraufzogen, ward Augsburg in vielfacher Weise zum Schauplatz derselben. Langsam welkte das Reich dahin, und 1804 hielt die reichsunmittelbare Ritterschaft ihre letzte Versammlung. Sie vereinigte sich zu Augsburg in demselben Hause, von dem wir sprechen; allein schon ein Jahr später wohnte Napoleon I. in seinen Mauern. Es waren kalte Oktobertage; tausend und abertausend Soldaten lagen in der weiten Ebene bis Ulm, das General Mack besetzt hielt. In den »Mohren« war der ganze große Stab des Kaisers einquartiert; Talleyrand kam, Metternich kam, eine Deputation von Paris brachte dem Kaiser die Wünsche des Senates. Am 4. Dezember 1805 wohnte Josephine daselbst mit ihrem Sohne Eugen Beauharnais, es war zwei Tage nach der fürchterlichen Schlacht bei Austerlitz. Ohne Unterlaß eilten die Boten hin und wieder, erschöpfte Soldaten und neue Truppen zogen durch die bedrängte Stadt, Marschall Lefebvre und Marschall Soult nahmen ihr Quartier in den drei Mohren.

Nur kurze Zeit dauerte die Ruhe, die jenen Tagen folgte, denn als im Jahre 1809 die große Armee gegen Wien zog, nahm sie abermals ihren Weg durch Augsburg. Vom 16. bis 18. April hielt Napoleon wieder sein Generalquartier in den weiten Sälen, die er 1805 bewohnt hatte; nach ihm kamen Oudinot und Bernadotte. Wie ein reißender Strom stürzte die französische Armee 1809 nach Österreich und wie hunderttausend schlagende Wellen schlugen die Herzen der stürmenden Soldaten. Vor den »drei Mohren« schritt die Ehrenwache auf und nieder; oben aber, am Fenster, stand der Kaiser im grauen Rock mit dem kleinen Hute. Große Karten lagen vor ihm ausgebreitet, sein Auge war schon vorausgeeilt, seine Gedanken waren bereits an der Donau und kämpften die Entscheidungsschlacht. Zweitausend Quadratmeilen riß der französische Adler damals mit einem Griffe aus dem bunten Länderkleid von Österreich, Kaiser Franz und sein Staat waren gebrochen. Dies geschah 1809; 1810 pochte ein anderer hoher Gast an die Pforte der drei Mohren. Es war Marie Luise, die Tochter des Kaisers Franz, die erwählte Gemahlin Napoleons. Wohl manche frohe und manche bange Braut hat an dieser Stätte den Tag erwartet, aber banger ist wohl keine gewesen, als die Kaiserbraut, die nach Paris gesandt ward, wie der Kaufpreis des Friedens.

Vier Jahre später war der Adler von Frankreich, unter dessen Fittiche sie sich begeben hatte, zerbrochen, Napoleon ward gestürzt und die deutsche Fahne wieder aus dem Staub zum Himmel gehoben. Jetzt kehrten andere Gäste in den drei Mohren ein; es waren die Fürsten und Gesandten, die zum Kongresse nach Wien zogen. Unter ihnen war Montgelas und Graf Münster, Castlereagh und Cathcart, Ompteda und der Kardinal Consalvi, dem die deutschen Staaten den Erisapfel, das Danaergeschenk der Konkordate verdanken. Neuer Sturm und neue Armeen brausten über die Erde hin, als Napoleon plötzlich von Elba kam. Unter den Fremden, die in diesen Tagen erschienen, waren Wellington und die beiden Kaiser von Österreich und Rußland. Alle Länder und Völker Europas drängten sich nach Belgien vor, um ihre letzte Lebenskraft dem Sieger wie eine heilige Mauer entgegenzuhalten. Und an dieser Mauer zerbrach sein Genie; vor ihr erlag die Garde. Ohne Rast und ohne Unterlaß flogen die Kuriere vorüber, in den drei Mohren sah man Walpole und Wrede, den späteren Kaiser Nikolaus und den entthronten König von Schweden.

Nach der Schlacht von Waterloo ward der deutsche Staatenkörper in ein neues Gewand gehüllt und die Napoleonischen Gestalten, diese Krieg bedeutenden Kometen, verschwanden vom deutschen Horizont. Nur Jérome, der Exkönig von Westfalen, war noch immer »lustick« wie vorher; denn am 7. August 1816 erschien er mit »zahlreichem Gefolge« in den drei Mohren und tröstete sich beim französischen Champagnerwein über das Mißgeschick der französischen Krone. 1819 kamen die Abgesandten, die zum Kongreß nach Aachen zogen, mit denen das bewegte diplomatische Leben jener Epoche seinen Abschluß fand.

Unvermerkt änderte sich der Charakter von Augsburg, das jetzt seinen Schwerpunkt nicht mehr im politischen, sondern im industriellen Leben suchte. Das heilige Reich war zu Grabe getragen; nachdem es herabgebrannt war durch ein langes Jahrtausend, wie eine geweihte Kerze, hatte der Sturm, der von Westen kam, die müde flackernde Flamme ausgelöscht. Den Völkern aber ward ein neues Licht angezündet, von dessen Erleuchtung kein Auge grell geblendet werden sollte. Und dieser neue Tag, der den deutschen Stämmen aufgegangen war, der nie über die Dämmerung hinauskam, war der Bundestag. Fünfzig Jahre lang saß die Germania gleich einer Vestalin in Frankfurt und hütete die durchlauchtigste Flamme, das politische Lebenslicht des deutschen Volkes. Nur einmal schlug sie stärker empor, und man wollte sie damals aus dem Bundespalais in die Paulskirche übertragen, allein der Plan schien zu feuergefährlich und so blieb der alte Altar bestehen. Da endlich kam wieder ein Sturm herangezogen. Diesmal war es nicht der schwüle Westwind von 1806, diesmal war es ein scharfer frischer Wind von Norden her. Es war im Jahre des Heils 1866, da wankte mit einemmal das morsche Gebäude, weil man so ganz und gar die Reparaturen vergessen hatte. Der entsetzte Bundestag ergriff die Flucht und ließ sich zu Augsburg in den drei Mohren nieder. Hier, wo die Heerführer einer halben Million getafelt, wo die Kaiser der heiligen Allianz sich begegnet hatten, kehrten nun die Gesandten des zertrümmerten Bundes ein und hielten ihm das Leichenmahl und die Leichenrede. Der Gedanke von 1814, den der Bund verwirklichen sollte, war abgestorben wie ein welkes Reis, und die letzten Blätter zerstreuten sich in alle Winde. Sanft und geräuschlos, wie er gelebt, verschied er; er hatte nie ein Herz gehabt für das deutsche Volk!

Schon im nächsten Jahre sahen die drei Mohren abermals einen fürstlichen Gast. Als Napoleon III. zur Fürstenkonferenz in Salzburg ging, wollte er seiner Gemahlin auch die Stadt zeigen, deren Gymnasialschüler er gewesen war, und hielt mit seinem Gefolge deshalb in Augsburg an. In denselben Zimmern, wo einst »der Onkel« gesessen, ehe er nach Aspern und Wagram zog, um Österreich zu vernichten, saß jetzt »der Neffe«, ehe er nach Salzburg zog, um Österreichs Freundschaft zu gewinnen. Es müssen ihm seltsame Gedanken durch das kluge kalte Herz gegangen sein, ihm, der so sehr an das Verhängnis glaubte, wenn er hier auf die Gassen hinabsah, wo er vielleicht schon auf der Schulbank vom Throne geträumt hat.

Wenn man einen Rundgang durch das alte wohlgebaute Haus macht, dann wird man natürlich erst in diese Kaiserzimmer geleitet. Die Himmelbettstatt ist respektvoll verschleiert, die silbernen Armleuchter vor dem langen, schmalen Spiegel sehen so frostig aus, als ob sie seit Decennien nicht mehr angezündet worden wären. An den Wänden sind antike Geschichten al Fresco gemalt, und unwillkürlich tritt der Fremde leiser auf, als könnte er etwas erlauschen von dem, was hier einst gesprochen wurde. In der zweiten Etage befindet sich die Hauskapelle mit alten Gemälden aus der Schule von Lukas Kranach. Auch einige Italiener hängen über dem Altar und über der Thüre. Der geschnitzte Betstuhl, der in der Mitte steht, zählt fast 400 Jahre. Früher waren die Mauern mit seidenen Tapeten ausgeschlagen; jetzt sind sie übertüncht und von etwas konventioneller Erbaulichkeit. Wenn wir noch höher hinaufsteigen, dann wird die Treppe immer steiler und das Winkelwerk des alten reichsstädtischen Hauses immer verwickelter. Nur Passagiere, die sehr insolvent aussehen, betreten diesen Kletterweg, und wie ein Irrwisch mit flackerndem Licht hüpft ihnen der kleine Kellner voran, der sie zu Bett begleitet. Die historischen Schätze des Hauses liegen oben; aber auch in den unteren Räumen, in dem kühlen, dunklen Souterrain, liegen Schätze von ungeheurem Wert. Dort ist der weltberühmte Weinkeller der drei Mohren. Wer das Inhaltsverzeichnis dieses goldenen Archivs durchgeht, der kann schon für seine geographischen Studien Nutzen ziehen, denn aus allen Weltteilen sind hier die Weine versammelt; ihre Etiketten reichen auf 120 Jahre zurück. Es wäre mir lieber, mit der Zunge statt mit der Feder diese Weinkarte zu exzerpieren und ein Faß Malvasier vor mir zu haben, anstatt mein Tintenfaß. Unter den deutschen Weinen, deren Register an der Spitze steht, finden wir vor allem Kabinet und Auslese vom Rhein. Von ihnen besteht die Flasche zu 10, 11 und 15 Gulden. Doch da ein deutscher Gelehrter in der Regel um 15 Kreuzer zu Mittag ißt, so liegt es auf der Hand, daß diese Sorte für seine Tafel oder seine Tafel dieser Sorte nicht gewachsen ist.

Die Franzosen geben uns den Champagner und jene schweren Weine des Südens, die unser Haupt so schnell umlichten und umnachten. Einer von ihnen warnte uns schon durch seine Etikette, er nennt sich »nuit«; ein anderer heißt »crème de la tête«.

Noch glühender klingen die spanischen Namen, die meist mit Don und Donna verbunden sind. Don Abad Romano stammt von 1754, Muscadel de Granada von 1776; hundertjähriger Palmenwein kommt von den canarischen Inseln. Dann zählen Portugal und Madeira ihre Schätze auf und nach ihnen die Heimat des Tokayers. Von letzterem ist eine Sorte verzeichnet (1811), von der das halbe Seidel 12 Gulden kostet. Wenn wir an die italienischen Weine gehen, dann hören wir Klänge, die uns aus den Oden des Horaz bekannt sind. Da ist der Massiker und der Falerner, der einst beim Mahle des Mäcenas floß, mit dem Catull die heißen, sangesreichen Lippen kühlte, zu dem der Verbannte von Tomi griff, wenn der antike Weltschmerz sein Herz bedrängte.

Selbst Syrien und Persien stehen mit 13 Sorten auf der Karte, und vom Cap der guten Hoffnung sind ca. 6 genannt. Es ist nicht zu leugnen, daß ein solches Verzeichnis einen kosmoplitischen, man möchte fast sagen einen historischen Eindruck macht; nicht bloß den der Geschäftsmäßigkeit. Genuß, Genuß, das war die Leidenschaft der Völker seit Jahrtausenden, und die Rebe war das Zauberkraut, war der geheime Schatz, den der erfinderische Mensch in der Erde barg, um ihn in Stunden der Not und in Stunden der flammenden Lebenslust heraufzuholen und zu vergeuden. Seine Sorgen und seine finstern Gedanken warf er auf den goldenen Grund des Bechers, in dem die Genesung wohnte. Auch die heutigen Völker führen den Becher zur Lippe; aber sie trinken nicht mehr, wie die Alten tranken. Das Genie des Genießens, das Olympische in ihren Freuden, ist mit ihnen untergegangen; aus dem antiken Gastfreund und Zecher ist der moderne Gourmand geworden. Der Franzose trinkt seinen Champagner beim Diner der Kokotten, der Italiener trinkt seinen Marsala und liest daneben die »Opinione«, der Deutsche erhebt den Humpen mit Rheinwein und singt ein Lied von Ernst Moritz Arndt dazu. So, wie man bei Augustus trank, trinkt niemand mehr; alles Essen und Trinken ist Zweckessen geworden. Der antike Schwelger ist eine dramatische, der moderne Bonvivant ist eine komische Figur. Oder kann man es anders nennen, wenn im Saale der drei Mohren ein Handlungsreisender, der in Wagenschmiere macht, Falerner trinkt? »Es iß nor for die Firma und for den Effekt.« Wird in diesem Falle die Ode des Horaz nicht zur Satire?

Kein Gasthaus in ganz Deutschland legt vielleicht den Kontrast von Gegenwart und Vergangenheit so unvermeidlich nahe, wie die drei Mohren. Er begegnet uns auf allen Treppen und vor allen Gemächern, denn in dem großen Saal des Hauses hält jetzt die Gesellschaft »Erheiterung« ihren Jahresball, und die Mädchen tragen als Maske jenes schmucke Kleid, das vor 300 Jahren die Töchter der Patrizier an dieser Stätte getragen haben. Wenn der Tanz zu Ende geht, dann sitzen die jungen Herrn noch im oberen Stock beisammen und rauchen bei einem Abendtrunk ihre Cigarre. Es ist derselbe Saal, es ist derselbe Kamin, vor dem einst der alte Fugger saß, als er den Schuldschein Karls V. ins Feuer warf.

Wenn man des Morgens über die Gänge geht, dann begegnet man nicht selten jungen Paaren. Beide schmiegen sich enger zusammen, als es die Treppe nötig macht, und die zarte kleine Frau ist so dicht verschleiert, als ob die drei Mohren in der Türkei statt in Augsburg wären.

Wer mögen wohl die beiden sein? Als der junge Herr sich gestern ins Fremdenbuch eintrug, da hieß es N. N. mit Frau. Er schrieb das so hin, als wäre es schon hundertmal geschehen, und doch geschah es zum erstenmal. »Das junge Ehepaar« ist ein neuer Typus unter den Reisegestalten geworden, und das Hotel, das typisch ist für diesen Typus, sind die drei Mohren in Augsburg.

Außer dem Fremdenbuch, in das sich Herr N. N. mit Frau eingetragen hat, existiert aber noch ein anderes, wo die Namen all jener Größen verzeichnet stehen, die wir vorher erwähnt haben. Es ist vielleicht eine der wertvollsten Autographensammlungen in Deutschland; denn nach der Mitteilung eines Kundigen sollen für dieselbe bereits 20 000 Gulden geboten worden sein. Andere wußten sich einfacher zu behelfen, wie die vielen Schnittwunden zeigen, die dem Buche von Engländern und Amerikanern beigebracht wurden. Manche Namen sind deshalb von fremden Händen nachgetragen, und heutzutage bekommt es fast niemand mehr zu Gesichte.

Levin Schücking
Die drei Freier

1.

In der hochbelobten und uralten, des heiligen römischen Reiches freien Stadt Augsburg liegt noch heute am Weinmarkt und dicht neben dem Wohnhaus der weltberühmten Fugger ein Gasthof, der seit undenklichen Zeiten die beste Herberge geboten hat für alle Wegfahrer zwischen Alpen und Main- oder Rheinland. Er ist ursprünglich vor vielen Jahren, zu Caroli Quinti Zeiten, vom reichen Anton Fugger zu seinem Wohnhause erbaut; auch ist darin noch heute der Saal mit der überaus kunstreich getäfelten Decke aus geschnitztem Holzwerk zu sehen, in welchem der reiche Anton die römisch-kaiserliche Majestät bewirtete und mit des Kaisers Schuldverschreibung über viele Tausend Dukaten das Kaminfeuer entzündete. Nach des Fuggers Heimgang, nun auch schon, wie gesagt, seit vielen Jahren, ist das Gebäude ein Wirtshaus geworden, ansehnlich und groß, mit stattlichen Räumen und breiten steinernen Stiegen, und dazu versehen mit einem Keller voll der ausgesuchtesten und köstlichsten Weine aus Ungarland, Hispanien und Italien, so daß niemand, und reiste er auch durch das ganze weite Land der Deutschen, sich besser unterzustellen vermöchte, als bei den »Drei Mohren« in Augsburg.

Es war im Jahre als man schrieb 1700, um die Zeit jedoch, als schon das alte vor dem jungen Jahre, so da 1701 heißen sollte, zu weichen sich anschickte; in der Zeit zwischen der heiligen Weihnacht und dem Fest der drei Könige, was man gemeiniglich »in den Zwölften« nennt; es ist das die Zeit besondrer Andächtigkeit und der frommen Einkehr in sich selbst für die lebenden Menschen, aber auch die Zeit der Unrast und Unruh für alle die, so im Grabe noch keine Ruhe fanden und absonderlich die Art Unseliger, die nicht gern da vorüber zieht, wo ein Kreuz errichtet ist, oder das geweihte Glöcklein einer Kapelle läutet.

Es hatte mehrere Tage geschneit, jetzt aber schien das Wetter sich allgemach umsetzen zu wollen, denn der Schnee begann sich unter den Füßen der ehrsamen Bürgersleute zu ballen, die über den Weinmarkt, nach St. Ulrich und Afras hoch in den Abenddunst aufragendem Münster in die Abendandacht schritten. Auch war die Luft plötzlich wärmer und feucht geworden, und ein grauer Nebel legte sich leis über die Dächer und quoll sacht in die Gassen nieder, daß die hohen Giebel der Häuser mit ihren Zacken und Zieraten durch den doppelten Schleier der Dämmerung und des Nebels wie hochaufgerichtete Lebwesen mit wüsten versteinerten Gesichtern aussahen, die nur noch das volle Nachtdunkel erwarteten, um sich aus der dichtgedrängten Reihe, in der sie zusammengeschoben standen, mit den Schultern loszuschütteln und, Gott der Herr weiß was, zu beginnen. Und jetzt sah man auch die Spitzen der Türme von Sankt Afra schon gar nicht mehr, so nebelicht und dunkel war es bereits.

Unter dem geöffneten Einfahrtstore der »Drei Mohren« stand Herr Winhold Eusebius Flachs, der Gastwirt, und überblickte den Weinmarkt, ob vielleicht noch irgendeine fremde Herrschaft zu Roß oder gar zu Wagen sich nahe, um Aufnahme unter sein gastliches Dach zu begehren, denn die Stunde war da, um die Torflügel schließen zu lassen.

Als er nun so dastehend den vorüberziehenden Kirchengängern, die von der Seite des Weberhauses herkamen, entgegen sah, blieb sein Auge auf einer fremdartigen Gestalt haften, welche sich von den andern, so die Gasse belebten, sehr auffallend unterschied. Es war ein Mann in einem langen dunkeln Talare, der sich langsam an einem hohen Wanderstabe weiterbewegte und so ermüdet schien, daß er einmal die rechte Hand ausstreckte, um sich an den Mauern des nächsten Hauses zu stützen; endlich, als er grade dem schönen Herkulesbrunnen gegenüber gekommen war, blieb er ganz stehen, lehnte sich mit der Schulter an die nächste Mauer, krampfte seine beiden Hände um seinen Stock, ließ das Haupt auf die Brust sinken und schien es ganz und gar aufzugeben sich noch weiter zu schleppen.

Die Menschen auf der Gasse warfen im Vorübergehen einen Blick auf ihn, der eine oder der andere blieb auch einen Augenblick neben ihm stehen, – und schritt dann stumm und teilnahmslos weiter. Herr, oder wie man dazumal sagte, Monsieur Flachs aber rief, nachdem er diese Erscheinung eine Weile beobachtet hatte, seinen Hausknecht herbei und hieß ihn hingehen und dem müden, unglücklichen Menschen beispringen und ihn ins Haus holen, damit er doch nicht umkomme so in der Nacht und Kälte, mitten in der reichen Stadt Augsburg und dicht vor der Schwelle eines christlichen Wirtshauses.

Es wird zwar ein Jude sein, – so schloß Monsieur Flachs nach dem Aussehen des Mannes, und auch allein schon aus der Art, wie die frommen Kirchgänger so recht wie christliche Samariter teilnahmslos und kalt an dem armen Teufel vorübergingen; aber es ist doch auch ein Mensch, setzte Herr Flachs für sich hinzu, und oft haben diese polnischen Langbärte mehr rote Füchse in der Katze, als die gleißendsten Kavaliere.

Unterdes hatte der Hausknecht den ermatteten Wanderer erreicht, ein paar Worte mit demselben gewechselt, und kam nun ihn am Arme führend langsam mit ihm dahergeschritten, bis sie unter dem Torweg des Gasthofes standen.

Gott lohn's! Gott lohn's! –

ich bin müde! müde! müde!

sagte hier tief aufatmend und sich auf die Schulter des Knechtes stützend der Fremde. – Laßt mir ein gutes Bett geben, Herr, und eine stille Kammer – ich kann es bezahlen – nur ein gutes Bett, – ich bin müde! müde! müde!

Der Wirt warf einen prüfenden Blick über die Gestalt, die ihm nun doch einen recht wunderlichen Eindruck machte. Der müde Mann hatte einen langen, wirren, zerzausten Bart und ein schmutziges, braungelbes, langes Angesicht, das wie von Wetter und Wind gegerbt und beinahe so runzlich war, wie die Rinde eines alten Baumes; sein Talar von schwarzem Zeug sah wohl recht beschmutzt und abgeschabt und fadenscheinig, aber gar nicht zerlumpt oder zerfetzt aus, und alles in allem mußte Herr Winhold

Eusebius Flachs beim Anblick dieses wunderlichen morschen Gesellen an den toten Tilly denken, den er auch so halb vermodert und halb vertrocknet mit seinem ledernen Gesicht einst in Altenötting im Glaskasten liegen gesehen.

Führ ihn hinauf und gib ihm, was er verlangt – laß ihn auch eine warme Suppe und einen Nachttrunk haben, sagte Monsieur Flachs zu seinem Knecht, nachdem er seine Musterung beendet; dann setzte er, zu dem Wanderer gerichtet, mitleidig hinzu: auch wenn du nicht mehr Reisepfennige hättest, als der ärmste Strolch auf des Kaisers Heerwege, so solltest du in meinem Hause nicht Kälte und Hunger leiden, Mauschel!

Der Fremde folgte dem Knecht und erhielt von ihm angewiesen, was er verlangte, ein Kämmerlein mit einem Bette; die Speise und den Trunk, so man ihm anbot, wollte er nicht. Am andern Morgen um neun Uhr, bat er nur, möge der Wirt zu ihm in seine Kammer kommen. Bis dahin sollte man ihn ruhen lassen – nur ruhen.

Am andern Tage – es mochte neun Uhr längst vorüber sein, denn der Hospes zu den »Drei Mohren« saß eben mit einem paar guter Gesellen unten in der großen gewölbten Gaststube beim zweiten Frühstück und hatte des alten Juden Bitte, so ihm gestern abend der Knecht hinterbracht, längst vergessen, – da trat dieser mit einem verstörten Gesichte hinter seines Herrn Stuhl und sagte leise: Ich soll Euch zu wissen tun, daß der armenische Prinz Isaak Laquedem Euer alsogleich begehrt, Monsieur Flachs!

Wer? bist du über Nacht simpel geworden, Georg?

Geht hin, Monsieur Flachs, und wenn Euch der Verstand nicht selber stille steht bei dem da oben, den ihr gestern in Euer Haus aufgenommen habt, so könnt Ihr mich einen Simpel heißen.

Der Gastwirt begab sich eilig, von seinem Hausknechte geführt, auf die Kammer des Fremden. Aber nachdem er den ersten Blick auf diesen geworfen, sah er sich wie ganz und gar verdutzt in der Kammer um, ob er denn träume oder wache. Der alte todmüde Jude, den er aus Barmherzigkeit am Abend zuvor unter sein Obdach aufgenommen hatte, lag auf dem Bette vor ihm da als ein ganz schöner, kräftiger und noch junger Mann von höchstens dreißig und einigen Jahren. Monsieur Flachs hätte seinen Augen nicht geglaubt, aber vor dem Bette des Fremden lag dessen alter schmutziger Talar und ihm zu Häupten stand der große knorrige Eichenstock, an dem er sich gestern so mühsam weiter geschleppt.

Der Schlaf hat Euch sehr wohl getan, Herr! begann Monsieur Flachs endlich verwirrt und betroffen das Gespräch.

Das hat er, versetzte still lächelnd der Fremde; Ihr habt gute Betten in Augsburg und deshalb gedenke ich auch noch geraume Zeit auf den guten Pfühlen Eures Hauses auszuruhen, Herbergvater. Laßt mir dazu aber Eure besten Gemächer herrichten. Ich war gestern zu müde, als daß ich mit Euch rechten mögen, weil Ihr mich in dies schmale Kämmerchen weisen ließet. Auch mag ich eben nicht ganz reputierlich ausgesehen haben in dem zerrissenen und beschmutzten Anzug, in dem ich bei Euch anlangte.

In der Tat, sagte der Wirt, und deshalb müßt Ihr's nicht verübeln, hättet Ihr nur ein Wort gesprochen –

Laßt es gut sein; ich verzeihe es Euch, antwortete der Fremde gnädig. Ihr müßt wissen, daß ich gestern auf meiner Reise im Walde vor Zusmarshausen von einer Bande Strauchdiebe unerwartet überfallen, elendiglich niedergeschlagen und schändlich ausgeplündert worden bin. Meine Diener sind alle tot auf dem Platze geblieben, Habe und Gepäck haben die Mordgesellen mir geraubt und mit meinen Pferden sind sie auf und davon gesprengt. So ist es! Ihr habt schlechte Steckenreuter und Aufsicht hierzulande; wenn so etwas im Reiche meines Vaters, des Großfürsten von Armenien vorkäme, so stäken die Strolche drei Tage nachher am Pfahle!

Ei, ei, ei! bedauerte kopfschüttelnd Monsieur Flachs und setzte dann hinzu: Seine Gestrengen, der regierende Herr Bürgermeister wird sicherlich sofort nach geschehener Meldung ein Schreiben an den Herrn Fürstbischof nach Dillingen ergehen lassen, mit dem Ansuchen, Euer Hoheit Genugtuung zu verschaffen.

Glaubt Ihr in der Tat? mehr kann man nicht verlangen. Des gnädigen Bischofs Mannschaft wird dann, wenn sie wacker hinterdrein ist, binnen kurzem ganz genau den Platz entdecken, wo die Sache vorgefallen. Und weiter nichts. Des muß ich mich denn wohl getrösten! Aber Ihr begreift jetzt, Herbergvater, weshalb ich aussah wie ein alter Jude, als ich gestern, an allen Gliedern zerschlagen und durch den Schmutz gezogen, bei Euch anlangte. Was aber das Beste ist, so habe ich vor den Wegelagerern noch immer einen Notpfennig gerettet, daß Euch um meine Zeche nicht bangen braucht. Und so höret, was ich von Euch begehre: Zuerst laßt mir einen Bartputzer, einen Gewandhändler und einen Schneider kommen; sodann bestellt mir einen Rossehändler. Haltet mir stets auch eine Sänfte mit vier Trägern bereit und schaut Euch nach ein paar zuverlässigen Männern um, die Ihr mir als meine Diener empfehlen könnt. Endlich, richtet Euern besten Saal her und laßt ein Mahl für drei Gäste bereiten, so gut es nur immer Eure Küche und Euer Keller vermögen. Ihr könnt um die Abendstunde die Ankunft von zwei Herrschaften erwarten, die mich hier aufzusuchen kommen und ihr Absteigequartier bei Euch zu nehmen gedenken.

Görg, der Knecht, hat wohl recht gehabt; dem Gastwirt stand bei allem diesem nach und nach der Verstand vollkommen stille, und er stand eine Weile, ohne zu antworten, da, mit großen Blicken den Fremden anstarrend. Dieser, schien es, gab seinem stummen Erstaunen eine falsche Deutung; er griff, sich halb erhebend, nach seinem alten Talare, der auf dem Schemel vor seinem Bette lag, fuhr in eine Tasche des Gewandes und holte eine ganze Hand voll funkelnder Goldstücke heraus.

Wollt Ihr ein Dutzend davon zum voraus? fragte er lächelnd. Es scheint, Ihr haltet noch immer den Prinzen Isaak Laquedem, den Sohn des Großfürsten von Armenien für einen armen Wegfahrer!

O nein, Eure Hoheit – ich eile gleich, alle Eure Befehle zu erfüllen, versetzte errötend Monsieur Flachs und verließ schnell das Schlafgemach des Fremden, um alles, was gesunde Beine hatte im Gasthof zu den »Drei Mohren«, aufzubieten und außer Atem zu versetzen.

Bei alledem hatte der müde, alte Wanderer, der über Nacht ein schöner junger Prinz geworden war, nicht ganz Unrecht gesehen, wenn er etwas wie Ungläubigkeit und Mißtrauen aus den Zügen des erstaunten Monsieur Flachs zu lesen gemeint. Der Argwohn, daß ein Abenteurer ihn zu prellen beabsichtige, schlich sich, sobald er allein war, wieder bei ihm ein, und lag auch zu nahe, um nicht sehr verzeihlich zu sein; Monsieur Flachs bereute in kurzer Frist, die angebotenen Goldstücke nicht genommen und ihre Echtheit geprüft zu haben. Lange, das versprach er sich aber, werde er nicht der Narr eines pfiffigen Glücksritters und Betrügers sein, höchstens bis zum Abend; dann mußte es sich ja auch zeigen, ob die angekündigten Herrschaften wirklich einträfen oder nicht.

So stand er denn um die Dämmerungsstunde erwartungsvoll wieder unter der Haustür und blickte den Weinmarkt hinauf und hinab. Die Straße bot heute nicht mehr den Anblick von gestern; die weiße Schneedecke, die den Boden überzogen, hatte sich in nassen Schmutz und Wasser aufgelöst und ein warmer Südwestwind warf von Zeit zu Zeit schwere Massen des Schnees von den Dächern klatschend auf die Gassen und in die Höfe nieder. Wie Monsieur Flachs nun so dastand, die fröstelnden Hände in beide Taschen begrabend und erwartungsvoll bald den Kopf rechts und bald ihn links wendend, öffnete sich ein Fensterflügel über ihm, und der Kopf des armenischen Prinzen, der jetzt dort oben nach vorn hinaus die besten Gemächer eingenommen, sah hervor und fragte mit spöttischem Lächeln, während seine schmal geschlitzten schwarzen Augen unter den dicken, über der Nase zusammenfließenden Brauen unheimlich wie Katzenaugen im Dunkel leuchteten: Monsieur Flachs, fragte er mit seinem eigentümlich langsam die Silben heraufgurgelnden Organe, sehet Ihr noch niemand ankommen?

Der Wirt warf einen verdrießlichen Blick nach oben und versetzte: Ich habe nur nach dem Wetter ausgeschaut. Es wird eine garstige und stürmische Nacht werden.

Ich hoffe, Ihr habt für ein gutes Kaminfeuer in Eurem Saale gesorgt, an dem meine Freunde sich von dem Mühsal ihrer Reise erholen können; der eine von ihnen ist sehr frostiger Natur und der andere hat einen ganz absonderlichen Abscheu vor Regen und Nässe und Wind.

An einem guten Feuer soll es nicht fehlen, versetzte der Gastwirt; wenn nur die Herrschaften nicht ausbleiben.

Sie werden nicht ausbleiben. Habt Ihr für die Mahlzeit Fürsorge getragen?

Wie es Eure Hoheit befohlen hat.

Und seht, da kommen sie! sagte der Prinz von Armenien, zog seinen Kopf aus dem Fenster zurück und schloß es dann sorgfältig wieder zu.

Herr Flachs schaute nach allen Seiten aus, aber er sah und hörte nichts von den angekündigten Gästen; er wollte bereits mißvergnügt ins Haus zurücktreten, als er plötzlich in der Ferne ein Gerassel und Gerumpel wie das einer schwerfälligen Karosse wahrnahm; wenige Augenblicke darauf zeigten sich in der Tat aus der nächsten Quergasse biegend die Vorderpferde einer vierspännigen Reisekutsche, die in langsamem Trab, wie vom roten Turmtor herkommend, über den Weinmarkt bogen und dann geradewegs den »Drei Mohren« zulenkten. Es war ein merkwürdiges altes, mit

Schnitzwerk und bunten Farben bedecktes Gerüst von einem Reisewagen; das Riemenwerk war so dick, als ob es aus Elens- oder Büffelhaut geschnitten, und das ganze hatte eine so ehrwürdige altertümliche und fast lächerliche Gestalt, daß man hätte glauben können, es habe schon vor einem Jahrhunderte gedient, oder die Königin Berta mit dem Gänsefuß habe gar schon ihre Wochenbettvisiten darin abgefahren. Die Pferde aber waren vier ganz gewöhnliche Fürstlich Thurn und Taxissche Postklepper.

Als der Wagen vor dem Tore der »Drei Mohren« hielt, stieg ein stämmiger Diener vom Bocke herab, riß eifrig den Wagenschlag auf und half einem kräftig gebauten Manne von mittlerer Größe, von blonden Haaren und großen blauen Augen, aber ganz dunkler, wettergebräunter Hautfarbe, aus dem Wagen.

Ein Quartier für Seine Exzellenz, den Herrn Admiral van der Dekken aus Batavia! sagte der Diener, während sein Herr mit wankendem Seemannsgange ohne Gruß an dem Wirt vorüber in den Torweg schritt.

Monsieur Flachs machte seine schönsten Bücklinge und bat die Exzellenz untertänigst, ihm zu folgen. Er schritt die Stiege hinauf und führte, wie es der Prinz von Armenien befohlen, den Fremden sogleich in den großen schönen Fuggersaal, wo das Mahl bereitet war und ein großes lustiges Feuer im Kamin prasselte. Aber kaum hatte er noch vor dem neuen vornehmen Gaste die beiden Flügeltüren des Saales aufgeworfen, als ein gewaltiges Pferdegestampf und Hallo von unten heraufschallte und ihn zurückrief. Er lief eilfertig die Stiegen wieder hinab, zu schauen, was es gäbe; da fand er den Torweg von vielen Sattel- und Saumrossen eingenommen, und von dem schönsten derselben, einem hohen feurigen Schimmel, stieg just eine schlanke, ritterliche Männergestalt, gekleidet in grünes Tuch, das rings mit schmalen goldenen Borten besetzt war, einen dreieckigen Hut mit grünen Federn auf dem Haupte und an der Seite, an einem goldenen Gurt einen kostbaren Hirschfänger mit goldenem Gefäße, das aus den Falten des weiten, langhin nachflatternden Mantels hervorschimmerte.

Sein Gesicht war lang und sehr hager, aber ausdrucksvoll und edel geschnitten und seine Augen blitzten so düster vornehm unter den buschigen schwarzen Brauen hervor, – weiland der Ritter Parzival oder der tapfere Bayard konnte nicht vornehmer aussehen.

He, Holla! Wirt! brüllte einer von den Reitknechten aus dem Gefolge, so laut, als ob er hier, in dem geschützten Torwege, gegen den Sturm anschreien müsse.

Hier! hier! was steht dem Herrn zu Befehl! rief Monsieur Flachs herbeistürzend.

Seine Exzellenz der Oberjägermeister von Rodenstein will Eure Herberge beziehen.

Es ist alles bereit! rief Monsieur Flachs ganz aufgeregt und sich einmal über das andere verbeugend aus, – belieben Eure Exzellenz mir zu folgen; Seine Hoheit, der Prinz von Armenien und Seine Exzellenz, der Herr Admiral van der Decken aus Batavia erwarten bereits den Herrn Oberjägermeister von Rodenstein oben auf dem Saale.

2.

In dem schönen Saale, der, von dem Geräusch der Gasse fern, stille nach hinten hinaus gelegen ist, flammten die Wachskerzen des kristallenen Kronleuchters und spiegelten sich in den kostbaren Silbergeschirren und Pokalen, mit denen Monsieur Flachs eine runde Tafel inmitten des Gemaches hatte besetzen lassen. Ein Haufen Buchenscheite flackerte und knisterte in dem hohen Kamin und verbreitete eine linde Wärme, während der Duft der Speisen ein Mahl verhieß, wie es die vornehmen Herren, die heute in den »Drei Mohren« ihr Absteigequartier genommen, wohl nirgends üppiger hätten finden können. Auch mochten die drei Herren, die sich von den verschiedensten Enden der Welt her hier ein Stelldichein gegeben zu haben schienen, sich nach der Mühsal ihrer langen Wegfahrt wieder recht wohl und behaglich fühlen. Und ganz ungestört unter sich dabei bleiben wollen, denn sie wiesen, nachdem die Speisen sämtlich, wie sie befohlen, zugleich aufgetragen worden, die Diener hinaus und verriegelten die hohe, dunkle Flügeltüre; während ihr Gesinde, – auch ein Häuflein gar wunderlicher Gesellen – sich unten in der Gaststube zusammenfand, an einer Ecke des langen braungebohnten Eichentisches zusammenhockte und in einer fremden kuriosen Sprache munkelte, von der Monsieur Flachs keine Silbe verstand, soviel fremder Gesellen aus aller Herren Länder er auch bei sich beherbergt hatte, und so sehr er jetzt auch, wenn er sich in ihrer Nähe zu schaffen machte, die Ohren auftat.

Dies Abschließen und Heimlichtun ärgerte aber endlich Monsieur Flachs, der, wie alle Wirte, etwas neugieriger Natur war; doch getröstete er sich dessen bald, denn er hatte dafür gesorgt, daß ihm von dem rätselhaften Prinzen aus Armenien und seinen Freunden auf die Dauer in seinem Hause nicht also ein Schnippchen geschlagen werden konnte. Leise und heimlich stieg er auf den Speicher seines Hauses, bis er sich just über dem Fuggersaale befand. Da war kunstreich ein kleiner Schieber in der getäfelten Decke des Saales angebracht, an einer Stelle, wo eine große, geschnitzte Rose die Öffnung völlig unsichtbar machte. Hier konnte ein stiller Lauscher jedes Wort vernehmen, welches da unten gesprochen wurde, jede Bewegung mit den Augen verfolgen; und das tat jetzt Herr Flachs, nachdem er den Schieber leise geöffnet.

Die drei Herren hatten ihren Tisch dem Kamin nahe geschoben und saßen jetzt aufrecht und stattlich da; sie tafelten eine Zeitlang düster schweigend und führten bedächtig die Bissen zum Munde, so wie jemand, der prüfend eine ihm fremde Speise genießt; dann nach geraumer Zeit schoben sie die Schüsseln beiseite, wandten ihre Gesichter der Flamme zu und füllten nun alle drei ihre Pokale mit dem schweren Algesiraswein, den Monsieur Flachs ihnen zum Nachtisch hatte aufstellen lassen.

Nun denn, auf ein fröhliches Jahr! sagte, den Kopf aufwerfend, der Oberjägermeister von Rodenstein, als er den Becher erhob und gravitätisch an die Lippen führte.

Sei es so lustig, wies unser letztes war! tat Mynheer van der Dekken, der Admiral, Bescheid.

So fröhlich, wie es Anno 1601 war? fiel der Armenier kopfschüttelnd ein – das wäre viel verlangt, denn seitdem sind hundert Jahre verflossen, die eine harte Zeit für das arme Menschengewürm waren, und diese Unglückskinder sind trübselig und stumpfsinnig darüber geworden.

Und doch, denk' ich, ist im reichen, üppigen Augsburg noch immer löblicher Kurzweil genug zu finden; wo nicht, sagte der Weidmann – und wenn wir bereuen, uns just hier zusammengefunden zu haben, so ist es meine Schuld nicht; der starrköpfige Holländer bestand darauf, er wollte weit, weit vom Meere fort und mitten auf den Kontinent, wo keine Seewinde wehen.

Hackelberg, sagte der Admiral, die Brauen düster zusammenziehend, tut mir die Liebe an uns sprecht das Wort Meer nicht aus, falls ihr wollt, daß wir als Freunde zusammen bleiben!

Nun nichts für ungut, van der Decken: nur laßt mir dagegen auch Jagd- und Weidwerk beiseite! versetzte der Weidmann und tat einen tiefen Zug aus dem Becher.

Und du? fragte der Admiral, zum Armenier gewendet. Hast nicht auch du deine schwache Seite, alter Isaak, deren Berührung dich schüttelt?

Nein. Sprecht, von was und wem ihr wollt, vorausgesetzt, daß ihr mir niemals, solange wir zusammen bleiben, zumutet, einen Schritt außer dem Hause zu Fuße zu tun, und anders denn zu Roß oder in einer Sänfte.

Erzähl' uns, was du gesehen hast, Isaak Laquedem, hub, nachdem eine kurze Pause eingetreten war, der Weidmann wieder an; erzähle von dem, was geschah in den hundert Jahren, daß wir einander nicht gesehen; du bist der Glücklichere von uns, du durchwanderst die Erde und siehst, was die Menschen in den Städten machen, durch welche du schreitest, in den Palästen, an deren Gittertoren du vorübergehst. Meine Bergschluchten und Heiden bleiben immer stumm, meine Wälder immer still und tatlos, wie sie seit Jahrtausenden waren; und van der Decken dort sieht nichts als immer und immer die weite graue Salzflut ohne Anfang und Ende, das öde Rollen der Wogen vom Aufgang bis zum Niedergang!

Sind die rollende Woge des Ozeans und das grüne Eichenblatt des Waldes eintöniger als das Tun des Menschenvolks, dieses ewig wimmelnden Geschmeißes, das in den Ritzen und Falten der Erdkruste nistet?

Doch, doch, entgegnete, das Kinn auf den Arm stützend, der Mann der Wälder. Die Menschheit ist ein Baum, durch den von Zeit zu Zeit ein ganz andres stolzeres Wehen des ewigen Geistes rauscht als der Wind, der den dunklen Tann in meinen Bergen schüttelt.

Ah bah, versetzte der andere, deine Waldblätter grünen und fallen ab, wenn sie welk werden, um einem neuen grünenden Blätter-Geschlechte Raum zu machen. Bei den Menschen ist es nicht also; bei ihnen sträubt sich das Vermodernde vor dem Niederfall und am Baum der Menschheit hängen mehr gelbe und dürre Blätter als vollsaftige und grünende. Freu' du dich deines Waldes und deiner Wildbahn, Wütender, und beneide den nicht, der durch die Geschlechter der Menschen wandern muß!

Was meinst du, van der Decken? fragte der Weidmann; gib dein Sprüchlein dazu.

Der Mann aus Batavia zuckte die Achseln: Menschen, Wellen, Blätter – ich mag heute aller drei nicht gedenken – lassen wir sie dem Winde, dessen Spielzeug sie zu sein verdammt sind!

Eine Pause trat im Gespräche ein; der Weidmann füllte die Pokale neu.

Wo sahst du ihn zuletzt? fragte den Seefahrer der Wandernde.

Bei Van-Diemensland, antwortete dieser. Er saß hinter dem Steuermann eines Dreimasters aus Vlissingen, der geradesweges auf eine Korallenbank zusteuerte. Als ich vorüberfuhr, machte er eine höhnische Gebärde und wies auf die Untiefe hin, an der das Fahrzeug nach einer Viertelstunde mit Mann und Maus zugrunde ging.

Ich, sagte Isaak Laquedem, sah ihn zuletzt in einem roten, goldgestickten Rocke in Wien zu Hofe gehn; er war als Hofrat angetan und wollte bei einer Ministerkonferenz das Protokoll führen. Und du, Hackelberg?

Im Westfalenland wird ein neues Jesuitenkollegium gebaut; da sah ich ihn nachts unter den Hausteinen beschäftigt; er arbeitete im Mondschein einem Steinmetzen das J. H. S. in dem Architrav über dem Eingangstore nach, das der Mann ihm wohl nicht schön genug gemacht hatte.

Als der Weidmann diese Worte gesprochen hatte, schien der Wind, der, während die drei Männer tafelten, sich erhoben und wider die runden bleigefaßten Scheiben der Fenster gefahren war und nun immer lauter und lauter um die Dächer und Essen geheult und gegurgelt hatte, plötzlich mit voller Kraft in den Rauchfang des Kamins zu stoßen. Asche und Funken stoben auf und eine breite Flammenzunge schlug mit dickem Qualm vom Herd, statt aufwärts in die Esse zu steigen, in den Saal herein. Die drei Männer am Tische fuhren zurück, geblendet von dem beizenden Rauche. Als sie die Augen wieder öffneten, sahen sie, daß sie einen neuen Gesellen bekommen und daß sie selbviert im Gemache waren; denn eine vierte Gestalt saß auf einem Schemel neben dem Feuer, das jetzt ruhig und stet wie vorher flackerte, als ob nichts geschehen sei.

Es war ein gar langes, schmales, dürres Menschenkind, der vierte, in einem schwarzen Gewand, fast wie ein Schulmeister gekleidet; ein dreieckicht Hütlein war in die Stirne gedrückt, also, daß man vom Antlitz fast nur die scharfe Nase und die tiefen Wangenhöhlen wahrnahm; er schien zu frösteln, denn er rückte seinen Schemel dicht ans Feuer und streckte beide Hände den Flammen entgegen, und schier bis in sie hinein.

Was willst *du* hier? fuhr zornig der Weidmann bei seinem Anblick auf.

Haben wir mit dir zu schaffen, so lange 1701 im Kalender steht? fiel unwillig der Prinz aus Armenien ein.

Gemach, gemach! antwortete der Schwarze. Glaubt ihr, ihr hättet allein das Recht müde zu sein, und euch auszuruhen, wenn ihr eure lausigen kurzen hundert Jahre lang ein wenig die Luft, das Wasser und die Erde durchwandert habt? Unmündige Knaben, die ihr seid, wollt ihr mir auf ein Stündlein die Gemächlichkeit hier an eurem Herd mißgönnen? Mich dünkt, es ist dir schon einmal übel ergangen, hitziger Ahasverus, weil du einem müden Mann keine Ruhestätte auf deiner Schwelle gönntest! Und du, wütender Hackelberg, bin ich einer deiner Hatzrüden, daß du mich forthetzen willst?

Was willst du hier? was suchst du bei uns, fragte Isaak Laquedem, den er Ahasverus genannt.

Ich will mich über euer Tun ergötzen, ihr Gesellen, antwortete der lange Schwarze; es ist ein lustiger Einfall, daß ihr übereingekommen seid, euer Rastjahr zusammen zu verleben; die fahrenden Schüler des Alten da droben wart ihr lange genug, und da er euch nun einmal wieder ein Jährlein Ferien gibt, wollt ihr sehen, wie's jungen Kavalieren zumut ist, die sich zusammen die Vakanzzeit vertreiben. – Was gedenkt ihr zu tun? Ihr werdet nicht immer hier sitzen wollen, um zu trinken und eure Füße zu wärmen! Oder doch? Sprich, alter Joseph Cartaphilus aus Jerusalem, auch Isaak Laquedem genannt, willst du dir die Zeit etwa mit Kalendermachen vertreiben? Und du, wüster Rüdenzüchter, wenn du nicht vorhast, die Muße zu benutzen, um deine zerschlagenen Hetzpeitschen neu zu flechten, so wüßte ich ein sauberes Stücklein Wild für dich!

Den fliegenden Holländer da frag' ich gar nicht: der alte Sünder hat sich, als er das erste Sklavenschiff von Guinea nach Westindien führte, so in die schwarze Rasse verliebt, daß er für eine weiße Venus nicht den kleinen Finger rührte!

Du hast einen Anschlag, Satan! antwortete Isaak Laquedem; laß ihn uns hören!

Zuerst müßt ihr wissen, daß der Teufel die Öffentlichkeit haßt. Ihr habt einen Lauscher hier.

Die drei andern wandten die Köpfe und blickten spähend in dem Saale umher.

Monsieur Flachs, dem sich bis hierher und je mehr er von dem Gespräch da unten vernommen, die Haare mit jedem Augenblicke höher gesträubt hatten, fühlte sich bei den letzten Worten des Schwarzen vollends wie in kaltem Schweiß gebadet. Er wollte sich aus seiner liegenden Stellung neben dem kleinen Schieber in der Decke rasch erheben und die Flucht ergreifen; aber es war ihm, als seien seine Glieder vom Schrecken gelähmt; er konnte weder Fuß noch Hand bewegen und mußte zusehen, wie da unten im Saale der dürre Schwarze gerade unter die Rose in der Decke trat, die den Lauscher verborgen hatte, beide Arme zu ihm empor hob und nun mit den ausgestreckten Händen ein paar Sekunden lang leise Bewegungen gegen ihn hin machte. Der unglückliche Gastwirt fühlte bei diesen Bewegungen sogleich eine ganz sonderbare Schwere und Schläfrigkeit über sich kommen; seine Augenlider schlossen sich, sein Kopf fiel mit dem ganzen Oberkörper auf den Boden und nach wenigen Augenblicken lag Monsieur Flachs in tiefem Schlafe. –

Als Herr Winhold Eusebius aus seinem Schlafe erwachte, war es tiefe Nacht und seine Glieder waren steif vor Frost. Die beängstigendsten Träume hatten ihn gequält. Er hatte sich an einem weißgebleichten Pferdegerippe durch die Lüfte getragen gefühlt, verfolgt von der zähnefletschenden Meute, dem Hallorufen und den langen, seinen Kopf umschnellenden Peitschenschnüren des wütenden Heeres; über Wälder, Flüsse, Bergrücken fort, immer weiter und weiter dem blutroten Horizonte zu, war er geflogen, bis er plötzlich das Meer unter sich brausen und schäumen gesehen. Da hatte das Tiergerippe, das ihn getragen, ihn mit einem Stoß von sich geschleudert, er war hinabgeflogen und gesunken und gesunken und unter ihm segelte das Totenschiff über die Wogen und streckte seine Masten und Spieren in die Höhe, immer gerade unter ihm, wie um den Fallenden aufzufangen und zu spießen.

Monsieur Flachs hatte dies nicht eigentlich geträumt, sondern er hatte es zu erleben geglaubt, er hatte das schreckliche Bewußtsein dabei, daß er wache und es wahr und wirklich erlebe! Nur war es ihm unmöglich gewesen, einen Schrei auszustoßen, ein Glied zu rühren. Endlich – er fühlte schon die Spitze des höchsten Mastes mit dem schwarzen Wimpel in seiner Rippe, – da gab ihm die Verzweiflung Riesenkraft – es gelang ihm, den Arm zu bewegen, und fort war der böse Alp, fort der Schlaf.

Im Saale unten waren die Lichter erloschen, die letzten Funken des Herdfeuers verglommen. Der Gastwirt schlich sich mit den wie zerschlagenen Gliedern still von dannen und suchte sein Lager auf. Schauerliche Bilder und Gedanken, die ihm durch sein heißpulsierendes Gehirn wirbelten, hinderten ihn am Wiedereinschlafen. Er fragte sich in diesem Aufruhr aller seiner Fibern und all seines Blutes immer wieder umsonst, ob er denn wirklich alles erlebt oder alles nur geträumt, was er in dieser Nacht gesehen oder gehört. Und als die Morgensonne auf dem Dache der »Drei Mohren« stand, lag Herr Winhold Eusebius Flachs in einem hitzigen Fieber, in welchem er die wirresten Phantasien ausstieß von den Geistern, die über die *Erde,* durch die *Luft,* über das *Wasser* wandern und alle sich beugen vor dem schwarzen Gebieter des *Feuers.*

3.

In den nächsten Tagen und während der unglückliche Monsieur Flachs sich in solchen Fieberträumen verzehrte, hatten die drei Gäste seines Hauses begonnen, sich mit der Stadt Augsburg bekannt zu machen; sie hatten zuerst, der Oberstjägermeister als reicher Kavalier zu Pferd, mit zwei Reitknechten hinter sich, der Prinz aus Armenien und der Admiral aber in vierspänniger Karosse mit vielen Lakaien und Läufern, Besuche bei dem regierenden Herrn Bürgermeister und anderen hohen Personen vom Rat und von den Geschlechtern abgestattet; der hochweise und fürsichtige Rat hatte dem Prinzen von Armenien feierlich den Ehrenwein gesendet; sie waren auch überall wohl und wie es vornehmen Herrschaften gebührt, aufgenommen und hatten dann, indem sie die besuchtesten Weinstuben mit ihrer Gegenwart beehrten, mancherlei Verbindungen und Bekanntschaften angeknüpft.

Sie zeigten sich dabei als aus der Maßen joviale und lebenslustige Kavaliere; sie waren immer von gleicher unbändiger Heiterkeit und immer sprudelnd von unerhörten Einfällen und Anschlägen, wie früher niemand in ganz Augsburg so etwas vernommen. Die ehrsamen Patrizier der Stadt, die sich ehemals in ihren Weinstuben hinter der Flasche gähnend gegenüber gesessen und den Brunnen ihres Witzes voreinander längst so geleert hatten, daß kein Tröpflein darin zurückgeblieben schien, waren wie umgewandelt, seit diese Gesellen unter ihnen waren; seitdem tönten lustige Lieder, Becherklingen und Würfelklappern doppelt so lange bis in die späte Nacht hinein. Trinken und Spielen war der fremden Kavaliere Hauptleidenschaft; sie bewältigten, ohne irgendeine Veränderung ihres Humors zu verraten, unmäßige Quantitäten des schwersten Weines und ließen beim Spiel Geldsummen durch ihre Finger rollen, als hätte der eine von ihnen, der holländische Admiral, die spanische Silberflotte geentert und brüderlich mit seinen beiden Freunden geteilt.

Die Matronen der zu Spiel und Trunk verführten Männer aus den Augsburger Geschlechtern begannen besorgt nach dem Ende dieses Treibens zu fragen; aber ihre einst so gestrengen und würdevollen Eheherren, in die plötzlich wie durch eine böse Anstekkung die Ausgelassenheit gefahren, gaben ihnen wenig tröstliche Antworten; die drei Kavaliere, hieß es, hatten sich von drei verschiedenen Enden der Welt hier ein Stelldichein gegeben, um in Lust und Freuden ein ganzes Jahr miteinander zu verleben: sie wären Herzensbrüder von ihrer Studienzeit her, als sie noch zusammen den Wissenschaften obgelegen, auf irgendeiner weltberühmten Universität, zu Bologna, Paris oder Salamanka.

Nur eine Frau war in der ganzen Stadt Augsburg, die sich gar nicht wie die andern sehnte, hinter den drei Fremden endlich ein Kreuz machen zu können, sondern eher mit Beklommenheit und Sorge an den Augenblick dachte, wo sie scheiden würden, und diese Frau war von allen die schönste und gepriesenste.

Unsere Kavaliere hatten sie auf einem Feste kennen lernen, das die Geschlechter zu Faschingszeit auf ihrem großen Tanzhause, dem Augustsbrunnen gegenüber, gehalten und zu dem jene von Sr. Gestrengen, dem regierenden Herrn Bürgermeister selbst eine feierliche Invitation erhalten. Frau von Haßbeck, so hieß die Dame, war an einen grämlichen, gichtbrüchigen Gemahl verheiratet und war Mutter eines Knaben. Sie stand in der Mitte der Zwanziger, war hoch und schlank gewachsen und sah aus so stolz als sei sie die römische Königin; aber sie hatte auch Grund, stolz zu sein; denn sie schien die Erbin all der Schönheit geworden, womit einst die berühmten Töchter Augsburger Bürger, die Klara von Detten und die Bernauerin und die Welserin sich Herzen und Throne erobert haben. Unter den Herren von Augsburg war trotz dieser Schönheit die Zahl ihrer Anbeter nicht groß; denn Frau Ulrike von Haßbeck pflegte hofierende Männer mit einer Verachtung und einem Hohn zu behandeln, der jedes nicht vollständig verliebte Herz von ihr zurückschreckte. Sie war, ohne daß man viel um ihre Herzensneigung sich gekümmert, von ihren Eltern, an ihren armseligen reichen Gemahl dahingegeben worden. Der letztere mochte aber diese Ehe tausendmal verwünscht haben, denn er fühlte sich wenige Monate nach der Trauung in seinem eigenen Hause wie etwa ein unbrauchbar gewordener Hausbeamter, dem eine Königin in ihrem Palast das Gnadenbrot gibt.

»Königin Ulrike« nannten denn auch die Augsburger die stolze glänzende Frau, die hoch und schweigsam ihres Weges ging und auch wohl ganz offen gestand, daß sie sich einen Thron wünsche, nur um ihr Geschlecht an der brutalen Fadheit der Männer rächen zu können, welche sich die Herren der Schöpfung dünkten und in ihrem jämmerlichen Hochmut die Frauen wie eine Art untergeordneter Wesen in ihren Häusern einsperrten, oder für Geld verkuppelten, oder in Klöster begrüben; die, so schwache, eitle, beschränkte, mitleidswerte Gesellen sie seien, doch seit Adams kläglich feiger Entschuldigung die Frauen als die Lasttiere des Lebens betrachteten und zu schweigendem Dulden zwängen.

Wenn »Königin Ulrike« auf diesen Gegenstand kam, wurde sie immer sehr beredt; aber da gerade die Frauen am wenigsten zusammen zu halten und ihr Recht zu wahren pflegen, sondern, beinahe wie eine von Dienstbarkeit gebrochene Nation, immer bereitwillig ins Lager ihrer Gegner übergehen, so stand Ulrike verlassen und allein und war fast ganz auf ihren Knaben beschränkt, an dem sie als dem Sohn seines ungeliebten Vaters, auch nicht sonderlich zu hängen schien. Ulrike, schien es, grämte sich darum nicht; sie genügte sich und sah mit großem stolzen Blick in die Zukunft, von der sie irgendeinen Herzogshut oder einen Kronreif erwartete; denn an ihrer Wiege hatte eine alte zigeunerhafte Prophetin es ihr gesungen, daß sie einst einem Prinzen folgen werde.

Man kann denken, daß es einen recht seltsamen Eindruck auf Frau Ulrike machte, als nun wirklich ein Prinz, wenn auch aus fernem Lande, vor sie trat und die düsterglühenden Blicke Isaak Laquedems unter ihren schwarzen, zusammenschießenden Brauen her sich in die Augen der schönen Frau versenkten. Ulrike erzitterte unter diesen Blicken, aber sie raffte ihren Hochmut zusammen und begegnete ihnen fest und stolz. Sie sagte sich, daß hier ein Mann, den sie zu fürchten habe, sie herausfordere; sie machte sich mit innerer Aufregung auf einen Kampf gefaßt, bei dem sie nicht mehr die volle Sicherheit des Sieges hatte, aber kein Zucken ihrer Mienen verriet äußerlich diese Bewegung.

Der Prinz aus Armenien war jedoch nicht der Einzige, der sich ihr vorstellen ließ, um ihr zu huldigen; auch der Admiral van der Dekken und der Oberstjägermeister von Rodenstein bewarben sich alsbald um ihre Gunst und erbaten am Ende des Festes die Erlaubnis, ihr Haus betreten zu dürfen. Ulrike gewährte sie gnädiglich. Es mußte für den guten alten Herrn von Haßbeck, der sein Leben in seinem Lehnsessel zubrachte, eine außerordentlich erfreuliche und schmeichelhafte Wahrnehmung sein, daß von diesem Tage an sein Haus der Lieblingsaufenthalt der drei vornehmsten und ausgezeichnetsten Fremden war, die Augsburg in seinen Mauern beherbergte. Sicherlich mußte er auch dankbar den Einfluß anerkennen, den diese Bevorzugung auf die Stimmung seiner jungen und blendenden Gemahlin übte; denn wenn er früher, von dem zerschmetternden Gewicht ihrer Verachtung gebeugt, oft bitter sein Schicksal angeklagt hatte, den Nacken unter das demütigende Joch einer Frau beugen zu müssen, so durfte er sich jetzt der vollständigsten und schmeichelhaftesten Nichtbeachtung von seiten der Gemahlin erfreuen, die nur noch für die Gesellschaft ihrer drei Anbeter zu leben schien. Diese aber, schien es, sollten wenig bei solcher Auszeichnung gewinnen; denn Ulrike wiederholte den drei Kavalieren oft und nachdrücklich, daß sie sich ihre Huldigungen lediglich deshalb gefallen lasse, weil sie aus der ganzen Männerwelt nur sie drei kenne, bei denen es ihr eine rechte Genugtuung sei, ihre volle und unsägliche Verachtung des ganzen »stärkeren Geschlechtes« auszusprechen; die andern Männer verdienten nicht einmal, daß sie um deretwillen soviel Atem und Worte verliere. Die fremden Herren lachten spöttisch bei solchen Versicherungen der schönen Frau und besonders wußte der Prinz aus Armenien durch beißende Einwürfe sie zu reizen und sie zu heftigen Behauptungen weiter fortzureißen, als sie ursprünglich hatte gehen wollen.

Für den Frieden unter den drei Fremden selbst mochte die anscheinend sich gleichbleibende eisige Kälte der stolzen Frau, die auch alle kostbaren Geschenke und Kleinode, welche sie ihr darboten, hartsinnig zurückwies, sehr heilsam sein; denn Spuren von eifersüchtiger Bewachung der Fortschritte, die jeder in der Gunst der Dame mache, blieben bei ihnen nicht aus, und selbst Ulrike warf es ihnen oft scherzend vor. Das ist Männerfreundschaft!

sagte sie lachend: Ihr seid aus den fernsten Winkeln der Welt zusammengekommen, wie ihr sagt, von eurer Liebe und Treue zueinander gezogen, und jetzt brauchte ich nur dem einen von euch, zum Beispiel diesem blauäugigen, mich anstierenden »Schout by Nacht« aus Batavia die Rose zu schenken, die ich hier am Mieder trage, und ihr beiden andern würdet dem ehrlichen Holländer alsbald den Hals zu brechen begehren.

Die Männer stellen freilich die Liebe einer schönen Frau höher als die Freundschaft eines edlen Mannes, antwortete Isaak Laquedem. Aber auch nur die Liebe einer schönen Frau. Seht dagegen die nicht schönen Frauen, wie mißachtet sie bleiben. All eurer Einfluß ist in der Welt an eure Schönheit geknüpft. Wie so gar demütigend ist das für euch! Euer Wert, eure Kraft liegt also nicht in der Höhe eurer Gedanken, in der Größe eures Geistes, noch in der Stärke eurer Entschlüsse, sondern im Schnitt eurer Nase und in der Farbe eurer Gesichtshaut!

Das ist nicht unsere Schuld, versetzte Ulrike darauf, also auch nicht unsere Demütigung; aber es ist unser Unglück: die Männer sind einmal von so tierischem Hange, daß sie nicht auf die Höhe der Gedanken, nicht auf die Größe des Geistes noch auf die Stärke der Entschlüsse in einem Weibe, sondern auf die Größe der Schönheit Wert legen. Und just unser Unglück ist diese Schönheit; sie ist die Mutter der Eitelkeit, die uns zu besiegten Besiegerinnen der Männer macht; ohne sie ständen Frauen und Männer gleichberechtigt sich gegenüber; ohne die Entnervung und Entwürdigung, zu der die Schönheit die Frauen führt, kämpften beide Geschlechter mit gleichen Vorteilen, mit gleicher Verteilung von Sonne und Wind, den Kampf des Lebens. Und glaubt es mir, Ihr sarkastische Hoheit aus Armenien, und Ihr lächelnde Herren und Exzellenzen, in einem solchen Kampfe würde die Frauenklugheit nicht hinter der Männerstärke zurückbleiben!

Ihr werdet uns noch beweisen, daß es eine Beleidigung für Euch sei, wenn wir die zauberhafte Schönheit bewundern, die uns Euch zu Füßen legt, sagte der Oberstjägermeister.

Beinahe ist es so, antwortete Ulrike; glaubt mindestens nicht, daß es mich freue, von meiner Schönheit reden zu hören. Ich lege nicht den mindesten Wert auf sie, und diejenigen, welche Wert auf ihre Schönheit legen, verachte ich!

Da habt Ihr unrecht, sehr unrecht, fiel der armenische Prinz ein; glaubt das uns, die wir Euch huldigend und bewundernd umgeben. Wir haben viel erlebt und viel gesehen, wir alle drei, wir haben von dem alten Stücke, betitelt: Erdenleben, mehr Aufzüge gesehen, als Ihr uns wohl zutraut, stolze Frau. Und nun seht: die Welt hat keinen Schatz und kein Kleinod, das Dichten und Trachten der Menschen hat kein Ziel und wäre es auch das verlockendste – die Historie hat keinen Kranz und keinen Ruhm, nach dem es uns irgend viel gelüstete; nur eines hat uns bezwingen können – wir huldigen Eurer Schönheit.

Isaak Laquedem sprach diese Worte so feierlich aus, daß schier eine Pause im Gespräche entstand. Ulrike wußte nicht recht, was aus solch wunderlicher Rede machen. Da hub der Admiral nach einer Weile wieder an und sagte: So laßt uns hören, wenn Ihr die Schönheit mißachtet, was ist dann Euer Stolz? sagt uns, gnädige Frau, wie wir Euch wohlgefallen und Eure Gunst erringen können, wenn wir nicht von Eurer Anmut und Eurer Holdseligkeit reden dürfen.

Was mein Stolz sein würde? Etwas zu verrichten, eine Tat zu tun, eine Gefahr zu bestehen, eine Lage zu überwinden, von der die Welt sich gestehen müßte, daß ein Mann völlig unfähig gewesen wäre, sie zu überwinden. So etwas zeigt mir an, ihr Herren, dazu verhelft mir und ich will euch dann alle schmeichelhaften Reden und wohlgesetzten Komplimente gar gern schenken, meine galanten Kavaliere! (...)

Ludwig Aurbacher
Wie die sieben Schwaben nach Augsburg kommen und sich allda Waffen holen

Als man zählte nach Christi Geburt eintausend und etliche hundert Jahr, da begab sich's, daß die sieben Schwaben in die weltberühmte Stadt Augsburg einzogen; und sie gingen sogleich zu dem geschicktesten Meister allda, um sich Waffen machen zu lassen; denn sie gedachten das Ungeheuer zu erlegen, welches zur selbigen Zeit in der Gegend des Bodensees übel hauste, und das ganze Schwabenland in Furcht und Schrecken setzte. Der Meister führte sie in seine Waffenkammer, wo sich jeder einen Spieß oder sonstwas auswählen könnte, was ihm anstand. Bygost! sagte der Allgäuer, sind das auch Spieße? So einer wär' mir just recht zu einem Zahnstürer. Meister, nehmt für mich nur gleich einen Wiesbaum von sieben Mannslängen. Potz Blitz, sagte der Blitzschwab, Allgäuer, progle dich nicht allzusehr. Der Allgäuer sah den mit grimmigen Augen an, als wollte er ihn durchbohren. Eigentlich hast du recht, Männle! sagte der Blitzschwab und streichelte ihm den Kautzen; und ich merke deine Meinung, sagte er: Wie alle sieben für einen, so für alle sieben nur einen. Der Allgäuer verstand ihn nicht, sagte aber: Ja; und den andern war's auch recht. Und so ward denn ein Spieß von sieben Mannslängen bestellt, und in einer Stunde war er fertig. – Ehe sie aber die Werkstatt verließen, kaufte sich jeder noch etwas Apartes, der Knöpfleschwab einen Bratspieß, der Allgäuer einen Sturmhut mit einer Feder drauf, der Gelbfüßler Sporen für seine Stiefel – sie seien nicht nur gut zum Reiten, sagte er, sondern auch zum Hintenausschlagen. – Der Seehas aber wählte einen Harnisch, sagend: Vorsicht sei zu allen Dingen nütz; des Guten könne man nicht zu viel tun; und nutze es nichts, so schade es auch nichts. Der Spiegelschwab gab ihm recht, und sagte: Auch er wolle einen tragen, aber nicht vorn auf der Brust, sondern hinten auf dem Hintern. Der Seehas meinte, der Geselle wolle ihn foppen; jener aber sagte: Merk's: Hab' ich Mut und geh' ich vorwärts, so brauch' ich keinen Harnisch; geht's aber rückwärts, und fällt mir der Mut anderswohin, so ist dann der Harnisch am rechten Platz. Und so ließ er sich denn den Harnisch zurechtmachen, der, recht zu sagen, ein Balbiererbecken war aus der Rumpelkammer des Meisters. Und nachdem die sieben Schwaben, wie ehrliche Leute, alles richtig bis auf Heller und Pfennig bezahlt, auch als gute Christen bei St. Ulrich eine heilige Messe gehört, und zuletzt noch beim Metzger am Gögginger Tor gute Augsburger Würste eingekauft hatten, so zogen sie zum Tor hinaus und ihres Weges weiter.

Paul Heyse
Die ausländische Demoiselle

Vor einem der alten Festungstore der Stadt Augsburg stand noch in den ersten Jahrzehnten unseres Jahrhunderts ein Häuschen mitten in einem großen, verwilderten Garten, den schon seit Menschengedenken niemand mehr betreten hatte. Eine hohe Mauer, deren Bewurf, von Regen und Schnee zernagt, kaum noch hie und da an den Steinen hing, lief in weitem Viereck um das öde

332

Grundstück herum, und nur durch das schwere eiserne Gittertor zwischen den beiden mit Wappenlöwen gekrönten Mittelpfeilern konnte man einen verstohlenen Blick in das Innere werfen. Man sah von dem Häuschen, das nur ein Stockwerk hatte, nichts als ein Stück des verwitterten Schindeldaches über die Taxushekke hervorragen, die gleich hinter dem Eingang gepflanzt, dazu bestimmt schien, neugierige Blicke abzuwehren. Jahr um Jahr wuchs diese Hecke, an der solange schon keine Gärtnerschere gestutzt hatte, und Jahr um Jahr schien die schwarze Dachlinie das Gartenhäuschen tiefer hinabzusinken, so daß man den Tag kommen sah, wo hinter den rostigen Schnörkeln des alten Tores nur noch eine dunkelgrüne Wildnis zu schauen sein würde.

Eine halbverschollene unheimliche Geschichte knüpfte sich an diesen Garten. Ein vornehmer Herr – nach anderer Meinung gar ein hoher Kirchenfürst – hatte das Häuschen für eine Dame, die er liebte, bauen und mit allem üppigen Hausrat, wie er in den Lustschlössern der Rokokozeit zu finden war, ausstatten lassen. Die Herrlichkeit sollte nicht lange währen. Der Gemahl – oder war es ein Bruder – der unglücklichen Schönheit, die hier von der Welt vergessen zu werden hoffte, hatte ihren Versteck ausfindig gemacht und mit einem Pistolenschuß seine besudelte Ehre reingewaschen. Seitdem war das Haus unbewohnt geblieben. Es gehe darin um, raunten sich die Leute zu. Einem kleinen Bürger der Stadt hatte der Besitzer die Schlüssel anvertraut, unter der Bedingung, daß er niemand den Eintritt gestatte. Darüber waren viele Jahre vergangen. Über den Gespenstern der französischen Schreckenszeit hatte man den Spuk in der Nähe vergessen. Doch wirkte das Unheimliche, das jeder Verödung anhaftet, noch immer so stark, daß selbst unter dem Empire, als die Blutscheu auf den großen Schlachtfeldern gründlich erstickt wurde, niemand sich fand, der Lust gehabt hätte, das so schön gelegene Gartengrundstück zu erwerben und den Motten und Mäusen die Herrschaft in dem verfallenen Häuschen streitig zu machen.

Um so größer war das Erstaunen der gesamten Augsburger Bürgerschaft, als plötzlich die Neuigkeit durch die Stadt lief, das verwunschene Haus sei wieder bewohnt, und zwar von zwei einzelnen Frauenzimmern, einer jungen wunderschönen Person und einer ältlichen, welche die Kammerfrau, Haushälterin, Köchin und Gärtnerin der Jungen vorstelle. Denn außer einem in Augsburg gemieteten Laufmädchen, das die nötigen Einkäufe in der Stadt besorgen und täglich mit einem Körbchen zum Bäcker und Metzger wandern müsse, zeige sich keine menschliche, geschweige männliche Seele im Bereich der gemiedenen Mauern. Der alte Schlüsselbewahrer, den man um Auskunft bestürmte, konnte nichts weiter berichten, als daß vor etlichen Wochen die alte Person ihn mit der Frage angegangen, ob das Häuschen samt dem Garten vermietet werde. Er hatte sich um Instruktion für diesen bisher undenkbaren Fall an die Erben des früheren Besitzers gewendet, die gern gegen einen mäßigen Zins ihre Einwilligung gegeben. Dann seien eines Morgens die beiden Frauenzimmer in einem kleinen Wagen vor dem Gittertor erschienen, hätten ein Köfferchen und einige Schachteln vom Kutscher abladen lassen und sofort von dem Hause Besitz ergriffen, das wundersamerweise trotz der langen Vernachlässigung sich noch in ziemlich wohnbarem Zustande gezeigt habe.

Auf seine Frage, wen er denn der Herrschaft als Mieterin zu nennen habe, sei ihm von der Jungen, die dabei ein Paar unglaublich schöner schwarzer Augen so fest auf ihn geheftet, daß er den Blick kaum habe ertragen können, in gutem, nur etwas fremdartigem Deutsch die Antwort geworden, sie heiße Mademoiselle Jorinde La Haine und gedenke jedenfalls Jahr und Tag hier wohnen zu bleiben.

Nach diesen Mitteilungen konnte es nicht fehlen, daß die Neugier, zumal der jungen Welt, zu einem wahren Fieber gesteigert wurde und diese sonst so einsame Gegend des alten Stadtwalles zu allen Stunden des Tages von Spaziergängern zu wimmeln anfing. Ja selbst in der Nacht konnte man junge Bürger aus den anständigsten Familien, die sonst keine Nachtschwärmer waren, das Gittertor hier außen umschleichen und wohl gar, wenn sie sich unbemerkt glaubten, an der bröckligen Mauer hinaufklettern sehen, um in die Taxuswege und zu dem Häuschen hinüberzuspähen. Auch schienen sich alle Dilettanten auf der Gitarre und im Gesang plötzlich verschworen zu haben, ihre Künste vor dem geheimnisvollen Garten zu üben. Es war gerade Sommer und die Nächte warm und duftig, da der Jasmin eben zu blühen begonnen. Wer die Worte, die da gesungen wurden, nicht verstand, konnte sich nach Italien versetzt glauben.

Alles aber blieb verlorene Mühe, und schon begann die Neugier zu erkalten und selbst in den abenteuerlichsten Köpfen die Ahnung zu dämmern, daß es eine große Torheit sei, um eine ewig Unsichtbare sich den Schlaf abzubrechen, als eines schönen Sonntagmorgens, da gerade der Wall von geputzten Kirchgängerinnen und spazierenden jungen Bürgern schwärmte, das eiserne Parktor sich öffnete und die rätselhafte Fremde, begleitet von ihrer Dienerin, heraustrat. Ihre Erscheinung, wie sie die sonnige Straße zwischen ihrem Garten und dem von hohen Bäumen überschatteten Wall mit ruhigen Schritten kreuzte, war so wundersam und wie aus einer fremden Welt, daß das gesamte lustwandelnde Publikum auf einen Schlag betroffen stillstand, nicht die Jugend allein, sondern auch bejahrte Matronen und ehrwürdige Grauköpfe, die bisher zu allen Erzählungen von der seltsamen Fremden die Achseln gezuckt und gemurmelt hatten: es werde auch an dieser nicht viel Saubereres sein, gleichwie an ihrer Vorgängerin in dem spukhaften Häuschen. Jetzt standen sie alle mit offenen Augen und Mäulern und starrten der schlanken Gestalt entgegen, wie man Spalier bildet, um irgendeine fürstliche Person ehrerbietig vorbeizulassen. Das Fräulein war in ein schwarzes, sommerliches Gewand gekleidet, das, nach der Mode der Zeit hoch unter der Brust gegürtet, den schönsten jugendlichen Wuchs erkennen ließ, während ein feiner roter Schal die bloßen Schultern und Arme nur wie ein schmaler Streifen umschlang. Ihr reiches, ganz eigen aufgestecktes Haar war unter einem hohen Strohhut nur notdürftig gebändigt, und eine lose schwarze Locke fiel ihr auf den Busen, den sie, gleichfalls der herrschenden Sitte gemäß, ziemlich frei der Sommerluft preisgab. Statt der Schuhe – und dies war das einzige, worin sie völlig von der Mode abwich, – trug sie kleine hochrote Saffianpantöffelchen, ohne hohe Hacken, in denen sich ihre schmalen Füße aufs zierlichste bewegten. Sie schritt, als ob das Gaffen der Menge sie nicht das mindeste anginge, den Weg zum Wall hinan in einer Haltung, die nicht züchtiger und harmloser hätte sein können, ihre Dienerin in einem ehrbaren grauen Kleide mit großer Haube dicht an ihrer Seite, von Zeit zu Zeit ein Wort an ihr Fräulein richtend, das immer freundlich erwidert wurde. Während sie nun rasch durch die stehengebliebenen Gruppen hinschritt, konnte die Neugier, die solange hatte fasten müssen, sich recht an ihrem Anblick sättigen, und man hörte von allen Seiten die bewundernden Ausrufe und geflüsterten Bekenntnisse, daß sie noch weit schöner sei, als man sie sich vorgestellt, ja daß man überhaupt nie und nirgend, außer in Bildern, etwas Ähnliches gesehen habe. Selbst den alten Leuten, deren Blut zahm und schläfrig in den Adern floß, schien sie es wie durch einen Zauber angetan zu haben; sie rühmten in die Wette ihren Anstand, ihre grazienhafte Art, das Haupt auf den schönen Schultern zu tragen, die schlichte Hoheit, womit sie etwa einen Gruß erwiderte, ohne daß je ein Lächeln über ihr Gesicht ging, auch den Geschmack in ihrer wunderlich gewählten Kleidung. Daß die Jugend vollends, die weibliche wie die männliche, von der Fremden ganz erfüllt war und in leidenschaftlichem Eifer, freilich in sehr verschiedenem Sinne, ihr plötzliches Erscheinen besprach, wird niemand wundernehmen.

Sie aber, die Anstifterin dieses Volksaufruhrs, schien von der Wirkung ihrer jungen Reize nicht die geringste Notiz zu nehmen. Sie war an eine Stelle gelangt, wo sie unten in dem breiten Wassergraben, der träge zwischen Wall und Stadtmauer hinschleicht, die Entenhäuschen sehen konnte und die zahlreiche junge Brut, die sich dazwischen auf der schlammigen Welle hin und her trieb. Da blieb sie stehen, zog ein Brötchen aus der Tasche und fing an einzelne Brocken den gierigen Vögeln hinunterzuwerfen, die sich sofort nach der Stelle hindrängten, um das seltene Futter sich streitig zu machen. Dies dauerte eine Weile, zu sichtbarer Belustigung der Spenderin. Als aber der Vorrat erschöpft war, winkte sie ihnen nur noch mit ihrer kleinen Hand, die zur Hälfte in einem schwarzseidenen Filethandschuh steckte, gleichsam einen Abschiedsgruß hinunter, zog den roten Schal, der tief herabgefallen war, wieder um ihre Schultern und trat den Heimweg nach ihrem Garten an, die dichte Zuschauermenge furchtlos durchwandelnd, als wären es ebensoviele Sträucher und Bäume.

So verschwand sie hinter ihrem eisernen Parkgitter, das die alte Dienerin sorgfältig mit einem großen rostigen Schlüssel hinter ihnen verschloß.

Von diesem Tage an war die ausländische Demoiselle, wie die älteren Leute sie nannten, oder die schöne Jorinde, wie sie bei der Jugend hieß, durch viele Wochen das Hauptgespräch der guten Stadt, in welcher vor einem halben Jahrhundert noch sehr kleinstädtischer Brauch herrschte. Die jungen und alternden Töchter der guten Bürgerhäuser führten dies Gespräch mit verhaltener Gereiztheit, die mehr und mehr in offene Erbitterung ausartete. Väter und Mütter, die anfangs nur daran ein Ärgernis genommen hatten, daß die Fremde nie eine Kirche besuchte, überhaupt die Straßen der Stadt niemals betrat, als ob eine ansteckende Seuche darin umgehe, wurden von diesen feindseligen Gefühlen mit der Zeit ebenfalls ergriffen und fingen ihrerseits an, das schöne Wesen als eine gemeinschädliche Person zu betrachten, ja auch im stillen auf Mittel zu sinnen, wie man sie aus ihrem stillen Garten vertreiben könnte. Das alles einzig und allein, weil die gesamte männliche Jugend je länger je unentrinnbarer dem Zauber verfiel, den die Bewohnerin des verwunschenen Häuschens um sich her verbreitete.

Sie erschien, nachdem sie einmal die Schwelle ihrer Gartenpforte überschritten hatte, alltäglich zu der nämlichen Stunde auf dem Wall, um ihren Spaziergang zu machen, meist mit der Alten, zuweilen auch allein. Immer trug sie dasselbe Kleid, den roten Schal und Strohhut und die Saffianpantöffelchen, und nie wurde an ihr das geringste Schmuckstück bemerkt, außer einem kleinen Kreuz von roten Korallen an einem schwarzen Samtbande, das die Weiße ihres Halses und Busens nur noch leuchtender hervorhob. In einem Körbchen trug sie regelmäßig das Futter für ihre Pfleglinge unten im Wallgraben und gab sich dieser Beschäftigung so ernsthaft und eifrig hin, als vollbrächte sie damit ein wichtiges Tagewerk. In der Tat sah man sie auch in ihrem Garten, als man später sie dort aufsuchen durfte, nie mit irgendeiner weiblichen Arbeit beschäftigt, noch schien sie je ein Buch zu lesen. Gleichwohl konnte man in dem schönen Gesicht nie einen Zug von Langerweile entdecken, wenn auch freilich noch weniger von Munterkeit, wie man bei einem so jungen Wesen, das alle Welt bewunderte, wohl hätte erwarten dürfen. Es war etwas Kaltes, Stilles und doch wieder Kühnes und Trotziges in den kindlich weichen Zügen, und gerade dieser rätselhafte Widerspruch reizte die jungen Leute mehr als das süßeste Lächeln und die zierlichste Gefallsucht anderer glatter Lärvchen. Schon am folgenden Tage faßte sich der reichste und auf seine schöne Figur eitelste junge Herr, der Sohn des Bürgermeisters, ein Herz, die Fremde auf dem Walle anzureden. Sie antwortete ohne jede Verlegenheit, vermied aber auf eine feine Weise, über ihre persönlichen Verhältnisse irgend nähere Auskunft zu geben; nur soviel ließ sie durchblicken, daß sie, von deutschen Eltern geboren, längere Zeit in Frankreich gelebt habe und jetzt ganz allein in der Welt stehe. Auf die Frage, warum sie ein schwarzes Kleid trage, erwiderte sie unverlegen, es sei dies ihr einziger guter Anzug, sie habe eben kein großes Vermögen und müsse an ihrer Garderobe sparen, um sich ohne Schulden durchzubringen.

Als dieses offene Bekenntnis unter den jungen Bürgerssöhnen herumkam, bestärkten sie sich daran in der frechen Hoffnung, an diesem fremden Meerwunder, das sie nun für nicht viel besseres als eine Abenteurerin hielten, einen bequemen Fang zu machen. Sie sollten aber unsanft enttäuscht werden. Denn so freien Zutritt die Schöne jedem verstattete, der auf dem Wall sich ihr vorstellte, oder gar die Klingel an dem Parktor zog, um ihr auf ihrem eigenen Grund und Boden eine Visite zu machen, so wenig konnte sich irgendeiner rühmen, auch nur die Spitze ihres kleinen Fingers geküßt zu haben, oder auf eine verwegene Rede ohne die gebührende Abfertigung geblieben zu sein. Jenen Haupthahn im Korbe der jungen Augsburgerinnen, den Sohn des Bürgermeisters, hatte sie sogar ein für allemal von ihrem Antlitz verbannt, weil er in einer vom Wein befeuerten übermütigen Stunde sich unterstanden hatte, den Arm um ihre Hüfte zu legen. Er wagte es, obwohl seine Leidenschaft bis zu völliger Verzweiflung emporloderte, nicht mehr, die Schwelle ihres Gartens zu betreten, während er soviele andere, bescheidenere Bewerber den halben Tag dort aus- und eingehen sah. Denn es war bald Sitte geworden, gleich nach Mittag der schönen Jorinde seine Cour zu machen, die es auch nicht ungnädig aufzunehmen schien, und deren ernste schwarze Augen immer seltsamer zu blitzen anfingen, je größer der Schwarm verliebter junger Toren ward, der durch die verschlungenen Kieswege um das Häuschen herum, bei der alten, längst verlechzten Fontäne, unter der Trauerweide und bei dem Tempelchen hinten im dichteren Teil des Parks der angebeteten Grausamen nachzog.

In das Innere ihres Hauses ließ sie niemand. Und jeden Tag, sobald die Sonne hinter den Rand der Fichtenreihe, die das Grundstück nach Westen abgrenzte, zu versinken Miene machte, verabschiedete sie ihren ganzen Hofstaat, und die alte Dienerin mußte warten, bis der letzte hinaus war, um das Parktor hinter ihm wieder zu verschließen. Daß keiner aus der Schar sich heimlich in einem Schlupfwinkel verbarg, um, wenn die anderen gegangen, die Früchte seiner Kriegslist zu ernten, dafür sorgte die Eifersucht aller, die eine genaue Liste über jeden Mitbewerber führte.

Auch die Hoffnung, vielleicht durch die Alte etwas zu erreichen, und wär' es zunächst nur eine genauere Kunde über das frühere Leben des Fräuleins, ihr Herkommen und warum sie sich gerade

Augsburg zum Aufenthalte erwählt, auch diese Hoffnung erwies sich als eitel. Geld, das man der Alten geboten, hatte diese mürrisch und verächtlich zurückgewiesen. Dagegen war es um so sonderbarer, daß Jorinde selbst Geschenke, die man ihr zuerst nur höchst schüchterner Weise darzubringen gewagt, durchaus nicht abgelehnt, freilich auch kaum mit mehr als einem trockenen Wort gedankt hatte. Sie sagte, als dies zum ersten Male geschah, sie selbst habe keine Freude am Besitz, doch wisse sie arme Leute genug, denen es zugute kommen würde, wenn sie die Augsburger Goldfasanen ein wenig rupfte. Möglich auch, daß sie, wenn sie einen rechten Schatz beisammen hätte, eine Kirche oder Kapelle davon gründen würde. Nur kein Kloster, dessen Äbtissin sie selbst werden möchte! riefen einige der Jünglinge scherzend. O nein, sagte sie ganz ruhig, zum Klosterleben fühle sie einstweilen nicht den geringsten Beruf. Sie habe fürs erste eine andere Mission zu erfüllen. Gefragt, worin diese bestehe, verstummte sie, und ihr Gesicht verfinsterte sich fast unheimlich. Dann aber fing sie gleich wieder an zu singen, eine leichtmütige französische Chanson oder ein trübsinniges deutsches Volkslied, und ihre Stimme, obwohl weder stark noch geübt, vollendete den märchenhaften Zauber, den ihr fremdes und widerspruchsvolles Wesen auf jedes Mannsbild auszuüben wußte.

Jene Äußerung nun war das Signal zu einer wetteifernden Bemühung um ihre Gunst durch kostbare Geschenke. Jeder wollte, wie er sagte, zur Gründung ihrer Kapelle seinen Baustein herbeitragen. Alles aber, Juwelen, kostbare Stoffe und Geräte, seltene Schaumünzen und was die Söhne der reichen Handelsherren irgend Ausgesuchtes aus der Ferne verschreiben mochten, häufte die Herrin des Häuschens in einem eigenen Zimmer zusammen und führte zuweilen ihren jungen Hofstaat an das Fenster, um den milden Stiftern zu zeigen, daß alles wohl aufgehoben sei. Sie selbst trug nie weder eins der teuren Geschmeide, noch kleidete sie sich in den Samt und die golddurchwirkte Seide, schien vielmehr diese ihre Schatzkammer nicht höher zu achten, als ob darin ein Haufen dürren Laubes aufgeschichtet läge.

Eine besondere Freude schien ihr überhaupt nichts auf der Welt zu machen, und selbst wenn sie einmal lachte, klang es unfroh und verstimmt, wie ein Instrument, das lange nicht gespielt, seinen harmonischen Klang verloren hat.

Es konnte nicht fehlen, daß die Erbitterung gegen ein so gefährliches Wesen bei allen, die nicht von Leidenschaft zu ihr verblendet waren, immer drohender heranwuchs. Mehr als ein Brautstand war durch die fremde Hexe, wie sie nun hieß, zerrüttet, mehr als ein wackerer Muttersohn seinem Geschäft und rührigen Erwerb abtrünnig gemacht worden, dieser in Schulden gestürzt, jener mit Vater und Mutter entzweit, und wenn noch kein Blut geflossen war unter den Rivalen selbst, da sie alle in gleicher Hoffnungslosigkeit hinschmachteten, so fingen doch einige Brüder von Patrizierbräuten an, Händel mit ihren künftigen Schwägern zu suchen, die gleichfalls sich dem verzauberten Schwarm zugesellt hatten, und ein Ehrsamer Rat der Stadt hielt allen Ernstes im stillen eine Sitzung, ob nicht Mittel zu finden seien, diese Stadtplage auf gute und gesetzliche Manier loszuwerden. Es kam aber zu nichts, weil einige der jüngeren Ratsherren selbst von der Schlange gebissen waren und mit allem juristischen Scharfsinn nachwiesen, daß sich kein Paragraph ihres Stadtrechtes auf diesen unerhörten Fall anwenden lasse. So gärte die leidenschaftliche Aufregung, Haß, Liebe, Furcht und Neid in dunklem Gemisch Woche um Woche fort, nicht anders als ob man in die fabelhaften Zeiten zurückgekehrt wäre, wo hie und da ein Lindwurm, eine böse Schlange oder sonst ein reißendes Ungeheuer eine Stadt oder Insel in Kontribution gesetzt hatte.

Da geschah etwas, das der ganzen Welt die Augen darüber öffnen mußte, wie groß die Gefahr und wie dringend geboten eine rasche Abwehr sei.

Unter denen, die wie verblendete Motten um das Licht der fremden Schönheit schwirrten, befand sich einer, dem niemand je zugetraut hatte, daß er einer leidenschaftlichen Torheit fähig wäre: ein junger Kaufmann, der die Dreißig schon erreicht, steif und nüchtern, ganz nur auf sein Geschäft bedacht, das er in großen Flor gebracht hatte, allen jugendlichen Lüsten und Liebhabereien abgekehrt und in der Stadt für einen ausgemachten Weiberfeind geltend. Sein Name war Georg Haslach, und er führte das Geschäft unter der Firma und mit dem Gelde eines frühverstorbenen Oheims, der in jungen Jahren sich durch die leichtsinnige Verbindung mit einer schönen Magd einen üblen Ruf gemacht hatte, dann aber, nachdem er diese ungleiche Ehe gelöst und eine der reichsten Patriziertöchter heimgeführt hatte, bei der gestrengen reichsbürgerlichen Gesellschaft wieder zu Gnaden aufgenommen worden war. Seinen Neffen Georg und dessen Bruder Walter hatte er zu Erben eingesetzt. Der letztere, der zugleich mit dem noch lebenden alten Vater in der österreichischen Armee diente, war dem älteren Bruder durchaus unähnlich, ein ungebunden schwärmendes und schweifendes Reiterblut, übrigens bei jung und alt trotz seiner wilden Sitten besser gelitten als der rechtfertige, trockene Georg, der doch den Kredit und Wohlstand des Hauses Haslach mit rastloser Arbeit aufrecht erhielt. Auch dankte der Biedermann im stillen Gott, daß sein Bruder fern bei der Armee war, als das erste Gerücht von der gefährlichen Sirene durch die Stadt lief. Aber sein tugendstolzer Hochmut sollte desto schmählicher zu Falle kommen. Er war der Fremden kaum einmal auf dem Walle begegnet, wohin er mit dem Vorsatz gegangen war, sie durch einen verachtungsvollen Blick zu beleidigen, als er selber, nur gestreift von ihrem gleichgültigen schwarzen Auge, rettungslos sich in ihrem Netz gefangen fühlte.

Statt sie zu demütigen, mußte er nun selbst die nicht geringe Schmach erleiden, als er das erstemal sich ihrem Hofstaate beigesellte, von den übrigen Schicksalsgenossen, die sonst alle Ursache hatten, sich untereinander zu schonen, mit grausamer Schadenfreude begrüßt und der jungen Dame unter anzüglichen Stichelreden als das interessanteste ihrer Opfer vorgestellt zu werden. Jorinde empfing ihn nicht anders wie jeden andern. Nur als sie seinen Namen hörte, blitzte etwas wie eine stolze Genugtuung über ihre Lippen, und sie schien ihm insofern einen Vorzug vor den anderen zu gönnen, daß sie ihn mit noch schneidenderer Kälte behandelte, als alle seine Rivalen.

Er selbst nahm ihre Geringschätzung hin wie ein Schicksal und machte, seiner steifen und unweltmännischen Natur gemäß, keinerlei Anstrengung, unter den glänzenderen Bewerbern sich vorzudrängen. Im stillen aber hoffte er dennoch, durch unsinnige Kostbarkeiten, die er ihr schickte, und durch wiederholte Briefe, in denen er ihr seine Hand anbot und sich und sein ganzes Vermögen ihr zu Füßen legte, mit der Zeit allen anderen den Rang abzulaufen.

Sie nahm sich kaum die Mühe, wenn er wieder vor ihr erschien, nur mit einem flüchtigen Wort den Empfang der Briefe und Geschenke zu bescheinigen, so daß sich ihm der Stachel immer tiefer ins Herz wühlte. Und einmal, da er es durchgesetzt hatte, sie allein zu treffen, übermannte ihn seine jammervolle Leidenschaft dergestalt, daß er sie in heftiger Rede um eine Antwort bestürmte, ob sie ihm Hoffnung machen könne oder nicht, jemals die Seine zu werden. Tod oder Leben hänge an ihrer Entscheidung.

Sie erwiderte mit ihrer gelassensten Miene, während doch ihre Stimme von verhaltener Erregung bebte: sein Tod oder sein Leben habe nicht den geringsten Wert für sie. Sie sei noch überhaupt nicht willens, ihre Freiheit aufzugeben. Wenn es aber geschehe, werde sie lieber dem lahmen Bettler, der täglich an ihrem Gittertor seinen Kreuzer hole, ihre Hand reichen, als Herrn Georg Haslach.

Und als er darauf mit mühsamer Stimme, bleich wie die getünchte Wand ihres Häuschens, die Drohung hinwarf, sie werde dies Wort bereuen, wenn er um ihretwillen das Leben hingeworfen wie einen Beutel, aus dem ein Bankrottierer den letzten Gulden ausgezahlt, lachte sie kalt: ihr sei nicht bange, daß ein Haslach aus Liebe sterben könne, es sei denn aus hoffnungsloser Sehnsucht nach einer Million, die er nicht zu erlangen vermöge.

Am folgenden Morgen, als die alte Dienerin die vordere Tür des Häuschens, die auf einen kleinen Portikus zwischen zwei verschnörkelten Säulen hinausging, ihrer Gewohnheit nach öffnen wollte, konnte sie nicht damit zustande kommen, da etwas Schweres sich dagegen stemmte. Verwundert mußte sie zur Hintertür hinaus und um das Haus herumgehen. Da sah sie eine Mannsgestalt in der kleinen Vorhalle sitzen, am Boden hingekauert und gegen die Tür gelehnt, und glaubte, da trotz der Sommerzeit ein grauer Mantel mit kurzem Krägelchen und der tief über die Augen gedrückte Hut das Gesicht verbarg, irgendein Anbeter habe zu Nacht im Rausch der Hoffnungslosigkeit oder des Weins die Gartenmauer überstiegen, um vor der Schwelle seiner harten Herrin den Tag zu erwarten. Wie sie aber hinzueilte, den Schläfer wachzurütteln, erkannte sie mit Entsetzen Herrn Georg Haslachs entfärbtes und vom Tode verzerrtes Gesicht. In der starren Hand hielt er ein leeres Fläschchen, darin noch einige Tropfen einer braunen Flüssigkeit, die deutlich verrieten, was hier geschehen war.

Wenn der eherne Herkules von seinem Brunnen in der Hauptstraße herabgestiegen wäre und die Treppen des Rathauses hinanschreitend die Tür zum goldenen Saal mit seiner Keule gesprengt hätte, – es hätte die Stadt kaum in helleren Aufruhr und tieferes

Grauen versetzen können, als die Nachricht von diesem schauderhaften Ende eines so stillen und achtbaren Mitbürgers. Noch lange, nachdem der Leichnam hinweg und in das Haslachhaus auf einer eilig errichteten Tragbahre geschafft, die herzudrängende Menge des geringeren Volkes wieder hinausgewiesen und das eiserne Gittertor fest verschlossen war, stand die Straße, die an Jorindens Garten vorbeilief, Kopf an Kopf gefüllt von einem unheimlich gärenden Gewühl, aus dem sich dann und wann Arme und Hände deutend und drohend gegen das Innere des verschlossenen Bezirkes reckten und Stimmen laut wurden, die nur durch den Machtspruch einiger bewaffneter Polizeidiener sich wieder beschwichtigen ließen. Wären die Zeiten der Hexenprozesse nicht vorbei gewesen, so hätte sich das grauenvoll aufgereizte Volksgemüt unzweifelhaft zu den wildesten Gewalttaten fortreißen lassen. (. . .)

Arthur Schopenhauer
Um acht ist die ganze Stadt zu Bette

D. 12. u. 13. Juny.
Wir haben zwey Tage in Augsburg, mit vieler Langerweile, zugebracht. Es regnete beyde Tage unaufhörlich, doch verlohren wir glaub ich nicht viel dabey, ich habe von Augsburg doch genug gehabt. Das alte, das reichsstädtische, das Schwäbische Wesen, welches aus allem in dieser Stadt athmet, verleidet gewiß jedem Fremden den Aufenthalt. Die Häuser sind alle im ältesten Geschmack gebaut, mit hohen spitzen Giebeln, u. dazu größtentheils von oben bis unten mit biblischen Geschichten bemahlt, denn man ist hier wie überall in Schwaben so katholisch wie möglich, die bemahlten Häuser habe ich auch vorher in allen Städtchen u. Dörfern dieser Gegend gesehn, wo man auf jedem Hause Märtyrer aller Art sehn kann, auf dem Spieß, auf dem Rost, mit Pfeilen gespickt, in Öhl gesotten, u.s.w. nach *gusto*. Das einzige hübsche was ich in Augsburg gesehn habe, sind schöne bronzerne Figuren, welche auf allen Brunnen, öffentlichen Gebäuden, u.s.w. angebracht sind. Das Rathaus u. das Zeughaus sind ziemlich hübsch. – Aber nichts ist langweiliger wie die todte Leere der Straßen, nirgends habe ich weniger Menschen gesehn, u. weniger Lerm gehört wie in Augsburg: es ist als käme man in eine der verwünsch-

ten Städte, des Tausend u. Eine Nacht, wo die Einwohner versteinert sind: besonders in der Mittagsstunde zwischen zwölf u. halb zwey kann man ohne Einen Menschen zu begegnen durch die Hauptstraßen gehn: auch ist in dieser Stunde durchaus in keinem Laden etwas zu haben. Um acht ist die ganze Stadt zu Bette.

Ludwig Ganghofer
Augsburg Anno 1869!

Augsburg! Das alte, stille Provinzstädtchen von Anno 1869! Für mich vierzehnjährigen Jungen, der ich nur das Kaufbeurer Tänzelhölzle, die Bachgasse von Welden und den Neuburger Seminargarten kannte – für mich war Augsburg eine Riesenstadt, ein Trubel und Wirbel, ein Millionengewimmel, eine Verwirrung und ein Rausch. Herrgott, was gab's da alles zu gucken und zu staunen! Dazu die Freiheit eines auf eigene Füße gestellten Stadtstudenten! Und es muß in jenem Jahr ein schöner, sonniger Herbst gewesen sein. In meiner Erinnerung ist ein wundersames Glänzen von hohen Giebeln und leuchtenden Dächern, von gleißenden Fenstern und blitzenden Kirchturmknäufen, von goldigem Schimmer in altertümlichen Gassen und von Gärten, die noch blühten.
Bei diesem Freudentanz des Lebens, das klingend seine Tore für mich aufgetan, war mir die Schule durch viele Wochen eine Sache, die garnicht vorhanden schien. Ich weiß mich aus dem ersten Augsburger Gymnasialjahr an keinen meiner Lehrer zu erinnern, an nichts, was in der Schule passierte. Wenn ich früh um acht Uhr in die muffige Klassenstube hineinstürmte, die nie einen Sonnenstrahl bekam und in der engen Jesuitengasse über hohe Dächer her nur spärliches Licht erhielt, da war ich von allem Wirbel des Stadtlebens so vollgesogen, daß ich die zwei, drei Schulstunden wie ein Gebannter überdämmerte, in dem nur ein Gedanke lebte: Wann wird die erlösende Glocke wieder bimmeln? Bei ihrem ersten Ton ein Aufschnellen, daß die Schulbank wackelte. Und in den finsteren Korridoren des Realgymnasiums und draußen auf der hellen Straße ging dieses verrückte Rennen wieder an, als wäre stets die Sorge in mir, ich könnte bei einer schönen Sache um eine Minute zu spät kommen. Immer war ich außer Atem, immer brannte mir das Gesicht, immer schwitzte ich am

ganzen Leib, und immer baumelte mir das Blondhaar naß um Stirn und Schläfen.

Dieses ruhelose Feuerchen, das in mir brannte, wurde nicht nur von den neuen Dingen entzündet, die ich sah. Ich wurde auch heiß von allem Alten, das in den Gassen von Augsburg für meine dürstende, suchende Phantasie zum Leben auferstand. Nun wußt' ich ja schon ein bißchen was von der Weltgeschichte. Und mein Hausvater gab mir eine dicke Augsburger Chronik zu lesen. Die verschlang ich in einer einzigen Nacht – und ich erinnere mich noch, daß ich um drei Uhr morgens barfüßig und im Hemd durch die Küche geisterte und so lang in der Finsternis herumtappte, bis ich eine neue Kerze fand. Am Morgen, obwohl mir die durchwachte Nacht wie Blei auf den Augen lag, sah ich ein schöneres Augsburg, in dem die Konditorläden, die Schaufenster des Riedingerhauses, die Metzelstuben und die Büchsenmacherwerkstätten nicht mehr das Herrlichste waren. Sogar das Naturhistorische Museum mit seiner Schmetterlingssammlung und seinem Urweltshirsche trat in zweite Reihe zurück. Jetzt wurde der eherne Mann auf dem Welserplatze für mich zu einem Menschen mit Fleisch und Blut, die Fresken am Fuggerhause begannen für mich lebendig zu werden, die Kanonen vor dem Ratsgebäude erzählten mir donnernde Geschichten, und den Erasmus von Rotterdam, den ich ein bißchen mit Nostradamus verwechselte, sah ich leibhaftig in schwarzem Talar und mit weißem Bart aus einer gotisch zugespitzten Haustür treten.

Durch viele Tage hatte ich die Fiktion, als trügen alle Leute, die mir auf der Straße begegneten, das Kleid vergangener Zeiten. In jeder Gasse ereignete sich für mich etwas unerhört Merkwürdiges. Als das Blechschild eines Bäckerladens auf die Pflastersteine fiel, hörte ich das Speergerassel eines Turniers, bei welchem Ferdinand, der Königssohn, zum Sieger ausgerufen wird und zum erstenmal die schöne Philippine sieht. Die war doch sicher beinah so schön, so fein und weiß wie das Pfarrhof-Bertele von Welden? Und hier, durch diese Gasse ritt Kaiser Karl zum Fuggerhaus, an jenem denkwürdigen Tage, an dem der großmütige Kaufmann die berühmten Schuldscheine ins Kaminfeuer warf, in dessen Flammen das Sandelholz mit köstlichem Wohlgeruche brannte.

Mein historisches Bilderschauen entfernte sich zuweilen um einen guten Bauernschuh von der geschichtlichen Wahrheit. So passierte es mir, daß ich Augsburg mit Worms verwechselte und ganz deutlich sah, wie Martin Luther durch die Jesuitengasse zu jener Reichstagssitzung wanderte, bei der sein unerschrockener Mut die geflügelten Worte sprach: »Hier steh' ich, ich kann nicht anders!«

Wahrheit? Ist an den Dingen des Lebens, die man sieht, die Wahrheit das Entscheidende? Nein. Ihre lebendige Seele ist der Glaube, den sie in uns erwecken.

Ich vermag euch nicht zu schildern, wie wundervoll das anzuschauen war, wenn mit Prunk und Lärm vor meinen Augen durch die Straßen von Augsburg die endlosen, von Mohren und Indianern wimmelnden Wagenreihen zogen, die das Gold der Azteken in die Fuggerschen Schatzgewölbe führten. Und wenn die Frachtkarawanen der Welser an mir vorüberfunkelten, konnte ich deutlich die Zimtrinde und den Pfeffer riechen.

Ob diese Phantasie meiner Geruchsnerven nicht einen wunderlichen Zusammenhang mit der Tatsache hatte, daß ein ähnlicher, an überseeische Produkte gemahnender Duft den Pfarrhof zu Welden umwitterte, seit der hochwürdige Herr Andra mit den drei Nichten hier eingezogen war? In jenen letzten Ferienwochen meiner reifenden Knabenzeit, als das Pfarrhof-Bertele mit den stillen, schönen, traurigen Rehaugen mir süße Sehnsucht und schmerzende Zärtlichkeit ins junge Herz geworfen hatte – wenn ich da im Zwielicht der Herbstabende den Pfarrhof zu Welden umschlich, und es stand ein Fenster offen, so spürte ich jedesmal einen unverkennbaren Geruch nach Glühwein und scharfen Gewürzen. In Welden wußten damals die Leute schon, warum der schöne, stattliche Pfarrherr an den Händen dieses sonderbare Zittern hatte. Aber mein vierzehnjähriges Gehirnchen konnte sich solche Dinge ›nit zusammenreimen‹. Was meine Nase in der Nähe des Pfarrhofes witterte, wurde auch für die verträumte Sehnsucht meines Herzens – oder meines Blutes? – eine süße Köstlichkeit. So oft ich in den Nächten zu Augsburg an das Bertele im Pfarrhof zu Welden dachte, spürte ich den Geruch von tropischen Gärten, den Duft von überseeischen Früchten. Und als mir das Bild des feinen ›blassen Mädeleins‹ mit der Gestalt der glücklich-unglücklichen Philippine Welser in eins zusammenfloß, begannen alle erträumten Spezereienschätze des Welserhauses für mich nach ›Zimmet und Nägelegwürz‹ zu duften.

In jenem Winkelchen meines Lebens, in dem die verschollene »Insel der Seligen« geblüht hatte, rührte sich wieder was Dramatisches. Ein Fieber in Glut und Zittern war's. Und die schöne Sache, die sich da formte, hatte einen noch schöneren Titel: »Die weiße Rose von Augsburg.« Nach fünf Nächten war der erste Akt vollendet. Doch als ich am Morgen ins Gymnasium rannte, kam eine grauenvolle Enttäuschung. An einer Straßenecke standen auf dem Theaterzettel einer Wandertruppe großgedruckt die beiden Worte: Philippine Welser! Das war vernichtend – aber auch empörend! Das Meisterwerk, das ich schaffen wollte, war bereits von einem anderen geschrieben. Der hatte mir die weiße Rose von Augsburg vor der Nase weggepflückt. Während der Schulstunde, die dieser Entdeckung folgte, kugelten mir die bittersten Tropfen des Kummers auf Cäsars bellum civile. Eine ganze Woche lang war ich schrecklich traurig – und um mich wieder zu mir selbst zu bringen, bedurfte es einer fürchterlichen Rauferei, die zwischen den Realgymnasisten und den Stadtstudenten von St. Stephan auf dem großen Domplatz ausgefochten wurde. Da fühlte man wieder, daß man Mensch war, und alle gesunden und frohen Lebenskräfte tauchten aus bedrückter Seele neu empor. Der Sieg des Realgymnasiums war ein vollständiger. Mit den humanistischen Linealen, Federbüchsen und Buchdeckeln, die auf geweihter Stätte liegen blieben, hätte man einen Schubkarren anfüllen können.

Als meine Kratzwunden schon verheilten, wurde im Theater das Stück des anderen wiederholt. Ich war ganz ruhig. Aber ich mußte mir das Machwerk des Konkurrenten doch ansehen. Heimlich, ohne Rektoratserlaubnis, besuchte ich das Theater – Galerie, zehn Kreuzer. Es war das zweitemal, daß ich den Zauber der Bühne sah. Das erstemal, als mich der Vater vor vier Jahren auf der Reise nach Neuburg ins Theater mitgenommen hatte, war mir bei meinem schlucksenden Heimweh alles Bild der Bühne unter Tränen erloschen. Auch dieses zweitemal kam ich nicht auf den Geschmack der Sache, die man Theater nennt. Ich stand auf der Galerie hart eingekeilt zwischen jungen Burschen und Mädchen, die viele Tränen vergossen. Ich transpirierte nur, sehr ausgiebig, und dennoch kann ich behaupten, daß ich nicht warm wurde. Das Theater weckte in mir keinen Funken von Begeisterung. Ich muß das wohl dem künstlerischen Brotneid zuschreiben, meinem Mangel an Objektivität. Denn das Stück des anderen mißfiel mir schon, bevor ich es noch gesehen hatte. Und als ich es sah, war ich der festen Überzeugung, daß ich die Sache viel besser gemacht haben würde. Und noch ein anderes kam dazu, um mir jede theatralische Illusion im Keim zu ersticken: das schlanke, feine, weiße Mädelein, als das ich meine Philippine in träumerischem Schauer immer gesehen hatte, wurde von einer wohl noch jungen, doch erstaunlich fetten und krebsroten Dame dargestellt, die, wenn sie von Liebe sprach, beim Einziehen des Atems ein pfeifendes Jiiiiih vernehmen ließ. Beleidigt verließ ich den Tempel der Kunst. Und weil ich, naßgeschwitzt bis auf den letzten Faden, in meinem dünnen Sommerspenserchen in die kühle Novembernacht hinausrannte, bekam ich einen fürchterlichen Schnupfen. (. . .)

Max Dauthendey
Die letzten Perlen einer gesunkenen Krone

In Augsburg ein Gang durch die interessante Stadt; in der Hauptstraße ist der Markt, lauter alte, ehrwürdige Patrizierhäuser, vergangene Pracht, die uns mit matten, erloschenen Augen grüßt. Das hohe, graue Rathaus, das Fuggerhaus, der Dom – alles Reste, schwermütige, ernste Reste, wie die letzten Perlen einer gesunkenen Krone.

10.
»Es ist Föhn«
oder
Die Zeit zwischen
den Kriegen

Wilhelm Hausenstein
Augsburg – im Kern gesehen

Augsburg ist kaiserlich und bürgerlich und geistlich dazu, auch alles etwa im gleichen Maß – Augsburg, hellgraue Stadt mit vielen patinierten Dächern und Turmhelmen, die weithin sprechen.
Die Herkunft weist aufs römische Imperium, ins augusteische Zeitalter, ins Jahr der Entstehung 15 vor Christus. Diese »Augusta Vindelicorum« entsinnt sich ihrer Abkunft aus dem römischen Kaisertum noch in den Tagen ihrer glorreichen Renaissance (die deshalb so stark, so natürlich ist, weil sie in einer augsburgischen Antike eine tragende Voraussetzung besitzt): das Rathaus schmückt sich mit Erzbüsten römischer Kaiser, und der Brunnen vor dem Rathaus ist dem Augustus gewidmet, dessen ehernes Standbild, gerade angesichts des Rathauses, an die Quelle der Autorität zu erinnern scheint. Das große kaiserliche Motiv wird, logisch, in der Zeit der Renaissance besonders nachdrücklich wieder aufgenommen: Augsburg ist eine der Städte Karls V. Es sind zu einem guten Teil die augsburgischen Fugger, die einer drohenden Wahl des ersten Franz von Frankreich zum Kaiser vorbeugen – wie es ein Fugger ist, ein wahrer »Principe« im Handel, Anton, der dem Kaiser Karl V. mit großer Geste auf einem Feuer aus edlem Holz einen unbeglichenen Schuldschein verbrennt; es sind die Fugger, die, stärker als Kaiser und Könige, die Potentaten ihrer Zeit finanzieren – doch nicht nur auf diese Weise in fürstlichen Atmosphären stehen. Das Motiv des kaierlichen Reichs ist derart zum wenigsten so stark wie in Nürnberg; überdies ist es, den Zusammenhang mit der Antike eingerechnet, ein Jahrtausend älter. Es versteht sich, daß Augsburg der Sitz entscheidender Reichstage war. Der triumphale Adler, den der augsburgische Renaissancemeister Hans Reichel geformt hat, ist ein gültiges Zeichen der Verbindung Augsburgs mit Kaiser und Reich.
Aus römischer Entstehung wird jene große und wirkende romanische Überlieferung gewonnen, die dem frühen Mittelalter Augsburgs das Gesicht gibt: einem geistlichen Mittelalter. Das Kernhaus des Doms nebst den Türmen entsteht als große romanische Figur. Sie ist von einer Krypta unterwölbt; ein romanisches Bronzetor des elften Jahrhunderts, an Schönheit vergleichbar den Bronzetoren zu Hildesheim, Gnesen und Nischnij-Nowgorod, zu Benevent, Monreale und Verona, hütet den Eingang in eine Kathe-

drale, die dem ottonischen Zeitalter angehört. Das Bistum, dem vierten Jahrhundert entsprossen, aus dem Patriarchat von Aquileja ausgelöst, empfängt in der überragenden Gestalt Ulrichs, Grafen von Dillingen, einen kirchenpolitisch und reichspolitisch gleich heroischen Repräsentanten: dieser Mann, der so fromm in der Legende steht, daß Fleisch, von ihm an einem Fasttag versehentlich berührt, sich sofort in einen Fisch verwandelt – dieser Mann hilft 955 jene Schlacht auf dem Lechfeld entscheiden, die Schlacht gegen die Ungarn, die das Abendland gerettet hat.

Nur allmählich hebt sich ein bürgerliches Augsburg aus dem Bereich bischöflicher Hoheit heraus. Es geschieht im Jahrhundert geschichtlicher Fälligkeit, dem dreizehnten nämlich, doch ist die Reichsstadt Augsburg, 1276 freigesetzt, ein gutes halbes Jahrhundert jünger als die Reichsstadt Nürnberg. Dafür behält die Reichsstadt Augsburg den großen Atem etwas länger. Wahrlich: einen großen Atem; denn die Geschäfte eines schon späten Augsburg sind eben die Geschäfte jener großen Fugger des sechzehnten Jahrhunderts, und wenn die Fugger, die Welser, augsburgische Dynastien des Welthandels, schon lange vor dem sechzehnten Jahrhundert (dem der Renaissance) eingesetzt haben, so besitzt doch das siebzehnte Jahrhundert in Augsburg eine schöpferische Bürgergröße von bewunderungswürdigem Format. Ein bedeutendes gotisches Augsburg, kirchlich, aber auch bürgerlich, ausgedrückt im gotischen Umbau des Doms, in der glänzenden Ulrichskirche, in der Malerei des älteren Holbein, den der Dom und ein bedeutendes Museum kennen lehren, wird von einer Renaissancestadt durchwoben und umfangen, die jenes Rathaus erbaut. In ihrem Schwaben Elias Holl, der von 1573 bis 1646 lebt, gewinnt die Reichsstadt Augsburg gleichsam ihren Palladio. Trägt eins der allegorischen Deckenbilder im goldenen Rathaussaal die Legende »civitates condantur« – »Städte werden gegründet«, so macht Elias Holl diese stolze Redeweise zu einer unmittelbaren Wahrheit: denn von diesem außerordentlichen Meister, der, ein herrlicher deutscher Besitz, nicht genug gerühmt wird, kann bloß gesagt werden, daß er Augsburg im frühen siebzehnten Jahrhundert neu erbaut hat. Von ihm rührt nicht nur das stolz emporgeführte Rathaus mit dem wahrzeichenhaften Nachbar her, dem umgebauten Perlachturm, sondern auch die Glorie des Zeughauses, in deren Mitte der überwältigende Erzengel des Hans Reichel das himmlische Flammenschwert führt; dazu der stattliche Gewerbsbau der »Metzg«; dazu eine männliche Schar von Toren und Türmen. Das fruchtbare Augsburg, das die gotischen Fresken der Goldschmiedskapelle hervorbringt, erschöpft sich nicht; mit der Malergestalt ihres Sohnes Hans Burgkmair greift diese bürgerliche Stadt in eine Renaissance des Bildes hinüber, die mehr ist als modisch, nämlich eine Form zeugender und überzeugender Ursprünglichkeit. Es mag die Nähe Italiens sein, die, wirtschaftlich so lebhaft verwirklicht, dieser deutschen Stadt der Renaissance auch das künstlerische Klima auf natürliche Weise reicher macht; doch hindert dies nicht, daß die augsburgische Renaissance sich mit schwäbischer Originalität entwickelt, selbst wenn die Fugger den Dekorateur Antonio Ponzano in ihrem reichen Augsburger Stammhause ausgiebig beschäftigen. Niederländische Bronzeplastiker schaffen die Brunnen der Zeit um 1600: Hubert Gerhard den Augustusbrunnen, Adrian de Vries die Fontänen mit Merkur und Herkules. Dennoch sind es schwäbische Brunnen – und übrigens ist der Deutsche Reichel neben den von Italien geprägten Niederländern der Stärkere.

Nicht genug damit, daß der Genius augsburgerischer Renaissance sich so üppig und so kräftig bezeigt; nicht genug mit der starknervigen Pracht auch im Innern des Rathauses, wo Holzbraun und Gold mit majestätischen schwarzen Tonöfen zusammenstehen; nicht genug damit, daß Jakob der Zweite aus dem Hause Fugger die mildtätige Siedlung der Fuggerei erbaut, die, eine Art von Beghinenhof, noch heute unverändert existiert, obwohl sie nun schon vierhundert Jahre alt ist; nicht genug damit, daß zwei Fugger des sechzehnten Jahrhunderts zu Reichsgrafen mit fürstlichen Gerechtsamen gemacht wurden, von Karl V. nämlich, und solchen Glanz auf ihre Vaterstadt weiterstrahlen, die schon aus sich selbst des Glanzes genug besäße: Augsburg bringt auch noch ein Barock hervor, ein Rokoko obendrein, und ein glänzendes. Allenthalben fahren, zwischen Renaissance und Barock aufgetrieben, augsburgische Kirchtürme unter Zwiebelhauben empor, überall in die Perspektive gestellt und die Stadt gleichsam metrisch bindend. Das imposante Theater der Hauptstraße beschreitend, das in fürstlicher Breite vom Dom bis zu der ins Ziel des Prospektes gestellten Ulrichskirche führt, eine wahre Via triumphalis für Bischöfe und Kaiser, Fugger und Bürger, gewahrt man zur Rechten wie zur Linken die Fülle barock geschwungener Giebel, deren Führung groß und elastisch ist. Gunezrhainers Haus »Zu

den drei Mohren« und das Innere des Schäzlerpalastes sind Haupt-
stücke des bayrischen Rokokos, und nahe dem Dom der größtenteils katholischen Stadt beweist eine fürstbischöfliche Residenz
im Stil des achtzehnten Jahrhunderts, daß die geistliche Natur
dem beharrlichen Auftrieb eines weltlichen Augsburg bis an die
Schwelle der Gegenwart gewachsen blieb.

Wilhelm Hausenstein
»Es ist Föhn«

(. . .) Wieder lief der Zug die Donau entlang, die sich hinter unan-
sehnlichen Bäumen und Unterholz halb versteckte. Das Gelände
verlief in großen, aber wenig bewegten Linien und Flächen und
war beinahe unbevölkert. An den Verhältnissen gemessen, die
Christian von zuhause kannte, kleinteiligeren wohl, aber auch
menschlich dichteren, menschlich wärmeren, mutete die geräumig erstreckte, weithin mäßig wallende Landschaft wahrhaftig
unbewohnt an. Dörfer lagen in erstaunlichen Abständen. Allmählich schien auch der lebendige Titel »Landschaft« sich einzubü-
ßen: auf Augsburg hin dehnte der Boden sich rein waagrecht, wie
die Fläche einer Steppe; bis in den Wagen herein war überdies
spürbar, daß eine kältere Zone befahren wurde; hier war die Welt,
anders als am Neckar, noch immer nachwinterlich. Auch wurde
die Erde schwerer und schwerer, dunkler und dunkler – nicht wegen des trüben Lichts, sondern aus sich selbst heraus. Dies war die
schwäbisch-bayrische Hochebene. Dies war, Christian begriff es
nicht ohne einiges Erschrecken, etwas Neues, wesentlich Anderes
– beginnender Osten. Mit einem Schlag denn auch ging ihm in
der Erinnerung die freundlichere Natur des Westens auf, den er
verlassen hatte. Doch allerdings: Turmhelme und Dächer über
Augsburg hoben sich mit so lichter, so kreidiggrüner Patina, die
Kirchturmhauben teilweise in so bizarren Zwiebelformen, so
zahlreich und gleichheitlich auch über die ausgedehnte Silhouet-
te der grauen Stadt hin ausgestreut, daß Christian für eine Sekunde
die Vision einer morgenländischen Stadt zu empfangen glaubte.
Als man aber zwischen Augsburg und München dahinrollte, da
stand auf einmal im südlichen Horizont jäh ersichtlich, als wäre
ein Vorhang davor weggerissen, das Hochgebirge: der Himmel,
in der Höhe fast schwarz, war über den Alpen als ein türkisfarbe-

ner Saum aufgelichtet und entblößte die zackige Schärfe der Grate. Nun fielen, man wußte erst nicht, woher, doch war es natürlich der Widerschein der Sonne, die hinter dem fahrenden Zug niederging – nun fielen im südlichen Gesichtsfeld auch Scharlach und Orange und Fliedertöne ein, wie Christian sie nie gesehen hatte. Auf das Zugdach, an das Fenster schlug von Südwesten her Aprilregen, aber jenseits des Regens – denn es gab ein solches Jenseits – erglühten die verschneiten Nordhänge »der Gebürge«, wie Goethe gesagt haben würde, von den Röten des pompös absteigenden Tages. Der bayrische Weggenosse vermerkte sachlich: *»Es ist Föhn.«* (...)

Thomas Mann
· Eine Stadt – urban im Wortsinn

Ich deute gerne die Empfindungen an, die mich bei Nennung Ihrer Stadt bewegen. Es wird Augsburger geben, welche die Nähe des großen München als einen Vorzug der Lage ihres Wohnortes preisen. Ich nun gehöre zu den Einwohnern der Hauptstadt, die es einen der – übrigens zahlreichen – Vorzüge Münchens – und nicht ihren geringsten – heißen, daß Augsburg so nahe liegt. Eine Stunde Eisenbahnfahrt und es umfängt einen diese städtische Intimität, so würdig, deutschmittelalterlichen Gepräges und doch von frischem Leben erfüllt, von einem Menschenschlage, trotz der geringen Entfernung, von dem gewohnten Oberbayerischen markant und verschieden, dünnknochiger, leichter: der Schritt ins Schwäbische ist unfraglich ein Schritt in urbanere Zonen – wobei ich »urban« im Wortsinn gebrauche; der Oberbayer ist prächtigster Bauerntyp, nicht umsonst hat man München so oft ein großes Dorf genannt, und in gewissem Sinne ist Augsburg wirklich mehr eine Stadt als jenes.

Ich schätze das, denn ich bin selbst ein rechter Städter, ein Hanse-Städter sogar, und die Erinnerung an Augsburgs würdevolle Vergangenheit als freie Reichsstadt und weltberühmter Handelsplatz weckt verwandtschaftliche Gefühle. Ich war oft dort, mein Auge weidete sich immer an dem Barock der Bischofs-, der deutschen Renaissance-, der Bürgerstadt. Ich durfte auch vortragen aus meinen Werken in Ihrer Mitte. Ich gewann Fühlung mit einem geweckten und liebenswürdigen Publikum, genoß freundlichste

Gastlichkeit und gefälligste Führung durch die Schönheiten und Merkwürdigkeiten des Platzes. Ich bin der Gelegenheit froh, von all' dem zeugen, für all' das danken zu können.

Viktor Mann
Unordnung und frühes Leid

(. . .) Mit Beginn des zweiten Gymnasialjahres kam ich – noch nicht zwölfjährig – nach Augsburg in Pension zu einem vollbärtigen Professor mit imposantem Bauch und einer spitznäsigen Frau. Auch nach achtundvierzig Jahren noch kann ich dieses Paares nur mit tiefster und zornigster Abneigung gedenken.

Ich hatte dem erzieherischen Plan der Meinen nicht den geringsten Widerstand entgegengesetzt, denn das Leben in einer anderen Stadt unter anderen Leuten und inmitten von Pensionskameraden schien mir eine nette Abwechslung zu werden. Darum war mein Abschied von Mama, die mich nach Augsburg brachte, so fröhlich, daß sich die Mutter, wie sie mir später gestand, ein wenig gekränkt fühlte. Meine Enttäuschung war um so bitterer.

Die Pension, eine spießbürgerliche Wohnung, wurde schnell zum Gefängnis, das mich nur für die Schulstunden und zweimal in der Woche für zahme und streng beaufsichtigte Spaziergänge entließ. Ein Bub, der gewohnt war, sich zur rechten Zeit auszutoben, mußte hier in kürzester Frist Anstoß erregen und unglücklich werden.

Mahlzeiten, Schule, »Studierzeiten« daheim und, nur bei vorzüglicher Führung, eine Lesestunde vor dem frühen Schlafengehen – das war der Normaltag. Sport war Unfug, ein falsch konjugiertes Verbum entsetzliche Schande, Raufen aber soviel wie Mordversuch.

Und mir war täglich nach Raufen zumute: Einer der beiden Mitpensionäre, der noch dazu Amandus hieß, war nicht nur Musterknabe schlimmster Art, sondern auch Denunziant. Seine Angeberei ging so weit, daß er Gespräche, wie sie Buben manchmal in der Pubertätszeit führen und die fast immer von ihm selbst begonnen worden waren, dem Professor hinterbrachte, so daß ich als sittlich Verkommener dastand.

Das ließ eine Welt in mir zusammenbrechen: ein Kamerad, der »verschuftete«, dafür in Gunst stand und mit gutem Gewissen herumgehen konnte, während ich mich immer mehr als unverbesserlicher Verbrecher fühlen mußte – es war eine der grausamsten Erfahrungen meines Lebens.

Vollbart und Spitznase setzten alles daran, einen normalen Jungen unter dem ständigen Druck von Minderwertigkeit und begangenen Vergehen zu halten. Ja, wenn sie frischweg gestraft hätten – aber sie diffamierten und verfemten. Aus Angst vor einer Tracht Prügel hätte ich nie irgend etwas geleugnet, dieses Erziehungssystem aber zwang geradezu in fortwährendes Lügen hinein, das dann wiederum als neuer Beweis eines finsteren Charakters ausgewertet wurde.

Ich lernte die tiefste Verzweiflung und das schlimmste Heimweh kennen, sogar schlaflose Nächte. Wenn ich mich im späteren Leben einmal recht unglücklich und von allen guten Geistern verlassen fühlte, so war es mir immer, als hörte ich die alte Glocke von Sankt Ulrich schlagen, die damals die Schmerzensnacht in endlose Viertelstunden teilte.

Ich besitze eine Photographie aus dieser bösen Zeit, die mich inmitten meiner Schulklasse zeigt. Tatsächlich sehe ich darauf wie ein kleiner Zuchthäusler aus.

Bis Weihnachten hielt mich die Ferienhoffnung noch aufrecht. Aber als nach den herrlichen zehn Tagen in München und Polling die Quälerei aufs neue begann, brannte ich an einem Samstag nach Schulschluß regelrecht durch.

Ohne einen roten Heller in der Tasche wollte ich München zu Fuß erreichen. Doch ein Bauer, der mich ein Stück weit auf seinem Wagen mitgenommen hatte, lieferte mich einer herzensguten schwäbischen Wirtin aus, die mich zunächst einmal fütterte und mich dann durch mütterliches Zureden zur Umkehr veranlaßte. Auf dem ganzen Heimweg heulte ich vor Verzweiflung. Als ich aber in der Pension ankam, zeigte ich eine so wilde Entschlossenheit zu äußersten Taten, daß man mich in Ruhe ließ und Mama herbeitelegraphierte.

Ich hatte ihr meine Seelennot bislang verschwiegen, weil ich immer noch hoffte, mich irgendwie durchzubeißen. Aber die Mutter glaubte jetzt meinem jäh ausbrechenden Jammer mehr als dem Pathos des Vollbartes und dem Keifen der Frau Professor. Sie setzte dem Paar eine mich hell begeisternde Haltung von Stolz, Überlegenheit und zorniger Verachtung entgegen und veranlaßte meinen sofortigen Auszug.

Bei Professor Grözinger und seiner Frau, die mit vielen Töchtern und Hunden ein villenartiges Haus in einem großen, verwilderten Garten am Stadtrande bewohnten und immer eine Anzahl von Gymnasiasten in Kost, Logis und Erziehung hatten, war ein ganz anderes Leben. Vergleichsweise konnte ich mich wie im Paradies fühlen.

Der kluge und frisch energische Schulmann hielt es mit der Methode der englischen public schools, hatte eine herzhafte, wenn auch nötigenfalls harte Art, uns zu regieren, und ließ uns im übrigen eine gewisse Selbstverantwortung und Selbstdisziplinierung, die auf normale Buben eine ausgezeichnete Wirkung hat. Ich kam schnell wieder ins Gleichgewicht und brachte es in Schule und Pension zu Ehren.

Mein Streben nach properem Aussehen wurde wesentlich dadurch verstärkt, daß ich mich in einen blonden Zopf der Nachbarschaft verliebte. Ich wollte nun sogar elegant sein und gewöhnte mir hohe Kragen à la Maxl sowie schreckliche steife Vorhemden und Manschetten nach dem Muster älterer Kameraden an. Auch mein Verbrauch an Seife, Zahnkreme und Haarwasser stieg auffallend. Die Trägerin des hübschen Zopfes drückte adäquate Gefühle durch täglich neue, prächtige Haarschleifen aus. Die Liebe lohte himmelhoch, und es kam bis zu heimlichem Händedrücken. Das Paradies hatte eine Eva bekommen, aber die Schlange schlief noch und der Apfel war erst eine Blüte. (...)

Viktor Mann
Es waren gute Jahre...

(...) Es waren gute Jahre, die ich mit Mama in Augsburg verlebte. Wir wohnten in einer freundlichen Etage an einer hübschen Gartenstraße, und unsere alte Einrichtung – vom Bären bis zu den Ahnenbildern und dem Flügel – brachte viel von der Stimmung der Herzogstraße in dieses neue Heim.

Freilich fehlten unsere vielen netten Besucher von damals und vor allem die Brüder, aber gleich zu Anfang meiner zweiten Augsburger Zeit gingen große Dinge vor: Durch Mama erfuhr ich zuerst andeutungsweise, dann als sicher bevorstehend und schließlich als vollzogene Tatsache von Thomas' Verlobung mit Katja Pringsheim.

Kurz darauf kam das Paar auf Besuch, und mir war feierlich zumute: Der Bruder führte nun also der Mutter die Braut zu, ich bekam eine neue Schwester.

Die neue Schwester hatte das Gymnasium absolviert und studierte Mathematik! Sie saß im Auditorium ihres Vaters, der Geheimrat und Ordinarius der Münchener Fakultät war! Und dieser Ausbund unheimlicher weiblicher Gelehrsamkeit trug nicht einmal eine Brille, sondern war eine mädchenhafte Schönheit in einem über aller Mode stehenden Samtgewand.

Ich war aufs stärkste beeindruckt, und Mamas Herz gewann Katja schon mit diesem ersten Beisammensein für immer. Die Eifersucht auf die Frauen der Söhne, die eine gute Mutter nie ganz unterdrücken kann, kam dieser Schwiegertochter gegenüber fast nie zur Geltung. Selten habe ich unsere Mutter so froh gesehen wie an dem Abend, als sie nach dem Abschied der Brautleute zu mir sagte: »Sie wird deinen Bruder sehr glücklich machen.«

Ich paßte mich immer mehr dem Augsburger Schema an. Hier gab es keine »zweite Welt«, wenn ich nicht unsere Wohnung und Mama als eine solche bezeichnen wollte. Ich verkehrte nur bei den Familien meiner Kameraden – meist Söhne von Fabrikanten und höheren Beamten –, wirkte bei Liebhaberaufführungen mit, schwamm im Sommer, lief Schlittschuh im Winter, turnte mit einiger Passion und machte Heinegedichte auf meinen jeweiligen Schwarm. Bald kam auch als Imitation des akademischen Studentenwesens das heimliche Kneipen in Vorstadtbeiseln dazu. Aber das alles lenkte nie zu stark von der Schule ab, die immer die Hauptsache blieb.

Es war gut so, aber ich freue mich doch heute noch darüber, daß ich auch damals kein Musterknabe wurde, wie es viele gab, sondern stets – und zwar gerade mit dem Rückhalt steigender Erfolge als Schüler – zu denen gehörte, die im äußersten Fall noch rebellieren konnten.

Wir trotzten dem wütend sportfeindlichen Turnlehrer Vater Jahnscher Prägung und traten in den Fußballklub ein, obwohl dies Spiel dazumal noch als roh und undeutsch galt, genauso wie später die Tänze der neuen Welt, zu deren ersten Märtyrern ich mich mit Stolz zähle.

Und ein anderes Mal setzten wir durch Deputationen beim Rektor durch, daß ein auf Veranlassung des Religionslehrers erlassenes Verbot des Hand-in-Hand-Eislaufs mit Mädchen wieder aufgehoben wurde. Freilich machte der diplomatische Schulmann die Erlaubnis vom schriftlichen Einverständnis der Eltern abhängig, aber hier stellten sich auch die strengen Augsburger auf die Seite der Rebellen, und Mama schrieb sogar in einem temperamentvollen Brief, daß sie meinen Verkehr mit den Töchtern der Gesellschaft nicht nur erlaube, sondern wünsche. Der gemeinsame Eislauf aber sei nichts anderes als Tanzen, und zu ihrer Zeit hätten im steifen Lübeck schon dreizehnjährige Pastorensöhne getanzt. Nie mehr bekam ich vom Religionslehrer einen Einser, aber wir hatten der Freiheit eine Gasse rebelliert.

In unserer Wohnung war auch für Carla ein nettes Zimmer eingerichtet, denn sie sollte wissen, daß sie zu jeder Stunde heimkehren könne. Sie stellte sich für Wochen und Monate ein, manchmal erfolgsstolz, dann wieder müde und bedrückt vom Kampf um Anerkennung und Aufstieg.

Weihnachten feierte sie fast immer mit uns, und auch zu meiner Konfirmation kam die Schwester von weither gereist. Sie machte sich zwar über das Ganze lustig, wohnte aber der Feier bei St. Anna in großer Toilette und mit einem Riesenhut bei und schenkte mir lachend den gerahmten Wandspruch: »Meine Gnade soll nicht von dir weichen.«

Für das damalige Augsburg war Carla viel zu elegant, und gerade deshalb wollte ich immer mit ihr promenieren. Am liebsten inmitten des kleinstädtischen Korso, der am Kaiserplatz das Militärkonzert umkreiste.

Die Damen warfen mißbilligende Blicke, aber man sah es ihnen an, daß sie im Geist Carlas Kleid mitsamt dem Riesenhut kopierten. Und die Herren, einschließlich der Primaner und jüngeren Lehrer meines Gymnasiums, bildeten unsere Suite oder suchten uns möglichst oft zu begegnen.

Schließlich bot ich dann der schönen Schwester den Arm und geleitete sie stolz wie ein Hidalgo aus dem Gedränge. Dabei führten wir aufreizende Gespräche, wie etwa: »Gegen Paris und London muß dir das natürlich komisch vorkommen.« »Na zur Abwechslung sieht man sich auch so etwas mal an.«

Ich grüßte die jungen Professoren, die sich beim Dank fast verneigten, und fühlte mich als Carlas guter Spießgeselle.

So stand ich auf meinem Platz. Mama, auf dem ihrigen, kontrollierte die Schaufenster der Augsburger Buchhändler.

Wenn neben Wassermann und Hauptmann nicht auch Thomas

und Heinrich ausgelegt wurden, betrat sie den Laden und verlangte nach dem Chef.

»Haben Sie die ›Buddenbrooks‹ vorrätig?« fragte sie freundlich.

»Aber selbstverständlich, gnädige Frau«, hieß schon damals fast immer die Antwort.

»Und Diana, Minerva, Venus von Heinrich Mann?«

»Bitte sehr, sind auch vorhanden. Darf ich . . .«

»Warum stellen Sie dann diese Bücher nicht in Ihre Auslage?« sagte Mama lächelnd; und dann mit einer stillen Würde, die weit von jeder Protzerei entfernt war: »Ich bin die Mutter.«

»Die Mu . . ., die Frau Mama von beiden . . .?« staunte der Augsburger Büchermann, »ja, wir legen eigentlich nur Neuerscheinungen aus, natürlich auch immer die der Herren Söhne, aber wenn gnädige Frau wünschen . . . werde gleich veranlassen . . .«

Und die Dichtermutter wurde unter Verbeugungen zur Tür geleitet.

Immer reklamierte sie die Bücher beider Söhne, und sie wurde sogar besonders dringlich, wenn Werke des einen ausgestellt waren, während der andere fehlte.

Manchmal begleitete ich Mama in einen zu beanstandenden Buchladen und wohnte der Szene stumm, jedoch in stolzer Haltung bei. Aber ich genierte mich furchtbar, obwohl ich mich einen Feigling dafür schalt. Nach Möglichkeit drückte ich mich um die wortlose Assistenz.

An einem heißen und staubigen Sommertag hatten wir Besorgungen gemacht. Ich trug verschiedene Pakete, während Mama eine beim Schleifer abgeholte sehr lange Papierschere, die nur ganz flüchtig eingewickelt war, in der Hand hielt.

Irgendwo kamen wir an einer neu eröffneten Buchhandlung vorbei, und Mama blieb natürlich sofort unter der gestreiften Markise des Schaufensters stehen. Prachtausgaben der Klassiker, moderne Zeitschriften, Arthur Schnitzler, alte Stiche, Maupassant, Ganghofer – der Sortimenter wollte offenbar große Vielfalt zeigen, aber Ommo und Heini hatte er nicht einbezogen.

»Unerhört!« sagte Mama und war schon im Verkaufsraum, während ich nur in die – wegen der Hitze weit offene – Ladentür lugte. Ein hageres Männchen, das nach Magen- oder Leberleiden aussah, empfing die Kundin. Mama war echauffiert. Sie vertrug die Hitze schlecht, war weit gegangen und jetzt überdies ärgerlich. Ihr plötzlicher Auftritt konnte vielleicht einem sehr Schreckhaften einen zu energischen Eindruck machen, aber die bleiche Angst, mit der das Lebermännchen bei der etwas erregten Frage: »Warum stellen Sie eigentlich Heinrich und Thomas Mann nicht in Ihre Auslage?« retirierte, schien mir übermäßig albern.

Da sah ich, daß die große Papierschere ihre unzulängliche Hülle verloren hatte und sich in Mamas Hand nervös auf und ab bewegte. Der kränkliche Herr des Bücherladens glaubte sich von einer Irren am Leben bedroht! Schon hatte er den Ladentisch zwischen sich und die gezückte Klinge gebracht, auf die er gebannt starrte, die Hände halb erhoben.

In diesem Augenblick erfaßte aber auch Mama die Sachlage und lachte so herzlich auf, daß der Erschreckte sich gerettet fühlen mußte. Es kam dann ein ungemein höfliches Gespräch mit dem üblichen Ergebnis zustande, und ich war sehr froh, als Mama, immer noch lachend, den Laden endlich verließ und mir die blanke Schere in die Hand drückte. Sie lachte auf dem ganzen Heimweg und wiederholte wohl ein dutzendmal: »Er hat geglaubt, ich würde ihn erdolchen!«

Diese Geschichte – von Mama selbst kolportiert – ist eine der historischen Anekdoten der Familie geworden. (...)

Stefan Zweig
Zwischen Traum und Wirklichkeit

Ich danke Augsburg einen der stärksten bildnerischen Eindrücke, die mir je eine deutsche Stadt gegeben. Vor Jahren war ich am Wege heimwärts und beabsichtigte in München zu nächtigen: unterwegs warnte man mich vor der Überfüllung der Münchener Hotels im Fremdensommer, darum unterbrach ich die Reise nachts in Augsburg, um mit dem Frühzug weiterzureisen. Ich kannte Augsburg noch nicht und wollte doch gerne einen übersichtlichen Blick tun in die altberühmte Stadt; der Sommermorgen war licht und klar: so stand ich schon um halb fünf Uhr morgens auf und ging durch die Straßen. Unvergeßliche Erinnerung! Die Menschen waren noch nicht wach, die Plätze leer: wie durch ein anderes Jahrhundert ging ich vorbei an den palastähnlichen Gebäuden, die unverstellt ihre kraftvoll wuchtige Schönheit in steigendem Licht erhellten. Was sonst die Stunde fühlen läßt und die Gegenwart, lag noch im Schlummer, nur das Vergangene war wach mit einer Eindringlichkeit und vornehmen Gewalt, wie ich sie kaum je an einer anderen deutschen Stadt gespürt habe. Nur die Brunnen sprachen, mit schönen Gestalten geschmückt, nur die bemalten Häuser boten Rede und Spruch. Ich ging durch die Tore, die altertümlichen kleinen Straßen, und hinab zum Lech: inzwischen waren die Glocken an den Kirchen wach geworden. Ich trat ein: es waren einige wenige Fromme darin, alte Leute zumeist mit holzschnitthaften fränkischen Gesichtern, wie man sie von den Tafeln der deutschen Meister kennt, und an ihnen wie an den alten Häusern von vordem empfand ich den starken Zusammenhang, der hier – stärker als fast überall – noch Vergangenes mit unserer Zeit bindet. Dann begannen draußen die Sirenen zu pfeifen, die Fabriken, die mächtigen mußten im Gange sein, die Straßen bekamen Leben, der Tag des Erwerbs trat vor, hastig, vehement, wie überall. Und ich fuhr weiter nach München.

Ich hatte damals noch nicht die Schätze der Museen gesehen, die wunderbaren Säle und die Vielfalt der kunstgewerblichen Meisterschaft, die das alte deutsche Imperium bewahrt: nur die Straßen, die Plätze, die Brunnen, gleichsam den schönen Körper dieser unvergeßlichen Stadt. Aber dennoch gehört dieser Morgen in Augsburg zu den reifsten Geschenken, die ich jemals von deutscher Gegenwart empfing, und seine Erinnerung wird mich noch oft in diese prachtvoll gleichgewichtige schöne und starke Stadt zurückführen.

Hermann Hesse
Aus den Aufzeichnungen eines reisenden Artisten

Der Hotelomnibus in Augsburg setzte mich vor einer gläsernen Drehtüre ab, dahinter klang Teemusik, diese witzige Erfindung des heutigen Menschen, um auch in den paar Augenblicken der Ruhe und Erholung nicht sprechen, nicht aufmerken, nicht denken, nicht zu sich kommen zu müssen. Ich meldete mich, bat um ein Zimmer, ein Boy kam mit mir, rundum war alles sehr modern, Restaurant, Halle, Garderobe. Der Boy fuhr mit mir in den ersten Stock, tat die Lifttüre auf, und plötzlich stand ich in einem geräumigen alten Palazzo, schweigende fürstliche Korridore, hohe mächtige Türen, über jedem ein geschnitztes und bemaltes Wappen, ein feudales Treppenhaus. Eine Tür wurde vor mir aufgetan, ein hohes schönes Zimmer war da, das Fenster ging auf einen grünen Wintergarten. Erfreut nahm ich von dem originellsten und hübschesten Hotel Besitz, das ich je in einer größeren deutschen Stadt angetroffen habe. Das Telephon im Zimmer war das einzige, was mich störte, diese Apparate sind gefährlich. Nun, im Notfall konnte man es abschrauben oder zertrümmern. Zunächst aber machte ich Gebrauch davon und meldete meinem Brotgeber, daß der Artist des Abends angekommen sei. Dann pflegte ich der Ruhe, packte ein wenig aus, zog mich um, ließ mir etwas Milch und Kognak kommen. Ich hatte den »Simplizissimus« in der Manteltasche und las darin einen von Ringelnatzens Reisebriefen, die ich sehr gern habe; als es dann aber an der Tür klopfte und man kam, um mich zur Vorlesung abzuholen, merkte ich, daß ich eine ganze Weile eingeschlafen war. Es war Nacht und kalt, man brachte mich durch eine breite, stolze Straße in einen Konzertsaal, ich kam diesmal gar nicht recht dazu, die Situation zu empfinden und den gewohnten psychologischen Apparat in Betrieb zu setzen, doch gelang es mir in Bälde, wieder in der Menge ein Gesicht zu angeln, an das ich mich wenden konnte, und so las ich meine Sachen brav daher, trank hie und da einen Schluck vortrefflichen Wassers, und die ganze Veranstaltung war zu Ende, ehe ich eigentlich dazu gekommen war, innerlich gegen sie zu protestieren. Nun, mir konnte das lieb sein. Ich lief in mein Wartezimmer, schlüpfte in den Mantel und zündete eine Zigarre an. Nun kamen die Leute, ich machte mich auf die gewohnten Höflichkeiten gefaßt, war im Grunde froh, daß ich niemand in der Stadt kannte – aber da stand schon eine Dame mit roten Backen vor mir, lachte mich an und sagte auf schwäbisch: »Gell, Sie kenne mich nimmer?« Es war eine Schwarzwälderin, aus meinem Heimatstädtchen, und war mit meinen Schwestern in die Schule gegangen, und hinter ihr erschien ihre Tochter, ein hübsches vergnügtes Mädchen mit ebenfalls blühenden Wangen, und wir lachten und beschlossen, heut noch eine Weile beieinander zu bleiben. Daß ich heut abend etwas dösig war, merkte ich aber doch bald: ein Herr legte mir eines meiner Bücher vor mit der Bitte, für seine Frau eine Widmung hineinzuschreiben. Ich hatte soeben an Nürnberg gedacht und daß jetzt zum Glück bloß noch diese eine Stadt zu absolvieren sei, und nun schrieb ich dem Mann etwas in sein Buch und gab es ihm mit freundlichem Lächeln wieder. Er las und reiche es mir zurück: ich hatte hineingeschrieben »Zur Erinnerung an den Abend in Nürnberg«! Es mußte ausradiert und geändert werden. Dann gingen wir in mein Hotel zu einem Glas Wein, und die Calwerin redete von Calw, und wir sprachen alle Calwer durch, an die wir uns noch erinnern konnten, und die Tochter saß dabei und fand uns alte Leute drollig, und plötzlich war auch noch einer aus Neuenbürg dabei, und ich sah, daß ich noch immer mitten in Schwaben saß. Spät ging ich durch das fürstliche Treppenhaus in mein Zimmer hinauf. Eigentlich war es doch eine leichte Sache, sich durch solche Vorlesungen sein Brot zu verdienen. Indessen war es ja nicht das Brot, das mir fehlte, sondern die Luft, und diese Luft, die Luft des Lebenkönnens, der Zufriedenheit, des Glaubens an meinen Beruf und mein Tun, diese Luft wehte auch in Augsburg nicht, mit diesem Honorar wurde auch hier nicht bezahlt. Im Gegenteil (und darum hat Gott die Tenöre und Virtuosen mit diesem genialen Plus an Selbstgefühl ausgestattet), wenn man so als Vortragender für literarische Unterhaltungsabende, als Tenor und Barde durch die Städte zog, so war dies gerade die bestausgesuchte Gelegenheit, um einen eingebildeten, von seiner Wichtigkeit überzeugten Artisten vom Gegenteil, von seiner Entbehrlichkeit, von der völligen Bedeutungslosigkeit seiner Person und seiner Spezialität zu überzeugen. Ob die Leute vom literarischen Verein Thomas Mann hörten oder Gerhart Hauptmann, ob den Baron Münchhausen oder den Tenor Hesse, ob ein Berliner Professor ihnen seinen Vortrag über Homer hielt oder ein Münchener Professor den seinen über Matthias Grünewald, das war alles ganz und gar einerlei, jede dieser Spezialitäten war nur ein Strich im Muster, ein Fädchen im Gewebe, und das Muster hieß Geistesindustrie, und das Gewebe hieß Bildungsbetrieb, und irgendeinen Wert hatte weder das Ganze noch eine der einzelnen Spezialitäten. Herr, laß mich den Humor nicht verlieren, laß mich noch eine kleine Weile leben! Und laß mich mitarbeiten an irgendeinem Werk und Ding, das mehr Sinn, mehr Wert hat als dieser Jahrmarkt! Laß mich als geringsten Diener dazu beitragen, daß Deutschland endlich seine staatlichen Schulen wieder schließt, daß Europa energisch an der Verminderung seiner Geburtenziffern arbeitet! Gebt mir statt dem Geld für diese Vorträge, statt der Ehre, statt den Schmeicheleien ein Maul voll Luft zum Atmen! Skeptiker versichern, daß noch nie ein Mensch an gebrochenem Herzen gestorben sei. Sie werden auch leugnen, daß ein Literat an

Luftmangel sterben könne. Als ob ein Literat nicht alles atmen, nicht aus jedem Gas und jedem Gestank noch ein Feuilleton herausdestillieren könnte.

Am nächsten Tage war hübsches Wetter, und als ich ausging, um mir Augsburg anzusehen, nahm ich wahr, daß heute Markttag sei. Ich habe nie viel Geschichte gelernt, sondern mein Wissen alles aus den Dichtern bezogen, und so wie ich über die Geheimnisse Blaubeurens durch Mörike besser unterrichtet war als selbst die dortigen Professoren, so war ich auf Augsburg durch die Erinnerung an Arnims Kronenwächter, auf Nürnberg durch Wackenroder und E. T. A. Hoffmann aufs beste vorbereitet. Ich brauche hier nicht zu versichern, daß Augsburg eine sehr schöne Stadt ist. Aber eines traf ich dort an, was mir ganz besonders gefiel und wohltat. Auf dem Wochenmarkt, wo begeisternde Massen von Butter, Käsen, Obst, Würsten und dergleichen zur Schau gelegt waren, fand ich eine ganze Anzahl Bauern, namentlich aber Bauernfrauen, sogar einige Kinder dabei, welche alle noch ihre alte unverfälschte Vokstracht trugen. Der ersten, die ich sah, wäre ich vor Freude beinah um den Hals gefallen, ich strich ihr lang durch die alten Gassen nach. Kleingeblümte Miederstoffe, originell gebauschte und wieder eingeschnürte Ärmel, witzige Hauben – o wie rief das mir meine Kinderzeit herauf und die Viehmärkte in Calw, wo viele Hunderte von Bauern und Bauernfrauen, alle bis auf den letzten in ihre Trachten gekleidet, daherkamen und wo man die Bauern der verschiedenen Gaue, der Wald- und der Korngegenden, schon von weitem genau an der Farbe ihrer Lederhosen erkennen konnte!

Meine letzten Stunden in Augsburg waren die schönsten. Ich hatte Glück in dieser Stadt, und ich hatte ihr gestern abend sehr unrecht getan, sie mit Nürnberg zu verwechseln. Außer allem Hübschen und Liebenswerten, das mir hier schon entgegengekommen war, fand sich auch noch eine besondere Überraschung ein. Es gab in Augsburg ein Ehepaar, das hatte vor vierzehn Jahren ein Buch von mir gelesen und mir damals geschrieben und hatte seine damals geborene erste Tochter nach einer Figur meines Buches getauft, und jetzt fand dies Ehepaar sich ein und lud mich zu Tisch und gab sich eine liebevolle Mühe, mir erst ein ausgesucht gutes Essen vorzusetzen und mir dann, mit Hilfe eines Wagens, in wenigen Stunden das Wichtigste und Schönste vom alten Augsburg zu zeigen. Wenn es mich auch sehr beschämte, all diese Liebe und Aufmerksamkeit einem Buche zu verdanken, das mir heute unleidlich erschien, gute Stunden sind es dennoch gewesen. Ach, und was für schöne und außerordentliche Dinge bekam ich in dieser Märchenstadt zu sehen! In der Sakristei von Sankt Moritz eine Sammlung alter Meßgewänder von einer Üppigkeit, daß man in Rom zu sein meinte, und dicht daneben in einer Kapelle vier sitzende Bischöfe, nicht etwa Holz- oder Steinfiguren, sondern die Leiber, die Mumien selbst, im reichen Ornat. Für mich das Schönste war die eherne Pforte der Kathedrale, ein andrer Anblick aber wurde mir im Innern dieser ehrwürdigen Kirche. Dort sah ich einen Mann von ländlichem Aussehen, mit breitem, blondem Bart, in verschossenes Grün gekleidet, mit einem Rucksack auf dem Rücken. Erst sah ich ihn eintreten, er betrat die Kirche gerade vor mir, dann sah ich ihn suchend durch die mächtige Kirche gehen, und dann hatte er gefunden und kniete vor einer Kapelle nieder, barhäuptig, die Augen auf das Altarbild gerichtet, beide Arme mit offenen flehenden Händen weit ausgebreitet, und betete, betete mit den Augen, mit dem Mund, mit den Knien, mit den ausgestreckten Armen, mit den offenen Händen, betete mit Leib und Seele, blind und taub gegen die Welt, ungestört durch uns gottlose Neugierige im Heiligtum, welche hier romanische Bronze und gotische Glasfenster suchten, statt Gott zu suchen. Dieser betende Mann und die Frauen mit den Bauerntrachten sind die Bilder, die ich in Augsburg für mein innerstes, bleibendes Bilderbuch gewonnen habe, nicht der goldene Saal, nicht die stolzen Brunnen und Bürgerpaläste, nicht die Fuggerei.

Joachim Ringelnatz
Augsburg

Ich bin da im Weißen Lamm
Abgestiegen.
Leider ließ ich im Zug deinen schönen, neuen Schwamm
Liegen.
Mir bleibt nichts verschont.

Hier hat auch Goethe gewohnt –
Wollte sagen »erspart«. –

Augsburg hat doch seine Art;
Besonders wenn Markt ist, und Zwiebeln, ver-
hutzelte Weiblein
Und Butter und Gänse auf steinaltem Pflaster sich tummeln.

Dort, wo früher Hasen- und Hundemarkt war,
Schreib ich diesen Brief. Eine wunderliche
Ganz enge Kneipe – Marktleute – Kupferstiche –
Nur Schnäpse –

Verzeih, mir ist nicht ganz klar,
Aber sonderbar.
Schade nur um den herrlichen Schwamm!
Die ihn finden, die freun sich.

Auf der Reise nach Italien 1790.
Es lebe Goethe! Das Lamm! Und der Schwamm!
Ach was! Schwamm drüber! Punktum Streusand!
Prosit: es lebe Neuseeland.

Joachim Ringelnatz
Freiballonfahrt mit Autoverfolgung

Auf Augsburgs sonntagsbunten Flugplatz lacht
Die Sonne. Doch vergeblich brütet
Sie auf gigantische Dickhäuteriche,
Die von Miliz und Polizei bewacht
Und liebevoll von Feuerwehr behütet,
Dick aufgeblasen überm Boden schweben,
Von Photographen, Pressevolk umgeben.

Doch nicht nur diese wichtigen Leuteriche,
Sondern vor allem: viele Autos warten
Darauf, daß jene gasgefüllten Tiere –
Ihrer sind viere – pünktlich drei Uhr starten.

Denn es sind Ehrenpreise ausgesetzt
Für alle Wagenführer, die
Als erste die Ballons, wenn sie
Gelandet sind, erwischen.
                                Jetzt
Erhebt ein Wind sich. Unsre Riesen zerren
An ihren Fesseln wild. Wir, ihre Herren,
Klettern in die Körbe. – Es schlägt drei. –
Gewichte lösen sich. Man läßt uns frei.

Die Menge winkt, wir steigen munter.
Als Blick nicht ausreicht mehr noch Winkehand,
Schwing ich mich auf der Gondel Rand
Und schleudre meinen Hut hinunter,
Sagt Weltz: »Das stört nicht unsre Reise.«
Und hängt sich wuchtig an das Gasventil.

Wir sinken rasch, wie wir an Buntpapieren,
Die wir auswerfen, deutlich konstatieren.
Die Strömung ändert sich; der Wald wird Ziel.

Der Himmel hat sich drohend überzogen.
Von den Ballons, die mit uns aufgeflogen,
Ist nur mehr einer fern zu sehn.
Und wir mit Gas und Spannung angefüllt
Sind plötzlich ganz in Nebel eingehüllt.
Drei Männer, die lautlos im Schweigen stehn.
O zauberhaftes Indenwolkenschweben!
So wie die Märchenengel für die Kinder leben.

Wir lauschen, warten, fallen. – – »Da!«
Da schimmert etwas unter uns und nah,
Wird klar und klarer – – Grüne Waldesmassen.
»Dort in die Tannen!« – Gas entlassen,
Eh der Gewitterwind uns faßt und treibt!

Die Gondel schlägt in Tannenwipfel, bleibt
Dort hängen wie ein Riesenvogelnest.
Sechs Hände krallen im Gezweig sich fest.
Ich muß die Wipfel um Verzeihung bitten.
Sie haben sicherlich dabei gelitten.

So schweben wir in höchsten Nadelzweigen,
Schaun auf die Uhr und lauschen, lauschen, schweigen.
Schon fünf Minuten sind verronnen.
Fünf weitere unentdeckt, dann ist's gewonnen.
Doch: Töff töff töff – – Dann: Eine Stimme schreit
Von unten auf: »Hallo! Ergebt euch gütig!«

Wir sind gefaßt. Ich rufe übermütig:
»Bedaure sehr, wir sind noch nicht so weit!«
Dabei versuchen wir, wie vorgenommen,
Zu einem Weiterfluge freizukommen.
Aus kleinen Säcken schütten wir in Hast
Auf die Verfolger all unsren Ballast
Und ziehn uns luvwärts gegen Sturm. – –

Zu spät!

Gewitter und Wolkenbruch entlädt
Sich. Blitz und Guß und Donner. – Toll! –
Und Weltz und Scheuermann, gleich einsichtsvoll,
Ergeben sich an die, die uns gefunden.
Weltz reißt die Hülle auf. Wir sausen. – Für Sekunden
Hakt unser Korb in Zweigen fest. Und dann –
Zehn Meter überm Boden mag es sein –
Plumpst er hinunter wie ein harter Stein.

»Seid ihr gesund?« – »Ja!« Ich, Weltz, Scheuermann.

Klaus Stiller
Vom armen Eugen Brecht

Augsburg, den 10. Februar 1898, morgens vier Uhr dreißig. In der Gasse »auf dem Rain 7« kommt ein Kind auf die Welt, ein Bub. Er erhält den Namen Eugen Berthold Friedrich Brecht, sein Rufname lautet Eugen. Eugen Brecht heißt er für seine Eltern, Verwandten, Spiel- und Schulkameraden. Er wird sich eine Kindheit lang an den Namen Eugen gewöhnen und bis in die frühe Jugend hinein sich mit diesem sehr augsburgerischen, sehr banalen Vornamen begnügen. Denn Eugen Brecht kennt noch keine Stilisierungsprobleme und findet folglich seinen Namen ebensowenig fragwürdig wie das soziale Milieu von Elternhaus und Nachbarschaft. Später einmal, wenn er die Wörter und ihren Klang nicht mehr so selbstverständlich hinnehmen und wenn er anfangen wird, sich und seine Umwelt zu reflektieren, später wird er sich auch von diesem so wenig feinen, doch so populären Vornamen Eugen lossagen, so als gäbe es Anfänge zu verwischen, als wäre die Augsburger Frühphase des jungen Eugen Brecht ein romantischer Traum, hinderlich für den Gesamtentwurf des Klassiker-Selbstporträts. Und später wird er sogar seine Herkunft anders beleuchten, um seine eigene Entwicklung nachträglich zu dramatisieren:

»Ich bin aufgewachsen als Sohn
Wohlhabender Leute. Meine Eltern haben mir
Einen Kragen umgebunden und mich erzogen
In den Gewohnheiten des Bedientwerdens
Und unterrichtet in der Kunst des Befehlens. Aber
Als ich erwachsen war und um mich sah
Gefielen mir die Leute meiner Klasse nicht
Nicht das Befehlen und nicht das Bedientwerden
Und ich verließ meine Klasse und gesellte mich
Zu den geringeren Leuten.

So
Haben sie einen Verräter aufgezogen, ihn unterrichtet
In ihren Künsten, und er
Verrät sie dem Feind.

Ja, ich plaudere ihre Geheimnisse aus. Unter dem Volk
Stehe ich und erkläre
Wie sie betrügen (. . .)«

Die Wirklichkeit kennt kompliziertere Widersprüche als das, was
in der Fiktion als Realität erscheint. In Wirklichkeit wohnen und
wohnten dort, wo es ostwärts den Perlachberg hinuntergeht, heute wie damals einfache kleine Leute, weder Groß- noch Kleinbür-
ger, weder die dünkelhaften Geschäftsleute von Maximilian- und
Philippine-Welser-Straße, noch freiberufliche Akademiker, die lieber in der Gegend um die altlutherische St.-Anna-Kirche leben –
oder gar schon draußen im Westen vor der Stadt residieren, in einem der aufstrebenden Villenvororte um den Kobel, in Steppach
oder Westheim zum Beispiel, oder gar in dem damals idyllischen
Aystetten. Nein, dort wo Eugen Brecht am 10. Februar Anno 1898
geboren wird, lassen sich die »wohlhabenden« Leute Augsburgs
selbst 80 Jahre später nicht einmal besuchsweise blicken. Dort
wurde und wird niemand »erzogen in den Gewohnheiten des Bedientwerdens« oder gar »unterrichtet in der Kunst des Befehlens«.
Von den proletarischen Vierteln des industrialisierten Augsburgs
ist die Jakober-Vorstadt samt ihren angrenzenden Bereichen die
älteste und echteste Zuflucht der Unterprivilegierten. Hierhun-
ter verdrängt wurde vermutlich die römische Stadtbevölkerung,
als die letzten Alemannenschübe das heutige Schwaben und

schließlich die rätische Provinzhauptstadt Augusta eroberten und sich schließlich als die neuen Herren auf dem Plateau zwischen zwei alten Kultstätten – dem heutigen Dom und St.-Ulrich-und-Afra – in strategisch bester Lage demonstrativ breit machten. Und wem hier unten »die Leute seiner Klasse nicht gefallen«, der muß im wahrsten Sinne des Wortes zum Aufsteiger werden: er muß steile Treppen emporsteigen in Richtung Rathaus und Perlach, hinauf in das gutbürgerliche Augsburg, wo die »wohlhabenden Leute« ihre einträglichen Geschäfte tätigen und sie zugunsten irgendwelcher Habenichtse aus der Unterstadt niemals freiwillig aufgeben würden.

Immerhin kann Eugen Brecht, geboren als Sohn kleiner Leute, von Glück reden, daß sein Vater, der eigentliche Berthold Brecht, zu jener Kategorie kleiner Leute zählt, die es tatsächlich im Leben zu etwas bringen wollen und mit Eifer und Ehrgeiz stets danach streben, daß nicht nur sie, sondern auch ihre Kinder es einmal besser haben als die anderen.

Bei Geburt des Sohnes, der mit dem Namen des Vaters einst Berühmtheit erlangen wird, ist Berthold Brecht senior jedenfalls erst ein unbekannter Commis der bekannten Augsburger Papierfabrik Haindl. Die Wohnverhältnisse sind noch äußerst dürftig: Der Häusertrakt wird von schmalen Abwässerkanälen des Lech umspült, und wer die Behausung der jungen Brecht-Familie betreten will, muß über eine Holzbrücke zum Gebäude hinüber- und mittels einer steilen Treppe in den ersten Stock hinaufsteigen. Im Parterre befindet sich eine Feilenschmiede-Werkstatt, deren pausenloses Hämmern den Schlafrhythmus des Erstgeborenen Eugen aufs Schmerzlichste durcheinanderwirft.

Wir haben festgestellt, daß das Bekenntnis des 40jährigen in einem der Svendborger Gedichte keine autobiographische Wahrheit enthält, sondern lediglich Teil einer Selbstinszenierung ist, in deren Mittelpunkt der Mythos vom Dichter des Proletariats steht. Die frei erfundene Legende, der heranwachsende Brecht habe die »Klasse« seiner Eltern verraten, um zu den »Niedrigen« hinabzusteigen, entpuppt sich für jeden mit Augsburger Verhältnissen Vertrauten als Verschleierung der wirklichen Entwicklung der Brecht-Familie. Zwar stimmt es, daß sich der strebsame Berthold Brecht senior im Laufe der Jahre unter großen Opfern vom kleinen Commis zum kaufmännischen Direktor der heute noch bestehenden Haindlschen Papierfabrik emporgearbeitet hat, doch dieser sehr allmähliche Aufstieg dauert zwanzig lange Jahre, und als Vater Brecht am 1. Mai 1917 endlich die leitende Stellung erreicht hat, ist Sohn Eugen bereits jener frischgebackene Abiturient des Augsburger Realgymnasiums, der sich beeilt, die provinzielle Enge der Vaterstadt zu fliehen. Und wie alle guten Augsburger, die sich zu Höherem berufen fühlen, zieht es auch Brecht zunächst einmal nach München hinüber.

Für die nun zu Ende gehende Augsburger Zeit gibt es allerdings Indizien, daß Brecht den allmählichen Erfolg des Vaters nicht nur ohne Skepsis betrachtet, sondern in voller Familienharmonie mit unterstützt hat, im gleichen Maß, wie die stolzen Eltern das außergewöhnliche Talent ihres Sohnes mit Wohlwollen gefördert haben. Für seine frühesten Veröffentlichungen benutzte der angehende Dichter bekanntlich das Pseudonym Berthold Eugen. Der eigentliche Rufname Eugen wird mit dem zweiten Vornamen Berthold vertauscht, und dieser zweite Vorname ist identisch mit dem Namen des Vaters. Aus dieser Entwicklungsphase stammt ein Brecht-Gedicht, das nicht zufällig einem Mitglied der Fabrikantenfamilie Haindl, nämlich »Herrn Klemens Haindl« gewidmet ist, und es verwundert nicht, wenn dieses frühexpressionistische Poem mit dem Titel »Die Orgel« – im Gegensatz zu ähnlichen Produkten aus derselben Periode – in Brechts »Gesammelten Werken« keine Berücksichtigung gefunden hat.

Es erscheint paradox, daß Eugen Brecht sich den Vornamen des Vaters genau in der Zeit aneignet, als er an dem privaten Mythos zu basteln beginnt, die »Klasse« seiner Eltern »dem Feind zu verraten«. Schwer fällt die Loslösung vom Elternhaus, wo er für damalige Verhältnisse weitgehende Freiheiten genießt; außerdem verachtet er keinesfalls gewisse Vorteile, die ihm sein nun endlich zum kaufmännischen Direktor beförderter Vater verschafft. Auf Vaters Anordnung zum Beispiel wird dem Sohn zeitweise eine Bürokraft der Haindlschen Papierfabrik zur Verfügung gestellt. So besitzt der junge Dichter gewissermaßen eine kostenlose Sekretärin, die mit der Maschine seine Manuskripte abschreibt.

Halten wir fest, daß der Dichter Brecht »seine Klasse« nicht in dem gemeinten Sinn verlassen und verraten haben kann, insofern seine Familie, damals jedenfalls, noch keineswegs zu jener Klasse gezählt werden konnte. Zwar hatte es der Vater schon bald zum Prokuristen gebracht und sich das Vorrecht eingehandelt, mit der inzwischen vierköpfigen Familie in einem der billigen Mietshäuser der firmeneigenen »Haindlschen Stiftung« zu wohnen, aber aus dieser vergleichsweise bescheidenen Verbesserung der eigenen Lebensbedingungen bereits einen bürgerlichen Status ableiten zu wollen, widerspricht jeglicher marxistischen Vorstellung von Bourgeoisie. Die Tendenz freilich, die eigene Klasse zu verlassen, ist in der Augsburger Brecht-Familie durchaus spürbar; allerdings führt die Richtung nicht zu den »geringeren Leuten«, sondern ganz logisch aus deren Erbärmlichkeit heraus. Ebenso logisch und konsequent erscheint in diesem Zusammenhang dann auch die nun erfolgende Abstreifung des Namens Eugen: Der in bester Augsburger Proletentradition stehende Vorname Eugen fällt unter den Tisch und wird leichten Herzens ersetzt durch den – für einen künftigen Klassiker würdigeren – gleichsam in Granit gemeißelten Stabreim: Bertolt Brecht. Immer vorausgesetzt, Brecht habe in dem zitierten Gedicht aus dem Jahre 1938 in autobiographischer Absicht gesprochen, müssen wir – historischer Wahrheit zuliebe – den persönlichen Mythos vom Bourgeois-Sohn, der sich dem Volk zuwendet, zerstören, indem wir paraphrasierend nicht Ab-, sondern Aufstieg feststellen, den Aufstieg des Unterklassenkindes Brecht:

»Ich, Eugen, alias Bert Brecht, bin aufgewachsen als Sohn
einfacher Leute. Meine Eltern lebten mit mir
in einem Proletenviertel von Augsburg, strebend,
gesellschaftlich aufzusteigen und mir
eine höhere Schulbildung zu ermöglichen, und als sich
mein Vater schon etwas verbessert hatte
zum Prokuristen der Papierfabrik, durfte ich
auf dem Realgymnasium Latein lernen und Klassiker lesen,
was meine Eltern sehr freute, weil sie selber
das Leben der Besitzlosen aus eigener Erfahrung kannten
und folglich wußten, daß es ziemlich unromantisch ist,
zu den geringeren Leuten zu gehören.
Also hat sich mein Vater zwanzig Jahre lang abgerackert,
um aus dem gröbsten Dreck herauszukommen,
und meine Mutter war stolz auf meine Erfolge.
Ja ich
bin ein typischer Aufsteiger, der einen
bequemen Sessel wohl zu schätzen weiß und
gute Zigarren. Zum Volk

bück ich mich gnädig hinab, froh,
sein Elend nicht teilen zu müssen.«

Wenn hier versucht wird, die Person Brecht auf sehr persönliche
Weise zu beschreiben, dann ist dies verschiedenen Zufällen zu
verdanken. Der Autor dieses Aufsatzes wurde selbst in Augsburg
geboren, und zwar keinen Kilometer von Brechts Geburtshaus
entfernt. Er kennt das Milieu der Jakober-Vorstadt und hat sich ein
Bild davon machen können, lange bevor er von der Existenz des
großen Dichters Brecht erfuhr. Wer im Jahre 1941 in Augsburg zur
Welt kommt, und – gleich Brecht – Kindheit und Jugend an jenem
Ort verbringt, hat keine Chance, schon frühzeitig auf das Werk des
großen Landsmanns zu stoßen: der frühe Ruhm des Dichters der
»Dreigroschenoper« ist so gut wie nicht auf die Heimatstadt über-
geschwappt, und was vielleicht noch an leisen Erinnerungen in
wenigen Köpfen übriggeblieben sein mag, besitzt nach 12 Jahren
Nazidiktatur keine spürbaren Nachwirkungen mehr. Zudem zeigt
die bayerische Kulturpolitik nach dem 2. Weltkrieg keinerlei Neigung, Arbeiten eines kommunistischen Schriftstellers als Pflicht-
lektüre in den Schulen zu behandeln.
Im Deutschunterricht der höheren Schulen Bayerns werden in
den fünfziger Jahren neben einem halben Dutzend älterer Klassiker an modernerer Literatur lediglich zweit- und drittrangige,
konservative Autoren behandelt, die jetzt, in der Phase des Wie-
deraufbaus, politisch in den abendländisch-restaurativen Rahmen passen und mittels archaisierender Schreibweise die schöne
Täuschung hoher Literatur verbreiten helfen: Werner Bergen-
gruen, Hans Carossa, Gertrud von Le Fort, Ina Seidel und Reinhold
Schneider.
Solche Namen findet vor, wer als Schüler desselben Realgymnasiums im Jahr 1955 – an Eichendorff und Lessing orientiert – zu
dichten anfängt, nicht ahnend, wer über 40 Jahre zuvor dieselben
Schulbänke gedrückt hat. Von Brecht jedenfalls ist da in jenem Augenblick keine Rede. Niemand nennt, niemand kennt seinen Namen.

Bertolt Brecht
Oh, ihr Zeiten meiner Jugend!

Oh, ihr Zeiten meiner Jugend! Immer
Matter wird Erinnerung jetzt schon.
Leichte Schatten! Weiß getünchte Zimmer!
Und darinnen rot Orchestrion.

In den apfellichten Teichen karpften
Wir gefräßig leicht in windiger Flut
Und in himbeerfarbenen Hemden harpften
Wir am Abend im Melonenhut.

O Gekreisch der schnarrenden Gitarren!
Ach, du himmlisch aufgeblähter Hals!
Hosen, die von Schmutz und Liebe starren!
Und in schleimig grünen Nächten: welch Gebalz!

Schläfrig lungern zwischen Weidenstrunken!
Unter apfelgrünem Himmel, o Tabak!
Ach, wie Tauben fliegend, die vom Kirsch betrunken –
Trauriger endend als ein Rupfensack.

Zartes Lammfleisch du, in steifem Linnen.
Ach, schon sucht dich wild der gute Hirt!
Ja, noch weidest du, und rot darinnen
Sitzt ein Herz, das bald verfaulen wird.

Plärrerlied

Der Frühling sprang durch den Reifen
Des Himmels auf grünen Plan
Da kam mit Orgeln und Pfeifen
Der Plärrer bunt heran.

Dort hab ich ein Kind gesehen
Das hat ein goldenes Haar
Und ihre Augen stehen
Ihr einfach wunderbar.

Und in der Sonne drehen
Die Karusselle dort –
Und wenn sie stille stehen
Dann dreht mein Kopf sich fort.

Nachts ruhn die Karusselle
Wie Milchglasampeln still
Jede Nacht wird sternenhelle
Nun geh es, wie es will!

Nun bin ich trunken, Mädel!
Und trag zu aller Hohn
Statt meinem alten Schädel
Einen neuen Lampion.

Nun mag der Frühling gehen
Ich seh ihn immerdar:
Ich hab ein Kind gesehen
Die hat ein goldenes Haar.

Wenn ich auf den zauberischen Karussellen

Wenn ich auf den zauberischen Karussellen
Mit den Kindern um die Wette ritt –
Heftig schaukelnd in den wunderhellen
Schönen Abendhimmel selig ritt –
Standen viele Leute um mich her und lachten
Und sie sagten alle ganz wie meine Mutter:
Er ist ein andrer Mensch, er ist ein andrer Mensch
Er ist ein völlig andrer Mensch als wir.

Wenn ich bei den feinen Leuten sitze
Und erzähle, was noch keiner weiß
Schauen sie mich so an, daß ich schwitze
Und man schwitzt nicht in dem feinen Kreis.
Und sie sitzen um mich her und lachen
Und sie sagen alle ganz wie meine Mutter:
Er ist ein andrer Mensch, er ist ein andrer Mensch
Er ist ein völlig andrer Mensch als wir.

Wenn ich einst in Gottes Himmel komme
Und ich komm hinein, laßt euch nur Zeit
Sagen alle, Heilige und Fromme
Der hat uns gefehlt zur Seligkeit!
Und sie schauen mich so an und lachen
Und sie sagen alle ganz wie meine Mutter:
Er ist ein andrer Mensch, er ist ein andrer Mensch
Er ist ein völlig andrer Mensch als wir.

Serenade

Jetzt wachen nur noch Mond und Katz
Die Menschen alle schlafen schon
Da trottet übern Rathausplatz
Bert Brecht mit seinem Lampion.

Wenn schon der junge Mai erwacht
Die Blüten sprossen für und für
Dann taumelt trunken durch die Nacht
Bert Brecht mit seinem Klampfentier.

Und wenn ihr einst in Frieden ruht
Beseligt ganz von Himmelslohn
Dann stolpert durch die Höllenglut
Bert Brecht mit seinem Lampion.

An Bittersweet

So halb im Schlaf in bleicher Dämmerung
An deinem Leib, so manche Nacht, *der* Traum:
Gespenstige Chausseen unter abendbleichen
Sehr kalten Himmeln. Bleiche Winde. Krähen
Die nach der Speise schrein, und nachts kommt Regen.
Mit Wind und Wolken, Jahre über Jahre
Verschwimmt dein Antlitz, Bittersüße, wieder.
Und in dem kalten Wind fühl ich erschauernd
Leicht deinen Leib, so, halb im Schlaf, in Dämmerung
Ein wenig Bitternis noch im Gehirn.

Schwierige Zeiten

Stehend an meinem Schreibpult
Sehe ich durchs Fenster im Garten den Holderstrauch
Und erkenne darin etwas Rotes und etwas Schwarzes
Und erinnere mich plötzlich des Holders
Meiner Kindheit in Augsburg.
Mehrere Minuten erwäge ich
Ganz ernsthaft, ob ich zum Tisch gehn soll
Meine Brille holen, um wieder
Die schwarzen Beeren an den roten Zweiglein zu sehen.

Lied an Herrn M.*

Er barg in Augen sanft und schön
Einen wüsten Fluch.
Ihm hing vom zerfranzten Knopfloch obszön
Eine weiße sanfte Nelke mit einem Leichenruch.

Weit mehr als hohe Stirnen
War ihm ein goldenes Haar;
Doch entjungferte er die Dirnen
Nicht unter fünfzehn Jahr.

Und ging es, so ging er nicht schief:
Er hatte bläuliches Blut.
Er zog vor jedem schönen Baume tief
Seinen (sonderbar schäbigen) Hut.

Trug stets einen feinen grauen
Handschuh verflucht elegant:
Er gab nur Tieren und Frauen
Seine nackte Hand.

*Gemeint ist Hanns Otto Münsterer

Hanns Otto Münsterer
Lechbrücke im Abend

Lechbrücke im Abend. Sonnenuntergang.
Die Haut warm vom Schwimmen, zerfetzt vom Gestrüpp,
schlendern zur Stadt wir. Ein guter Tag war es,
einige Verse brachte er, die bleiben werden. Wind ging
hoch in den Bäumen. Nur an den Blättern,
die sich bewegten, sah man es.

Lang ist's her

Lang, lang ists her.
Und wir waren damals nur Kinder.
Doch die Blüten rochen so dunkel und schwer.
Jetzt ist es Winter.

Aber damals waren die Nächte noch lang
und voll Lampionlicht und Mond und Gesang
und die Herzen so weit und so frühlingsbang.
Lang, lang ists her.
Und die Herzen so voll, wie wurden sie leer.

Weißt du den Zaun in der Wolfszahnau?
Und der Himmel war so azurenblau
und weißt du den Baum noch am Strom,
der war so uhunambuhubaumbraun.
Da war der Himmel ein großer Dom
für alle, die Herren und Fraun.
Und die Sterne waren die Lichter
und die Blumen, die hatten Gesichter.
Und damals waren wir Dichter.
Trotz Krieg und Blut war die Welt uns recht
und mein Freund war Bert Brecht . – – –
Ja, lang, lang ists her.

Stadtgraben im Frühling

Immer, wenn Frühling ist, schaukeln die Kähne nachts
zwischen den Wassern, immer, wenn Frühling ist,
singen die Mädchen, tropft vom Gezweig der Tau
und von der Mauer rieseln die Blüten.

Als du ein Jüngling warst, toll von der Maiennacht,
Weihrauch im Haar noch, trieb es vom Domportal
fort dich zum Graben. Schaukelnd im Dämmerlicht
zitternder Ampeln schwankten die Gondeln.

Damals lehntest du scheu, heiß von dem Sang der Nacht
dort an den Stämmen. Tau fiel und Blütenstaub
über die Hand dir, bis sich in wildem Kuß
seliger Glut die Lippen gefunden.

Jahre sind weggeweht. Jetzt steht dein Sohn vielleicht
bei den Kastanien. Oder dein Enkel schon
steuert den Nachen: Immer noch grünt der Baum,
immer noch klirrt das Lachen der Mädchen.

So ist die Frühlingsnacht. Wenn du auch tausend Jahr
schläfst in den Gräbern, wenn deinen Namen längst
keiner mehr ausspricht: Ewig singt fort das Lied,
lachen die Mädchen, klatscht vom Gezweig der Tau
durch der Geschlechter endlose Kette.

Ernst Niekisch
Augsburg, November '18

Im Herbst 1918 herrschte in Augsburg, wie im ganzen Reiche, eine schwere Grippe-Epidemie. Ich hatte Zeit, mich ausschließlich der Redaktionsarbeit bei der sozialdemokratischen *Schwäbischen Volkszeitung* hinzugeben; von meinen eigentlichen Berufspflichten war ich infolge der Schließung der Schulen entbunden. Schon früh um sechs Uhr pflegte ich in der Redaktion zu sitzen, und mehr und mehr nahm ich die politische Schriftleitung in meine Hand.

Am 8. November, morgens ½ 7 Uhr, betrat ein Unteroffizier des Augsburger 3. Infanterieregiments die Redaktionsstube, in der ich allein saß. Er war ein früherer Angestellter des Metallarbeiterverbandes, namens Bauer. Er sagte mir, tags zuvor habe Eisner in München die Republik ausgerufen und die Macht ergriffen, der König sei geflohen. Die ganze Nacht hindurch säßen schon Soldaten zusammen, um Soldatenräte zu bilden. Er halte es für dringend erforderlich, daß ein Mann der Partei in die Kaserne komme, nicht nur, um zu raten, sondern um die Führung zu ergreifen. Ich versprach ihm, mich sofort mit den Parteifunktionären in Verbindung zu setzen. Unverzüglich rief ich Simon, den Chefredakteur und Parteivorsitzenden der Sozialdemokratischen Partei Augsburgs, an, ebenso Wernthaler, den Vorsitzenden des Metallarbeiterverbandes. Sie zeigten geringe Lust, ihre Hände in die Sache zu stecken, und meinten, man solle nichts übereilen. Gegen acht Uhr war Simon noch immer nicht in der Redaktion. Bauer kam noch einmal von der Kaserne und stellte es als sehr dringlich hin, daß die Partei jemanden abordne. Meiner telefonischen Intervention gelang es nun, einige führende Partei- und Gewerkschaftsleute zu einer Besprechung zusammenzubringen. Dabei setzte es mich in Erstaunen, bei diesen Männern, die im Geruche von »Revolutionären« standen, soviel Vorsicht, Behutsamkeit, ja vielleicht sogar Feigheit zu entdecken. Sie machten Ausflüchte, wollten Direktiven aus München abwarten, keiner wagte es, die Kaserne zu betreten, weil niemand wissen könne, was ihm dort begegne. Ich war noch zu jung, um so viel Zurückhaltung begreifen zu können, und drängte, dem Ruf der Soldaten Folge zu leisten. Die alten Herren zogen sich aus der Schlinge, indem sie, gegen meinen Einspruch, mich, den Jüngsten, dazu bestimmten, die Lage in der Kaserne zu erforschen.

So ging ich denn in die Infanteriekaserne. Der Posten ließ mich sofort durch; ich wurde in einen Speisesaal geführt, in welchem Vertrauensmänner der Soldaten verhandelten. Ich sprach einige Worte allgemein politischen Inhalts, bestimmte sodann die Soldaten, einen provisorischen Soldatenrat zu bilden, und legte ihnen ans Herz, eng mit der sozialdemokratischen Parteileitung in Fühlung zu bleiben. Einer der Soldatenräte war Dr. Eduard Brenner, damals Unteroffizier, später Rektor der Erlanger Universität und Staatssekretär im bayerischen Kultusministerium. Während der Verhandlungen wurde ich aus dem Saal gebeten. Draußen stand ein Major, der mich im Auftrag des Divisionskommandeurs bat, diesem einen Besuch zu machen. Ich war einverstanden und begab mich mit dem Major zum Divisionskommandeur, Freiherrn von Hößlin. Hößlin sagte mir, er wisse, was sich in München ereignet habe; nunmehr komme es darauf an, die Ruhe und Ordnung in Augsburg aufrechtzuerhalten und Exzesse zu verhüten. Er fragte mich, was ich ihm zu diesem Zwecke vorschlüge. Er solle, antwortete ich, sofort einen Standortbefehl erlassen, auf Grund dessen für den Nachmittag die drei Regimenter der Stadt, das Infanterie-, das Kavallerie- und das Artillerie-Regiment, auf dem Hof der Infanteriekaserne anzutreten hätten. Ich wolle dann eine Ansprache an die Soldaten halten. Hößlin ging darauf ein und schrieb noch in meiner Anwesenheit den Standortbefehl nieder. Es war zu erkennen, daß von militärischer Seite kein Widerstand zu erwarten war. Die Regimenter marschierten am Nachmittag auf, ich hielt eine politische Rede, forderte auch das Kavallerie- und das Artillerieregiment auf, Soldatenräte zu wählen und vorerst einzig auf die Befehle dieser Räte zu hören. Der Partei schlug ich vor, für den Abend eine Massenversammlung anzusetzen. Der Parteivorstand trug Bedenken, dies zu tun, und begründete sein Zögern mit der Ausrede, er könne für diese Versammlung keine Propaganda durchführen. Angesichts der bestehenden gespannten Atmosphäre, meinte ich, sei dies gar nicht nötig; man brauche in den großen Betrieben nur Handzettel zu verbreiten und werde einen vollen Saal bekommen. Man ging, wenn auch widerstrebend, auf meinen Vorschlag ein. Die Versammlung war überfüllt. Ich erstattete Bericht über die Vorgänge des Tages und beantragte, aus der Versammlung einen provisorischen Arbeiterrat zu wählen. Es geschah. Die Soldatenräte waren inzwischen ebenfalls gebildet worden. Nach der Versammlung trat der vereinte Arbeiter- und Soldatenrat zu einer konstituierenden Sitzung im Rathaus zusammen. Ich wurde zum Vorsitzenden gewählt.

Anderntags in der Frühe klebten Plakate an den Litfaßsäulen und Mauern, in denen den Bürgern der Umschwung der Verhältnisse mitgeteilt wurde. Die Bevölkerung hatte von den Geschehnissen im großen und ganzen kaum etwas geahnt. Am Morgen des 9. November hatte ich eine Besprechung mit den Führern der bürgerlichen Parteien. Es war deutlich zu merken, wie ungern sie sich in die neuen Tatsachen schickten. Der Führer der Liberalen, Dr. Pius Dirr, Stadtbibliothekar in Augsburg, setzte auseinander, daß die Revolution noch nicht geglückt sei. Noch habe man aus Berlin keine Nachrichten, die Reichsregierung und der Kaiser seien noch immer im Amte. Wenn die revolutionären Vorgänge sich lediglich auf München und Augsburg beschränkten, »würde ich auf dem Sandhaufen enden«. Ich bezweifelte sein politisches Fingerspitzengefühl und erwiderte ihm, unter den obwaltenden Umständen gehöre nicht viel dazu, mit Sicherheit vorauszusehen, daß der Umsturz unaufhaltsam sei. Im übrigen wunderte ich mich nicht über seine Stellungnahme. Ich wisse, er habe während des Krieges in den belgischen Archiven gearbeitet, um auf Grund raffiniert ausgesuchter Akten zu beweisen, daß Belgien den deutschen Einfall in das Land selbst verschuldet habe. Ein Mann, der seine wissenschaftlichen Qualitäten dazu mißbrauche, eine schlechte Sache zu verteidigen, sei keine politische Autorität. Dirr war nicht wenig erregt, er wollte mich überzeugen, daß seine Aktenveröffentlichung der Wahrheit nicht Gewalt angetan habe, sondern sachlich durchaus sauber gewesen sei.

Noch im Laufe des 9. November kam die Nachricht aus Berlin, daß der Kaiser abgedankt und Scheidemann die Republik ausgerufen habe. Damit war, wenn man so sagen darf, der voreilige Augsburger Umsturz »legalisiert«. Tags darauf lud ich sämtliche Offiziere der Garnison in den Goldenen Saal des Rathauses. Ich sprach zu ihnen über die politische Lage, legte ihnen nahe, jede törichte Verschwörerei zu unterlassen und sich unterschriftlich zur Loyalität zu verpflichten. Niemand denke daran, ihnen nahezutreten oder sein Mütchen an ihnen kühlen zu wollen. Sie unterzeichneten alle ohne Ausnahme die Loyalitätserklärung.

Die Zusammenarbeit zwischen Soldatenrat und Offizieren war gut; es kam, soweit ich weiß, zu keinen Konflikten. Auch die meisten Offiziere waren froh, daß der Krieg zu Ende war. Die Tätigkeit des Arbeiter- und Soldatenrats verlief ungestört; der Stadtmagistrat befolgte die Anweisungen, die er erhielt. Es war bemerkenswert, daß es nirgends zu elementaren Ausbrüchen kam. Diese Ereignisse vom November 1918 waren eben nicht eigentlich revolutionärer Natur, sondern lediglich Erscheinungen eines allgemeinen deutschen Zusammenbruchs.

Die Sitzungen des Arbeiter- und Soldatenrats fanden wöchentlich einmal statt. Eines Tages tauchte das Gerücht auf, der Divisionskommandeur, Freiherr von Hößlin, sei in reaktionäre Umtriebe verwickelt. Er wurde vom Arbeiter- und Soldatenrat vorgeladen und erschien in Begleitung seines Sohnes, eines jungen aktiven Offiziers. Hößlin verteidigte sich und versicherte, nichts gegen die neuen Zustände im Schilde zu führen. Man forderte von ihm noch eine eigene schriftliche Wohlverhaltenserklärung. Dieselbe Erklärung sollte auch sein Sohn unterzeichnen. Zuerst wurde der Sohn gefragt, ob er dazu bereit sei. Der Sohn wandte sich an seinen Vater und fragte diesen, was er tue. Der Vater antwortete, er werde keine Unterschrift leisten. Dann leiste auch er keine Unterschrift, entgegnete der Sohn. Die beiden Offiziere wurden nach Hause entlassen, es wurde jedoch Hausarrest über sie verhängt, den ich nach kurzer Zeit aufhob, da ich von der Sache nichts hielt. Die Mehrzahl der Geschäfte, mit denen sich der Arbeiter- und Soldatenrat befaßte, bestand darin, die Lebensmittelversorgung der Stadt organisieren zu helfen und die vielen Sozialunterstützungsbedürftigen zu betreuen. Außerdem überwachte er die gesamte Tätigkeit des Magistrats.

Eines Tages kam der Präsident der Augsburger Börse, Kommerzienrat Schmidt, zu mir; er habe mir etwas sehr Vertrauliches mitzuteilen und bitte um Diskretion. Als ich ihm diese zugesichert hatte, eröffnete er mir, daß sich seit einiger Zeit der Herzog von Braunschweig mit seiner Frau, der Kaisertochter, und seinen Kindern in Augsburg befinde. Er, Schmidt, habe große Sorgen um das Schicksal der herzoglichen Familie. Der Herzog wohne mit seinen Angehörigen im vierten Stock eines Hinterhauses bei einem Frisör unter sehr unwürdigen Verhältnissen. Das schlimmste sei aber, daß die herzogliche Familie keine Lebensmittelkarten besitze, so daß es ihr an Nahrungsmitteln und den Kindern vor allen Dingen an Milch fehle. Ich solle doch etwas unternehmen, um dem Herzogspaar einen legalen Aufenthalt in Augsburg zu ermöglichen. Ich entgegnete ihm, der Herzog habe keine Veranlassung, sich zu verstecken. Er sei in Augsburg doch völlig unbekannt, von den amtlichen Stellen in Braunschweig sei meines Wissens kein Schritt unternommen worden, seiner habhaft zu werden. Schmidt wollte sich mit dieser Auskunft nicht zufriedengeben, er wollte eine unmittelbare Stellungnahme des Arbeiter- und Soldatenrates zu diesem Fall. Ich trug dem Arbeiter- und Soldatenrat die Angelegenheit vor, befürwortete einen Beschluß, dem Herzog die Aufenthaltserlaubnis in Augsburg formell zu erteilen, ihn mit Lebensmittelkarten auszustatten und ihm freizustellen, wo er Unterkunft nehmen wolle. Infolge der Behandlung im Arbeiter- und Soldatenrat war die Angelegenheit des Herzogs zu einer öffentlichen Sache geworden. Es ließ sich nicht umgehen, daß ein Antrag eingebracht wurde, der folgende Forderungen enthielt: der Herzog müsse sich, wie jeder andere Staatsbürger, persönlich anmelden, müsse seine Lebensmittelkarten persönlich abholen, müsse die Versicherung abgeben, sich an keinen reaktionären Umtrieben zu beteiligen, und müsse schließlich sein Ehrenwort geben, daß er sich auch persönlich abmelde, wenn er Augsburg verlasse. Der Wegzug von Augsburg solle ihm jederzeit freigestellt bleiben. Dieser Antrag wurde angenommen mit der Maßgabe, daß ich das herzogliche Ehrenwort entgegenzunehmen hätte.

Ich machte Schmidt entsprechende Mitteilung. Am nächsten Tage kam der Herzog in Begleitung Schmidts, ein großer, gutgewachsener, schöner Mann. Er zitterte am ganzen Körper, im buchstäblichen Sinne des Wortes klapperte er vor Angst mit den Zähnen. Ich beruhigte ihn; niemand wolle ihm oder seiner Familie etwas zuleide tun. Ich händigte ihm die Lebensmittelkarten aus, und nach etlichen bedeutungslosen Worten entfernten sich die beiden Herren.

Etwa drei Wochen später kam der Vorsitzende des Soldatenrates aufgeregt und empört zu mir. Er fragte mich, ob sich der Herzog abgemeldet habe. Er sei mit seiner Familie aus Augsburg verschwunden. Der Soldatenrat habe infolgedessen bei Kommerzienrat Schmidt, zu dem der Herzog übergesiedelt sei, eine Haussuchung vornehmen lassen.

Ich ließ Schmidt kommen und hielt ihm vor, daß ich nicht damit gerechnet hätte, durch den Herzog in Verlegenheit gebracht zu werden. Schmidt entschuldigte sich, die Abreise sei plötzlich geschehen, niemand habe an Abmeldung gedacht. Er bat, die Besetzung seiner Wohnung durch die Soldaten wieder aufzuheben. Der Arbeiter- und Soldatenrat beschloß, die eingehende Post des Herzogs zu beschlagnahmen. Mir wurden einige Briefe vorgelegt, deren Harmlosigkeit allerdings etwas Entwaffnendes hatte. Hofdamen teilten dem Herzog mit, »zerlumpte« Matrosen und Soldaten gingen im Schlosse in Braunschweig aus und ein; sie hätten sogar im Arbeitszimmer des Herzogs leere Bierflaschen stehenlassen. Nach solchen Neuigkeiten trug ich kein Verlangen, und so ordnete ich auch die Aufhebung der Briefsperre wieder an. Nach einiger Zeit erhielt ich ein Handschreiben des Herzogs aus Gmunden. Er dankte mir für das Entgegenkommen, das ich ihm gezeigt habe. Er habe ganz vergessen, daß er sein Ehrenwort gegeben habe, und so sei er abgereist, ohne sich seiner Verpflichtung zu erinnern.

Noch im Spätherbst 1918 trat in München ein Kongreß der Arbeiter-, Bauern- und Soldatenräte zusammen. Die Arbeiter-, Bauern- und Soldatenräte der einzelnen Stadt- und Landbezirke hatten ihre Delegierten dazu entsandt. Die politische Führung des Kongresses riß die kleine USPD an sich, indem sie den Vorteil, den Ministerpräsidenten Eisner in ihren Reihen zu haben, ausnutzte. Das geistige Übergewicht im Ablauf der Verhandlungen lag bei den Anarchisten, bei Landauer und Mühsam vor allen Dingen, die dem Münchener Arbeiterrat angehörten und eng mit der USPD zusammenarbeiteten.

Bald zeigte es sich, daß die Sozialdemokratische Partei vom Rätesystem loskommen wollte. Sie erstrebte allgemeine freie und geheime Wahlen für eine Nationalversammlung. Die sozialdemokratischen Parteiführer wollten keine Revolution; sie wollten nach den langen Jahren ihrer Oppositionsstellung nunmehr ernten, und der Parlamentarismus erschien ihnen als der geeignete Weg, ihren Weizen in die Scheune zu bringen. Sie fühlten, daß sie im Rahmen des Rätesystems eine schlechte Figur machten und den Unabhängigen Sozialisten und den Kommunisten gegenüber ins Hintertreffen kommen mußten. So sabotierten sie die Tätigkeit der Räte nach Kräften.

Auf dem ersten Kongreß wurde ein Zentralrat der Arbeiter-, Bauern- und Soldatenräte Bayerns gewählt. Er sollte die Regierungstätigkeit überwachen, die örtlichen Räte aktivieren und künftige Kongresse vorbereiten. Im Januar 1919 trat der Delegierte Augsburgs im Zentralrat zurück, und ich wurde an seine Stelle gesetzt. Ich verließ den Augsburger Arbeiter- und Soldatenrat und nahm meine Tätigkeit in München auf. Nach kurzer Zeit wurde ich zum Präsidenten des Zentralrats der Arbeiter-, Bauern- und Soldatenräte Bayerns gewählt. (...)

Hanns Otto Münsterer
»Eisner ermordet!...«
Aus dem Tagebuch des Herrn M.

23.2.19 »Eisners Ermordung. Um elf Uhr war es am Königsplatz eingeschlagen. Einige Geier brachten jauchzend das Telegramm. Die Gesichter der Professoren leuchteten in verklärtem Schimmer. Der Konrektor, der seit dem 8. November voll Dreck und Schmutz war, putzte sich zum ersten Mal den Bart wieder und strahlte. Auf der Treppe rannte ich mit Hanseld zusammen. ›Gott seit Dank, daß er hin ist, der Hund.‹ Ich sagte: ›Es scheint mir nicht sehr praktisch.‹ Sonst sagte ich nichts. Sie hätten mich hinausgeschmissen. Ich würgte meinen Ärger hinunter. Der ganze Schulhof schwirrte und gutelte. Der Pedell machte die Pause um dreieinhalb Minuten länger als gewöhnlich. In den Stunden wurde voll Ehrfurcht von den Verdiensten Wittelsbachs und des Grafen Arco gesprochen. Er war ein Held. Als man erfuhr, der Abt von St. Stephan habe gesagt, man solle sich nicht so ausgelassen freuen, ein Mord sei immer etwas Furchtbares, war man empört. Mein Vater sagte: ›Erschießen sei viel zu gut gewesen für den Stinker. Man hätte ihn mit Knüppeln totschlagen sollen.‹ So verlief der Vormittag.

Der Nachmittag war brütend und ruhig. Ich ging in der Stadt herum. Eine jüdische Dame mit einem Kind ging zur Zeitungsverkäuferin und fragte, was das Telegramm koste. ›Fünf Pfennig.‹ ›Soviel ist das schon wert, daß der Sauhund weg ist.‹ Und sie kaufte das Telegramm. Ich habe ihr keine hineingehaut.

Am Spätnachmittag rotteten sich die Arbeiter zusammen. Vor dem Zeitungsgebäude besonders. Ich kam um vier Uhr von St. Stephan. An der Polizei war Massenauflauf. Man soll geschossen haben. Einer sei tot gewesen. Einen anderen zogen die Polizisten ins Haus und schlossen zu. Alles war fieberhaft erregt. Ich stand ganz vorn. ›Einen Kamerad ham sie hineingeschleppt, mir nix dir nix‹, sagte einer. ›Rausgeben! Rausgeben! Wir schlagen mitn Kolben ein!‹ Der Soldat wurde befreit, und es war Ruhe.

Nachts ging der Lärm an. Einer war auf den Herkulesbrunnen gestiegen und hielt eine Rede ans Volk. Das Schrein schwoll an und wälzte sich schwer wie ein Sturm durch die Gassen. ›Der Bürgermeister ist ein Schuft!‹ ›Der Bürgermeister muß weg!‹ ›Bravo! Bravo!‹ ›Weg mit dem Hund!‹ ›Auf zum Bürgermeister!‹ ›Zum Bürgermeister!‹ Neben mir ging ein riesiger Kerl mit einer meterlangen Keule. Der Schmied von Kochel. ›So, wenn er zusperrt, dann hau’ mer auf!‹ ›Sind wir denn stark genug?‹ sagte ich. ›Dahinten kommen mehr!‹ ›Aber niemand hat Waffen!‹ Vor der Wohnung Wolframs ging es los, ohrenbetäubend, schrill. ›Herunter, herunter!‹ Einige blieben am Brunnen und weiter hinten am Rathaus. Man hört schrilles Kliren wie Glas. Schreien und Toben. Ein Auto saust heran.

›Raus muß er! Raus, wir hau’n sonst alles zusammen!«

Die Leute im Auto sprechen zu der Menge und beruhigen sie. Dann gehen sie hinauf. ›Der Bürgermeister ist nicht da.‹ ›Da stürmen wir!‹ heult die Menge. ›Ruhig, Bürger‹, rufen die Männer aus dem Auto. ›Wir haben überall nachgesehen, im Keller, sogar in der Speisekammer und im Bett. Er ist nicht da, wirklich nicht.‹ Die Leute lachten. ›War auch was drin in der Speis’kammer?‹ ›Bürger! Wir können von seiner Frau nicht verlangen, daß sie ihren Mann verrät. Das wollen wir von unsern Frauen auch nicht!‹ ›Bravo! Bravo!‹ ›Also kommt und haltet Ruhe. Er ist nicht da. Entfernt euch jetzt.‹ Das Auto sauste ab. ›Aber abgesetzt ist der Bürgermeister. Abdanken muß er.‹ (. . .)

Alle Redaktionen wurden zertrümmert. Das Kaufhaus Landauer geplündert. Eine Frau zog sich im Schaufenster aus und schlüpfte in das Kleid einer Puppe. Ein Hutmacher- und ein Delikatessenladen wurden demoliert. Die Bücher ließen sie in Ordnung.

Am wildesten ging es beim Bischofspalais zu. Der Kirchenfürst zitterte hinter einer Tapetentür. Die Tür wurde zerschlagen. Am Justizgebäude floß Blut. Mein Freund Bez schleifte einen Toten zum Arzt, auf einem Ofenschirm, denn es gab keine Bahre. ›Wir verbrennen sie alle zusammen!‹ schrie der Mob. Die Polizisten leisteten hartnäckigen Widerstand. Dann zogen sie sich zurück. Auf der Straße rauchten die Aktenstöße. ›Jetzt muß ich auch meinen Bruder holen‹, sagte einer keuchend, ›den hams auch z'sammen'-schossen.‹ Und sie schleiften einen andern Leichnam herbei. Inzwischen war die Chevaulegers angerückt. Wir standen am Königsplatz. Einige mit Büchsen. Die Reiter hielten ruhig hinten gegen die Zeuggasse. ›Schießt sie nieder! Die Brut! Auf!‹ ›Halt! Halt! Bruder!‹ ›Wie viele sind denn hier, die zu uns möchten und die unsre Gesinnung haben?‹ ›Nicht schießen! Bruder, nicht schießen!‹ Die Chevaulegers sausen durch die Gasse. Handgranaten blitzen um unsere Köpfe, Weiber schreien auf, wir flüchten hinter die Trambahnzentrale. Es krachte und prasselte. Handgemenge entspann sich. Man raufte um Gewehre.

›Auf zum Artilleriedepot!‹ ›Waffen! Waffen!‹ Ein schweres Lastauto kam. Wer Waffen hatte, stieg hinauf. ›Langsam fahren, daß wir mitkommen. Hurrah!‹ ›Jetzt stürmen wirs Depot.‹ Die enormen Augen des Lastwagens suchen tastend den Weg ab. Ganz langsam wälzte sich der Zug hinaus. ›Das war ihr dümmster Streich, den Eisner ermorden.‹ ›Er war unser hellster Kopf. Der einzige Mann, der was von Politik verstanden hat, der hat in Bern mehr erreicht als alle mitsammen.‹ ›Ja, der Eisner!‹ ›Zurückbleiben, wer keine Waffen hat!‹ Ich bin immer ganz vorn. Es war fast eine Stund Wegs. Kurz vor dem Depot stieg alles aus und drückte sich in die Straßenrainen. Die Nacht war blau. Man sah die Sterne. Dann drangen wir voran. Vorn krochen wir an den Gattern. Es kam zu einem kleinen Gefecht. ›Es ist ein Maschinengewehr auf uns gerichtet.‹ ›Rein!‹ ›Halt! Obacht!‹ Pause. Wie die Indianer kriechen sie vor. Pause. Dann kommen einige wieder und winken. ›Aber nur wer 20 Jahre ist, kriegt Waffen!‹ Ich mußte heimlaufen, so schnell ich konnte. Gewehr hab ich keins mitgebracht.«

24.2.19 »Es war eine große Demonstration. Am kleinen Exerzierplatz wurden Reden gehalten. Es regnete und wir froren. Aber wir sind mitgegangen. Gerade am Gymnasium vorbei, bis zum Königsplatz. Nachmittags war ich bei Bert Brecht.«

25.2.19 »Jetzt wollen sie mich deswegen dimittieren. Ganz Augsburg ist empört. Heut hat ein Posten einen Schwerhörigen erschossen. Am hellen Tag. Sie haben furchtbare Angst. Es wurden Zettel gegen uns gesammelt. Wir haben die Schule geschändet, weil wir gegen einen Mord protestierten . . .«

26.2.19 »Der Zustand ist trostlos (. . .)

Ich bin nach München gefahren. Ich kam zu Eisners Beisetzung und sah einen Teil des Trauerzugs.«

1.3.19 »(. . .) Ich werde sehr alt. Um ein Jahr meines Lebens bin ich älter geworden. Friß und stirb.«

2.3.19 »Der Rektor hat einen sehr brutalen Brief geschrieben. Die Klasse ist empört. Er wirft mir in gemeiner Weise die exzentrische Neigung für Wedekind und Strindberg, die Jugendverderber, vor. Mein Großvater gibt ihm in allem Recht und wütet. Wahnsinn! Wahnsinn! Es gibt doch eine Seele. Wir müssen kämpfen. Immer! . . . Am Eisnertag haben die Pennäler die roten Fahnen heruntergerissen. Die Realschüler schickten die Fahnen an den Soldatenrat als ›Muster‹. Sechs wurden verhaftet.«

3.3.19 »Wieder im Gymnasium. Ich werde überall angefeindet.«

Paul Zech
Morgenrot leuchtet!

7. Bild

Michel Michael: Turm und Mauern mussten erst zerbersten,
Fluss und Wiesen durch die Trümmerhaufen
sich nach oben drängen und gesehen werden
allerorten als ein unerhörtes Wunder.
Menschen mussten erst zerscherben
und im Niederfallen ihre Schwere fühlen,
ihre Missgeburt verfluchen,
ehe sie begriffen, dass die Sonne,
dass der Jahreszeiten Wechsel,
dass Gebirg und Wassermassen,
grüner Wald und helles Lied der Amsel
allen Menschen hingegeben ist; uns allen –
dass wir brüderlich einander in die Arme
fallen:
du, vom Osten, du, vom Rhein,
du vom Norden und auch du:
Mann aus Bayern, Mann aus Schwaben,
Mann am Amboss, Mann an der Maschine,
Mann am Schreibtisch, Frau am Webstuhl,
auch ihr Bettler vor versperrten Türen,
ihr in Ketten und vom Wahnsinn schon
Zerstörten:
Keiner mehr soll ausgeschlossen werden,
wenn der Friede endlich aufersteht auf Erden.

*Brodelnde Bewegung in der anschwellenden
Chormenge. Posaunenstösse. Anflutendes
Licht.*

Erster Teilchor: Aber wir
blind geschossen!

Zweiter Teilchor: Aber wir
Arm und Bein zerschossen!

Dritter Teilchor: Aber wir
Haus und Hof verloren!

Vierter Teilchor:	Aber wir gleich dem Unrat in den Strassen!
Gesamtchor:	Alle, die wir hier versammelt sind und unser Elend, unsere Not und unsere Aengste auferheben, dass uns Gott erhöre, alle hier versammelt, Katholik und Protestanten, qualzerrissen von der Zwietracht, Hass und Lüge, Mordlust Bruderkrieg und unerbittlicher Vernichtung: wann wird Gottes weisse Taube sich auf uns herniedersenken?
Michel Michael:	Bauern, Bürger und Soldaten, Katholik und Protestanten: alle sollt ihr Brüder, alle sollt ihr wieder Gottes eingeborene Kinder werden, wenn der Friede sich herniedersenkt auf Erden, wenn die Mütter und die Kinder, wenn die Väter und die Söhne, wenn sich die verlaufenen Menschenmassen, Bauern, Bürger und Soldaten, Katholiken, Protestanten wieder sammeln und verbrüdert bei den Händen fassen! Wenn sich alle, die ich hier zu Augsburg zum Bekenntnis aufgerufen habe,

zu dem hohen Heimatschwur
zusammenfinden:
Nie mehr wieder
Krieg auf Erden!

Erster Halb-Chor: Ach, was sind wir lange irrgelaufen,
ratlos hingesunken
vor dem schaurigen Gespenst des Leibes
und vergassen unsre Seele,
und zerstörten Gottes Ebenbild im Donner
der Kanonen.

Frauenchor: Kniet hernieder, Mütter allerlanden,
unsre Tränen sind erhöret worden,
unsre Kinder, qualgeboren,
ruhelos im Kriegsgeschrei der Welt verloren,
klopfen wieder an in unsrem Leibe,
in die neue Zeit hinauszuströmen,
von der neuen Welt Besitz zu nehmen,
Morgenröte!
Fruchtbarkeiten!

Zweiter Halbchor: Lichterglanz der Wahrheit,
Sieg der Klarheit,
R a u m
von keiner Schranke mehr gehalten,
Brudertum
von keinem Hader mehr zerspalten,
W i r :
zum letzten
ewigen Bekenntnis
allerlanden auferstanden!

Michel Michael: Was noch höher
uns und aller Dinge Wesen
aller Kreaturen
Kraft und Einfalt lenkt,
wird uns hell erst ausgeschenkt,
wenn wir mit den ewigen Gestirnen
hell zusammenklingen!
Das Spielfeld erstrahlt in glanzvoller Helle.
Orgelmusik.

Gesamtchor: Neues Leben
Menschheit
und der Welt
und uns
und Allen:
Friede
Freude
Wohlgefallen
Amen
Amen
Amen!

11.
»Die Vaterstadt, wie find ich sie doch . . .«

Bertolt Brecht
Rückkehr

Die Vaterstadt, wie find ich sie doch?
Folgend den Bomberschwärmen
Komm ich nach Haus.
Wo denn liegt sie? Wo die ungeheueren
Gebirge von Rauch stehn.
Das in den Feuern dort
Ist sie.

Die Vaterstadt, wie empfängt sie mich wohl?
Vor mir kommen die Bomber. Tödliche Schwärme
Melden euch meine Rückkehr. Feuersbrünste
Gehen dem Sohn voraus.

Jochen Klepper
Oktobertag in Augsburg

27. Oktober 1942 / Dienstag (Augsburg)
> Der Herr wird mich erlösen von allem Übel und mir
> aushelfen zu seinem himmlischen Reich.
>
> *2. Timotheus 4, 18*

Oktobertag von vollendeter Schönheit, linde, weich und strahlend. So freundliche Bilder der fränkischen Waldlandschaft und ihrer Dörfer und Kirchen auf der Fahrt nach Augsburg, immerhin doch auch einer »peripheren« Bora-Reise. Durch den »Vater« so freudige und freundliche Aufnahme auch dort; ohne unser Zutun waren der Superintendent, Kirchenrat Bogner, und der Pfarrer von St. Ulrich schon auf unsere Ankunft telefonisch vorbereitet und zu unserer Führung durch Augsburg bereit.

Auch hier schöne, schöne Einzelheiten – aber das Ganze spricht nicht mehr zu einem. Großer Verfall der kostbaren Architektur. Viele uns ungewohntere Züge des Barock. Die größten Eindrücke aber in den noch reich gefüllten Antiquitätenläden: edelste, frühe kirchliche Plastik zum Teil in liebevollen und kundigen Händen, wenn auch teuer.

Wir beraten und überlegen, rechnen und wägen ab, was wir etwa verkaufen könnten, um zu erwerben: einen gotischen segnenden Christus und einen gotischen Auferstehungschristus, die uns sehr ergriffen haben. Man möchte gar kein Geld mehr für den Hotelwucher ausgeben! Man möchte sich in seinen Ausgaben auf solche, solche Erwerbungen konzentrieren – das letzte Schöne, Fromme, das erreichbar und doch erschwinglich ist, in sein Haus zu bringen!

Zu den schönsten Eindrücken heut in Augsburg gehörte der Pfarrhausgarten von St. Ulrich und St. Anna mit dem gotischen Pfarrhaus am Kreuzweg. Auch bedeutete es uns durchaus etwas, im Goldenen Saal an dem Tisch zu stehen, an dem die Confessio Augustana übergeben wurde.

Klaus Stiller
Als wir Kinder den Krieg verloren

(. . .) Wir hatten jetzt lange genug gewartet, Tage, Wochen, Monate und Jahre. Weihnachten war längst vorüber, der Winter vorbei, und alle warteten, daß sich mit dem Frühling alles ändern würde. In letzter Zeit gab es so gut wie keinen Alarm mehr, und wir mußten nicht mehr hinab in den Keller.

»Jetzt werden sie bald dasein«, sagten die Leute, »jetzt dauert es nicht mehr lang.«

Hinter dem Haus gab es eine Sickergrube. Die wurde geleert, wenn sie voll war, und der Odel floß dann zwischen den Beeten den Garten hinab und verlor sich irgendwo am Zaun des Nachbargartens. Die Grube mußte geleert werden, mindestens alle Vierteljahre, und jetzt wurde sie noch rascher voll, weil das Haus voll war mit uns und unsren Verwandten.

Die Grube hätte längst wieder geleert werden müssen, denn wenn sie nicht geleert wurde, sickerte der Odel seitwärts bis in den Keller, drang durch Stein und Mörtelwände, fraß sich zäh durch Ritzen und Ösen und überzog den Zementboden mit einer dampfenden, glitschigen, stickigen Schicht.

Die Grube war zum letzten Mal vor Weihnachten geleert worden, und inzwischen hatten wir April. Der Dreck quoll bereits über den Rand der Grube, im Keller stand nun Odel, und das ganze Haus stank bis unters Dach.

Ein Glück, daß die Fliegeralarme aufgehört hatten. Sonst hätten wir noch einmal in den Keller rennen und bis zu den Knöcheln im eigenen Dreck stehn müssen.

Aber die Fliegerangriffe hatten seit längerem aufgehört, vielleicht seit Weihnachten, und es war klar, daß bald alles vorbei sein würde.

Wir hofften, daß sie jetzt endlich kämen, denn es war höchste Zeit.

Der widerliche Gestank hatte vom ganzen Haus Besitz ergriffen, von den Praxis- und Wohnräumen, von den Vorhängen, vom Holz der Türen und Schränke, von Stühlen, Tischen und Betten. Alles stank nach dem eingesickerten Schlamm aus Kot und Urin. Das ganze Haus und wir selber stanken danach. Inzwischen hatten wir uns schon fast daran gewöhnt und dachten nicht mehr dauernd daran. Aber wir hatten Angst, daß es mit dem Frühling schlimmer würde und daß die aufbrechende Wärme die giftigen Dämpfe noch verstärken könnte und einer von uns oder alle erkranken würden an Ruhr oder Typhus.

Die Sickergrube wurde von uns jetzt nicht geleert, weil es gut war, daß sie gerade in diesen Tagen und Wochen voll war und überquoll und der Dreck durch das Erdreich herübersickerte bis in den Keller. Der Gestank war gräßlich und manchmal schier unerträglich geworden. Aber wir hatten uns vorgenommen, bis zum bitteren Ende durchzuhalten.

Nachdem wir so Woche um Woche gewartet hatten, und Tage, und immer noch einen Tag, und sie nur langsam und sehr allmählich näher gerückt waren, fingen wir an zu zweifeln und uns zu fragen, wo sie steckengeblieben sein konnten zwischen Stuttgart und Ulm, oder ob sie versehentlich um uns herum gefahren wären, weiter nach München. Aber dann hieß es, daß sie schon über Ulm hinaus seien, und das beruhigte uns.

Es war jetzt wirklich allerhöchste Zeit. Wir hielten es für das beste, wenn sie ein Stück über die Autobahn vorrücken würden, und dachten, daß sie dann längst Günzburg oder Burgau erreicht haben müßten, denn Kämpfe gab es in der ganzen Gegend keine, und die letzten Flaksoldaten hatten sich aus dem Staub gemacht. Seit Tagen hingen zur Straßen- und Hofseite hin weiße Bettlaken aus den Fenstern. Alle Häuser waren auf diese Weise geschmückt. Die Straßen waren staubig und menschenleer, weil alle möglichst daheim sein wollten.

Doch die, auf die wir warteten, hatten anscheinend überhaupt keine Eile, denn auch dieser Tag verging, und sie waren noch immer nicht da. So verging dieser Tag und der nächste.

Am dritten Tag hieß es, daß sie heute sicher kommen würden. Sie seien bereits in der Gegend von Zusmarshausen.

Wir waren jetzt wirklich sehr aufgeregt, weil sie jeden Moment dasein konnten. Die meiste Zeit standen wir in der Küche im ersten Stock herum, weil man von dort oben aus gut in den Hof hinabsehen konnte, wo sie zuerst erscheinen mußten.

An diesem Tag wurde nicht gekocht. Jeder bekam ein Marmeladebrot. Vormittag und Mittag vergingen, und wir waren sehr gespannt. Aber die Amerikaner zeigten sich nicht. Ein paarmal glaubten wir, im Westen das Knattern von Maschinengewehren zu hören. Aber es schien uns unmöglich, weil doch niemand jetzt noch kämpfen wollte.

Dann dachten wir plötzlich, daß sie sicher erst morgen kommen würden, oder gar übermorgen, aber es war nun eigentlich ganz egal, denn daß sie irgendwann kommen mußten, stand fest.

Gegen zwei Uhr klingelte das Telefon. Jemand aus Aystetten rief aufgeregt an und sagte, bei ihnen seien sie jetzt angekommen: »Sie fahren ganz langsam die Hauptstraße hinunter, Panzer, Panzerwagen, kleine und große Autos. Sie fahren fast im Schrittempo, Richtung Hammel.«

»Ich gehe ihnen entgegen«, sagte mein Vater, »ich will sehen, wie weit sie schon sind.«

Wir waren alle dagegen und hatten Angst, daß sie auf ihn schießen würden, weil er nicht schnell genug davonlaufen könnte. Aber er wollte sie unbedingt als erster sehen und vielleicht begrüßen, als habe er es sich längst vorgenommen.

»Ich bitte dich«, sagte meine Mutter, »nimm wenigstens das Fahrrad. So kannst du immer noch rechtzeitig davonfahren.«

Mein Vater zog seine weiße Strickweste an, ließ sich ein weißes Küchenhandtuch geben, das er mit Sicherheitsnadeln an einer Leichtmetallschiene befestigte, setzte seinen weißen Panamahut auf, holte sein altes »Adler« aus der Garage und fuhr in Richtung Lohwald.

Die ganze Zeit hatten wir auf die Amerikaner gewartet, und jetzt – wo sie fast da waren – warteten wir, daß mein Vater zurückkäme, um uns ihre Ankunft zu verkünden. Aber weder er noch sie kamen, und wir wußten nicht, was passiert war.

Dann glaubten wir, Schüsse zu hören, viel näher diesmal, vermutlich im Lohwald, und meine schlesische Großmutter rief vor Entsetzen laut auf »Jesusmaria!«, und alle wußten wir irgendwie, daß in diesem Moment etwas Fürchterliches passiert war.

Ich ging hinüber ins Kinderzimmer. Vor dem Fenster lagen meine Holzklötze, und ich stellte Personen- und Güterzüge zusammen, die ich in der Wasserrinne des Fensterbretts hin- und herrangierte. Auf den Gleisen der Bahnlinie links drüben überm Balkon waren in letzter Zeit immer weniger Züge gefahren, aber wenn ein Zug vorbeikam, zog die Lokomotive gleich unzählig viele Waggons, gewiß mehr als hundert.

Es war ein bedeckter Apriltag. Kaum Wind. Die Straßen trocken und staubig, schon fast wie im Sommer. Weit und breit kein Mensch. Die Häuser lagen wie ausgestorben in den aufgrünenden Gärten, und die weißen Tücher hingen traurig wie Fahnen der

Angst aus den obersten Fenstern.

Aus der Küche war nichts zu hören. Vielleicht sagte niemand ein Wort. Es war auch sonst ganz still, stiller als in der Nacht, und ich stand am Fenster, spielte und sah hinaus in die tote Natur.

Ich beförderte noch einen letzten Güterzug auf ein gedachtes Abstellgleis, ließ einen Schnellzug vorüberrauschen und schob eine kaputte Lokomotive quietschend auf ein totes Gleis in den Fensterbrettwinkel.

Mir war, als hörte ich jetzt ein Rasseln und Brummen, und als ich aufsah, fuhr ganz ganz langsam die Lohwaldstraße hinunter bis zur Linde am Heuweg, und von dort in Richtung Bahnunterführung abbiegend eine enorme Kolonne aus Panzern, Panzerwagen und Jeeps.

»Sie sind da! Sie sind da!« rief ich und holte die anderen aus der Küche.

Ein riesiger Panzer führte die Kolonne an. Sein Geschützrohr schwenkte erwartungsvoll in die Runde auf die starr dastehenden Häuser. Die Ketten des Panzers wirbelten Straßenstaub auf und nebelten so die nachfolgenden Panzerwagen und Jeeps ein. Momente schien es, als gäbe es nur noch diesen ungeheuren Panzer, der breit und träge auf das Tunell zukroch, um gleich darin zu verschwinden wie eine Vision.

Wir standen am Balkonfenster und sahen über das freie Feld zwischen Garten und Heuweg hinab. Der Riesenpanzer richtete sein Geschützrohr jetzt direkt auf uns, dann geradeaus ins Tunell, in das er nunmehr behutsam einzutauchen begann. Rohr und Schnauze verschwanden vor unseren Blicken, ein hörbarer Ruck – und der ungeheure Koloß saß fest.

Fest eingeklemmt saß der riesige Panzer zwischen Boden und Dach des Tunells, und wir sahen, wie die Staubwolke sank, Panzerwagen und Jeeps stoppten, Soldaten in Kampfausrüstung von den Fahrzeugen sprangen und aufgeregt die Kolonne zu sichern versuchten.

Wir hatten gedacht, der Krieg sei vorüber und wir wären endlich erobert. Doch jetzt stand da plötzlich ein niedriges Tunell den Siegern im Weg und verzögerte alles.

Nach einiger Zeit fand ein Soldat heraus, weshalb die Kolonne aufgehalten wurde. Mit quäkenden Lauten und lebhaften Gesten lief er bis zu dem festsitzenden Panzer vor und dirigierte die nachfolgenden Fahrzeuge die jeweiligen Abstände zurück. Dann rückte der Panzer aus seiner Klemme heraus und blieb vor der Unterführung stehn. Jetzt öffnete sich die Haube des Turms, und wie aus einem unterirdischen Schacht entstiegen zwei oder drei Insassen ihrem protzigen Spielzeug.

Sie machten sich sofort an die Arbeit, schraubten die Einzelteile des Geschützrohrs ab, und dann sank der Turm sanft ins Panzergehäuse hinab, bis zur Haube des Turms.

Es schien, als hätten die Amerikaner auf einmal vergessen, wo sie sich befanden. Außer ihnen selbst war kein Mensch auf der Straße. Die Häuser standen wie Grabsteine in der Gegend, und wer nichts weiter dachte, hätte leicht annehmen können, allein zu sein auf der Welt. Die Soldaten saßen jetzt wartend auf ihren Jeeps, als gäbe es nichts um sie her, als wären Gartenzäune, Hecken, Bäume und Häuser Attrappen, Kulissen, Verpackungen, Traumbilder einer jenseitigen Gegenwelt, als wäre ein jeder für sich ungesehen vorhanden, als wäre, was immer hier lebte, längst ausgerottet, bevor man höchstselber und persönlich an Ort und Stelle erschien.

Die Insassen des verkleinerten Panzers schlüpften wieder ins Fahrzeuginnere. Der Motor heulte auf, und dann stieß der Panzer rasch ins Tunell.

Wir standen reglos und stumm am Fenster. Wir hatten die Szene in allen Einzelheiten erlebt und sahen nun eine nicht endende Kolonne aus Jeeps, Lastautos, Panzerwagen und Panzern vorüberziehn. Ich wußte nicht, ob die Farbe der Fahrzeuge und Uniformen ein Grün war. Alles war so auffallend unsichtbar grün, daß ich es nicht wußte. Ich sah den weißen Stern auf den Panzern und das rote Kreuz im weißen Kreis auf den Planen einiger Lastautos. Wir sprachen nichts und hatten eine seltsame Ahnung. Im selben Moment kam aber mein Vater von seiner Erkundungsfahrt zurück. Er machte einen ziemlich niedergeschlagenen Eindruck und sagte kein Wort. Seinen eleganten weißen Panamahut hatte er abgenommen und hielt ihn in der Hand. Der Hut war jetzt nicht mehr so weiß wie zuvor und nicht mehr so elegant. Wir fragten, was los war, und er zeigte fast vorwurfsvoll seinen Hut.

»Da, seht euch das an!«

Wir sahen, daß der Hut jede Fasson verloren hatte, zerbeult und braun war, als wäre er auf einen Misthaufen gefallen.

»Ach Gott! Der schöne Hut!« sagte meine Mutter, und meine schlesische Großmutter sagte: »Du hattest ihn noch bei Friedmann gekauft, in Breslau.«

Den ganzen Krieg über hatte mein Vater seinen weißen Hut bestens in Ordnung gehalten. Nur an Fronleichnam und Pfingsten oder an sommerlichen Sonntagen hatte er ihn der großen schwarzen Hutschachtel entnommen und aufgesetzt. Beim letzten Umzug hatte er persönlich die schwarze Hutschachtel getragen, damit dieser Hut nicht verlorenginge im allgemeinen großen Durcheinander. Sogar als im Nachbargarten eine Bombe niedergegangen war und auch bei uns durch den Luftdruck das Dach abgedeckt wurde, die Fensterscheiben zersplitterten und wir im Notburgaheim evakuiert waren, bis der Schaden behoben wurde, brachte er seine schwarze Schachtel in Sicherheit, als wäre der weiße Hut darin Schirm und Schutz für uns alle.

Sonst war mein Vater eigentlich nicht abergläubisch, und jetzt hatte er sich gefreut, daß er seinen weißen Hut so gut über den Krieg herübergerettet hatte.

Aber der heutige Tag war ein besonderer Tag, und so hatte er seinen Panamahut aufgesetzt, um den Amerikanern entgegenzuradeln. Er war ihnen entgegengeradelt, weder aus Ehrgeiz noch aus Unterwürfigkeit. Er hatte bloß schauen wollen, wie weit die Sieger schon wären, um der ängstlich wartenden Familie ihre baldige Ankunft frisch zu verkünden. Auch hatte er beweisen wollen, daß er allein den Mut besaß, waffenlos einer fetten Armee entgegenzuschreiten, und keinen Feind fürchtete, wenn er mit seinem weißen Hut daherkäme in friedlicher Absicht.

So war er an den Haselnußsträuchern der Einfahrt vorbei in die Lessingstraße und von da rechts in die Lohwaldstraße eingebogen, hatte die vermutete Richtung eingeschlagen, den Lohwald erreicht, die beiden letzten Häuser der Ortschaft hinter sich gelassen und befand sich nun – links Wald, rechts frisch gepflügte Äcker – mutterseelenallein auf dem einzigen Weg nach Lohwald, wollte vor den Gleisen der Weldener Bahn, wo die Straße ein winziges Waldeck abteilte, links abbiegen, als er Schüsse hörte, ganz nah aus dem Wald, als schösse da jemand aus Übermut und zum Spaß.

Er hielt an, stieg vom Rad und blieb am Straßenrand stehn. In diesem Moment hörte er Metall- und Motorengeräusche, und ehe er noch seine in den Gepäckständer geklemmte Behelfsfahne ergreifen konnte, war in der Waldschneise ein riesengroßer Panzer aufgetaucht, so breit wie die Straße, und dieser Panzer wälzte sich auf ihn zu, drehte kurz vor ihm ab, die Lohwaldstraße hinauf.

Erst jetzt zog mein Vater die Metallschiene mit dem weißen Tuch vom Gepäckständer und winkte den vorüberrollenden Kolonnenfahrzeugen aus einer alles umhüllenden Staubwolke zu, doch schien es, als hätten die Amerikaner seine Anwesenheit noch nicht bemerkt.

So stand er also am Straßenrand, hielt sein Fähnlein weiß in den Wind und wollte das Kolonnenende abwarten, um dann seelenruhig hinter den Siegern nach Haus zu fahren, als er hörte, wie ihm ein Soldat auf einem Jeep etwas zurief. Es klang wie *Uoh juju uahn.*

Er überlegte, was das heißen könnte, und winkte unterdessen mit seinem weißen Fähnlein der Kolonne zu, aber der Soldat drohte wild mit der Faust, rief *Gah demm!,* griff in eine Tasche seines Kampfanzugs, zog etwas heraus und warf es ohne Zögern gegen den Kopf meines Vaters.

Mein Vater duckte sich unwillkürlich und spürte, noch bevor er die ganze Gefährlichkeit des Wurfgeschosses einschätzen konnte, wie sein Hut wie von einem schweren Stein voll getroffen vom Kopf gerissen wurde und in den frisch gepflügten Acker sauste. Da ließ mein Vater vor Schreck sein Fahrrad fallen und sprang mit einem großen Satz hinter dem Hut her, der jetzt wie eine lädierte Briefmarke an einer Bodenscholle klebte. Er wollte sich bücken, um den Hut aufzuheben. Da hörte er, wie die Soldaten über ihn lachten, und spürte im selben Moment, wie ein wahrer Hagelschauer ähnlicher Wurfgeschosse auf ihn herniederprasselte.

Der Hut lag zerbeult am Boden, braun wie die Erde des Ackers. Und als sich mein Vater bückte, um ihn aufzuheben, sah er das größte der Wurfgeschosse daneben liegen. Er sah es schwer in der Ackerfurche stecken, und es war eine große, schöne, rohe Kartoffel.

Die große, schöne, rohe Kartoffel lag auf der guten Ackererde, und im Umkreis lagen etwas kleinere, schöne, rohe Kartoffeln, und mein Vater empfand in diesem Augenblick Verachtung für diese Art Sieger.

Er verachtete sie, weil sie auf diese Weise seinen Hut kaputtgemacht hatten, und er verachtete sie noch mehr, weil sie keine Achtung besaßen vor den guten Kartoffeln.

Sein Hut schien ihm wertlos geworden, aber die Kartoffeln konnte man brauchen. So stand mein Vater im Acker: den bombardierten Hut und das weiße Fähnlein in Händen. So stand er da und wartete, daß die Kolonne an ihm vorüberzöge, aber die Kolonne war lang und zog langsam vorbei, und die Soldaten nahmen von ihm nun sowenig Notiz wie von einer Vogelscheuche.

Da bückte er sich nach den Kartoffeln, trug sie zu einem kleinen Haufen zusammen, breitete das weiße Tuch auf die Erde und legte die Kartoffeln hinein. Dann band er das Tuch an den Ecken zusammen, klemmte das Bündel in den Gepäckträger des Fahrrads, stülpte den Hut über die Lampe und fuhr ungestört neben der Kolonne her.

Als sie ins Stocken geriet und schließlich stoppte, fuhr mein Vater ruhig die Lohwaldstraße weiter. Unterwegs überholte er die Kartoffelschützen. Sie pfiffen und grölten vor Freude. Mein Vater setzte seinen Weg unbeirrt fort, bog in die Lessingstraße ein und erzählte uns daheim sein Erlebnis. Wir freuten uns sehr über die mitgebrachten Kartoffeln.

Die Kolonne fuhr jetzt ohne weitere Schwierigkeiten durchs Bahntunell in Richtung Kobel. Es kamen noch viele Panzer nach, aber keiner war so groß wie der Leitpanzer, und so gab es keine Stockungen mehr.

Wir warteten noch immer, daß die Amerikaner endlich die Seitenstraßen besetzen würden, aber vielleicht wollten sie erst den Kobel erobern, bevor sie sich in die Häuser wagten.

Wir hatten die Kellertür einen Spalt aufgelassen, und es stank ganz widerlich durchs Treppenhaus herauf. Wir wünschten alle, daß dieser Gestank allmählich aufhören würde. Es stank noch gräßlicher als sonst, denn bis jetzt hatten wir wenigstens ab und zu Türen und Fenster aufgerissen, um zu lüften. Seit ein paar Stunden aber blieben Türen und Fenster geschlossen, und wir befanden uns nun voll im eignen Gestank.

Wir waren alle im Balkonzimmer versammelt und beobachteten, wie die Kolonne die Lohwaldstraße herabfuhr, bei Kraft und Küng vorbei bis zur Linde, um da links abzubiegen in Richtung Tunell.

In diesem Moment aber hatten wir etwas gehört und rannten in die Küche. Wir schauten hinaus und sahen im Hof einen Jeep, von dem zwei Amerikaner heruntersprangen, die gestikulierten und aufgeregt miteinander sprachen.

Sie deuteten aufs Haus und zum Fenster herauf, wo wir standen. Sie hatten unsre Gesichter entdeckt, und wir wichen ängstlich zurück, um nicht gesehen zu werden.

Die beiden Soldaten gingen auf die Haustür zu. Mein Vater und seine jüngere Schwester Hilla liefen die Treppe hinunter, und wir hörten die Soldaten mit ihren Stiefeln gegen die Haustür schlagen. Die Tür war aber nicht zugeriegelt, und als die Amerikaner an der Tür rüttelten, sprang sie von selber auf.

Mein Vater konnte nur ein paar Brocken Englisch und hatte seine Schwester mitgenommen, die es auf der Schule gelernt hatte. Aber sie kamen nicht zum Sprechen.

Als nämlich der erste Soldat in den Flur trat, entfuhr ihm ein lautes, schreckliches Grunzen. Er hielt sich die Hand vors Gesicht und sagte etwas zu seinem Kameraden. Der blieb daraufhin draußen. Unbeeindruckt von der Abscheu des Amerikaners sagte mein Vater: »Komm in! – Komm in, Ai äm a Doktor!«, und er führte ihn an der Kellertür vorbei zum Sprechzimmer, wo sich der allgemeine Gestank des Hauses den speziellen Gerüchen der Praxis beimischte.

Im Sprechzimmer roch es jetzt noch fürchterlicher als sonst. Die Dünste von Äther, Benzin, Jod und Desinfektionsmitteln vermengten sich magisch mit den aufgestiegenen Dämpfen aus Odel und Kot zu einer Atmosphäre aus Ehrfurcht und Angst vor Vergiftung.

Der Amerikaner sagte kein einziges Wort. Er war groß und blond und blaß. Sein Gesicht war jetzt so blaß und weiß wie Papier. Er hielt sich noch immer die Hand vor Nase und Mund. Er blickte zur Sprechzimmertür und sah die Einrichtung des Raums, und mein Vater sagte wieder und wieder »Ai äm a Doktor! Ai äm a Doktor!«, und wie zum Beweis öffnete er die Tür des Instrumentenschranks und nahm eine Pinzette heraus.

Der Amerikaner sagte nichts. Er blickte fast hilfesuchend auf Hilla, dann sah er hinauf zur Lampe, verdrehte die Augen, nahm die Hand vom Gesicht und kotzte mitten ins Zimmer.

Mein Vater und Hilla sprangen ihm bei. Er aber nahm nichts mehr wahr. Er sackte ohnmächtig in die Knie. Sie hoben ihn hoch und schleppten ihn auf die Pritsche.

Jetzt öffneten sie das Fenster. Hilla hielt ihm ein Fläschchen Kölnisch Wasser unter die Nase. Als er wenig später wieder zu sich kam, sah er in Hillas Augen, und Hilla traf seinen Blick, und er tat ihr so leid.

»Thank you!« sagte der Amerikaner, »thank you very much!«

Sie begleiteten ihn bis vors Haus. Im Hinausgehn fragte der Amerikaner Hilla nach ihrem Namen, und als er ihn erfahren hatte, sagte er: »My name ist Jacky!«

»End mai nehm is Joseph«, sagte mein Vater, »end Ai äm a Doktor.«
Im Hof stand noch immer der Jeep, und am Steuer saß der andere Amerikaner und kaute. Scheggi sagte etwas zu ihm, und der andere Amerikaner holte ein großes weißes Pappschild mit schwarzen Großbuchstaben vom Rücksitz. Scheggi nahm es, lief zum Haus zurück, zog aus seinen tiefen Uniformtaschen ein paar Nägel und ein winziges Hämmerchen und befestigte das Pappschild an unserer Haustür.

Er sagte jetzt nichts weiter. Wir standen oben am Küchenfenster und sahen, wie er zum Jeep zurückging. Mein Vater und Hilla waren mit in den Hof gekommen.

Scheggi machte es sich auf dem Beifahrersitz bequem und setzte seinen rechten Fuß auf die Seitenkante der Karosserie. Dann zündete er sich eine Zigarette an. Der Motor des Jeeps war die ganze Zeit über weitergelaufen, und der Fahrer wendete das Auto jetzt mit heftigen Ruckbewegungen. Beim Wegfahren machte Scheggi eine leichte Geste mit der Hand und ließ dabei seine Zigarette lässig auf den Kies fallen.

Mein Vater und Hilla winkten dem Jeep nach. Als er aus der Toreinfahrt in die Lessingstraße eingebogen war, hob mein Vater die Kippe auf und schnelzte mit dem Daumen die Glut ab. Die Kippe war ungewöhnlich lang, länger als eine normale Zigarette, und ich sah, wie sie sich über das Beutestück freuten.

Wir hatten jetzt vielleicht fünf Uhr Nachmittag. Die Sonne stand noch hoch über dem Horizont im Westen. Da meinte meine Mutter, wir könnten eigentlich schon mal mit dem Leeren der Sickergrube beginnen.

Als es dunkel wurde, hatten wir schon mehrere Meter geschafft. Wir hatten alle Fenster und Türen geöffnet. Nur die Kellertür machten wir zu.

Ich hatte das Gefühl, daß es jetzt vom Garten hereinstank ins Haus. (...)

Bertolt Brecht
Epistel an die Augsburger

Und als dann kam der Monat Mai
War ein tausendjähriges Reich vorbei.

Und herunter kamen die Hindenburggass'
Jungens aus Missouri mit Bazookas und Kameras

Und fragten nach der Richtung und kleinerer Beute
Und einem Deutschen, der den zweiten Weltkrieg
      bereute.

Der Irreführer lag unter der Reichskanzlei
Niederstirnige Leichen mit Bärtchen gab es zwei, drei.

In Straßengräben faulten Feldmarschälle.
Schlächter bat Schlächter, daß er's Urteil fälle.

Die Wicken blühten. Die Hähne schwiegen betroffen.
Die Türen waren geschlossen. Die Dächer standen
      offen.

Erhart Kästner
Die Heimkehr

Wenn wir nur erst gewußt hätten, wie es wirklich aussah daheim!
Aber wir waren noch ein Jahr nach dem Ende des Krieges ohne
Post, in Afrika, mitten in der grauweißen Wüste, und als dann endlich die ersten Nachrichten kamen, waren es nur die kleinen, rot-
bedruckten Formulare des Roten Kreuzes, auf die nur fünfundzwanzig abgezählte Wörter geschrieben werden durften; daraus
war natürlich kein Bild zu gewinnen. Dann, in den ersten Briefen,
gab es andere Sorgen.
So lag mir vor allem eine Briefzeile im Sinn, die nach der Un-
glücksnacht vom Februar 1944 neben vielen schrecklichen Einzelheiten über die Heimatstadt das Urteil sprach: »Augsburgs In-
nenstadt ist verloren und wird nie wieder zum Leben erweckt
werden können.« Das war nicht mit dem Willen zur Übertreibung
gesagt. Es war damals die herrschende Meinung.
Nun also kam ich, zweieinhalb Jahre nach dem Ende des Krieges,
wieder nach Hause. Fünf Jahre hatte ich die Heimat, sieben Jahre
die Vaterstadt nicht mehr gesehen. Ich kannte überhaupt noch
keine zerstörte Stadt. Im Jahre 1942, als ich zum letztenmal in
Deutschland gewesen war, war in Berlin noch kaum irgend etwas
zerstört; München, Dresden, Wien und der ganze kostbare Schatz
der kleineren Städte war noch völlig erhalten, und von den damals angegriffenen Städten des Westens hatte ich nichts zu sehen
bekommen.
Es ist sehr merkwürdig, ein wie hinfälliges Mittel die Einbildungskraft ist. Wohl hatten wir viele Abbildungen aus dem zerstörten
Deutschland in illustrierten Zeitschriften gesehen; amerikanische
und englische Blätter, die uns erreichten, gaben sich Mühe, der
neugierigen Welt eine Vorstellung zu geben, wie es in dem ver-
fluchten, sphinxhaften Lande nun aussehen mußte. Es waren meistens Aufnahmen aus der Luft, und man konnte mit diesen Bildern gar nichts anfangen. Danach war völlig rätselhaft, wieso in
Berlin noch immer drei Millionen Menschen leben sollten – wo
nur, um Himmels willen, da doch die Doppelseiten dieser Luftbil-
der nichts zeigten als zehntausend wimmelnde, winzige Häuser-
ruinen? Und beinahe noch unzulänglicher war es mit den Zei-
tungsberichten. Sie waren meist von ausländischen Berichterstat-
tern für ausländische Blätter verfaßt und gaben Einzelheiten, aber

kein Bild. Es erwies sich: die es selber erlebt hatten, denen waren die Zungen gelähmt. Die es aber nicht miterlebt hatten, deren Worte waren zu anders und schwach, um das Unglück zu schildern. Es ist nicht auszudenken, welche Weltmacht die Phantasielosigkeit ist. Sie ist eine der unabsehbar unheilstiftenden Mächte im schrecklichen Ablauf der Menschheitsgeschichte.

So fuhr ich denn also in einer Märznacht nach Augsburg, nach Haus. Ich hatte so gut wie noch nichts von Deutschland wiedergesehen. Nachts hatten wir in Cuxhaven den Boden des unglücklichen Vaterlandes betreten, nachts waren wir durch Hamburg gefahren. Weder Hannover noch Kassel hatten wir zu Gesicht bekommen. Der Blick über Würzburg vom fahrenden Zug und vom Bahnhof aus war der erste Anblick einer deutschen Stadt nach diesem Krieg. Es war furchtbar. So hatten wir uns die deutschen Städte in unseren schlimmsten Angstträumen gedacht. Und so war es also.

Das lag nun alles schon ein paar Tage zurück. Das neue Leben begann für jeden von uns, als wir, zum erstenmal seit wie unausdenkbar endloser Zeit, nicht auf befohlenen, sondern eigenen, freigewählten Wegen gingen. Für mich hieß das, von Dachau über München nach Augsburg zu fahren.

Es war tief in der Nacht, als der Zug in Augsburg einfuhr. Der Bahnhof war zu meiner Überraschung leidlich im Stande. Der Mann an der Sperre, dem ich statt einer Fahrkarte meine Freiheitspapiere vorwies, nickte, klopfte mit dem Griff seiner Zange aufs Holz, sah mich an und sagte: »So, nachher simmer also drhoim.« Es war der Gruß meiner Vaterstadt. Immerhin, er fiel mir ins Herz.

Die nächsten Minuten konnten alles mögliche bringen; den Anblick eines verwüsteten Viertels, eine trostlose Anhäufung von Trümmern, jedenfalls den ersten Anblick der Stadt. Ich trat auf den Platz vor dem Bahnhof hinaus. Viele Male hatte ich diesen Platz bedachtsam wiedergesehen, viele Male war ich hierhin, in langen Abständen nach vieljährigen Pausen, wiedergekommen. Und immer hatte er ein anderes Aussehen gehabt. Wenn ich von den größeren Städten zurückkam, schien er lächerlich klein geworden und war fühlbar entzaubert, wenn ich aus dem Auslande kam, strahlte er Heimat und Geborgenheit aus und schien mir zu sagen: Heimat ist's doch. Diesmal war es das demütigste Mal. Ich war bereit, für alles auf den Knien zu danken, was sich noch einigermaßen aufrechterhielt und sich Mühe gab, den Zeiten zu trotzen.

Nun also, immerhin: der Platz war noch da. Er lag in der märzlich kühlen, nebligen, pflastertrockenen Nacht und war vom bläulich elektrischen Licht der Bogenlampen erhellt. Das also gab es schon wieder in Deutschland: erleuchtete Plätze. Meine letzte Erinnerung war stockfinsteres Dunkel. Es waren nur wenige Menschen zu sehen. Oder doch: da saßen sie ja auf den Bänken, Schlafende, und da, auf den Asphalten des Bahnhofsvorplatzes saßen und lagen sie schlafend, ein Bild des maßlos überfüllten Landes, des Landes der Obdachlosen, die voll Unrast von Ort zu Ort zogen. Der Bahnhof, dessen Stadtseite ich rückblickend sah, war offenbar heil. Nur das Postgebäude drüben war verschwunden. Ich ging hin und sah es mir an. Ich hatte keinerlei Eile. Hatte es sieben Jahre Zeit gehabt, so hatte es wohl auch noch eine Stunde.

So ging ich die Straße nach dem Stadtinnern entlang, an dem langgestreckten Getreidespeicher vorbei, der die Schranne heißt. Dann aber vermied ich den geradlinigen Weg, der durch die neuere und breite Hallstraße führt, und wählte den anderen, durch die engen, altstädtischen Gassen am Katharinenkloster vorbei. Nun freilich reihten sich Trümmer an Trümmer. Das also waren sie, von denen wir so viel gehört und gelesen hatten und die wir uns im ganzen nicht hatten vorstellen können. Ja natürlich, so war es, so mußten sie aussehen, wieso eigentlich hatte man sich vergeblich um diese Vorstellung gemüht? Da war eben ein Schuttberg und nebendran eine ausgebrannte Ruine und dann wieder ein gerettetes Haus. Es war nicht so schlimm wie die schlimmsten Befürchtungen und nicht so gnädig, wie man es insgeheim hoffte. Es war eben, wie das Eintreffende meistens ist: so halben Weges zwischen drin. Alles war dunkel, menschenöde und leer. Nur mein eigener hallender Schritt. Durch riesige Häuserwände, Fassaden, hinter denen einst Handwerkerstolz, Kaufmannsreichtum und Lebenssicherheit war, war nun nichts mehr. Da schien nur der sich wiegende Mond.

Es verbot sich gründlich, solchen Anblicken, Mond und ziehenden Wolken über Ruinen, ein Schönheitsmoment abzugewinnen. Ruinen findet nur schön, wer gut wohnt, in einem warmen, sicheren wohleingerichteten Haus.

Merkwürdig oft hatte es in Briefen von daher und dorther geheißen: »An die Trümmer, an die Ruinen gewöhnt man sich.« Das war trostreich gemeint, aber es hatte mich eher erschreckt. Was mußte aus den Menschen geworden sein, wenn sie sich an den Anblick

417

des Schönen in Trümmern gewöhnten? Ich war entschlossen, mich nicht daran zu gewöhnen. War es nicht eine List der Unmenschlichkeit, daß sich die Menschen an sie gewöhnten? Im Krieg gewöhnten sie sich ja sogar an den Mord.

Ich hatte nun die Gasse erreicht, die auf die berühmte Hauptstraße der mittelalterlichen Stadt, die Maximilianstraße, hinausführt, und kam da an dem Hause vorbei, in dem einst der Buchdrucker des Kaisers Maximilian, der Meister des prächtigen Theuerdank, wohnte. Das alte Haus stand noch. Aber dann kamen Trümmer. Im Halbdunkel erkannte ich, daß offenbar ein ganzer Häuserblock fehlte, so daß man ohne weiteres zu dem berühmten Gasthof »Drei Mohren« durchsah, der schon an der Maximilianstraße lag. Aber auch der schien verbrannt zu sein, ich sah ein unübersichtliches Gewirr von hochragenden Mauern, zusammengesunkenen Eisenträgern und Schutt. Die andere Seite der Gasse aber war erhalten; ich ging an der großartig langen Seitenfront des barocken Palastes entlang, den sich einst der Bankier Liebert erbaute und der jetzt nach der Familie Schäzler benannt wird, eines Bürgerhauses von unerhörter innerer Pracht. Er schien erhalten zu sein, und das war mir wie ein Geschenk, dessen bereichernden Zuwachs man spürt.

Nie, niemals zuvor hatte ich das Römische so stark an Augsburg empfunden wie bei diesem nächtlichen Gang. Es war dasselbe Hallen in den Gassen, dasselbe milde Überdauern des Steins, dieselbe Wärme der Wände, über deren Pracht viel Vergangenheit floß. Wie in Rom waren selbst noch die Trümmer erhaben.

Aber ich wußte nicht: welchen Anblick würden mir die nächsten Minuten, die nächsten Schritte gewähren, wenn ich jetzt auf die fürstliche Breite der Maximilianstraße, Augsburgs Inbegriff, trat? Waren die alten Häuser, die geschwungenen Giebel, die hohen Dächer dahin und an ihrer Stelle nur Trümmer? Und droben, das Münster St. Ulrich, von dessen Höhe die Straße der Kaiser herabfloß, würde ich es in den nächsten Augenblicken im Mondlicht erblicken? In der anderen Richtung des Straßenzuges: die grüngekuppelten Türme des Rathauses von Elias Holl, das wußte ich, würde ich nicht mehr sehen, denn die Nachricht, daß dieses großartige Bauwerk der Renaissance verbrannt war, war durch die ausländischen Blätter gegangen. Und was war mit dem schlanken Stadtturm, dem Perlach, dem ersten Angruß Italiens nördlich der Alpen? In irgendeinem Briefe las man, er werde demnächst gesprengt. Und die grünen Spitzen des Doms? Zwei Schritte, und ich würde es wissen. So trat ich denn in Gottes Namen hinaus. So ist es manchmal in Träumen. Wie man in diesen bei aller Klarsicht in irgendeinem tiefen Grund weiß, daß man nur träumt, so war jetzt eine Art Mißtrauen in mir: ob es echt war, was ich da sah? Sankt Ulrich zu Häupten: noch da. Die alte, ehrwürdige Straße, sie war immerhin da, dies Heimatbild. Sie hatte es überdauert, standgehalten dem Sturm, und ihre Kraft triumphierte über die Wunden, die hier und dort waren.

Der alte Herkulesbrunnen stand vor mir in der Straßenmitte, wie immer im Winter in ein Brettergehäuse verschalt. Also waren die schönen Bronzefiguren wahrscheinlich gerettet und warteten irgendwo, bis man sie wieder aufstellen konnte. Zwischen dem Brunnen und Sankt Ulrich lag unser Haus. Ich tastete mich mit den Augen die Straßenseite entlang, bis ich es hatte. Links und rechts alle Nachbarschaft, lauter vierhundert Jahre alte Häuser, schienen noch heil. In den dunklen Fenstern mit den nach außen gebuckelten Scheiben spiegelte sich der Mond.

Freilich, wie ich nun genauer hinsah, waren es manchmal da und dort nur noch Fassaden, und an einzelnen Stellen war gar nichts mehr, nur eine Lücke und Schutt. Aber es war wie in Rom: teilweises Versinken, Zerstörung war überspielt von einer innewohnenden Kraft, die stärker war und von der man hoffen konnte, daß sie das Fehlende überwuchs. Wahrscheinlich waren an anderen unglücklichen Orten die Wunden zu stark und hatten die Lebenskraft selber getroffen. Hier aber war es offenbar gnädig gewesen. Immer noch ließ ich mir Zeit. In der Mitte der stillwartenden Straße setzte ich mich auf meinen Koffer aus Holz. Hier begann mein Zuhausesein. Nie war ich so sehr zu Hause in dieser Stadt wie in diesem Moment. Ich war wie beschenkt.

Im Lauf der nächsten Tage sah ich genauer, was verloren war und was vermocht hatte, sich durchzuretten. Es waren freilich gewaltige Schäden, gewaltig nicht nur der Menge und der Zahl der Wohnhäuser nach, auch viel kostbare und berühmte Bauwerke. Die Barfüßerkirche war eingestürzt, nur das hohe gotische Chor war noch stehengeblieben und ragte nun wie der phantastische Kiel eines Schiffs, das gestrandet und umgestürzt ist, über das Trümmermeer der unteren Stadt zur oberen hinauf. St. Moritz in der Mitte der Stadt war ausgebrannt und auch die schöne gotische, barock ausgeschmückte Kirche vom Heiligen Kreuz. Berühmte

Zunfthäuser und Bürgerhäuser, gefüllt mit Handwerksgut, mit schönen Treppenaufgängen und Türen, waren dahin, unersetzbar verlorene Würde der Stadt. Und so vieles, vieles. Ein ganzes altes Viertel, nicht im inneren, oberen Teile der Stadt, sondern die Vorstadt St. Jakob, die drunten liegt, wo die Kanäle vom Lech her fließen, lag so in Trümmern, wie wir das uns in der Ferne als allgemeines Bild schaudernd ausgemalt hatten: so daß man die Straßenzüge nicht mehr erkannte, durch die man einst so oft gegangen war.

Lang war also die Liste des Verlorenen. Aber, gottlob, auch die Liste des Erhaltenen war lang. Oftmals, wenn ich durch die Straßen der alten Stadt ging und nicht wußte, was die nächste Biegung, die nächste sich öffnende Lücke mir darbieten werde, hatte ich Grund, aufzuatmen und zu sagen: Gott sei Dank, dies war verschont. Und es waren die bedeutendsten Dinge, die noch da waren. Augsburg hatte Glück im Unglück gehabt, während so viele andere Städte auch noch besonderes Unglück im allgemeinen Unglück gehabt hatten und gerade ihr Schönstes und Kostbarstes verloren; oft stand dann daneben das Bedeutungslose oder Häßliche unversehrt da. In Augsburg war immerhin das Schönste, das, was nicht nur Besitz des Vaterlandes, sondern des Abendlandes ist, das, woran jeder denkt, wenn er den Namen Augsburg ausspricht: das war und ist glücklich erhalten. Wenn ich meiner Freude darüber Ausdruck gab, stieß ich seltsamerweise fast immer auf ein Befremden: man hatte sich an den Besitz des Erhaltenen schon wieder völlig gewöhnt, nahm es für selbstverständlich und richtete den Blick allein aufs Verlorene. Mir, der ich aus solcher Ferne und Öde kam, war alles von neuem geschenkt.

Mit Bangen ging ich die Maximilianstraße hinab zum Rathaus Elias Holls. Was würde ich sehen? War es zusammengestürzt? War nichts mehr übrig davon als nur ein Schutthaufen, wie von der Frauenkirche in Dresden, von der man mir ein Bild gesandt hatte, das mich bis in die Träume verfolgte? Oder war es nur ausgebrannt? Und was hieß das wiederum? Ließ sich das Stehengebliebene retten?

Ich kam und ich sah: die Fassade, deren Bild jedermann kennt und im Herzen trägt: sie bestand. Sie erhob sich immerhin noch, im alten Stolz, wenn auch geschändet. Bis zur Giebelbekrönung, bis zu dem Pinienapfel, der als Wahrzeichen da oben steht, hatte der Stein sich gehalten. Die grüne Kupferbedachung der beiden

Türme war natürlich verbrannt, und die aus den Fenstern schlagenden Flammen hatten der Haut des Gebäudes eine seltsame, rostig-terrakottene Farbe gegeben. Dies und die Leere der Fensterhöhlen gaben dem Bauwerk das Tragische eines geöffneten, klagenden Mundes. Aber von seiner Größe hatte das Unglück dem Bauwerk nichts genommen.

Freilich, der berühmte Goldene Saal, das kostbare Denkmal der alten Augsburger Pracht, war dahin: wo er gewesen war, sah man durch die leeren Fenster ins Blaue des Himmels hinauf. Aber wie ich das große Bauwerk umging, sah ich, daß auch die rückwärtige Ansicht nach dem zwei Stockwerke tiefer liegenden Platz, die noch überraschender und fast noch großartiger als die vordere ist, unversehrt war. Und als ich ins Innere blickte, sah ich, daß die kreuzgewölbte Erdgeschoßhalle den Zusammenbruch der Herrlichkeit über ihr tapfer ertragen hatte und stand.

So vermischte sich Schmerz und Erleichterung, Verlieren und Finden. Ich hatte Schlimmeres gefürchtet und Besseres erhofft. Im ganzen aber war das Gültige, Wesentliche des Bauwerks erhalten geblieben. Und was mich darüber hinaus erleichterte und beglückte: es waren Gerüste zu sehen. Man begann das mächtige Dach wieder über das große Gehäuse zu legen. Man war also nicht untätig erstarrt. Es waren also Heilkräfte am Werk, die Wunden zu schließen. Das war eigentlich das Beste von allem.

Und so war St. Ulrich heil und der Dom, das herrliche Zeughaus mit dem großen bronzenen Michael, die Stadtmetzg, das alte Gymnasium St. Anna und alle alten Tore und Brunnen. Hundert Meter bis vor den Dom ging eine Zerstörungswelle, der die größten Häuser zum Opfer fielen; der Dom selber aber mit all seinen Schätzen blieb heil. Ja, es gab Stellen, an denen hatte ganz ohne Zweifel bei allem Unglück das Stadtbild gewonnen. Das großartige Westchor von St. Ulrich mit der schönen gotischen Jahreszahl hatte fast niemand vorher gekannt; jetzt war in der engen Gasse eine Baulücke entstanden, in die fast bestürzend steil die Münsterwand trat. Der Dom war aus der Stadtmitte heraus jetzt auf einmal von den verschiedensten Stellen zu sehen, auf einmal war sein Name, »der Hohe Dom«, mit neuem Inhalt erfüllt. Aus seiner eigentlichen Zugangsstraße heraus hatte man ihn bisher fast gar nicht erblickt, nicht etwa, weil sie zu eng war, aber sie war im vorigen Jahrhundert der Maßlosigkeit mit besonders häßlichen, vielstöckig hohen Stadthäusern bebaut. Jetzt war eine Chance, auf den Hohen Dom mit bescheideneren Häusern, die er überragen würde wie einst, vorzubereiten.

Es wäre unsinnig, die Verluste der Stadt verkleinern zu wollen, die herrliche Stadt ist gewaltig geschwächt, der alte Bürgerbesitz, der seit langem nur noch um seine notdürftige Erhaltung kämpft, ist um ein weiteres Mal verringert. Aber leben heißt nun einmal verlieren, und lang leben heißt vieles verlieren. Die Gefahr zu verzweifeln ist größer als die Gefahr, durch Beraubung unglücklich zu werden. Man hat nie lebendig besessen, was man nicht zu verlieren vermag. Denn das Lebendige verläßt uns, wir müssen es wissen. Man kann nicht damit rechnen, daß Gebautes ewig besteht, aber man muß damit rechnen, daß es, solang es besteht und den Anspruch erhebt, lebendig besessen zu werden, von dem Geist erfüllt ist, der es erzeugt hat, so daß er es auch wieder zu erzeugen vermag. In dem Moment, wo man in alten Bauten nichts als die alten Denkmäler sieht, sind sie, auch wenn sie noch aufrecht stehen, schon zur Hälfte verloren. Man sehe in ihnen die einstige Modernität, das große Denken, das einstige Wagen, das Neue! Man sehe Wagemut, Bewußtsein eigener Würde und Heimatliebe vereint mit Weltbürgertum, mit dem Blick über die engen Mauern hinaus! Hieraus entsprang das Bedürfnis, sich große Bauten als Denkmäler zu setzen. Wäre der Geist wirklich entflohen, so würde es freilich nichts nützen, um die alten Denkmäler zu trauern oder sich um ihre Rettung zu mühen. Dann aber wäre mit dem eigenen Stolz die eigene Zukunft verloren.

Später, als ich mehrere deutsche Städte in Trümmern wiedersah, machte ich eine seltsame Erfahrung, die ich mir nie hätte einfallen lassen: die Trümmer jeder einzelnen Stadt sagten anderes aus. Die Trümmer Berlins waren häßlich, wie es die Stadt vor der Zerstörung auch war, aber sie hatten den Charakter der Millionenstadt am wenigstens zu verändern vermocht. Berlin war faszinierend und lebendig wie je. München hingegen schien es viel schwerer getroffen zu haben, nicht in der Menge, aber in der Substanz. Die breiten, phäakischen Straßen mit den Gebäuden, die so sehr auf ihr Ansehen bedacht waren: den halben Zerfall ertrugen sie nicht. Nürnberg, viel zusammengedrängter und schon deshalb viel stärker als München zerstört, hatte sich gleichwohl in all seiner Verwüstung viel von seiner Größe bewahrt. Das Verspielte war fort. Noch anders war es mit Dresden. Die ganz aus lieblicher Schönheit, aus Grazie geborene Stadt war am furchtbarsten von allen zerstört. Aber selbst durch die Trostlosigkeit dieser Trümmer drang noch die frühere Lieblichkeit durch. Ziegelmauern ragten rosa empor, barocke Bauteile schwangen sich klagend dahin. Die Stadt war wie ihr eigenes Grab. Aber es war überblüht.

Im Vergleich zu all diesen Städten war Augsburg viel weniger unglücklich daran. Sein Vorrat an alten kraftvollen Bauten war groß und vieles, Wesentliches erhalten. War etwas zu einem Teile zerstört, so hatte es meistens in seiner Ausdruckskraft wenig gelitten; dieses Uralte hatte schon viele Male der Zerstörung, dem Untergang ins Auge gesehen. War nicht ohnehin alles mit Vergangenheit und Geschichte beladen? War nicht der Dom das achte oder neunte Bauwerk über immer derselben Stelle? Immer hatte man über Untergängen gebaut, hier war das nichts Neues. Und sah man nicht überall schon Gerüste, war nicht der regsame schwäbische Geist noch am Werk? Immer war vom Alten noch genug da, sich das Maß des alten, tapferen, großzügigen Geistes der Stadt, wenn man wollte, von neuem zu nehmen.

Klaus Stiller
Wie die Westheimer den Winter vergaßen

Nach jenem denkwürdigen Gespräch, das Mister List in der Sakristei der Kobelkirche mit den vier Herren geführt hatte, die sich untereinander für Hitler-Gegner und für Männer des Widerstands aus christlichem Geist hielten, nach jener für beide Seiten unbefriedigenden Unterhaltung wurde der Amerikaner nur noch ein paarmal kurz in Westheim gesehen. Es hieß, er habe nunmehr viel drüben in Stadtbergen zu tun.

Häufig soll er beobachtet worden sein, wie er dort eine beschlagnahmte Villa aufsuchte, und es kam das Gerücht auf, er treffe sich da mit einem ehemaligen hohen Gestapotier. Es gab sogar einige Leute, die behaupteten, sie wüßten, mit wem Mister List in Stadtbergen zusammentreffe, nämlich mit dem »Schlächter von Lyon«. Zwar hatte kein Westheimer den Unbekannten je von Angesicht zu Angesicht gesehen, doch wurde viel darüber spekuliert, wieso Mister List so oft ausgerechnet mit einem echten Nazi zusammenkam. Die einen sagten, der »Schlächter von Lyon« sei in der beschlagnahmten Villa eingesperrt und würde pausenlos verhört, und wenn die Amerikaner aus ihm alle Geheimnisse herausgepreßt hätten, würden sie ihn nach Landsberg bringen und dort an einem bereits vorbereiteten Galgen aufhängen. Die anderen meinten, es sei überhaupt nicht die Absicht der Amis, einen solchen Mann unschädlich zu machen, vielmehr beabsichtigten sie, ihn einer Gehirnwäsche zu unterziehen, um ihn anschließend für Amerika arbeiten zu lassen.

In mir hatte der Ausdruck »Schlächter von Lyon« sofort die seltsamsten Phantasien hervorgerufen. Ich kannte Lyon nur in Zusammenhang mit der »Lyoner Wurst« und dachte zunächst, daß es sich bei dem Unbekannten tatsächlich um einen Metzger handelte, dessen Verbrechen allerdings darin bestand, daß er aus echtem Menschenfleisch Würste hergestellt habe. Als ich diese Vermutung von meinen Eltern bestätigt haben wollte, erschraken sie, wurden böse und sagten, es sei eine schlimme Sünde, so etwas überhaupt zu denken, und eine noch schlimmere, es einem Menschen anzudichten, selbst wenn es sich später als wahr herausstellen würde.

Als ich wieder einmal Doktor Bengelein auf der Straße begegnete und er mich zur Rede stellte, da ich zufälligerweise einen Kaugummi im Mund hatte, fragte ich, um ihn abzulenken, ob er wisse, wer dieser »Schlächter von Lyon« in Wirklichkeit sei und ob es stimme, daß dieser aus Menschenfleisch Wurst mache.

»Wer hat dir denn so etwas erzählt?« fragte Doktor Bengelein.

»Ich hab's im Dorf gehört«, sagte ich.

»Und wo soll sich dieser ›Schlächter von Lyon‹ deiner Meinung nach befinden?«

»In Stadtbergen drüben! Jedenfalls behaupten das die Leute.«

»Und was geht *uns* das an?«

»Ich dachte nur, weil Sie diesen Mister List kennen!«

»Einen Mister List kenne ich wohl, aber mir ist schleierhaft, was er mit der Horrorgeschichte zu tun hätte, die dich anscheinend so durcheinanderbringt.«

»Nicht ich hab' mir diese Geschichte ausgedacht«, erwiderte ich, »sondern sie wird von allen möglichen Leuten auf der Straße frei herumerzählt. Warum soll sie nicht wahr sein?«

»Du bist ein rechter Naseweis«, antwortete Doktor Bengelein. »Sei lieber froh, daß du noch klein bist und dich um derlei nicht kümmern mußt.«

»Aber wenn es wahr ist, geht es auch uns Kinder etwas an«, sagte ich.

»Ja, wenn!« rief Doktor Bengelein und schob mit seinem Spazierstock einen Stein aus dem Weg. »Warten wir's ab! Die Wahrheit hat Zeit, und wenn es sein muß: eine Ewigkeit lang.«

Vielleicht hatte ich mir diese grausame Geschichte wirklich nur eingebildet, aber der Gedanke, sie könnte am Ende stimmen, quälte und verfolgte mich. Allerdings konnte ich mir kaum vorstellen, daß Mister List, der so genau zu wissen schien, was richtig oder falsch, gut und schlecht war, sich heimlich mit einem Menschenschlächter traf, um ihn in Amerikas Dienste zu stellen. Was sollten die guten Amerikaner überhaupt mit einem solchen Unmenschen anfangen? Schließlich hatten sie Fleisch und Wurst in Hülle und Fülle und waren gewiß auch keine Menschenfresser. Also zügelte ich meine Phantasie und verdrängte den schrecklichen Alp.

Wahrscheinlich wäre die ganze Geschichte meinem Gedächtnis für immer entfallen, wenn sich Mister List nicht eines Tages auf eine recht seltsame Weise bei uns gemeldet hätte. Er schickte einen in der Stadt abgestempelten Brief an meinen Vater, worin er schrieb, daß es ihm aufgrund besonderer Umstände leider verwehrt sei, nochmals nach Westheim zu kommen, daß er sich jedoch lebhaft an die Unterredung in der Sakristei der Kobelkirche erinnere.

Nach langem Nachdenken habe sich in seinem Kopf der Verdacht festgefressen, der so ausführlich geschilderte Fall des unfreiwillig mit der Nazipartei in Berührung gekommenen Arztes könnte möglicherweise etwas mit seiner Person, der Person meines Vaters, zu tun haben. Er möge ihm deshalb verzeihen, wenn er so direkt und ehrlich frage, ob er selbst die beschriebene Figur gewesen sei. Natürlich müsse mein Vater ihm darauf keine Antwort geben, aber da er von ihm einen so außerordentlich günstigen Eindruck gewonnen habe, dränge es ihn geradezu, in diesem Punkt die ganze Wahrheit zu erfahren, wenngleich sich in seinem Inneren etwas gegen die Vorstellung sträube, sein Verdacht würde von meinem Vater bestätigt. Noch wisse er nicht, wie er eine solche Nachricht verkraften werde, doch wolle er ihm versichern, daß er ihn auch weiterhin für einen korrekten Mann und guten Deutschen halte, ganz gleich, wie die Antwort ausfallen werde.

Mein Vater schrieb an Mister List einen kurzen Brief, dessen Inhalt ich nicht kenne. In den folgenden Monaten entwickelte sich zwischen den beiden eine Korrespondenz. Die Briefe meines Vaters waren meist äußerst knapp. Mister List hingegen sandte in der Regel mehrseitige Schreiben, in denen er seine in Bayern gemachten Erfahrungen zu Papier gebracht hatte. Er schrieb, in diesem seltsamen Land sei ihm alles so fremd, als befinde er sich in China. Da er jedoch wisse, daß mein Vater selber kein Bayer sei, wende er sich vertrauensvoll an ihn, um von ihm, den es schon vor dem Krieg in diese Gegend verschlagen habe, etwas über das unerklärliche Wesen dieses seltsamen Volksstammes zu erfahren.

Mein Vater antwortete, daß er die eigentlichen Bayern kaum kenne. Hier habe er hauptsächlich mit Schwaben zu tun. Diese seien im allgemeinen klug und gescheit, aber etwas hinterfotzig, maulfaul und geizig. Wer Bayern beurteile, müsse wissen, daß die eigentlichen Bayern in diesem Land in der Minderheit seien. Die Mehrheit bestehe aus Franken und Schwaben.

Solche Unterschiede schienen Mister List jedoch nicht zu interessieren. Er kam in seinen Briefen immer wieder auf »diese Bayern« zu sprechen und beklagte sich, daß seine amerikanischen Landsleute anscheinend keinerlei Abwehrkräfte gegen die bajuwarische Lebensweise besäßen, immer von neuem auf diese urgemütlichen Leute hereinfielen und sich in kürzester Zeit einlullen ließen. (. . .)

(. . .) In einem seiner letzten (durch glückliche Umstände nicht verlorengegangenen) Briefe schrieb Mister List:

»Gegenüber der Besatzungsmacht zeigen die Bayern ihr verwurzeltes Bajuwarentum und wollen nicht zugeben, daß auch sie durchaus verpreußt sind. Es gibt keine wesentlichen Unterschiede zwischen einem bayrischen und einem preußischen Unteroffizier.

Es ist unter der Würde des eingewurzelten Bayern, mit den ›Amis‹ (wie man uns hier abfällig tituliert) enge Beziehungen zu unterhalten. Weil die Deutschen keine Freunde in Europa haben und weil die übrige Welt alles Deutsche verabscheut, müßten sich die Deutschen – so sagen die Bayern – aus eigener Kraft und ohne Hilfe von außen helfen und dürften dabei auf die großen Bewegungen in der Weltpolitik keine Rücksicht nehmen, frei nach dem Motto: ›Wir sind ein friedliebendes Volk, und damit basta!‹

Fritz Schäffer sagte mir vor kurzem: ›Sie sprechen von bayrischen politischen Parteien. Was für ein Unsinn! Es gibt in Bayern heute nur zwei politische Parteien: die einen sind für und die anderen gegen die Amerikaner.‹

Die Amerikaner beabsichtigten, den Bayern fremde und korrumpierende demokratische Institutionen aufzupfropfen. Die Amerikaner, sagt man, seien bei ihrer Entnazifizierung auf gefährliche Weise kurzsichtig, denn diese Politik habe aus dem öffentlichen Dienst alle guten bayrischen Kräfte und aus der Wirtschaft alle Experten und erfahrenen Manager ausgeschaltet.

Mit Ausnahme bestimmter Kräfte im öffentlichen Dienst haben die meisten Bayern nicht den Mut, zu offener Sabotage überzugehen. Aber innerhalb und außerhalb des öffentlichen Dienstes sagt eine wachsende Zahl von Bayern: ›Je schneller sich die Lage verschlechtert, um so besser. Je weniger heute erreicht wird, um so offensichtlicher wird es, daß die Amerikaner nichts erreichen können.‹ Tatsächlich gehen bayerische Beamte, gestützt auf solche Elemente in der Bevölkerung, zur Obstruktion, zu Verzögerungen und zur Schaffung von Schwierigkeiten bei der Ausführung von Landesmaßnahmen über.

Die Vorwürfe gegen die amerikanische Militärregierung gipfeln in dem Punkt: Sie ist schuld an der Demoralisierung der jungen deutschen Frauen, weil sie Beziehungen zwischen Soldaten und deutschen Mädchen erlaubt.

Sogar Leute, die noch im Mai 1945 zwar passiv, aber gegen die Nazis waren, vertreten nun derartige Ansichten.

Ich glaube, daß diese Mentalität unter den Bayern für die Zwecke der Militärregierung viel gefährlicher ist als die Machenschaften einzelner Nazis. Gewiß, die Bayern verurteilen alles, was offensichtlich mit den Nazi-Verbrechern zusammenhängt. Keiner übt ernsthaft Sabotage gegen die Besatzungsmacht. Die Naziführer haben allen Kredit verloren. Aber diese öffentliche Meinung muß, gerade weil sie gemäßigt ist und oft einleuchtende Gründe vorbringt, ernst genommen werden, wenn wir den Deutschen mehr beibringen wollen als die äußeren Formen demokratischer Institutionen. Dieser Geist gefährdet die künftige deutsche Demokratie und untergräbt den moralischen Kredit der Besatzungsmacht.

Manche Leute neigen dazu, das Problem Bayern mit der Bemerkung abzutun, daß man sich mit den Gegebenheiten abfinden müsse. Aber die wirkliche Schwierigkeit liegt woanders. Die Deutschen sind erziehbar, nach dem Franzosen Jacques Rivière, der ein äußerst tiefschürfendes Buch über den deutschen Charakter geschrieben hat, sogar unendlich erziehbar. Aber die Wahrheit ist, daß es der Militärregierung bislang nicht gelungen ist, die volle

Unterstützung der bayrischen Intellektuellen zu gewinnen. Sie verharren in Schweigen und stehen abseits.

Die bayrischen Intellektuellen sind bedrückt, unterernährt und schwach. Sie sind bisher nicht wirklich angesprochen worden. Ihr geistiger Hunger ist so groß wie ihr leiblicher. Es ist aber unmöglich, unter den Deutschen eine neue demokratische Welt ohne Gedanken, Tatsachen und Wissen aufzubauen. Ohne diese können sie weder die Nürnberger Prozesse verstehen noch den militaristischen Geist ihrer Landsleute bekämpfen.

Kürzlich sagte mir ein bayrischer Intellektueller: ›Wehe der Welt, in Schuld verstrickt, wie sie ist, wenn sie Deutschland richtet, denn sie wird später Buße tun müssen.‹ Ein Theologe meinte, daß die ganze Welt, insbesondere ihr angelsächsischer Teil, mit Schuld bedeckt sei. Deshalb trügen die Kirchen, nicht nur in Deutschland, eine gemeinsame Verantwortung.

Sicher, Hitler wird gehaßt und verurteilt, aber Angriffskriege werden als Machtpolitik abgetan, und angeblich ist die ganze moderne Welt von Machtpolitik beherrscht.

Die Leute hier wissen nichts über die Entwicklung der modernen Welt außerhalb Deutschlands. Deshalb kann eine demokratische Besatzungsmacht wie die unsere keinen anderen Standpunkt einnehmen, als daß allein Wissen die Deutschen freimacht.«

Solche und ähnliche Gedanken äußerte Mister List immer wieder in seinen Briefen. Meine Mutter war darüber sehr wütend. Sie griff plötzlich wieder das alte Gerücht auf, der Amerikaner treffe in Stadtbergen regelmäßig mit einem »Schlächter von Lyon« zusammen. Folglich wäre es unter der Würde meines Vaters, mit einer so zwielichtigen Figur wie diesem amerikanischen Besatzungsoffizier auch nur noch ein einziges Wort zu wechseln. Dies verbiete einem nicht nur der Anstand, sondern auch das letzte Fünkchen Ehre, das auch wir Deutsche gerade angesichts derartiger Methoden bewahren müßten. Schließlich dürften wir nicht zulassen, daß die Sieger nunmehr einerseits versuchten, alle Deutschen mehr oder minder zu nazifizieren, andrerseits aber mit Schwerstverbrechern kollaborierten.

Diese Meinung gefiel meinem Vater. Er legte den Brief des Amerikaners beiseite, ließ Politik Politik sein und ging weiter seiner Arbeit nach.

Zu jener Zeit – es war ein milder Sonntag im Mai – machte Familie Schweitzer einen Spaziergang von Pfersee hinauf auf den Kobel.

Wie immer kamen die Schweitzers bei solchen Gelegenheiten auch zu uns in die Lessingstraße, und weil mein Vater irgendwo ein Pfund Bohnenkaffee aufgetrieben hatte, lud meine Mutter alle zum Kaffeetrinken ein.

Nachdem zunächst über Alltäglichkeiten wie Schwarzmarkt und Hamsterfahrten geredet worden war, brachte Herr Schweitzer das Gespräch auf die Amerikaner. Es sei eine Schande, meinte er, daß sie uns Deutsche drei Jahre nach Kriegsende noch immer hungern ließen, während sie selber durch die Gegend liefen wie feiste Speckmaden.

Mein Vater versuchte, das Verhalten der Amerikaner zu erklären. Der deutsche Name sei durch die Verbrechen in den Konzentrationslagern für immer besudelt, und wir müßten uns einfach damit abfinden, daß die Sieger nunmehr das ganze deutsche Volk für Hitler haftbar machten, frei nach der Devise: »Mitgefangen, mitgehangen!«

Doch Herr Schweitzer ließ diese Erklärung nicht gelten. »Wenn es nur so wäre!« rief er zornig. »Die Amis lassen die Unschuldigen büßen und machen bereits mit alten Nazis krumme Geschäfte!«

Zum Beweis erzählte er die Geschichte seines Schwagers aus Stadtbergen. Dessen Haus in der Mozartstraße sei kürzlich von den Amerikanern beschlagnahmt worden. Es habe geheißen, es würde für eine amerikanische Offiziersfamilie benötigt. Statt dessen sei jedoch ein ehemaliger Gestapomann samt Anhang einquartiert worden. Daran könne jeder ablesen, wie ernst es den Amerikanern mit der Entnazifizierung in Wirklichkeit sei.

»Vielleicht halten sie den Gestapomann dort nur gefangen«, erwiderte meine Mutter, »vielleicht steht er unter Sonderbewachung.«

»Im Gegenteil!« rief Herr Schweitzer erregt. »Der Kerl läuft frei herum, und man erzählt, er habe sogar ein eigenes Büro in der Stadt.«

»Und dein Schwager?«

»Dies ist ja der eigentliche Skandal! Mein Schwager, der sich bekanntlich zwölf Jahre lang standhaft geweigert hat, in die Partei einzutreten, muß jetzt mitsamt Familie in einem einzigen Raum hausen, auf einem Bauernhof hinter Biburg.«

Wir schwiegen.

Dann sagte meine Mutter: »Seien wir froh, daß nunmehr auch die Amerikaner weiteres Unrecht tun und neue Schuld auf sich laden. So wird unser deutsches Volk wenigstens ein klein wenig entlastet.«

Erich Kästner

(Januar 1946, Neue Zeitung.) Die Begegnung mit moderner, insbe-
sondere abstrakter Kunst zeitigte zweierlei: frenetisches Interesse
und erstaunliche Intoleranz. So bot sich gerade die Malerei als »To-
leranzthema« an. Von der Flut der Zuschriften an die Blätter macht
man sich kaum eine Vorstellung. Die Menschen froren, hungerten,
hatten keine Tinte und kein Briefpapier. Trotzdem bekam damals
z.B. die Neue Zeitung wöchentlich etwa zweitausend »Stimmen aus
dem Leserkreis«, oft lange Abhandlungen, nahezu immer mit der
genauen Adresse des Absenders. Das Bedürfnis, die eigne Meinung
namentlich zu vertreten, war ungewöhnlich. Auch bei den heikle-
ren Themen als diesem. Meine Absicht, die Zuschriften anläßlich
der »Augsburger Diagnose« in einem zweiten Artikel auszuwerten,
scheiterte schließlich an der Materialfülle.

Die Augsburger Diagnose

Die vor der sprichwörtlichen Tür stehenden und frierend von einem Bein aufs andre tretenden Gemeindewahlen werden, was
wenige wissen, nicht die ersten Wahlen im neuen Deutschland
sein. Es hat schon eine Abstimmung stattgefunden. Als Wahllokal
diente das Palais Schäzler in Augsburg, und es dient noch heute
demselben Zweck. Das Wahlkomitee gewährte mir dankenswer-
terweise Einblick in die vorläufigen Resultate. Eben bin ich mit der
Erforschung eines mittelhohen Stimmzettelgebirges zu Rande gekommen. Und nun denke ich, nicht ohne Stirnrunzeln, über die
Wahlergebnisse nach . . .
Also, die Sache war und ist die: Man veranstaltet in den Räumen
des Palais eine Kunstausstellung. Man zeigt Bilder süddeutscher
Maler der Gegenwart. Naturgemäß Bilder verschiedener »Richtungen«. Und man fügt dem als Eintrittskarte geltenden Katalog einen
»Stimmzettel« mit drei Fragen bei. Erste Frage: »Welches halten Sie
für das beste Bild?« Zweite Frage: »Welches Bild besäßen Sie am
liebsten?« Dritte Frage: »Haben Sie Wünsche für eine spätere Ausstellung?« Ein Hinweis, daß es an der Kasse Bleistifte gibt, eine Zeile für die Unterschrift, eine Zeile für die Angabe des Berufs und die
freundliche Bemerkung »Besten Dank!« runden das Schriftbild ab.
Eine angemessene Zahl Besucher hat die ernst gemeinten Stimm-

zettel angemessen behandelt. Die wenigst »modernen« Bilder werden erwartungsgemäß bevorzugt. Und bei der dritten Frage wird häufig der verständliche Wunsch laut, man wolle künftig auch Plastiken und Graphik, Aquarelle und Keramik sehen. Ein »Wähler« sehnt sich sogar nach modernen französischen Bildern. Er steht allein und einzig da.

Natürlich haben sich auch hartgesottene »Spaßvögel« zum Wort gedrängt. So wünscht sich einer für die nächste Ausstellung »besseres Wetter« und ein anderer, verschämt in Einheitsstenographie, »nackte Weiber«.

Unter denen, die an verschiedenen Malern und Bildern Kritik üben, sind erfreulicherweise viele, welche Maß halten. So stellt eine Frau fest: Diese und jene Bilder »entsprechen nicht meinem Kunstgeschmack«. Eine Klavierlehrerin wünscht die nächste Ausstellung »nicht ganz so modern«. Ein anderer sehnt sich »nach guten, real ausgearbeiteten Bildern«, womit er unmißverständlich realistische Darstellungen verlangt. Wieder ein anderer meint dasselbe, wenn er »natürliche Bilder, keine Phantasie« fordert. Und eine Frau konstatiert betrübt: »Größtenteils habe ich keine Freude an der Ausstellung gehabt.«

Diese und ähnliche mit liebenswürdiger Ehrlichkeit vorgetragenen Urteile richten sich weniger gegen ausgefallene, groteske, phantastische Sujets, solange sie »verständlich« gemalt sind, als vielmehr gegen stilistisch schwer begreifliche Bilder. Den unanfechtbaren Rekord des Angefochtenwerdens hält Ernst Geitlinger mit seinen in einem Kabinett vereinigten Arbeiten. Dieser kleine Raum V bringt auch die stärksten Gemüter unter den unerfahrenen Besuchern ins Wanken. Es handelt sich, sehr kurz gesagt, um sieben die Perspektive verleugnende, auch in der Zeichnung künstlich naive, an Paul Klee erinnernde Bilder von hohem farblichem Reiz. Die subtile, verspielte Farbheiterkeit hat sogar Geitlingers Rahmen ergriffen. Er hat auch sie bemalt.

Diesem Raum hat die gute Laune eines sehr großen Teils der »Wähler« nicht standgehalten. Es ist unerläßlich, einige der Urteile aufzuzählen. Diese Bilder »sind unmöglich und verhöhnen die deutsche Kunst!!!« »Mein Bedarf ist vorläufig gedeckt!« »Künstler wie Schlichter, Geitlinger und Blocherer müssen raus!!« »Geitlinger und ähnliche Schmierereien müssen verschwinden.« »So etwas ist eine Schweinerei!« »Keine entartete Kunst mehr!« ». . .völlige Ausmerzung solcher Bilder!« ». . .ein Schlag ins Gesicht!«

Einer wünscht sich die Bilder der Ausstellung »alle, um sie einzuheizen«. Einer hat einen Briefbogen zum Teil in ein Tintenfaß gesteckt gehabt und dazu geschrieben »Studie in Blau«. Und ein anderer fordert: »Diese Künstler beseitige man restlos. Kz.«
Einer der Männer, welche die Ausstellung betreuen, erzählte, daß junge Leute Geitlingers Bilder zu verschmieren versucht hätten. Einer habe gebrüllt: »Den Kerl, der das gemalt hat, knall' ich nieder!« Etliche der Maler in Auschwitz zu verbrennen oder aus ihrer Haut Lampenschirme fürs traute Heim zu schneidern, hat erstaunlicherweise niemand verlangt. Aber die Ausstellung ist ja noch ein paar Tage geöffnet.

Aus den Unterschriften der Stimmzettel geht nun hervor, daß die intolerantesten, die dümmsten und niederträchtigsten Bemerkungen fast ohne Ausnahme von Schülern, Studenten, Studentinnen und anderen jungen Menschen herrühren.
Seit die Welt besteht, war es immer die Jugend, die am ehesten und am leidenschaftlichsten für das Neue, für das Moderne eintrat. Und gerade die Studenten bildeten die Avantgarde der Kunst. Es war ein jugendliches Vorrecht, auch abwegige Versuche begeistert zu begrüßen.
Und heute stellt sich gerade die Jugend hin und will fünfzigjährige Männer, weil sie nicht wie Stuck und Heinrich von Zügel malen, ins Kz stecken oder niederknallen? (Indessen ältere Herrschaften, die vor perspektivelosen Bildern stehen, resigniert, aber höflich feststellen: »Es gefällt mir nicht.«)
Wie haben zum Beispiel uns, die wir 1918 aus dem Kriege heimkamen, beim Anblick der Bilder von Dix, Kokoschka, Kandinsky, Marc und Feininger die Köpfe geraucht! Wie haben wir diskutiert! Wie haben wir die expressionistische Lyrik mitsamt ihren Unarten verteidigt! Wie haben wir das Moderne geliebt und das Alte respektiert!
Die heutige deutsche Jugend steht also dort, wo seit je die Alten, die unverbesserlichen Spießer und Kunstbanausen hingehörten? Welche Perversion, wenn dem so wäre! Welch verwirrende Folgen für die Entwicklung der Künste in Deutschland! Denn auch wenn die produktive Jugend, auch wenn die jungen Talente selber ihren Weg finden sollten, dem Einfluß der letzten zwölf Jahre zum Trotz – in welches Vakuum gerieten sie ohne die Begleitung des gleichaltrigen Publikums? Ohne dessen Fanatismus für das

Neue? Ohne dessen Jubel und Begeisterung?

Es ist zu befürchten, daß die Augsburger Diagnose zutrifft und daß die dortige »Abstimmung« eine viel allgemeinere Gültigkeit besitzt, die Gültigkeit für ganz Deutschland. Die heutigen Studenten waren 1933 kleine Kinder. Sie wuchsen, jedenfalls ihre Majorität, in der Respektlosigkeit vor modern und freiheitlich gesonnenen Eltern und Lehrern auf. Sie lernten schon mit dem kleinen Einmaleins die Autorität der Fachleute verachten und das Geschwätz reaktionärer Dilettanten glauben. Sie wuchsen in Unkenntnis ausländischer Leistungen auf und ohne Ehrfurcht vor dem Mut eigenwilliger Naturen.

Ich werde nie die Gesichter jener jungen SS-Männer vergessen, die sich seinerzeit, im Münchner Hofgarten, im langsamen Gänsemarsch durch die Ausstellung der »Entarteten Kunst« schoben, Hunderte von konzessioniert hämischen, grinsenden, verschlagenen, großspurigen Gesichtern, sich gähnend und feixend an den Bildern Noldes, Pechsteins, Beckmanns, George Grosz', Marcs und Klees vorbeischiebend. Sie trotteten wie Droschkengäule, wenn am Stand der vorderste Wagen weggerollt ist, angeödet von Rahmen zu Rahmen.

Ein durchgefallener Kunstmaler wie Hitler, ein dilettantischer Schriftsteller wie Goebbels, ein mißglückter, schwafelnder Kulturphilosoph wie Rosenberg haben die junge Generation gelehrt, was Dichtung, Musik und bildende Kunst zu sein hat. Der billigste Geschmack, ein Jahrmarktsgeschmack, wurde auf den Thron gesetzt. Das Gewagte, das Außergewöhnliche, das Exklusive, das Neue – es wurde verbrannt, verbannt, verschwiegen und bespuckt. So wuchsen Kinder mit den Kunstidealen von Greisen, Impotenten und Kitschonkels heran.

Nun sind diese Kinder Studenten geworden. Die Kunst ist wieder frei. Die Studenten spucken, wie sie es gelernt haben, auf alles, was sie nicht verstehen. Weil alles, was nicht alle verstehen, von 1933 bis 1945 Dreck war. Sie haben es nicht anders gelernt. Sie wissen nicht, daß der Künstler schafft, »wie der Vogel singt«, und nicht, damit es Herrn Lehmann gefällt.

Was soll geschehen? Denn das ist wohl sicher: Es reicht nicht aus, daß wir Älteren uns über das geschmackliche Analphabetentum der Jugend empören. Es hilft nichts, wenn wir die gezüchteten jungen Barbaren bedauern. Und es bringt auch nicht viel weiter, wenn wir ihren bornierten Dünkel lediglich zu verstehen trachten. Sondern hier muß etwas *geschehen!* Radikal und schnell! Nicht nur dieser Jugend wegen. Obwohl das wahrhaft Grund genug wäre. Sondern auch um der deutschen Kunst willen, deren natürliches Wachstum, deren Entwicklung zwölf Jahre lang künstlich unterbrochen worden ist! Hierfür gibt es keine Vitamin- oder Hormoneinspritzungen. Hier helfen keine Pillen! Gibt es überhaupt etwas, das helfen kann?

Erziehung kann helfen. Und zwar, da es um die Kunst geht: Kunsterziehung. Das künstlich Versäumte muß künstlich nach- und eingeholt werden. Ich weiß aus Erfahrung, daß dergleichen möglich ist. Mir werden die »Kunsterziehungsabende«, die 1919 im Dresdner König-Georg-Gymnasium stattfanden, unvergeßlich bleiben. Da erschien nämlich einmal in der Woche Herr Kutzschbach, ein Kapellmeister der Staatsoper, mit seinen Orchestermitgliedern in der Aula. Schüler aus allen Dresdner höheren Schulen und Studenten saßen, standen, quetschten und drängten sich. Herr Kutzschbach erklärte uns Strauß' »Tod und Verklärung«, den »Eulenspiegel«, oder was sonst bevorstand, mit einfachen Worten, deutete am Flügel die musikalischen Themen und deren Verquickung an, ließ den Klarinettisten oder den Mann mit dem Fagott dessen wichtigstes Motiv solo blasen; und erst dann, wenn wir auf alles Begreifliche hingewiesen worden waren, erhob er sich, trat ans Pult, dirigierte, das Orchester spielte die Suite, die Symphonie oder die Programmusik, und wir verstanden, wir hörten, wir empfanden von Abend zu Abend besser und tiefer, was die Komponisten hatten zum Ausdruck, zu Gehör bringen wollen.

Wir wurden erzogen. Die Ohren, die Nerven, der Geschmack wurden »gebildet«. Und nicht zuletzt die Einsicht, daß auch Kunst, die man nicht versteht, trotz allem als Dame behandelt werden sollte. Man kann, auch als junger Mann, nicht alle Damen lieben. Es muß einem nicht jede gefallen. Nur folgt daraus nicht, daß sie niemandem sonst gefallen dürfte oder gar, daß man das Recht hätte, ihr mitten ins Gesicht zu spucken.

Kunsterziehung also! Geschmacksbildung durch berufene Fachleute. In den Universitäten, in den Volkshochschulen, in öffentlichen Veranstaltungen, durch Lehrer, durch Künstler, durch Gelehrte, durch die Gewerkschaften!

Es wird höchste Zeit. Es geht um Deutschlands Jugend. Es geht um den Wert und um die Geltung der deutschen Kunst.

Alfred Mühr
Die Vaterstadt, wie find ich sie doch...

Als ich am folgenden Tag die Straßenbahn an der Moritzkirche verließ und in die Maximilianstraße einbog, sah ich plötzlich Bert Brecht auf der anderen Seite. Er schlenderte durch seine Geburtsstadt, wo er mit seinen Eltern in der Bleichstraße 2 gewohnt hatte. Er blieb oft vor den Auslagen der Geschäfte stehen, sah zu den Hausnummern alter Häuser und betrat die Flure. Vor allem blickte er auf Mädchen.

»Die Augsburger Rasse gefällt mir besser als die Münchnerinnen«, sagte er zu mir, als ich ihn einholte und wir zusammen dem Treffpunkt zustrebten. Auch meine Gegenwart hielt ihn nicht davon ab, junge Passantinnen genau zu mustern. Das Wippen und Hochschlagen des Rocksaumes, das die Rundungen des Körpers freigab, amüsierte ihn.

Ja, er kannte noch das Perlachstüberl, in dem wir einkehrten. Schmaler als ein Eisenbahnwaggon, zwei quergestellte lange Holztische, ein kleiner Ecktisch, an dem wir Platz nahmen, nur Holzbänke. An der Wand wenige Augsburger Erinnerungsstücke an die alte Schenke, in der vor Jahrhunderten die Marktfrauen am Perlachberg einzukehren pflegten.

Brecht setzte sich mit dem Rücken zum Ausschank und den übrigen Plätzen, als wenn er nicht sogleich erkannt werden wollte, und lächelte mir zu. Wir tranken. Er fühlte sich sogleich sehr wohl in dem gemütlichen Winkel, der an diesem sonnigen Vormittag in tiefem Schatten lag. Brecht sah besser aus als gestern, nicht so abgespannt, ausgeruht, auch nicht so hager wie sonst.

»Ja oder nein, Mühr?« stellte er mich mit seinem listigen Blick hinter den einfachen Augengläsern und schob die beiden Pokale zusammen, ehe wir wieder tranken.

»Wem bin ich verantwortlich?« fragte ich genauso direkt, um hinter die eigentlichen Auftraggeber zu kommen. Leise Erinnerungen an meine Göttinger Gespräche, – doch hier hatte ich es nicht mit einem Stadtrat zu tun, sondern mit einem genialen Menschen, der mir eine einzigartige Chance bot.

Wie selbstverständlich antwortete Brecht: »Wir sprechen uns regelmäßig.«

»Und wie fließen die Gelder?« fragte ich, um ihn zu praktischen Auskünften zu bewegen.

»Mühr, Sie machen einen Etat, vorher einen Spielplan und legen dann die etwaige Route des Gastspieles fest. Dazu schreibe oder sage ich Ihnen meine Wünsche und die meiner Frau. Stellen Sie das zusammen und nennen Sie mir den Betrag. Nicht knapp, sondern mit Spielraum. Ihre Gage, Mühr, – verdoppeln Sie Ihre alte Gage vom Gendarmenmarkt. Andere Zeiten, andere Gagen. Sie machen ja jetzt alles als Prinzipal. Die Musen treten nur gut auf, wenn sie in bester Laune sind.«

»Und wie fließen die Gelder?« drängte ich nochmals.

»Jeden Monat erscheint ein Beauftragter.«

Ob solche Treffen nicht auffielen? Es brauchte nicht aufzufallen. Wie viele Industrielle erledigten seit Jahr und Tag ihre Handelsgeschäfte mit den Deutschen drüben! Mein damaliger Verleger verkaufte einen Teil der Auflage mitunter an Leipziger Buchhändler. Er telefonierte offen über die Verhandlungen. Und wenn ich hinfahren mußte? Wer war der Partner im Ostregime? Noch war es die Zeit, in der man jeden als Spion verdächtigte, der über die deutsche Grenze wechselte.

»Und was mache ich mit den Geldern?« fragte ich Brecht.

»Mühr, auf die Bank, auf Ihren Namen wie ein zünftiger Theateragent oder auf den Namen der Gastspiel-Gesellschaft. Ganz normal. Dort vergleichen Sie Ausgaben und Einnahmen, nun, Sie wissen schon . . . Sagen wir mal: zunächst auf drei Jahre mit Option auf drei weitere. Sie an der Spitze. Vielleicht einen erstklassigen Reiseomnibus, damit die Fahrten bequem werden. Es gibt ja bei Ihnen solche Wagen, in die man Tische hineinstellen kann, bequeme Sofas, und in denen man nicht immer nur blöd nach vorne gucken muß. Ein motorisierter Thespiskarren. Mutter Courage auf Hochglanz . . . aber vielleicht fällt Ihnen was Besseres ein. Nur modern muß er sein, in die Augen springen.«

Er kicherte. Jeder Satz war eine Aussage. Nach jedem Satz eine Pause und ein schneller kritischer Blick zu mir. Er kramte in der Brusttasche nach einem Stumpen, den er locker bei sich trug, und hielt ein Streichholz daran. Dann legte er die Hand um das Glas, als wenn er trinken wollte. Er trank jedoch nicht.

»Und wo ist die oberste Instanz bei Rückfragen, Zwischenfällen, plötzlichen Entscheidungen? Wer nimmt die Monats- oder Halbmonats-Berichte entgegen?«

Bei »Halbmonats-Berichten« winkte er ab. »Wir spielen Theater, Herr Mühr, nicht Bürokratie.«

Ich glaubte nicht, daß er übertrieb. Allerdings wußte ich: BB-Proben dauerten länger als selbst Jürgen Fehlings ausführliche Proben im Schauspielhaus unter Leopold Jeßners Intendanz. Dreizehn Vorproben und fast fünfzig Bühnenproben gab es zu Brechts Premiere von »Herr Puntila und sein Knecht Matti« im November 1949. Mit der Eröffnungsvorstellung seines »Berliner Ensembles« startete Brecht in den Weltruhm. Solche Inszenierungen kosteten viel Geld, was sich ein Privattheater und auch ein Stadt- oder Staatstheater nicht leisten konnte.

Daß Brecht alles alleine verantworten würde, glaubte ich nicht. Für sein »Berliner Ensemble« zeichnete ja auch seine Frau als Intendantin und als persönlich Verantwortliche für die Mitglieder, er nur als »künstlerischer Berater«, eine Funktion, in der ich bei Gründgens begonnen hatte.

Und hier in Westdeutschland? Verantwortete ich alles – ohne Zwischeninstanz und Besserwisser?

»Wer wird Hauptfunktionär in unserem Falle sein?« fragte ich. Sein spitzes, faltenreiches Gesicht wurde noch hagerer, besonders der Mund, mit dem er die kleine Zigarre zusammendrückte. Beinahe verwundert und treuherzig sah er mich an:

»Hauptfunktionär?« wiederholte er, als schmecke ihm das Wort nicht. »Kunst mit Funktionären? Haben Sie so etwas bei mir erwartet?«

Ich wußte, daß er sich zeitweilig mit dem Regime drüben anlegte. Er besaß einen Köcher voller Anspielungen, Sarkasmen und Vorschlägen für echten künstlerischen Fortschritt. Deshalb tadelte man ihn mitunter scharf – wie Picasso. Trotzdem schrieb Brecht Parteigedichte, Lobgesänge auf den sozialistischen Aufbau oder »Lob des Kommunismus«. Aber er konnte sich auch als enfant terrible aufführen, wenn er unrasiert in Windjacke und mit Schirmmütze bei einem großen deutsch-sowjetischen Empfang im Berliner »Haus der Sowjet-Kultur« erschien. Wegen seines Aufzuges wies man ihn ab. Dann trollte er sich wie nach einem gelungenen Jungenstreich. Wenn er in einem Vortrag das Leben in der Ostzone charakterisierte, dann lähmte er durch seine offene Aussage nicht nur die Bürokraten, sondern er warnte die Genossen vor den Folgen. So hieß es bei ihm: »Sie können sich Ihre Revolution nicht von Ihrem Ministerium machen lassen . . . Immer wird auf die anderen geschaut: ›die sollen das machen oder sollen das nicht machen‹. Und was machen wir?«

Bot ihm das Ostregime zum Dichterlorbeer einen repräsentativen Dienstwagen mit Schofför an, dann wählte er sich lieber ein altes Steyer-Kabriolett aus. Bloß nicht repräsentieren. Je einfacher, desto wirksamer.

»Die Wahrheit ist konkret« hatte an der Wand seines Arbeitsraumes in Amerika gestanden. Wenn der Portier des Ministeriums ihm zum Empfang entgegenlief, übersah es Brecht und stieg an der entgegengesetzten Seite aus dem Wagen.

»Es steht alles dafür, daß wir endlich ein eigenes Haus bekommen«, sagte er so dahin, »das nur für Sie. Spätestens in zwei, drei Jahren. Die Versprechungen setzen schon Moos an. Sie müssen sich also sputen, Mühr, um hier zu starten.«

Ein echter Brecht-Einfall: drüben das eigene Theater, hier das Gastspielunternehmen. Unter Brechts Namen oder unter einer Gastspieldirektion? Nein. Brecht sagte: besser mit Brecht als Titel. Zweifellos machte das Furore.

»Natürlich wird mich ein Ministeriumsmann von Zeit zu Zeit fragen, wie wir uns hier tummeln. Sie lesen es ja auch in den Gazetten. Oder es wird Sie einer fragen, wenn Sie herüberkommen oder sich am dritten Ort treffen. Keine Bange. Politische Autoritäten machen kein Theater, höchstens im übertragenen Sinne.« Er kicherte wieder, drehte seinen Stumpen und blies ihn an. »Die Genossen sprechen Verbote aus. Nicht bei mir«, fügte er leise hinzu, »sonst unterschreibe ich den nächsten Wahlaufruf nicht.« Nochmals Kichern. Wir aßen heiße Würstchen, die er bestellt hatte, und schwiegen eine Zeitlang.

Ich wußte, daß Brecht ein Schalk war, ähnlich wie Traugott Müller, beide voller Tricks, voller geschickter Umwege und voll von hintersinnigem Spott. Die besten Gedanken behielten beide für sich, um sie im richtigen Augenblick in ihren Werken, bei der Kunst zu verwenden.

Wie sollte ich mich verhalten, wenn die zugesagten Überweisungen plötzlich stoppten? Einen solchen Stillstand des Betriebes konnte ich mir nicht leisten, erst recht nicht gegenüber den künstlerischen und technischen Mitgliedern der zu bildenden Truppe. »Wäre es möglich, hier die Gesamtsumme von drei Monatsgagen für alle zu deponieren?« stieß ich wieder in die Praxis vor.

»Mühr, sehen Sie weiter als bis morgen«, forderte er mich auf, unterbrach sich, biß in das letzte Würstchen, fletschte und sagte: »Sie haben ja vom ersten Tag an, wenn wir spielen, Einnahmen.

Und wenn etwas passieren sollte, benutzen wir die Bankverbindung.«

Ich staunte, ohne es zu zeigen. Daß Brecht dem Ostregime gegenüber eigene, taktische, heimliche Absichten verfolgte, war mir längst klar. Er benutzte das Ulbricht-Regime für sein Theaterwerk wie Gründgens für seinen künstlerischen Plan das Göring-Regime. Dem Schlitzohr Brecht gefielen Gegensätze, Widersinnigkeiten und störrische Heiterkeit, in der er präparierte Pfeile abschoß, Gedankensprünge ohne Netz. Brecht sah ja auch »die Welt als ein mildes Licht«. Gleichzeitig war sie für ihn »das Exkrement des lieben Gottes«.

Tatsächlich benutzte Bert Brecht eines Tages eine Schweizer Bank. Als er nämlich vier Jahre nach unseren Begegnungen in München und Augsburg im Mai 1955 den Stalin-Friedenspreis entgegennahm, überwies er einen Teil des Betrages auf ein Schweizer Konto.

Wir hockten immer noch im Winkel der Perlachstube. Rentner erschienen, tranken ihren Frühschoppen und debattierten über Tagesnachrichten, was sich jeder in dem winzigen Raum mitanhören mußte. Ein Friseurmeister von nebenan verlangte seinen täglichen Underberg, den er sogleich stehend zu sich nahm. Drei Pfadfinder betraten zögernd das Lokal. Ihnen gefiel die kleine Kneipe an der Mauer der Kirche so gut, daß sie mehrere Sprudel tranken und sich eingehend die Fotos und Zeichnungen an der Wand ansahen.

»Wann können Sie einsteigen, Mühr?« Wie ein Uhu, der mit seinem Blick die Beute unbeweglich macht, hockte Brecht neben mir.

»Wann schicken Sie mir den Vertragsentwurf?«

»Entwurf«, spie er das Wort förmlich aus und versuchte, mich zu beruhigen. »Sie kriegen den Vertrag gleich, wenn ich zurück bin. Fehlt etwas, tragen wir es nach.«

Er sagte nicht »abgemacht«. Es gab keinen Händedruck für den geplanten Aufbau eines »Theaters des neuen Zeitalters«, wie er es genannt hatte. Er brummte vor sich hin und schob den Stumpen von einem Mundwinkel in den anderen.

Dann sprang er vom Thema ab, fragte, ob ich ein Buch schriebe, wollte das Thema wissen. Ich nannte die Vorarbeiten zu einem großen Werk, das zum ersten Mal die Erforschung des Gehirns innerhalb der Weltgeschichte der Medizin behandeln sollte. Zu meinen Auskünften nickte er lebhaft, klopfte sich an die Schläfe und schloß die Sehschlitze. Er tippte an seinen Schädel und meinte: »Was wird daraus, wenn wir starten?« Bei dieser Frage sah er mich ernst an.

»Ich bin wie Sie ein schneller Arbeiter.«

»Unterbrochen ist nicht aufgehoben«, sagte er wieder mit leichtem Grinsen und legte den Stumpenrest ab. »Schauen wir uns noch ein bißchen die Mädchen von Augsburg an«, kauzte er, zahlte die Gesamtrechnung, und wir erhoben uns. »Ich will noch Caspar Nehers Wohnung suchen.« Es war sein Schulkamerad und Bühnenbildner gewesen, mit dem zusammen er 1937 die Uraufführung des Songspieles »Mahagonny« in Baden-Baden gemacht hatte.

Draußen ein wundervoller Herbsttag. Brecht schnupperte und besah sich die Speisekarte an der Seite des Rathauses, als habe er Lust, im Ratskeller einzukehren. Dann drehte er sich ruckartig zu mir um. »Wir hören voneinander. Zuerst die Premiere in München«, sagte er als letztes.

Wir haben nicht voneinander gehört. Kein Telefonanruf, kein Brief, kein Vertrag, keine Benachrichtigung durch Dritte. Ein anderer kam für das Gastspielunternehmen auch nicht ins Gespräch. Es wurde niemals realisiert.

War seine Unterredung mit mir zu voreilig und nur improvisiert gewesen? Ein Versuchsballon? War die Idee noch nicht spruchreif? Standen die Gelder nicht zur Verfügung? Oder hatte er in Ostberlin keine Gegenliebe gefunden, fand man seine Idee zu abenteuerlich, zu kostspielig?

Der Gedanke eines Bert-Brecht-Theaters im Westen war großartig, vielleicht deshalb unerfüllbar. Sein Lebenswerk mit etwa dreißig Dramen und seinen Büchern über Bühnengesetze hätte eigentlich eine »Hauspostille« des deutschen Theaters werden können.

Friedrich Heer
Augsburg, Juni 1956

Das Wiener Kind sitzt im verlorenen Winkel eines alten Hauses und blättert in alten Büchern, die da durch irgendeinen Mitbewohner auf den Dachboden abgeschoben wurden. Dieser Unbekannte hatte wohl Anstoß genommen an den etwas unhandlichen alten Wälzern. Wer immer er gewesen sein mag: ihm verdankt das Kind die erste Begegnung mit der alten Lech-Stadt. Einer der verstaubten Bände – waren es Stahlstiche oder Kupferstiche aus dem frühen 19. Jahrhundert? – war Augsburg gewidmet. Die Mutter nannte dem Kinde, das ihn vorzeigte, zum erstenmal den Namen der schönen Stadt.

Den Vierjährigen überblendete der Glanz der alten Reichsstadt. Noch Jahrzehnte später erschrak er fast, in Furcht und Ehrfurcht, wenn der hohe Name der Stadt ihm genannt wurde: Reichtum, Goldglanz einer alten Weltmacht, Stolz eines selbstbewußten Patriziats; Fugger und Welser, dazu einige kühne technische Köpfe unseres Jahrhunderts. Dem jungen Österreicher wurde da Augsburg zum sinnfälligen Zeichen deutscher Potenz; machtvolle Vergangenheit und zielstrebige, robuste Gegenwart schien sich ihm da zu einen. Befangen betritt der Jüngling zum ersten Male die Stadt. Wandert zwischen St. Ulrich und dem Hohen Dom einen guten Tag lang hin und her; nachts, in der Jugendherberge, fliegen, wie riesige bunte Vögel mit langen silbrigen Schwingen, Bischöfe und schöne Frauen des 18. Jahrhunderts durch seinen unruhigen Schlaf, werden von Spiegeln (aus dem Schaezler-Palais?) überdeckt, bis dann ein Himmel mit viel Blau und viel Wolken die Fuggerei, das lachende Volk in engen Gassen, die Giebel und Türme im Lech versenkt.

Dritte Begegnung. Auf der Durchfahrt von der Front im Westen zur Front im Osten. Die schöne Stadt ist an einem kühlen Morgen in Schweigen und Einsamkeit versunken. Viele geschlossene Portale. Freunde von gestern sind nicht mehr da. Stumm stehen die Türme in den glasklaren Himmel, in dem nichts ist.

Und nun, zehn Jahre nach dem Ende des Schreckens, die beiden ersten Wiederbegegnungen mit der alten Stadt. Betreten, ängstlich, wie einst aus anderen Gründen der Knabe, tritt jetzt ein Mensch auf den Boden Augsburgs, den die Zeit in der Zwischenzeit durch viele Lande herumgeworfen hat. Es ist dieselbe Zeit und

Zwischenzeit, die über Augsburg hereinfiel als ein Weltungewitter, so wie es nicht allzufern von Augsburg Albrecht Dürer in seiner nächtlichen Angstvision festgehalten hat. Da strömen dunkle Schwaden des Verderbens auf eine nackte Erde herab, die in dieser Flut zur Wüste wird. – Erinnerungen. Was war doch dort unten, wo jetzt der Blick frei hinausgleitet, über niedere Trümmerreste und freie Flächen? – Die Erinnerungen verblassen; die Gegenwart hat begonnen. In neuen Häusern und neuen Heimen regt sich kräftig das Leben. In einer anderen alten deutschen Stadt, die ebenfalls in Schutt versank, hat viele hundert Jahre zuvor Meister Eckhart den verstörten Herzen, vielen einsamen Seelen gepredigt: Gott ist ein Gott der Gegenwart. Das ist ein Wort, das besonders der Stadt, dem städtischen Wesen gilt: draußen in der »Natur«, in der Landschaft, west eine stille Ewigkeit. Die Stürme und Gewitter der Geschichte können ihr nichts anhaben, zumindest solange die eherne Faust des Menschen Land und Landschaft nicht zwingt, seinem Werk des Aufbaus und der Zerstörung zu dienen. Anders die Stadt: sie ist nicht, ist sie nicht Gegenwart. Gegenwart, die alles hereinnimmt, was zuvor war. Die toten Römer und die anderen, die wohl schon lange zuvor im sakralen Raum um den Hohen Dom geopfert, gespeist, getrunken haben; die Bürger der Fuggerzeit und jener geruhsamen Jahre, die nicht selten großen Stürmen voranziehen, als sanfte Zugvögel des Kommenden, in denen Goethe und Mozart behagliches Nachtquartier in der verdämmernden Stadt fanden.

Vielleicht ist es seltsam; vielleicht berührt den nordischen Menschen und den, der in anderen seelischen Klimaten beheimatet ist, die folgende Kommunikation anstößig, zumindest sehr unpassend. Wer in archaischen Bezügen nicht ganz fremd ist, wird sie verstehen, zumindest ertragen. Drei Erscheinungen haben mich bei meinem letzten Aufenthalt am stärksten berührt und am mächtigsten angesprochen: der römische und frühchristliche Kult-Raum in der Nachbarschaft des Domes, eine Ausstellung moderner Erziehungsmittel für die Welt des Kindes im Prunksaal des Rathauses des Elias Holl und die stattliche Behaglichkeit einer Gast-Stätte, eingerichtet im Keller eines der mächtigsten Patrizierhäuser Alt-Augsburgs. – In diesen drei Räumen vernahm ich unhörbar und, im Wortsinn verstanden, auch unsichtbar das Weben einer mächtigen Gegenwart. Äußerlich kontrastierten die drei Räume sichtbar und hörbar genug. In die morgendliche Stille um die heilige Mahlstatt der frühen Augsburger Christen, die da dem freien Himmel offen zu liegt, tief geborgen in unterirdischen Quellflüssen und Kraftströmen, fiel kein Laut ein. Vielleicht rauschten einige Zweige, vielleicht war der Flügelschlag der Tauben zu vernehmen. Ich hörte nur die tiefe, wundersam lebendige Stille. Ein flacher Kelch war das Ganze: die niederen Reste der ausgegrabenen Sakralbauten, zwischen ihnen der flache Boden; Stein und Erde. Immer wieder zog es mich an diesem Wandertag im Juni 1956 hierher zurück. Wenige Schritte entfernt lebt die junge Stadt, das Augsburg von heute, ihr geschäftiges Leben. Hier aber, an der alten Heiltumsstatt, quillt es unablässig. Es ist, wie wenn hier die atomaren Gefüge der Stadt, des Großleibes aller hier Lebenden und Toten, schweigend sich bilden, ein innerstes, unsichtbares Leben, das aber stetig, Tag und Nacht, einfließt in das heutige Leben der Stadt. Nur in einer einzigen anderen Stadt des heutigen Westdeutschlands habe ich so stark dieses Quellen aus einem Substanzgrund zu spüren geglaubt: in Paderborn, das ähnlich wie Augsburg einen riesenhaften alten Sakralbezirk besitzt, in dem seit sehr frühen Zeiten die Scharen der Toten und Lebenden zusammen hausen. In Paderborn wird dieser Zusammenhang fast überdeutlich akzentuiert durch die Pader, die aus vielen (erst nach der Zerstörung der Stadt) freigelegten Quellgründen aus dem Heiligen Bezirk hervorquillt und mit ihren Wassern die Stadt durchströmt. In Augsburg ist es römische Stille und römischer Stein, der den Heiltumsbezirk hegt. Saxa loquntur. Der Stein aber spricht und kündet ein flüssiges Leben: die Kommunikation aller Menschen, die gestern und vorgestern hier begannen – und die, auf ihre uns uneinsichtbare Weise, mitleben mit den Heutigen und sich vielleicht schon den Morgigen entgegenstrecken. Das zweite Kommunikationserlebnis – die Stadt als eine umfassende, umfangende Gegenwart – hatte ich also im mächtigen Prunksaal des alten Rathauses. Augsburg ist zu beglückwünschen, daß es diesen Raum nicht »verputzt« hat (»verputzen« hat für den Wiener eine mehrfache Bedeutung: es kann »anstreichen«, »ausmalen«, aber auch vergeuden, verschwenden, zerstören, vernichten ansagen). Es hat ihm durch den Verzicht auf eine »Renovierung« eine römische Gravität und eine Altaugsburger Macht und Würde geschaffen, die sehr intim gerade zum Modernsten und zur wirklich modernen Kunst paßt, die ja ohne ein Pathos der Leere undenkbar ist. Ich weiß nicht, ob in diesem Raum schon eine Großausstellung moderner Kunst stattgefunden hat; ich glaube aber, daß sie sehr gut in diesem riesenhaften Freiheitsraum ihre immanenten Kraftfelder entfalten könnte, ohne, wie sonst so oft, sich die Flügel in niedlichen Räumen wundzustoßen, so daß selbst der Gutmeinende nicht mehr merkt, was für ein Atem sie durchweht. Hier also nun war gerade auf das glücklichste eine Ausstellung moderner Kindererziehungsmittel, Spielzeuge und schulischer Behelfe einberaumt worden. Zwei Phänomene fielen da sofort auf. Einmal, wie gut, nahtlos gut, sich Moderne, echte Moderne, und echte Klassizität anderer Stilepochen vertragen: alles Echte aller Epochen ist einander bruderhaft und schwesterlich verbunden. Das wußten ja die Bauherren und Künstler gerade auch der alten deutschen Städte, die unbekümmert gotische, barocke und andere Gebilde einander verschwisterten. Die Stadt braucht keine Angst davor zu haben – wenn sie nur das Leben wagt und alles Echte aufläßt –, daß ein Ungefüge entstehe, wenn Stile und Stilgebilde verschiedenster Epochen auf oft engem Raume sich treffen. Was echt, was nothaft geschaffen ist, aus innerer Arbeit und Erkenntnis heraus, das fügt sich zusammen mit allem, was zuvor an gutem Werk entstanden ist, mag auch auf den ersten Moment ein moderner Bau und ein altes Bauwerk sich im Blickfeld befehden. In wenigen Jahrzehnten, ja oft schon Jahren, leben, schauen, fügen sich die getrennten Gebilde zusammen. Die Stadt lebt sie zusammen. Das war der erste Eindruck im Vergleich der modernen Stilgebilde mit ihrem Gastgeber, dem Prunksaal des alten Rathauses. Der zweite Eindruck war nicht weniger erheiternd (alles Lebendige, Wachsende, Sich-im-Wandel-Formende ist heiter und als solches ernst zugleich): da spielten, besser: arbeiteten Kinder an den aufgestellten Spielzeugen herum; emsig, mit der Würde, die dem guten Geschäft ziemt. Die Kinder verwirrte weder der mächtige Raum noch die »fremden« Dinger da: beide waren ihnen zur Verfügung. Mit der Selbstverständlichkeit des gelebten Lebens nahmen sie Besitz von dem, was ihnen gegeben war. Durch den großen Raum ging ein Summen. Das Summen der Kinder, der Bienen, denen es aufgetragen ist, neue Waben zu weben für den Bau der alt-jungen Stadt; die ein Bienenkorb ist. – Von der Assoziation des Bienenkorbes ist der Sprung nicht mehr allzuweit zum Erlebnis der dritten Kommunikation Augsburgs in Augsburg. Wein und Speise, aus dem nahen Frankenlande, aus der Umwelt der alten Stadt, hier dargeboten dem Gaste. Jeder ist hier Gast; der Fremde und der Bürger der Stadt. Und jeder ist hier zu Hause, wenn er sich einfügt und still und froh in Trank und Mahl und gutem Wort sich der Kommunikationskraft der Gast-Stätte und der ganzen Stadt hier übergibt.

Das also sind drei Weisen, mit denen die Stadt ihre Kraft, Kommunikationen zu schaffen, kundtut. Es gibt ihrer hundert andere mehr. In Kunst und Industrie, Technik und Handwerk; in Musik und Theater; in kommunaler Politik; und im täglichen Leben jedes einzelnen Stadtbürgers. Es ist nicht sehr wichtig, daß der einzelne um diese Kommunikationen sehr viel weiß; zumindest mit seinem Oberflächenbewußtsein nicht. Wichtig ist nur, daß sie gelebt werden. Dafür aber sorgt die Stadt Augsburg.

Dem von draußen her Kommenden aber wird reiche Freude zuteil, wenn er auch nur an der einen oder anderen Weise dieser Kommunikation teilnehmen darf; sie bereichert sein eigenes Leben. Und spendet jenen eigentümlichen Trost, den die gewachsene Stadt mittelt: die Erfahrung, daß etwas unzerstörbar ist im Leben des Menschen, dem die Erde Heimat ist gerade im Gehege der Stadt. Weit über den Perlachturm, über die Ellipse um den Hohen Dom und St. Ulrich hinaus, reicht der Strahlenraum der Stadt. Die Zernichtungen des letzten Kriegsjahres haben ihn freigelegt für die kommenden Geschlechter; die sich da jetzt heranspielen zwischen der neu-alten Fuggerei und Jakobervorstadt, an uralten Autowracks und den ewig jungen Gotteshäusern.

Wolfgang Bächler
Zwischen den Stühlen

Als Sohn eines Staatsanwalts wurde ich im Jahre der Deflation 1925 an Goethes Todestag geboren und deshalb Wolfgang getauft. (Es blieb die einzige Ermunterung meines Vaters auf meinem Weg zum Lyriker.) Als Sohn einer nicht minder achtbaren Stadt auch, in Augsburg, das auf seine alte tote Kultur so stolz ist, daß es mit seinen zeitgenössischen Musensöhnen nur wenig anzufangen weiß. Bert Brecht und Erhart Kästner, Caspar Neher und Werner Egk suchten sehr bald das Weite, und wenigstens darin tat ich's ihnen gleich. Daß ich direkt neben der Eisenbahnlinie nach München das rußgetrübte Licht der Welt erblickte und mein frühes Trotzgeschrei vom Stampfen und Zischen der Lokomotiven erwidert wurde, scheint mir nicht ohne Bedeutung. Fahrende Züge versetzen mich noch heute unwiderstehlich in Erregung, rütteln mich auf aus meiner Melancholie zu neuen Einfällen und Plänen: So schrieb ich oft, leicht und besser als am Schreibtisch, Notizen und Konzepte, auch manche Gedichte in einem Zuge. Und München liebe ich neben Amsterdam und Paris, Bamberg und Florenz von allen mir bekannten Städten am meisten. Ich verbrachte dort einen Teil meiner Kindheit und die trotz Hunger und Not von der wiedergewonnenen Freiheit verklärten, neue Welten und Hoffnungen öffnenden Nachkriegsjahre bis zur Währungsreform als Student.

Es war die Zeit der überfüllten, fensterlosen Hörsäle, der geborstenen Fassaden, der häßlichen kalten Buden und der heißen Diskussionen und schönen Illusionen, die Zeit, in der wir zwar nicht die Welt, aber Deutschland verändern wollten. Es waren die Jahre der kleinen Fettrationen und der großen neuen Theater- und Kunsteindrücke, der vielen Zeitschriften und meiner literarischen und publizistischen Anfangserfolge. Doch nun wurde Deutschland in zwei ungleiche feindliche Hälften geteilt, von denen keine unsere Ideale verwirklichte. Industrie und Handel blühten auf. Die meisten Zeitschriften und Zeitungen, an denen ich mitgearbeitet hatte, gingen ein. Neue Pläne, die ich damals im ständigen Kontakt mit Hans Werner Richter schmieden half, bekamen erst keine Lizenz, dann keine Geldgeber, auch mein erster Verlagsvertrag wurde nach der Währungsreform gekündigt. So blieb uns als Forum zunächst nur die »Gruppe 47«. Sie ist nach dem Verbot des »Ruf«

durch die Amerikaner auf der Redaktionskonferenz für die Probe-
nummer des dann nie erschienenen »Skorpion« entstanden.
Bei ihr hatten meine frühen, besonders die zeitkritischen Gedichte ein ermutigendes Echo gefunden, meine ersten Prosaversuche
dagegen waren der Kritik zu lyrisch, zu »schön«. Realistischer
»Kahlschlag« war die Forderung des Tages. Ich wollte es beweisen,
daß ich auch hart realistisch schreiben, schmucklos sachlich eine
Geschichte erzählen, eine verwickelte Handlung abspulen konnte, nicht vor Tabus und Scheußlichkeiten zurückschreckte – und
schoß mit meinem ersten Roman »Der nächtliche Gast« vielleicht
über das Ziel hinaus.
Selbst Rowohlt befürchtete ein Verbot dieser umgedrehten Ödi-
pusvariation vor dem Hintergrund der deutschen Teilung und
Nachkriegswirren, zunächst wagte nur V. O. Stomps den Druck in
seiner Eremitenpresse, der Skandal blieb aus, 1963 hat dann die
Europäische Verlagsanstalt meine Prosajugendsünde in schönes
rotes Leinen geklemmt und für die Neugierigen, die ich warnen
möchte, samt den dezenteren Illustrationen von Hans Chr.
Schmolk konserviert.
Auch mein erster, schon vor der Währungsreform in Satz gegan-
gener Gedichtband, »Die Zisterne«, erschien schließlich noch im
neuen Bechtle Verlag, 1950, zu einer Zeit, in der mir schon die
meisten der frühen, teilweise noch in meiner Gymnasiastenzeit in
Memmingen entstandenen Gedichte zu konventionell, zu ro-
mantisch, zu glatt und klingend gereimt waren. Jetzt erst gab es
auch in Deutschland wieder moderne Lyrik zu kaufen, zu lesen,
jetzt erst lernte ich den Expressionismus, in dessen »Phase II« mich
schon die ersten Kritiker eingereiht hatten, kennen, vor allem
Trakl, Heym und Benn. Ihre Werke und das persönliche, kritisch
fördernde Interesse, das mir Gottfried Benn, Günter Eich und Peter Huchel entgegenbrachten, halfen mir weiter, halfen mir zu mir
selbst, wenn auch ihr Einfluß noch in manchen Gedichten meines zweiten Bandes, »Lichtwechsel« (1955), zu spüren ist.
Ich wechselte noch oft die Städte und die Länder und die Zeitungen oder die Sender, für die ich schrieb, bevor ich in Frankreich
seßhaft wurde. Ich sah mich auch, der beiderseitigen Propaganda
mißtrauend, hinter dem Eisernen Vorhang um, zuerst von Peter
Huchel und Stephan Hermlin eingeladen, dann auch von Brecht,
Bloch und Lukács angezogen und von der Wirklichkeit, die so
sehr zu ihren Ideen kontrastierte, enttäuscht. Ich führte ein

schweifendes Leben, schlug meine Zelte häufig auf und ab, ein unsteter Einzimmerbewohner, ein Wanderer zwischen zwei Welten, ein Publizist zwischen zwei Stühlen, bald vom Osten und bald vom Westen beschimpft oder belobt, ein Sozialist ohne Parteibuch, ein Deutscher ohne Deutschland, ein Lyriker ohne viel Publikum, ein Erzähler ohne Sitzfleisch, ein schlecht honorierter Buchkritiker, ohne die Konzentrationsfähigkeit, schnell, und die Lust, viel zu lesen, ein Funkautor ohne den »funkischen« Funken, ein Sonntagsmaler ohne Zeichentalent, ein Linkshänder, dem auch das Schreiben mit der Rechten schon von der ersten Volksschulklasse an schwerfiel, kurzum ein unbrauchbarer, unsolider, unordentlicher Mensch, der keine Termine einhalten und keine Examina durchhalten kann und Redakteure, Verleger und Frauen durch seine Unpünktlichkeit zur Verzweiflung bringt. Daß ich trozdem nicht alle Freunde verliere, immer wieder neue gewinne und sogar geheiratet wurde, ist mein unverdientes Glück. Es mußte freilich eine Französin sein. Da sie nicht lesen kann, was ich schreibe, hält sie alles für gut, hält sie bis heute zu mir, obwohl sie versteht, was ich sage.

Als Kind hatten die biblischen Geschichten meine Phantasie mehr bewegt und erregt als Grimms Märchen. Aber ich spielte auch gern mit Soldaten und verwandelte das ganze Zimmer mit Teppichen und Kissen, Baukastensteinen und Eisenbahnschienen, mit Blumentopfferde und Blattpflanzenwäldern in ein Schlachtgelände und machte die Puppenzimmer meiner Schwester zum Hauptquartier. Ich lief – so unbegreiflich das mir heute erscheint – hinter jeder Marschmusik her, am liebsten hinter der berittenen der Bamberger Ulanen, und 1933 berauschten mich die Fackelzüge, Fanfaren, Trommeln, Fahnen und Sonnenwendfeuer, ich wollte selber mitmarschieren, eine Uniform haben, auf Fahrt gehen und zelten. Das wenige, was harmlos und nicht unmenschlich am Mythos der Braun-, Grau- und Schwarzröcke war, scheint mir so recht etwas fürs Lausbubenalter zu sein, von Knaben – gleich welchen Alters – erdacht und verklärt, und ich kann mir nicht vorstellen, daß es unter den »Idealisten« bei den Faschisten einen einzigen gab, der je über seine Pubertätszeit hinausgekommen ist.

Mit 14 Jahren wurde ich »Führer«, mit 16 abgesägt. Ich begann mich für Literaur und Malerei zu interessieren, las Goethes und Mörikes Gedichte und Eichendorffs »Taugenichts«, vom Titel verführt, schwärmte für C. F. Meyers und Gottfried Kellers Novellen, für Hölderlins »Hyperion« und für die französischen Impressionisten, die als erste meine Liebe zu Frankreich erweckten. Moderne Literatur bekam ich damals in Memmingen noch keine zu Gesicht, aber heimlich bei einem leidenschaftlichen Sammler und Nazigegner gute Reproduktionen von Franz Marc und Kokoschka, van Gogh und Cézanne, Matisse und Chagall und Picasso, und ich haderte mit dem Staat, der das alles unterdrückte und verbot, und fühlte mich selber »entartet«. Meine Lieblingsmaler wurden Braque und Vermeer van Delft. Ich schrieb die ersten Gedichte und sah mich zum erstenmal gedruckt mit einem pathetischen Artikel zu Galileis 300. Todestag, dessen sagenhafter Trotzspruch gegen den geistigen Terror, »Und sie bewegt sich doch!«, es mir mächtig angetan hatte.

Meine erste Liebe war eine pechschwarze Rabbinerstochter in Bamberg. Mit ihr lernte ich Lesen und Radeln, Schwimmen und Kosen, es war meine glücklichste Zeit. Als mein Vater dann nach München versetzt wurde, wurde mir die Schule zur Qual, weil ich auf eine andere, die Sütterlinschrift umdressiert wurde, das Rechnen habe ich bis heute nicht richtig gelernt, und auch mit der Rechtschreibung stehe ich noch auf dem Kriegsfuß; ein Glück, daß es den Duden gibt! Von den Kameraden wurde ich als wenig rauflustiger Neuling mit fremdem Dialekt kühl und verächtlich aufgenommen. Da wandte ich mich den anderen schwarzen Schafen der Klasse und der Gasse zu, dem Judenjungen und dem vaterlosen Sohn einer Näherin aus dem Hinterhaus.

Die Gemeinschaft der Verachteten und Widerspenstigen war es auch, die mich über das Martyrium des Arbeits- und Militärdienstes hinwegtröstete. Wer am meisten strafexerzieren mußte, Latrinenreinigen oder Ausgehverbot erhielt, wer den Gleichschritt und das Gleichmaß nicht halten konnte, wer sich mehr um die Kranken und Verwundeten als um den »Feind« und die Befehle kümmerte, wurde schnell mein Freund. Es waren die schlechten Soldaten und guten Menschen. Sie sind auch heute noch »Nonkonformisten«. Zivilcourage scheint mir neben der Nächstenliebe die höchste und schönste aller Tugenden zu sein. Sie wurde uns nicht gelehrt, und die Schulbücher haben sich seither wenig geändert.

Der Mut zur Wahrheit, der Mut, sich gegen die Mehrheit zu stellen und gegen die Mächtigen dieser Erde, ist ja in Deutschland so erschreckend viel seltener und weniger angesehen als der »Mut«, auf Befehl zu töten und selbst in den Tod zu rennen.

Wenn ich auch glaube, daß Zeit- und Gesellschaftskritik Aufgabe der Prosa und nicht der Lyrik sind, so habe ich sie doch in manche Gedichte einfließen lassen. Die neueren davon sind freilich Mischformen zwichen Lyrik und Prosa geworden, die ich »Balladen, Berichte, Romanzen« nannte und in dem Bändchen »Türklingel« sammelte (Bechtle Verlag, 1962). Mein Frankreich-Erlebnis seit 1956 spiegeln mehr als die Kulturberichte, die ich zuerst aus Paris schrieb, die wieder im engeren Sinne lyrischen Gedichte meines größeren Bandes »Türen aus Rauch« (Insel-Verlag, 1963). Da ich an Zerstreuung, Gedankenflucht, Disharmonien leide, zu Formlosigkeiten, melancholischen und manischen Aus- und Abschweifungen neige, zwingt mich das Gedicht zur Sammlung und Konzentration, mich kurz zu fassen, mich und ein Stück Welt zu fassen. Es entsteht aus dem Spannungsverhältnis zwischen Subjekt und Objekt, Umwelt und Innenwelt, Bewußtsein und Unterbewußtsein, Ich und Du, ist Dialog, Kommunikation, Widerspruch und dessen Auflösung, Widerspiel und Wiederkehr. Es versucht, Ordnung und Form ins Chaos zu bringen, Stützpunkte und Schleusen in den Sog der Verzweiflung und Depressionen zu bauen, Widerstand gegen Leid und Existenzangst, Apathie und Vergänglichkeit zu leisten, die Wirklichkeit in den Wortgriff zu bekommen, durch An- und Aussprechen zu »besprechen«, wie zauberkundige Frauen eine kranke Kuh »besprechen«, festen Boden zu gewinnen, zu halten und zu verteidigen. Es ist in dem Maße notwendig, in dem es Not wendet, Widerfahrung in Erfahrung wandelt, Unruhe in die Ruhe des Geformten, Selbstzerrissenheit und Entfremdung aufhebt, sinnliche Anschauung ins Gleichnis transzendieren läßt. Für mich ist es der einzige Weg zu Augenblicken des Glücks und der Befreiung, zu einer Ordnung und Lösung, die Freiheit schafft. Wenn es ihn auch anderen zu öffnen vermag, hat es seinen Zweck erfüllt.

Wolfgang Bächler
Traumprotokolle

Nacht vom 10. zum 11. Mai 1955

Ich suche ein Zimmer in Augsburg und komme dabei Hitler auf die Spur, der dort wieder aufgetaucht ist und alte und neue Anhänger sammelt. Ich besichtige ein Zimmer und hätte es gerne genommen. Aber kurz vor mir war Hitler da und hat es für sich gemietet. Ich sage zu der Vermieterin, wie sie dazu käme, Hitler aufzunehmen, das könne man doch nicht tun. Man müsse etwas gegen den neuen Rummel um ihn unternehmen, bevor es wieder zu spät sei, muß es der Polizei melden. In München ist er von der Polizei bzw. den Behörden sicher nicht geduldet worden, sonst wäre er doch nicht nach Augsburg gegangen. Die Hausfrau versteht mich ganz gut, sie hat nur Angst vor Hitler, traute sich nicht, ihn abzuweisen. Da läuten zwei Männer an der Tür, die zu Hitler wollen. Wie ich im Gespräch schnell merke, sind es keine Anhänger sondern entschiedene Gegner. Ich lasse sie herein. Sie wollen zwei kleine Sprengstoffbündel in Hitlers Zimmer legen. Sie überzeugen mich, das sei der sicherste Weg, Hitler unschädlich zu machen. Bei den Behörden könnte ich ja doch nichts gegen ihn erreichen, besonders nicht hier in Augsburg. Ich sage zu den Männern, sie sollen den Sprengstoff auf den Tisch im kleinen Wohnzimmer legen, das mit Hitlers Schlafzimmer durch eine Tür verbunden ist. Dort käme Hitler zuerst hinein und bleibe am Tisch sitzen, bis er zum Schlafen in sein Zimmer gehe.

Wir legen die nur in Zeitung eingewickelten Sprengstoffbündel auf den Tisch und warten ungeduldig auf Hitlers Rückkehr. Ich bekomme Angst, die Bündel könnten vorher explodieren. Ich weiß nicht recht, wo ich mich bis dahin aufhalten soll, setze mich in die andere Ecke des Zimmers oder gehe unruhig hin und her und halte die Vermieterin davon ab, an den Tisch zu gehen. (Ich weiß nicht mehr, ob wir sie eingeweiht haben.)

Ich gehe auf die Toilette, die auch durch einen direkten Zugang mit Hitlers Zimmer verbunden ist. Da kommt G. und möchte auch auf die Toilette, ruft und rüttelt ungeduldig an der Tür und geht dann in einen Verschlag nebenan, der nur durch eine niedrige Mauer von der Toilette getrennt ist. Über sie kann man zu mir herübersehen. Ich denke in meiner Wut auf G: wenn sie auch von der Explosion erwischt würde, wäre es kein schlimmer Verlust für mich.

Nacht vom 24. zum 25. Mai 1955

(. . .) Ich fahre mit dem Fahrrad früh morgens durch ein mir unbekanntes Fabrikviertel in Augsburg. Es ist noch menschenleer in der Morgendämmerung und so kalt, daß ich friere und gerne bald heimkommen möchte. Ich glaube, auf dem richtigen Weg zu sein, müßte nur bald nach rechts abbiegen. Aber es geht keine Straße, kein Weg nach rechts ab.
Ich komme nicht in die mir bekannten Viertel, es bleibt mir weiter alles fremd. Ich gerate in eine Straße, die an einem Bahndamm entlang führt. Es sind überhaupt viele Bahngeleise in dieser Gegend. Plötzlich hört die Straße, auf der ich den Damm entlang fahre, auf. Ich muß das Rad auf einem Steg über die Geleise tragen und befinde mich dann auf der anderen Seite wieder nicht auf einer großen Straße, die so aussieht, als führe sie weiter. Doch sehe ich in einiger Entfernung vor mir eine größere Brücke über den Schienen und hoffe, dort wenigstens aus diesem Wirrwarr von Gleissträngen und Sackgassen hinaus wieder auf richtige Straßen zu kommen, die weiterführen. Als ich sie erreicht habe, zweifle ich allmählich daran, ob ich wirklich in Augsburg bin, weil mir immer noch nichts bekannt vorkommt. Ich kann mir aber nicht denken, welche Stadt es sonst sein soll, da ich doch am Ende der Nacht von Augsburg aufgebrochen bin.

Nacht vom 27. zum 28. Mai 1967

Ich soll verhaftet und eingesperrt werden, entkomme aber dann irgendwie oder erhalte eine Bewährungsfrist. Eine Frau holt mich in Augsburg ab. Ich suche statt des Hauptausgangs einen anderen Ausgang aus dem Haus. Die (mir unbekannte) Adresse Dietrichstraße 32 geht mir durch den Kopf.

Wolfgang Weyrauch
Ingeduld
Ungeduld

Verzeihen Sie mir, bitte, liebe Augsburgerin und lieber Augsburger, daß ich nicht aus meiner Haut kann, auch wenn Sie dabei aus
den Häuten fahren, Sie, mein Herr, aus der Ihren, die mich kalt
läßt, und Sie aus der Ihren, meine Dame, die, ich zweifle nicht daran, so anmutig ist wie die vom Mädchen am Herkulesbrunnen: Ihre Stadt, keine Und-so-weiter-Stadt, sondern eine So-und-so-Stadt,
ist, wie könnte es auch im Jahre 1965 anders sein, mitten in einem
Jahrzehnt, da es sich entscheiden kann, ob wir alle uns zum Erbarmen wenden oder nicht, und daraus würde, womöglich, ein
Wohlgefallen untereinander entstehen – Ihre Stadt ist nicht nur
voller Ingeduld.
Ingeduld, so heißt irgendeiner Ihrer Einwohner: Ich kenne ihn
nicht, ich habe bloß, war es im Ölhöfle, in der Barfüßerstraße oder
im Caritasweg, sein Namensschild gelesen. Und dann habe ich
den schönen, privaten Namen aufs schönere Allgemeine übertragen, auf Augsburg, auf Teile Ihrer Stadt, versteht sich, Sie wissen,
natürlich, worauf. Andere Teile aber sind, leider, voll von Ungeduld, worunter ich nicht jene Unruhe verstehe, die denkt und
denkt, aber nicht an sich selbst, sondern an den Nachbarn, ans
Bessere, das zwar noch nicht das Gute ist, doch es ist mehr wert als
das Schlechte, das vorhanden ist. Nein, ich meine jenes Durcheinander, das nimmt, was es kriegt, und es ist ihm nicht genug.
Ich stimme darin mit meinem neuen Freund überein, Euerm »Steinernen Mann« – ich schreibe: Euer Steinerner Mann, rede Euch also auf bayerisch an, obwohl Ihr stolz darauf seid, Schwaben zu
sein –, ja, wir blinzelten uns ein einziges Mal zu, und gleich waren
wir auf Du und Du. Warum? Vielleicht, weil er mir, doch ich kann
mich auch irren, zu jenen »wilden Männern« zu gehören scheint,
die ganz und gar einsiedlerisch leben und also mehr vom Leben
erfahren als die meisten anderen, welche sich der Computer bedienen, ohne zu wissen, daß sie in Wahrheit dem Computer dienen (ich habe Godards utopischen und doch schon gegenwärtigen Film »Alphaville« gesehen).
Als ich, es ist noch nicht lang her, den Augsburger Bahnhof verließ
und in eine der Geschäftsstraßen der Stadt kam, geriet ich gleich,
wie es auch bei jeder anderen deutschen Mittelstadt der Fall ist,

von Frankfurt oder Hamburg gar nicht erst zu reden, sowohl in den sogenannten Verkehr, der verkehrt ist, weil er die Ingeduld gegen die Ungeduld eingetauscht hat, als auch ins Einerlei der konformistischen Läden, die dort, wo sie gleißend und doch fahl kommen und gehen, zum Beispiel aus Ulm Neumünster und aus Neumünster Freiburg machen, und aus allen diesen Städten zusammen eine X-Stadt, mit den gestanzten Läden und Waren, die ihrerseits die Käufer stanzen, aber eben in Augsburg, der schönen, alten Stadt, wie auf Postsachen aus der Stadt gestempelt wird, dauerte der Verschleiß der Ingeduld durch die Ungeduld nur gerade um ein paar Straßenecken herum, und hierauf, plötzlich, aber gleichsam erwartet, verwandelte sich die Ungeduld in Ingeduld: Der Perlach erschien. Ich erblickte inmitten der mannigfaltigsten Kirchtürme, vom Dom, der vor neunhundert Jahren geweiht wurde, bis zu St. Ulrich und Afra – Afra, die einmal das Gegenteil einer Heiligen gewesen ist: Aus dem Schlund kriecht es sich bloß nach oben – ein köstliches, profanes Rechteck, grau und doch schimmernd, fest, ja, so schien es, das festeste, was es gibt, und doch transparent.

Von jetzt an, in Augsburg und zu Hause, bis in diesen Satz hinein, ließ mich der Perlach nicht mehr los, so wie einst die Kirche des Eifelstädtchens Prüm, die auch alles sieht und hört, aber sie belehrt, gleich dem Augsburger Turm, statt anzuschwärzen. Wenn mich einer fragt, womit man wohl den Perlach vergleichen könnte, möchte ich ihm antworten: Mit einer Eins, die über alle Augsburger und ihre Gäste, mich eingeschlossen, wacht, über diese, mißt man sie mit jenem Inbegriff der Ingeduld, Summe von Nullenhaftigkeiten. Elias Holl, der Augsburger Stadtwerkmeister, hat die Eins gebaut, oder doch an ihr gebaut, nicht anders als am benachbarten Rathaus, an der Stadtmetzg, am Roten Tor und so weiter und so weiter, und so weiter: Zum einen hat Holl, wie ich erfuhr, wirklich an allen Ecken und Enden der Stadt gewirkt, auch an Brücken und Mühlen, auch in der Einzelheit, auch nur mit Rat – nur: Als wäre sein Rat nicht zugleich eine Tat gewesen –, und also könnte man Augsburg sehr wohl Eliasburg oder Hollburg nennen; zum andern aber bin ich kein Historiograph, sondern einer, der auszog, den Ort durch alles, was er hat und nicht hat, was er ist und nicht ist, kennenzulernen, erst für sich selbst, und dann, falls es nur ginge, das Subjektive ins Mitgeteilte verändert.

Den Perlach vor Augen oder auch nur im Rücken, aber das ist fast gleich, bilde ich mir ein, manches, beileibe nicht alles, transparent zu sehen, das heißt, ich sehe die Ingeduld, ich sehe die Ungeduld, und ich entdecke noch etwas, ein drittes: das Mußgnug. Was ist das? Nun, ich habe es mit den Namen, scheint es, denn Mußgnug hieß einmal jemand, zwar nicht in Augsburg, doch in Tuttlingen, und das war auch ein bewegter Ort. Eben merke ich, daß ich über Tuttlingen in der Vergangenheit, über Augsburg aber in der Gegenwart schreibe. Kein Wunder, da der schöne und wahre Perlach, wenn auch verkleinert, gleichsam auf meinem Schreibtisch steht, und durch ihn auch das Schild am Haus, wo B. B. geboren wurde, in Brechts »Augsburger Kreidekreis« spricht der Richter Dollinger nicht der Frau Zingli das Kind zu, sie riß es, koste es, was es wolle, aus dem kreidigen Kreis, er spricht es der Anna zu, die es nicht über sich bringt, das Kind aus dem Kreis zu zerren: Der Richter ist, wie sein Autor, ein Mußgnug, ein Mann, ein Mensch, dem die anderen Menschen genug müssen, und genug ist genug, und zuviel ist zuviel. Oh, in diesem Augsburg der Ingeduld habe ich viel, äußerst viel, gefunden, was auch zum Mußgnug gehört, woraus man schließen kann, daß Ingeduld und Mußgnug miteinander verwandt sind, so fand ich: in der erlesenen Ausstellung »Hans Holbein der Ältere und die Kunst der Spätgotik«, die gerade stattfand, eine Gruppe aus Lindenholz, der Heiland sinkt, vom Kreuz herab, in die Arme des heiligen Bernhard – Mußgnug; ebenda die »Graue Passion« Holbeins, des Vaters, der vor fünfhundert Jahren in Augsburg geboren worden ist, eine ungeheure Schilderung der Leiden Christi, eben grau in grau, da das Bunte angesichts des Frevels und des Schmerzes verlöscht – Mußgnug; im Schaezler-Palais einen winzigen Bauern mit seinem Bündel, ums Jahr 1550 herum gebildet, doch er könnte auch aus dem Jahr 1950 sein – Mußgnug; der Rest der Barfüßerkirche, mit einem Christkind Georg Petels darin – Mußgnug: das andre, mehr als das, was übriggeblieben ist, viel mehr, haben die Bomben des letzten Krieges zerfetzt, des letzten, was nicht heißen darf, seitdem hat es keinen mehr gegeben, sondern was heißen muß, es darf keinen Krieg mehr geben, hier, in Augsburg, nicht, das an seinen auf und ab schnellenden geschichtlichen Erlebnissen litt und litt, zumal 1132, als es ratzekahl ausgeplündert und bis auf den letzten Stein verbrannt wurde, wozu sein damaliger Bischof äußerte, Augusta, die Erhabene, müßte von nun an Augusta, die Bedrängte, heißen; Mußgnug: Hier also, am Lech, darf der Mensch nicht mehr den Menschen entmenschlichen, aber woanders auch nicht, nirgendwo und nirgendwann oder eines entsetzlichen, widernatürlichen Tages wäre auch die Augsburger Maximilianstraße dahin, die ich für die einzige Promenade im derzeitigen Deutschland der Ungeduld halte; ich sage das nicht, weil ich gerade über Augsburg schreibe: Schriftsteller lassen sich weder einlullen noch bestechen. Da steht also der Perlach, da steht das Rathaus (sein Goldener Saal ist nicht mehr golden, die Bomben, die wir verursacht haben, haben das Gold verascht, und nur ein paar, im Weiß der Wände schwebende Reste bildlicher Darstellungen sind übriggeblieben, Gespenstern gleich; Brecht hat, im »Augsburger Kreidekreis«, notiert: »Der Saal, in dem der Richter Dollinger verhandelte, war der sogenannte Goldene Saal. Er war berühmt als einziger Saal von dieser Größe in ganz Deutschland, der keine Säulen hatte; die Decke war an Ketten im Dachfirst aufgehängt«), da steht St. Moritz, da stehen die Fuggerhäuser (eins davon mit dem lieblichen Damenhof, wo die lieblichen Frauen und Töchter Ulrichs und Georgs und Jakobs spazierengingen, aber die Männer stifteten und errichteten die Fuggerei, ein soziales Städtchen in der Stadt, für die Armen, die kein Brot und kein Holz hatten; ich bin, immer wieder, durch diese Gehäuse der Toleranz hindurchgegangen und habe mich darüber gefreut, daß hier, hinter den vier Toren, in den sechs Gassen und fünfzig Häuschen, immer noch dreihundert alte Leute wohnen, und zwar, wie einst, jeder für eine Mark und einundsiebzig Pfennig im Jahr), da stehen die Brunnen des Herkules und des Merkur, da steht das Schaezler-Palais, da steht St. Ulrich (das katholische Münster und das evangelische Kirchlein vertragen sich gut) : eine Addition des Erhabenen und des Elementaren, des Heiteren und des Tragischen, des Anteilnehmenden und des Individuellen, die so kommuniziert, daß man auch von einer Multiplikation sprechen könnte, von einer Multiplikation der Teile untereinander, der Teile mit dem Ganzen und des Ganzen mit den Teilen, und alles ist eins, wenn ich mich jetzt von Augsburg verabschiede, mit diesen Sätzen, aber keineswegs mit meinen Sinnen, die nicht aufhören werden, den Dom und die Puppenkiste, den Lech und das Mozarthaus zu genießen, und diesen Genuß an jedermann, den ich treffe, weiterzugeben, das Glasfenster mit dem Propheten Daniel beispielsweise und das hüpfende Hin und Her des kleinsten Geißleins, die vielen Kanäle, die mitten in Augsburg Hamburgs Fleete einfallen lassen, und die deftigen Briefe Johannes Chrysostomus Wolfgang Gottliebs, bitte ich nur darum, daß, wann immer sich ein Wanderer der Stadt nähern wird, er keiner »erstarrten Stadt«, wie sie Max Ernst gemalt hat, begegnen möge. Das haben Zwerchgasse und Wollmarkt und Viertes Quergäßchen nicht verdient übrigens habe ich mich mit dem Augsburger Anstoßgäßchen unterhalten: Es nahm Anstoß daran, daß es keine Brechtstraße gibt, und ich antwortete ihm, mit einem jiddischen Sprichwort, auch ein Knäuel hätte sein Ende.

Erhart Kästner
Augsburgs Größe

Immer weniger deutschen Städten gelingt es, ihren alten Stadtgeist in die zweite Hälfte dieses Jahrhunderts hinüberzuretten. Die Stadtgötter sterben. Gewiß, Köln hat sein Unverwechselbares aus den Trümmern von 1945 wieder zu Leben gebracht, der alte Urgrund erwies sich als stärker. In Berlin weht noch immer die Lebensluft, die man sonst nirgendwo auf der Welt atmet, das Zentrum von Stuttgart hat sich aus grenzenloser Verwüstung heiterer wiederhergestellt, als es war, München verharrt noch in seinem selbstzufriedenen Behagen, Regensburg verwahrt noch den Schatz seines Stadtkerns mit den staufischen Haustürmen, aber was fängt es an mit dem Erbe? Hat Frankfurt nicht beinahe allen Charakter verloren und wurde weithin zu einer überforderten, platzenden Großstadt, die fast überall anderswo auch liegen könnte? Sieht es dort soviel anders aus als in Hannover und Dortmund, Braunschweig, Hamm, Kiel? Kann man nicht lange durch deutsche Stadtviertel fahren, ohne daß man erriete, läse man's nicht auf den Schildern, wo man sich aufhält? Von Dresden, dem Stadtwunder, sagt man, es sei zweimal zerstört worden, einmal in jener Februarnacht und dann durch die muffige Unmodernität, die Geistlosigkeit seines Aufbaus. Ach, es gilt nicht nur für Dresden.

Aber Augsburg. Augsburgs Ruhm war es immer, aus den vielen Stockwerken seines Unterbaues zu leben, aus den Gewölben, die mit Geschichte gefüllt sind und deren Kraft allezeit anwesend war. Das war ein Vorrat, der zwang, dem Alten eine gute Antwort zu geben, denn mit dem Hüten des Alten ist es ja niemals getan, sowenig wie mit seiner Mißachtung.

Nie war das römische Wesen, das Augsburgs mächtige unterste Schicht ist, so nach oben gepflügt worden wie in den Jahren nach diesem Krieg, als Holls Rathausbau fensterlos klagend und ausgebrannt dastand, der Dom aus den Trümmerbergen des Hohen Wegs starrte, der Chor der Barfüßerkirche wie niemals zuvor als ein Riff in die Oberstadt ragte, die Jakobervorstadt ein Bild bot wie auf alten Stichen das römische Forum, der Campo Vaccino, Gras und Gesträuch über Trümmern. Eine seltene Erfahrung war damals in Augsburg zu machen: daß es nicht die Verluste sein müssen, welche ein Schicksal besiegeln, daß sich in Verlusten die noch vorhandene Substanz zeigt, daß Rückschnitte erweisen, ob Austriebe möglich sein werden, daß Abgaben Selbstbesinnungen sind, daß erst Rückschläge zeigen, ob Kräfte da sind, die den Besitz rechtfertigen.

Es ist bekannt, Augsburgs Stadtgefüge bewegt sich immer noch um die Achse, die sich von der Bischofsstadt über Perlach und Rathaus zum Hügel von Sankt Ulrich und Afra hinzieht. Also ist es die Lebensform der Ellipse, die sich um zwei Mittelpunkte bewegt wie Sternbahnen, die Augsburgs alte Größe ausmacht: geistliche Tradition und bürgerliche Unternehmung und Gründung. Vom Gewinkel der Gassen, die sich unterm Krummstab kleinmachen, läuft diese Achse zur Breite der Bürgerstraßen hinauf, deren Häuser den Bauwillen, sich darzustellen, die eigene Lebensleistung zu loben, ausdrücken. Doch sollte über dem Ruhm, der dem Straßenzug vom Dom bis zu Sankt Ulrich, dieser imperialen Achse, von jeher gezollt wird, nicht vergessen werden, daß der Stadtgeist von Augsburg nicht weniger in den Vorstädten wohnt, in der Jakobervorstadt, in den Gassen am Vorderen und am Hinteren Lech, Lauterlech, Sparrenlech, Schäfflerbach, in der alten Frauenvorstadt, am Pfärrle. Zu wenig hat man beachtet, daß es den industriellen Gründungen des vorigen Jahrhunderts gelang, nebenbei gelang sozusagen, Quartiere von unverwechselbar ausburgischem Gepräge zu schaffen, auch sie eine Wohnung des Stadtgeists.

Hier wäre, für viele andere und als ein Erster und Früher, Johann Heinrich Schüle zu nennen, der, wie Jahrhunderte vor ihm die Fugger, um das Jahr 1750 als Handwerksbursch aus dem Hohenlohischen, aus Künzelsau, einzog, mit nichts als seinem Mut ausgerüstet und einer Lebenskraft freilich, die ihn in den Stand setzte, sich mit achtzig Jahren noch einmal an die Spitze seiner wankenden Firma zu stellen, die er seinen Söhnen schon überantwortet hatte, und sie noch einmal hochzog. Es war der Kattundruck, den Schüle betrieb, den er aus England aufs Festland verpflanzte, den er industrialisierte und zu einem Welterfolg brachte, mit Louis-seize-Mustern, später mit biedermeierlichen Dessins bedruckte Baumwolle, eine populäre Ausgabe der alten gewirkten und teuren Damaste. Was seinen Erfolg machte und ihm den entzückten Beifall der Käuferinnen einbrachte, war außer der Billigkeit seiner Ware ihr Geist und ihr Witz: ein unerschöpflicher Reichtum an Mustern. Da war vom prächtigen Blumenbukett bis zum treuherzigen Streifen auf einmal alles zu haben, was vordem nur in den reichen und vornehmen Häusern zu sehen war. Nicht aber wegen seiner Unternehmerkraft und seines Glückes muß diese Frühfigur des Industrialismus in unserem Zusammenhange genannt sein, vielmehr deshalb, weil er vor dem Roten Tore in Augsburg im Jahr 1770 (man bedenke: dem Jahr, als Goethe in Straßburg einundzwanzig Jahre alt war) ein Fabrikgebäude gebaut hat, das jetzt, nach bald zweihundert Jahren, immer noch dient und einem Barockschlößchen ähnelt, so dokumentierend, daß nunmehr die Feudalsitze einer vorigen Zeit von anderen Mächten besetzt wurden, einer wie immer beschaffenen Neuzeit. So war dieser Schüle ein Vorreiter der vielen, die nach ihm, Augsburg mächtig verändernd, auftraten: Johann Friedrich Merz, der Kammgarnspinner, Schaezler, der Baumwollspinner, und Martini, der Bleicher, Reichenbach und Carl Buz, die Maschinenbauer vorm Lueginsland, Friedrich List, der Eisenbahner, Rudolf Diesel, der Motorenbauer, und wie viele andere. Sie alle, Gründer der Neuzeit, waren Erbauer der östlichen und nördlichen Stadtviertel, die voller augsburgischer Eigenart sind, längst schon Historie angesetzt haben, längst eingeschmolzen und eingewohnt und nirgend anderswo denkbar, unverwechselbare Quartiere des Stadtgeists.

Es sind dieselben Quartiere, aus denen Bert Brecht stammt, der große Sohn Augsburgs in diesem Jahrhundert, und aus denen er mit seinen schönsten Gedichten Heimat gemacht hat, bedichtete Heimat für alle, auch für die vielen, die gar nicht wissen können, daß mit diesem und jenem Zug etwas Augsburgisches gemeint ist. Der Gesang an den Baum Green, die Ode ans Schwimmen in Flüssen, die Poesie der Lechauen, die in den lyrischen (gänzlich undramatischen) Szenen das »Baal« glänzt, und alle die balladesken Schauergeschichten vom Tobias Apfelböck und der Marie Farrar, die Lieder, die vom Geruch der augsburgischen Altstadtgassen erfüllt sind und vom Bänkelsingsang des herbstlichen Plärrers: Brecht, ohne Dank, hat für das Augsburg dieses Jahrhunderts geleistet, was tote Steine bewohnbar, was eine Stadt erst zur Stadt macht. Er hat Realitäten den Schimmer gegeben.

Architektur ist Bekenntnis, Bauen verrät, wie Sprache und Handschrift verrät, beim Bauen kann keiner lügen. In der Mitte der sechziger Jahre unseres Jahrhunderts muß sich der liebende Verehrer von Augsburg, wenn er von Mal zu Mal wieder in seine Heimatstadt kommt, fragen, was denn die beiden Jahrzehnte nach diesem Kriege taten, um der überlieferten Größe, diesem erstaunlichen Stadtgeist, die so nötige neue Antwort zu geben. Und er sieht sich gezwungen zu sagen, daß bald zwanzig reichliche Jahre, daß die unvergleichliche Chance all dieser Lücken und Trümmer nicht ein einziges Bauwerk von überprovinziellem Rang hervorgebracht haben. Restauriert hat man, das ist gut, das ist viel, das ist dennoch zuwenig. Wo ist im neuen Augsburg etwas vom Erbe des großen Bauwillens, von Verachtung des Dutzendmäßigen, Risikolosen, halbmodernen Verwaschenen, wo ist der Wille zu weltoffenem Neuen zu spüren? Wo sieht man die säkulare Chance genutzt? Wo ist der Mut abgeblieben, der doch so unabtrennbar von Augsburgs Vergangenheit, Augsburgs Bürgergeist ist, etwas hinzustellen, dessen Ruhm um die Welt geht? Wenn man die Meisterwerke städtischen Bauwillens der letzten zehn, auch nur der letzten fünf Jahre herzählt: Aus Augsburg ist ganz gewiß nichts dabei. Oder wo wäre in Augsburg etwas zu finden, vergleichbar mit der Philharmonie von Scharoun oder der Gedächtniskirche von Eiermann in Berlin? Wo eine Liederhalle von Gutbrodt in Stuttgart? Wo ein Rathaus wie das von Bakema in Marl, wo ein Kulturhaus wie das von Aalto in Wolfsburg? Wo etwas wie die Jahrhunderthalle von F. W. Kraemer in Höchst. Wo eine Stadtkern- und Stadtgartenlösung voller Anmut und demokratischem Freisinn wie der Schloßbezirk Stuttgarts? Wo ein Hansaviertel, wo eine Cité Corbusier, ein Stuttgarter Fernsehturm, ein Romeo-und-Julia-Wohnhaus, von Schweizer Wohnviertellösungen nicht erst zu reden? Wo immer etwas Außerordentliches versucht, etwas Bedeutendes gewagt worden ist, wo etwas Kühnes gerühmt wird: Augsburg ist niemals dabei. Wo ist Augsburgs Wille zum Außerordentlichen, zum Unpopulären geblieben? Wovon zeugt dann das Rathaus von Holl, wenn nicht davon, daß man in Augsburg zu Entwürfen imstande war, die ihresgleichen nicht hatten? Es wird doch kein Vernünftiger meinen, daß ein Entwurf, wie ihn Elias Holl nach mehreren Anläufen wagte, zu seiner Zeit populär war? Also, wo ist der Stolz Ausburgs? Warum überläßt Augsburg nicht München den Ruf, im selbstzufriedenen Restaurativen zu schwelgen, warum zeigt es nicht seinerseits, daß es aus anderem, aus schwäbischem Stoffe gemacht ist?

Ernst Kammerer
Am Augustusbrunnen

Den Leib leicht zurückgebogen, das Gewicht des Oberkörpers auf den gerundeten rechten Ellbogen gestützt, halb sitzend, halb liegend, schaut die Frau auf dem Brunnenrand auf ihre hocherhobene linke Hand, in der sie Ähren hält. Ein Ährendiadem krönt ihre Stirn. Ähren, ins Haar geflochten, fallen ihr in den Nacken. Sommerlich prangen die Ähren, sommerlich prangt der nackte Leib aus Bronze. Mitten in der Stadt Augsburg liegt die schöne sommerliche Bronzefrau auf dem Brunnenrand. Die Straße wird hier enger. Der gepreßte Verkehr strömt mit Macht vorbei. Die Brünnlein springen, und wenn sie ihr Wasser über die bronzenen Gestalten hinschütten, dann entstehen auf dem Metall Flecke, die schwarz glänzen wie Samt. Man würde die nackte Bronzefrau auf dem Augsburger Kunstbrunnen mißverstehen, wenn man sagen würde, sie verherrliche die Ähre, den Bauern, das Land. Sie ist aus Ähren aufgetaucht, sie hält mit sinniger Gebärde Ähren in der Hand. Aber das schlanke, geschmeidige Wesen ihres Leibes ist städtisch, die Heiterkeit ihres Gesichtes ist die Heiterkeit hoher urbaner Bildung und Sitte. Sie ist eine Sommerfrau, aber sie ist die Sommerfrau aus einer Stadt, in der die Früchte der Welt auf dem lachenden Markt gehandelt werden, sie ist die Sommerfrau, der die Juweliere der Stadt den Glanz der edlen Steine umlegen, sie liegt auf dem Brunnenrand, und über ihr steht der bronzene Kaiser Augustus mit dem Lorbeerkranz. Die Brunnenfrau ist die Stadt selbst, die sich auf eine natürliche und edle Weise der Ähren erinnert. Sie verherrlicht die Gabe des Menschen, zu höheren Ordnungen aufzusteigen, Städte zu bilden, Umschlag einzuleiten und zu befördern, zu vergleichen, zu wissen, das Schöne zu erkennen, mächtig zu werden. Es steht in der Brunnengestalt zu lesen, daß die Städte prangen als eine steinerne Sommerfrucht des Landes, und die kühle bronzene Ährendame ist ein vornehmer Inbegriff für die Stadt Augsburg.

12.

Augsburger
Möglichkeiten

F. C. Delius
Augsburger Möglichkeiten

1

Du kannst dir, sagst du, nicht vorstelln, wie
Augsburg aussäh, wenns rot wär. Ich auch nicht.
Flugblattverteiler in der Bahnhofstraße hab ich
schon mal gesehn. Und ein Mensch in Augsburg studiert
nach Brecht bereits Heiner Müller. Wir werden immer
radikaler, sagt der stellv. Juso-Vors. Wenig
passiert an der Uni, immerhin: wenig!
Und ein Rotes Tor gibts auch schon! Nichts weiß
ich von Augsburg, wieviel weißt du?
Vorstellen kann ich mir viel:
                                    die Besetzung
der Haindlschen Papierfabriken, der Jubel, wenn
das Telegramm der Augsburger Papierarbeiter eintrifft:
endlich auch eine Papierfabrik! Unser erster Gedanke:
endlich können wir die Zeitung auch über den
Kleinstädten Bayerns und Baden-Württembergs
abwerfen, vorausgesetzt:
die Rohstoffzufuhr klappt, Herr Haindl jr. hetzt nicht
seinen Freund aus dem Rotary-Club Major Sowieso mit
zwei schon ziemlich demoralisierten Panzerbataillonen
auf Augsburg, das Fernschreibnetz und das Telefonnetz
bleiben intakt, die Probleme des Klassenverrats
machen uns nicht mehr als üblich zu schaffen, die
Kriegsdienstverweigerer halten die Front um Stuttgart,
vorausgesetzt dies und das,
dann klappt es auch mit der Zeitung, und was
ist schon diese Zeitung.
Vorstellen kann ich mir wenig:
                                    ein Chaos,
ständig gute und schlechte Nachrichten abwechselnd,
aber die überraschende Meldung aus Augsburg, die möbelt
die erschöpften Nerven der Genossen der IG Medien,
vormals Druck und Papier, ganz schön auf.

2

Du kannst dir, sagst du, den Blick hinunter
zum Lech (da lief Brecht mit der Gitarre,
Mai 18, der Weltkrieg war noch nicht vorbei),
das trotzdem nicht vorstelln, du siehst auch nicht
den Sinn solcher Spinnerein, sagst du.
Ein Mensch im Vorübergehn auf dem Rathausplatz
läßt einen Satz fallen, der mich bestätigt:
Mensch, wir wachsen doch nicht ins Leere!
(Wer sagt sowas hier: ein Studienrat, ein
Volkswirt, ein DKP-Kulturmann, ein
unentdeckter Augsburger Dichter?)
Wir treffen uns im Hof der Fugger, treffen auf
unsre mickrige Vorstellungskraft von Geschichte:
wenn der Vergleich zulässig wäre, wäre
Abs nicht ein Furz gegen Fugger?
Und das bestätigt dich: Vorstellungskraft rückwärts
oder Vorstellungskraft vorwärts, das führe doch nur
zu Illusionen über heute, nütze nichts.
Ja, wir treffen uns beide an der Grenze der Naivität
(nicht alles, was kühn ist, ist auch naiv).
Also fangen wir anders an: Wenn ich
zum Beispiel Germanistik-Assistent wäre,
würde ich das Seminar eröffnen mit diesem
Satz?: Die Poesie stand noch nie auf dem Boden
der freiheitlich-demokratischen Ordnung, immer schon
war sie, wem sag ich das, weiter als die Verhältnisse,
die sie zuließen, und war, wenn sie gut war,
keineswegs friedlich. Sehr wahr, sehr richtig.
Also Berufsverbot.
Also dasselbe noch einmal anders:
auftritt ein Schreiber, bißchen melancholisch, immer
eifrig, und spricht: Ach, Freunde, wenn ich
eure Vorstellungskraft seh, verängstigt durch
Gebote, Verbote. Informationsgettos, festgenagelt
in den Museen eurer täglichen Gewohnheiten, dann
komm ich mir fast wien Dichter vor: so
provoziert ihr die Phantasie! Und ich halt
euch doch nur hin und wieder eure eignen
Träume unter die Nase, und diese Träume stehen,

das steht schon bei Marx (MEW 1, Seite 345 f.),
nicht auf dem Boden des gegenwärtigen Bewußtseins.
Was soll ich euch noch alles auftischen!
Weitere Augsburger Möglichkeiten gefällig?

3
Kommt, sagt die Phantasie und versetzt euch
zurück nach Besancon in die siebziger Jahre des
20. Jahrhunderts. Wenn ihr nicht fähig seid,
so predigt sie, bei LIP zum Beispiel mehr zu sehen
als Arbeitsplatzsorgen von Uhrenarbeitern und mehr
als Romantik, nämlich was-werden-wir-wenn,
dann könnt ihr einpacken. Schon schaut ihr
betroffener. Dann aber, wenn man euch nach der Uhrzeit
fragt,
kommt, wenn ihr antwortet, manchmal ein Blick hinzu,
der anzeigt, daß wir schon etwas weiter sind
als die Uhr zeigt.

Thomas Bernhard
Morgen Augsburg

Morgen Augsburg

Morgen in Augsburg

Morgen in Augsburg

muß er einen Arzt aufsuchen
morgen in Augsburg

Morgen sind wir in Augsburg
morgen Augsburg

Morgen in Augsburg
ja
Da gehen wir miteinander aus

Morgen in Augsburg
neue Bandagen
verstehst du

Morgen in Augsburg
muß ich den Augenarzt aufsuchen

Keine Bibliothek in Augsburg
kein Buch
nichts

Morgen um sechs
will ich in Augsburg sein

Augsburg
ist das Schlimmste

Frisches Fleisch kaufen
in Augsburg

Frischfleisch
morgen in Augsburg
Frischfleisch

In Augsburg
die E-Saite nicht vergessen

Ein ganz und gar verrückter Musikalienhändler
in Augsburg

Zwei Saiten in Augsburg
E E verstehst du

Um sechs in der Frühe hinaus
gleich wo
und sei es in Augsburg

Ich bemerke an dem Celloton
daß die Temperatur sinkt
Morgen in Augsburg

Die Wärmflasche
morgen in Augsburg
nicht vergessen

Augsburg
ist kalt

Morgen in Augsburg
In Augsburg morgen

Morgen in Augsburg
mein Kind
In Augsburg

Gibt es denn in Augsburg
überhaupt einen Arzt
einen Rheumaspezialisten
in diesem muffigen verabscheuungswürdigen Nest
In dieser Lechkloake

Gibt es denn in Augsburg
überhaupt
einen Klavierstimmer

Morgen in Augsburg
kaufe ich dir die ganze grauenhafte Literatur
und du wirst vor lauter Auswendiglernen
keine Zeit mehr haben
für den Jongleur

Morgen in Augsburg
eine Schnur

Morgen Augsburg
Morgen Augsburg

Zwei Schachteln Kolophonium
in Augsburg

Es ist eine Unglücksreise
nach Augsburg

Morgen Augsburg

Morgen Augsburg

August Kühn
Dem ist wohl huren mit der Kunst, dem der Beutel voll Geld hanget

So stand es auf dem Bild eines Kollegen von Jörg zu lesen, auf einem Schriftmedaillon, auf dem vor der mittelalterlichen Stadtansicht von Regensburg, ergänzt nur um die Betonhochhäuser des Universitätsviertels, im Vordergrund die Brustportraits des Malers Albrecht Altdorfer und des Predigers Thomas Müntzer zu sehen waren. Dabei stand auf einem weiteren Schild die Erklärung, daß die Portraitierten sich angesichts der Stadt Regensburg eben »über Gott, Marx und die Welt« unterhielten. Der Kollege Hermann Scholz stammte aus Regensburg und war eigentlich Holzbauingenieur, aber in München kannte man ihn seit Jahren nur als Maler und unter dem Namen eines Südtiroler Raubmörders, den der einmal bei einem Bergausflug auf einem Marterlschild entziffert hatte. Weil niemand diesen Zusammenhang kannte, so konnte auch niemand einschätzen, wie sehr dieser »Guido Zingerl« den typischen, makabren niederbayerisch-oberpfälzischen Humor repräsentierte – mit der besonderen Ausnahme, daß er auch sich selbst nicht ausnahm. Gemeinhin lebt dieser Humor sonst nur von der Schadenfreude, Freude über den Schaden anderer.

Das war die malerische Stellungnahme Zingerls gewesen zu den gesellschaftlichen Zuständen seiner Heimatstadt, die er noch immer als feudal-mittelalterlich empfunden hatte.

Der Fürst, der nach einem aufreibenden Playboyleben mit dem Rest seiner Manneskraft an der Schwelle zu seinem Sechzigsten ein noch nicht einmal halb so altes Schwabinchen mit barockem Fürstenpomp geheiratet hatte, er hatte vom gewählten Regensburger Bürgermeister untertänigst gefragt werden müssen, wo Durchlaucht den Verlauf der Zufahrtsstraße zur neuerbauten Universität gestattete.

Jörg war nach dem Besuch in München mit dem Entschluß heimgefahren, seine Gefühle über die gesellschaftlichen Verhältnisse nicht nur seiner Heimatstadt Augsburg, sondern des ganzen Landes auf eine Leinwand zu bringen. Ein Titanenkampf mußte es werden, ähnlich gewaltig, wie er ihn von Bildern des Spaniers Goya kannte, jedoch eben mit den Attributen der neuesten Zeit. Dem ist wohl huren mit der Kunst . . . – Jörg wollte sich nicht einkaufen lassen, er wollte vielmehr nur seiner Arbeit und seinem

Können die Anerkennung verdanken, die er sich noch erwerben würde und der er noch mit zunehmender Rastlosigkeit nachlief. Eines übergroßen Formats bedurften Titanen. Die Grenzen dieses Formats setzten nur die Türen seiner Werkstätte am Hunoldsgraben, nein, auch sein immer spärlicher gefüllter Geldbeutel. So lief er die nächsten Tage den »langen Marschierern« nach, den ehemaligen »68ern«, die er von den ersten Ostermärschen kannte als wortradikale Studenten und die inzwischen ihre einträglichen Sessel gefunden hatten in Anwaltskanzleien, öffentlich-rechtlichen Anstalten – wenn sie nicht ungeschickt taktiert hatten –, in Redaktionen und Lektoraten. Bei denen suchte er kleinere Arbeiten abzusetzen, die in den vergangenen Monaten und Jahren entstanden und unverkauft in seiner Werkstätte übriggeblieben waren; einmal spontan entstandene Bilder von Demonstrationszügen in frühlingsgrüner Landschaft, von Sängern und Schriftstellern, deren Werke ihn beeindruckt hatten, auch heitere Landschaften, in denen er sich erholte, und Stadtansichten, von denen er sich betroffen fühlte – ihr Verkauf sollte ihm die Mittel verschaffen für sein Großprojekt.

Nach einer Woche hatte er die Leinwand aufgespannt, grundiert und konnte darangehen, die handelnden Figuren zu skizzieren. Aber die zahlreichen Gespräche an den Türen, an denen er hatte klingeln müssen, wenn er überhaupt soweit gekommen war und man ihn nicht gleich auf der Matte hatte stehenlassen, sie hatten seinen Elan verbraucht. Wohl zeichnete er mächtige Körper mit Kohle, mit Rötelstift auf den weißen Untergrund, wischte diese und jene Linie wieder weg, ganze Figuren wieder weg, kam nicht weiter.

Wenn gegen Abend das Licht knapp wurde, ging er nicht nach Hause, sondern blieb grübelnd in seiner Werkstätte hocken, oft bis nach Mitternacht, um dann aber noch eine offene Kneipe zu suchen, Menschen, mit denen er über alles außer über Kunst oder Gesellschaft schwatzen konnte, belanglos und doch lebendig. Bald kannte er nun alle länger geöffneten Kneipen, daneben aber auch die Vereinzelung vieler Leute in einer dicht bewohnten Stadt, die sie wie ihn selber hintrieb zu diesen Abfallplätzen mit Getränkezwang. Angetrunken wollte er sich in der frühen Morgenstunde dann nicht der Familie zumuten, zu einem kurzen Schlaf suchte er gleich wieder seine Werkstätte auf. Manchmal kam er sich vor wie der Goldhamster im Laufrad des Schaufensters der Zoohandlung. Nach einigen Wochen, in denen er gerannt war, unbändig, doch nicht vom Fleck kommend, da nahm er unaufmerksam und beiläufig wahr, daß seine Frau einen Rechtsanwalt mit dem Betreiben der Ehescheidung beauftragt hatte. Einige Tage später teilte er diesem durch einen Telefonanruf mit, daß er mit allem einverstanden sei, das Wie überlasse er seiner Frau und ihm, dem Anwalt, als dem Fachmann.

Die Titanen!

In diesen Zeiten seiner Besessenheit bekam Jörg wenige Tage vor dem Termin bei Gericht den Besuch eines für Kultur zuständigen Stadtrates, der ihn kennengelernt hatte bei der Eröffnung des Vorstadt-Kulturzentrums in der Mühle. Der sah sich um in seiner Werkstätte, erkundigte sich wohlwollend nach dem einen oder anderen und am Schluß danach, ob er im Herbst eine Ausstellung in der städtischen Galerie zustande bringen könne.

Anerkennung! Oder wenigstens Aufmerksamkeit! Jörg sagte plötzlich hoffnungsgeladen zu. Wenigstens würde er etwas zu halbwegs angemessenen Preisen verkaufen können, ohne in der bisherigen, zermürbenden Art und Weise Käufern nachlaufen zu müssen. Er würde solange sein Großvorhaben zurückstellen, um es dann unter günstigeren Umständen wieder anzugehen.

»Mach' dir nur einen Plan, sei nur ein großes Licht, und mach' dir noch 'nen zweiten Plan, gehn tun sie beide doch nicht . . .« hatte der bedeutende Dichter Augsburgs gereimt. Für die Ausstellung in der städtischen Galerie mußte Jörg sogar schon verkaufte Bilder leihweise zurückholen, andere noch verbessern, die eine ganze Wand bedeckende Leinwand des geplanten Titanenbildes verhängte er, weil ihn die weiße Fläche zunehmend mehr bedrängte, mit zwei grauen Wolldecken.

Seine erste große Ausstellung in der Heimatstadt wurde zwar nicht der erträumte große Erfolg, aber er brachte die erhoffte Aufmerksamkeit, ausreichend Abnahme von kleineren Bildformaten, daß er zu tun hatte, dabei noch auskömmlich leben konnte. Jedenfalls dann war es auskömmlich, wenn er keine zu langen unproduktiven Pausen einlegte. Die grauen Wolldecken lüftete er nur selten, wenn er ein paar überlegte Striche Rötel dem Entwurf einfügte, andere Striche dafür entfernte. Ein Jahr verging darüber, das nächste, übernächste (. . .)

Wenn manchmal Besucher kamen, der einarmige Hans, Christian, der schreibende Busfahrer, die Kollegen Scholz und Schellemann, gelegentlich auch eine Frau, mit der er ein Verhältnis hatte, bis die Verbindung wieder brach – ungern gab er da dem Begehren nach, zu zeigen, was sich auf dem angefangenen Bild getan hatte. Wie einen Körperschaden versuchte er zu verbergen, daß es nicht weiterging, es erschien ihm sein Unvermögen wie ein körperlicher Schaden an sich selbst.

Christian hatte es, fand er, noch am besten verstanden, aber er war, von den Schichtarbeiten vorzeitig verbraucht, mit seiner Herzkrankheit auf eine Kanarische Insel gezogen, weit weg. Wie einen persönlichen Entschuldigungsbrief las er Christians Artikel zur Zweitausendjahrfeier der Stadt:

»Abhauen müßte man – einfach so. Alles stehen- und liegenlassen und gehen. Aber wohin? Wie sollte er sich entscheiden? Hier Augsburg, eine Kopie der Wirklichkeit, eingeätzt im Gedächtnis, in der Länge und in der Breite. Wie in der eigenen Tasche, jede Falte bekannt und berechnet, jeder Straßenzug ein Lebensabschnitt. Wissend die nächste Ecke, Meter und Zentimeter mal Länge mal Breite mal Höhe mal Farbe. Gespeichert aus der Wiederholung, aus der staunenden Kindheit, aus der Größe ins Normale wachsend. Er mußte sich entscheiden. Aber wie? Nichts blieb mehr, weder die Wälder noch die Seen, überall Städte, dicht bevölkert mit Menschen, denen das Hemd näher war als die Hose . . .«

Wenn es Jörg um sich herum zu einsam wurde, flüchtete er »an die seichte Stelle an der Isar«, nach München, obwohl er sich mit Christian einig gewesen war, daß alles austauschbar sei unter den Städten. Auch in den Schwabinger Kneipen wurden die bekannten Gesichter unmerklich zunächst, dann rasch spürbar weniger. Die mit ihm, Jörg, über die großen Menschheitsthemen diskutiert hatten, über Krieg und Frieden, Hunger und gerechte Verteilung der Güter der Erde, über die Frage der Kultur, die den Menschen vom Tier unterscheidet – bei jedem Besuch in der Landeshauptstadt traf er weniger von ihnen, ja, es kam dann schon einmal vor, daß er an den vertrauten Stammtischen allein blieb unter unbekannten Gesichtern.

Wenn er manchmal die altgewohnte Bedienung nach jemandem gefragt hatte, war ihm gesagt worden:

» . . . den? Ja, wissen sie denn nicht, der ist doch jetzt groß im Fernsehen, der Hark . . .«

» . . . die ist doch jetzt im Bundestag bei den Grünen . . .«

» . . . der ist doch jetzt Professor in Hannover droben . . .«

»... der Heimrath? Der lebt doch nicht mehr, der hat doch Selbst-
mord..., sagt man!«
Eines Abends war auch das Gesicht der Bedienung ein anderes
gewesen. Aber Jörg war glücklicherweise auf Marianne und den
Rupp getroffen.
»Die Anni, die Bedienung? Die ist doch nach vierzig Jahren end-
lich im Ruhestand, ist weg von Schwabing.«
»Ihr seid auch nicht mehr oft zu treffen.« (...)

Jörg Scherkamp
Späte Ehrung für Bert Brecht

In einem Sommer
vor Jahren
stellten Augsburger Demokraten
an der Autobahneinfahrt
ein Schild auf
daß jeder
der in die Stadt fuhr
es sehen sollte
mit der Aufschrift
»Sie betreten eine Stadt
die ihre großen Söhne totschweigt«

Fünf Minuten lang
stand das Schild
bis
die Funkstreife kam
das Schild entfernte
mit dem Argument
es stelle
eine Verkehrsbehinderung dar

Einige der Demokraten
die damals dabei waren
und das Schild mitanbrachten
kamen Jahre später
zu Amt und Ansehen
denn in der Stadt hatte sich manches geändert
und im Lande auch

474

Die Demokraten
nun mit Titel und Würde
und sich den Herrschenden zugesellend
haben
die Inschrift des entfernten Schildes
sehr wohl beachtet
und damit Bert Brecht geehrt
der feststellte
daß sich mit dem Wechsel der Positionen
auch die Verhaltensweisen
ändern

Sie liefern daher
einen dauerhaften Beweis
seiner Aussage
und ehren ihn damit –
ungewollt

Reinhard Gammel
Mein Augsburg

Mein Augsburg liegt wien toter Hund
am Hochablaß begraben
Dort jagen nach dem Mückenviech
die tapfern sieben Schwaben
Bei Harry Moll läuft Zwiebelsaft
aus zwanzig Heringstonnen
Kaum daß der Ehm den Ohm geboxt
ist schon der Tag verronnen

Dann ruht mein liebes Augsburg aus
Auf Hafer und auf Stroh
Am Perlach gehn die Lichter aus
Ein Hahn kräht kikriko

In Augsburg sind die Zwetschgen reif
mit Zucker, Zimt und Pfeffer
Und flaggen wir am Hochablass
macht mancher einen Treffer

Die Kiesel gluckern heut wie nie
die sieben Leche runter
Und scheint der Sohomond so blaß
den Schwaben scheint er bunter

So ruht mein liebes Augsburg aus
auf Hafer und auf Stroh
Am Perlach gehn die Lichter aus
ein Hahn kräht kikriko

Doch letztes Jahr Fronleichenam
geriet der Lauf ins Stocken
Denn auf der hintern Kirchenbank
zwei Weiber blieben hocken.
Jetzt gibts am Rathaus Gerstensaft
daß sies nicht müssen missen
Und zieht es euch aufs Altenteil
die Lechstadt ist berauschend

Nun ruht mein liebes Augsburg aus
Auf Hafer und auf Stroh
Ich blas die Perlachlichter aus
Und schlaf bei sowieso

Gino Chiellino
Hommage à Augsburg

das Papier im Kopf hat alle und keine Farbe

mit hundert und keiner Stimme
webe ich Linien in den Tag hinein

Am Singold

Laß uns
in das Haus am Rande
der Stadt einziehen

Die Töchter
werden das Grün
zu spielen haben
am Fluß warte ich näher an dich

Augsbürgerung, April 1989

in der Zeit meiner Fremde
zogen die Erwartung, die Arbeit und ich
durch viele Städte

und kein Staub setzte sich
auf unsere schattenlosen Schritte nieder

in der Mittagssonne der vorletzten
wurden wir niedergetreten

als die Stadt davon erfuhr
eilten viele herbei um die Täter zu retten

Göggingen/Ortsbestimmung am 9.1.1985

Hinter dem Malerbetrieb geht
eine gelbliche Sonne auf.
Zu ihrer Linken
neun hohe Pappeln weiß
von Nebel und Reif
gegen einen milchblauen Himmel.
Falschsauber liegt der Schnee
kinderhoch zwischen den Häusern.
Der Bach vor dem Haus
dampft zwischen den Eisrissen.
Zur Idylle dürfen dreizehn
tiefblaue und vor Kälte fette Amseln
nicht fehlen, sie dürfen über den Bach
in den Garten fliegen
nach Körnern hüpfen und zurück.
Es ist neun Uhr.
Die Müllmänner haben Verspätung.
Wird die Post die ersehnte Antwort bringen?
Eine dünne Balkonscheibe
hält mich in der kleinen Wärme
zurück
trennt mich.

Jonas Hafner
Dahinab

Der Afra Turm wird Ulrich gerufen.

Wie dem Augsburg sein Rathaus
fertig war, zwei Jahre
schon war Dreißigjähriger Krieg.
Dem Baumeister schuldet es
heut noch ein Geld.

Verjährt die Abwöhnung der Bilder
in die Süßbreistadt, die ums Salz
gescherte. Von da an
blieben unsere Häuser unbemalt.

Gebe es Kaffe mit Kunst,
wird es schwer, ihn zu kochen.
Soll er schmecken wie ihr Gedicht?

Wend, Steinerner Mann, die Not, still Blut
Zeit eiserner Nase. Ein Laib Brot,
ein Kanister Öl, was für ein Duft
vor dem Radwechsel.

Schwan, vor uns sind Pferde geschlagen worden,
statt die Lasten leichter, die Berge
ebener zu bilden. Den Stückeschreiber da
haben sie jung noch gesehen, Hilfe
in ihren Seilen suchend.

Frei hat ihr Spiel zum Schauen
Taubenmari gedacht, Speise Luft
hat sie nichts gekostet, die Körner gestreut
auf das Pflaster, schier in den Schnee.

Wolfgang Kunz
Augsburg

1
Römisch die Stadt
allenfalls
an Föhntagen

Hier
setzte man schon früh
auf Soll und Haben
und die Himmelfahrt
der Zwiebeltürme

Hier
wirft nur mehr
die Sonne
Münzen
in den Fluß

Klassisch geschliffen
das Latein
der Brunnen

2
Stadt in den Wolken
im blauen Augenaufschlag
der Romantiker

So erfand sie sich einer
in luftigen Zeilen
auf märkischem Sand

Novalis-blau
blüht die Tinte
unter der Feder

Sterbensmüd bricht er ab
läßt das Ende
himmelweit offen

Die Heimholung des armen B. B.

Die Vaterstadt, wie fänd er sie doch?
Folgend den Weißwäschern
Käm er nach Haus.
Wo denn läge sie?
Wo die ungeheueren Taten
Über Nacht verjährten.
Da läge sie.

Die Vaterstadt, wie empfing sie ihn wohl?
Wo er hinkäme, wäre er gebrandmarkt
Von der Nachsicht der Besitzenden.
Aber auch die Besitzlosen
Gewährten ihm keinen Unterschlupf.
Dich, würden sie sagen, haben sie heimgeholt
Mit gutem Grund.

Humbert Fink
Die Augsburger Konfession

Mit Karl Marx sollte man in der Fuggerstadt Augsburg nichts im Sinn haben. Da ist schon eher die Vita Karls des Großen, niedergeschrieben von seinem »Kunstintendanten und Biographen« Einhard als geistige Bereicherung fürs Reisegepäck angebracht. Oder ein Hinweis auf jene entscheidenden Augusttage im Jahre 955, als es den Magyaren zuerst nicht gelungen war, die von Bischof Ulrich gehaltene Stadt zu erobern und die sich dann dem Heerbann Kaiser Ottos I., der in strapaziösen Eilmärschen von Sachsen herbeigeeilt war, geschlagen geben mußten, und zwar auf eine so endgültige Weise, daß sie danach »nie wieder einen Versuch unternehmen würden, in das Innere von Deutschland vorzudringen« (Hermann Proebst). – Und wichtiger als jede Erinnerung von Marx ist in Augsburg selbstverständlich auch die Darstellung von Luthers kategorischem Auftritt im prachtvollen Fuggerhaus vor dem päpstlichen Legaten Kajetan, dem er Unterwerfung und Widerruf seiner Thesen verweigerte, oder die Geschichte seiner heimlichen Flucht im Jahre 1518, als er, weil er nicht widerrufen hatte, um sein Leben fürchten mußte. Das alles hat wie der Ehrgeiz ehrsamer Handwerker, die sich zu Geschäftsleuten und Bankiers entwickelten und in die Politik, in die Glaubenskämpfe, in die sozialen und gesellschaftspolitischen Strukturen ihrer Zeit entscheidend eingriffen, mit Augsburgs Ruhm zu tun, der immer schon darin bestanden hat, »aus den vielen Stockwerken seines Unterbaus zu leben, aus den Gewölben, die mit Geschichte gefüllt sind und deren Kraft allezeit anwesend war«, wie das Erhart Kästner einmal ausgedrückt hat. Bert Brechts hingegen sollte man, unterwegs zwischen Maximilianstraße und Hohem Weg, Fuggerei und Heilig-Geist-Hospital, nur auf zurückhaltende, distanzierte Weise gedenken, respektvoll vielleicht dem kunstsinnigen Verein gegenüber, der neuerdings, während Schauspieler Brechtsche Gedichte rezitieren, dessen ehemalige Augsburger Freundin auftreten läßt, die einst dem jungen Dichter hier in der Stadt an Wertach und Lech, wo er als Sohn eines gewissenhaften und ernsten Mannes mit schöner bürgerlicher Reputation geboren wurde, einen recht nachhaltigen Beweis ihrer Gunst schenkte. Im übrigen hält es Augsburg heute noch mit Brecht, wie es Trier mit Karl Marx zu halten pflegt: Man ist reserviert und läßt sich durch den Ruhm, den diese unruhigen Söhne ihren Städten eingebracht haben, nicht sonderlich beeindrucken. Dennoch darf man Thomas Bernhards böses Wort vom »fürchterlichen Augsburg«, das ohnedies nicht der Realität entspricht, nicht überbewerten, auch wenn es auf vielen Bühnen Deutschlands für Aufsehen sorgte.

Ich war – als wäre ich einer dieser fahrenden Gesellen, die sich ein Leben lang auf die Suche nach dem Glück begeben und immer nur Bruchstücke einer Wirklichkeit entdecken, die dann widerspruchsvoll und sonderbar ist –, ich war einige Tage lang, bevor es mich nach Augsburg zog, durch Bayern gewandert, eher ziellos, dem Zufall ausgeliefert, Heugeruch im Haar und das sanfte Erlöschen eines entflammten Sommerhimmels über den Dächern Landshuts im Blick, während ich abwechselnd durch sterbende, schrecklich gekennzeichnete Wälder fuhr, in denen die Bäume wie riesige Holzkreuze auf einem Friedhof standen, oder mich zwischen den herausfordernden Karrees der Hopfenplantagen verirrte, grüne Zwiebeltürme am Horizont suchte und das strahlende Weiß sorgfältig herausgeputzter Wallfahrtskirchen bewunderte. Ganz Süddeutschland, dachte ich gelegentlich zerstreut, müßte eigentlich ein ungemein frommes Land sein; mit frommen Menschen, die nichts anderes im Sinn haben, als diesem schönen Ritual zu gehorchen, das sie in die Pflicht des Glaubens und der Vaterlandsliebe nimmt.

In den Ruinen des römischen Grenzkastells oberhalb der Donau bei einem Ort namens Eining überraschte mich heftiges Vogelgezwitscher. Hatte ich erwartet, daß die Vögel jetzt, da die Wälder starben, tot vom weißblauen bayerischen Himmel fielen? In der Befreiungshalle von Kelheim, hoch oberhalb des Zusammenflusses von Altmühl und Donau, umgeben von den goldenen Lettern einer ebenso heroischen wie verlogenen Geschichte, darin nur Fürsten und Generalfeldmarschälle überleben, ahnte ich einen der Gründe, warum Karl Marx den deutschen Bürgern so unheimlich ist: Er wollte die goldenen Lettern auch für diejenigen, die für die Fürsten gearbeitet und für die Feldmarschälle gestorben sind. Und es roch in dieser gewaltigen Kuppelhalle, die auf einem grünbewaldeten Hügel steht, der natürlich Michaelsberg heißt, ein wenig nach Moder und ein wenig nach Eisen, was aber wohl nichts mit der Erinnerung an die Befreiungskriege gegen Napoleon zu tun hatte – dem hier der Bayernkönig Ludwig I. diese Befreiungshalle mit ihren 34 bayerischen und germanischen Siegesgöttinnen, geschaffen von Ludwig von Schwanthaler, als Denkmal setzen wollte –, sondern einfach Abgase waren, die aus dem Tal emporstiegen. Der Himmel, erinnere ich mich, war diesig und die Luft erfüllt von chemischen Gerüchen. Und man konnte, erinnere ich mich, während man sich in dieser Kuppelhalle verwirrt im Kreise drehte, ein paar groteske Augenblicke daran glauben, einem der Ursprünge des sogenannten Deutschtums auf die Spur gekommen zu sein: Bonifatius, dem Mann in Marmor, dem Mann mit dem Beil, dem Mann am Anfang eines Lehrprozesses, der einem Volk beibringt, daß Leben etwas ist, daran man sich messen, darin man sich unentwegt bewähren muß; und nur wer sich mißt und bewährt, bekommt Rundbauten, Kuppelhallen, goldene Lettern und pathetische Sprüche in den Lesebüchern.

Vielleicht ersparte ich mir deshalb – und weil ich immer noch den langsam erlöschenden Sommerhimmel über den Dächern von Landshut im Blick hatte – ein paar Stunden später den Aufstieg zur Walhalla, diesem Denkmal nationaler Eitelkeit, das elfenbeinfarben aus den verstaubten Laubwäldern oberhalb der Donau östlich von Regensburg wie eine herausfordernde Wunde in der Landschaft liegt; Raritätenkabinette nationaler Selbstdarstellung sind in jedem Land der Welt etwas unfreiwillig Komisches; in Deutschland sind sie zudem auch noch furchteinflößend. Ich vertrödelte dafür meine Zeit in einem schattigen Gastgarten unterhalb der Walhalla, in einem Ort namens Donaustauf, das satte Schaben und Schnalzen der Donau im Ohr, einen Teller voll wippender Bratensülze und eine gut gefüllte bayerische Maß vor mir auf dem Tisch, den ein rotkariertes Tuch bedeckte, und mit einer klugen, lebenserfahrenen Kellnerin Gedanken austauschend über die Unvernunft der Menschen, sich in Häusern, die wie griechische Tempel aussehen, die Büsten sogenannter Persönlichkeiten zu betrachten, über deren Bedeutung man geteilter Meinung sein kann. Diese Frau, entdeckte ich bald, war gleichfalls keine Anhängerin des Kults, der in der Walhalla mit den vermeintlich, oder tatsächlich berühmten Deutschen getrieben wird.

Und so kam ich über manchen seltsamen Umweg nach Augsburg. In Eisenbahnzügen, die fast lautlos durch Bayern glitten; immer wieder einmal Rehe am Waldrand, hellbraune Striche im saftigen Grün einer bäuerlichen Landschaft, die ungefährdet, unzerstört schien, solange man nicht mehr als einen flüchtigen Blick auf sie warf; einmal, unterwegs zwischen München und Augsburg, im

Abteil einige eifrig tratschende Frauen, die am Katholikentag in München teilgenommen hatten und jetzt nach Nürnberg wollten; sie stellten, während sie zwischen Entrüstung und glucksender Heiterkeit schwankten, darüber Mutmaßungen an, weshalb es, wenn man bloß die Bundesrepublik verließ, überall in Europa so schmutzig und desolat sei; Belgien, Frankreich, Italien wurden namentlich genannt; ich zitterte, daß auch Österreich an die Reihe käme, aber der Name Österreichs fiel nicht. Und die Rehe verschwanden mit den Wäldern, die zurücktraten, am Horizont verschwanden, untergingen in einem diesigen Gespinst aus Violett und Samtbraun, je näher die Fuggerstadt kam, in der ich zu einer Stunde eintraf, als der Himmel nur noch ein zerschlissenes Tuch war, aus dem sich etwas diffuses Licht auf die sommerlich erhitzte, dampfende Stadt herabsenkte.

Es gefiel mir vom ersten Augenblick an in Augsburg. Es hatte mir stets gefallen, in Augsburg zu sein. Und daß ich, oberflächlich betrachtet, mit Karl Marx und in gewisser Hinsicht auch mit Bert Brecht nichts würde anfangen können auf der schönsten Renaissancestraße Süddeutschlands, auf der Maximilianstraße, oder in den ehemaligen Klöstern und Fuggerpalästen, in St. Ulrich oder im Dom – es störte mich nicht. Ich nahm auch plötzlich meine Pflicht nicht mehr so ernst, die Deutschen begreifen zu wollen. Ich war bereit für Stadtrundfahrt und historische Erklärungen; und was die Zusammenhänge betraf, die zwischen dem unerbittlichen Katholizismus eines Jakob Fugger und dessen ausgeprägtem Instinkt für eine ertragreiche Zinspolitik bestanden haben mochten; und daß ich vielleicht auch und gerade in Augsburg würde annehmen müssen, daß die tiefverwurzelte Neigung der Deutschen, stets zuerst ihrer Pflicht und dann erst ihren Instinkten zu gehorchen, eine der Ursachen sein könnte für ihre erbarmungswürdige, von chaotischen Verhältnissen durchwachsene Biographie: Es sollte mich, so nahm ich mir das ernsthaft vor, nicht mehr und nicht weniger interessieren als der verträumte Blick aufs Augsburger Rathaus, das als ein »gewaltiger, wohlgegliederter, steinerner Würfel« an jener »festlich breiten Straße« liegt, die »Augsburg wie vor bald zweitausend Jahren mit dem Ewigen Rom verbindet« (Götz von Pölnitz). – Und nicht einmal die »unblutige und geräuschlose Austreibung der Juden« (G. v. Pölnitz), die um die Mitte des 15. Jahrhunderts den Augsburger Finanzleuten jener Jahrzehnte namhafte Gewinne zugespielt hatte, sollte mich über Gebühr beschäftigen. Schließlich hat jedes Volk in Europa seinen besonderen Umgang mit dem Antisemitismus; warum, so dachte ich, sollte man den braven Augsburgern einen Strick daraus drehen, daß sie nicht anders gehandelt haben als die Habsburger in Österreich, die Romanows in Rußland oder Spaniens katholische Majestäten. Und stand dem nicht das Genie der Fugger gegenüber, deren erster, von dem wir genaue Daten wissen, Hans Fugger, im Jahre 1367 als Zuwanderer aus einem kleinen Dorf im Lechfeld, das Graben hieß, nach Augsburg gekommen war? Ich wollte mich aufführen wie ein Tourist. Ich wollte an Deutschland nicht Schaden nehmen, indem ich zuviel an die Deutschen und an ihre Komplexe dachte.

Anderntags schon stand ich im Palais Schaezler, in dem die städtische Galerie untergebracht ist. Ein Palais, das den aristokratischen Geschmack des vermögenden Augsburger Bürgertums dokumentiert. Hier und im daran anschließenden ehemaligen Kloster der Dominikanerinnen, das heute die Staatliche Gemäldegalerie beherbergt, betrachtete ich die Porträts dieser bedeutsamen Augsburger Bürger, deren Karrieren manchmal märchenhaft anmuteten inmitten dieser schwäbischen Provinz. Es waren Porträts, die mir eine Vorstellung vom Charakter, vom Wesen, von den Eigenarten dieser Frauen und Männer geben sollten, die nicht nur aus sich selbst, sondern auch aus der Stadt, in der sie lebten und gleichsam wie aus einer gut abgesicherten Kulisse heraus wirkten, etwas gemacht hatten. Ich wollte erfahren, ob man von Gesichtern alles das ablesen kann, was das Außerordentliche bewirkt, das aus einer eher durchschnittlichen, biederen schwäbischen Gemeinde für ein paar Generationen ein Zentrum der Macht und des Reichtums werden läßt. Natürlich war es da vor allem und zuerst einmal das Bildnis Jakobs des Reichen, des wohl tüchtigsten, vom Glück am meisten begünstigten und den eigenen Fähigkeiten die größten Erfolge abringenden Fugger, gemalt von Albrecht Dürer, das einen »Kaufmann neuen Typs« zeigt, der nicht mehr mit seiner Ware von Stadt zu Stadt zieht, sondern seßhaft ist und »von seinem Kontor aus seine Handelsniederlassungen im In- und Ausland« lenkt (Eduard Dietl). – Man hat dieses Porträt, das Jakob Fugger als alt gewordenen aber immer noch lebenstüchtigen und ungemein wachen, disziplinierten und wohl auch rücksichtslosen oder eigentlich seinen ideologischen und kapitalistischen Plänen aufs unnachsichtigste verpflichteten Mann zeigt, eine lebensechte, sozusagen den Charakter maßstabgetreu und insgesamt den Menschen entlarvende Darstellung genannt. Das Zynische, Gnadenlose, Skurpellose sei hier deutlich spürbar, das einen der hauptsächlichen Drahtzieher abendländischer Politik im 16. Jahrhundert geprägt habe, einen Kaufmann und Bankier, der nicht nur die Geldgeschäfte der römischen Päpste besorgte, sondern auch die finanziellen und mitunter sogar die politischen Nöte der Habsburger diskret beseitigen oder zumindest lindern durfte, was stets mit größtmöglichem Gewinn für das Haus Fugger verbunden war. Ich stand lange vor diesem Porträt, das einen Mann zeigt, der mir nicht unsympathisch vorkam. Ein Kapitalist, ein Ausbeuter, ein Protagonist der Macht, aber einer, der durchaus honett wirkte; ein wohlgelittener Nachbar, dem man ansah, daß er eines festen Standpunktes fähig war. Das war ein schwäbisches Gesicht, das Vertrauen einflößte. Schmallippig der Mund, die Nase fest, ein wenig derb, der Blick das, was man beiläufig als zielstrebig bezeichnet. Aber ich konnte nichts Dämonisches oder Niederträchtiges in diesem Gesicht erkennen, das mir, vergaß man erst einmal den berühmten Namen seines Trägers, von landläufiger Durchschnittlichkeit zu sein schien. In manchem schwäbischen Laden, in manchem gutbürgerlichen Restaurant mag man ein solches Antlitz auch heute noch erkennen; oder, durch die großen Scheiben des legendären Augsburger Kaffeehauses Bertele hinaus auf den Augustusbrunnen und diesen schönen weiten Platz blickend, auf den der Schatten des wuchtigen Rathauses fällt, begegnete ich solchen Gesichtern immer wieder: Menschen, die wissen, wie man sich umtut in der Welt; und wann man sich ducken muß vor der Macht; und wie man sich ihrer bedienen kann ... Er, Jakob Fugger, den sie den Reichen genannt haben, sei vermögender gewesen als die Medici, habe auch mehr Einfluß besessen, sei ein meisterhafter Regisseur der europäischen Politik gewesen, der sich der römischen Kurie genauso wie der habsburgischen Fürsten beinahe nach Belieben bedient hätte, flüsterte neben mir die Reiseführerin vom Augsburger Verkehrsamt, die mir zwei Tage lang manche Anregung, manchen nützlichen Hinweis gab, damit ich den sonderbaren Zwiespalt in dieser Stadt besser begriff – in der einst Namen wie Welser, Fugger, Paumgartner, Höchstetter, Gossembrot für einen Glanz garantiert hatten, der die Zeitgenossen im übrigen Deutschland blendete, ohne daß dabei irgendwelche luxuriöse Neigungen, irgendeine besondere, das heißt übermäßige, Prunkentfaltung oder die beeindruckende Geste eines Mäzenatentums ähnlich wie im Florenz der Medici spürbar gewesen wäre –, diesen Zwiespalt, der eigentlich gar keiner war, der hauptsächlich darin bestand, daß man, während man Handel trieb mit der Welt und märchenhaften Gewinn daraus zog, die Wurzeln der eigenen Existenz nie vergaß, bescheiden blieb inmitten dieses Reigens der Superlative, sozusagen schwäbisch-provinziell war angesichts der Welthaltigkeit, die man in Augsburg ansiedelte. Es wären, was wenig bekannt sei, die Frauen der Fugger gewesen, erzählte mir die Dame vom Verkehrsamt, diese eher unauffällig im Hintergrund wirkenden Frauen, die für ein brauchbares Mäzenatentum und damit für die Förderung der Künstler und ihrer Leistungen gesorgt hätten. Die Männer seien, wenn sie gefördert hätten, immer nur aufs Praktische, aufs Politische oder eigentlich Ideologische bedacht gewesen. Die Bewahrung des katholischen Glaubens, den Luther angegriffen und aufs äußerste gefährdet hatte, sei ihr Hauptanliegen gewesen. Und auch das habe, wenn man es genau bedenke, einen durchaus praktischen Grund gehabt. Denn einen aufrührerischen Mann wie Luther, der dem sogenannten Wucher einen erbarmungslosen Kampf angesagt hatte, habe man ganz einfach in die Schranken weisen müssen. Das sei nicht bloß eine Frage des katholischen Glaubens, sondern auch eine des Selbsterhaltungstriebes gewesen. Im übrigen aber müsse man bedenken, daß man sich hier zu Augsburg immer der Tradition altschwäbischer Schlichtheit verpflichtet gefühlt habe.

Banal, töricht, ins Lächerliche, Unglaubhafte geschönt andere Gesichter, denen man in diesen Galerien begegnet. Es sind vor allem die Frauen, denen die devoten Maler übel mitgespielt haben, indem sie ihren bürgerlichen Modellen alles Solide, Bodenständige, auf eine anheimelnde Weise Durchschnittliche und damit ihren schwäbischen Biographien Entsprechende vorenthielten. Mit erzwungener, grotesk erstarrter Würde blicken sie, die manchmal – wenn auch unauffällig und fast wie beiläufig – viel geleistet hatten für den Ruhm ihrer Männer, auf den Betrachter, der sich unbehaglich fühlt angesichts dieser Verfremdung. Aber vielleicht ist es auch bloß eine fixe Idee, daß man in dieser Stadt, wenn von der Augsburgerin die Rede ist, unvermeidlich an Philippine Welser denkt, die, wie ihre Biographen das beschwören, eine feurige Lilie gewesen sein soll, wohl imstande, einen Erzherzog und Kaisersohn, dessen Potenz unglaublich gewesen sein soll, nicht bloß für ein lockeres Verhältnis, sondern sogar für eine honorige und, wenn man der Überlieferung glauben darf, durchaus glückliche Ehe zu gewinnen. Auch eine andere bürgerliche Schönheit aus Augsburg, Agnes Bernauer, Tochter eins simplen Baders, wurde nach einem leidenschaftlichen Intermezzo während der Faschingszeit im Jahre 1428 von einem Aristokraten, dem Herzog Albrecht von Bayern, in aller Heimlichkeit geheiratet. Sieben Jahre später freilich ertränkten sie die Büttel ihres Schwiegervaters in der Donau bei Straubing.

Den Frauen der vermögenden Augsburger Kaufleute und Bankiers also war es vorbehalten, wohltätig zu sein zugunsten der Kunst, indem sie, einwirkend mit sanfter Beharrlichkeit auf den Sinn ihrer Männer, der mehr aufs Praktische ausgerichtet war, immer wieder Aufträge vermittelten an Maler, Architekten, Dekorateure, Musiker, Literaten, Medailleure . . . und vielleicht glaubten sie instinktiv – und damit die machtvolle Bewegung der Gegenreformation gleichsam im Privaten vorwegnehmend – an die These eines Ignatius von Loyola, daß man die verirrten Gläubigen am besten dadurch wieder in den Schoß der römisch-katholischen Kirche zurückführen könne, indem man nicht so sehr an ihren Verstand, sondern an ihre Sinne appelliere. Jakob Fugger dem Reichen mochten solche Überlegungen fremd gewesen sein. Er, der unter anderem auch den einträglichen Ablaßhandel in Deutschland verwaltete, mußte natürlich mit außerordentlichem Unbehagen die lutherische Rebellion »gegen den Wucher« verfolgen, sie als eine persönliche Herausforderung betrachten, auf die es scharf zu reagieren galt. Luthers »Großer Sermon gegen den Wucher«, Ulrich von Huttens fiebrige, haßerfüllte Angriffe gegen Jakob Fugger verdeutlichten einen Zeitgeist, waren Teil einer antikapitalistischen Propaganda, deren Hauptangriffsziel natürlich Augsburg sein mußte. Karl Marx würde, wäre er ein Zeitgenosse Fuggers und Luthers gewesen, nicht anders gedacht, geschrieben und gehandelt haben als ein Luther, ein Hutten. »Man müßte wirklich Fugger und dergleichen Gesellschaft einen Zaum ins Maul legen«, donnerte Luther aus Wittenberg. Die Antwort bestand unter anderem in vermehrtem Geldfluß ins Lager der reformationsfeindlichen Kräfte. Und einer von Fuggers Günstlingen, ein in allen ideologischen Fragen wohlbewanderter Mann namens Dr. Eck, dem Bankhaus durch aktive Mitarbeit seit Jahren verpflichtet, sollte anläßlich einer theologischen Disputation in Leipzig im Jahre 1519 zu Luthers unangenehmsten Gegnern aufsteigen.

Was man in allen diesen Zusammenhängen, die uns die Fugger und mit ihnen die anderen Augsburger Kapitalisten jenes unruhigen, jedoch für die Stadt so ungemein bedeutungsvollen Zeitalters lediglich als ebenso bigotte wie ausbeuterische Pfeffersäcke zeigen, als reaktionäre Charaktere, die sich jedem Fortschritt, jeder Art von sozialer Gerechtigkeit wütend in den Weg stellen, was freilich, wenn überhaupt, stets nur in Detailbereichen zutraf, was man also in allen diesen ebenso verwirrenden wie widerspruchsvollen Zusammenhängen übersieht oder nicht in eine richtige Verbindung zu bringen weiß mit dem Charakter eines Jakob Fugger, ist dessen Stiftung eines Sozialhilfewerks, das für die damalige Zeit beispiellos war und im übrigen heute noch existiert und funktioniert. Denn »spätestens im Frühjahr 1514 gedieh ein für Deutschland bahnbrechender Plan Jakob Fuggers zu fester Gestalt: Gott zum Lobe und zum Dank für den Handelserfolg des Fuggerschen Hauses eine Wohnsiedlung zu stiften, in der arme Bürger und Einwohner von Augsburg, die nicht betteln wollten, würdig und billig Unterkunft finden könnten« (Wolfgang Zorn). – Die Fuggerei nannte und nennt man diese erste Sozialsiedlung der Welt, in der heute noch Bedürftige praktisch umsonst Unterkunft finden, in kleinen, jedoch durchaus behaglichen Zweifamilienhäusern, umschlossen und abgeschirmt von der lärmden Welt durch eine Mauer, die das Besondere oder sogar Einmalige dieser Stiftung noch betont, und deren Tore bis auf eines pünktlich um zehn Uhr abends geschlossen werden. Und auch heute noch, da die Fuggerei nach wie vor im Privatbesitz der Familie Fugger ist und keinerlei Subventionen aus der öffentlichen Hand empfängt, auch heute noch werden ausschließlich Ehepaare aufgenommen, die aus Augsburg stammen, das fünfundfünfzigste Lebensjahr überschritten haben, katholisch, selbstverständlich bedürftig und ebenso selbstverständlich gut beleumundet sein müssen. Dafür bezahlt man in der Fuggerei so gut wie keine Miete, sondern ist lediglich dazu verpflichtet, alltäglich ein Vaterunser, ein Credo und ein Ave Maria für das Fuggersche Seelenheil zu beten. Auch Wohltun müsse Zinsen bringen, mag sich der reiche Fugger gedacht haben, als er ein paar Jahrhunderte vor Karl Marx eine praktikable Antithese zu den Inhalten und Forderungen des Kommunistischen Manifestes schuf, die sich bislang als dauerhafter erwiesen hat und besser funktioniert als die schöne Theorie von der Gleichheit aller Menschen.

Bilder, die man aus Augsburg mitbringt, Erinnerungen, die einem auf sanfte, beharrliche Weise beizubringen versuchen, daß auch in Deutschland die Geschichte manchmal eine Voraussetzung sein kann für das Zustandekommen einer Wirklichkeit, darin das Idyllische, Behagliche, Schöne, Romantische einen brauchbaren Stellenwert hat: Im römischen Museum der Stadt, einer ehemaligen Dominikanerkirche, die intensive Leuchtkraft schwäbischer Barockfresken über archäologischen Funden aus der Römerzeit. Die rostbraune, dicke Schnur der Mauer rings um die Stadt, eingehüllt vom überquellenden Grün sorgsam gepflegter Ziersträucher und Parkanlagen. In der Ulrichskirche, dem Stadtpatron gewidmet, dem man in der Krypta ein bemerkenswertes Denkmal geschaffen hat, an einem Montagvormittag die dichtgedrängte Masse der Gläubigen; zuvor schon das lärmende Spiel der Glocken, deren Klang über die prachtvolle Maximilianstraße hinweg und in einen Himmel wehte, dessen bläulich schimmernde Oberfläche fast opalisierend wirkte und an südlichere, mediterrane Landschaften denken ließ. Und in der Annakirche, die heute evangelisch ist, die imposante Grablege der Fugger, die man bei flüchtiger Betrachtung ohne weiteres mit der Florentiner Medicikapelle vergleichen könnte; für zwei der vier Bogenreliefs der Grabmäler hat Dürer die Entwürfe geschaffen; und eine der pausbäckigen Putten am Gitter, das den katholischen Altar – daran heute noch zweimal jährlich eine Gedenkmesse für die Fugger zelebriert wird – von der evangelischen Kirche trennt, hat eine überraschende Ähnlichkeit mit Martin Luther. Die schlichte Gedenktafel in der Fuggerei, die an den Großvater Mozarts erinnert, der hier als Baumeister tätig und von den Fuggern genauso abhängig gewesen ist wie sein Sohn Leopold, der im sogenannten Mozarthaus in der Frauentorstraße zur Welt gekommen war; dessen Sohn wiederum, also Wolfgang Amadeus, sollte später einmal in diesem Haus erstmals auf einem Flügel des berühmten Augsburger Klavierbauers Stein spielen. Erinnerungen auch an den ehemaligen Stadtschreiber Augsburgs, den Gelehrten und Humanisten Conrad Peutinger, der im Geistesleben nicht nur seiner Heimatstadt eine bedeutende Rolle spielte; und an Elias Holl, den genialsten und fruchtbarsten Baumeister Augsburgs, der, als er zum lutherischen Glauben übertrat, über Nacht keine Aufträge mehr erhielt;

und an die Augsburger Puppenkiste im ehemaligen Judenviertel; an den wassergefüllten Stadtgraben mit den sachte schaukelnden Kähnen; an Holbeins grimmigen Zorn auf die Bayern, für die Nachwelt verdeutlicht durch die Kostümierung, die er einem der Henkerknechte Christi auf dem berühmtesten Ablaßbild für San Paolo in der Staatlichen Galerie angedeihen ließ. Und dann auch noch Erinnerungen an die legendäre Cotta'sche Allgemeine Zeitung, deren Verlagssitz für mehr als sieben Jahrzehnte in Augsburg war; und an den Religionsfrieden von 1555 oder an den Augsburger Reichstag von 1530, dessen Höhepunkt zweifellos die Verlesung der »Confessio Augustana«, also der Augsburger Konfession, war; aber auch Erinnerungen an Augsburger Barchent, an diese Voraussetzung für manchen Reichtum und manchen Höhenflug ehrbarer schwäbischer Handwerker und Kaufleute; schließlich die Erinnerung an Napoleon III., der hier seine Gymnasialzeit verbrachte, und an einen Mann namens Rudolf Diesel, der im Jahre 1897 in Augsburg der Öffentlichkeit eine Maschine vorstellte, die der Urtyp des heutigen Dieselmotors war.

Bilder, aus denen Geschichten entstehen; und Geschichten, die eine unverwechselbare Biographie ergeben. Und Erinnerungen, die es einem, solange man bloß an der Oberfläche bleibt, verhältnismäßig einfach machen, am überlieferten Porträt von den Deutschen als einem schwerfälligen, zwar charakterstarken, jedoch unaufhörlich zwischen Leier und Schwert, Musenkuß und Wortgewitter schwankenden Volk festzuhalten.

Autoren

Andersen, *Hans Christian.* Geb. 2.4.1805 in Odense, gest. 4.8.1875 in Kopenhagen.
Sohn eines Schuhmachers. Wuchs in ärmlichen Verhältnissen auf. Nach unregelmäßigem Schulbesuch ging A. 1819 nach Kopenhagen, um sich als Sänger ausbilden zu lassen. Er gewann im Direktor des Theaters einen wohlwollenden Gönner, der ihm Unterstützung und Hilfe bot. König Friedrich IV. ermöglichte ihm 1822–1828 den Besuch der Lateinschule in Slagelsen und ein Studium an der Universität. Erste kleinere Gedichte und Dramenentwürfe entstanden in dieser Zeit. Nach mehreren Reisen durch Deutschland, Frankreich und Italien erschien 1835 sein erster Roman »Improvisatoren« und erste Märchen. »Eines Dichters Basar« erschien 1840. Andersen zählt zu den bedeutendsten Märchendichtern. Sein Werk wurde schnell in ganz Europa berühmt und in 35 Sprachen übersetzt.

Arnim, *Achim von (eig. Karl Ludwig Friedrich Joachim v. Arnim).* Geb. 26.1.1781 in Berlin, gest. 21.1.1831 in Wiepersdorf. Arnim stammt aus altem brandenburgischem Adel. Ab 1798 Studium in Halle (Physik, Chemie, Mathematik, Jura). 1800 Übersiedlung nach Göttingen; Freundschaft mit Clemens Brentano. Eine zusammen mit Brentano unternommene Rheinreise bis Düsseldorf läßt den Plan zu der Liedersammlung »Des Knaben Wunderhorn« reifen. Dem 1805 erschienen 1. Band des Werkes ist die *Zueignung* an Goethe vorangestellt. Der Widmungs-Text ist ein Schwank aus dem 1555 erschienenen Rollwagenbüchlein des Jörg Wickram. Die von den Herausgebern damit verbundene Hoffnung auf positive Aufnahme der Liedersammlung wurde durch Goethes wohlwollende Rezension eingelöst. Arnims unvollendet gebliebener Roman »Die Kronenwächter« gilt als einer der ersten hist. Romane. Er reicht in die Zeit des Wunderhorns zurück und verarbeitet Wolfgang Zachers Chronicon Waiblingense. Das Gedicht »Augsburg (2)«, S. 491, nimmt Bezug auf Arnims großes Romanfragment.

Aurbacher, *Ludwig.* Geb. 26.8.1784 in Türkheim/Bayr.-Schwaben, gest. 25.5.1847 in München. Sohn eines Nagelschmieds, Benediktinernovize, zuerst in Ottobeuren, nach der Säkularisation

1803 in Wiblingen. Austritt aus dem Orden, Hofmeister beim Stiftskanzler in Ottobeuren, von 1809–1834 Prof. für dt. Stil und Ästhetik am Kadettenkorps München. Verkehr mit den Spätromantikern, von deren Gedankengut beeinflußt; Erneuerer alten Volksgutes in Schwänken, Fabeln und geistlichen Liedern. Sein Meisterwerk ist das »Volksbüchlein« (2 Bde. 1827 und 1829), von dessen Inhalt namentlich die aus Episoden zu einem Ganzen gefügten »Abenteuer der sieben Schwaben« und die des Spiegelschwaben bekannt wurden.

Bächler, *Wolfgang.* Geb. 22.3.1925 in Augsburg. Sohn eines Staatsanwalts. Wuchs in Bamberg, München und Memmingen auf. 1943 Abitur. 1944 schwer verwundet in Frankreich. Studium der Germanistik, Theaterwissenschaft und Romanistik in München. Jüngstes Gründungsmitglied der »Gruppe 47«. Von 1956 bis 1966 lebte Bächler in Frankreich. Wohnt seit 1967 wieder in München. Bächler ist Mitglied des VS Bayern und des bundesdeutschen P.E.N. 1972 erschien der Prosaband *»Traumprotokolle – ein Nachtbuch«,* Traumnotate Bächlers aus den Jahren 1954–69. Erinnerungen an Kriegs- und Nachkriegszeit, Existenzängste und die Bewältigung politischer und gesellschaftlicher Probleme stehen darin im Mittelpunkt. B. wirkte auch als Schauspieler in einigen Schlöndorff- und Fassbinder-Filmen mit. Er zählt zu den bedeutendsten deutschen Nachkriegslyrikern. Neben eigenen Lyrik-Veröffentlichungen ist er in über 40 in- und ausländischen Anthologien vertreten.

Bechstein, *Ludwig.* Geb. 24.11.1801 in Weimar, gest. 14.5.1860 in Meiningen. Studierte Philosophie, Geschichte und Literatur in Leipzig und München; wurde 1831 Bibliothekar in Meiningen. Er schrieb vaterländische Erzählungen und Gedichte, v.a. aus Thüringens Land und Geschichte. Verdient machte er sich um die Volkskunde als Sammler heimischer Märchen und Sagen. Bekannt geworden sind auch seine von Gustav Meyrink 1922 neu herausgegebenen »Hexengeschichten«.

Bernhard, *Thomas.* Geb. 9. oder 10.2.1931 in Heerlen bei Maastricht/ Holland, gest. 12.2.1989 in Gmunden. B. wuchs in Oberösterreich auf. Er studierte 1951–1957 Musik an der Akademie in Wien, dann Dramaturgie am Mozarteum in Salzburg, lebte notdürftig von Gelegenheitsarbeiten, war Gerichtsberichterstatter und Bibliothekar. Seit 1965 erhielt er mehrfach Literaturpreise, u.a. 1970 den Büchner-Preis.

B. schrieb zunächst Gedichte, in denen bereits seine späteren Motive Krankheit, Wahn, allgemeine Todesverfallenheit erscheinen. Die meisten Erzählungen B.s gelten Fällen von seelischer Erkrankung, von übersteigerter Irritabilität; die Figuren (häufig Paare, etwa ein Freudespaar, ein Bruderpaar) sind in sich verschlossen, leiden an qualvoller Kindheit, entwickeln sich auf Selbstmord zu. Österreich wird als Krankheitsherd (im weitesten Sinn) als »Friedhof der Ideen« begriffen.

Die Mischung aus pessimistischer Weltsicht und groteskem Humor, die im Erzählwerk vorherrscht, kennzeichnet auch B.s. Theaterstücke. Für die wahnhafte Monomanie seiner Figuren fand B. eine eigene Sprache; sie arbeitet mit Steigerungen (Superlative), Parallelismen, Reihungen, bes. dem Konjunktiv (indirekte Wiedergabe der Reden und Gedankengänge). Verfangenheit in sich selbst und Distanz eines Beobachters werden so zugleich ausgedrückt. Die auf Augsburg gemünzten Bernhard-Zitate sind dem Stück »Macht der Gewohnheit« (1974) in der Reihenfolge ihres Vorkommens entnommen.

Bianconi, *Johann Ludwig.* Geb. 30.9.1717 in Bologna, gest. 1.1.1781 in Perugia. Studium in Bologna, wo er 1742 zum Dr. der Philosophie und Medizin promoviert wird; kommt 1744 als fürstbischöflicher Leib-Medicus nach Augsburg. Verlobung mit Sophie von Gutermann, nachmalige von La Roche, die er konfessioneller Bedenklichkeiten wegen nicht heiraten kann. Nach kurzem Aufenthalt in Polen wird B. 1750 als Leib-Medicus an den Dresdener Hof berufen, geht von dort als kursächsischer Minister nach Rom. Erhebung in den Grafenstand. Seine Schriften, nicht nur medizinischen und physikalischen, sondern auch politischen, kunstgeschichtlichen und politischen Inhalts, erschienen als vierbändige Gesamtausgabe 1802 in Mailand.

Billinger, *Richard.* Geb. 20.7.1890 als Sohn eines Bauern im österr. St. Marienkirchen bei Schärding, gest. 7.6.1965 in Linz a.d. Donau.
Seine dichterische Stärke zeigt sich v.a. in seinem dramatischen Schaffen, das u.a. geprägt ist von der Verwurzelung in Volksgut u.

Brauchtum, durch eine vom heimatlichen Dialekt gefärbte Sprache und durch ein Nebeneinander von kath. Frömmigkeit und mystisch-heidnischen Elementen.

Das Augsburger Jahrtausendspiel ist eine Auftragsarbeit der Stadt Augsburg zur 1000-Jahr-Feier der Schlacht auf dem Lechfeld 1955.

Brecht, *Bertolt.* Geb. 10.2.1898 in Augsburg, gest. 14.8.1956 in Berlin. Vater Direktor einer Papierfabrik. 1917 Studium der Medizin in München; Herbst 1918 Sanitätssoldat im Militärlazarett; 1919 Student, dann 1920 Dramaturg der Münchner Kammerspiele; 1924 Übersiedlung nach Berlin, zeitweilig Dramaturg bei Max Reinhardt am Dt. Theater Berlin. Floh 1933 über Prag nach Wien, dann über die Schweiz und Frankreich nach Dänemark (Svendborg). 1940 Flucht über Schweden nach Finnland, 1941 über Moskau u. Wladiwostok nach Kalifornien/USA. Zog 1947 nach Zürich, 1948 nach Berlin (Ost); dort Regisseur und Begründer des von Helene Weigel geleiteten »Berliner Ensembles«.

In das Buch wurden frühe Gedichte der Augsburger Jahre Brechts aufgenommen, Gedichte über den Freudeskreis und an Bittersweet (d.i. Brechts Jugendliebe Paula Banholzer) sowie spätere Gedichte mit Augsburg-Bezug. Das »Lied an Herrn M.« bezieht sich auf Hanns Otto Münsterer (siehe Münsterer).

Den »Augsburger Kreidekreis« schrieb Brecht 1940 in Schweden. Er kannte den Stoff aus Klabunds Drama »Der Kreidekreis« (1925). Brecht nimmt den Stoff 1944 im amerikanischen Exil wieder auf und bearbeitet ihn zu einem seiner bekanntesten Stücke (»Der kaukasische Kreidekreis«). Uraufführung: 4.5.1948 am Nourse Little Theatre in Northfield, Minnesota (USA).

Casanova, *Giacomo Girolamo, Chevalier de Seingalt.* Geb. 2.4.1725 in Venedig, gest. 4.6.1798 in Dux (Böhmen). Casanovas Eltern waren Schauspieler. C. wurde zunächst Geistlicher und in Padua zum Doktor beider Rechte promoviert. Seine zahlreichen Reisen führten ihn in nahezu alle europäischen Hauptstädte. Der Abenteurer in »politischer Mission« war stets in Liebesaffären verstrickt. Immer wieder kehrte er nach Venedig zurück, zuletzt 1774, wurde dort Theaterimpresario, mußte aber die Stadt wegen einer seiner scharfen Satiren verlassen. Von 1785 bis zu seinem Tode lebte er als Bibliothekar auf Schloß Dux. Ab 1790 Arbeit an seinem Hauptwerk »Histoire de ma vie«.

Chiellino, *Gino.* Geb. 1946 in Carlopoli/Süditalien. Studium der Italianistik und Soziologie in Rom. 1970 Studienabschluß in Soziologie mit einer Forschungsarbeit über die Lage der italienischen Arbeiter einer Metallfirma in Düsseldorf. Lebt seit 1970 in der Bundesrepublik. Zur Zeit wissenschaftlicher Mitarbeiter an der Universität Augsburg. Chamisso-Preisträger der Bayerischen Akademie der Schönen Künste zusammen mit Franco Biondi 1987.

1980 Gründungsmitglied von PoLiKunst (Polinationaler Literatur- und Kunstverein e.V.) und PoLiKunst-Vorsitzender 1981–1984. Seit 1983 Mit-Hrsg. der Reihe »Südwind-Literatur«, Neuer Malik Verlag, Kiel. Gino Chiellino schreibt in deutscher Sprache.

Dauthendey, *Max (imilian).* Geb. 25.7.1867 in Würzburg, gest. 29.8.1918 in Malang (Java).

Ab 1891 freier Schriftsteller in Berlin; unternahm zahlreiche Reisen, wobei er sich besonders von ostasiatischer Lebens- und Kunstauffassung beeinflussen ließ. Fernweh und Heimweh bestimmen Stoff u. Atmosphäre seines Werks. Einer der bedeutendsten Vertreter des Impressionismus in der dt. Lit. neben Richard Dehmel u. Eduard v. Keyserling.

Delius, *Friedrich Christian.* Geb. 13.2.1943 in Rom. In Hessen aufgewachsen. Studium der Literaturwissenschaft in Westberlin. 1971/72 Stipendiat der Villa Massimo. Verlagslektor in Berlin. Wohnt seit 1978 in den Niederlanden.

»Delius erweitert in seiner Prosa die Grenzen der dokumentarischen Literatur zugunsten analytischer u. satirischer Durchdringung des vorgefundenen Materials; als Lyriker begleitet er kommentierend die Studentenbewegung u. widersetzt sich der neueren no-future-Mentalität.« (Kunisch-Wiesner).

Duller, *Eduard.* Geb. 9.11.1809 in Wien, gest. 24.7.1853 in Wiesbaden. Philosophie- und Jurastudium in Wien, journalistische Tätigkeit; wurde 1836 in Darmstadt Mittelpunkt eines lit. Kreises, trat 1846 zum Katholizismus über und wurde 1849 Prediger in Mainz. Befreundet mit Christian Dietrich Grabbe, dessen Lebensbeschreibung er verfaßte. Diese erste Biographie des Dramatikers ist nicht unumstritten, weil sie viel zur Legendenbildung beitrug.

Eich, *Günter.* Geb. 1.2.1907 in Lebus a.d. Oder, gest. 20.12.1972 in Großgmain/Salzburg.

Als Lyriker und Hörspielautor für die deutsche Nachkriegslit. beispielgebend. Seine Gedichte sprechen das Lebensgefühl der Nachkriegszeit unmittelbar aus. Eichs lyrische Sprache ist unpathetisch, nüchtern, prägnant.

Fink, *Humbert.* Geb. 13.8.1933 in Salerno, gest. 16.5.1992 in Maria Saal/Kärnten.

Fink lebte seit seiner Jugend in Österreich, vorwiegend in Kärnten. Er schrieb zahlreiche Bücher über kulturgeschichtliche Themen, die mediterrane Welt und Biographien. Auch als Autor wichtiger Sendereihen im Österreichischen und Bayerischen Rundfunk machte er sich einen Namen. Fink erhielt zahlreiche bedeutende Preise, u.a. den Österreichischen Staatspreis für Literatur und den Theodor-Körner-Preis.

Der Aufsatz »Die Augsburger Konfession« ist seinem Buch »Land der Deutschen« entnommen, einer Sammlung von Reiseberichten und Reportagen aus »einem sonderbaren Land«. Fink, die Deutschen gewissermaßen »mit der Seele suchend«, unternimmt in dem Buch den Versuch, das Land und seine Menschen durch und über ihre Geschichte zu begreifen.

Fischer, *Joseph vom Peterhof (eig. Joseph Georg Fischer).* Geb. 10.2.1902 in Augsburg, gest. 12.3.1969 ebd.

Zuletzt Rektor an der Elias-Holl-Schule in Augsburg. Verfasser einiger auf Augsburg bezogener Bücher, von denen das über die »Augsburger Frauen« am bekanntesten wurde.

Flake, *Otto.* Geb. 29.10.1882 in Metz, gest. 10.11.1963 in Baden-Baden. Der Autor hat in seinem dichterischen Werk den deutsch-französischen Grenzraum seiner Heimat thematisiert. Sein Hauptwerk »Fortunat« spiegelt ein Stück europäischer Geschichte des 19. Jahrhunderts.

Flake schrieb ferner essayistische, philosophische und kulturkritische Werke und übersetzte aus dem Französischen (Balzac, Stendhal u.a.).

1929 erschien »Ulrich von Hutten« (1488–1523), ein historischer Roman über den streitbaren Schriftsteller und Parteigänger Luthers.

Forte, *Dieter.* Geb. 14.6.1935 in Düsseldorf. Nach anfänglicher Tätigkeit als Werbefachmann lebt er seit 1970 als freier Schriftsteller in Basel. Mitglied des P.E.N.

In seinem ersten Theaterstück »Martin Luther und Thomas Münzer« (1971) hat Forte die Reformationszeit aufgearbeitet. Nicht Theologenstreit, sondern Luthers Verhältnis zur Macht u. zur Revolution bestimmt seine Dramaturgie. Münzer, der bis zur letzten Konsequenz für die Sache der aufständischen Bauern eintritt, scheitert, als eigentlicher Sieger erweist sich der Bankier Fugger. Fortes Umgang mit historischem Material zielt auf Genauigkeit; seine Figuren sind nicht individuell gezeichnet, sondern Vertreter von Prinzipien. Fortes Dialog ist oft zur witzig-sentenzenhaften Wechselrede stilisiert.

Fuchs, *Max.* Es fanden sich keinerlei Angaben zu Leben und Werk des Autors.

Gammel, *Reinhard.* Geb. 1951 in Augsburg.

»Um 15 Uhr 15 habe ich Licht die Welt erblickt. Dann kam 1968 Jefferson Airplane. 20 Jahre habe ich mich gewaschen und nichts hat sich geändert! Bumm Bumm. Atempause. Dann 1978: Punk rules o.k. Veröffentlichungen in div. Literatur- und Alternativzeitschriften.« Dr. phil., lebt in Berlin.

Ganghofer, *Ludwig (Albert).* Geb. 7.7.1855 in Kaufbeuren, gest. 24.7.1920 in Tegernsee.

Sohn des Oberförsters u. späteren Leiters u. Organisators des Bayerischen Staatsforstwesens, August Ritter von Ganghofer. Studium der Philosophie u. Philologie in München, Berlin u. Leipzig. 1879 Promotion zum Dr. phil. »Der Herrgottschnitzer von Ammergau« (1880), sein erstes Volksstück, wird ein Riesenerfolg. Dramaturg am Wiener Ringtheater. 1886–1892 Feuilletonredakteur am »Neuen Wiener Tagblatt«. Danach freier Schriftsteller in München, Tegernsee. Einer der populärsten Vertreter der Heimatliteratur. »Die Martinsklause« 2 Bde. (1894), »Schloß Hubertus« (1895), »Das Schweigen im Walde« 2 Bde. (1899), »Lebenslauf eines Optimisten« 3 Bde. (Autobiographie 1909–1911).

1858 war die Familie nach Welden bei Augsburg gezogen, wo der Bub eine unbeschwerte Kindheit erlebte. In seiner Autobiographie erinnert sich G. dieser Weldener Kinderjahre.

Gerhard. Lebensdaten unbekannt. Der Priester Gerhard war ein jüngerer Zeitgenosse des Bischofs Ulrich. Zwischen 983 und 993 verfaßte er dessen Lebensgeschichte, die als eine der verläßlichsten Geschichtsquellen des 10. Jahrhunderts gilt. Die etwas schwülstig geschriebene Biographie schildert ausführlich das kirchliche Wirken Ulrichs und berichtet auch von dessen vergeblichen Bemühungen, das Bistum Augsburg seinem Neffen zu verschaffen.

Gieseke, *Karl Ludwig (eig. Johann Georg Metzler).* Geb. 6.4.1761 in Augsburg, gest. 5.3.1833 in Dublin.
Besuch des Gymnasiums bei St. Anna. 1781–1783 Studium der Theologie, Mineralogie u. Jurisprudenz in Göttingen. 1783 schließt sich G. einer Theatergruppe in Bremen an u. legt sich das Pseudonym Gieseke zu; gastiert u.a. 1786 in Augsburg, 1789–1800 bei Schikaneder in Wien, Übersetzung zahlreicher Libretti u.a. für W. A. Mozarts »Figaros Hochzeit« (1793) u. »Cosi fan tutte« (1794), möglicherweise auch Verfasser des Textbuchs der »Zauberflöte« (1791). Giesekes Bühnendichtungen zeigen zum Teil eine gewisse Verwandtschaft mit der Altwiener Volkskomödie. Ab 1800 wendet sich G. ganz der Mineralogie zu, unternimmt zahlreiche Reisen, u.a. als erster Deutscher nach Grönland. 1813 Ernennung zum Prof. für Mineralogie in Dublin; zahlreiche Fachartikel. Verleihung des Adelstitels. Nach G. wurde das Mineral Giesekit benannt.

Gleichen-Russwurm, *Alexander von (auch: Heinrich Adelbert Carl Alexander Konrad Schiller, Frhr. von Gleichen, gen. Russwurm).* Geb. 6.11.1865 auf Schloß Greifenstein/Unterfranken, gest. 25.10.1947 in Baden-Baden.
Kulturphilosoph, Essayist, Übersetzer, Herausgeber.
Der Sohn des impressionistischen Malers Ludwig von Gleichen-Russwurm wird nach dem frühen Tod der Mutter von seiner Großmutter Emilie, der Tochter Schillers, erzogen.
Diese Erziehung, die ganz im Zeichen des Andenkens von Schiller steht, prägt ihn nachhaltig. 1883–1895 Leutnant u. Adjutant des Großherzogs von Darmstadt.
Abwechselnd auf Schloß Greifenstein u. in München wohnend, wird der »Urenkel« bald zu einer Institution der lit. Salons Münchens.

Goethe, *Johann Wolfgang von (geadelt 1782).* Geb. 28.8.1749 in Frankfurt/M., gest. 22.3.1832 in Weimar.

Goethe lernte Augsburg selbst auf seinen Reisen nach u. von Italien kennen. Erstmals (ohne Belegnotiz) wahrscheinlich im Juni 1788 auf der eiligen Rückfahrt Rom–Weimar, vom Bodensee herkommend (Konstanz), dürfte er Augsburg durchquert haben. Wir wissen nicht einmal, ob diese Passage, wenn überhaupt, bei Tage oder bei Nacht stattgefunden hat; auf alle Fälle hätte G. der alten römischen Reichsstraße Via Claudia u. der noch heute für die Altstadt charakteristischen Hauptstraße, der Maximilianstraße, folgen müssen. Nähere Kenntnis der Stadt erwarb Goethe erst bei Gelegenheit seiner zweiten, d.h. der eigentlichen Venedig-Reise; er war auf dem Hinweg Mitte März 1790 sowie auf der Rückfahrt Anfang (9.) Juni 1790 jeweils wohl auch zur Übernachtung in Augsburg. Unterkunft fand er dabei im »Weissen Lamm«, zumindest Mitte März. Unter dem Datum des 18. März wird die Teilnahme an der Totenfeier im Dom für den am 20.2.1790 verstorbenen deutschen Kaiser Joseph II. verzeichnet.

Grün, *Anastasius (eig. Anton Alexander Graf von Auersperg),* österr. Schriftsteller und Politiker. Geb. 11.4.1806 in Laibach (heute Ljubljana), gest. 12.9.1876 in Graz. Studierte in Graz und Wien Jura. Reisen führten ihn nach Italien, Frankreich und England. Im öffentlichen Leben stand G. als Verwalter der Grafschaft Thurn. Politisch gehörte er der liberalen Opposition gegen das Metternich-System an. 1848 war er Mitglied des Vorparlaments in Frankfurt/Main. Als Schriftsteller war G. der Gruppe der Vormärz-Autoren verbunden.

Wichtige Werke: Spaziergänge eines Wiener Poeten (1831), Schutt (1835), Die Nibelungen im Frack (1843). Der Romanzenzyklus um die Person Kaiser Maximilians I. »Der letzte Ritter« erschien 1830. Romanze meint hier das volkstümliche Preislied auf einen Helden in Form einer Ballade.

Gutzkow, *Karl Ferdinand (Ps. E. L. Bulwer).* Geb. 17.3.1811 in Berlin, gest. 16.12.1878 in Sachsenhausen bei Frankfurt/M. Journalist u. Literaturkritiker, Erzähler, Romancier u. Dramatiker. Sohn eines niederen Hofbeamten. Studierte Philosophie und Theologie, dann Philologie in Berlin. Sympathie für burschenschaftliche Ideen. Unter dem Eindruck der frz. Julirevolution (1830) Hinwendung zum Journalismus u. zu politischen Tagesfragen. 1831 in Stuttgart Mitarbeiter von Wolfgang Menzels »Literaturblatt«. 1835 wurden seine Schriften verboten. Sein Roman »Wally, die Zweiflerin« (1835) wurde zum unmittelbaren Anlaß für das Verbot der Werke des Jungen Deutschland durch den Bundestag in Frankfurt/M. Entdecker u. Förderer von Georg Büchner (Dantons Tod). In den Romanen »Werwolf« (1870) und »Die Paumgärtner von Hohenschwangau« (1880), nimmt Gutzkow immer wieder kulturhistorischen Bezug auf Stadt und Bürgerschaft des ehemals reichsstädtischen Augsburg.

Hätzlerin, *Clara.* Geb. 1430 in Augsburg, gest. nach 1476 ebd. Der Herausgeber Carl Haltaus hatte den Sammelcodex, den wir heute das »Liederbuch der Clara Hätzlerin« nennen, 1836 im Prager Böhmischen Museum entdeckt und vier Jahre später vollständig veröffentlicht. Die Handschrift ist am Ende unterzeichnet mit: »Anno domini Augspurg 1471. Clara Hätzlerin«. Die darin enthaltenen Beiträge – Gedichte, Lieder, auch Prosa – stammen von verschiedenen Verfassern; Clara Hätzlerin, keine Nonne übrigens – wie lange behauptet – war wohl lediglich die Kopistin. Minnethematik dominiert im Liederbuch, und das hier aufgenommene Lied ist eines der wenigen politischen der Sammlung, das den Krieg der Fürsten und Städte zum Thema hat. Interessant ist darin auch die Erwähnung einer Augsburger Meistersingerschule, die ab 1449 nachweisbar ist.

Hafner, *Jonas.* Geb. 1940 in Augsburg.
Der Autor über sich selbst: »Ausgebombt, siebenmal umgezogen aufs Land, Rückkehr 1946 zum Roten Tor: von diesem Zeichnungen durch die Kindzeit hin. Wegzug in die Firnhaberau, sieben Jahre bahnfrei dem Westwind, Farbentrockner. 1961–1980 hier und dort, meist am Rhein, von Freiburg bis Düsseldorf: Lehrzeit an der Akademie 1967 bis 1972 (Beuys und Warnach). 1969/70 Hilfspfleger in der Kinderpsychiatrie. 1970 bis 1980 Lehrkraft an Berufsschule, Akademie und Gymnasium. 1974/75 Dissertation über Mimesis, Repraesentatio, Darstellung.
Gestaltungslehrer, Augsburg neun Jahre und Hamburg zwei.«

Hausenstein, *Wilhelm.* Geb. 17.6.1882 in Hornberg (Schwarzwald), gest. 3.6.1957 in Tutzing bei München.

Kunst- und Kulturhistoriker, Publizist, Essayist, Verf. von Reise-
und Wanderbüchern, Übers. frz. Lyrik; nicht nur als deutscher Bot-
schafter in Paris (1953–1955) um dt.-frz. Verständigung bemüht.
Umfassend gebildete Persönlichkeit, erfüllt vom künstlerischen
Vermächtnis des Abendlandes. Neubegründer u. Präsident der
Bayerischen Akademie der Schönen Künste.
Die »Besinnlichen Wanderfahrten« sind erstmals 1935 unter dem
Titel: »Wanderungen auf den Spuren der Zeit« erschienen.
»Jugenderinnerungen und Reiseskizzen« wurden posthum 1968
veröffentlicht.

Hebbel, *Christian Friedrich*. Geb. 18.3.1813 in Wesselburen/Nor-
derdithmarschen, gest. 13.12.1863 in Wien.
Hebbel stammt aus ärmlichen Verhältnissen, sein Vater war Maurer. 1827 Schreiber des Kirchspielvogts, Autodidakt. Durch Vermittlung der Schriftstellerin A. Schoppe ab 1835 in Hamburg z.
Vorbereitung auf die Universität; hier Beginn der langjährigen Be-
ziehung zu Elise Lensing, die ihn aufopfernd unterstützt. 1836–
1839 kurzes Jurastudium in Heidelberg, dann Literatur, Geschichte u. Philosophie in München (Görres, Schelling), 1839 Hamburg,
1843 Paris (Bekanntschaft mit H. Heine), 1844 Rom u. Neapel. Seit
1845 in Wien. 1846 Heirat mit Christine Enghaus, Burgschauspie-
lerin.
Ergreift während der Revolution von 1848 engagiert Partei für eine konstitutionelle Monarchie auf demokratischer Grundlage.
Noch in den Wirren der Rev. entstand die Tragödie »Agnes Bernauer« (UA.: 1852; ersch.: 1855).

Heer, *Friedrich*. Geb. 10.4.1916 in Wien, gest. 18.9.1983 in Wien.
Studium in Wien. Wanderfahrten von Spanien bis Finnland.
Dr. phil., später Univ.-Dozent. 1946 Eintritt in die Redaktion der
Monatsschrift »Wort und Wahrheit«; 1948 Mitarbeit an der Wo-
chenschrift »Die Österreichische Furche«. 1955 Willibald-Pirckhei-
mer-Preis. Seit 1961 Dramaturg am Burgtheater. Publizist, Kultur-
politiker, Erzähler, Essayist, Historiker.

Heinse, *Johann Jakob Wilhelm (eig. Heintze oder Heinze)*. Geb.
15.2.1746 in Langewiesen/Ilmenau (Thüringen), gest. 22.6.1803
in Aschaffenburg.
Sohn eines Stadtschreibers u. Organisten; studiert 1766–1768 in

Jena u. Weimar Jura u. war ab 1771 – unterstützt von J. W. L. Gleim und F. H. Jacobi – Reisebegleiter, Hauslehrer u. Mitredakteur der Zeitschrift »Iris«. Juni 1780 bis September 1783 Italienreise mit längeren Stationen in Rom. 1788 Hofrat u. Bibliothekar. 1793 Flucht vor der frz. Besetzung von Mainz zu F. H. Jacobi nach Düsseldorf. 1794 Übersiedlung mit der kurfürstlichen Bibliothek nach Aschaffenburg.

Besonders in seinem Hauptwerk »Ardinghello u. die glückseligen Inseln« (1787) erscheinen die zentralen Themen Heinses beispielhaft vereinigt: Geniekult und ästhetischer Immoralismus.

Heuss, *Theodor.* Geb. 31.1.1884 in Brackenheim, gest. 12.12.1963 in Stuttgart.
Nach dem Besuch des Gymnasiums in Heilbronn studiert H. Nationalökonomie in München und Berlin. Redakteur versch. Zeitschriften (u.a. »März«). Schüler Friedrich Naumanns. 1924 Reichstagsabgeordneter der DDP (bis 1933). Erster Bundespräsident der Bundesrepublik Deutschland.

Hesse, *Hermann.* Geb. 2.7.1877 in Calw, gest. 9.8.1962 in Montagnola. Hesses Reiseerinnerungen, die in knappen Sätzen auch Wesentliches aussagen über den Beruf des Dichters, vermitteln ein humorvolles Selbstbildnis; sie sind »Versuche zur Aufrichtigkeit sowohl, wie zum Humor«. Anlaß zu dieser zwei Monate dauernden Schwabenreise sind Einladungen zu lit. Vorträgen in Ulm, Augsburg und Nürnberg.
H. H. unternahm diese Reise von Montagnola aus Ende September 1925. Sie führte ihn über Locarno, Zürich, Baden, Tuttlingen nach Blaubeuren (3.11.), Ulm (4.11.), Augsburg (5.11.) – »das Schönste war Ulm und Augsburg« –, Nürnberg, München, Ludwigsburg (15.11.) und Blaubeuren (17.11.) und von da nach Zürich, wo er am 20.11. eintraf. Vom 24.11. bis 18.12. schrieb er »Die Nürnberger Reise« in Montagnola.

Heyse, *Paul.* Geb. 15.3.1830 in Berlin, gest. 2.4.1914 in München.
Philologische und kunstgeschichtliche Studien in Berlin u. Bonn; 1854 von König Maximilian II. nach München berufen; mit Geibel Haupt des Münchner Dichterkreises. Als freier Schriftsteller tätig, war 1856 Mitbegründer des lit. Vereins »Das Krokodil«. Sein Münchner Haus war jahrzehntelang Sammelpunkt der geistigen

Geselligkeit der Stadt. 1910 erster dt. Nobelpreisträger für Literatur. Einst als Erbe Goethes gepriesen, heute kaum noch gelesen. In seinem Werk bleibt er letztlich epigonal, trotz großer eigener Bildung oft an der gepflegten Oberfläche verharrend, weniger aus eigenem Erleben schöpfend, sondern aus seiner Phantasie und großen Belesenheit. So zeigt auch die Sprache wenig persönlichen Stil, sondern ist oft glatt und formelhaft. »Jorinde« (1879) ist nur ein Beispiel aus der fast unübersehbaren Zahl seiner Novellen.

Hofmiller, *Josef.* Geb. 26.4.1872 in Kranzegg/Allgäu, gest. 11.10.1933 in Rosenheim.
Studium der Philologie in München; Dr. phil; Gymnasiallehrer in Freiburg u. München, zuletzt Oberstudienrat am Gymnasium in Rosenheim. Mithrsg. der »Süddeutschen Monatshefte«, Übersetzer u. Herausgeber, urbaner Essayist u. feinsinniger Kritiker.

Jean *Paul (eig. Johann Paul Friedrich Richter).* Geb. 21.3.1763 in Wunsiedel/Franken, gest. 14.11.1825 in Bayreuth.
Sohn eines protestantischen Hilfsgeistlichen; studiert Theologie in Leipzig, ab 1787 Hauslehrer. Jean Pauls frühe Satiren in der Manier eines Swift bleiben unbeachtet. 1792 verhilft ihm Karl Philipp Moritz zum Durchbruch, indem er das Romanmanuskript »Die unsichtbare Loge« einem Berliner Verleger übermittelt. Richter, der sich aus Bewunderung für Jean Jacques Rousseau Jean Paul nennt, erlangt Popularität durch den »Hesperus« (1795). 1796/97 folgt der Roman »Siebenkäs«, dessen Anfang wir abdrucken.

Kästner, *Erhart.* Geb. 13.3.1904 in Schweinfurt, gest. 3.2.1974 in Staufen/Breisgau.
Besuch des Gymnasiums in Augsburg. 1936–1938 Sekretär Gerhart Hauptmanns. 1950–1968 Direktor der Herzog-August-Bibliothek Wolfenbüttel.
Schrieb Reise- und Erinnerungsbücher, geprägt von der Kenntnis der klassischen Antike wie dem Erlebnis der Mittelmeerlandschaft, autobiographisch u. essayistisch zugleich, im Stil einer verhaltenen, kontemplativen Prosa.

Kästner, *Erich.* Geb. 3.2.1899 in Dresden, gest. 29.7.1974 in München.
Seine Bücher wurden 1933 verbrannt, trotzdem emigrierte er

nicht. Lebte seit 1945 in München; verfaßte Texte für verschiedene Kabaretts, Hrsg. der Jugendzeitschrift »Der Pinguin«. 1952–1962 PEN-Präsident. Zeitkritische, pädagogische u. humanitäre Anliegen durchziehen sein Werk. Er wurde v.a. bekannt als Verfasser spannender, unaufdringlich erzieherischer Kinderbücher. Der hier abgedruckte Aufsatz erschien im Januar 1946 in der von Kästner redigierten »Neuen Zeitung.«

Kammerer, *Ernst.* Geb. 1908 in München, gefallen 2.10.1941 in Rußland.
Kammerer begeisterte sich früh für Bücher u. Theater, hörte Vorlesungen bei Artur Kutscher in München, betätigte sich zeitweilig als Amateurconférencier u. schrieb für Zeitungen; unter dem Pseudonym »Meckermann« kleine Geschichten in der »Süddeutschen Sonntagspost«, aber auch Theaterrezensionen für die »Frankfurter Zeitung«, die ihn als Münchner Kulturkorrespondenten verpflichtet hatte. Auch die Landschaft war sein Thema, so daß man ihn nicht ohne Grund als einen »bayerischen Fontane« bezeichnet hat, der die Isarauen u. Niederbayern durchwanderte. Daß er auch nach Augsburg gekommen ist, belegt sein Essay »Augsburg«.
Am 2.10.1941 ist Ernst Kammerer »irgendwo zwischen Smolensk und Moskau« gefallen.

Keller, *Gottfried.* Geb. 19.7.1819 in Zürich, gest. 15.7.1890 ebd. Sohn eines Drechslermeisters. Infolge Verweisung von der kantonalen Industrieschule 1834 von der höheren Bildung ausgeschlossen, Autodidakt. 1840 geht K. nach München. Der Plan, Maler zu werden, scheitert an der Erkenntnis der eigenen Unzulänglichkeit. 1842 Rückkehr nach Zürich, Wendung zum Schriftstellerberuf. Nach Erscheinen der »Gedichte« (1846) Stipendium der Stadt Zürich zur Ausbildung in Deutschland. 1848 Heidelberg, Einfluß Feuerbachs. 1850–1855 Berlin, dann Rückkehr nach Zürich. 1861–1876 Staatsschreiber von Zürich.
Die Novelle »Der Schmied seines Glückes«, 1855 entstanden, 1874 erschienen, ist eine der zehn Seldwyler Geschichten Gottfried Kellers. Die Schweizer Kleinstadt Seldwyla – die »civitas dei helvetica« (Walter Benjamin) – ist für Keller Modell eines politischen Gemeinwesens, dessen kleinbürgerliche Gemütswelt er mit Humor und feiner Ironie aufs Korn nimmt. »Der Schmied seines

Glückes« spekuliert auf Reichtum und Besitz, bis er – durch Fehlschläge geheilt – sein Glück in bescheidener Tätigkeit findet.

Kerner, *Justinus Andreas Christian.* Geb. 18.9.1786 in Ludwigsburg, gest. 21.2.1862 in Weinsberg.
Der Beamtensohn studierte nach zwei Lehrjahren als Tuchmacher von 1804–1808 in Tübingen Medizin. Seit Tübingen verband ihn eine lebenslange Freundschaft mit Ludwig Uhland. Zusammen mit ihm und dem Lyriker Karl Mayer (1786–1870) gab er das »Sonntagsblatt für gebildete Stände« heraus (1807), ein Gegenjournal zu dem das aufklärerische Denken propagierenden »Morgenblatt für gebildete Stände«. 1808 Dr. med., 1809 Reise nach Frankfurt/M., Hamburg, Berlin und Dresden. Verkehr mit Chamisso und Fouqué. Dichterisches Ergebnis dieser Reise war der Roman »Reiseschatten« (1811). Seit 1819 war Kerner Amtsarzt in Weinsberg u. betrieb Studien zu Spiritismus, Okkultismus u. Somnambulismus (»Seherin von Prevorst«). Tief empfindender spätromantischer Lyriker, Balladendichter u. stimmungsvoller Erzähler.

Klepper, *Jochen.* Geb. 22.3.1903 in Beuthen/Oder, gest. 11.12.1942 in Berlin (Freitod).
Der Sohn eines protestantischen Pfarrers trat nach dem Studium der Theologie mit journalistischen Arbeiten erstmals an die Öffentlichkeit. 1933 erschien sein erster Roman »Kahn der fröhlichen Leute«, eine humorvolle Romanze aus dem Leben der Oderschiffer und Artisten. Jahrelang arbeitete er dann in Berlin an seinem umfangreichen Buch »Der Vater«, einem historischen Roman über den preußischen König Friedrich Wilhelm I., den Vater des »alten Fritz«. Das Buch fand ungewöhnliche Resonanz. Es machte den Verfasser berühmt. 1938 gab Klepper als Ergänzung »Briefe und Bilder des Soldatenkönigs« unter dem Titel »In Tormentis Pinxit« das heißt »In Qualen gemalt« heraus. Im gleichen Jahr erschien auch Kleppers Lyrikband »Kyrie«, eine Sammlung geistlicher Lieder. Ergreifend und sprachlich wirksam sind K.'s Tagebuchaufzeichnungen »Unter dem Schatten deiner Flügel« und seine Briefe. Klepper schied zusammen mit seiner jüdischen Frau und seiner Stieftochter aus dem Leben, als diese in ein Konzentrationslager deportiert werden sollten. Im Nachlaß des Dichters fand sich das Fragment eines Luther-Romans, das 1951 unter dem Titel »Die

Flucht der Katharina von Bora« zusammen mit anderen Schriften des Autors veröffentlicht wurde.

Kotzebue, *August von.* Geb. 3.5.1761 in Weimar, ermordet 23.3.1819 in Mannheim.
Erfolgreichster Bühnenschriftsteller seiner Zeit. Bewegtes Leben mit juristischer und politischer Tätigkeit; einige Zeit nach Sibirien verbannt, später im Dienst des Zaren. Hrsg. von Zeitschriften wie dem »Literarischen Wochenblatt«, in dem er Patriotismus und liberale Forderungen der Studenten aufs Korn nahm. Als Reaktionär u. Spitzel obendrein verdächtig geworden, wurde er von dem Burschenschaftler Karl Ludwig Sand in Mannheim ermordet, was zur Durchsetzung der »Karlsbader Beschlüsse« im August 1819 führte, mit denen Zensurmaßnahmen durchgeführt u. die sogenannten Urheber staatsgefährdender Umtriebe zur Verantwortung gezogen werden sollten.
Bei der beschriebenen Reise handelt es sich um Kotzebues Hochzeitsreise mit seiner dritten Frau von Livland nach Italien im Jahre 1804.

Kühn, *August (alias Fritz Wachsmuth alias Rainer Zwing, eigentlich Helmut Münch).* Geb. 25.9.1936 in München.
Nach der Realschule wurde K. Optikschleifer. Er arbeitete als Journalist, kfm. Angestellter und Kabarettist. Seit der »Westend Geschichte« (1972) lebt er als freier Schriftsteller in Hinterwössen (Chiemgau) und München. Kühns Markenzeichen: Kritisch-aufklärerische Heimatliteratur aus Kühns Lebenswelt, wobei regionale Begrenzung durchaus Modellcharakter haben soll. Im Unterschied zu »gängiger« Literatur regionalen Charakters bezieht K. proletarische Geschichte in seine Romane mit ein.
Wichtige Werke: Zeit zum Aufstehn (1975), Jahrgang 22 (1977), Die Vorstadt (1981), Die Abrechnung (1990).

Kunz, *Wolfgang.* Geb. 21.2.1945 in Memmingen/Allgäu.
Studium der Theaterwissenschaft, Literaturwissenschaft und Kunstgeschichte in München. Von 1973 bis 1989 Dramaturg in Bern und Augsburg. Von 1990 bis 1992 Literaturbeauftragter der Stadt Augsburg. Kunstförderpreis der Stadt Bern 1975.

Mann, *Thomas.* Geb. 6.6.1875 in Lübeck, gest. 12.8.1955 in Zürich.

Thomas Mann antwortete mit diesem Beitrag auf eine Umfrage des Augsburger Verkehrsvereins bei prominenten Autoren im Jahre 1925. Erstmals abgedruckt in einer Werbeschrift des Verkehrsvereins unter dem Titel »Das schöne Augsburg«.

Thomas Mann war übrigens familiär mit Augsburg verbunden. Seine Mutter lebte hier einige Zeit nach ihrem Wegzug aus München (vgl. dazu: Katia Mann: Meine ungeschriebenen Memoiren, S. Fischer, Frankfurt/M. 1974, S. 32: »Als wir heirateten, lebte die Mutter meines Mannes schon in Augsburg«).

Mann, *Viktor.* Geb. 12.4.1890 in Lübeck, gest. 21.4.1949 in München.

Viktor Mann war der Jüngste der Geschwister Mann. Der Chronist der Familie vollendete sein Buch »Wir waren fünf« kurz vor seinem Tode in den ersten Monaten des Jahres 1949.

Merian d. Ä., *Matthäus.* Geb. 1593 in Basel, gest. 1650 in Langenschwalbach (heute Bad Schwalbach).

Der Schweizer Kupferstecher ist als Herausgeber von Städteansichten aus ganz Europa berühmt geworden. Seit 1624 in Frankfurt/Main. 1626 übernimmt M. die Kunsthandlung und den Verlag seines Schwiegervaters J.Th. de Bry. 1644 erscheint seine »Topographia Bavariae«; die Städte und Märkte Bayerns sind darin nicht nur abgebildet, sondern auch in einem kräftigen und anschaulichen Deutsch beschrieben. Diese Beschreibungen sind nicht allein Merians Werk, sondern von überall her entnommen, teilweise von Martin Zeillers »Teutschem Reyssbuch«, dessen Urheberschaft seinerseits umstritten ist. Zeiller hat ganze Passagen seines Buches aus dem Manuskript Philipp Hainhofers, eines Augsburger Patriziers und Kunstsammlers, wortwörtlich »übernommen«.

Das Werk Merians umfaßt 2100 Radierungen europäischer Städteansichten.

Miegel, *Agnes.* Geb. 8.3.1879 in Königsberg, gest. 26.10.1964 in Bad Salzuflen.

Miegel, Tochter eines Königsberger Kaufmanns, besuchte Internate in Weimar (1894–96) und Bristol (1902), unternahm Studienreisen nach Frankreich und Italien, ehe sie als Journalistin nach

Berlin ging. 1920–26 leitete Miegel das Feuilleton der »Ostpreußischen Zeitung« in Königsberg. Seit 1933 Mitglied der Deutschen Akademie der Dichtung. 1945 flüchtete sie aus Königsberg und lebte seit 1948 in Bad Salzuflen.

1901 hatte Börries von Münchhausen in seinem Göttinger Musenalmanach erstmals zahlreiche Gedichte und Balladen von ihr veröffentlicht, darunter Meisterwerke wie »Agnes Bernauerin«. Im gleichen Jahr erschien bei Cotta ein erster Band »Gedichte«.

Montaigne, *Michel Eyquem Seigneur de.* Geb. 28.2.1533 auf Schloß Montaigne (Périgord), gest. 13.9.1592 ebd.

Schriftsteller, Philosoph, Parlamentsrat und zeitweise Bürgermeister von Bordeaux.

»Es fällt nicht schwer, für die große Reise Montaignes, die auf mindestens zwei Jahre berechnet war und, vor der Zeit abgebrochen, immer noch siebzehn Monate dauerte (1580–81) eine Reihe mehr oder weniger naheliegender Gründe zu finden. Ausschlaggebend werden indessen bloß zwei Gründe gewesen sein: sein Gesundheitszustand als äußerer Anlaß (Badereise) und seine stete Bereitwilligkeit, sein Studienobjekt, den Menschen, immer wieder in neuen Verhältnissen zu beobachten, als allgemeine Voraussetzung . . .

Die Edelleute, die neben Montaigne an der Reise teilnahmen, waren die Herren von Matecoulon, Cazalis, Estissac und Hautoy.«

(Otto Flake)

Mozart, *Wolfgang Amadeus.* Geb. 27.1.1756 in Salzburg, gest. 5.12.1791 in Wien.

Am 11.10.1777 machten Mozart und seine Mutter, von München kommend, in Augsburg Station und stiegen im Gasthof »Zum weißen Lamm« ab. Wolfgang war zunächst empört über den unfreundlichen Empfang, den die Augsburger ihm bereiteten, und wäre am liebsten sofort wieder abgereist. Erfreulich war dagegen der Kontakt zum »Bäsle«, der Cousine Maria Anna Thekla (1758 bis 1841). Die Zeit des Aufenthalts in Augsburg gehörte ansonsten verschiedenen Besuchen (so beim Stadtpfleger Langenmantel und beim Orgelbauer Johann Andreas Stein) und Vorbereitungen für ein Konzert, das am 22.10. »in dem Hochgräflichen Fuggerschen Konzertsaal« stattfinden sollte, wie die »Augsburgische Staats- und Gelehrten-Zeitung« ankündigt. Am 26.10. reisten die

Mozarts über Donauwörth und Nördlingen nach Hohenaltheim mit dem weiteren Ziel Mannheim.

Mühr, *Alfred (Ps. Friedrich Gontard).* Geb. 16.1.1903 in Berlin, gest. 11.12.1981 in Zusmarshausen/Bayern.
Journalistische Ausbildung, 1924–1934 Feuilletonredakteur und Kritiker bei der Dt. Zeitung Berlin, 1934–35 Schauspieldirektor des Preußischen Staatstheaters Berlin und Lehrer an der Schauspielschule ebd.; dann wieder Journalist, Theater- und Kunstkritiker, freier Schriftsteller; wohnte in Zusmarshausen bei Augsburg. Erzähler, Essayist, Verf. von Jugendbüchern, religions- und kulturhistorischen Schriften. Mühr kannte Brecht aus gemeinsamen Berliner Theaterjahren.

Münsterer, *Hanns Otto.* Geb. 28.7.1900 in Dieuze/Lothringen, gest. 30.10.1974 in München.
Münsterer verbrachte Kindheit und Jugend vorwiegend in Pasing bei München und in Augsburg; gehörte zum engeren Freundeskreis um Bertolt Brecht, mit dem ihn eine lebenslange Freundschaft verband. M. studierte in München und Wien Medizin und spezialisierte sich bald auf Virusforschung und Dermatologie. Standen bis in die 40er Jahre die medizinischen Forschungsarbeiten ganz im Mittelpunkt seines Interesses, so beschäftigte sich M. nach dem Ausscheiden aus der Universität mit volkskundlichen Studien. Über alle Phasen seines Lebens hin schrieb er Erzählungen und Gedichte, von denen eine größere Auswahl 1980 posthum unter dem Titel »Mancher Mann« erschienen ist.

Nabor, *Felix (eig. Allmendinger Karl).* Geb. 13.10.1863 in Mühlhausen a.d. Fils/Württemberg, gest. 17.11.1946 in Adelmannsfelden/Württemberg.
Sohn eines Müllers. Nach mehrjährigem Besuch der Lateinschule wird Nabor Lehrer in Abtsgmünd bei Aalen, wo er mehr als zehn Jahre bleibt. Während dieser Zeit intensives autodidaktisches Studium der Literatur und Musik. Nach mehreren Bildungsreisen Studium am Konservatorium in München. Mehr als 40 Kompositionen. Lehrer, Organist und Chordirektor bis 1910. Volkserzähler vorwiegend historischer Themen.

Neumann, *Alfred.* Geb. 15.10.1895 in Lauterburg (Westpreußen), gest. 3.10.1952 in Lugano.

Mußte von München aus, wo er als Verlagslektor und Dramaturg wirkte, 1933 emigrieren, paradoxerweise gerade nach Vollendung seines als sehr »deutsch« (Lutz Weltmann) charakterisierten »Narrenspiegel«; kehrte 1949 nach mehreren Exilstationen aus den USA nach Florenz zurück. Meister des historisch-politischen Romans.

Nicolai, *Friedrich.* Geb. 18.3.1733 in Berlin, gest. 8.1.1811 ebd.

Sohn eines Buchhändlers. Gymn. in Berlin und Halle. 1749–52 Buchhandelslehre in Frankfurt/O. Autodidakt. 1752 Eintritt in Verlag und Buchhandlung seines Vaters in Berlin, 1758 deren Leiter. Bekanntschaft und Zusammenarbeit mit Lessing und M. Mendelssohn. Gemeinsame lit. Unternehmungen: »Bibliothek der schönen Wissenschaften« (1757 f.), »Briefe, die neueste Literatur betreffend« (1759–65) und »Allgemeine deutsche Bibliothek« (1765 bis 1792). 1781 große Reise durch Deutschland und die Schweiz. 1784 Mitglied der Akademie der Wissenschaften München und 1799 Berlin. Einflußreicher Schriftsteller und Verleger der dt. Aufklärung. Stark doktrinärer Literaturpapst, nach 1770 in rücksichtsloser Abwehr gegen jede Art des Irrationalismus. Schrieb satirische Romane gegen Pietismus, Orthodoxie und Empfindsamkeit (»Nothanker«).

Niekisch, *Ernst.* Geb. 23.5.1889 in Trebnitz/Schlesien, gest. 23.5.1967 in Berlin.

Politiker und Publizist. Lehrerseminar in Altdorf bei Nürnberg. Militärdienst. 1908/09 im Volksschuldienst. Seit 1917 Mitglied der SPD. 1918 Mitarbeiter der »Schwäbischen Volkszeitung«. Nach Ausrufung der Republik durch Kurt Eisner Bildung und Vorsitz des Augsburger Arbeiter- und Soldatenrates. Januar 1919 Wahl zum Präsidenten des Münchner Zentralrates der Arbeiter-, Bauern- und Soldatenräte Bayerns. Übte nach der Ermordung Eisners fast vier Wochen die vollziehende Gewalt in Bayern aus. Mai 1919 Verhaftung und Verurteilung wegen »Beihilfe zum Hochverrat«, gleichzeitig Übertritt zur USPD. Seit 1921 Fraktionsvorsitzender der USPD im bayerischen Landtag, nach der Wiedervereinigung der SPD mit der USPD stellvertretender Fraktionsvorsitzender. 1923 Mandatsniederlegung. Publizistisch tätig. N. kritisierte die Weimarer Republik wegen ihrer West-Orientierung. Nationalbolschewist. Erbitterter Gegner der Nationalsozialisten. 1937 Verhaftung, 1939 Verurteilung zu lebenslanger Zuchthausstrafe. 1945, von den Russen befreit, Beitritt zur KPD; seit 1946 Mitglied der SED. Nach dem Arbeiteraufstand 1953 Bruch mit der SED, 1954 Austritt und Übersiedlung nach Westberlin.

Novalis *(eig. Georg Philipp Friedrich Freiherr von Hardenberg).* Geb. 2.5.1772 in Oberwiederstedt/Mansfeld. Gest. 25.3.1801 in Weißenfels. Novalis stammt aus pietistischem Haus. (Seine Eltern waren Mitglieder der Herrnhuter Gemeinde.) Studium der Jurisprudenz, Mathematik, Philosophie und der Bergwissenschaft. Seit 1788 entstanden Novalis' erste Gedichte, die Hauptwerke ab 1798. N. ist der bedeutendste Vertreter der Jenenser Romantik. Die theoretisch-wissenschaftliche Auseinandersetzung mit Poetik, idealistischer Philosophie, Mathematik und Chemie hebt Novalis' fragmentarisches Werk über bloße Naturschwärmerei hinaus. Im poetischen Kunstwerk sollen Begeisterung und Verstand, Gemütserregung und Nüchternheit verknüpft werden.

In den »Hymnen an die Nacht« stellte sich Novalis die Aufgabe, den Tod durch das Dichterwort zu überwinden. Dieses Motiv wiederholt sich leicht variiert in den Romanfragmenten »Heinrich von Ofterdingen« (1802) und »Die Lehrlinge zu Sais« (1802). Erhöhung und stufenweise Verklärung der Poesie war Novalis' Ziel im »Ofterdingen«.

Orff, *Carl.* Geb. 10.7.1895 in München, gest. 29.3.1982 ebd. Ließ sich nach Kapellmeistertätigkeit an verschiedenen Orten 1920 in München nieder; war von 1950 bis 1960 Professor für Komposition an der dortigen Musikhochschule, seit 1961 leitete er das von ihm gegründete Orff-Institut am Salzburger Mozarteum.

Neben dem »Schulwerk« (1930–35) wurde er durch Werke für das Musiktheater bekannt, deren Stoffe der Welt des Märchens, der bayerischen Komödie, dem Mysterienspiel sowie der griechischen und lateinischen Dichtung (»Carmina Burana«, 1937) entnommen sind. »Die Bernauerin« entstand 1944–46 und ist dem Andenken des 1943 hingerichteten Freundes und Musikforschers Kurt Huber gewidmet. Orffs eigene Dichtung in bildhaft-kerniger Sprache, angeregt durch Schmellers Wörterbuch und das Liederbuch der Clara Hätzlerin, und seine ebenso einfache wie wirkungsvolle Musik waren exemplarisch für eine neue Art eigenständigen Musiktheaters.

Oswald von Wolkenstein. Geb. 2.5.1377 (?) auf Schloß Schöneck (Pustertal), gest. 2.8.1445 Burg Hauenstein am Schlern.
Oswald entstammte dem Zweig der Tiroler Adelsfamilie der Vilanders, die sich nach Burg Wolkenstein im Grödnertal benannte. Ging mit 10 Jahren aus Abenteuerlust in die Fremde, als Koch, Ruder- und Pferdeknecht, Spielmann in Preußen, Litauen, Schweden, Rußland, Rumänien, Türkei, Spanien, Böhmen und Ungarn; sprach 10 Sprachen. Geriet nach seiner Heimkehr 1407 in einen erst 1427 beendeten Erbschaftsstreit, umschwärmte gleichzeitig seine Gegnerin Sabine Jäger, verh. Hausmann, mit Berechnung und Leidenschaft und wurde durch sie in den Kerker gelockt (1421–23). Als Vertrauter König Sigismunds 1415 auf dem Konzil in Konstanz und 1416 in Paris. 1415 Reise in diplomatischer Mission nach England, Schottland, Portugal und Aragon. 1417 Heirat mit Margarete von Schwangau.
Von Oswald sind 133 lyrische Texte (fast ausschließlich Lieder) zusammen mit fast allen Melodien überliefert. In ihnen nimmt er inhaltlich und formal beinahe das gesamte lyrische Repertoire des MA auf, variiert und verwandelt es: Liebesklagen, derbe erotische Lieder, Tanz- und Trinklieder, Lieder über Politisches und Religiöses und belehrende Texte verschiedenster Art.

Piccolomini, *Enea Silvio de,* latinisiert *Äneas Silvius.* Geb. 18.10.1405 in Corsignano (nach ihm später Pienza genannt), gest. 15.8.1464 in Ancona.
Stammt aus altem Sienenser Adelsgeschlecht, das mit ihm, dem späteren Papst Pius II. (1458–1464) erlosch. Piccolomini war humanistisch gebildet. Er wirkte auf dem Basler Konzil seit 1432 gegen Papst Eugen IV., wurde 1440 Sekretär des Gegenpapstes Felix V. und schrieb eine Verteidigung der konziliaren Theorie. Seit 1442 war er Kanzleisekretär Kaiser Friedrichs III. 1445 änderte er sein bisher leichtfertiges Leben und wurde Priester. Er gewann den Kaiser neu für Eugen IV., warb im gleichen Sinn erfolgreich um den Kurfürstenbund und arbeitete mit an den Fürstenkonkordaten (auch an dem Wiener Konkordat). 1447 wurde er Bischof von Triest, 1450 von Siena, 1456 Kardinal. Das Hauptproblem sei-

ner Regierung war die Einigung Europas gegen die Türken, die 1453 Konstantinopel erobert hatten. 1459 berief er zu diesem Zweck einen Fürstenkongreß nach Mantua ein, doch blieben seine Bemühungen erfolglos. 1460 verbot er jede Berufung auf ein allgemeines Konzil. Die Reform der Kirche konnte P. nur wenig fördern. Bedeutend jedoch war sein Einfluß als Schriftsteller, Publizist und Dichter durch seine geschichtl., geograph. und ethnograph. Werke. Seine 1444 entstandene Liebesnovelle »Historia de duobus amantibus« (Euryalus und Lucretia) wurde oft übersetzt, in Dtl. von Niklas von Wyle (1478), K. Falke (1907) und E. v. Bülow (1920).

Rhegius, *Urbanus.* Geb. im Mai 1489 in Langenargen am Bodensee, gest. 27.5.1541 in Celle.
Wahrscheinlich der Sohn eines kath. Priesters (wie Erasmus); Familienname zu deutsch: König (oder Rieger?). Rhegius besucht die Stadtschule in Lindau, ab 1508 dann die Universität Freiburg. Folgt seinem Lehrer Dr. Eck nach Ingolstadt, wird dort Magister und erhält einen Lehrauftrag für Rhetorik und Poesie. Wird zum Dichter (poeta laureatus) gekrönt. Nach der Priesterweihe Promotion. Domprediger in Augsburg, der aus einem Gegner Luthers allmählich zu dessen Anhänger wird. 1521 schlägt ihm ein Domherr einen Schlüssel ins Gesicht, und es kommt zu einem Tumult in der Kirche. Als Folge davon muß Rhegius Augsburg verlassen. 1524 kehrt er in die Stadt zurück und heiratet dort. Er hat 13 Kinder. Der Reichstag von 1530 wird zum Höhepunkt und Ende seiner Tätigkeit in Augsburg. Rhegius geht nach Celle und wirkt als Reformator im Herzogtum Lüneburg. Er pflegt freundschaftlichen Umgang mit Luther und Melanchthon.
Sein Werk umfaßt mehr als hundert Schriften, v.a. Predigten.

Riehl, *Wilhelm Heinrich.* Geb. 6.5.1823 in Bibrich/Rheinland, gest. 16.11.1897 in München.
Nach Theologiestudium und Arbeit bei verschiedenen Zeitungen war Riehl seit 1851 Redakteur der »Allgemeinen Zeitung« in Augsburg. 1859 Ordinarius für Kulturgeschichte in München, 1885 Direktor des Nationalmuseums. Seine Bemühungen galten einer national eingestellten Kulturgeschichte, wobei er sich seine Kenntnisse weniger aus der Literatur erwarb denn durch Erlebnis und Wanderung, also durch sinnliche Anschauung.

Als sein Hauptwerk gilt »Die Naturgeschichte des Volkes als Grundlage einer deutschen Sozialpolitik« (4 Teile, 1851–1869).

Ringelnatz, *Joachim (eig. Hans Bötticher).* Geb. 7.8.1883 in Wurzen bei Leipzig, gest. 16.11.1934 in Berlin.
Sohn des Jugendschriftstellers, Humoristen und Zeichners Georg Bötticher; Ringelnatz führte das eigenwilligste Abenteurerleben, fuhr zur See, war zeitweilig Schlangenbeschwörer, Buchhalter, Bibliothekar, Fremdenführer und Schaufensterdekorateur. Er durchreiste die halbe Welt zu Lande, zu Wasser und in der Luft. Seine poetische Laufbahn begann 1909 im »Simpl«, dem Münchner Künstlerlokal der Kathi Kobus. R. war der beste Interpret seiner selbst. Seine Verse sind durch Sprachwitz, feine Ironie und groteske Komik charakterisiert. Die beiden auf Augsburg Bezug nehmenden Gedichte erschienen 1927 (Augsburg) und 1929 (Freiballonfahrt).

Salten, *Felix (eig. Siegmund Salzmann).* Geb. 6.9.1869 in Budapest, gest. 8.10.1947 in Zürich.
Salten zählt, zusammen mit Richard Beer-Hofmann, Hofmannsthal und Schnitzler zur lit. Bewegung Jung-Wien, die um die Jahrhundertwende in Wien den Ton angab. Neben damals vielgelesenen Romanen und historischen Novellen schrieb Salten Essays und naturalistische Dramen. Seine Autorschaft der »Lebensgeschichte Josefine Mutzenbachers« ist noch immer umstritten.

Scherkamp, *Jörg.* Geb. 31.3.1935 in Ravensburg, gest. 27.2.1983 in Augsburg.
Gymn. und Ausbildung als Buchdrucker. Seit 1962 freischaffender Maler, Graphiker und Schriftsteller. Autodidakt. 1965 Kunstförderungspreis der Stadt Augsburg. Ausstellungen im In- und Ausland. Als Lyriker in zahlreichen Anthologien vertreten. Scherkamp war zeitlebens ein eigenwilliger, zeitkritisch engagierter Maler und Autor. In seinen Texten zeigt er sich stark von Brecht beeinflußt. Jörg Scherkamp war übrigens mit August Kühn eng befreundet, der ihm in dem hier abgedruckten Auszug seines Romans »Die Abrechnung« ein literarisches Denkmal setzt.

Schöppner, *Alexander (Ps. Johannes Einsiedel).* Geb. 2.4.1820 in Fulda, gest. 3.8.1860 in München.

Studierte in Würzburg Theologie und Philologie, wurde 1839 Augustiner, 1843 Priester, trat 1847 mit päpstl. Erlaubnis aus dem Orden aus und wirkte seit 1848 als Studienlehrer in Neuburg an der Donau, 1850 in München. Folklorist, Humorist und Epiker.

Schopenhauer, *Arthur.* Geb. 22.2.1788 in Danzig, gest. 21.9.1860 in Frankfurt/Main.
Der Sohn eines Kaufmanns und polnischen Hofrats und einer bekannten Roman- und Reiseschriftstellerin unternimmt mit den Eltern ausgedehnte Reisen. Nach dem Besuch des Gymnasiums in Gotha und Weimar studiert S. in Göttingen Medizin, Naturwissenschaften und Philosophie (Studium von Platon und Kant), dann in Berlin bei Fichte und Schleiermacher. Dissertation 1813 »Über die vierfache Wurzel des Satzes vom zureichenden Grunde«. Begegnung mit Goethe ein Jahr danach. Unternimmt bis 1822 zwei Italienreisen, wobei er auch nach Augsburg kommt.
Werk: Die Welt als Wille und Vorstellung (1818/19; 1822: 2. Bd.) Paerga und Paralipomena (1851, darin enth.: Aphorismen zur Lebensweisheit)

Schubart, *Christian Friedrich Daniel.* Schriftsteller, Musiker und Publizist. Geb. 24.3.1739 in Obersontheim/Württemberg, gest. 10.10.1791 in Stuttgart.
Schubarts Tätigkeit bei der »Deutschen Chronik« (1774–77), zuerst in Augsburg, dann in Ulm, erregte den Zorn seines Landesherrn Herzog Karl Eugen von Württemberg. Schubart, der der Zeitung der süddeutschen Opposition zu einer Auflage von 3000 Exemplaren verhalf, wurde ohne Begründung verhaftet und 1777 auf den Hohenasperg bei Ludwigsburg verbracht, wo er zehn Jahre inhaftiert blieb.

Schücking, *Levin.* Geb. 6.9.1814 auf Schloß Klemenswerth bei Meppen in Westfalen, gest. 31.8.1883 in Bad Pyrmont.
Sohn eines Richters und Amtmanns und der von der Droste-Hülshoff besungenen Dichterin Katharina Schücking. (1791–1831) Er studiert in München, Heidelberg und Göttingen die Rechte. Ab 1837 freier Schriftsteller in Münster (Mitarbeiter Freiligraths und Gutzkows), geht 1841 durch Vermittlung der Droste als Bibliothekar zum Freiherrn von Laßberg nach Meersburg, wird Redakteur der Augsburger »Allgemeinen Zeitung«, dann der »Köln. Zeitung«,

gibt 1846 ein »Rhein. Jahrbuch« in Köln heraus, bereist 1846–47 Italien und übersiedelt 1854 nach dem Schloß Sassenberg in Westfalen, 1855 nach Münster. 1862 England-Reise. 1864 zweite Italien-Reise.

S. schrieb teils kulturhist. Romane aus der Zeit um 1800, teils Gegenwartsromane in der Manier Walter Scotts. »Die drei Freier« erschienen erstmals 1873.

Seidl, *Johann Gabriel.* Geb. 21.6.1804 in Wien, gest. 18.7.1875 ebd.

Studierte Jura in Wien, trat frühzeitig als Mitarbeiter der Dresdner »Abendzeitung« an die Öffentlichkeit, wurde dann durch seinen Gymnasiallehrerberuf jahrelang in entlegene Provinz verschlagen und kehrte erst 1840 als Museumsbeamter nach Wien zurück. Herausgeber von Almanachen, Erzähler und Bühnendichter, vorwiegend aber Lyriker, gern von den Romantikern vertont. Ruhm errang er sich vor allem auf dem Gebiet der Ballade (»Die Spielkarten« sind ein Beispiel dafür) und wurde dabei nicht selten mit Uhland verglichen. Bekannt wurde er auch als Bearbeiter der alten österr. Kaiserhymne »Gott erhalte, Gott beschütze . . .« nach der Melodie von Joseph Haydn.

Stetten d. J., *Paul von.* Geb. 24.8.1731 in Augsburg, gest. 11.2.1808 ebd.

Der Sohn des bekannten gleichnamigen Historikers tritt in die Fußstapfen seines Vaters. Nach dem Besuch des Gymnasiums von St. Anna in Augsburg studiert er (wie der Vater) Jurisprudenz in Genf, dann in Altdorf. Wird Archivar, verfaßt neben den u.g. Arbeiten ein Ehrenbuch seiner Familie. 1792, in schwerer Zeit, übernimmt er das Amt eines Stadtpflegers.

Werke u.a.: Geschichte der adligen Geschlechter der freien Reichsstadt Augsburg. (1762)

Erläuterungen der in Kupfer gestochenen Vorstellungen aus der Geschichte der Reichsstadt Augsburg (1765).

Kunst-, Gewerb- und Handwerksgeschichte der Reichsstadt Augsburg (1779/1788; 2 Bde.)

Beschreibung der Reichsstadt Augsburg nach ihrer Lage, jetzigen Verfassung, Handlung und den zu solchen gehörenden Künsten und Gewerben und ihren anderen Merkwürdigkeiten (1788, mit Stadtplan von Nilson)

Briefe eines Frauenzimmers aus dem XV. Jahrhundert (anonym 3 Aufl.)

Stieler, *Karl.* Geb. 15.12.1842 in München, gest. 12.4.1885 ebd.
Der Sohn des Hofmalers Josef Stieler verbrachte seine Jugendzeit am Tegernsee. Er studierte Jura in München und Heidelberg, wo er 1869 promovierte. Der Mitarbeiter der »Fliegenden Blätter« verfaßte Lyrik und Reisebeschreibungen.
Sein Werk ist wesentlich humorvoll-idyllische Mundartdichtung und steht unter dem Einfluß Franz von Kobells.

Stiller, *Klaus.* Geb. 15.4.1941 in Augsburg.
Stillers Bücher »H. Protokoll« (1970), »Tagebuch eines Weihbischofs« (1972), »Die Faschisten. Italienische Novellen« (1976) und »Traumberufe« (1977) setzen sich, teils in dokumentarischer Form, teils in gesellschaftskritischer und experimenteller Sprachmontagetechnik mit faschistischen Herrschaftssystemen auseinander. Der autobiographische Roman »Weihnachten. Als wir Kinder den Krieg verloren« (1980) schildert aus der Perspektive eines Kindes den Einmarsch der Amerikaner, die sich daraus ergebenden Konflikte und erste Versuche der Selbstbehauptung in der Besatzungszeit. Die geplante Trilogie wurde 1986 um den Band »Das heilige Jahr« erweitert.

Tacitus, *Cornelius.* Geb. um 55 n. Chr., als Geburtsort wird gewöhnlich Interamna in Umbrien (das heutige Terni) angenommen, gest. um 120 n. Chr.
Er durchlief die Ämterlaufbahn bis zum Konsulat (97) und wurde 112 Prokonsul in Kleinasien.
Nach eigener Auskunft (Hist. I 1,3) von den Kaisern Vespasian, Titus und Domitian gefördert, erhoffte er von Nerva den idealen Zustand für Rom, konnte ihn aber dann auch in Trajans Rom nicht finden. Tacitus war sich bewußt, daß die Romideale: virtus, gloria, libertas unter den Kaisern nicht mehr realisierbar seien, andererseits aber Abwendung vom Prinzipat auf ein Chaos hinausliefe.
Werk: zuerst Agricola (Biographie und Monographie), die Germania (nach 97) und die rhetorische Schrift Dialogus de oratoribus, schließlich die großen Geschichtswerke Historiae und Annales.

Venantius Fortunatus. Geb. ca. 530 n.Chr. in Treviso (Venetien), gest. 610 bei Poitiers.

In Ravenna rhetorisch ausgebildet. Unternimmt 565 eine Pilgerfahrt nach Tours und bleibt zeitlebens in Gallien. Lebte als Hofpoet der merowingischen Könige in Metz und Reims. Ca. 600 wird er Bischof in Poitiers. Bedeutendster Lyriker seiner Zeit.

In seinen Dichtungen zeigt sich die Wandlung von spätantiken zu mittelalterlichen Formen. Werk: Gelegenheitsdichtung (11 Bücher Carmina, darin auch Prosa enthalten), Vita S. Martini (Epos in Hexametern) und weitere Lebensdarstellungen verschiedener Heiliger in Prosa.

Wekhrlin, *Wilhelm Ludwig.* Geb. 7.7.1739 in Stuttgart-Botnang, gest. 24.11.1792 in Ansbach.

Sohn eines Pfarrers. Kinderjahre in Ludwigsburg. Studium der Jurisprudenz in Tübingen. Geht in ganz jungen Jahren nach Frankreich, schlägt sich als Hauslehrer in Straßburg und Paris durch. Lehr- und Wanderjahre führen ihn 1767 nach Wien. Dort bleibt er zehn Jahre. 1777 verläßt er Wien, lebt zeitweilig in Regensburg, Augsburg und Nördlingen. Anders als sein Landsmann Schubart hat W. für die reichsfreien Stadtrepubliken nur beißenden Hohn und Spott übrig. Er zieht ins Rieser Bauerndorf Baldingen, das unter dem Patronat seines Gönners, des Fürsten Öttingen-Wallerstein, steht. Hier schreibt er seine Chronologen und fungiert als Herausgeber der Zeitung »Das Felleisen«. Als Folge eines Streits mit dem Nördlinger Rat wird er auf die Feste Hochhaus verbannt. 1792 übersiedelt W. in das preußisch gewordene Ansbach-Bayreuth. Dort gibt er bis zu seinem Tod die »Ansbachischen Blätter« heraus.

W. war einer der bedeutendsten und vielseitigsten Publizisten seiner Zeit. Zu seinen Mitarbeitern zählten. G. Chr. Lichtenberg ebenso wie der Kantianer L. Reinhold, aber auch Professoren, Diplomaten, Theaterprinzipale, geistliche Herren und sogar der Herzog von Meiningen.

Weyrauch, *Wolfgang.* Geb. 15.10.1907 in Köngisberg, gest. 7.11.1980 in Darmstadt.

Nach Gymnasium und Studium Besuch der Schauspielschule. Ab 1933 in Berlin als Lektor und Journalist tätig. Nach dem Krieg hält

sich W. in Hamburg auf (1952–58), ab 1959 freier Schriftsteller, zunächst in Gauting, dann in Darmstadt.
W. ist vor allem durch seine Hörspiele bekannt geworden. Aber auch als Herausgeber wichtiger Anthologien hat sich W. einen Namen gemacht.

Zech, *Paul.* Geb. 19.2.1881 in Briesen bei Thorn/Westpreußen, gest. 7.9.1946 in Buenos Aires.
Arbeitete nach dem Studium zwei Jahre freiwillig als Bergarbeiter. Emigrierte nach Südamerika, wo er nie heimisch wurde. Lyriker, Dramatiker, Erzähler. Enge Kontakte zu den Schriftstellern des Expressionismus. Sozialrevolutionäres Pathos, mystische Religiosität und Suche nach Brüderlichkeit sind Grundmotive seines Werks.
»Morgenrot leuchtet« entstand 1930 als Auftragsarbeit für die Stadt Augsburg. Die Uraufführung fand am 6. Juli 1930 statt, jedoch nicht wie vorgesehen im Amphitheater am Roten Tor, sondern wegen schlechter Witterung in der Sängerhalle der Stadt.

Zschokke, *Heinrich Daniel (eig. Schocke oder Schock).* Geb. 22.3.1771 in Magdeburg, gest. 27.6.1848 in Aarau/Schweiz.
Tuchmachersohn. Studierte 1789–92 Jura, Theologie, Philosophie und Geschichte in Frankfurt/Oder. Prediger, Privatdozent, Leiter einer Erziehungsanstalt, zahlreiche Regierungsämter unter der helvetischen Regierung, ab 1807 in Aarau, wiederum mit Staatsämtern betraut. Herausgeber mehrerer Journale, darunter des »Aufrichtigen und wohlerfahrenen Schweizerboten«. Sein realistisches und oft moralisierendes schriftstellerisches Werk ist durch Zahl und Vielseitigkeit der Arbeiten kaum überschaubar. Bekannt wurde er u.a. als Verfasser von Volkserzählungen mit aufklärerischer und volkserzieherischer Absicht, die oft volkswirtschaftliche und soziale Fragen lösen wollen. »Der Baierischen Geschichten 1.–6. Buch« (1813–18), in denen er sich wiederholt mit Augsburg beschäftigt, ist das Ergebnis dreier Reisen nach Bayern, dessen Entwicklung unter Max I. Joseph und Montgelas er nach eigener Aussage wohlgefällig betrachtet.

Zweig, *Stefan.* Geb. 28.11.1881 in Wien, gest. 22.2.1942 in Petropolis/Bras. (Freitod)
Der Sohn einer reichen Fabrikantenfamilie studierte Philosophie,

Germanistik und Romanistik. Unternahm mehrere Weltreisen. Seit 1919 in Salzburg ansässig, emigrierte er 1938 zunächst nach England, dann 1940 nach New York und 1941 nach Brasilien. Der überzeugte Europäer genoß schon zu Lebzeiten Weltruhm. Auch als Übersetzer, der seinerseits in viele europ. Sprachen übersetzt wurde, hat er sich einen hervorragenden Namen gemacht. Wichtige Werke: »Sternstunden der Menschheit« (1927), »Die Welt von gestern« (1941), »Schachnovelle« (1942)

Bibliographie

Vorspruch	Biedersinn der Bürger von Augsburg. Auf Ersuchen mehrerer Reisenden bearbeitet von einem Reisenden. Augsburg, Joh. Georg Schwabl, 1796
Das Augspurgische Jahr	Das Augspurgische Jahr einmahl, Oder Kurtze Beschreibung alles dessen, was durch das gantze Jahr einmahl in Augspurg zu sehen oder zu begehen. Mit poetischer Feder entworffen, von einem Liebhaber der Teutschen Poesie. Gedruckt im Jahr 1768
Marthesia	Joseph Fischer vom Peterhof, Augsburger Frauen. Bunte Bilder von Liebe, Lust und Leid. Augsburg, Kieser 1952, S. 11 (zit. Frauen)
Cisa	Frauen, S. 12f.
Die glänzendste Kolonie der Provinz Rätien	Cornelius Tacitus, Germania. Ediderunt Halm-Andresen-Koestermann, Bibliotheca Scriptorum Graecorum et Romanorum Teubneriana, Lipsae in Aedibus B. G. Teubneri, o. J. Deutsch: Germania, übers. von Karl Blümel, Bibliographisches Institut Leipzig und Wien o. J.
Afra	Frauen, S. 14ff.
Gelangst Du nach Augsburg	Venantius Fortunatus, Vita Sancti Martini. In: Monumenta Germaniae Historica, Auctores antiquissimi, Bd. 4,1. Berlin 1881.
Attila vor Augsburg	Ludwig Bechstein, Attila vor Augsburg. Aus: Georg von Schulpe, Das Land der Bajuwaren in Liedern verherrlicht. Leipzig, Friedrich 1887, S. 55f.
Der heilige Ulrich mit dem Fisch	Alexander Schöppner, Sagen aus Bayern. Bd. 3: Schwaben. Ausgewählt

	und illustriert von Paul Ernst Rattel-müller. München, Süddt. Verl. 1980, S. 22ff (zit. Schöppner/Rattelmüller)
Augsburgs Verteidigung durch Bischof Ulrich	Aus: Deutsche Vergangenheit. Or-densritter und Kirchenfürsten. Nach zeitgenössischen Quellen von Johan-nes Bühler. Leipzig, Insel 1927, S. 255f. (Diese Stelle ist entnommen der »Vita Udalrici« von Gerhard M. G. SS. IV, S. 401.)
Das Augsburger Jahrtausendspiel	Richard Billinger. Das Augsburger Jahr-tausendspiel. O. O., V. u. J., S. 30–38
[Von der Lechfeldschlacht zum Dieselmotor	Theodor Heuss, Auszug aus der Rede zur 1000-Jahr-Feier der Schlacht auf dem Lechfeld. Unter dem Titel »Augs-burg in der deutschen Geschichte« publiziert in: T. H., Die großen Reden. Bd. 2, Der Humanist, Tübingen 1965, S. 114–120
[Gen Augspurg zu den freulin zart . . .	Karl Kurt Klein (Hrsg.) u. a., Die Lieder Oswalds von Wolkenstein. Tübingen, Niemeyer 1987, 3., neu bearb. u. erw. Aufl., S. 308f.
Der Witwenräuber von Ustersbach	Schöppner/Rattelmüller S. 16ff.
Selinde, eine Rittergeschichte	Paul von Stetten d. J., Selinde, eine Rit-tergeschichte in dreyen Büchern. Augs-burg, Elias Tobias Lotter 1764, S. 33ff.
Agnes Bernauerin	Agnes Miegel, Agnes Bernauerin. Aus: Gedichte, Erzählungen, Erinnerungen. Düsseldorf, Diederichs 1965, S. 26
Der Engel von Augsburg	Felix Nabor (d. i. Karl Allmendinger), Der Engel von Augsburg. Erzählung aus Bayerns Vergangenheit. Klagenfurt, Verlag der St. Josef-Bücherbruder-schaft (1931), S. 3–13

Moritat von der schönen, stolzen Maid, die sich einem Herzog tat vermählen	Richard Billinger, Der Herzog und die Baderstochter. Die Geschichte von der Liebe und dem Sterben der Agnes Bernauerin. Aus: Das Innere Reich. München, Langen, Juni 1934, S. 386f., 394f. u. 403
Agnes Bernauerin. Eine Burleske mit Gesang in drey Akten.	Karl Ludwig Gieseke, Agnes Bernauerin. Eine Burleske mit Gesang in drey Akten, travestirt in deutsche Knittelverse. Selbstverl. des k. k. priv. Wiednertheaters, S. 79–91
Agnes Bernauer	Friedrich Hebbel, Agnes Bernauer. Ein deutsches Trauerspiel in fünf Aufzügen. Aus: Werke, Bd. 1. Hrsg. von Gerhard Fricke u. a., München, Hanser 1963, S. 694–698
Die Bernauerin	Carl Orff, Die Bernauerin. Ein bairisches Stück. Mainz, Schott 1946, S. 12–19
Augsburg	Günter Eich, Augsburg. Aus: Gesammelte Werke Bd. I. Frankfurt, Suhrkamp 1973, S. 176
Nichts, das Augsburg übertrifft	Enea Silvio de Piccolomini, Germania. Straßburg 1515.
Augspurg hatt ain weisen ratt	Liederbuch der Clara Hätzlerin. Hrsg. von Carl Haltaus. Nachwort von Hans Fischer. Berlin, Walter de Gruyter 1966. Nachdruck des »Liederbuches . . .«, Quedlinburg/Leipzig 1840, S. 41 (Lied Nr. 29, Vers 85–90)
Eine visierliche Schnake von einer Dirne, welche bei einem Bierbrauer diente, zu Augsburg in der Reichsstadt	Aus: Alte deutsche Schwänke, gesammelt, sprachlich erneuert und eingeleitet von Dr. Hans W. Fischer. Bd. II. Leipzig, Friedrich Rothbarth 1907, 2. Aufl., S. 60f.

Von einem Edelmann und einem Maler in Augsburg	Schwank aus dem Nachtbüchlein 1559. Aus: Altdeutscher Schwank und Scherz aus dem 16. u. 17. Jahrhunderte. Zusammengestellt vom Verfasser des »Altdeutscher Witz und Verstand«. Bielefeld u. Leipzig, Velhagen und Klasing 1878, S. 81ff.
Ulrich Schwarz, Bürgermeister von Augsburg	Alexander Schöppner, Bayerische Sagen, Erster Band. München, Borowsky o.J., S. 411f.
[*Es ist eine Lust zu leben*]	Otto Flake, Ulrich von Hutten. Frankfurt, Fischer 1985, S. 165–171
Zum »Dahinab« in Augsburg	Mündlich, aus: Alexander Schöppner, Bayrische Sagen, Erster Band, S. 414
Der letzte Ritter. Romanzenkranz	Anastasius Grün, Der letzte Ritter. Romanzenkranz. In: Anastasius Grüns Werke, Erster Teil: Politische Dichtungen. Hrsg. von Eduard Castle. Berlin usw., Bong o.J., S. 87–92
Zueignung an Goethe	In: Des Knaben Wunderhorn. Alte deutsche Lieder, gesammelt von L. A. von Arnim und Clemens Brentano. Erster Band. Heidelberg, Mohr und Winter 1819, 2. Aufl., S. 3–9
Martin Luther & Thomas Münzer oder Die Einführung der Buchhaltung	Dieter Forte, Martin Luther & Thomas Münzer oder Die Einführung der Buchhaltung. Berlin, Wagenbach 1976, S. 7–9, 26–31, 44/45, 83/84, 124/125, 145–148
Des Fuggers Feuerwerk	Eduard Duller, Des Fuggers Feuerwerk. Aus: Taschenbuch für die vaterländische Geschichte, Hrsg. von Joseph Freiherrn von Hormayr. München, Georg Franz 1834, Neue Folge, 5. Jg., S. 97

$\begin{bmatrix} \textit{Das nach-} \\ \textit{reformatische} \\ \textit{Augsburg} \end{bmatrix}$	Heinrich Zschokke, Der Baierischen Geschichte Fünftes Buch. Aarau, Sauerländer 1816, S. 65/66 u. 79/80
[*Im Banne der Hölle*]	Karl Gutzkow, Der Werwolf. Aus: Werke, hrsg. von Reinhold Gensel. Hildesheim, Olms 1974, S. 300ff.
Narrenspiegel	Alfred Neumann, Narrenspiegel. Berlin, Propyläen 1932, S. 139ff. u. 162–164
[*Die Tage in Augsburg*]	Hans von Schweinichen. Kap. II: Sonderbare Erlebnisse auf der großen Reise ins Reich. In: Aus deutscher Ritterzeit, hrsg. von der Freien Lehrer-Vereinigung für Kunstpflege zu Berlin. Leipzig, Voigtländer o.J., S. 75–77
[*Ritter, Tod und Teufel*]	Felix Salten, Herr Wenzel auf Rehberg und sein Knecht Kaspar Dinckel. Aus: Die Geliebte des Kaisers. Novellen. Berlin usw., Zsolnay 1929, S. 11–55 (auszugsweise)
Die traurige Hochzeit	Justinus Kerner, Die traurige Hochzeit. Aus: Werke. Hrsg. von Raimund Pissin, Bd. I. Hildesheim usw., Olms 1974, S. 154
Philippine Welser	Johann Gabriel Seidl, Philippine Welser. Aus: Alexander Schöppner, Sagenbuch der Bayerischen Lande. Bd. 3, 1853, Nr. 1231, S. 239f.
$\begin{bmatrix} \textit{Alter Kalender und} \\ \textit{neuer Glaube} \end{bmatrix}$	Zschokke, S. 152–154
$\begin{bmatrix} \textit{Die Stadt liegt am} \\ \textit{Lechfluß, Lycus} \end{bmatrix}$	Michel de Montaigne, Tagebuch einer Reise durch Italien. Aus dem Französischen von Otto Flake. Frankfurt, Insel 1988 (it 1074), S. 59–69

Lobspruch	(Bibliographische Angaben vgl. Titel des Textes!) Aus: Augsburg im Gedicht. Maschinenmanuskript im Stadtarchiv Augsburg
Der Baumeister von Augsburg	Max Fuchs, Elias Holl, der Baumeister von Augsburg. Historische Novelle. München, Schuh 1880, S. 1f. u. 34ff.
Der Augsburger Kreidekreis	Bertolt Brecht, Der Augsburger Kreidekreis. Aus: Gesammelte Werke. Werkausgabe edition suhrkamp, Prosa 1. Frankfurt, Suhrkamp 1967, S. 321–336
Gustav Adolf auf dem Ball	Alexander von Gleichen-Russwurm, Gustav Adolf auf dem Ball. Aus: Das närrische Utrecht und andere historische Novellen. Krefeld, Bensemann 1948, S. 43–45
Jakobine Lauber	Alexander Schöppner, Jakobine Lauber. Bayrische Sagen, Erster Band, S. 412f.
Der steinerne Mann zu Augsburg	Schöppner/Rattelmüller, S. 12f.
[*Hungersnoth, Seuchen, Kugel und Schwerd*]	Zschokke, S. 298ff.
[*Es ligt diese Statt auff einem lustigen Bühel*]	Matthäus Merian und Martin Zeiller, Topographia Sueviae. Frankfurt 1643
Abschieds-Rede des Zirbel-Baumes zu Hammel	Paul von Stetten d.J., Abschieds-Rede des Zirbel-Baumes zu Hammel im Monat October 1761 am Tage seiner Umhauung. Augsburg, Elias Tobias Lotter 1762, S. 10ff.
[*Das Spiel von Liebe und Zufall*]	Giacomo Casanova/Chevalier de Seingalt, Geschichte meines Lebens. Hrsg. von Erich Loos, Berlin, Propyläen 1985, Bd. VIII, S. 30–49
[*Mein Herr Marchese!*]	Johann Ludwig Bianconi, Zehn Sende-

	schreiben an Herrn Marchese Philippo Hercolani, Leipzig 1764
Brief an den Vater (1777)	Wolfgang Amadeus Mozart, Briefe und Aufzeichnungen. Gesamtausgabe, Bd. II: 1777–1779. Kassel usw., Bärenreiter 1962, S. 63ff.
[*Kein Landstrich für Virgil*]	Wilhelm Heinse, Tagebücher von 1780–1800, Teil I.: Von der italiänischen Reise. Aus: Sämmtliche Werke, hrsg. von Carl Schüddekopf, Bd. 7. Leipzig, Insel 1909, S. 277ff.
[*Urdeutsche Biederherzlichkeit*]	Christian Friedrich Daniel Schubart, Gesammelte Schriften und Schicksale VII/VIII. Hildesheim usw., Olms 1973, S. 218–237
[*»Troja fuit!«* . . .]	Wilhelm Ludwig Wekhrlin, »Troja fuit!« Aus: Peter Lahnstein, Schwäbische Silhouetten. Stuttgart, Kohlhammer 1962, S. 49
Zweiter Brief eines Reisenden aus Augsburg	Friedrich Nicolai, Zweyter Brief eines Reisenden aus Augsburg. Aus: Beschreibung einer Reise durch Deutschland und die Schweiz, im Jahre 1781. Nebst Bemerkungen über Gelehrsamkeit, Industrie, Religion und Sitten. Berlin und Stettin 1786, S. 21–30
[*Der Wohlgeruch der Freiheit*]	Johann Wolfgang von Goethe, Poetische Werke Autobiographische Schriften II. Italienische Reise. Berlin, Aufbau-Verlag 1972, S. 863f.
Warnung vor Schaden	Anonymus, Warnung vor Schaden. Ein Gespräch auf den Revolutions-Altar Augsburgs gelegt von einem Patrioten. Augsburg 1794

Der Weber-Aufstand	Anonym. Veröffentlichung des Hauses der Bayerischen Geschichte aus Anlaß der Ausstellung »Aufbruch ins Industriezeitalter« in der Kunsthalle Augsburg 1985. (zit. »Aufbruch«)
$\begin{bmatrix} \textit{Unterwegs zur} \\ \textit{Blauen Blume} \end{bmatrix}$	Novalis, Heinrich von Ofterdingen. Aus: Novalis' Werke. Hrsg. von J. Dohmke. Leipzig usw., Bibliographisches Institut o.J., S. 140ff.
$\begin{bmatrix} \textit{»Augsburger Geld,} \\ \textit{das gilt in der Welt«} \end{bmatrix}$	Achim von Arnim, Die Kronenwächter. Aus: Sämtliche Romane und Erzählungen, hrsg. von Walther Migge. Erster Band. München, Hanser 1962, S. 643–645
$\begin{bmatrix} \textit{Lenettes Brautfahrt} \\ \textit{von Augsburg nach} \\ \textit{Kuhschnappel} \end{bmatrix}$	Jean Paul, Siebenkäs. Aus: Werke in drei Bänden, hrsg. von Norbert Miller, Bd. 1. München, Hanser 1969, S. 469ff.
$\begin{bmatrix} \textit{Alte Zöpfe statt} \\ \textit{heller Köpfe} \end{bmatrix}$	August von Kotzebue, Erinnerungen von einer Reise aus Liefland nach Rom und Neapel. Aus: Ausgewählte prosaische Schriften, 41. Bd. Wien, Klang 1843, S. 67ff.
Die Erfüllung eines Wunsches	Hans Christian Andersen, Die Erfüllung eines Wunsches. Aus: Eines Dichters Basar (= Werke in Einzelausgaben). Hrsg. u. mit e. Nachwort versehen von Gisela Perlet. Hanau, Müller & Kiepenheuer 1984, S. 37ff.
Moritat	Anonym (zit. »Aufbruch)
Lied der nach Griechenland ziehenden Bayern beim Ausmarsch aus Augsburg 1833	Anonym. Aus: Paul Ernst Rattelmüller, Dirndl, wo hast denn dein Schatz, juhe . . . Bayerische Soldatenlieder u. vaterländische Gesänge aus dem 19. Jahrhundert. Rosenheim, rosenheimer raritäten, o.J., S. 142

Stirb, Lieb' und Freud'!	Justinus Kerner, Stirb, Lieb' und Freud'! Aus: Werke. Hrsg. von Raimund Pissin, Bd. I, Hildesheim usw., Olms 1974, S. 61
Die Spielkarten	Johann Gabriel Seidl, Die Spielkarten. Aus: Alexander Schöppner, Bayrische Sagen, Erster Band, S. 415f.
[*Augsburg, biedermeierlich*]	Wilhelm Heinrich Riehl, Augsburger Studien. Aus: Culturstudien aus drei Jahrhunderten. Stuttgart, Cotta 1859, S. 261–329 (auszugsweise)
Das deutsche Wirtshaus	Josef Hofmiller, Das deutsche Wirtshaus. Aus: Von Dichtern, Malern und Wirtshäusern. München, Langen Müller 1938, S. 48–51
Der Schmied seines Glückes	Gottfried Keller, Der Schmied seines Glückes. Aus: Sämtliche Werke und ausgewählte Briefe. 2. Bd., München, Hanser 1957, S. 301ff.
Zu den drei Mohren in Augsburg	Karl Stieler, Zu den drei Mohren in Augsburg. Aus: Fremde und Heimat. Vermischte Aufsätze. Stuttgart, Bonz 1886, S. 118–134
Die drei Freier	Levin Schücking, Die drei Freier. Aus: Deutsche Märchen. Ausgewählt von Elisabeth Borchers. Frankfurt, Insel 1979, S. 481–501
Wie die sieben Schwaben nach Augsburg kommen und sie allda Waffen holen	Ludwig Aurbacher, Die Abenteuer der sieben Schwaben. Ausgewählt von Friedrich Seebaß. Memmingen, Dietrich 1962, S. 51ff.
[*Die ausländische Demoiselle*]	Paul Heyse, Jorinde. Aus: Gesammelte Werke, Bd. V: Moralische Novellen/ Einakter. Stuttgart usw., Cotta o.J., S. 289–299

| *Um acht ist die ganze Stadt zu Bette* | Arthur Schopenhauer, Reisetagebücher aus den Jahren 1803–1804. Aus: Die Reisetagebücher von A.S., Zürich, Haffmans 1988, S. 207 |

| [*Augsburg Anno 1869!*] | Ludwig Ganghofer, Lebenslauf eines Optimisten. Stuttgart, Bonz o.J., S. 11–19 |

| *Die letzten Perlen einer gesunkenen Krone* | Max Dauthendey 1890 in: Deutschland im Spiegel der Dichtung. Zusammengestellt von Marianne Bernhard. München, Südwest Verlag 1967, S. 264 |

| *Augsburg – im Kern gesehen* | Wilhelm Hausenstein, Besinnliche Wanderfahrten. München, Schnell & Steiner 1955, S. 375–378 |

| [*»Es ist Föhn«*] | Ders., Jugenderinnerungen und Reiseskizzen. Im Auftrag des Volksbundes für Dichtung (Scheffelbund) hrsg. von Friedrich Bentmann. Karlsruhe, Januar 1968, 43. Gabe an die Mitglieder. S. 198f. |

| *Eine Stadt – urban im Wortsinn* | Thomas Mann. Originalbeitrag als Antwort auf eine Umfrage des Verkehrsvereins Augsburg im Jahr 1925 |

| *Unordnung und frühes Leid* | Viktor Mann, Wir waren fünf. Bildnis der Familie Mann. Konstanz, Südverlag 1949, S. 209–231 (auszugsweise) |

| [*Es waren gute Jahre*] | Ders., a.a.O. |

| *Zwischen Traum und Wirklichkeit* | Stefan Zweig. Originalbeitrag wie oben (siehe Thomas Mann) |

| *Aus den Aufzeichnungen eines reisenden Artisten* | Hermann Hesse, Die Nürnberger Reise. In: Gesammelte Schriften, 4. Bd., Frankfurt, Suhrkamp 1968, S. 167–172 |

| *Augsburg* | Joachim Ringelnatz, Augsburg. Aus: Reisebriefe eines Artisten. In: J.R., Und |

auf einmal steht es neben dir. Gesammelte Gedichte. Büchergilde Gutenberg 1950, S. 188f.

Freiballonfahrt mit Autoverfolgung

Ders., Freiballonfahrt mit Autoverfolgung. Aus: Flugzeuggedanken. Berlin, Rowohlt 1935, S. 34ff.

Vom armen Eugen Brecht

Klaus Stiller, Vom armen Eugen Brecht. Aus: Pit Kinzer/Jörg Scherkamp (Hrsg.), In Erwägung unserer Lage. Ein Buch zu Brecht. Augsburg, sprachlos edition 2, 1981, S. 50–56

[*Oh, ihr Zeiten meiner Jugend!*]

Bertolt Brecht, Gesammelte Werke. werkausgabe edition suhrkamp. Frankfurt. Suhrkamp 1967
Oh, ihr Zeiten meiner Jugend! Gedichte 1, S. 49f.
Plärrerlied. Gedichte 1, S. 27f.
Wenn ich auf den zauberischen Karussellen. Gedichte 1, S. 93f.
Serenade. Gedichte aus dem Nachlaß 1, S. 34
An Bittersweet. Gedichte aus dem Nachlaß 1, S. 53
Schwierige Zeiten. Gedichte 3, S. 1029
Lied an Herrn M. Gedichte 1, S. 28f.

[*Lechbrücke im Abend*]

Hanns Otto Münsterer, Mancher Mann. Gedichte. Ausgewählt und mit einem Nachwort von Manfred Brauneck. Frankfurt, Fischer 1987
Lechbrücke im Abend. S. 93
Lang ists her. S. 94
Stadtgraben im Frühling. S. 95

[*Augsburg, November 18*]

Ernst Niekisch, Gewagtes Leben. Begegnungen und Begebnisse. Köln, Kiepenheuer & Witsch 1958, S. 38–44

[*Eisner ermordet . . .!*]	Hanns Otto Münsterer, a.a.O., S. 168–172
Morgenrot leuchtet!	Paul Zech, Morgenrot leuchtet! Ein Augsburger Festspiel für Einzelstimmen, Sprech-Tanz und Bewegungschöre. Kommissionsverlag Heinrich Heber, Augsburg 1930, S. 48–51
Die Rückkehr	Bertolt Brecht, Die Rückkehr. Aus: Die Gedichte von Bertolt Brecht in einem Band. Frankfurt, Suhrkamp 1981, S. 858
[*Oktobertag in Augsburg*]	Jochen Klepper, Unter dem Schatten deiner Flügel. Aus den Tagebüchern der Jahre 1932–1942. Hrsg. von Hildegard Klepper. Stuttgart, Deutsche Verlags-Anstalt 1956, S. 1114f.
Als wir Kinder den Krieg verloren	Klaus Stiller, Weihnachten. Als wir Kinder den Krieg verloren. München, Hanser 1980, S. 7–20
Epistel an die Augsburger	Bertolt Brecht, Epistel an die Augsburger. Aus: Gedichte in einem Band. a.a.O., S. 933
Die Heimkehr	Erhart Kästner, Die Heimkehr. In: Merian »Augsburg«, Hamburg, Hoffmann & Campe 1948, S. 54–61
Wie die Westheimer den Winter vergaßen	Klaus Stiller, Das heilige Jahr. Wie die Westheimer den Winter vergaßen. München, Hanser 1986, S. 66–78
Die Augsburger Diagnose	Erich Kästner, Die Augsburger Diagnose. Kunst und deutsche Jugend. Aus: Vermischte Beiträge. In: Gesammelte Schriften. Bd. 5, Köln, Kiepenheuer & Witsch 1959, S. 27–32
[*Die Vaterstadt, wie find ich sie doch . . .*]	Alfred Mühr, »Deutschland, Deine Söhne«. Zeitgeschichtliche Begegnun-

gen. München usw., Langen-Müller
1977, S. 313–320

[*Augsburg, Juni 1956*]

Friedrich Heer. Originalbeitrag in:
Ludwig Wegele, Große Liebe zu Augsburg. Erinnerungen und Bekenntnisse
aus zwei Jahrtausenden. Augsburg.
Die Brigg 1971, S. 121–127

Zwischen den Stühlen

Wolfgang Bächler, Zwischen den
Stühlen. Aus: Stadtbesetzung. Frankfurt, Fischer, S. 9–13

Traumprotokolle

Ders., Traumprotokolle. Ein Nachtbuch. Mit einem Nachwort von Martin·Walser. München, Hanser (Reihe
Hanser 98) 1972, S. 68f., S. 74f., S. 107

Ingeduld Ungeduld

Wolfgang Weyrauch, Ingeduld Ungeduld. In: Merian »Augsburg« 1966,
S. 29ff.

Augsburgs Größe

Erhart Kästner, Augsburgs Größe. In:
Merian »Augsburg« B/1, XIX, Jan. 1966,
S. 5ff.

Am Augustusbrunnen

Ernst Kammerer, Augsburg. In: Leibhaftiges Baiern. Itinerarium für Liebhaber. Hrsg. von Friedrich Springorum. München, Prestel 1949, S. 197f.

*Augsburger
Möglichkeiten*

Friedrich Cristian Delius, Augsburger
Möglichkeiten. Aus: Kinzer/Scherkamp, In Erwägung unserer Lage
(wie oben), S. 64–66

[*Morgen Augsburg*]

Thomas Bernhard, Die Macht der
Gewohnheit. Aus: Die Stücke 1969–
1981. Frankfurt, Suhrkamp 1983 (Collage der auf Augsburg bezugnehmenden Wendungen in der Reihenfolge
ihres Vorkommens im Text)

535

Dem ist wohl huren mit der Kunst...	August Kühn, Die Abrechnung. Roman. München, Ludwig 1990, S. 197–201
Späte Ehrung für Bert Brecht	Jörg Scherkamp, Späte Ehrung für Bert Brecht. Aus: Kinzer/Scherkamp (wie oben), S. 46/47
Mein Augsburg	Reinhard Gammel, Mein Augsburg. In: sprachlos edition Nr. 1, Augsburg, o. Pag.
Hommage à Augsburg	Gino Chiellino, Hommage à Augsburg. »Hommage à Augsburg«, »Am Singold«, »Augsbürgerung, April 1989«, »Göggingen/Ortsbestimmung am 9.1.1985« (diese vier Gedichte wurden freundlicherweise vom Autor zur Verfügung gestellt). Aus: Gino Chiellino, Sehnsucht nach Sprache. Neuer Malik Verlag, Kiel 1987
Dahinab	Jonas Hafner, Dahinab. (Der Text wurde freundlicherweise vom Autor zur Verfügung gestellt)
Augsburg (1) *Augsburg (2)* *Die Heimholung des armen B. B.*	Wolfgang Kunz. Die drei Gedichte sind Erstabdrucke.
Die Augsburger Konfession	Humbert Fink, Die Augsburger Konfession. In: Humbert Fink, Land der Deutschen. Reportagen aus einem sonderbaren Land. Innsbruck, Pinguin Verlag 1985, S. 30–41

Die in [ ] stehenden Titel stammen vom Herausgeber